南極あすか新聞1987

Asuka Press of Antarctica, The First Wintering Days in 1987

——初越冬の記録

高木知敬
Takagi Tomoyuki

亜璃西社

DAYS ASUKA
あすか観測拠点
初越冬の日々
part I

地の果てで挑む、初の越冬観測。

1987年２月、南極大陸雪原上に日本第３の基地が完成した。その名は「あすか観測拠点」。

隔絶された嵐の大地で初の越冬観測を行ったのは、経験豊富でタフな８人の隊員たちだった。左から大坂・野崎・高橋・酒井・鮎川隊長・富田・渋谷・高木

嵐の大地と格闘する男たち。

❶完成したあすか基地の全景。蒼い空、白い雪原に赤い壁の３棟が映える
❷基地建設工事の模様。パネル工法で観測棟を組み上げていく
❸隊員全員による貯水槽への雪入れ作業
❹ブリザードで埋まった燃料ドラムを移動させる
❺セールロンダーネ山地調査のベースキャンプ
❻ロムナエス山を登る調査隊。遙か下方に雪上車が米粒のように見える
❼セールロンダーネ山地を背に帰路につく雪上車
❽セールロンダーネ山地で観察したユキドリ
❾あすかの天上で揺らめき、発色するオーローラ

あすか天空を乱舞するオーロラの饗宴。

深夜に現れたオーロラは、燃え立つように膨張し、天空を縦横無尽に駆け巡りながら激しく発色した

7

6

1

凍てつく地で続いた過酷な設営と観測。

8

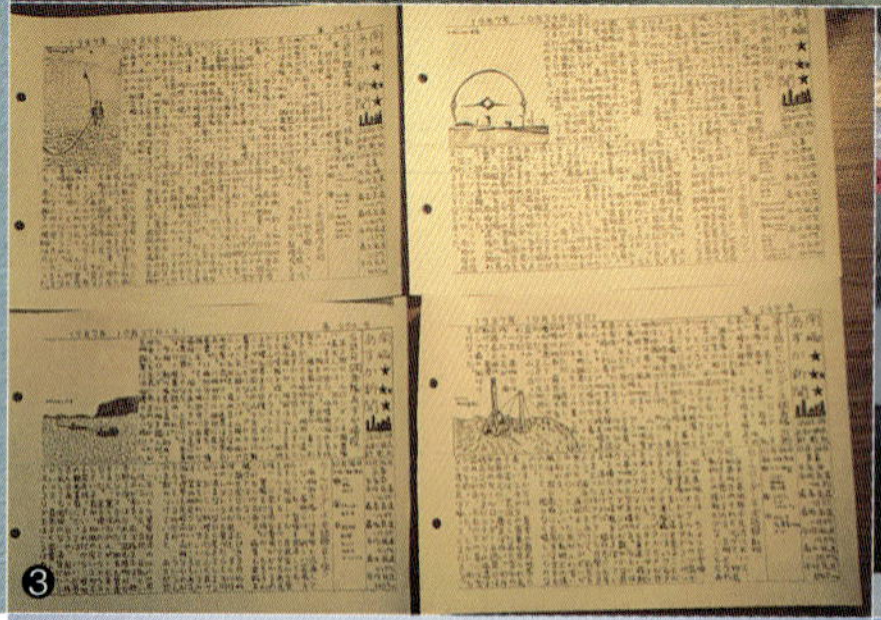
3

2

5

4

DAYS ASUKA
あすか観測拠点初越冬の日々
part I

❶地吹雪帯を這うように進む雪上車
❷野外行動中の雪上車内で調理する高木（左）と酒井
❸手書き・コピーで毎日配達された「南極あすか新聞」
❹大地に刻まれた風紋が、嵐の強さを物語る
❺強風の中、ドラム缶から貯油タンクに軽油を移送する
❻昭和基地から飛来したピラタス機と航空隊を迎える
❼上空でセンサー（バード）を降ろすピラタス機
❽空から見たあすか。ブリザードの爪痕が見て取れる

南極あすか新聞1987——初越冬の記録

はじめに

すでに30年以上もむかしのことだ。1987（昭和62）年2月、南極昭和基地から670km離れたセールロンダーネ山地の北麓に、日本第3の基地が完成した。その名を「あすか」という。そこは大陸雪原上の標高930mに位置し、山岳景観の優れた場所であった。が、一方で夏季以外はほとんど毎日、地吹雪をともなった強風が吹きまくる「嵐の大地」でもあった。

第26次南極観測隊から基地建設が始められ、第28次隊（星合孝男観測隊長・大山佳邦越冬隊長）がその建設を完了し、そこで初の越冬観測を行った。昭和基地のような南極海沿岸ではなく、大陸雪原上に位置し、通年で越冬する独立した基地であった。

あすか越冬隊員は8名。南極越冬4回目の鮎川勝あすか越冬隊長をはじめ、過去に越冬経験のある隊員が6名という、異例の経験豊かな隊であった。「越冬中、いかなる困難が起きても、自分たちでなんとか解決する」ことを期待され、試行錯誤を繰り返しつつそれを実践した。

あすか隊は気象、超高層物理学といった定常観測はもちろん、地球物理学、雪氷学、設営工学、医学などの研究観測をこなし、越冬終盤には昭和基地から飛来した航空機による広域の航空機観測も実施した。また設営においても、建築物、発電機、給排水、汚物処理、暖房、通信、車両、医療、調理など、なにひとつ破綻をきたすことはなかった。各隊員は自分の専門分野を超えて、あすかに必要な知識と技術を習得し、たとえ誰かの手が足りなくなっても、誰かが代役を務めようとした。

それだけではない。他の社会から隔絶された地の果ての基地でも、日常生活を豊かにするための工夫を重ねた。あすかには全員で斉唱する隊歌「あすか基地」があり、短歌や俳句を詠う歌会も催された。各隊員の誕生日やミッドウインターを祝う豪華な食事会があり、毎晩、カラオケや麻雀や映画が愛好された。

そうした和気あいあいとした雰囲気の中で生まれたのが「南極あすか新聞」で、1987年2月16日から同年12月21日にかけて計305号が日刊で発行された。主筆は医療の高木隊員が務め、主筆の不在時は全員が代筆や投稿で支えた。その結果、「南極あすか新聞」は公式の越冬報告だけでは伝えきれない、あすか隊の全記録となったのである。

いま、第28次あすか越冬隊員は、全員が60歳を超えた。越冬終了後の元隊員それぞれが歩んだその後の人生は、詳しく知るところではない。しかし、各隊員の「青春」の証しである「南極あすか新聞」のデジタル化復刻版を、懐かしく読んでくれることだろう。

読み返してみると、現在の南極では御法度になっている、岩石の持ち帰りやゴミ処理法なども記載されているが、これは当時の習慣や仕事のやり方としてそのまま記載することにした。また、当時は最先端技術であったＧＰＳが、現在ではどの自動車にもふつうに搭載されている。これが30年の時の流れというものだ。

第32次隊を最後に無人化されたあすかは、いまどうなっているのだろうか。時間的にも空間的にも遠くなった、われらの基地に想いを馳せながら。

高木知敬

南極あすか新聞1987

目次

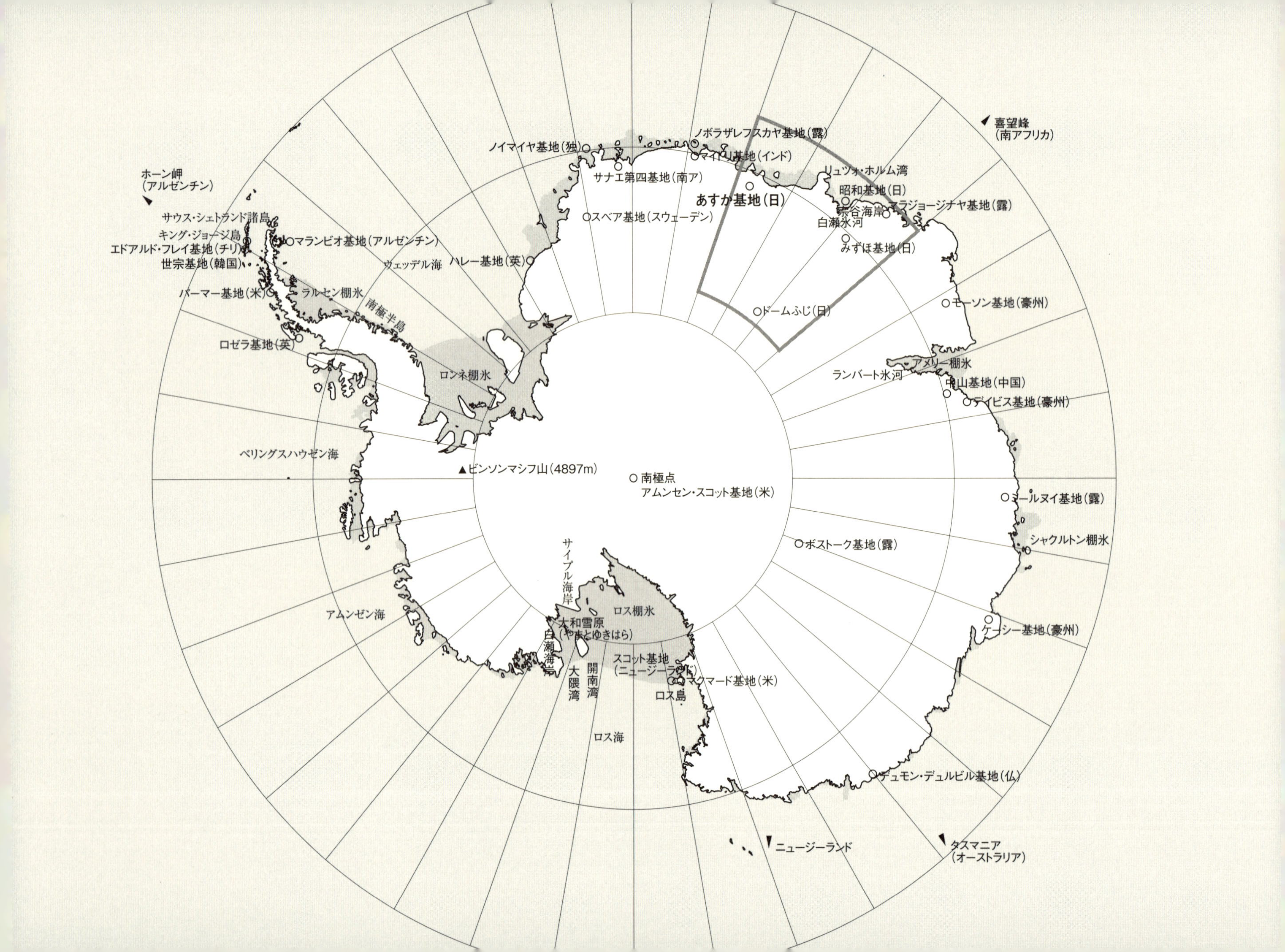
ノボラザレフスカヤ基地（露）
喜望峰
（南アフリカ）
ノイマイヤ基地（独）
マイトリ基地（インド）
サナエ第四基地（南ア）
リュツォ・ホルム湾
昭和基地（日）
あすか基地（日）
宗谷海岸
マラジョージナヤ基地（露）
スベア基地（スウェーデン）
白瀬氷河
みずほ基地（日）
ホーン岬
（アルゼンチン）
サウス・シェトランド諸島
キング・ジョージ島
マランビオ基地（アルゼンチン）
エドアルド・フレイ基地（チリ）
世宗基地（韓国）
ウェッデル海
ハレー基地（英）
パーマー基地（米）
ラルセン棚氷
南極半島
モーソン基地（豪州）
ドームふじ（日）
ロゼラ基地（英）
ロンネ棚氷
ランバート氷河
アメリー棚氷
中山基地（中国）
デイビス基地（豪州）
ベリングスハウゼン海
ビンソンマシフ山（4897m）
南極点
アムンセン・スコット基地（米）
ミールヌイ基地（露）
ボストーク基地（露）
シャクルトン棚氷
サイプル海岸
ロス棚氷
アムンゼン海
大和雪原
（やまとゆきはら）
白瀬海岸
ケーシー基地（豪州）
スコット基地
（ニュージーランド）
マクマード基地（米）
ロス島
大隈湾
開南湾
ロス海
デュモン・デュルビル基地（仏）
ニュージーランド
タスマニア
（オーストラリア）

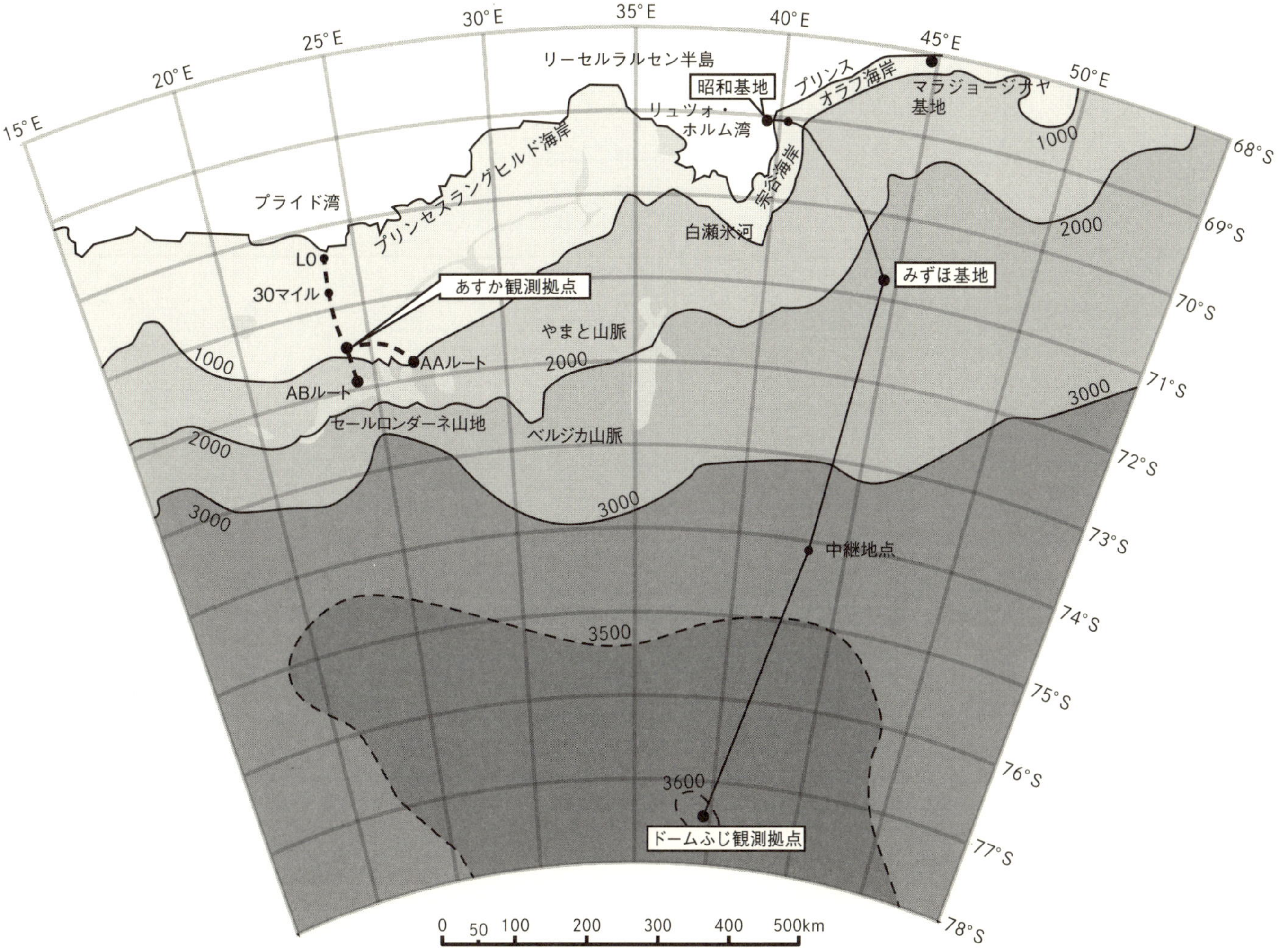

日本隊の観測基地とその周辺

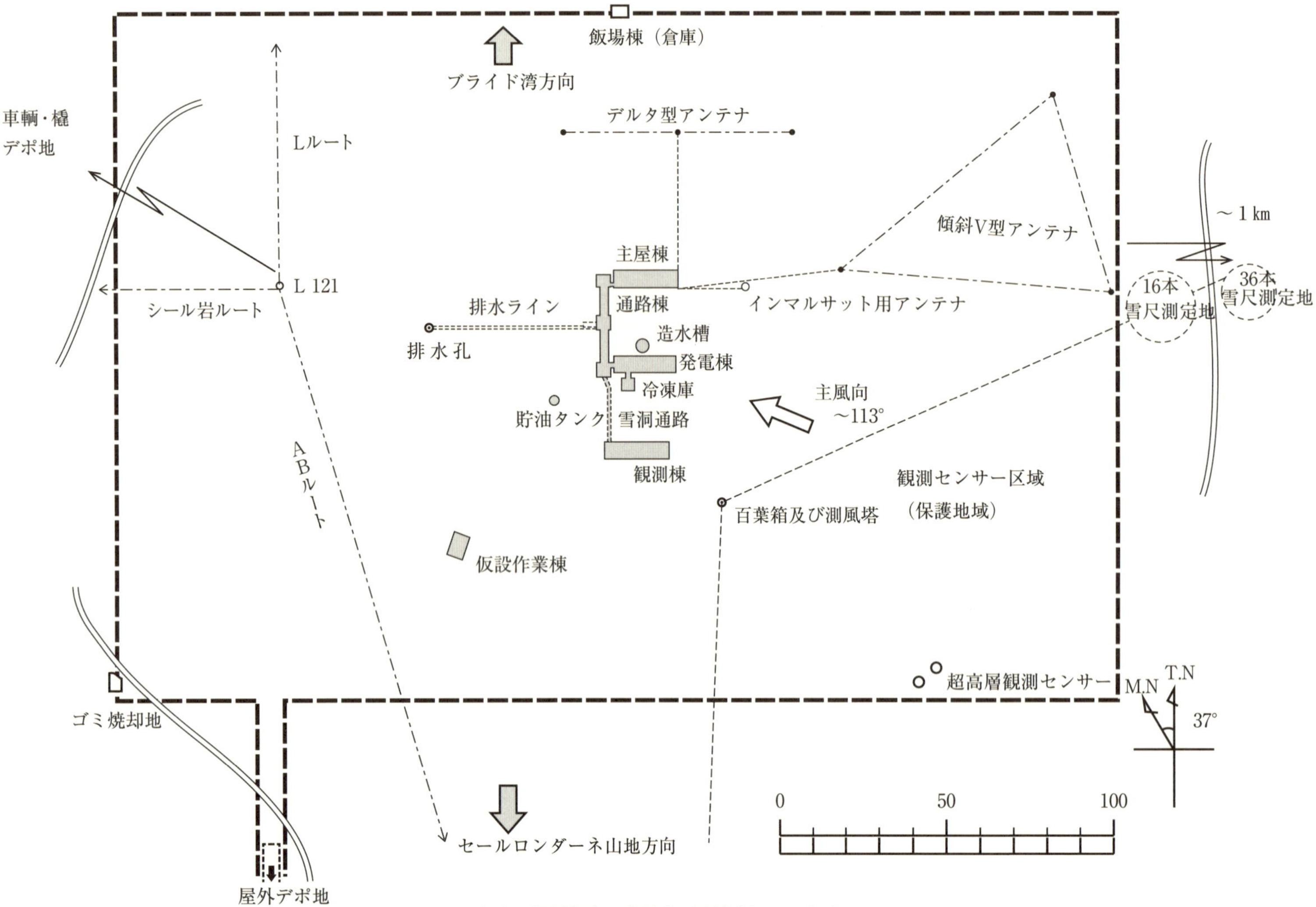

あすか観測拠点、基地内（破線内）のめやす

（日本南極地域観測隊 第28次隊報告より）

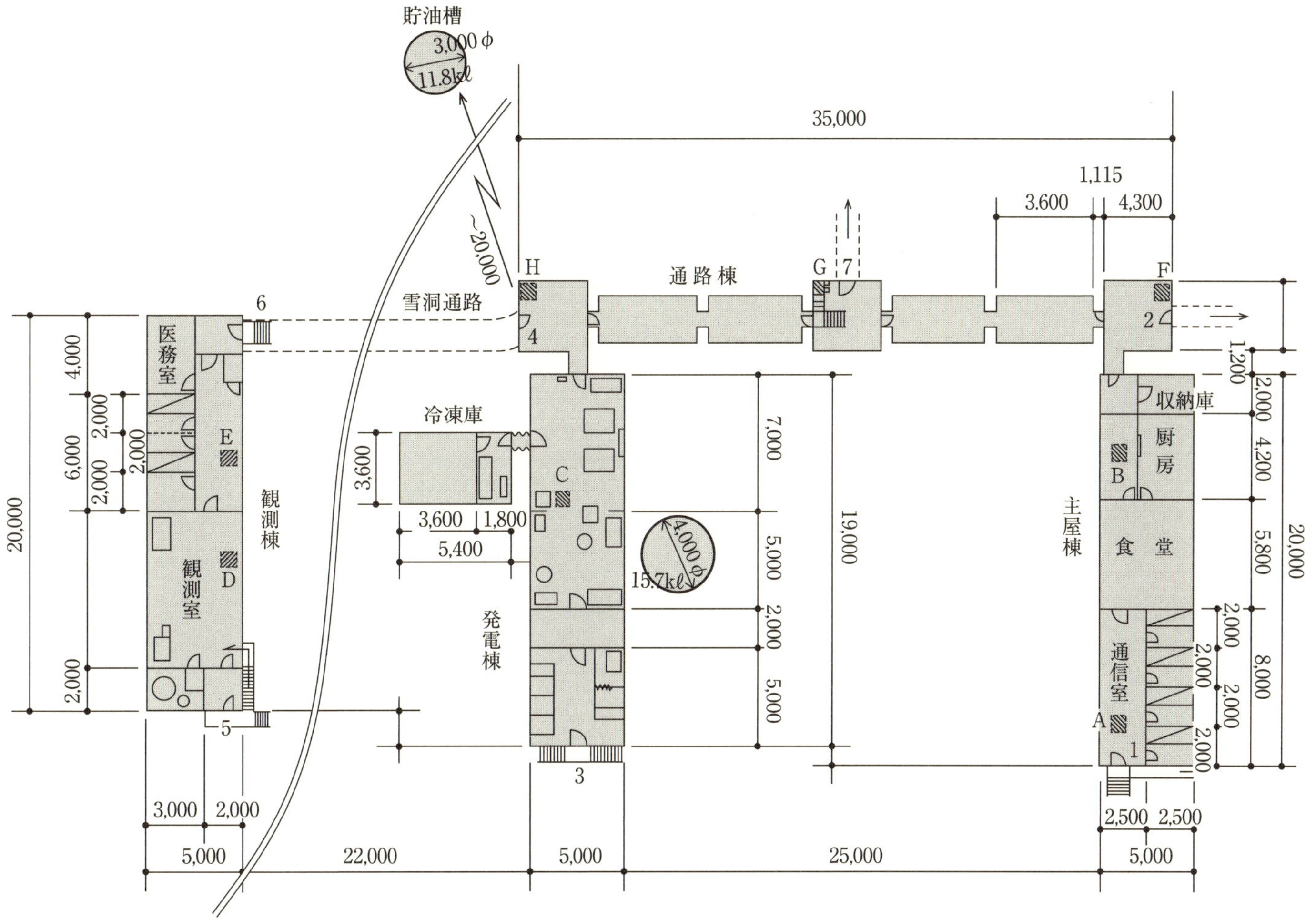

あすか観測拠点配置図

（日本南極地域観測隊 第28次隊報告より）

初出「南極あすか新聞」
1987（昭和62）年2月16日（月）〜12月21日（月）

2

February

1987(昭和62)年2月16日(月)〜28日(土)

2/1●「愛国から幸福へ」で人気を呼んだ
ローカル線の国鉄広尾線が廃止。
2/9●NTT(旧電電公社)株が初の上場。
2/10●厚生省(現厚生労働省)、エイズ予防で
血友病患者に対する特例措置を決定。

如月

南極あすか新聞

1987年（昭和62年）2月16日 月曜日

JARE28 あすか拠点新聞社

[2/15 気象]
天気　快晴
平均気温　-14.6℃
最低気温　-18.7℃
平均風速　9.7m/s
平均気圧　870.0mb

あすか拠点全員集会を開催

2月15日夕食後、あすか拠点越冬隊はじめての全員集会が開催された。議題は、あすか基地の運営に関する内規の検討である。鮎川隊長が昨年9月に極地研究所で作成した草案をもとに、高木生活主任の進行ですすめられた。

内規は越冬期間中における隊の運営を円滑ならしめ、且つ安全と秩序を保つために定める目的をもつが、あすか越冬のように前例のない事業の遂行には、できるだけ細部にわたって規定されることが望ましい。

本集会では、運営、職務分担、生活、保安、車両などについて、各隊員の細部に及ぶ意見が出て、実りの多い第1回全員集会となった。本内規は討議内容を盛り込んで正式に書き改められ、ワープロによりプリントされ配布される予定である。

さようなら夏隊

あすか建設に尽くしてくれた寺井、石沢、宮下、村松の4氏は、2月14日9時すぎ、83号機ヘリでピックアップされ、ブライド湾のしらせへ帰った。皆いい仕事をして晴れやかな顔であったが、越冬隊との別れの場では、涙が頬を伝い、声もつまり、ただ抱き合い肩を叩きあう光景がみられた。

しらせは15日12時Z現在、68度52・8分S、25度04・1分Eにあり、いまだ反転北上の態勢はとっていない。「富田君の味、風呂、忘れられません」とメッセージを残した星合隊長、夏のプロたち、お元気で。

[2/15 メニュー]
☆富田シェフ食当
朝昼兼用／スクランブルエッグ、じゃが芋煮付け
夕食／カキ鍋、山かけ、ワラビお浸し、中華風サラダ

燃料冬明けまで確保

2月13日、夏隊の4人（寺井・石沢・宮下・村松）を30マイル地点まで送った見送り隊（鮎川隊長・高橋・高木・酒井）は、翌14日、4人のピックアップを見届けたあと、燃料ドラム144本を12台のソリに積み付け、同日19時30分に30マイルを出発し、ノンストップで15日1時にあすかに帰投した。これで、冬明けまでの燃料は確保されたことになる。

Brattnipene 最高峰

あすか新聞編集局より

本日より「南極あすか新聞」を日刊で発行します。2月20日の越冬成立までは創刊準備号として暫定的に紙面づくりをこころみ、少しずつ改善してゆく予定です。

あすか拠点新聞社は、社主を兼ねる主筆に高木、記者を兼ねる写真部員に酒井の2名でスタートします。もちろん記者としての就職は自由ですし、読者からの投稿、注文、助言もよろこんで頂きます。

わが社は日本を遠くはなれたセールロンダーネのローカル紙ではありますが、日本南極観測隊あすか越冬隊の機関紙として、8名の社会の融和と越冬生活の記録の役割をになって、健筆をふるいたいと思います。

読者諸兄の絶大なご支援を期待します。

南極あすか新聞

1987年（昭和62年）2月17日 火曜日

JARE28
あすか拠点
新聞社

[2/16 気象]
天気　快晴
平均気温 -12.2℃
最高気温 -9.7℃
最低気温 -18.1℃
平均風速 6.4m/s
最大風速 14.6m/s
平均気圧 863.3mb

[2/16 メニュー]
☆富田シェフ
朝食／野菜炒め、牛大和煮缶、生卵、吸物
昼食／チキンライス、コールスロー、みそ汁、フルーツ、牛乳
夕食／ハンバーグ・ガルニ（付け合わせ）、コールスロー、細筍土佐煮、キャベツのブレゼ（蒸し煮）、みそ汁

発電棟～安全地帯間の雪洞開通

2月も後半に入り、あすか拠点の気温は常にマイナス10℃を割るようになってきた。観測棟の住人3名（渋谷・高木・酒井）は朝夕、シュラフを出入りする際に寒さが身にしみるこのごろである。

そこで、ファンコイル暖房の配管を早急に施工できるようにするため、まずは不通のまま滞っている安全地帯・観測棟間の雪洞を開通させることになった。

2月16日、願ってもない無風・快晴の機会を得て、観測棟住人3名と高橋は観測棟風下入口付近の除雪から始め、2度の落盤に悩まされながらも、雪洞を開通させ、ラックを露出させることができた。酒井は、出入口に角材とベニア板を用いて庇《ひさし》を作成した。この工事で、ファンコイル用配管と通信ケーブルの敷設は、本日中にも可能となった。

すでにあすかの積雪は硬く、剣スコ（剣先スコップ）も跳ね返す有様である。暗夜の冬の日、大脱走よろしくトンネル掘りに精を出すのも一興である。

通信関連工事すすむ

屋内では大坂による電話、警報、火災報知器等の敷設工事がすすめられている。

2月16日には警報のサイレンテストを行ったが、その音量の大きさに驚いたそうである。

Romnaes

プロフィール① 野崎勝利さん

昭和32年3月26日生まれの29歳。平均年齢の高いあすか越冬隊では、最年少の青年である。青森県弘前市の生まれで、ひとりっ子、おひつじ座、AB型。

茨城大学を卒業し、青森市役所下水道部に2年いたあと、埼玉大学施設課に移り、空調、給排水、ガスなどの設計、施工、管理などを担当していた。

直子夫人（29）とは恋愛結婚で、あすかのインマルサットを用いた私用電話の発着とも、第1号は野崎さんことノンちゃんと奥さんに占められ、さっぱり電報すら届かない諸兄を羨ましがらせた。

初めての南極越冬が、こともあろうに条件の厳しいあすか拠点で、夏季オペレーション（夏オペ）期間中は本当にハードで、何度も帰りたくなったと至って正直だ。ただし、星合隊長を風呂に入れて感謝され、それ以後はすっかり元気になったと評判。

あすか越冬中の目標は、100％とはいわないが80％は満足のゆく施設にすること。

趣味はテニス。あすかでは情報処理の勉強とアマチュア無線をやりたいという。

あすかのおじさん達に負けないで、頑張ってほしいね。

南極あすか新聞
1987年
(昭和62年)
2月18日
水曜日
JARE28
あすか拠点
新聞社

[2/17 気象]
天気 曇
平均気温 -15.8℃
最高気温 -11.8℃
最低気温 -23.1℃
平均風速 4.2m/s
平均気圧 861.8mb

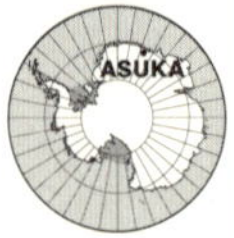

観測棟へ配管、通信ケーブル敷設

16日の観測棟・安全地帯╱A間の雪洞開通のあとを追うように、17日にはファンコイル用暖房配管と通信ケーブルの敷設が、それぞれ野崎と大坂によって行われた。本日午後には、観測棟の住人が待望する暖房がはいる予定。

主屋棟不同沈下の測定

17日午後、渋谷によって主屋棟の不同沈下の測定が行われた。風上に立つ赤白のエスロンポールの頭を基準点として、水準儀で測ったところ、主屋棟風下側の基準点では、1年間に10cmの沈下が認められた。この値は、26~27次の値より40cmも少ない。また、発電棟と観測棟の屋根上の各所でレベルを測定したところ、観測棟では+−5~7mmに収まったが、発電棟では数cmの誤差があり、建物が相当ズレていることがわかった。

食糧およびソリの移動

17日午後、デポ地の越冬用食糧デポが倒れて、食糧梱包が散乱していたので、隊長・高橋・富田は新たに食糧デポを作った。またソリ置場、車両用燃料置場も風下側に移動された。このように基地周辺にはさまざまな物品があり、それに伴うドリフト*が形成されているが、これらは、物品の移動とドリフトの除去により対処すべきだ。

あすかの観測①【医学】

医学研究観測は、南極観測の数多い観測項目の中で、最も遅れた分野のひとつである。それだけ未知の部分が多く、担当者の手腕によっては、多大な成果を期待できるのである。

担当の高木隊員は、南極壮行会で西堀栄三郎第1次越冬隊長から「南極の基地ちゅうところは、人間が試験管の中にはいっとるところや。調べることはなんぼでもあるはずや」と言われて、なるほど科学の達人は的を射たことを言うと感心させられた。

第28次あすか隊で予定している医学研究観測は次のとおり。

(1)「南極越冬隊員の血中ホルモンリズム」

ヒトにはそれぞれ固有のバイオリズムがある。この生体リズムが南極基地の特殊な自然および社会環境の中で、いかに変化するかを血液中の3種のホルモンを指標にして調査する。

(2)「ヒトの寒冷適応に関する研究」

昨年の11月24日にしらせ艦内で一度検査を行っているので、隊員諸氏には理解いただいていると思う。0℃の冷水に手指を浸すことによる心電図の変化を指標にして、ヒトの寒さへの順応を調べようというもの。厳しい屋外作業の結果、寒さに強くなったかが見もの。

[2/17 メニュー]
☆富田シェフ食当
朝食／鯵開き、コンビーフ炒め、キャベツサラダ、みそ汁
昼食／うな丼、切り干し大根煮付け、新香、吸物、フルーツ
夕食／肉団子甘酢炒め、ワカサギマリネ、春雨サラダ・チーズ添え、新香、みそ汁、フルーツ

＊建物や障害物の風下にできる雪の吹き溜まり

南極あすか新聞
1987年（昭和62年）2月19日 木曜日
JARE28
あすか拠点
新聞社

[2/18 気象]
天気　快晴
平均気温　-16.3℃
最高気温　-12.1℃
最低気温　-21.1℃
平均風速　8.8m/s
最大風速　15.5m/s
平均気圧　866.9mb

36本雪尺測定

18日午後、観測棟風上1kmにある36本雪尺の測定が、鮎川隊長・渋谷・酒井によって行われた。その結果、1月25日から2月18日までの24日間にマイナス6・5cmの積雪の減少が判明した。おそらく昇華により積雪が減少したのであろう。ちなみに、1986年1月29日から1987年1月25日までの積雪はプラス16・7cmであった。

観測棟風下側出入口を改良

16日から、酒井によって観測棟風下側出入口の庇とりつけ工事が行われてきたが、18日高橋が加わって、危ないスノーブリッジの切り崩し、ベニア板での天井作り、さらに5mmのアクリル板を用いた天窓作りが行われた。

これら一連の工事で、風下側出入口は復活し、おそらくブリザードにも強い頼りになる脱出口として生まれかわった。

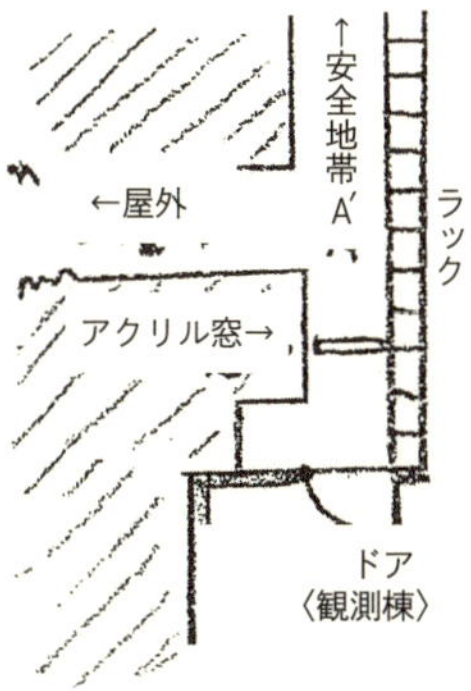

越冬体制にはいって、大きな工事こそないが、このような工夫は絶えず続けられている。

Austkampane & Birger Bergersen

あすかの観測②【気象】

あすか観測拠点には、世界気象機関（WMO）から89524の地点番号が与えられている。気象観測は南極基地の数多い観測の中で最も基本的な観測で、あすかでも最優先観測に指定されている。

それは、気象観測の実施が、基地活動の証拠として国際的なアピール度が高いという政治的理由と、他の研究観測は、多かれ少なかれ気象データに依存するという科学的理由によるものだ。

あすかには気象の専門家はいないが、夏オペ期間中は大坂、ついで越冬期間にはいって渋谷が担当することになった。観測項目は、気温・風速・風向・露天温度・気圧・日射（以上は気象観測装置による自動観測）および雲・視程・大気現象・天気（以上は目視観測）、雪尺による積雪量である。

これらのデータは、00Z・06Z・12Z・18Z（あすかの時間では03LT・09LT・15LT・21LT）に測定されたものをSYNOP（地上実況気象通報式）として、昭和基地を経由して、オーストラリアのモーソン基地へ送られることになる。SYNOPを3月1日から開始するために渋谷教授は気象の勉強に余念がない。

南極の自然を語るとき、気象観測は欠かせない。本紙は観測データを頻繁にとりあげる予定である。

[2/18 メニュー]
☆富田シェフ食当
朝食／鮭塩焼き、生卵、肉団子、鯖味噌煮缶、みそ汁
昼食／焼きそば、スープ、フルーツ
夕食／ボルシチ、玉ねぎフライ、マカロニサラダ、みそ汁、フルーツ

南極あすか新聞

1987年
(昭和62年)
2月20日
金曜日

[2/19 気象]
天気　曇り
低い地吹雪
平均気温
-14.3℃
最高気温
-11.9℃
最低気温
-17.3℃
平均風速
15.6m/s
最大風速
21.4m/s
平均気圧
867.4mb

JARE28
あすか拠点
新聞社

[2/19 メニュー]
☆富田シェフ食当
朝食／ハムステーキ、スクランブルエッグ
昼食／ステーキ卵丼、鶏肉とじゃが芋の煮付け、新香、みそ汁、グレープフルーツ
夕食／トンカツ、コールスロー、焼き鳥、じゃが芋のリヨネーズ（リヨン風）、スープ、フルーツ

「南極あすか新聞」創刊に寄せて

あすか観測拠点越冬隊長　鮎川 勝

「南極あすか新聞」創刊おめでとう!!

貴紙は、これから多分、あすか観測拠点初越冬者8名の融和、団結および情報交換などを図るために重要な役割を果たすことになるであろう。またこのあすか観測拠点の出来事を広く後世に伝える使命をも帯びているかも知れない。したがって私は貴紙に対し、初越冬の表話、裏話そして我々が大自然の中で経験し、学び、習得する知識など広範囲に渡っての記事掲載を望み、その活動を大いに期待している。

2月16日早朝、突然「南極あすか新聞」創刊準備第1号が配達された。私は感慨無量であった。新聞発行が可能になった「あすか観測拠点」の現状は、私にとって信じられない驚くべき事実であった。その瞬間あすかがこのような状態を迎えるまでの長い道程で、幾多の障害を克服した人々に想いを馳せた。

……一五ヒメイジツトモニ八メイノセイカツカイシ／キンネンマレナナツオペセイコウ・ゴシエンシンシャ／アスカノコレカラ・ミチナルコトオオシ・サレドエイトマン一ッチダンケツ・ハツエットウニノゾム／コンゴトモカワラヌゴシエンコウ／アユカワホカアスカエットウタイイン一ドウ……

私はこのみじかい電文の中に、あすか観測拠点の越冬観測を成立させるために直接あるいは間接に努力を重ねられた日本南極観測事業関係者ひとりひとりの顔を思い浮かべながら、そしてまたしらせ倉田艦長以下乗組員の皆様及び28次隊の昭和基地越冬隊員や夏隊員に感謝しつつ、特に28次夏隊の寺井、石沢、宮下、村松4隊員との30マイル空輸拠点における地吹雪吹き叫ぶ別離の万感胸にこみあげた情景を思い浮かべながら、松田国立極地研究所長他所員一同宛て「あすか」の決意をしたためたのです。

即ち貴紙は、厳しかった夏オペレーション終了に伴う一種の安堵感にも似た狭間にあった私の気持を、「あすか」はこれからスタートなのだという現実に引きもどす作用をしたのです。

新聞の力は偉大也、これから初越冬に臨む〝七人の侍〟ならぬ8人の男達よ、「南極あすか新聞」を我々の手で育くみ、我等が機関紙と共に歩み、実りある初越冬観測を成功させようではないか!!

最後に高木社主兼主筆及び酒井記者他の健筆に期待すると共に、健全経営で破産なきことを祈る。

「南極あすか新聞」よ、我々8名の心の糧として羽ばたけ!!

南極あすか新聞

1987年
(昭和62年)
2月21日
土曜日

[2/20 気象]
天気　晴高い地吹雪
平均気温 -12.8℃
最高気温 -11.6℃
最低気温 -15.6℃
平均風速 17.2m/s
最大風速 25.3m/s
平均気圧 864.8mb

JARE28
あすか拠点
新聞社

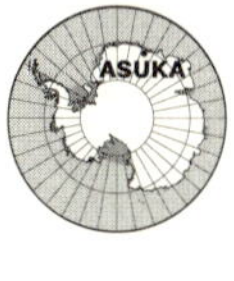

[2/20 メニュー]
☆富田シェフ食当
朝食／納豆、大和芋、生卵、筋子、みそ汁
昼食／カレーライス、ハムサラダ、吸物、フルーツ
夕食／前菜、刺身、春巻、ミートボール、海老チリソース、牛肉味噌炒め、伊勢海老クリーム炒め、フカヒレスープ、かに玉、フルーツ

あすか越冬隊成立

20日、第28次南極地域観測隊あすか観測拠点越冬隊が成立した。主屋棟ホワイトボードには、鮎川隊長の次のような越冬宣言がしるされた。

祝・越冬成立

日本南極地域観測の新時代の幕開けです。厳しい夏オペでしたが、30年前の昭和基地越冬開始を果たした先駆者達と同様、我々もこのあすか観測拠点での初越冬を、設営・観測両面共意義あるものにする為、さらに一致協力精進致しましょう。我々8名で、あすか越冬の歴史の第一頁を構築しましょう。

午後からは、南極大陸の厳しい自然を象徴する地吹雪の吹き荒れる中で、越冬成立の記念撮影が行われた。また夕食は、富田シェフが腕によりをかけた中華料理の豪華メニューが食卓をかざった。

〈あすか観測拠点初越冬隊〉
隊長　鮎川　勝　42歳(国立極地研究所)
観測　渋谷和雄　38歳(国立極地研究所)
観測　酒井量基　31歳(国立極地研究所)
機械　高橋茂夫　39歳(いすゞ川崎工場)
機械　野崎勝利　29歳(埼玉大施設課)
通信　大坂孝夫　32歳(日本電信電話)
設営　富田瑞穂　32歳(東條会館)
医療　高木知敬　37歳(北大医学部)

越冬隊の平均年齢は、20日現在で35・00歳。これは30年前の第1次越冬隊の36・45歳よりも若干若い。出身職場は全員が関東以北の東日本となっている。

あすか初越冬隊は、何かにつけて第1次越冬隊と比較されることがあるので、以下に30年前の先達の名簿を掲げる。

〈第1次南極越冬隊〉＊印は故人
隊長　西堀栄三郎　53歳(京大理学部)
気象　村越　望　30歳(気象庁観測部)
地質　立見辰雄　40歳(東大理学部)
地質　菊池　徹　35歳(工業技術院)
医療　中野征紀＊　52歳(帯広厚生病院)
設営　佐伯富男　27歳(北大農学部)
設営　北村泰一　25歳(京大理学部)
機械　大塚正雄＊　35歳(いすゞ自動車)
通信　作間敏夫　29歳(朝日新聞社)
航空　藤井恒男＊　44歳(朝日新聞社)
調理　砂田正則＊　31歳(ブラジル会館)

奇しくも、大塚氏は高橋の会社の、中野氏は高木の医学部の大先輩に当たる。あすか初越冬隊は、日本の南極観測のパイオニアであった「花の1次隊」に負けないように、この嵐の大地にしっかり腰をすえて、任務を果たしたいものだ。

観測棟ファンコイル暖房開始

観測棟内のファンコイル暖房が、野崎によって19日からすでに開始されている。

以前3℃程度だった室温が、1台稼働で10℃に上昇し、20日17時現在、5台で16℃になった。

南極あすか新聞

1987年
（昭和62年）
2月22日
日曜日

JARE28
あすか拠点
新聞社

[2/21 気象]
天気 高曇り
高い地吹雪
平均気温
-10.7℃
最高気温
-9.6℃
最低気温
-12.0℃
平均風速
18.6m/s
最大風速
26.6m/s
平均気圧
864.6mb

[2/21 メニュー]
☆高木サブ食当番
朝昼兼用／鮭塩焼き、オムレツ、竹輪・こんにゃく・フキの煮付け、みそ汁、コールスロー、フルーツ
夕食／Tボーンステーキ、フライドポテト、マカロニグラタン、パンプキンスープ、コールスロー、グレープフルーツ

準外出禁止令出る

2月19日から止むことなく吹き荒れている地吹雪は、21日には一層高くなり、遂に21日14時、鮎川隊長より「主屋棟、発電棟、観測棟以外の屋外に出るな」との準外出禁止令の発動と、人員の点呼が行われた。

この時、時間平均風速18・2m／s、風向130度、時間平均気温マイナス9・9℃であったが、視程は約50mであった。今後、冬に向かうにしたがって、このような機会が増えるであろう。外作業時の諸注意、ライフロープ＊の敷設（基地内規参照）などを考慮する必要があろう。

南極呆け早くも!?

われわれがあすか入りして、まだ2ヶ月強であるが、早くも南極呆けの症状が現れている。

昨日、本紙に掲載されたあすか越冬隊員の年齢のうち、富田の32歳は33歳の、酒井の31歳は32歳のそれぞれ誤りで、平均年齢も35・25歳となる。これらの年齢は本人たちが固く信じていたもので、この調子では先が思いやられるね。

娯楽活動が活発化

連日のレーザーディスクによる映画上映に加え、VTR、キャロム、囲碁、将棋、麻雀も準備された。

あすかの観測③【地学】

地質・鉱物、地理・地形、測地・固体地球物理学を総称して地学と呼ぶことが一般的である。研究方法は異なってもその目的はどれも「地球を作る物質組成の地域的相違が、いつ何故どのようにして生じたかを明らかにする」ことにある。

渋谷隊員のやることは、主に測地・固体地球物理学的方法で、南極セールロンダーネ地域（露岩・氷床下）の特徴を調べようとするものである。高い山や深い海があるように、場所により地形が異なると、地球の引力（重力）や磁石としての強さ（全磁力）が場所により異なる。

そこで、氷に覆われて見えない所や陸上でも近づけない所などを、重力計や磁力計ではかり、地図の等高線を描く要領で強さの等しい所を結んで、「等値線図」を作る。そして、何故そういう強さの分布ができ、表面で見える地形や地質とどういう関係があるか調べるわけである。

今述べたことは地球に限らず、惑星を調べるうえで普遍的な事柄であるが、百年後に立派な「等値線図」が完成しても、今測っている本人は少しもおもしろくない。そこで重力・地磁気などを「できるだけ短い時間」に「できるだけ正確」にはかり、「できるだけたくさんの測点数」を増やすことが勝利への道である。

渋谷隊員は、ここ4～5年、人工衛星を利用したそのようなすばらしい位置決定を、南極観測での主題にしている。

（渋谷隊員投稿）

＊建物の間に張られたロープで、ブリザード時にはこれを伝って移動する

南極あすか新聞

1987年（昭和62年）2月23日 月曜日

JARE28
あすか拠点新聞社

[2/22 気象]
天気　晴低い地吹雪
平均気温 -11.4℃
最高気温 -10.5℃
最低気温 -12.2℃
平均風速 15.4m/s
最大風速 21.7m/s
平均気圧 867.8mb

[2/22 メニュー]
☆渋谷食当
朝昼兼用／ベーコンエッグ、みそ汁、納豆
夕食／トンカツ、腸詰と野菜のワイン煮、オニオンスープ、オレンジ

初の日曜日課

あすか観測拠点の基地活動は、観測・設営ともに軌道に乗るようになり、22日、初めて日曜日課が実施された。食当は渋谷の担当で、ブランチは11時。隊員はゆっくり朝寝を楽しみ、食事を摂りながら、VTRの「大黄河」や「オーストラリア」に見入った。午後からは、風呂の残り湯を利用して洗濯も行われた。またあすかで初めての麻雀が御開帳となったが、富ちゃんがダントツで走り、隊長は大盤ぶるまいであった。

2月22日

富田	＋79
鮎川	－68
高木	－27
渋谷	＋16

あすか映画館好評

あすかでは、連日レーザーディスク映画が上映されている。いい作品では皆、しっかりと目を開いているが、駄作ではきまって居眠る人がいて、観客の反応は厳しい。
現在までの上映作品と評価は次のとおり。

①レイダース ★★★　②恋文 ★　③ネバーセイネバーアゲイン ★★★　④ランボー怒りの脱出 ★★★　⑤皇帝密使 ★なし　⑥シンドバット ★★　⑦アメリカンジゴロ ★★　⑧二代目はクリスチャン ★★★　⑨カラオケ ★★★　⑩ウイーンの森の物語 ★　⑪蘇える金狼 ★★　⑫男はつらいよ ★★★　⑬スター・ウォーズ ★★　⑭必殺！ ★★　⑮ゴーストバスターズ ★★　⑯蒲田行進曲 ★★★

当面の観測および設営計画

21日、鮎川隊長により当面の観測・設営計画が発表された。

〈観測計画〉
1. 基地周辺の測量　a. シール→主屋棟間　b. 基地建物位置　c. ドリフト
2. 基地定点観測項目の定常化促進（渋谷→酒井講習を含む）SYNOP開始
3. Lo点↕シール岩海抜高度結合のための測量旅行（人員・車両・日程を検討中）
4. 医学観測　a. 寒冷適応心電図検査　b. ホルモンリズム　c. 健康診断
5. オーロラ観測準備
全天カメラ　TVカメラ
6. 地磁気絶対観測（シール岩）
7. 降雪観測準備

〈設営計画〉
1. 防災関係配置周知徹底および操作取り扱い講習会
2. 配管関係のシステム概要説明会
3. 厨房灯油レンジ等取り扱い講習会
4. 車両取り扱い講習会
5. 通信設備説明会
6. 防火訓練の実施
7. 各脱出口の確保作業
8. 屋外デポ物品整理
9. 各棟非常食配置
10. 防風壁除去と主屋棟周辺除雪
11. ライフロープ展張
12. その他各担当部門の整理整頓

南極あすか新聞

1987年
（昭和62年）
2月24日
火曜日

JARE28
あすか拠点
新聞社

［2/23 気象］
天気　快晴
高い地吹雪
平均気温
-11.4℃
最高気温
-10.4℃
最低気温
-13.3℃
平均風速
17.1m/s
最大風速
24.9m/s
平均気圧
866.2mb

［2/23 メニュー］
☆高木サブ食当
朝食／アスパラ・ハム炒め、昆布豆、秋刀魚蒲焼き缶、みそ汁、グレープフルーツ
昼食／親子丼、コロッケ、ウインナー、生キャベツ、ワカメスープ
夕食／リブステーキ、おでん、海老チリソース煮、ビーフシチュー、野菜サラダ、オレンジ

地吹雪の中でデポ地整理

19日から吹き荒れている地吹雪は、23日も止むことなく、あすかの各棟をなめるように吹き抜けていたが、隊長・高橋・富田はこの嵐の中で、デポ地の物品整理に精を出した。

いまだにデポ地に残されている物品は、いずれも棟内に収容しきれない物、あるいは危険物であるが、従来のデポ地が少しずつドリフトで埋まりかけているうえに、物品そのものが新たなドリフトの原因になる。そこで、物品を思い切って、南側（セールロンダーネ側）に移し、風に対して直角に、約5m間隔で横一列に棚上げして、部門別に並べたものである。

夏オペ期間中に痛いほど思い知らされたドリフトの猛威を教訓にして、今後もさまざまな試行錯誤をくりかえしていかなければならないだろう。こういった苦労は、まさに初越冬隊ならではのものだ。

観測ドーム透明化対応策決まる

観測棟のオーロラ観測用のアクリルドームに霜が付いてしまった。これはファンコイルによって観測棟内が暖まる一方、外気温が下降したので、その温度差によって水蒸気がドームの内面に凝結してしまったせいである。酒井は、この凝結に対し、ファンコイルの温風を吹きつけて温めることにより、飽和水蒸気圧を上げて、対処しようとしている。ドームにピンホールをあけるべしとの案もあるが、さて効果はいかに。

プロフィール②　高木知敬さん

昭和24年4月3日生まれの37歳。南極越冬は21次についで2回目。京都の西陣生まれで祇園育ち、自称「花街育ちのボンボン」。長男で8歳下の妹ひとり。おひつじ座、B型。

北海道大学医学部を卒業後、同大第一外科に籍を置きながら、外科医として函館、釧路、札幌、オホーツクの遠軽、上湧別、道南の森などを転々とドサ回りした。あすか越冬が終わったら、愛してやまない東北海道に戻り、土に還るまでその地に住みたいという。

厚子夫人（33）とは「きょうは俺たちの結婚式だったなあ」と一緒にアパートを出て、山スキー部の友人たちが準備してくれた式場に向かうという結婚をして、8年目に長女みなみちゃん（2歳7ヶ月）が生まれた。前回、成田帰国時に出迎えた夫人に「また行きたければ、（南極へ）いつ行ってもいいよ」と言われ、今回は大手を振って来たという。

あすかに来た理由は、21次でピラタスから見たセールロンダーネ山地に足跡を残したかったこと、そしてあすか越冬が第1回であったこと。越冬中の目標は、医学研究の仮説を実証すること、裏方として精をだすこと、越冬を楽しむこと。

南極あすか新聞
1987年（昭和62年）2月25日 水曜日
JARE28 あすか拠点 新聞社

［2/24 気象］
天気　快晴
高い地吹雪
平均気温 -11.2℃
最高気温 -9.8℃
最低気温 -13.8℃
平均風速 17.2m/s
最大風速 25.5m/s
平均気圧 863.2mb

［2/24 メニュー］
☆富田シェフ食当
朝食／厚焼き卵、牛肉と野菜の炒め、鮭水煮缶、みそ汁
昼食／そば、グレープフルーツ
夕食／柳カレイ煮付け、牛肉と野菜のカレー粉炒め、山菜白和え、みそ汁、フルーツ

隊長より当面の計画発表

24日朝食後、鮎川隊長より当面の計画の具体案が発表された。

①月例報告は、27日夜までに、今月に限り、部門毎に隊長へ提出する。3月以後は、渋谷が集計する。燃料・気象などは28日締め。

②SYNOPは、3月1日より実施したい。したがって、昭和基地との交信も定常化する必要あり。

③地学の海抜高度測定旅行は、3月の2週目に、4泊5日程度で実施したい。

〔リーダー・観測〕渋谷
〔機械・装備〕高橋
〔航法・食糧・医療〕高木
〔通信〕大坂

④寒冷適応心電図検査は2月24日昼食後、全員で実施。

寒冷適応心電図検査を実施

24日昼食後、第2回の寒冷適応心電図検査が食堂に於いて実施された。第1回は昨年の11月24日、18°S 113°Eのインド洋上のしらせ艦内で検査したもので、今回はあの厳しい夏オペ期間中にどれだけ寒さに対して強くなったかが期待された。

ところが、夏オペが終了して、既に10日あまりが過ぎ、さらにここ6日間連続の地吹雪のために外作業に従事する機会が少ないせいか、0℃の水中に手を浸すと、あいかわらず冷たく、しびれる。心電図のRR間隔の変化などは、今後の検討が待たれる。全員の被検者ならびに助手としての協力に、高木隊員は感謝感激の一日であった。

プロフィール③ 酒井量基さん

昭和29年8月25日生まれの32歳。南極越冬は22次についで2回目である。熊本県の人口6万人の荒尾市の生まれで、姉2人、妹1人が同胞。おとめ座。O型。

山梨県大月短期大学を卒業後、昭和50年に極地研に就職し、事業部事業課に属する。勤務のかたわら、法政大学の夜間部を卒業した努力家である。かの纐纈さんを部下にもつという幸せな人でもある。

ミス荒尾・ミス水着の喜久世夫人（27）と見合い結婚し、ひとつぶだねの顕子ちゃん（1歳10ヶ月）をもうけた。夫婦の睦まじさは定評のあるところで、あすかと東久留米の間を、週1回のペースで確実に電報が往来する。また、ベッドルームには額入りの家族の写真がかざられている。

趣味は囲碁、大工仕事、油絵。空手初段。

あすかの夏オペは大変なオペレーションだと思っていたが、実際は想像以上だった。しかし、この近来まれな建設作業に参加できてよかったと胸をはる。

越冬中は、観測・設営の両面で雑用係（庶務）として、細かく気を配り、あすか越冬成功のために頑張りたいと決意を表明。

南極あすか新聞

1987年（昭和62年）2月26日 木曜日

［2/25 気象］
天気　晴低い地吹雪
平均気温　-14.7℃
最高気温　-12.8℃
最低気温　-16.4℃
平均風速　14.4m/s
最大風速　20.8m/s
平均気圧　861.7mb

JARE28 あすか拠点新聞社

安全地帯B出入口を改良

25日、6日連続の高い地吹雪がようやく収まったあすかでは、一気に外作業が始まった。久しぶりに、セールロンダーネの山々がくっきりと輪郭を現わした眺望はすばらしく、太陽はひどくまぶしく感じられた。風速は14m／s台と決して弱くはないのだが、これから冬場にかけては、この程度なら良しとしなければならないだろう。

まず溜まったゴミを捨てた後、安全地帯Bの出入口の改良工事が始められた。以前、酒井が作ったベニヤ板と竹竿による庇《ひさし》では、厚い積雪に耐えられないので、除雪の後この庇は撤去され、新たに角材による支柱の上に半角材などで井げたを組み、その上にベニヤ板を張る構造に作りかえられた。

非常時の脱出口の確保は、南極では生存の懸った切実な問題である。例えば、今のところ、通路一方向から火に攻められると、主屋棟の住人は逃げ場がない。したがって、主屋棟風上側出入口の確保も早急に対処しなければならない。南極越冬で最も大切なことは、隊員各人が生きて帰ることである。生存のために、われわれは努力を惜しむわけにはゆかない。

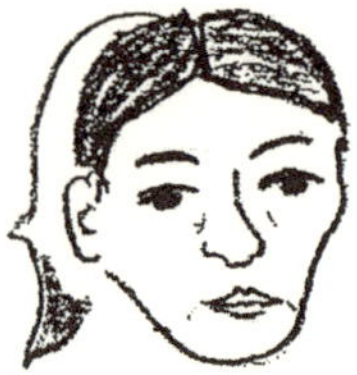

みんなが泣いた「遙かなる山の呼び声」

あすかのアカデミー賞

プロフィール④ 渋谷和雄さん

昭和23年5月12日生まれの38歳。南極越冬は21次についで2回目。千葉県柏市の生まれで、東京育ちである。兄1人、姉2人という4人兄姉の末っ子。おうし座、O型。

東京大学理学部を卒業し、同大大学院博士課程を終了したのち、昭和53年極地研に入所。現在、地学部門助教授。専門は地球物理学。

21次隊帰国後、半年にもならないうちに、見合い、結婚にこぎつける段取りのよさで周囲を驚かせた。俊江夫人（32）との間に、和彦君（4歳）と和香子ちゃん（2歳）の2子がある。

28次の晴海出航の折、「オレの女房は何処にいるんだ？」と記者に問うなどユーモラスな面と、バレンタインデイ直前に届いた夫人からの電報を抱いて眠ってしまう愛らしさは、この人の愛すべき特徴で、まわりの微笑を誘う。

趣味はとくにないというが、麻雀では陰の実力者であり、週刊誌のすみずみに目を通す芸能部長でもある。

夏オペ期間中はきつかったが、あすかの現在は、まことに住みやすい所であるといい、専門以外の気象や超高層の研究にも意欲を見せている。

［2/25 メニュー］
☆富田シェフ食当
朝食／卵とじ、牛大和煮炒め、鯖水煮缶、みそ汁
昼食／ルース・ホイハン（チンジャオロース丼）、スープ、新香、サラダ
夕食／パピヨット（紙包み焼き）、春雨炒め、サラダ、鯛の潮汁、おじや、新香、フルーツ

南極あすか新聞

1987年
（昭和62年）
2月27日
金曜日

[2/26 気象]
天気　快晴
低い地吹雪
平均気温
-14.8℃
最高気温
-12.9℃
最低気温
-17.0℃
平均風速
15.0m/s
最大風速
22.6m/s
平均気圧
866.4mb

JARE28
あすか拠点
新聞社

[2/26 メニュー]
☆富田シェフ食当
朝食／スクランブルエッグ、鮪味付け缶
昼食／タンメン、フルーツ
夕食／カジキムニエル、焼き豚、仔牛のシニョンツェル、仔牛の煮込み、おじや、フルーツ

30KVA発電機500時間点検

26日、30KVA発電機（1号機）の500時間点検が行われた。発電機を2号機に切り替えた後、噴射ノズル、燃料フィルター、オイルフィルターの交換、バルブ、エアクリーナー、ファンベルトの点検、エンジンオイルの交換などが、高橋の熟練した手で、スムースに進められた。切り替え時、過電流の警報が鳴り、原因追究されている。

あすかの観測④【超高層物理学】

地球上で見られる自然現象の中で最も美しく且つ不思議な現象であるといわれているものに極夜の空に乱舞するオーロラ現象がある。オーロラは雨あがりなどによく見られる虹と同様にカラフルで美しいが、その発生機構はまったく異なる。

虹が大気中に浮かぶ水滴による太陽光の屈折によって生じる現象であるのに対して、オーロラは太陽から宇宙空間に吹き出される電気を帯びた粒子群（太陽風、プラズマ雲などと呼ぶ）の流れと地球磁場が相互に作用しあって作り出す高エネルギー荷電粒子（10keV～数百keV）が地球の上層大気と衝突することによって発生する放電現象である。

このオーロラ現象はカラフルであるばかりでなくリズミカル且つダイナミックな時間的・空間的な変動をすると共に、地場擾乱・自然電流の発生・電離層電子密度上昇などを伴う。それ故、オーロラ現象は地球周辺宇宙空間の電磁気的な諸物理量に関連を有し、地球周辺の環境を知るうえにおいてオーロラ研究が重要である所以である。

オーロラの存在は、少なくとも磁場の存在と大気組成の知見を与えることになり、このことは地球ばかりでなく、他の惑星等にも適用できる。

あすか観測拠点初期越冬における超高層物理学の観測は、昭和基地を主観測基地とするオーロラ多点観測計画の一環として位置づけられており、オーロラ現象の経度的特性を明らかにすることを目的としている。

オーロラ現象の爆発的な時間的・空間的変動は緯度的には、0.3～3km/s経度的には0.2～2km/s程度の速度で、それぞれ高緯度側、西側へ伝播する。しかし、オーロラのダイナミックな動きの発生機構は、未だ十分解明されていないのが現状であろう。

あすか観測拠点超高層物理観測は、次の4項目でスタートする。

①地磁気変動観測（DC～0.01Hz）
②地磁気脈動観測（0.001～3Hz）
③オーロラの時間空間変動観測（全天カメラ）
④オーロラ時間空間的変動の微細構造観測（TVカメラ）

（鮎川隊長　投稿）

Menipa 最高峰

南極あすか新聞

1987年
（昭和62年）
2月28日
土曜日

[2/27 気象]
天気　快晴
平均気温　-13.6℃
最高気温　-12.0℃
最低気温　-16.1℃
平均風速　12.2m/s
最大風速　18.0m/s
平均気圧　875.3mb

JARE28
あすか拠点
新聞社

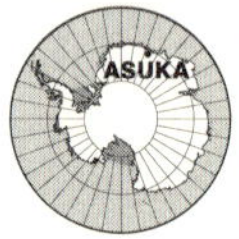

[2/27 メニュー]
☆富田シェフ食当
朝食／生卵、鮪味付け缶、鮭ムニエル、みそ汁
昼食／ドライカレー、コールスロー、フルーツ、吸物
夕食／仔牛のソテー・シャンピニオンソースとガルニ（付け合わせ）、切り干し大根煮付け、ピザパイ、みそ汁

天気晴朗、基地活動全開に

27日、2日間連続の快晴で、風速もグッと弱まり、13時の時間平均風速は9・8ｍ／ｓと、ひさしぶりに10ｍ／ｓを下回った。この好条件を利用して、屋外作業は大いにはかどった。

渋谷・酒井は基地内の各施設の方位を観測棟屋根上基準点より測定した。隊長・富田は、懸案の主屋棟風上側の出入口の確保にとりかかり、除雪機による除雪と、ベニア板・角材による工作に余念がなかった。

高橋・高木は、主屋棟と発電棟の間に残されていた防風天幕とパイプの除去・地ならしに精を出した。また大坂はトランペットホーンの取り付け作業等、野崎は26日からはじまった主屋棟ファンコイル暖房の調整などを行った。

2月の各部門の月例報告は、一部をのぞいて27日に隊長のもとに集められた。いよいよ基地活動は全開の活気を帯びてきた。

極地研事業部長が転勤

27日、隊長のもとへ届いたＦＡＸによると、極地研の吉田宏男事業部長は筑波大へ明日付けで転勤する。

芽を出したタマネギ

あすかに生きた緑の色どりを添える日本タマネギの芽は、ただいま25㎝。芽は暖かい方向へ伸びるようだ。

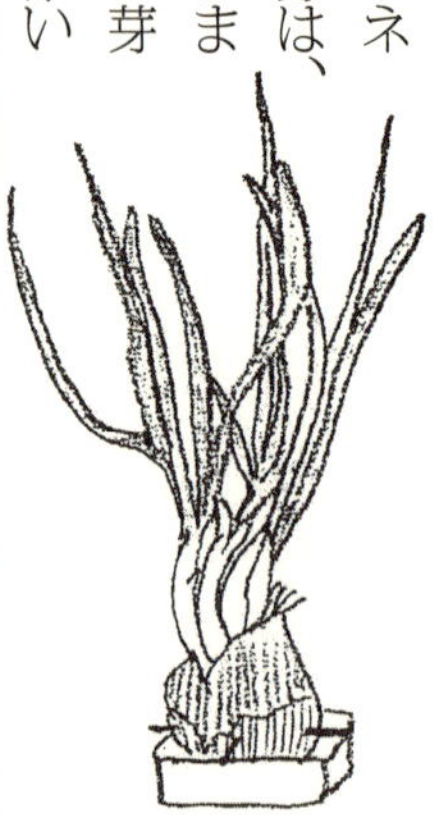

プロフィール⑤ 高橋茂夫さん

昭和22年9月1日生まれの39歳。南極越冬は17次、22次について3回目。サボテン公園、大室山で有名な観光地の静岡県伊東市で生まれ、男5人兄弟の末っ子。おとめ座。O型。

昭和38年いすゞ自動車株式会社に入社、同社の専修学校を卒業し、現場ひとすじの道を歩くかたわら、鶴見工業高校を卒業した努力の人で、現在、川崎工場エンジン検査課班長。

恋愛結婚した悦子夫人との間に、麻理子ちゃん（6歳）がいて、ことしは小学校入学と目を細める。

趣味は、カラオケをバックに演歌をうたうことで、とりわけ「女の意地」など女心をうたわせるとプロ級。

あすか夏オペの印象を、3度目にして初めて南極を知った思いという。仕事への意欲、馬力は定評のあるところで、寝言でも仕事の話をするのは有名。しらせ発艦時78㎏あった体重が、現在67㎏という。

越冬中の目標は、あすか第1回越冬成功のために、設営としての責任を果たすことと言い切る。ことし不惑の40歳を迎える男として、悔いない越冬生活を送りたいと、しげさんは燃えている。

3

March

1987(昭和62) 年3月1日(日)〜31日(火)

3/14●日本の南極商業捕鯨が終了。
3/17●朝日麦酒（現アサヒビール）が辛口ビール「アサヒスーパードライ」発売。
3/30●安田火災海上保険（現損保ジャパン）が、ゴッホの「ひまわり」を53億円で落札。

弥生

主屋棟風上側の入口完成

27日から隊長と富田ですすめられていた主屋棟風上側入口の改良工事が、29日完成した。以前作られたベニア板の庇を思い切って北側へ伸ばし、端に上下スライド式の戸を付けたもので、ベニア板で囲まれた空間は、立派な前室となった。

これで主屋棟には風上風下両側に脱出口ができたことになり、火事などの事故の際も、とにかく屋外には脱出が可能となった。

安全地帯A出入口が開通

長らく不通のまま放置されていた安全地帯Aから北側への出入口も、28日、富田によってトンネル掘削の末、見事に開通し、脱出口として利用できることになった。

トンネルはまるでみずほ基地のそれを思わせる本格的なもので、陽光の具合によっては紫御殿にもなりうると予想される。

入浴3日連続・布団支給

貯水槽の水が豊富なので、26～28日にかけて3日連続の入浴日となり、28日はピンクの布団も支給された。

Wideroefjellet & Nils Larsenfjellet

プロフィール⑥ 大坂孝夫さん

昭和29年9月15日生まれの32歳。あすか越冬隊で二番目に若い。故郷宮城県古川市は、仙台の北40kmに位置し、人口約6万人、ササニシキの産地である。

仙台電波学校を卒業し、昭和49年、一級通信士取得。一級無線技術士でもある。銚子無線局に勤務し、主として外国の船舶との通信業務に従事していた。

信子夫人（31）とは、銚子の盆踊りで知り合って、恋愛結婚、2歳7ヶ月の娘あや子ちゃんがいる。夫人の実家が銚子無線局からわずか50mの距離ということで、夫人へは南極の情報は十分に達しているようだが、あすかへの電報は「たまに来る」程度。

趣味は、海釣り、アマチュア無線。酒はあすかでは数少ない日本酒党。

あすかでの夏オペは大変だと覚悟していたし、予想した通りだったが、この環境はすばらしく、あすか越冬隊員でよかったと話す。建設基礎班では、「与作」として力を発揮した。

あすかでの越冬中は、本職の通信を、楽しみながらやりたい、そして料理の腕を磨きたいという。

南極あすか新聞

JARE28
あすか拠点
新聞社

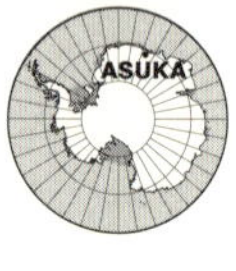

1987年
（昭和62年）
3月1日
日曜日

[2/28 気象]
天気　曇のち晴低い地吹雪
平均気温　-12.8℃
最高気温　-11.2℃
最低気温　-13.9℃
平均風速　15.5m/s
最大風速　24.0m/s
平均気圧　871.2mb

[2/28 メニュー]
☆高木サブ食当
朝食／卵焼き、納豆、キンピラごぼう、きのこ風味、生キャベツ、フルーツ、みそ汁
昼食／うな丼、オニオンスープ、ミートパイ、チーズパイ
夕食／トンカツ、イカフライ、野菜炒め、竹輪とこんにゃくの煮物、野菜サラダ

南極あすか新聞
1987年（昭和62年）3月2日 月曜日
JARE28 あすか拠点新聞社

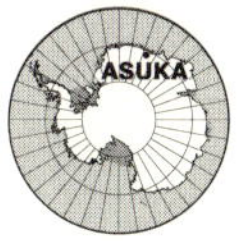

[3/1 気象]
天気　晴低い地吹雪
平均気温 -13.7℃
最高気温 -11.9℃
最低気温 -15.2℃
平均風速 16.2m/s
最大風速 24.6m/s
平均気圧 862.0mb

[3/1 メニュー]
☆大坂食当
朝昼兼用／かつ丼、みそ汁、海老チリソース煮、生キャベツ、フルーツ
夕食／焼き肉、オニオンスープ、フルーツ

SYNOP通報を開始

3月1日、世界気象機関より地点番号89524を与えられているあすか観測拠点から、初めてのSYNOP（地上実況気象通報式）が昭和基地経由で、オーストラリアのモーソン基地へ通報された。

これに備えて、担当の渋谷は以前より気象の勉強に余念がなかったが、1日には30分前から目視観察の結果を数字に変換する作業を始め、気温・風速・気圧などの機器による自動観測のデータは8時49分の値を読み取り、通信の大坂に電話で通報した。

これを受けて、大坂は同55分にHFで昭和基地へ打電した。昭和では、昭和とあすかのSYNOPをまとめて、9時にモーソンへ送ったはずである。こうしてわがあすか拠点は、正式に南極基地として気象観測活動を開始したわけである。この作業は、あすかが存続するかぎり続けられる。

2度目の日曜日課

1日の日曜日は2度目の日曜日課で、ラジオ短波、豪の日本語放送も流され、隊員は終始リラックスした。

麻雀白熱化

2月22日より御開帳となったあすかの麻雀は、夕食後の楽しみとして定着した。2月末の集計では、富田が走り、渋谷が追う展開となった。しんがりは鮎川隊長である。

雀荘あすか 2月戦 集計

鮎川	-76
高橋	13
渋谷	67
高木	-62
富田	136
酒井	-65
大坂	19
野崎	-32

プロフィール⑦ 富田瑞穂さん

昭和28年8月4日生まれの33歳。東京の人形町で生まれ、世田谷区の上北沢育ち。兄1人、弟1人、妹1人の4人兄妹である。しし座。O型。

都立明正高校を卒業し、昭和47年東條会館に入社、仏料理を主とする調理の修業を積み、調理師として現在に至る。

南極越冬は、18次（楠隊長）、24次（前隊長）についで3度目。18次では、鮎川・寺井両氏とともに越冬した。

会社で知り合った新潟県出身の冬子夫人（28）と恋愛結婚で結ばれ、1歳3ヶ月の長女舞ちゃんがいる。「何かあったら電報を打つように」と言ってあるので、まだ電報は来ないと達観している。

過去2回経験した昭和基地の夏作業と比べても、あすかの夏オペの厳しさは段違いの地獄だったというが、建築やブルドーザー運転での活躍は記憶に新しい。

現在のあすかは設備も十分で、調理の仕事も過去の2回の越冬時より気楽でやりやすいそうだ。

越冬中の目標を、皆で仲良く一年過ごせるようにしたいと、潤滑油としての役割に徹するらしい。

南極あすか新聞

1987年
（昭和62年）
3月3日
火曜日

JARE28
あすか拠点
新聞社

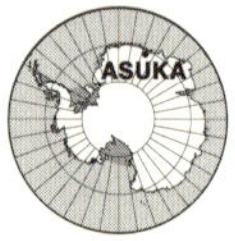

［3/2 気象］
天気　快晴
高い地吹雪
平均気温
-14.9℃
最高気温
-13.7℃
最低気温
-16.2℃
平均風速
17.4m/s
最大風速
25.3m/s
平均気圧
861.1mb

［3/2 メニュー］
☆高木サブ食当
朝食／ベーコンエッグ、納豆、野菜炒め、筋子、佃煮、みそ汁、グレープフルーツ
昼食／卵ライス、ポタージュ、生キャベツ、大福餅
夕食／秋刀魚塩焼き、イカリングフライ、肉野菜炒めカレー味、ワカサギ煮付け、みそ汁

冬を目前に作業急ピッチ

2日は、相変わらず地吹雪の吹き荒れる天気であったが、冬を前にしたあすかでは、機械部門を中心に、外作業が精力的に進められた。

デポ地に埋もれた物品、洗浄台の掘り出し、灯油ドラムの貯油タンク風下への移動、安全地帯A脱出口の拡張工事などである。

また海抜高度測定旅行の出発日を3月9日と定め、渋谷を中心に旅行準備も開始された。ここ半月ばかりの気象を顧みると、もはやあすかでは、快晴無風など望みがたい。冬は駆け足でやってきているようだ。

早くも乗鞍訓練の季節

2日届いた極地研事業課長発のFAXによると、3月9日〜13日に早くも第29次隊員候補者の冬季訓練が乗鞍で行われる。

今回は、われわれの場合のように冬季登山を主とした訓練ではなく、麓の牧場を借りて、雪上車運転や幕営を中心としたより南極の実地に即した訓練になるという。

極地研職員を主とする候補者の名前もチラホラ聞こえるようになり、29次の準備も着々と進行しているようだ。

秋元が復活——ラジオジャパン

2日9時30分、9675MHzのラジオジャパンは、2月27日の宮様スキー大会70m級ジャンプで、秋元正博選手が78mと88・5mを飛んで3位に入賞し、1年ぶりに復活したと報じた。

秋元は28次の乗鞍訓練のころ、転倒骨折したのち療養していた。

プロフィール⑧ 鮎川勝さん

昭和19年5月30日生まれの42歳。日蓮宗の大本山久遠寺の門前町である山梨県身延町出身。兄2人、姉1人あり。ふたご座。A型。

東京電機大学を卒業し、昭和42年に極地研の前身である国立科学博物館極地研究部に入り、現在は極地研資料系オーロラ資料部門助教授。この部門は、世界オーロラデータセンターのひとつでもある。

過去11次（松田隊長）、14次（平沢隊長）、18次（楠隊長）の3度の南極越冬を経験し、今回は4度目。南極では、オーロラのロケット観測、同無人観測、そして今回のあすかと、初めての仕事を手掛けてきたパイオニアである。

見合い結婚をした静香夫人（41）との間には、徹志君（12歳）、円香ちゃん（10歳）の2子あり。

あすか夏オペの印象を、結果的には隊員全員の努力で、想像していた以上の申し分ないオペレーションとなったと語り、現在は隊員に恵まれているので、非常にリラックスしているという。越冬の目標は、月並みだが全員仲良く元気に、気を抜くことなく任務を果たし、初越冬隊の経験を後世に伝えること。

南極あすか新聞

1987年
(昭和62年)
3月4日
水曜日

[3/3 気象]
天気　晴
平均気温
-14.6℃
最高気温
-12.6℃
最低気温
-16.3℃
平均風速
15.5m/s
最大風速
23.9m/s
平均気圧
863.0mb

JARE28
あすか拠点
新聞社

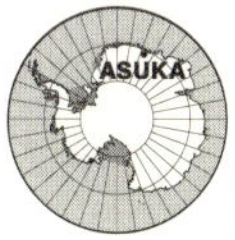

[3/3 メニュー]
☆富田シェフ食当
朝食／ロースハム、野菜炒め、筋子、鮭水煮缶、生卵、みそ汁
昼食／カレーライス、コールスロー、スープ、フルーツ
夕食／すきやき、前菜、酢の物、口替（酒肴）、吸物、デザート

ひな祭り

3月3日はひな祭りである。あすか越冬隊員では、鮎川隊長の円香ちゃん(10歳)、高橋の麻理子ちゃん(6歳)、渋谷の和香子ちゃん(2歳)、高木のみなみちゃん(2歳7ヶ月)、富田の舞ちゃん(1歳3ヶ月)、酒井の顕子ちゃん(1歳10ヶ月)、大坂のあや子ちゃん(2歳7ヶ月)と女児をもつ人が多く、それぞれ遠い娘に想いをはせた。

南極へのあこがれを娘の名前に付けたという高木隊員は「オヒナサマオメデトウ、ヤサシクアカルクノビヤカデツヨイコニナルヨウニ、オトウサンハナンキョクカライノッテイマス」と祝電を打った。

料理が食卓に並び、各隊員は舌つづみを打ちながら、越冬中に著しく成長するであろう娘を偲んで目を細めるのであった。

ストーブよさようなら

ファンコイル暖房により、柔らかな暖かさに包まれた主屋棟食堂から、不要になったポット式灯油ストーブが撤去され、飯場棟へ移された。夏オペ期間中には、換気扇の不備などにより、ひどい煙を充満させたこともあったが、主屋棟唯一の暖房機として大活躍してくれたストーブであった。

ストーブ撤去によりグンと広くなったスペースには、酒井がラックの取り付けなどを計画しており、食堂はいっそう安楽ないこいの場に生まれ変わる予定である。

2月の月間気象データ集計

あすかの気象担当渋谷が集計した2月の月間気象データは次のとおり。

平均気圧 A	874.8mb
平均気温 B	-12.1℃
最高気温 C	-6.4℃
最低気温 D	-23.1℃
日最高気温平均値 E	-8.5℃
日最低気温平均値 F	-15.5℃
平均風速 G	11.9m/s
10日間平均風速の最大値 H	ESE22.1m/s
最大瞬間風速 I	26.6m/s
ブリザード日数 J	16日
月間積雪深 K	-5.3cm (1月25日～2月18日)

ASUKA　89524

観測ドームの透明化に成功

本紙第5号で既に報じた観測棟アクリルドームの霜に対し、酒井は得意の大工技術を活かして対策を講じた。まず、ドーム下の架台を作製したうえで、ビニールチューブを用いてファンコイルの温風を誘導することにより、ドーム内壁面の温度を上げ、霜を消すことに成功した。

ドームが透明になったことで、超高層の全天カメラおよびTVカメラ観測が可能になる。

1987年
（昭和62年）
3月5日
木曜日

JARE28
あすか拠点
新聞社

［3/4 気象］
天気　快晴のち曇
平均気温　-15.5℃
最高気温　-14.1℃
最低気温　-18.9℃
平均風速　12.7m/s
最大風速　20.3m/s
平均気圧　869.5mb

［3/4 メニュー］
☆富田シェフ食当
朝食／牛肉キャベツ炒め、赤貝水煮缶、カレー、みそ汁
昼食／かに玉、じゃが芋煮付け、新香、吸物、フルーツ
夕食／豚ロースソテーとガルニ（付け合わせ）、豚レバー野菜炒め、アップルパイ、フルーツ

第2回全員集会を開催

4日9時30分より、観測棟観測室において、第2回全員集会が開かれた。議題は、9日から4泊5日の日程で計画されている海抜高度測定旅行である。

リーダーの渋谷から、観測目的、方法、日程、車両の動きなどの説明が行われ、これを受けて、機械、通信、ナビゲーション、食糧などの細かい検討がなされた。あすか越冬隊8名のうち、半数の4名が調査旅行に出ると、基地の運営は残りの4名で維持しなければならず、基地残留組の負担も大きい。

今回の旅行には、渋谷、高橋、高木、大坂の4名が出かけるので、基地では鮎川隊長が通信、酒井が観測全般、野崎が機械全般、富田が調理と機械の補助を担当する。

このようにあすかを起点とする調査旅行は、事実上は全員参加となるので、今回の旅行は格好のモデルケースとして意義深い。

越冬ユキドリはいるか

ユキドリ（Pagodroma nivea）がセールロンダーネ山地の北側斜面のガレ場に多数生息し、営巣することは既に確認されている。2月末には、2羽と十数羽の群れが北へ飛び去るのもあすかで認められた。

彼らが北へ帰る渡り鳥なのか、それとも一部は越冬してオーロラを見上げているのか興味は尽きない。

29次隊候補者への激励文

3月9日より、恒例の冬季訓練が乗鞍岳山麓で行われるが、これに参加する29次隊候補者に対し、次のような激励文がFAXで送られた。

ノリクラノクンレンニコラレタタイインコウホノミナサマニヒトコトイイタイ、アスカエットウハアマクナイ、マイニチガユキトノタタカイダ、スコップヲテニアナヲホルクンレンヲツンデホシイ、オモイモノヲハコブワンリョクヲツケテホシイ、モウヒトコトイイタイ、オンナヲワスレシゴトニイキルクセヲツケテホシイ、モウヒトコトイイタイ、オレタチハミナスゴイカラマケナイヨウニガンバッテクレ」アスカキョテンハツエットウタイイチドウ

カラオケの競演

3日ひな祭の夜は、盛大なカラオケの競演会となった。

42歳の鮎川隊長から29歳の野崎まで、各世代によりそれぞれ愛唱歌、持ち歌が異なり、ヤンヤの喝采あり、痛烈な冷やかしあり、オジサンの若い世代への憤激ありで、きわめて興味深い時間が流れた。

鮎川隊長は「宗谷岬」をいたく気に入り、宗谷岬をあすか基地に替えた替え歌にして、28次あすか越冬隊のテーマソングとして皆で唱いたいと提案し、一同の賛同を得た。

南極あすか新聞

1987年
（昭和62年）
3月6日
金曜日

JARE28
あすか拠点
新聞社

[3/5 気象]
天気　曇高い地吹雪
平均気温 -14.6℃
最高気温 -13.4℃
最低気温 -16.0℃
平均風速 14.0m/s
最大風速 22.6m/s
平均気圧 868.7mb

[3/5 メニュー]
☆富田シェフ食当
朝食／筋子、赤貝水煮缶、ベーコンソテー、みそ汁
昼食／チキンライス、サラダ、みそ汁、新香、フルーツ
夕食／ブロシェット（串焼き）、タルタルソース、ポテトサラダ、豚バラショウガ蒸し、コールスロー、吸物、カスタードプリン

旅行準備すすむ

9日出発の海抜高度測定旅行に備えて、観測、機械、通信など出発する隊員による準備がすすんでいる。渋谷はGlobal Positioning System（GPS）の調整に余念がなく、高橋は使用するSM513と515のグリースアップなど整備にとりかかり、大坂は各車のHFおよびVHF無線機の調整を行った。食糧、医療品などは8日に積み込まれる予定。生憎、5日午後から視程が悪くなったが、9日までには回復してもらいたいものだ。

あすか基地内規が完成

2月15日の第1回全員集会で検討された「あすか基地の運営に関する内規」が、高木によってワープロで書き改められ、鮎川隊長が修正して、5日完成した。一部は主屋棟食堂に設置されるので、各隊員は目を通しておかれたい。

貯油タンク

あすか基地（替え歌）

一、シールの岩に　カタバが吹いて
ユキドリ啼いて　トウガモ舞って
ブライド湾に　砕氷艦の
便りもうれし　あすか基地
シールの岩に　カタバが吹いて
ユキドリ群れる　あすか基地

二、吹雪が晴れて　しばれがゆるみ
越冬隊も　眠りが覚めた
人の心の　扉を開き
白夜も盛り　あすか基地
シールの岩に　カタバが吹いて
ユキドリ群れる　あすか基地

三、人跡未踏　最果ての地に
越冬隊は　明日も駆ける
オーロラ揺れる　セールロンダーネ
想い出残る　あすか基地
シールの岩に　カタバが吹いて
ユキドリ群れる　あすか基地

「宗谷岬」の替え歌である。「宗谷岬」は、北海道・稚内の吉田弘氏が作詞し、船村徹氏が曲をつけ、ダ・カーポが歌ってヒットした。

オホーツク海の流氷が解けて春が訪れる喜びを、明るい詞と平易な覚えやすい曲で表現したご当地ソングの傑作である。

「あすか基地」の南極の暗く長い冬が明け、あすかに初夏がやってくる頃を仮想して作ってみた。さらに適した詞があれば、改稿したい。

南極あすか新聞
1987年（昭和62年）3月7日 土曜日
JARE28
あすか拠点
新聞社

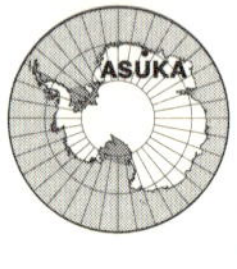

[3/6 気象]
天気　快晴のち曇高い地吹雪
平均気温 -12.4℃
最高気温 -11.8℃
最低気温 -14.3℃
平均風速 17.3m/s
最大風速 25.5m/s
平均気圧 868.8mb

[3/6 メニュー]
☆富田シェフ食当
朝食／豚バラキャベツ炒め、筋子、納豆、みそ汁
昼食／うどん中華風、フルーツ
夕食／海老フライ、刺身（タコ・鰹）、コールスロー、切り干し大根煮付け、フルーツ、みそ汁、クァトルカール（パウンドケーキ）

驚くべき天候の急変

6日、隊員たちがベッドを出たころは快晴、微風で、セールロンダーネの山々がくっきりと見渡せる素晴らしい天候。きょうはしっかりと外作業ができると皆を喜ばせた。ところが、朝食が済んだ9時ころから、あっという間に空に雲（層積雲）が拡がり、風が強まって高い地吹雪を呼び、昼食時には視程50mほどのブリザードと化してしまった。

ちなみに、7時の平均風速は12・5m／s、風向130°、9時では17・8m／s、120°、12時では19・9m／s、120°で、風速が強まると風向は若干東向きに片寄る傾向を示している。このような天候急変は、みずほ基地ではあまり経験がない。

あすか拠点は、みずほと比べて海岸から近いので、あすかのブリザードには、斜面下降風と海の低気圧との両方が原因をなしていると考えられる。ともあれこの天候の急変は、調査旅行など基地を離れる場合には油断のならないものである。

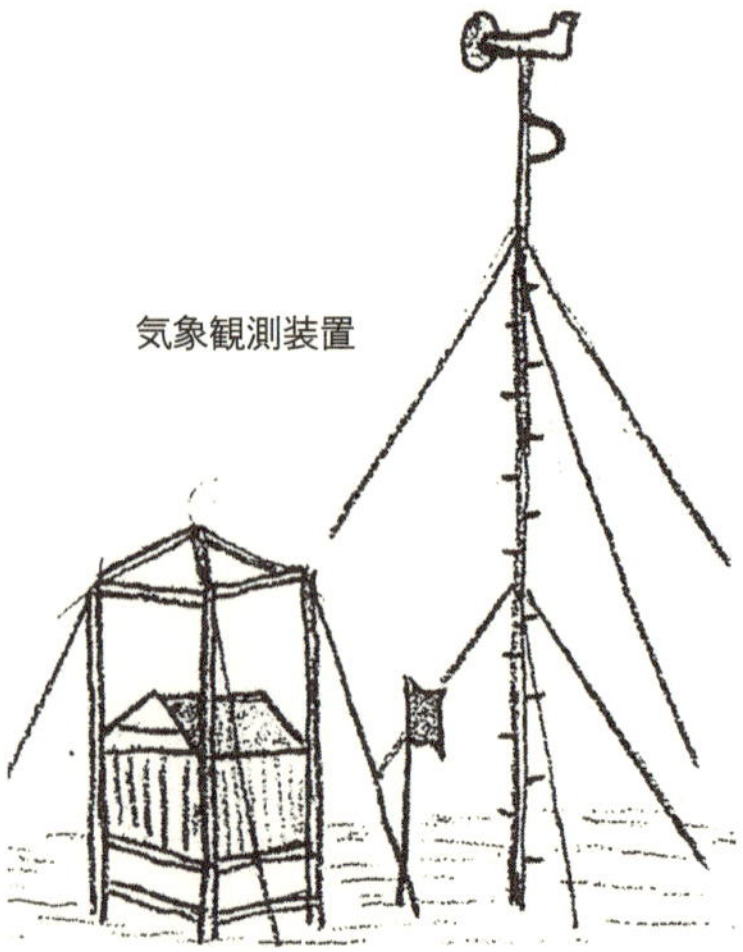
気象観測装置

なお、6日15時には、外出禁止令が発令された。

南へ（替え歌）

一、名もない雪原　果てしなく続く
凍《い》てつく大地に　安らぎはないさ
お前と別れた　晴海を想い
俺は明日もまた　南へ流れる

二、お前の優しさ　寝袋に包み
遠い地平に　ロマンを探す
愛していりゃこそ　つれなくしたが
今もこの胸に　揺れるほほえみ

三、男は振り向き　オーロラ見上げ
つけた煙草に　故郷《ふるさと》を想う
真冬の南極に　傷あと埋め
俺は明日もまた　南へ流れる

小林旭のヒット曲「北へ」の替え歌である。1980年11月、21次のやまと調査隊（白石L）のメンバーであった高木隊員が、地吹雪停滞の日、パタパタと鳴るコットンテントの中で詞を作った。

この調査隊は、やまとA群の南側に航空基地をつくり、12月3日ピラタスポーター機がこのベースから飛び立ち、日本隊として初めて、セールロンダーネ山地の航空写真撮影を行ったのである。

当時、子供のなかった高木隊員は、将来男児が生まれたら、絶対に南と名付けようと考えていた。彼は4年後に女児を得て、迷わずみなみと名付けた。娘は2歳になり、父は再びセールロンダーネにいる。

南極あすか新聞

1987年
（昭和62年）
3月8日
日曜日

[3/7 気象]
天気　晴高い地吹雪
平均気温 -12.7℃
最高気温 -11.0℃
最低気温 -14.2℃
平均風速 17.5m/s
最大風速 25.1m/s
平均気圧 873.3mb

JARE28
あすか拠点
新聞社

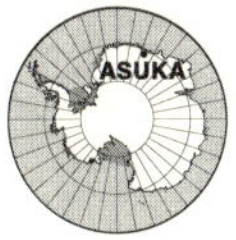

[3/7 メニュー]
☆高木サブ食当
朝食／コンビーフ野菜炒め、竹輪とこんにゃくの煮付け、コールスロー、キンピラごぼう、みそ汁
昼食／親子丼、パンプキンスープ、チーズパイ、ミートパイ
夕食／イカフライ、リブステーキ、肉野菜炒め、サラダ、ポタージュ

あすか文庫開設

9日、観測棟通路にあすか文庫が開設された。蔵書は、文庫本約750冊、極地探検記などの単行本約20冊。これらはいずれも、極地研松田所長をはじめとする有志の方々の寄贈による貴重な本ばかりである。図書リストもあり、一冊一冊に分類ナンバーも付けられている。

これらの図書は、酒井手作りのラックにきちんと並べられている。これから長く暗い冬を迎えるあすかでは、隊員諸氏が積極的に読書にいそしみ、吸収しえた知識を食後のだんらんのひとときなどに披露すれば、話題も一層充実することであろう。

貸し出しは当然、自由であるが、あすか文庫貸し出し記録簿に記入していただきたい。日本には決して持ち帰らないよう願いたい。

以上のあすか文庫の他にも、美女ヌード写真集を中心とする高木ロマン文庫の開設も予定されている。

南極での読書の傾向としては、最も好まれるのは大藪春彦などのアクション物、推理小説であり、細かい心理描写のある文芸作品は敬遠される。

南極での読書で勧めたいのは、南極観測隊の諸先輩が著した南極越冬記や、植村直己の一連の冒険物である。これらは越冬中の我々には、即、参考になるし、ブリザードの叫びを聴きながら読めば、迫力もひとしおである。

南天の星座

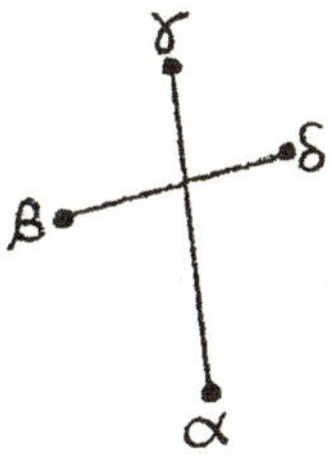

本紙のシンボルマークは、右上隅にあるように、バウターエンの尖峰と、南十字星である。天の南極には、南極星といわれる星がまったくないし、北半球に育ったわれわれに馴染み深い星座はあまり見られない。

南十字星をつくる4個の星は、縦軸の上がγで1・6等から2・4等に変化する赤色の変光星、下がαで1・1等星、横軸は左がβで1・5等、右のδが3等星である。星に強い人がいたら、あすかの星座散歩などを指導してもらいたい。

1987年
（昭和62年）
3月9日
月曜日

南極あすか新聞

JARE28
あすか拠点
新聞社

[3/8 気象]
天気　高い地吹雪
平均気温　-12.4℃
最高気温　-11.5℃
最低気温　-14.2℃
平均風速　20.6m/s
最大風速　28.0m/s
平均気圧　863.9mb

[3/8 メニュー]
☆酒井食当
朝昼兼用／コロッケ、目玉焼き、コールスロー、みそ汁
夕食／牛しゃぶしゃぶ、茶わん蒸し、澄まし汁、酢の物

ブリ続く、出発延期

8日は早朝から激しい地吹雪が吹き荒れ、7時の平均風速は23m／sを記録するなど完全にブリザードの様相を示した。

日曜日課であったが、急を要する火災報知機と火災表示機の試験が行われ、何処が火事であるかが正常に表示されることが確認された。

一方、9日出発に予定されていた海抜高度測定旅行は、GPS観測機器の雪上車搭載後の試験が必要なために、出発が1日延期されることになった。通信設備はすでに整備され、機械・装備・食糧などもほぼ準備が整っている。

問題は、このところ連続して地吹雪が続いている気象状況であるが、2月から3月上旬の気象データをみても、4泊5日の旅行中好天を得られる見込みはまったくない。

あすかの通年の気象は未知数であるが、12～1月の上天気に比べ、他の季節ははるかに厳しいことも覚悟する必要があろう。

オーロラを目撃

8日1時30分ごろ、酒井らはセールロンダーネ山地上空に赤緑色バンド状のオーロラを目撃した。7日昼ごろからフラックスゲイト型磁力計に地磁気の荒れが認められ、昭和基地との通信が不調であったところから、オーロラの出現は予想されていた。

8日のオーロラはあすかで見られた初めてのオーロラで、今後は連夜のオーロラの乱舞が望まれるところだ。

基地訪問① 医務室

医務室は観測棟の南西に位置し、4×2.5mの広さだが、窓が4ヶ所あるので、基地内ではオーロラ観測室に次いで明るい。

室内は医療用品がギッシリ収納され息苦しいほどだが、有事には手術室に早変わりするようレイアウトされている。幸いなことに、医務室開設以来、治療を受ける目的でここを訪れた隊員はいない。

院長はここをもっぱら「南極あすか新聞」の編集室として使用しており、時には双眼鏡を持ち出して、山を眺めたりしている。

冷蔵庫にはビールが冷えており、いつも客人を待っている。

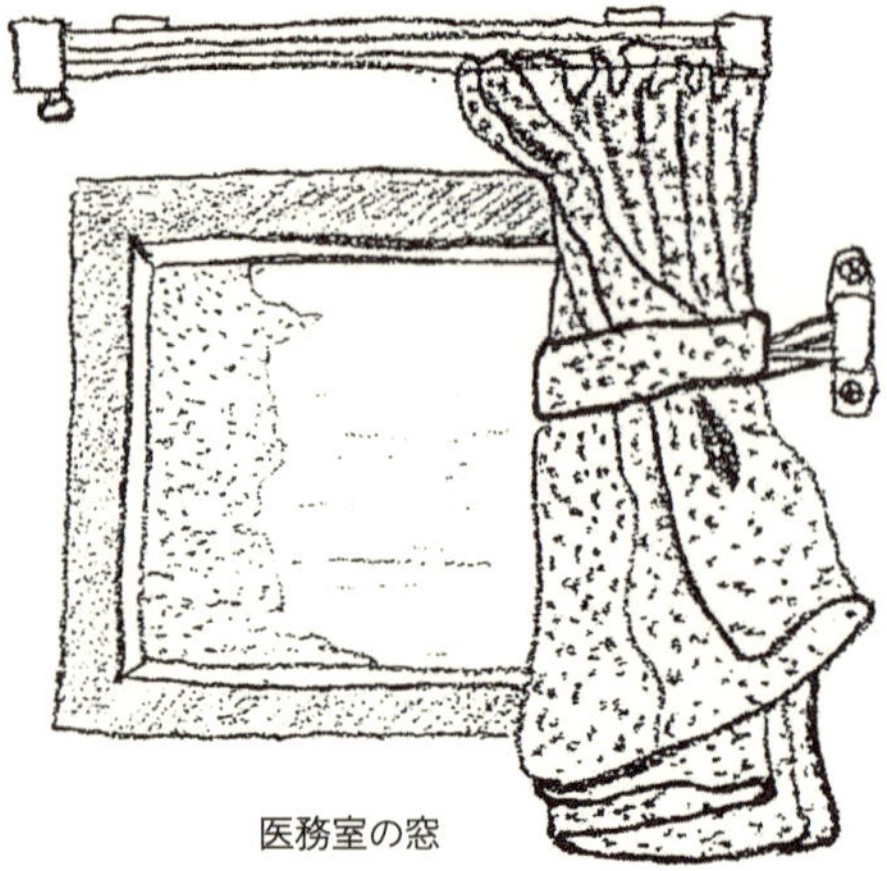
医務室の窓

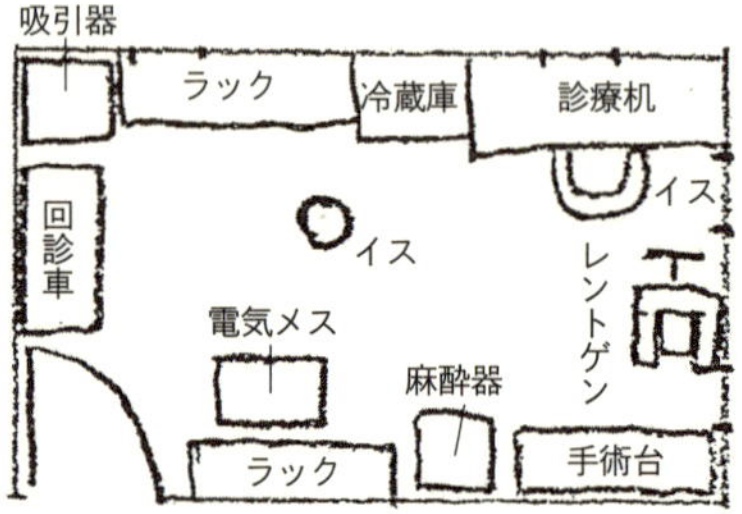

南極あすか新聞

1987年
(昭和62年)
3月10日
火曜日

JARE28
あすか拠点
新聞社

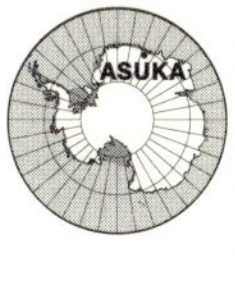

[3/9 気象]
天気　高い地吹雪
平均気温　-10.7℃
最高気温　-9.9℃
最低気温　-11.9℃
平均風速　15.2m/s
最大風速　24.1m/s
平均気圧　872.9mb

[3/9 メニュー]
☆富田シェフ食当
朝食／鯵開き、ベーコンソテー、鮭水煮缶、みそ汁
昼食／味噌ラーメン、フルーツ
夕食／牛ヒレステーキとガルニ(付け合わせ)、鶏と大豆の煮付け、キャベツのお浸し、新香、吸物、ケーキ、フルーツ

食堂のレイアウト変わる

すでにレーザーディスク、VTRシステム、コンポーネントステレオが備わっていた食堂に、新たにVTRカセットの収納戸棚、コンポーネント収納ラックが運び込まれ、すべて食堂の北東隅にきちんとまとめられた。

テーブルを囲んで食事をとる各人の席は、ほとんど固定されてしまったが、映像を見るに適した位置は、酒井、富田、野崎の席となった。

ひと口知識【ブリザード(blizzard)】

暴風を伴った雪嵐のこと。低温と、風速が強く視程障害が特徴である。南極の風は、大陸沿岸に接近する低気圧による風と、大陸斜面を吹きおろす斜面下降風の2つに代表される。斜面下降風は、低気圧が沿岸に接近するとこれが引き金となって突然強くなり、激しい地吹雪を伴った〝寒気のなだれ〟となり、気温も下降する。一方、昭和基地のように大陸から少し離れた場所では、カタバ風によるブリザードは少なく、低気圧による暴風で雪嵐になり、気温が上昇する。これもブリザードと呼び、多くの場合降雪をともなう。

(「南極の科学9 資料編」より)

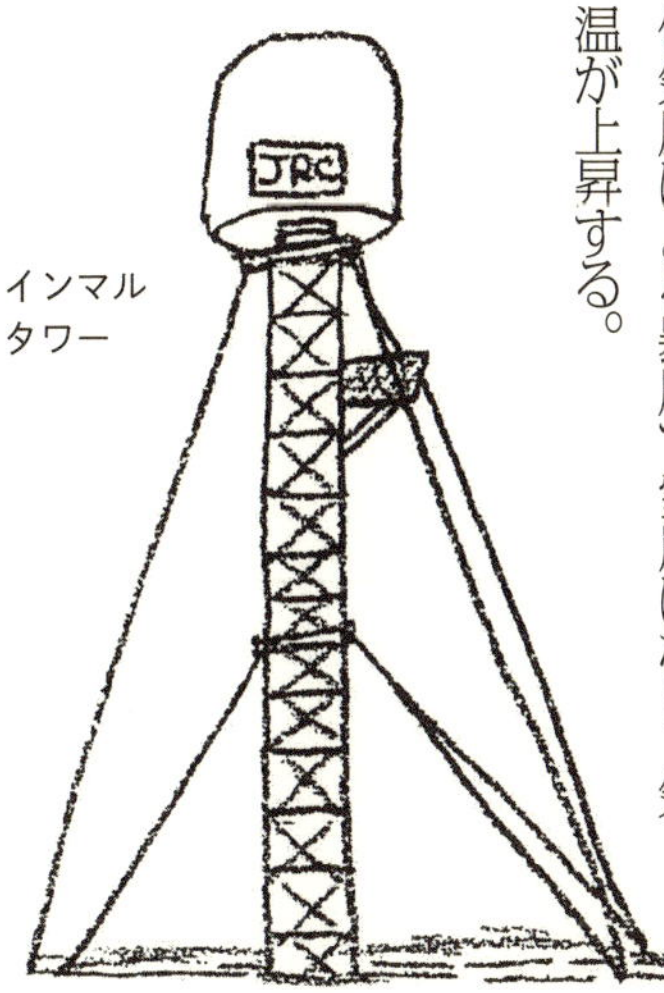

インマルタワー

ブリザード談話① 越冬回数

われわれあすか初越冬隊が、日本南極観測史上で最も経験のある越冬チームであることは間違いあるまい。過去の越冬回数をみると、鮎川隊長3回、高橋・富田2回、渋谷・高木・酒井各1回であり、8名の平均でも1・2回となる。このような隊員構成の越冬隊はかつて無く、あすか初越冬隊ならではのものである。

では何故、何度も南極に来る人がいるのだろうか。南極関連の仕事が本職で、いわば南極のプロである極地研の職員は別として、高橋・富田・高木は民間出身であり、命令ではなく自発的に、職場や家族などに無理を通して、南極に再びやって来たのである。何が彼らを南極へと導くのであろうか。

壮大な南極の自然環境は素晴らしい。目的を同じくする男達の社会環境もまた然り。これらの経験は、強烈な生命の燃焼感として、越冬を終えた男たちの心にいつまでも残るものだ。

しかし、それだけで2度以上来ることはない。何度も来る理由は、俺が南極観測を支えるという使命感、とびきり熱い友情、南極への人並み以上の執着があるのかも知れない。だが本当は、いわゆる「アフリカの毒」と同様に、特定の人を呼び戻す「南極の毒」に当たったのかも知れない。

南極あすか新聞

1987年（昭和62年）3月11日 水曜日

［3/10 気象］
天気　快晴
平均気温 -13.7℃
最高気温 -11.2℃
最低気温 -16.0℃
平均風速 10.7m/s
最大風速 23.2m/s
平均気圧 868.3mb

JARE28
あすか拠点
新聞社

海抜高度測定旅行隊 L70で停滞

L0～あすか間の海抜高度測定のため10日11時40分あすかを出発した旅行隊は、途中、視界50m未満の激しいブリザードに遭遇し、L70で停滞することになった。隊の運営上、日程が限られる今回の旅行だけに、今後の天候の回復を期待したい。

ひと口知識【寒（冷）極（cold pole）】

南、北半球それぞれで、最も低い地上気温が測定された地域。北半球では、北東シベリアのベルホヤンスク（67度33分N、133度23分E、海抜高度122m）付近で1892年にマイナス67・8℃を観測している。

また、ほぼ同じ低温をオイミャコン（63度16分N、143度15分E、海抜高度800m）においても、1933年（昭和8）に観測している。南半球では、南極大陸の高原部が強い低温を示し、ソ連のボストーク基地（78度27分S、106度48分E、海抜高度3488m）で1983年7月21日にマイナス89・2℃を記録している。

寒極はまた、月平均気温や年平均気温が最低の地域としても使われ、時には対流圏が最低気温を示す地域として使われることもある。

（「南極の科学9　資料編」より）

ブリザード談話②　時間の海

観測、機械、調理など南極越冬中も仕事に追いまくられて、忙しく動いている隊員には恐縮であるが、越冬中うかうかしていると暇をもて余して、頭がボケてしまうという部門がある。それは医療である。

なにしろ本職の方は、「ドクターが大活躍するようじゃ困る」と隊長から念を押されるほどであるから、いきおい活路はサイドビジネスに求めることになる。全員作業や他部門の助っ人などの出稼ぎはあるが、そう毎日仕事があるわけではないし、いつもお座敷がかかるほど有能でもない。

かといって、医学研究にあまり精を出して、血をよこせ、尿を出せと迫ると、他の隊員に嫌がられる。医療隊員は案外孤独なのであり、過去にうつ病になりかけた医師もいたといううわさも肯けるのである。まるで時間の海に漂う小舟のような存在にもなりうるのだ。

21次隊に参加し、8ヶ月半をみずほ基地で過ごした高木隊員は、何とか仕事を作りたいと模索した揚句、通信局長、チーフコック、「南極みずほ新聞」社長兼記者の要職を兼ねることになり、おまけに当時流行したルームランナーで1日5km走るノルマを自らに課した。おかげで、彼は充実した越冬生活を送り、その後、暇つぶしの名人になったという。

［3/10 メニュー］
☆富田シェフ食当
朝食／卵とベーコンの炒め物、かまぼこ
昼食／そぼろ二色丼、生キャベツ、腸詰ウインナー炒め
夕食／鰊塩焼き、高野豆腐の煮付け、コンビーフサラダ

南極あすか新聞

1987年
（昭和62年）
3月12日
木曜日

JARE28
あすか拠点
新聞社

[3/11 気象]
天気　快晴
低い地吹雪
平均気温
-17.4℃
最高気温
-15.8℃
最低気温
-18.8℃
平均風速
15.6m/s
最大風速
25.5m/s
平均気圧
865.1mb

旅行隊あすか帰投

10日にあすかを出発し、L70でブリザード停滞を余儀なくされていた海抜高度測定旅行隊（渋谷L）は、11日15時40分、嵐のL70を発ち、21時00分、一気にあすかに帰投した。今回の撤退は、Lルートの予想以上の地吹雪のために、4泊5日程度の日程ではGPSの測定がまったく不可能と判断したためである。以前から推定されていたが、L70からL90付近には、恒常的な地吹雪帯が存在し、一種の暴風圏をなしていることが、今回の旅行で明確になったようだ。

ひと口知識【やまと隕石】

（Yamato meteorites）

昭和基地の南西約300kmにあるやまと山脈（71～73°S、35～37°E）の裸氷上で発見採取された隕石。1969年12月にやまと隕石第1号が第10次隊により発見されて以来、73、74、75、79、80、81、82年にも発見され、その総数は約5500個である。

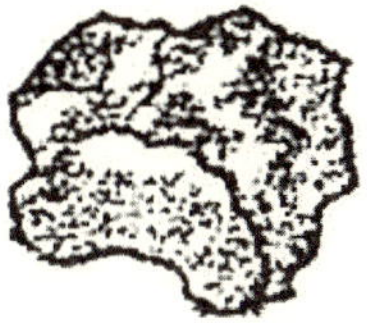

隕石の一般的傾向として、コンドライトの多いことはやまと隕石の場合も同様であるが、やまと隕石は隕鉄が少ないかわりにエコンドライトと炭素質隕石が非常に多い。そのほか特異な隕石も多く含み、世界で第2、第3のロドラナイト（石鉄隕石の一種）も発見された。やまと山脈の裸氷帯には約8000個の隕石が見積もられている。

（「南極の科学9 資料編」より）

ブリザード談話③ 娯楽

南極観測隊の娯楽の双璧は、麻雀と映画であろう。隊員でこの両方とも興味のない人はまずいない。

麻雀嫌いの西堀栄三郎第1次越冬隊長は、未知に包まれた南極に来てまで麻雀に時間を浪費する隊員を嘆いておられたが、南極での麻雀を無上の楽しみとする隊員も多い。牌を握ると人の性格がモロに出るのが面白いし、金銭を賭けていないので、気楽に大きな手づくりができるのも醍醐味である。

あすかでも、全員が入れ替わり立ち替わり卓を囲んでいるが、ほとんどの隊員は、南極越冬中しか麻雀を打たないので、点数の計算ができない。しかし、そんなことは構っちゃいないのである。狙っているのは満貫以上の手ばかりだし、細かい手は誰かが勘定してくれるからである。

また、TVドラマや映画の人気も根強い。昭和基地所蔵の「赤い鈴蘭」は越冬経験者の語り草になっているし、「にっぽん泥棒物語」にはみんな泣いたのである。

感情にもろくなることを情動失禁というが、越冬中にこの症状が出ることは、感動的な映画を上映したあと観客の顔を見ればすぐわかる。

あすかでは、レーザーディスクとVTRで映画が見られる。「遙かなる山の呼び声」などは何度も上映されており、セリフを覚えてしまう頃、越冬が終わるのであろう。

[3/11 メニュー]
☆富田シェフ食当
朝食／鮭水煮缶、生卵、ロースハムステーキ、みそ汁
昼食／ミートスパゲティ、じゃが芋の煮付け、吸物、新香、フルーツ
夕食／酢豚、牛モモの唐揚げ、スパゲティサラダ、じゃが芋煮付け、みそ汁、フルーツ

南極あすか新聞

1987年
（昭和62年）
3月13日
金曜日

JARE28
あすか拠点
新聞社

[3/12 気象]
天気　快晴
平均気温　-17.7℃
最高気温　-14.4℃
最低気温　-22.2℃
平均風速　9.7m/s
最大風速　19.1m/s
平均気圧　865.9mb

ライフロープ展張

12日、快晴無風の下で、酒井・高木により、ライフロープの展張《てんちょう》が行われた。冬の暗夜とブリザードに備えたライフロープは、発電棟風上側入口～観測棟風上側入口～仮設作業棟入口を結んだもので、支柱には約5mおきに15本の竹竿が立てられている。このトラロープを伝えば、盲目でも歩行が可能。今後、威力を発揮すると思われる。

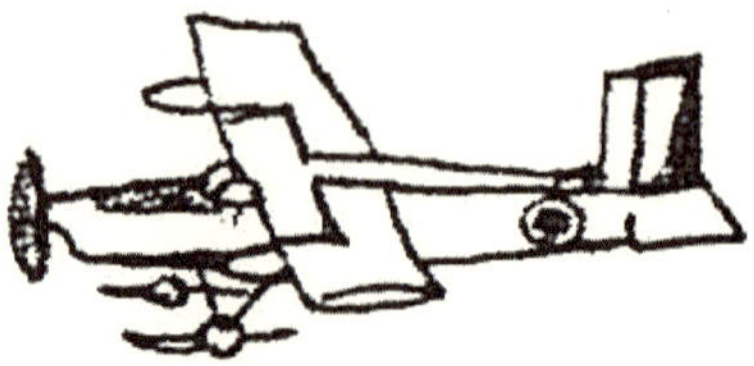

ひと口知識【航空磁気測量（Aeromagnetic survey)】

地球は磁石としての性質をもつが、ある地点での磁場の強さは、主として地球内部全体の平均的な磁気的性質から定まる項、その地点周辺の地形・地質構造などの局所的な磁気的性質から定まる項、および地球外に原因をもつ磁気的擾乱《じょうらん》の強さの3つの要因によって定まると考えられている。

航空機にプロトン磁力計などを搭載して磁場の強さの地域的な強弱分布を調べることにより、広域的な地質構造を調べることが可能である。狭い区域を高分解能、高精度で測量できれば、鉄などの有用鉱物資源探査などに用いることができる。

南極大陸においては、電波氷厚測定など他のデータと総合して、氷床下の地形および広域的な地質区分の推定などに威力を発揮する。

（「南極の科学9 資料編」より）

ブリザード談話④ 電報と電話

あすか越冬隊員と日本の留守家族との連絡の手段には、電報とインマルサット衛星経由の電話との2通りがある。

電報は1次隊から利用している古典的な手段である。昔の隊では、研ぎ澄まされた短い電文に、あふれる想いを込めた名電文が幾つも生まれたという。「アナタ」などその白眉であろう。大坂隊員の言うように、最近は長い電文が増えて、電報本来の凝縮された言葉の美しさが消えつつあるようだ。

一方、電話は、高橋・酒井両隊員が参加した22次隊で、初めて昭和基地に導入された。あすかでは初越冬からすでに設置され、好評を博している。電話の魅力は、同時性を持つことだ。ブリザード吹き荒れるあすかにいても、電話一本で妻子らと話し合えるのだから、1万5000㎞の距離が嘘のようだ。

電話一本の心理的な効果は抜群で、例えば電話がかかってきた隊員は脱兎のごとく通信室へスッ飛んでゆくし、電話が済んだ後はニコニコととてもいい顔をしている。

インマルサット電話の欠点は料金が高いことであるが、数千円の電話料で元気が出れば、それは安いものであろう。電話も多いが、電報も少なくない。これらは精神衛生上も、積極的な利用をすすめたい。

[3/12 メニュー]
☆富田シェフ食当
朝食／筋子、生卵、鮭水煮缶、海苔、みそ汁
昼食／キジ焼き丼、ウインナー炒め、新香、みそ汁、フルーツ
夕食／イカの丸ごと煮、海老フライ、フキのゴマ和え、牛モモ味噌炒め、ワインゼリー、フルーツ

南極あすか新聞
1987年（昭和62年）3月14日 土曜日
JARE28 あすか拠点 新聞社

［3/13 気象］
天気　快晴のち高い地吹雪
平均気温 -12.2℃
最高気温 -10.0℃
最低気温 -17.2℃
平均風速 15.5m/s
最大風速 23.6m/s
平均気圧 860.8mb

晴海出航から4ヶ月

14日で、われわれ28次隊が砕氷艦しらせで晴海埠頭を出航して以来、ちょうど4ヶ月となる。実に長いとも短いともいえる4ヶ月であった。しらせはすでにインド洋上にあり、あと1週間でモーリシャスに到着するはずである。

あすかのわれわれは、基地の整備・維持・観測に余念がない。われわれを包囲するセールロンダーネの自然に関して、われわれの知見はまだごくわずかである。1年後の成果を期待したい。

ブリザード談話⑤ 便所

あすかには3種類の便所がある。その1は、発電棟にある新幹線形式の循環水洗便所で、排尿排便後にボタンを押すと、ポリシンの混ざった水がザーッと流れる文明の利器である。ほとんどの隊員は、ここを利用して気持ちよく排泄する。

その2は、観測棟にある「INCINOLET」、通称・焼きぐそトイレ。特殊な油紙の袋に排泄し、使用後に強力なヒーターで、紙ごと排泄物を燃やしてしまうものだ。電気消費は大きいが構造は簡単で、後始末も灰を捨てるだけと、寒冷地に適したクリーントイレである。観測棟の住人が夜間に使用している。

その3は、屋外にある山田式便所。木造の小屋の中央に便器があり、下に硬質ナイロン袋が備えられている。夏オペ期間中はほとんど唯一の便所として誰もが使用した。それぞれの便所には、その時々の思い出が漂っている。

ひと口知識【地吹雪（Drifting snow & blowing snow）】

降り積もった雪が、風により地面から吹き上げられる現象。

地面付近を漂い、目の高さの水平視程を減じない〝低い地吹雪、drifting snow〟と、地上高く漂い、目の高さの水平視程を減ずる〝高い地吹雪、blowing snow〟と分けて言うこともある。

高い地吹雪はときに全天をおおい、太陽さえも隠すほどになることがある。南極大陸斜面のカタバ風帯では定常的に地吹雪が強く、これによる雪の輸送量が問題になる。

（「南極の科学9 資料編」より）

女性隊員実現を歓迎す

昭和基地からの情報によると、次の隊員候補者のひとりに27歳の女性がいるという。日本隊もついに、女性隊員を有するようになったかという、ある種の感慨を覚える。もし実現すれば、マスコミもさぞ騒ぎ立てることであろう。

しかし、その女性がどのような部門の人であろうとも、南極の環境に十分適応でき、男性隊員と遜色のない能力をもち、たまたま女性であったというような人を選んでもらいたい。そうであれば、われわれもごく自然に接し、仲間として歓迎できるであろう。

［3/13 メニュー］
☆富田シェフ食当
朝食／納豆、ロースハム、うなぎ蒲焼き、みそ汁
昼食／ハヤシライス、ツナサラダ、新香、スープ、フルーツ、グレイズ（シュガーシロップ）・ドウ・リングドーナツ
夕食／豚ロースアメリカンカツレツ、イカサラダ、新香、みそ汁、フルーツ、グレイズ・ドウ・リング・ドーナツ

南極あすか新聞

1987年（昭和62年）3月15日 日曜日

JARE28 あすか拠点 新聞社

[3/14 気象]
天気　曇
平均気温 -10.7℃
最高気温 -10.1℃
最低気温 -11.4℃
平均風速 14.1m/s
最大風速 20.3m/s
平均気圧 874.2mb

[3/14 メニュー]
☆高木サブ食当
朝食／アスパラソーセージ炒め、筋子、キンピラごぼう、納豆、みそ汁、グレープフルーツ
昼食／ラーメン、卵ドーナツ、グレープフルーツ
夕食／柳カレイ焼き、豚ソテーのホワイトソース仕立て、筍・竹輪・イカの煮付け、クリームスープ、コールスロー、アイスクリーム

便所汚物排水に成功

14日、機械班は初めての便所汚物の排水を行い成功した。これで調理排水、風呂湯とともに、糞尿も排水管を伝わって排水ピットに流れることが分かり、基地の排水機構に不安は無くなった。

あすかの排水機構には、排水管の保温、排水管の傾斜、排水時の加圧の三つの工夫により、凍結防止の措置が講じられている。

昭和基地新聞社よりインタビュー

14日、昭和基地新聞社の山本哲社主より、本紙高木社主へのインタビューが、通信で行われた。

ひと口知識【サスツルギ（Sastrugi）】

風による雪面の削剥によって形成される雪面模様のこと。風上側に鋭く尖った稜線をもち、風下側になだらかに伸びている。

その形状から、削剥時の卓越風向を知ることができる。発達したものは高さ2mにも及ぶ。みずほ高原では、標高1500m位から3000～3300m位までの風の強いカタバ風地域で、サスツルギの発達がとくによい。

（「南極の科学9 資料編」より）

オーロラ観測用ドーム

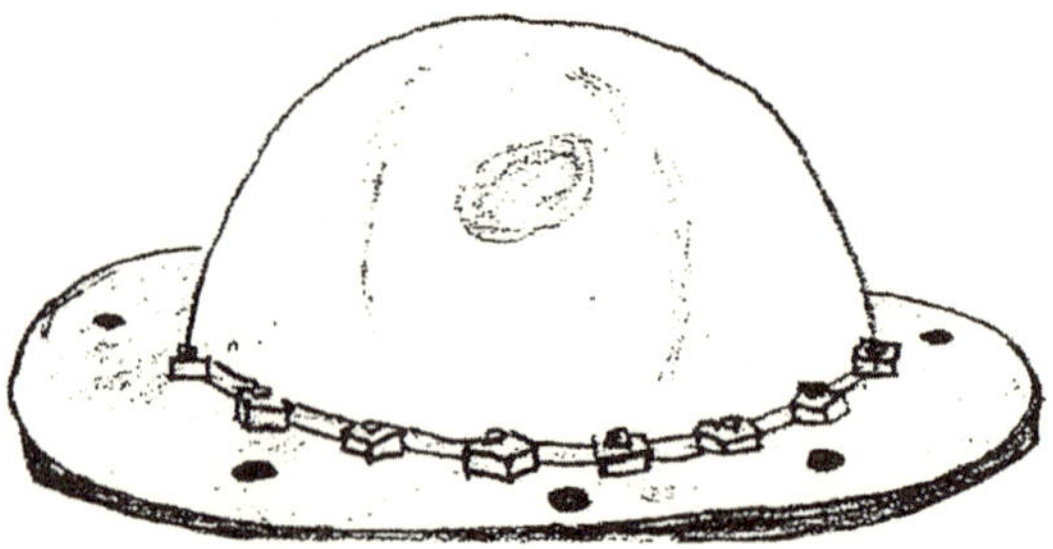

ブリザード談話⑥ 静寂の音

あすかにはさまざまな音がある。屋外に出ると、恒常的に風の音が聴こえる。屋内では、たとえば主屋棟へ行くと、通信の音声、厨房の灯油レンジのうなり、そして食堂では録画テープやVTRの音楽などだ。

発電棟では、30KVA発電機のエンジン音が圧倒的だ。高橋隊員は、夏オペ期間のエンジン運転開始時に何度か、この騒音を子守唄にして眠ったものだ。

観測棟では、昼間はたいてい観測室と医務室の両方から別種のミュージックが流れ、通路のワープロあたりで混じりあっている。観測室からは、山口百恵や中森明菜で、医務室からは、葛城ユキであったり八代亜紀であったりする。

ところが、夜更けて隊員が眠りに就くと、基地内は静寂に包まれる。風が弱い朝、食当のために早起きして食堂へ足を運ぶと、まったく怖いほど静かなことがある。日本の日常生活では経験できない静寂、サウンド・オブ・サイレンスだ。われわれは、日本であまり住宅事情に恵まれていないから、一日中たとえ夜中でも、何らかの騒音を耳にして生活している。悲しいもので、何か物音がしていないと落ち着かないのだ。

あすかで、最も孤絶環境を感じる早朝、食当は慌てて灯油レンジを点火し、騒音づくりにとりかかる。

南極あすか新聞
1987年
（昭和62年）
3月16日
月曜日
JARE28
あすか拠点
新聞社

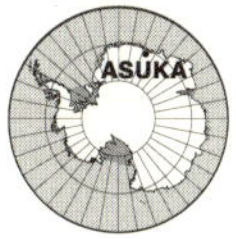

［3/15 気象］
天気　晴
平均気温　-13.5℃
最高気温　-11.4℃
最低気温　-16.3℃
平均風速　13.1m/s
最大風速　21.0m/s
平均気圧　879.0mb

［3/15 メニュー］
☆野崎食当
朝昼兼用／炒り卵、鮭塩焼き、がんも煮付け、みそ汁
夕食／ロールキャベツ、コールスロー、ワカメスープ、アップルパイ

共同FAX受信開始

15日午前、大坂により共同通信社のJJC共同FAXニュースが、初めて受信された。紙面は折から日曜版で、東京国税庁査察部や分割民営化後の国鉄路線の境界付近駅などが紹介されていた。

文字はきわめて鮮明で読みやすく、隊員たちは、しらせ以来のひさしぶりの日本のFAXニュースを食い入るように読んでいた。これであすかは、電報、インマルサット電話、そして共同FAXにより、昭和基地と同程度の情報を得られることになった。

ひと口知識【寒冷カタバティック気候帯（Cold katabatic climatic zone）】

Dalrympleによる南極の気候区分の一つで、年平均気温がマイナス30℃～マイナス40℃、最低気温がマイナス55℃～マイナス70℃、最高気温がマイナス5℃～マイナス20℃、そして年平均風速が9～12m／sの地帯を指す。大陸斜面上で斜面下降風の強い所で、みずほ基地や、ピオネルスカヤ、シャルコー基地などがこれに入る。

（「南極の科学9 資料編」より）

観測棟・安全地帯　A’間トンネル

基地訪問② 観測棟通路

観測棟通路は、通路と名付けられてはいるが、実はあすか拠点の文化センターともいえる重要なセクションである。2台のファンコイルで十分な暖房が確保され、さらに焼糞トイレも備えられた上で、U-BIXコピー機、ワードパル400、あすか文庫が窓際に堂々と並んでいる。

おまけに医務室からはみ出した無影灯、厨房からはみ出したウォータークーラーまであり、知的生産活動を行うには充分なユニットを形成している。この空間の管理者は酒井隊員で、大工作業の得意な彼にとっては、工房でもある。

日中ともなると、観測室と医務室との双方からミュージックが流れ、ちょうどワープロのあたりで混じりあって、奇妙な音楽となる。

観測棟が完成した頃は、建築内装の材料が散乱して惨たんたる有様だったが、現在は広い空間、音楽、そして熱いコーヒーのそろった文化センターとして、隊員には欠かすことのできない、いこいの場である。

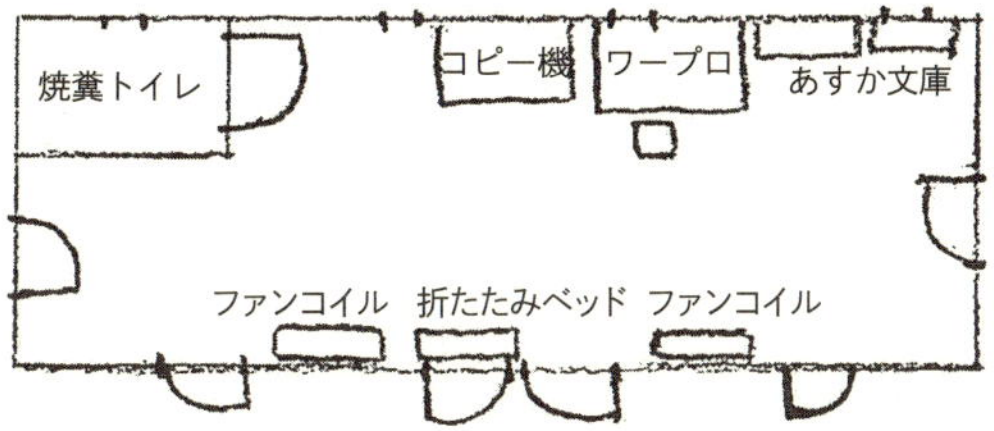

南極あすか新聞

1987年
(昭和62年)
3月17日
火曜日

JARE28
あすか拠点
新聞社

[3/16 気象]
天気　晴低い地吹雪
平均気温 -15.9℃
最高気温 -13.3℃
最低気温 -17.6℃
平均風速 14.7m/s
最大風速 24.1m/s
平均気圧 868.5mb

[3/16 メニュー]
☆高木サブ食当
朝食／卵焼き、コンビーフ野菜炒め、キンピラごぼう、コールスロー、みそ汁、グレープフルーツ
昼食／焼きそば、チキンスープ、パンプキンパイ、チーズパイ
夕食／ローストチキン、帆立バター焼き、イカリングフライ、タコと筍の煮付け、チキンスープカレー風味

発電機・給排水・暖房機の説明会

16日午後1時半より、発電機・給排水・暖房機の説明会が約1時間にわたって行われた。講師の野崎・高橋に対し、聴衆から熱心な質問が飛び出すなど、基地の維持と安全にきわめて有益な説明会となった。

ロシア民謡「一週間」(替え歌)

日曜日に食当にあたり
飯と汁を炊いてみた
*テュリャ　テュリャ　テュリャ
テュリャ　テュリャ　テュリャリャ
テュリャ　テュリャ
テュリャ　テュリャリャ
テュリャ　テュリャ
テュリャリャ　テュリャリャ
テュリャ　テュリャ
テュリャリャリャ
テュリャ　テュリャ
テュリャリャリャ
月曜日にSYNOP送り
火曜日は測量を
　始め
*繰り返し
水曜日にシール
　へ出かけ
木曜日はデポ地を歩き
*繰り返し
金曜日は観測もせず
土曜日は穴掘りばかり
*繰り返し
恋人よこれが
　あすかの
一週間の仕事です
*繰り返し

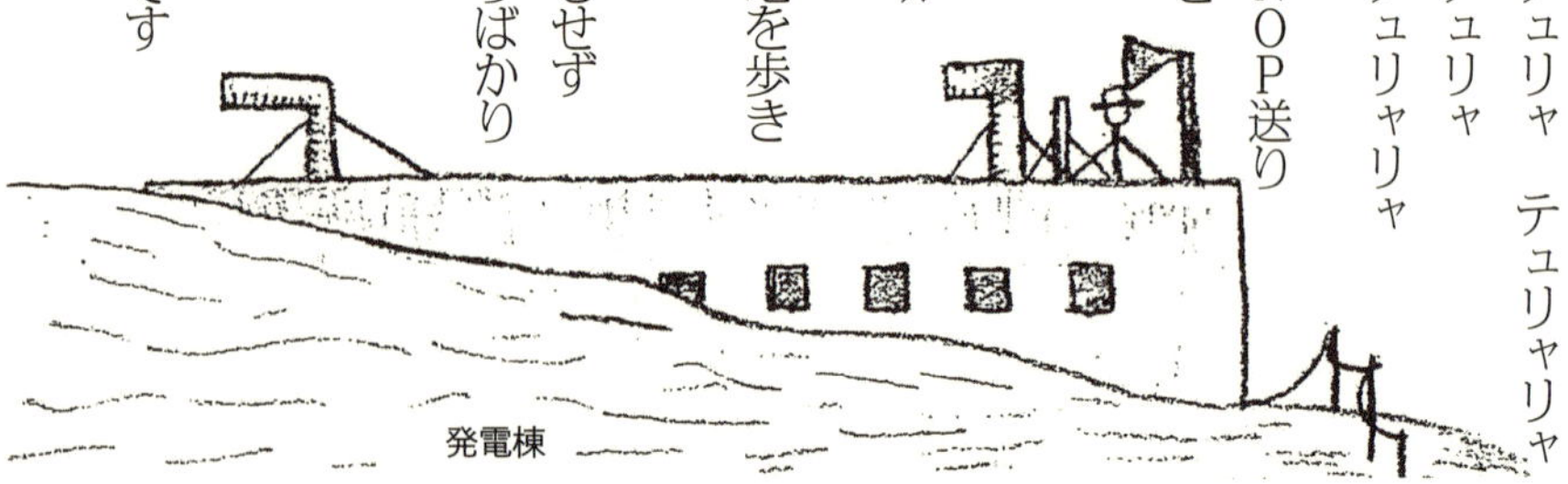
発電棟

ブリザード談話⑦ 故郷の緑

望むべくもないが、あすか越冬隊員が時折夢に見るのが緑の山野である。あすか拠点の背後にはセールロンダーネ山地が連なっているが、これらの山々はすべてが岩と氷雪の峰ばかりで、樹木はおろか高山植物も見られない。南極大陸は日本の37倍も広いが、花の咲く顕花植物は南極半島に2種類が認められるに過ぎないという。

鮎川隊長はレーザーディスクの「ウイーンの森の物語」を見るたびに「あの谷は俺っちの町とそっくりだ」といい、高橋隊員は伊東の茶畑を好んで語る。野崎隊員は津軽平野の映像を食い入るように見つめ、大坂隊員は古川の稲穂もたわわな水田を思い浮かべる。

酒井隊員は肥後平野と有明海をはさんで対岸の雲仙の桜を思い出し、高木隊員は東北海道の原生林を縫って流れる渓流に想いを馳せる。渋谷隊員と富田隊員は東京育ちであるが、春の乗鞍や夏の菅平、北海道のツーリングなどを懐かしむ。

緑には、人の心を和ませる作用がある。南極の無機的な世界に暮らす隊員が、生きた緑を求めて、玉ねぎの発芽を喜んだり、水耕栽培を試みたりするのは、緑が安らぎを生むからであろう。また緑は、故郷の山野を連想させ、郷愁を誘う。

越冬を終えたわれわれの目に、日本の春の緑はさぞ染み入ることだろう。

南極あすか新聞

1987年（昭和62年）3月18日 水曜日

JARE28
あすか拠点
新聞社

[3/17 気象]
天気　快晴
平均気温 -18.8℃
最高気温 -17.0℃
最低気温 -22.4℃
平均風速 13.6m/s
最大風速 21.9m/s
平均気圧 861.8mb

[3/17 メニュー]
☆富田シェフ食当
朝食／鰺開き、生卵、ベーコンソテー、みそ汁
昼食／中華丼、切り干し大根煮付け、新香、スープ、フルーツ
夕食／鰺塩焼き、浅利のワイン蒸し、焼き鳥、新香、みそ汁、フレンチトースト、フルーツ

GPS受信成功

16日午後、あすか拠点の沈下量測定基準ポールとシール岩頂上測地基準点との2点で、GPS（Global Positioning System）の観測が行われ、成功した。

この観測は複数の人工衛星から発信される信号を受信することによって、受信地点の標高および複数の受信地点間の距離を10cmの誤差以内で求めようとするものである。渋谷によると、GPSの観測を南極で実施したのは今回が初めてという。

なお、観測時のあすかの風速は18m／sであったが、大坂とともにシール岩地点を受け持った酒井は、「立って歩けない」強風にあおられて、シール岩の谷底へ吹き飛ばされそうになったという。

発電機500時間点検

17日午前、発電機500時間点検が行われた。今回も切替え時、過電流の警報が鳴ったが、原因は不明である。

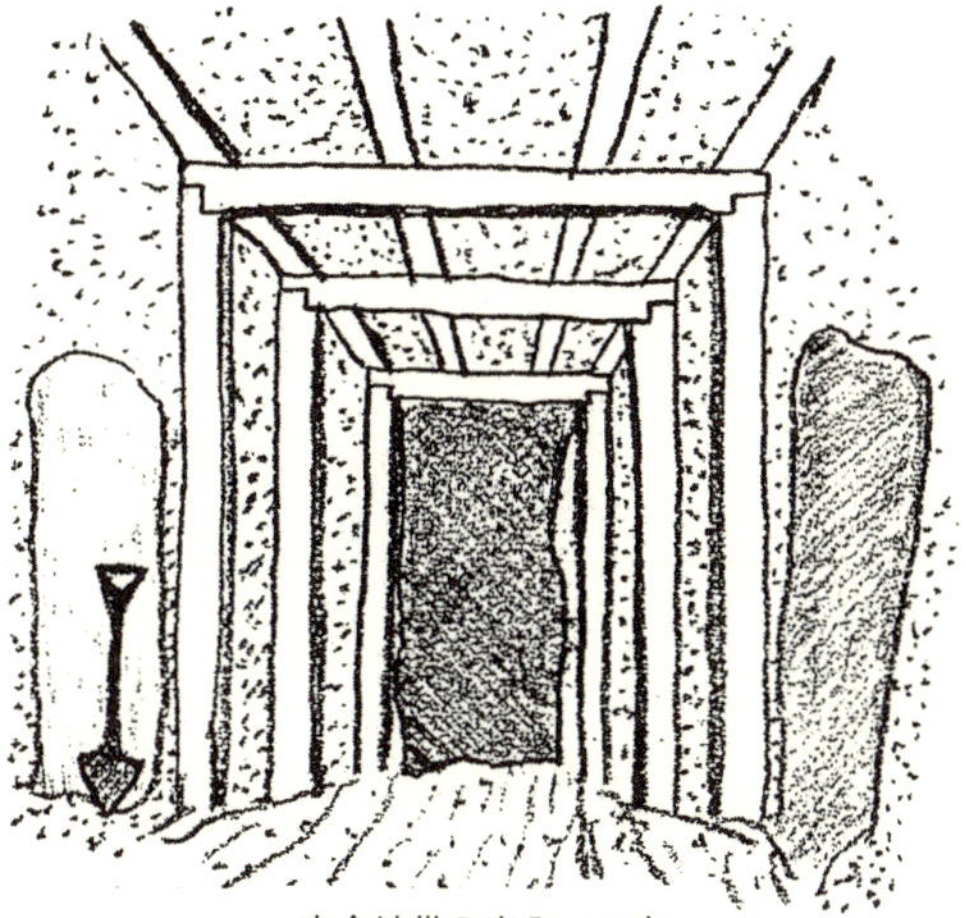

安全地帯B出入口の庇

ブリザード談話⑧ 講演会

いま、あすかに居住する8名の越冬隊員のうち、6名の越冬経験者はすでに承知のことではあるが、越冬を終えて帰国すると、各所から講演の依頼が舞い込む。越冬隊長は別格として、この依頼は田舎出身の隊員ほど多いのである。

各隊員の職場、出身学校はもとより、話がおもしろければ聴衆のつてで新たな講演会が生まれる。いすゞの高橋隊員は、いすゞ自動車ユーザーに話をするため、北海道まで招かれたという。

オホーツクの田舎町へ転勤した高木隊員は、勤務先の病院はもとより、特殊学校、PTA、ロータリークラブ、医師会、栄養士会、臨床検査技師会、山岳会、アマチュア無線クラブで講演し、果ては町民大学講師を努めるなど大変な売れっ子ぶりだったそうだ。

極地研の職員、研究者らは、立場上、南極のすべての事柄に正確さを要求されるであろうし、こういった人たちのしゃべる会では、聴衆の耳も肥えているらしい。一方、設営隊員だった人は、自らの仕事は別として、南極で経験したさまざまな事象を奔放にしゃべることができる。

聴衆の興味は、南極の自然現象や隊のオペレーションなどではなく、越冬隊員の日常生活そのものであることが多い。この点を強調すれば間違いなくウケる。

南極あすか新聞
1987年（昭和62年）3月19日 木曜日
JARE28 あすか拠点新聞社
ASUKA

[3/18 気象]
天気　晴
平均気温 -19.1℃
最高気温 -15.5℃
最低気温 -24.8℃
平均風速 11.0m/s
最大風速 20.4m/s
平均気圧 863.4mb

[3/18 メニュー]
☆富田シェフ食当
朝食／鮭のムニエル、生卵、ロースハム、鮭水煮缶、みそ汁
昼食／他人丼カレー風味、じゃが芋とニンジンの煮込み、新香、吸物、フルーツ
夕食／豚ヒレカツ、コールスロー、油淋鶏（鶏唐揚げネギ香味ダレ）、春巻、新香、みそ汁、アップルパイ、フルーツ

健康診断実施

18日朝、高木によりあすか隊全員の第1回健康診断が行われた。項目は、血圧、脈拍、検血一般、肝機能生化学検査、検尿である。

朝食前のひととき、皆いつになく神妙な面持ちで、採血と血圧測定に応じていた。検体は医務室で、順次測定に供されているが、検血、検尿、血圧、脈拍では特に異常は認められていない。

食堂に光が射す

鮎川隊長らによって、主屋棟屋根および周辺の除雪がロータリー除雪機を用いて行われている。このおかげで、食堂の北側窓のひとつが地上に現れ、まばゆい陽光が室内に射し込むようになって、室内はうそのように明るくなった。

ラ・マンチャの男

映画「ラ・マンチャの男」は、17日夜にレーザーディスクで上映され、まったくの不評に終わった。が、フィナーレに素晴らしい詩がうたわれたので、ここに掲載する。

不可能を夢み　無敵の敵に挑む
堪ええぬ悲しみに　堪え
勇者も行かぬ地に向かう
勇者も行かぬ地へ　永遠の彼方まで
旅に疲れていても　とどかぬ星に手を
どんなに高くても　求める心を忘れず
遠く到達しがたい　星に向かおう

基地訪問③食堂

主屋棟の中央に位置する食堂は、あすか拠点の中心でもある。隊員たちはここで三食を食べ、会議を開き、酒、映像、麻雀などの娯楽のひとときを楽しむ。

28次隊があすか入りして以来、食堂ほど多人数が出入りした部屋はない。時には40名もの人間がここで食事をとったのである。夏オペ後期には、12名の憩いの場となり、最後に越冬隊8名が落ちつくダイニングルームとなった。

今は、食卓、警報盤類、暖房機、娯楽用品、酒類などすべて収まるべき所に収まり、食事をとる隊員の椅子もほぼ固定した。あすか越冬隊はここで英気を養い、各自の仕事場へ散ってゆく。

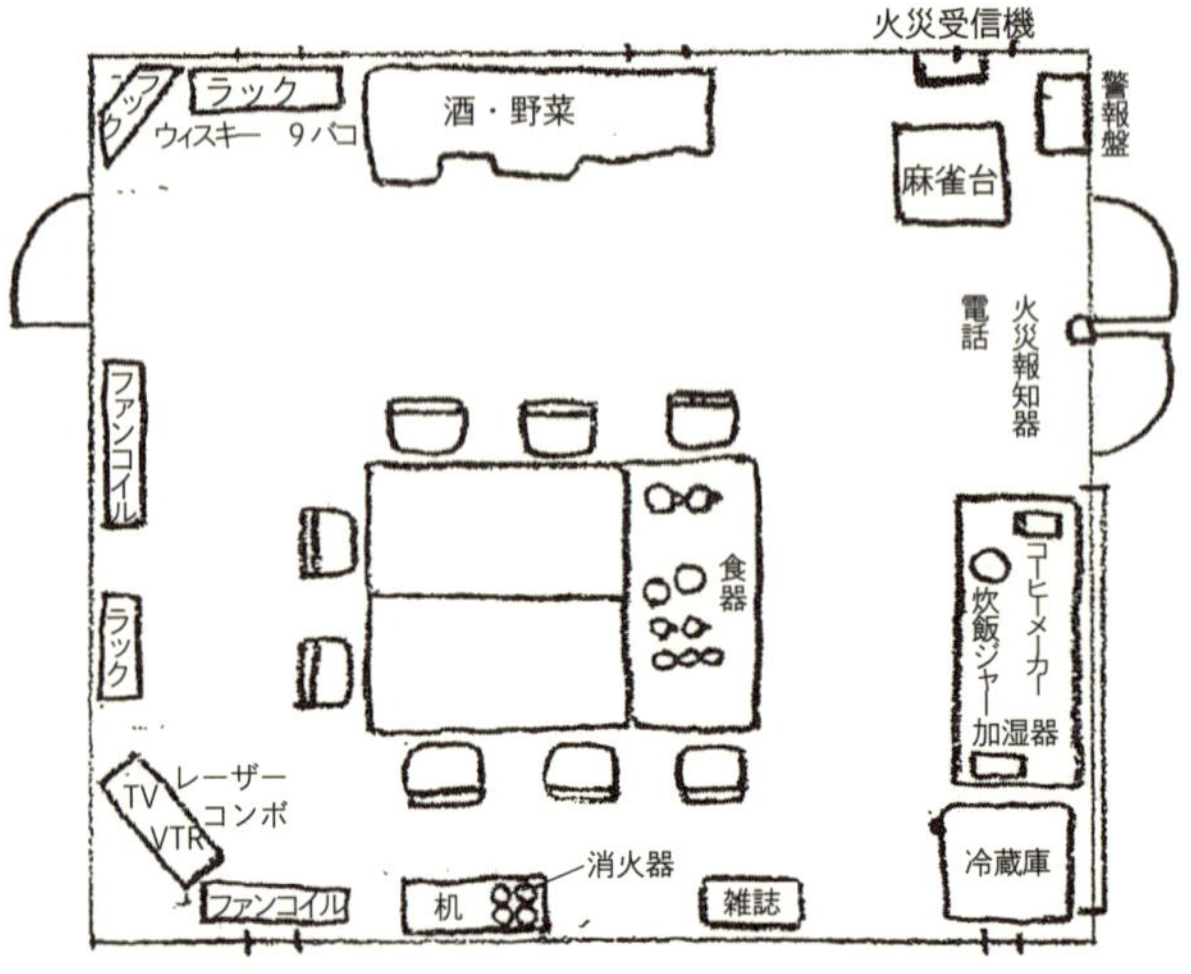

南極あすか新聞
1987年（昭和62年）3月20日 金曜日
JARE28 あすか拠点新聞社

[3/19 気象]
天気　快晴
平均気温 -16.2℃
最高気温 -14.8℃
最低気温 -18.4℃
平均風速 15.6m/s
最大風速 23.6m/s
平均気圧 873.5mb

ドリフトの測量

南極大陸に建物などの突起物を造ると、自然はそれを覆いつくすまで執拗な攻撃をくりかえす。あすかの建設作業期間から現在まで、隊員はドリフトとの闘いに明け暮れているといっても過言ではない。まるで無敵の敵に挑むラ・マンチャの男のように。

そこで、酒井・渋谷はこのドリフトの消長を科学的に解明するため、測量を18日から始めた。安全地帯／Aの風下側にある測量基準点を中心に、風下側20mおきに5点、さらに50mおきに5点、また風向と直角方向には飯場棟～デポ地の範囲で25点の測点を置き、それぞれ竹竿を立てて、雪面の高さを測定する。

同じ作業を風上側でも行うので、合計測点数は500点に達しようかという壮大な計画である。この仕事が一定期間ごとに行われれば、ドリフトの正体がある程度明らかになるかもしれない。

火災報知・防火説明会

19日午後、大坂・高橋により火災報知系統及び消火器置場、防火服などの説明会が食堂に於いて行われた。

ユキドリ

言うまでもなく、火災は南極基地では致命的な災害であり、ボストーク基地火災などの悲惨な前例もある。

決して起こしてはならないし、万一発生しても、最小限に食い止めなければならないだけに、皆真剣に聞き入った。

ブリザード談話⑨　極地研隊員室

すでに4ヶ月以上も前のことであるが、各隊員の仕事場は極地研の隊員室であった。南極出発前の隊員はここで越冬や夏季オペレーションに備えて、さまざまな計画を練り、諸官庁や業者との折衝にあたり、また調達した物品を梱包したりする。

鮎川隊長、渋谷、酒井の極地研職員は別として、その他の隊員は、長い人で6ヶ月、短い人で2ヶ月半の期間、ここで勤務した。高木、大坂は極地研に住み込んでいたから、通勤の心配はなかったが、他の隊員たちは、満員電車に揺られて汗水たらし出勤していたのである。

隊員室の壁には積荷リスト〆切や晴海出航の日付が大書され、常に隊員をせき立てていた。昼休み前後の時間は最も活気があり、所内外からの電話が鳴り響き、人の出入りも激しかった。隊長は机に向かってしきりに何かを書いていたが、あの喧騒の中で、あすか夏オペの作戦を練ったり、基地内規の草案を起こしたりしていたのだ。

夕方5時を過ぎると、仕事を済ませた誰かがビールの栓を抜き、いつしか軽い酒宴の座が生まれた。夜が更けると、帰宅の途に就く人、板橋駅前やさらに遠くへ飲みに出る人など、一人ひとり消えていった。門限も過ぎた深夜、ともる隊員室の灯は、酔客をホッと安堵させたものだった。

[3/19 メニュー]
☆富田シェフ食当
朝食／大和芋、秋刀魚蒲焼き缶、厚焼き卵、みそ汁
昼食／太巻き寿司、いなり寿司、里芋とれんこんの煮付け、ガリ、吸物、フルーツ
夕食／豆腐と野菜の煮込み、ローストポーク、ワカサギマリネ、アップルパイ

南極あすか新聞

1987年
（昭和62年）
3月21日
土曜日
春分の日

［3/20 気象］
天気　晴
平均気温
-16.5℃
最高気温
-14.2℃
最低気温
-21.1℃
平均風速
10.9m/s
最大風速
21.7m/s
平均気圧
875.3mb

JARE28
あすか拠点
新聞社

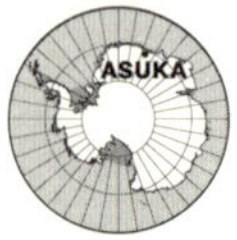

健康診断全員異常なし

18日朝に実施された第1回健康診断の結果が、19日夕方にすべて出そろって、全員異常なしと判定された。医務室では、ヘムメーターという赤血球・白血球計数器、RaBAエースという生化学簡易測定器がフルに活動して、血液中の細かいデータをはじき出し、これらの計器と試薬類も正常に作動反応することが確認された。

肝機能異常なしを知って、あらためて日本酒缶の栓を抜く人、エイズは大丈夫だったかと、まんざら冗談でない口調で問う人がいたりして、一同爆笑のうちにも、お互いの健康を喜んだのであった。

この種の健康診断の第2回目は、8月頃に実施の予定。

ひずみ方陣の測量を開始

20日午後、渋谷・酒井によりGPSを用いた、あすか拠点のひずみ方陣の測量が開始された。この作業を、期間を置いて再度行えば、雪原の流動とねじれが分かる。

以前は、セオドライトを用いて測量されていたが、今回渋谷は、得意のGPSを用いて、正確を期している。

ナンキョク
オオトウゾクカモメ

ブリザード談話⑩　写真

南極の大先輩である、木崎甲子郎氏の『氷点下の1年』という著書に次のような一節がある。

ポインティングの写真の素晴らしさは、定評がある。かつて、加納一郎氏が、写真技術や機械が進歩した今日、なお、ポインティングに匹敵するほどの写真が日本隊から生まれてこないのはどうしたことだ、と指摘したことがある。

写真家のポインティングは、スコット隊に随行し、『偉大な白い南極』という書を世に出したのである。

南極観測もわれわれで28次を数え、去る1月には30周年の祝賀会も開催された。日本隊の撮影した写真も膨大な数になろう。にもかかわらず、極めつけの凄いショットというものに、お目にかかったことがない。

日本隊には、プロの写真家が参加していないからだろうか。日本隊は忙しすぎるのだろうか。それとも、われわれには芸術性が欠けているのだろうか。

高木隊員の学生時代の先輩や後輩には、プロのカメラマンが3人いる。彼らは、写真撮影にかけてはひどくマメで、決定的なカット一枚のためには、どんな苦労もいとわない。要は、執念の違いなのか。

これからの季節のあすかは、まだ誰も知らない。後世に残るような一枚を撮りたいものである。

［3/20 メニュー］
☆富田シェフ食当
朝食／鰯味醂干し、筋子、ロースハム、みそ汁
昼食／チャーシュー麺、フルーツ
夕食／ポテトコロッケ（カレー風味）、牛肉のカレー粉炒め、海老チリソース煮、クラムチャウダー、ミルクゼリー

南極あすか新聞

1987年（昭和62年）3月22日 日曜日

JARE28
あすか拠点
新聞社

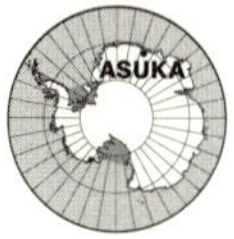

[3/21 気象]
天気　晴高い地吹雪
平均気温 -18.6℃
最高気温 -14.1℃
最低気温 -22.9℃
平均風速 15.6m/s
最大風速 25.5m/s
平均気圧 861.6mb

[3/21 メニュー]
☆高木サブ食当
朝昼兼用／親子丼、チキンスープ、コールスロー、キンピラごぼう
夕食／フライ盛り合わせ、スペアリブステーキ、マカロニサラダ、ベークドポテト、牛肉野菜炒め、筍とじゃが芋の煮付け、チキンスープ、ミートパイ

雪上車取り扱い訓練の座学実施

21日、春分の日のため休日日課であったが、昼食後12時より、食堂で雪上車取り扱い訓練が行われた。折から地吹雪が高く、視程も悪いため、屋外での実施訓練は延期され、高橋講師の座学のみ実施された。

雪上車は昨年12月以来、すでに各隊員とも十分な運転経験を持つ。しかし、冬を前にして、あらためて取り扱いの基礎的事項を確認し、同時に冬場のエンジン始動や安全確認について徹底をはかろうという主旨の訓練である。

すでに各隊員とも雪上車に関してある程度知っているだけに、高橋の理論説明にも理解が早く、的を射た質問も飛び出した。

天候が急変

21日は朝から晴れて、7時の風速は11・8m／sとおだやかであったが、突然地吹雪となり、13時には20・1m／sとなるほどの天候の激変ぶりだった。

SM50

ブリザード談話⑪ 出航前夜

しらせで晴海埠頭を出航する前日は隊員にとって印象深い一日である。

まだ物資の積み込みに、やきもきしている隊員もいる。地方から上京した家族に、東京見物をさせなければならない隊員もいる。勤務先や上司に挨拶回りをする隊員もいる。最愛の人と一日ゆっくり過ごしたい隊員もいる。

日中の過ごし方はいろいろ違っても、午後6時から開かれる文部省主催の壮行会には、ほとんどの隊員が家族連れで参加する。文部大臣、防衛庁長官らの壮行の挨拶が続く式次第はいささか仰々しいが、隊員たちがお互いの家族を紹介しあったり、南極の大先輩たちに肩を叩き励まされたりしている光景は、ほほえましいものである。

会場の東條会館は、富田隊員の職場であるが、壮行会の料理は南極OB会のそれよりもはるかに上等であるようだ。会がはてると、隊員たちは家族と連れ立って、それぞれの自宅や宿へと散っていく。南極越冬の1年4ヶ月は、さすがに家族との別離を惜しむにたる時間である。

隊員たちの精神はいささか高揚し、普段めったに口にしない、優しい言葉のひとつも出たりする。夜が更けて、子供を寝かしつけた隊員と妻が、ぶらりと出かけた銀座で、別の隊員の夫妻に会ったりする。華やかな出航の静かな前夜である。

南極あすか新聞
1987年（昭和62年）3月23日 月曜日
JARE28
あすか拠点新聞社

［3/22 気象］
天気　晴高い地吹雪
平均気温　-13.4℃
最高気温　-12.1℃
最低気温　-14.7℃
平均風速　16.6m/s
最大風速　22.7m/s
平均気圧　868.6mb

［3/22 メニュー］
☆渋谷食当
朝昼兼用／ベーコンエッグ、アスパラ、みそ汁
夕食／オヒョウのグレープフルーツ煮、鶏肉のちり酢焼き、みそ汁

雪尺測定を実施

20日午前、鮎川隊長、酒井による2回目の36本雪尺測定が実施された。前回2月18日以後の積雪はマイナス6・4㎝で、1月から2月のマイナス5・4㎝に引き続いて、減少傾向にあることが分かった。

この積雪の減少は、昇華あるいは風による掘削と考えられる。次回は4月20日に実施の予定。また、飯場棟より雪尺網へのルートが、200mおきの竹竿で作られた。

カラースライド現像を楽しむ

22日午後、高木によりコダックカラースライド現像が行われ、36枚撮りエクタクローム・フィルム5本ともまずまずの発色仕上がり具合であった。

彼は21次隊のみずほ基地でもカラー現像の経験があり、28次出発前にも極地研の食堂でテストを積んできたので、自信たっぷり、発電棟の洗面所を借り受けて、午後いっぱい現像を楽しんでいた。

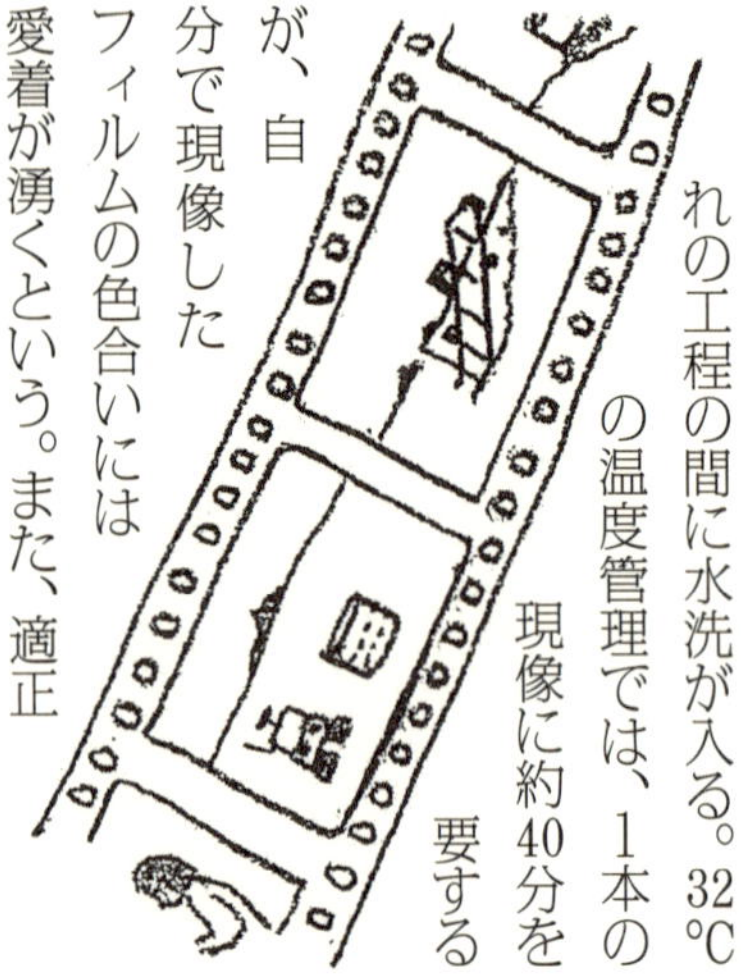

カラー現像は、第1現像・発色現像・漂白定着・安定の4つの工程を要し、それぞれの工程の間に水洗が入る。32℃の温度管理では、1本の現像に約40分を要するが、自分で現像したフィルムの色合いには愛着が湧くという。また、適正露光を見るにも有効といえよう。

ブリザード談話⑫ 雪洞

あすか拠点の越冬が雪との闘いであることは、異論のないところであろう。基地には各所に巨大なドリフトが形成され、これに対して越冬隊は、ブルドーザーやロータリー除雪機で除雪に精を出している。この闘いは一進一退の形勢である。

一方、雪面下でも、もうひとつの雪との闘いが行われている。それは、雪洞掘りとその維持だ。基地には観測棟・安全地帯／A間雪洞、排水溝雪洞、安全地帯A脱出用雪洞、安全地帯B出入口のゴミ仮置き場雪洞の4つの雪洞がある。

前2者は、除雪機やバックフォーで野天掘りされたあと、梱包用段ボールなどの廃材で天井を造られた、高橋隊員苦心の作である。後2者は、主として富田隊員が調理の合間に掘った。

雪洞にも天井の沈下や雪の吹き込みなど、自然の抵抗はあるが、こちらの闘いは、越冬隊の優勢である。ただし、雪洞内では大型機械が使えないので、越冬隊の武器といえば、チェーンソーとスコップくらいのもので、人力による肉弾戦ともいえる。

雪洞掘りは、屋外作業のほとんどできない厳冬期でも可能だ。運動不足解消という副産物もある。渋谷隊員は、地震計設置場の雪洞を計画している。あすか拠点がみずほ基地と同じ運命をたどるならば、雪洞は不可欠の生命線となる。

南極あすか新聞

1987年(昭和62年)3月24日 火曜日

[3/23 気象]
天気　曇低い地吹雪
平均気温　-13.6℃
最高気温　-12.1℃
最低気温　-15.3℃
平均風速　14.7m/s
最大風速　21.0m/s
平均気圧　878.0mb

JARE28
あすか拠点
新聞社

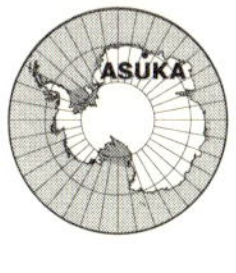

[3/23 メニュー]
☆高木サブ食当
朝食／スモークハム、筍とじゃが芋の煮付け、キンピラごぼう、みそ汁、グレープフルーツ
昼食／うな丼、チキンスープ、卵ドーナツ
夕食／秋刀魚塩焼き、かきフライ、茶わん蒸し、おでん、コールスロー、みそ汁

第1回火災訓練を実施

23日午後、第1回の火災訓練が実施された。想定火災発生場所でタバコをふかし、煙探知火災報知器を作動させ、火災表示盤で火元を確認したのち、消火器をもって火元に走る。出火のないことを電話連絡し、誤報の一斉放送を流すなど実際の防火活動に即した訓練であったが、この後、仮設作業棟火災誤報の番外編まで発生した。

主屋棟の靴箱完成

基地内の大工仕事を一手に引き受ける酒井により、23日、主屋棟の靴箱が作られた。大きさは120×115×35㎝で4段になっていて、上2段が室内ばき、下2段が外靴用になっている。これで玄関の靴の大混乱も解消され、ますます住みよいあすかになることであろう。

冷水フィルターを初交換

23日、水循環系フィルタータンク内のフィルターが、2月11日以来初めて交換された。フィルターは茶色に変色し、髪の毛や綿ぼこりも付着していた。フィルターの網目は5μであるから、われわれの飲料水は充分にきれいになっているはずである。

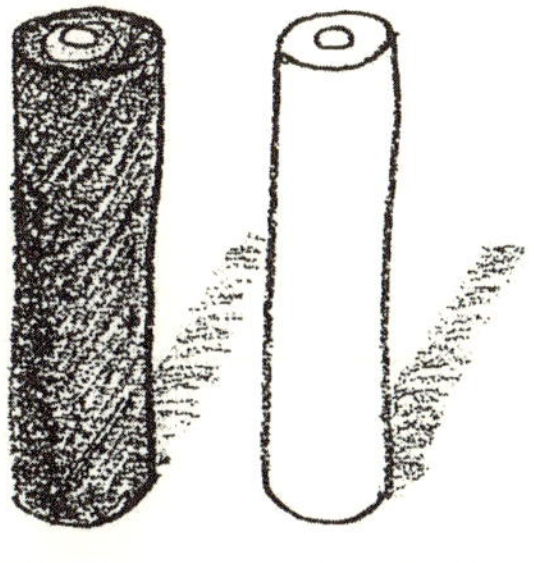

使用前(右)　2月11日
使用後(左)　3月23日

ブリザード談話⑬　晴海出航

南極観測隊の仕事は、本来地味なもので、決してヒーローになる性質のものではない。しかし、隊員も一度だけ華やかなスポットライトを浴びる時がある。それは、しらせ晴海出航の日である。

不思議なことだが、出航の日はたいてい晴れている。隊員はブレザーに身を包み、見送りの家族らを率いて登場する。皆、晴れやかで、さっそうとして、凛凛しい。

隊員全員の集合が確認されると、見送りの人たちを引き連れて艦内を案内する。艦内は大混雑だ。「観測隊の○○さん、面会人あり。舷門」の放送が頻繁に流れる。あちこちでたかれる写真のフラッシュ。

出航の30分前には皆、艦をおりて、埠頭で家族と別れを交わす。万歳、胴上げ、握手。隊員も家族も万感胸に迫り、溢れそうになる涙をグッとこらえて、無理にひきつった笑顔をつくったりしている。

拍手と軍楽隊のマーチに送られて、タラップを上るころには、報道のヘリも飛来して、埠頭は大変な騒ぎだ。隊員は飛行甲板に並んで、手を振る。見送りの群衆の中に家族の姿を求め、何やら叫んでいる人もいる。

隊長、艦長によるVIPへの挨拶が済むと、出航ラッパが鳴り響き、しらせは静かに岸壁を離れる。

余韻を残す晴海出航は、日本人好みの別れである。

南極あすか新聞

1987年
（昭和62年）
3月25日
水曜日

JARE28
あすか拠点
新聞社

［3/24 気象］
天気　晴低い地吹雪
平均気温　-13.5℃
最高気温　-11.9℃
最低気温　-15.2℃
平均風速　14.1m/s
最大風速　23.1m/s
平均気圧　882.9mb

［3/24 メニュー］
☆富田シェフ食当
朝食／鯵開き、生卵、ロースハム、みそ汁
昼食／チャーハン、じゃが芋煮付け、吸物、新香、フルーツ
夕食／鰊塩焼き、大豆煮、春雨サラダ、みそ汁、白玉ぜんざい

ひずみ方陣の測量が完成

24日、渋谷・酒井により、ひずみ方陣の残りの2点の測量が行われた。1点はABルートの1km視程ドラムであり、もう1点はシール岩ルートのポイントである。これで1辺約1kmの正方形の測量が完成した。GPSの結果は、帰国後に分析する。

センバツの組み合わせ発表

第59回選抜高校野球大会は来る26日から甲子園球場で行われるが、その試合組み合わせが共同FAXで送られてきた。山梨県からは2校が出場し、そのうち甲府工が母校という鮎川隊長は、大喜びであった。

本紙では、センバツ・トトカルチョを主催することになった。決勝戦出場の2校をドンピシャリ当てた人には、賞品として日本への3分間の電話が、隊長からプレゼントされる。〆切は25日24時。

リストルザウルス復元模型

下馬評では、京都西、池田、PLが優勝候補に挙げられているそうだ。

ブリザード談話⑭　自然保護

自然保護の有名なキャンペーンコピーに、「とるものは写真だけ、のこすものは足跡だけ」というのがある。一人ひとりのアウトドアマンがこれくらい気を使わない限り、もはや山や川、森や林の自然は保護できないというのである。

現在、われわれが住む南極大陸の場合はどうか。本来、人跡未踏の無垢の大陸に基地を建設することは、自然保護とは対立する行為である。ゴミ、排泄物、ドリフトは避けようがなく、大陸を汚していく。

しかも、「このような苛烈な環境で生きていくためには、ある程度のダメージはやむを得ない」といった人間本位の論理によるが、この問題は南極においては大目に見られているようだ。

しかし、南極の雪原には、有機物を分解すべき微生物さえほとんどいないのだから、汚物は焼却しないかぎり確実に蓄積していく。われわれの住みよい基地を作ろうという努力は、南極の自然の大反撃を誘発し、結果的には雪原の地形を変えてしまう。どうすればよいのだろう。

今、われわれにできることは、少しでも南極大陸を元の姿に戻すことではないか。汚物は燃やす。ドリフトは削る。むやみに建物を造らない。後の世代のために、南極を美しく保ちたい。

南極あすか新聞
1987年（昭和62年）3月26日 木曜日
JARE28
あすか拠点
新聞社

［3/25 気象］
天気　晴のち高い地吹雪
平均気温　-14.2℃
最高気温　-12.9℃
最低気温　-16.0℃
平均風速　15.9m/s
最大風速　25.6m/s
平均気圧　883.7mb

［3/25 メニュー］
☆富田シェフ食当
朝食／厚焼き卵、鮭水煮缶、みそ汁
昼食／力うどん、フルーツ
夕食／手巻き寿司、酢の物、鶏唐揚げ、みそ汁、チーズクラッカー、チョコレートプリン

ホルモンリズム採血行われる

25日、医学観測・血中ホルモンリズム測定用の採血が実施された。採血時刻は、朝食後、昼食後、夕食後、就眠前の一日4回で、採血量は各5mlであった。

「オレの血も薄くなった。体重も減ったし、いよいよダメかな」「健康診断の時より痛いよ」などの声を聞きながら、高木隊員は全員の採血と遠心分離に忙しかった。

この採血は3・6・9・12月のそれぞれ異なる季節に実施され、各種ホルモンの日内リズムおよび季節変動の検討に供される。

センバツ決勝戦の予想

26日から始まる選抜高校野球の決勝戦進出チームの予想は、表のようになった。隊長は、夢と知りつつも、母校の甲府工業を挙げて愛校精神を示した。

	A	B
鮎川	京都西	甲府工
高橋	PL	池田
渋谷	岡山南	丸亀商
高木	京都西	池田
富田	帝京	関東一
酒井	熊本工	池田
大坂	国学院栃木	学法石川
野崎	帝京	常総学院

また、富田、酒井、大坂、野崎は、地元または近隣のチームを挙げて郷土愛をみせた。

一方、渋谷は大穴を狙い、高橋と高木は節操なく郷土を捨て、勝ちに走った模様である。

ブリザード談話⑮ トレーニング

しらせ艦上で日々の観測を行う一部の夏隊員を除いて、ほとんどの観測隊員は航海中ひどく暇である。そこで、各隊員おもいおもいのやり方で、来るべき南極のオペレーションに備えてのトレーニングを始めた。

トレーニングの場所は、主として01甲板と第4船艙、種目はランニング、サーキットトレーニング、自転車こぎ、ボートこぎ、テニスなど。

28次隊のトレーナーをやると意気込んでいた高木隊員は、さすがに運動量豊富で、一日甲板50周（約12・5km）を走り込んでいた。星合観測隊長は速歩専門。鮎川隊長は減量を意図していたのか、赤道直下でもジャージーを着こんで、顔を真っ赤にして頑張っていた。

また、高橋隊員は当時78kgの体を、いかにも重そうに揺すりながら走り、富田・野崎隊員はテニスに専念し、テニスボールを惜しげもなく太平洋に打ち込んでいた。酒井・大坂隊員はマイペースで調整をつづけ、渋谷隊員は例によって腹をさすりながら甲板の風に吹かれていた。

さて、トレーニングの成果は如何であったか。あすか隊は全員が体力に優れていることを示し、その結果が現在のあすか拠点の立派な施設に結晶している。

トレーニングは、きわめて有効であったといえよう。

南極あすか新聞
1987年（昭和62年）3月27日 金曜日
JARE28
あすか拠点
新聞社

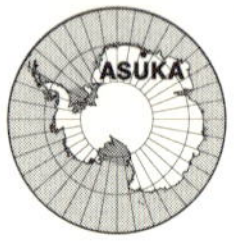

［3/26 気象］
天気　高い地吹雪
平均気温 -15.0℃
最高気温 -13.7℃
最低気温 -17.3℃
平均風速 22.3m/s
最大風速 30.4m/s
平均気圧 874.1mb

野崎隊員30歳の誕生日

ノンちゃんこと野崎勝利隊員は、26日、満30歳の誕生日を迎え、「われらの仲間」（渋谷談）入りした。午後6時から、富田シェフ得意の洋食フルコースが食卓をかざり、またカジキを彫ったアイスカービングが一層華を添えた。

鮎川隊長の乾杯で始まった祝宴は、来賓の祝辞、8通の電報披露、ノンちゃんの謝辞、告白、抱負とつづき、最後に茂さんの声高らかなエールで締めて、1次会は終わった。ついで記念麻雀の部に移り、ノンちゃんは半荘2回をプラス・トップでまとめて30代のスタートをかざった。

はや40代に手の届きそうなオジサン達や、いつの間にか30代半ばに達しようとする兄さん達の期待に応えて頑張ってね。野崎君。

予備エンジンを搬入

25日午後、30KVA発電用の予備エンジンが、クローラークレーンを用いて、脱出口から安全地帯／Aへ搬入された。

ついに出た役満

25日夜、渋谷・酒井・野崎と卓を囲んでいた富田は四暗刻をツモり、あすか初の役満を記録した。2月22日、麻雀が始まって以来32日目、半荘54回目の快挙であった。

ブリザード談話⑯ 性欲

南極越冬隊員が帰国して、よく問われたのは「あっちの方はどうしていたのか」という質問である。即ち、男性のみの社会環境で、性欲はどうなったかというきわめて興味深い疑問である。

第1次越冬隊はSEX処理法を真剣に考慮して、「弁天さん」なるダッチワイフを南極予算で調達し、昭和基地へ持参したそうだ。その後は、この種の備品を公費で買った記録はないようである。

相手がいないと、あとはマスターベーションしか手がない。完全個室の居住棟がある昭和基地では、マスターベーションは盛んに行われているようで、13次隊の新聞「日刊13次」には、マスをかいた回数のアンケート調査結果が掲載された。それによると最高週に7回以上から最低ゼロまで興味ある結果が出ていた。

性欲は年齢とともに変化し、10代後半をピークとして、以後は加齢とともに衰えるとされている。また、ヒトも含まれる動物には、使わないと退化する廃用萎縮という現象が認められている。

これまで、南極越冬隊員の性欲を調査した研究報告は、日本隊にほとんどない。今回、高木隊員は血中のテストステロンという男性ホルモンを測定することにより、この興味ある問題にメスを入れる予定だ。

［3/26 メニュー］
☆富田シェフ食当
朝食／ベーコン野菜炒め、生卵、浅利味付け缶
昼食／カレーライス
夕食／洋食フルコース（オードブル〔生カキ〕、コーンクリームスープ、舌鮃クリームソース、仔羊のロースト辛子風味、鶏肉のルイジアナ、グリーンアスパラサラダ、バースデーケーキ、オレンジ、クロワッサン、コーヒー）

南極あすか新聞
1987年
(昭和62年)
3月28日
土曜日

JARE28
あすか拠点
新聞社

[3/27 気象]
天気　高い地吹雪
平均気温 -16.4℃
最高気温 -14.0℃
最低気温 -19.5℃
平均風速 22.2m/s
最大風速 35.4m/s
平均気圧 877.8mb

[3/27 メニュー]
☆富田シェフ食当
朝昼兼用／カレー、生卵、鮭水煮缶、牛大和煮、鯵開き、新香、みそ汁、フルーツ
夕食／仔牛シチュー、豚レバーケチャップ炒め、クラゲ酢の物、みそ汁、チョコプリン、グレープフルーツ

組み立て暗室が完成

26日、酒井・高木により、ハンザ組み立て暗室が組み立てられた。観測室隣の小部屋にすっぽりと収まった暗室は、205×135×205cmの大きさで、換気窓やベンチレーターも付いた本格的なものだ。

近日中に機材、薬品などを運び込んで、オープンする予定だが、暗室活動が可能になると、白黒写真作成、X線フィルム現像、本紙も写真版もできるようになる。

あすかの水はきれい

25日より、厨房上水、発電棟洗面所温水および風呂浴槽水の細菌試験が行われている。これは、大腸菌群と一般細菌用の試験紙に、試験する水を1ml浸み込ませ、恒温器により37℃で培養し、スポット数を数える簡易検査である。

27日までの結果では、大腸菌はどこにも検出されず、一般細菌のスポットが厨房と風呂にごくわずか認められた。

この結果、あすかの水はとてもきれいということがわかり、生活用水に適しているといえる。

しかし、風呂水に大腸菌がいないのは不思議なので再検する、と担当の高木は言っている。

ちなみに、21次のみずほ基地では、造水槽は無菌だが、汲み置き水と風呂水には細菌がウヨウヨだったそうだ。

ブリザード談話⑰ ニックネーム

親しくなるとニックネームで呼びあうようになるのは、日本でも南極でも同じだ。10次隊の新聞である「S10トピックス」では、ニックネームを①あだな、②愛称・略称に分けて、それぞれの例を挙げている。

姓名を省略した○×ちゃんや△坊などは愛称、略称の部類だ。一方、あだなは、広辞苑に次のようにある。あだな(渾名、綽名、諢名)＝人の容貌・習癖・挙動などによって、実名の外に、他人をあざけり、または愛してつけた名。あざな。異名。

あすかでもニックネームが、徐々に普及し始めている。依然として官職名で呼ばれているのは、「隊長」「ドクター」くらいのものだ。「シゲさん」「ターさん」「トミちゃん」「ター坊」「ノンちゃん」などは愛称、略称。一方「教授」「ジゴロ」「与作」「サンちゃん」などは、それぞれいわれがあり、明らかにあだなに属する。

あすかの小社会だけでしか理解されず、また通用しないこのようなあだなは、南極越冬のおもしろい社会現象でもある。

京都大学の山岳部では、伝統的に部員同士はあだなで呼び合う習慣があるそうだが、彼らの連帯感は西堀栄三郎氏のころから強固なことで定評がある。われわれもあやかりたいものだ。

南極あすか新聞
1987年（昭和62年）3月29日 日曜日
JARE28 あすか拠点 新聞社

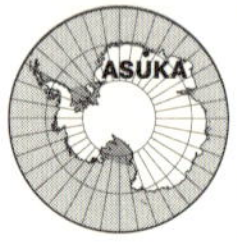

[3/28 気象]
天気　曇
平均気温 -14.1℃
最高気温 -12.0℃
最低気温 -17.5℃
平均風速 18.7m/s
最大風速 27.1m/s
平均気圧 878.5mb

なぜ地吹雪がないの？

28日朝、3日連続の20m／sを超す強風が吹き荒れていたにもかかわらず、視程はきわめて良好で、セールロンダーネの山々もくっきりと見渡すことができた。

こんな現象は初めてのことで、担当の渋谷もなぜ地吹雪が立たないのかと首をかしげている。

地吹雪は、降り積もった雪が風により地面から吹き上げられる現象と定義されている。とすると、大陸が冷却されて雪面が硬化し、雪が強風でも舞い上がらなくなったとは高橋の解釈。ともあれ、視程がいいと気分も晴れやかになる。28日の黎明時のバウターエンの尖峰はことのほか美しかった、と食当で早起きした高木は言う。

第2回心理テストを実施

28日昼食後、全員を対象とした医学観測・心理テストが実施された。種類はMAS（不安度）、SRQ－D（うつ度）、CMI（自律神経、精神状態）の3種類。第1回は、しらせ艦上で昨年11月24日に実施されたが、夏オペを無事に終え、越冬体制を確立した現在、われわれの心理状態はどうなっているか興味深い。次回は、暗夜の6月に予定。

ブリザード談話⑱ 報道

高橋隊員に家族からかかってきた電話によると、29次隊員候補者の中に女性がいるというニュースは既に報道されているが、あすか観測拠点初の越冬観測が始まったことは、報じられていないらしい。

「オレたちの歴史的な初越冬が、たった一人の女性夏隊員に負けてしまうのかヨー」「こうなったら発電棟でも燃やさないと、新聞には載らないぜ」「越冬隊にエイズが発生したといえば載るヨ」……。報道に関する話題が、夕食の酒のサカナになる。

「南極地域観測隊員必携」には、南極地域観測に関する報道・記録等の取扱心得という章があって、「報道には公正を期し、日本内地及び寄港地における無用の混乱を防止するため」のさまざまな規制が、実に3頁にわたって記されている。よって本紙も、この記録の範疇に入ると考えられる。

規制は仰々しいが、南極観測統合推進本部が考えているほどには、当のマスコミは南極の情報を欲しがっていないようだ。いくらあすか初越冬が歴史的であろうとも、事件のない南極観測隊なんか大衆は興味がない、ということなのだろう。南極観測もそういう時代に入ったのである。

来年、一緒に帰国するはずの女性隊員とあすか隊の、どちらにマスコミが飛びつくか――。勝負は決まっているネ。

[3/28 メニュー]
☆高木サブ食当
朝食／鰻巻き、キンピラごぼう、筋子、納豆、みそ汁
昼食／チャーハン、チキンスープ、コールスロー
夕食／イカフライ、ローストチキン、マカロニサラダ、ポタージュ、コロッケ、アイスクリーム、卵ドーナツ

南極あすか新聞
1987年（昭和62年）3月30日 月曜日
JARE28 あすか拠点 新聞社

［3/29 気象］
天気　晴低い地吹雪
平均気温 -15.7℃
最高気温 -14.5℃
最低気温 -17.5℃
平均風速 18.4m/s
最大風速 25.5m/s
平均気圧 880.3mb

［3/29 メニュー］
☆大坂食当
朝昼兼用／目玉焼き、サラダ、みそ汁
夕食／ビーフシチュー、煮豚、ツナ缶、コールスロー、みそ汁

風速・風向計を主屋棟に設置

29日、気象自動観測装置の記録計のうち、風速・風向計が観測室から「分家」して、主屋棟にも設置された。これにより、主屋棟住人も、手軽に風の具合を知ることができるようになった。

2、3月の気象データをみると、あすかの特徴は、強風と意外に高い気温である。外作業にモロに影響するのは、極低温もさることながら、強風でもあるのだから、今後、機械班などは風を読みつつ作戦を立てる必要もあろう。なお、近日中には、気温・露天温度・気圧・日射などの記録計も「分家」される予定だ。

ブルを仮設作業棟へ格納

28日、D-31ブルドーザも、ロータリー除雪機とともに仮設作業棟に格納された。これは、ブルを屋外に停車しておくと、キャビン内やエンジンルームに雪がびっしり入り込んで、すぐには使用に耐えないからだ。

また、仮設作業棟に格納しておけば、気温が下降してもマスターヒーターで暖気して、エンジン始動が可能である。除雪や貯水槽への雪入れにまだまだ働いてもらわなければならないブルを、少しいたわってやろう。

ブリザード談話⑲ ひげ

ひげには、髭（口ひげ）・鬚（あごひげ）・髯（ほおひげ）の3種類がある。古い越冬隊員はいずれかのひげを生やし、いかつい面構えで写真にうつっている。

男は本来、ひげを生やすことを好むが、内地にいるとさまざまな制約のためにそれができない。南極では、それらの社会的制約から解放されて、男はひげを生やす。南極越冬隊員のひげは、以上のように理解できた。

ところが、最近では事情が変わってきたようだ。あすか隊でも、夏オペ期間の忙しいころは、皆ひげを伸ばし放題にしていた。ところが、落ち着いて越冬にはいると、ほとんどの隊員はきれいさっぱり剃り落としてしまった。何故だろうか。

その理由として、あすか隊員のほとんどはきれい好きであることが挙げられよう。次に、ひげを伸ばしていると屋外作業の際、ひげからつららが垂れて痛い。さらに、10次の楠隊長は、「することがない時は、子供をつくるか、ひげを生やすさ」と言ったそうだが、あすか隊員はすることがありすぎるのだろうか。

現在、ひげを生やしているのは、富田・高木の両隊員である。富田隊員のそれは手入れの行き届いたコールマン髭で、高木隊員のそれは不精髭である。彼らのひげが、越冬が深まるにしたがってどうなるか、注意して見守りたい。

南極あすか新聞
1987年(昭和62年)3月31日 火曜日
JARE28 あすか拠点 新聞社

[3/30気象]
天気　快晴
平均気温 -15.4℃
最高気温 -13.8℃
最低気温 -17.8℃
平均風速 16.1m/s
最大風速 24.2m/s
平均気圧 879.1mb

4月観測・設営計画発表

30日夕食後、第3回全員集会が開かれ、4月の観測・設営計画が発表された。観測の目玉は、シール岩基準点～LO間のGPSによる海抜高度測定旅行の再挑戦である。

4月10～16日が一応予定されているが、L70～L90の暴風帯をいかに克服するかが課題となる。設営の目玉は、観測棟・安全地帯／A間トンネルの整備である。ともに冬を前にしたひと仕事となろう。

主屋棟の気象記録計が完成

29日、風速風向計が設置された主屋棟食堂に、あらたに気温・露天温度・日射・気圧の打点記録計が持ち込まれ、これで気象自動観測装置の「分家」は完成した。これらのデータをにらみながら、基地のヘッドクオーターである食堂で、作戦をたてることも可能だ。

ラジオ日本スポーツウィークリー

毎週月曜日9時30分LT放送の、NHK国際放送・ラジオ日本の「スポーツウィークリー」という番組がある。30日の放送で、甲府工が東海大甲府についで1回戦を突破したことを知った鮎川隊長は、有頂天で「甲府同士で決勝だ」とのたまった。

また、プロ野球オープン戦は今たけなわで、勝率で広島が1位、最下位は掛布・バースの不祥事がつづく阪神。個人打撃成績では、プロ2年目の西武・清原が4割2分をマークして打率首位に立っている。

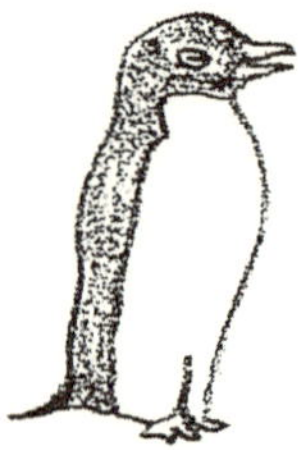

ブリザード談話⑳ 赤道祭

しらせが赤道を通過するころ、恒例の赤道祭が飛行甲板で華々しく催される。28次の場合、11月21日、晴海出航後ちょうど1週目であった。ところが、予期せぬスコールのため、開幕は2時間半遅れの午後3時スタートとなった。

あすか越冬隊は、大坂を除いて右舷の組で、出し物は元横綱・輪島の半生をコミカルに描いた「輪島物語」であった。

主役の輪島には、当時78kgに肥満していた高橋、北の湖に鮎川隊長、貴ノ花に野崎、輪島の露払いに渋谷、落ちぶれた輪島に群がるホステスの一人に高木、レスラーとなった輪島の対タイガー・ジェット・シン戦のレフリーに富田、そして演劇監督は酒井であった。

「輪島物語」はスタッフ、キャストの熱意により、大道具・小道具・衣装も凝り、リハーサルも入念で、本番前から入賞の呼び声が高かった。が、何といっても主役・高橋の一升酒かき喰らっての大熱演が審査員の度肝を抜き、強敵「かもめが飛んだ」を僅少差に抑えて、演劇の部優勝の栄冠を勝ち取ったのである。

赤道祭は、われわれあすか隊にとって忘れ難い愉快なまつりであったが、あの時に発揮されたエネルギーが、困難な夏オペを成功に導いたともいえる。

[3/30メニュー]
☆高木サブ食当
朝食／ハム野菜炒め、筋子、キンピラごぼう、納豆、みそ汁
昼食／他人丼、みそ汁、チーズパイ、グレープフルーツ
夕食／柳カレイ焼き、ローストポーク、竹輪・筍・こんにゃくの煮付け、ベークドポテト、チーズリングフライ、コールスロー、オニオンスープ

4

April

1987(昭和62) 年4月1日(水)～30日(木)

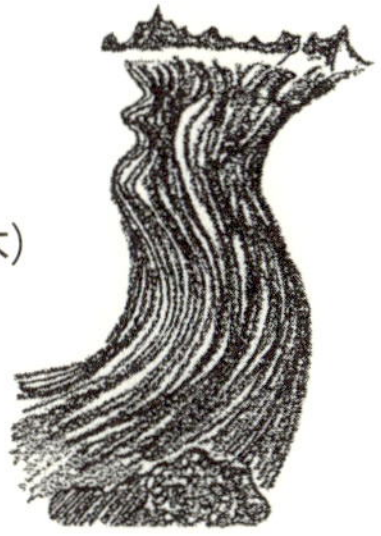

4/1●国鉄の分割民営化でＪＲグループ７社発足。
4/12●統一地方選で自民大敗、売上税廃案へ。
4/17●米、日本の日米半導体協定違反を理由に
パソコン等３品目の100％関税実施を発表。
4/24●円急騰で1ドル＝130円台に。

卯月

南極あすか新聞

1987年
（昭和62年）
4月1日
水曜日

JARE28
あすか拠点
新聞社

［3/31 気象］
天気　晴
平均気温　-20.1℃
最高気温　-17.8℃
最低気温　-21.5℃
平均風速　17.9m/s
最大風速　25.5m/s
平均気圧　876.9mb

デポ倒壊により総員で移設

先日のブリザードで軒並み倒壊した屋外デポの移設が、31日午後、手空き総員で行われた。デポはドラム4本を柱にして、上に導板や足場板を敷いてタナ上げし、その上に物品を載せていた。ところが、雪の昇華と風による掘削のためドラムが傾き、そこへ30m／s近くの強風が吹き荒れたため、ひとたまりもなかったものと思われる。

今回、ドラムを横にして風方向に置き、4本を柱としてデポを造り直し、物品を移動した。これによりデポの背は低くなったが、安定性は増したと思われる。ともあれ、夏オペ以来、デポの移設はうんざりするほどやってきたが、まだ決定的な方策は見出されていないようだ。

折からのマイナス20℃、17～18m／sの風の中、久しぶりの肉体労働には息が切れたが、爽やかな寒さであった。

貯水槽の雪入れを工夫

最近の雪尺測定やドリフトの変化から、あすかの積雪量が減少傾向にあることは明らかだ。ひとところの積雪の心配より、逆に雪が削られる心配の方が表面化してきた。

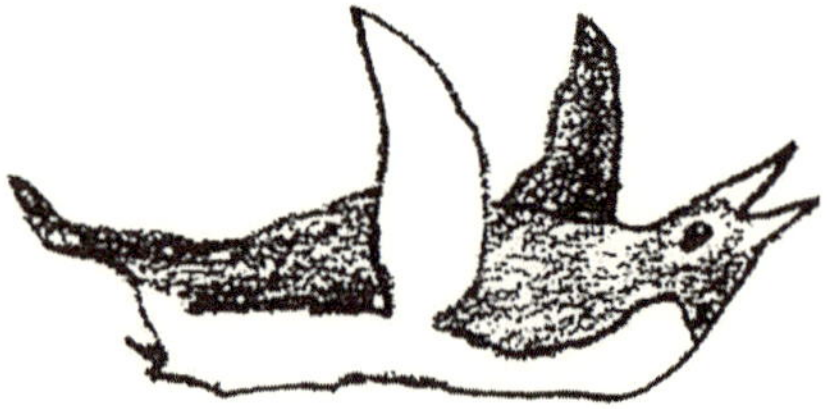

貯水槽の雪入れは現在、ブルで行っているが、冬場は人力に頼るしかない。造水用の雪が無くなったら大変だ。

そこで高橋は、貯水槽の風下側に雪を盛り上げて、ドリフトを形成させることを試みている。

ブリザード談話㉑　鉄人

小松左京著の小説『復活の日』に、南極越冬隊員に関する次のような文章がある。

――南極に派遣されている人々は、よりすぐられた人々ばかりだった。おどろくべき粘り、耐久力、忍耐、危機に対する闘争力、体力、困難な環境に対する適応性、おたがいに「うまくやっていく」能力、――それにくわえて、優れた知性と技能の持ち主ばかりだった。半年を夜と雪に閉じ込められる生活が、たとえ2年や3年つづいても平気な人々ばかりだった。

こうも誉めちぎられると、背中あたりがこそばゆくなるが、われわれ南極越冬隊員が一般には、このような鉄人であると思われているか、或いはそう期待されていることもまた事実である。これは1次隊以来の諸先輩が築き上げた評価なのだから、われわれが崩すわけにはゆかない。

南極観測隊はナショナル・チームである。個々の隊員はスタープレーヤーではないし、年齢も若くその道の第一人者と言われる人は少ない。が、チームとして「生き抜く能力」を問われれば、われわれの右に出るものはほとんどあるまい。個々人は無力でも、チームとして鉄人でありたいと思う。

［3/31 メニュー］
☆富田シェフ食当
朝食／生卵、ベーコンキャベツソテー、鮭水煮缶、ロースハム
昼食／ハヤシライス、じゃが芋煮付け、吸物、新香、フルーツ
夕食／秋刀魚塩焼き、切り干し大根煮付け、イカと高菜の炒め物、ウインナー野菜煮込み、新香、おじや、みそ汁、イチゴムース、フルーツ

南極あすか新聞

1987年
(昭和62年)
4月2日
木曜日

JARE28
あすか拠点
新聞社

[4/1 気象]
天気　快晴
平均気温
-21.0℃
最高気温
-19.7℃
最低気温
-23.5℃
平均風速
14.8m/s
最大風速
24.6m/s
平均気圧
874.8mb

3棟不同沈下量のマップ完成

あすか拠点の3棟、すなわち主屋棟、発電棟、観測棟の不同沈下量は、渋谷らにより測定されてきたが、3月31日、それらの結果をまとめたマップが出来上がり、全員に配布された。これによると、主屋棟は風上側に高く風下側に低く、そのレベル差は104㎜に達していた。

渋谷は、おそらく屋根上の雪の重さで風下側がよけいに沈下したのだろうという。この傾向は若干ながら発電棟にも認められるが、今年完成した観測棟は、ほぼ水平に建っていることがわかった。

雀荘あすか3月戦の成績

3月に入って麻雀はますます白熱し、計55回の半荘が闘われた。結果は富田のダントツで、渋谷が堅実に続き、隊長は老獪に帳尻を合わせた。役満は、富田の四暗刻と小四喜、野崎の小四喜が出た。4月はみんなで富ちゃんを叩こうではないか。

雀荘あすか 3月戦 集計	
富田	+305
渋谷	+44
鮎川	0
大坂	-23
高橋	-47
野崎	-67
高木	-81
酒井	-131
半荘最高点	
富田	+78
半荘最低点	
鮎川 野崎	-48

甲府勢快進撃

センバツではベスト8に東海大甲府と甲府工業の甲府勢2校が進出し、鮎川隊長はもう笑いが止まらない。果たして、甲府勢同士の決勝もあるのか。

第1回基地内気温測定を実施

3月30日、午後2時半から同3時半にかけて、高木により第1回目の基地内気温測定が実施された。

温度計にはアルコール棒状温度計を使用、測定した高さは約1m、ファンコイル、発電機など熱を発するものから1m以上離れた場所で測定された。当日、測定時間帯では、天気快晴、風速16~17m/s、外気温はマイナス13・8℃であった。

結果は表の通り。基地内の建物の中で、最も暖かいのが観測棟で、最も寒いのが観安トンネルである。また、発電棟が案外寒いことがわかった。なお、冷凍庫、冷凍機室、浴室については測定していない。今後も季節ごとに再測したい。

安全地帯A'	-5.5	場　所	気温℃
〃　B	-10.0	屋　外	-13.8
〃　A	-9.5	オーロラ観測室	+9.5
食糧庫	+12.0	風上側前室	-3.5
前　室	+13.0	観測室 (FC 3台)	+24.5
通　路 (FC 1台)	+16.5	通路 (FC 2台)	+23.5
厨　房 (火気使用なし)	+20.0	寝　室	+23.0
食　堂 (FC 2台)	+22.0	医務室	+22.5
		風下側前室	+12.0
通信室 (FC 2台)	+22.5	観安トンネル	-11.5
		発電棟便所	+10.0
隊長寝室	+22.0	部品庫	+12.5
		発電機室	+13.0

[4/1 メニュー]
☆富田シェフ食当
朝食／鯵開き、筋子、ホワイトツナ缶、みそ汁
昼食／スパゲティナポリタン、里芋と筍の煮付け、吸物、グレープフルーツ
夕食／おひょうのムニエルバターソース、豚ひき肉とニンニクの芽炒め、サーモンマリネ、みそ汁、アップルパイ、グレープフルーツ

南極あすか新聞
1987年(昭和62年)4月3日 金曜日
JARE28 あすか拠点 新聞社

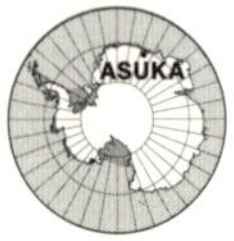

[4/2 気象]
天気　曇
平均気温 -19.3℃
最高気温 -18.7℃
最低気温 -20.8℃
平均風速 13.4m/s
最大風速 21.8m/s
平均気圧 878.9mb

観測棟～安全地帯／A間トンネルの掘り下げ工事完成

観測棟～安全地帯／A間トンネルの掘り下げ工事は、富田によって始められ、1日、酒井によって完成された。

切り出された雪塊はトンネル側壁に積み上げられ、一部は観測棟経由で風上側のウインドスクープに捨てられた。約30cm掘り下げられたおかげで、通行人は膝を折り曲げることなく、背筋を少し曲げるだけで、スタスタと歩くことができるようになった。このトンネルの残る課題は、天井の薄さと、時折の細かな雪の吹き込みである。

3月月間気象データ集計

渋谷によって集計された、あすか拠点の3月月間気象データは表のとおり。

平均気圧A	871.0mb
平均気温B	-14.9℃
最高気温C	-9.9℃
最低気温D	-24.8℃
日最高気温の平均値E	-13.1℃
日最低気温の平均値F	-15.5℃
平均風速G	15.6m/s
10分間平均風速の最大値H	ESE26.6m/s
最大瞬間風速I	35.4m/s
ブリザード日数J	17日
月間積雪深K	-6.4cm (2月19日～3月20日)
平均蒸気圧L	1.49mb

ASUKA　89524

ブリザード談話㉒　フリーマントル

しらせの南極行動における最初の寄港地が、西オーストラリア州のフリーマントルである。南極越冬隊員にとっては、最後の人里でもある。

観測隊長から、「南極での本来の任務が控えていることを忘れないように」と釘を刺されても、これを最後と存分に羽根を伸ばしたくなるのが人情というものだし、発散できることが若者の証でもある。

食糧などの調達物資の積み込みが終わると、隊員たちは気の合った者同士つれだって、フリーマントル、パースへと散っていく。兼高かおるさんがここに住みたいと言ったパースの街は美しいが、東京に居住した身には健全すぎるような気もする。

それでも隊員たちは、しっかりグルメを試し、夜の散策を楽しみ、また家族への土産も買い求めたし、国際電話もかけた。昼は昼で、観光バスツアー、スワン川沿いのサイクリングとジョギング、テニスなど、まさしく健全。

例年、しらせ寄港時に開催される西オーストラリア日本人会忘年会では、在豪日本人と艦の人たちのはしゃぎっぷりに、隊員はやや圧倒され気味だった。けれど、それでも多くの知人を得て、越冬を終えたらここに住みたいという者も出た。

12月3日、日本人学校生徒たちの「さよーなら」に送られて、われわれは決然と南極へ向かった。

[4/2 メニュー]
☆富田シェフ食当
朝食／わさび漬け、鰯味醂干し、鮪味噌漬、オムレツ、みそ汁
昼食／天婦羅そば、グレープフルーツ
夕食／幕の内弁当、吸物、イチゴのムース、グレープフルーツ

1987年
（昭和62年）
4月4日
土曜日

南極あすか新聞

JARE28
あすか拠点
新聞社

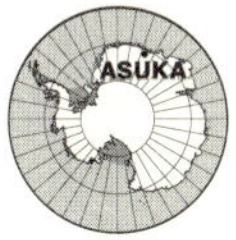

［4/3 気象］
天気　快晴
平均気温 -23.7℃
最高気温 -20.7℃
最低気温 -26.2℃
平均風速 8.4m/s
最大風速 17.8m/s
平均気圧 878.6mb

［4/3 メニュー］
☆富田シェフ食当
朝食／わさび漬け、大和芋、生卵、秋刀魚蒲焼き缶、筋子、みそ汁
昼食／豚肉味噌炒め、れんこん煮付け、吸物、グレープフルーツ
夕食／高木誕生会（洋食コース：帆立マリネ、野菜スープ、ギアナ海老のクリームソース・ブーシェ添え、鶏肉のディアブル、ブフロティー、サラダ、ケーキ、フルーツ、コーヒー）

高木隊員38歳の誕生日

3日は医療担当の高木隊員38歳の誕生日であった。人生75年としてついに後半生に入ったと言いつつも、しらせに戻るまでは絶対に刈らないと誓った長髪を青いバンダナでしばった彼は、洋食フルコースの皿を前に旺盛な食欲と、ほんとはうんと飲めるというバッカスぶりを示した。

祝宴が高橋隊員の三本締めでお開きになってからは、演歌の心を唄うという彼のカラオケが、夜更けまで続いた。

シール岩で3名が作業

3日、快晴、風速8m／s、気温マイナス24℃の好条件を得て、渋谷・酒井・高橋の3名が久しぶりにシール岩へ出かけた。

渋谷はJMRによる位置測定、酒井は地磁気基準点のT2による測量、高橋はデポの視察と倒壊したラバーシートなど物品の移設を行った。

食堂の模様替え行う

3日昼食後、食堂の模様替えが行われた。冷蔵庫を移動させ、調味料や食器用のテーブル2台を北西隅に寄せて、床にカーペットを敷いた。これにより、8名が正方形のテーブルを囲んで食事を摂るようになった。

甲府勢散る

センバツでは、準々決勝で甲府工が、準決勝で東海大甲府が敗れ、決勝はPLと関東一の対戦となった。甲府勢の健闘むなし。

ブリザード談話㉓　食事時間

あすか拠点越冬隊では、越冬開始以来、食事時間を朝8～9時、昼12～13時、夕18～19時としている。特別のオペレーションや行事のない限り、このスケジュールを守るよう全員集会で決め、内規に定めている。

過去、昭和基地では食事時間を定めていたが、越冬中期のとくに暗夜期になると、朝食を食べに来ない隊員が増え、きちんと決まった時刻に食事をとる人は、基地内新聞記事の材料になることもあった。昭和基地には夜勤者もいるので、一概にはいえないが、社会が大きくなると勝手がまかり通るようになる。

南極基地のような孤絶社会環境では、外からの影響が極めて少なく、一部の隊員を除いて時間的な自由度が大きくなる。しかし、われわれのように昼夜のはっきりした温帯に生まれ育ったヒトには、生体リズムが確立されているので、好きな時に起きて好きな時に食うエスキモーのような生活は、かえってリズムを崩し、心身に悪影響を及ぼす。

特に太陽の見られない暗夜期には、ともすれば睡眠も断続的で浅くなり、ホルモン日内リズムも乱れがちになる。こういう季節こそ、食事時間を生体リズムの外因性の柱として、きちんとした生活を維持することが健康によいのである。

南極あすか新聞

1987年
（昭和62年）
4月5日
日曜日

［4/4 気象］
天気　快晴
平均気温　-25.3℃
最高気温　-22.2℃
最低気温　-29.9℃
平均風速　7.3m/s
最大風速　16.7m/s
平均気圧　877.0mb

JARE28
あすか拠点
新聞社

蜃気楼現れる

4日10時頃、鮎川隊長、富田らによって蜃気楼が目撃された。場所はバウターエン尖峰群の東寄りで、氷山らしい形をしていたという。蜃気楼は、光の異常屈折によって、地平線上の空に遠方の風物などの像が現れる現象である。4日朝は、ことし一番の冷え込みで、10時の気温がマイナス27・8℃であった。この大気冷却による光の異常屈折が、蜃気楼の原因と思われる。

ドリフト測量を撮影

4日、快晴微風を利用して、渋谷・酒井の観測コンビでドリフト測量を行った。この模様は、高木により16㎜公式映画として撮影された。映画は夏オペ期間より、酒井と高木によって適宜撮影されている。年間の撮影計画は、夏オペ期間中に100ftフィルム10本、越冬観測15本、生活20本、セールロンダーネ15本であるが、これに囚われず、各隊員の仕事を中心に、季節ごとに撮影していきたいと担当者は話す。

PL学園優勝

4日の共同FAXニュースによると、センバツの決勝戦は、PLが関東一を7対1で破り、5年ぶり3度目の優勝を遂げた。

南極のわれわれは、試合を見ることこそできなかったものの、試合速報を楽しみ、郷土校の健闘に拍手を送った。

ブリザード談話㉔　調理

1年2ヶ月に及ぶ南極越冬生活で、最大の楽しみは食事である。はっきり言って、われわれは豊かな食生活があるからこそ、南極での不自由の多い単調な生活に耐えられるのである。

あすかの調理担当は、富田隊員である。東條会館という一流レストランで修業を積んだコックだ。しかも、南極越冬3回目のベテランであるから、季節やオペレーションに合わせた料理は絶妙で、品数も多く、毎日の食事時間を待ち遠しくさせてくれている。

さすがプロと思わせるのは、その仕込みである。週4日の献立を組み立てると、初日から4日分の調理を一気に始める。したがって、一品一品の料理に時間と手間がかけられているし、日毎のバランスも良い。それだけに、グルメ（美食家）とグルマン（大食家）の双方を満足させ、食事が終わってみると残飯がほとんどゼロというのも、シェフの見事なお手並みである。

夏オペ期間中は、高木・酒井・渋谷・大坂がローテーションを組んで、食当にあたっていた。しかし越冬期間に入ると、時間に余裕のある高木が、先発ローテーションに入って土曜と月曜を受け持ち、他の3人と野崎が日曜を順次担当するようになった。作ってみると、食べさせてもらえる有難さが身にしみる。あすかの調理は、この意味でも盤石である。

［4/4 メニュー］
☆高木サブ食当
朝昼兼用／お好み焼き、キンピラごぼう、コールスロー、ツナ缶、みそ汁
夕食／秋刀魚塩焼き、トンカツ、牛肉野菜炒め醤油味、コールスロー、チキンスープ、パンプキンパイ

南極あすか新聞

1987年
（昭和62年）
4月6日
月曜日

JARE28
あすか拠点
新聞社

［4/5気象］
天気　快晴
平均気温　-19.2℃
最高気温　-16.0℃
最低気温　-26.1℃
平均風速　13.1m/s
最大風速　25.3m/s
平均気圧　875.7mb

SM515でレーダーテスト実施

5日、高木・渋谷・大坂の3名はSM515のレーダーテストのため、L115までLルートを下り、ロムナエス山腹を往復した。レーダーは2km先の旗竿をとらえ、視程の悪い時の走行に威力を発揮すると思われる。しかし、サスツルギ等の反射もあること、雪上車が前後動すると目標が消えてしまうことなど、運用上の課題も多い。しかしレーダーが使えれば、L70～L80のいわゆる暴風帯も安心して走破できそうだ。

なお、ロムナエスへは28次隊としては初めて行ってみたが、山腹までL115から4kmもあるなど、予想以上に大きいことが分かった。山の北側には、シール岩と同様のウインドスクープがあり、ホワイトアウト時の盲目走行は極めて危険である。

山腹の雪斜面は硬化し、露岩近くは蒼氷面となっている。山の傾斜は30°程度で、登頂ルートもさほど困難ではないと思われる。渋谷はVTRを廻し、大坂は望遠レンズで撮影、高木は南極で初のスキーを行った。

便所排水、風呂ヘドロを掃除

5日、基地では便所の排水が、前回から23日目に行われた。

前回より満タンが早くなったのは、外作業が減り、ほぼ全員が発電棟の便所を使うようになったからであろう。

また、風呂の排水タンクのヘドロも掃除された。

ブリザード談話㉕　名極会

楽しいあすかの夕食後のだんらんのひととき、またしても越冬回数が話題になる。

「南極観測に特に貢献した隊員のために、南極観測の殿堂を作ったらどうだ」「3回以上越冬したら殿堂入りだ」「それより、プロ野球の名球会にならって、名極会というのはどうだ」「入会規則は、越冬3回か、南極滞在1千日がいいよ」「マクマード派遣は1回約2ヶ月だから、10回行っても越冬1回半くらいにしかならない」「名極会はいいけど、何かくれるの？」「名誉だけ」「いや、極地研所長の金一封と赤いブレザーがつく」。アルコールがまわって、皆の舌の回転も滑らか。爆笑がアクセントをつけ、話はつきない。

鮎川隊長によると、民間出身の隊員で3回越冬したのは、日立の多賀氏、小松の志賀氏、ニコーの遠藤氏の3人だけで、極地研所長から表彰されたという。来年には、わがあすか隊の高橋、富田両隊員が仲間入りする。われわれが言うところの〃名極会〃入りというわけだ。

しかし上には上がいて、極地研職員では、わが28次の星合観測隊長、鮎川あすか越冬隊長、川口教授、平沢教授、協力室の竹内氏は、いずれも越冬4回を数える。

越冬の　前後左右に　女なし

皆さん、何度もご苦労なことです。

［4/5メニュー］
☆酒井食当
朝昼兼用／ポテトコロッケ、目玉焼き、キンピラごぼう、大和芋、みそ汁
夕食／ジャーマンオムレツ、ソーメンチャンプル、茶わん蒸し、酢の物、みそ汁

南極あすか新聞

1987年（昭和62年）4月7日 火曜日

［4/6 気象］
天気　曇低い地吹雪
平均気温 -17.8℃
最高気温 -15.9℃
最低気温 -19.5℃
平均風速 17.7m/s
最大風速 30.2m/s
平均気圧 867.5mb

JARE28
あすか拠点
新聞社

［4/6 メニュー］
☆高木サブ食当
朝食／鮭塩焼き、筋子、納豆、キンピラごぼう、昆布豆、みそ汁
昼食／親子丼、チキンスープ、グレープフルーツ
夕食／鰊塩焼き、帆立とイカリングのフライ、竹輪・こんにゃく・イカの煮付け、卵スープ、コールスロー、ベークドポテト

発電機500時間点検

6日、30KVA発電機の500時間点検が行われた。今回は、1号機運転開始から積算2千時間にあたるので、従来のメニューに加えて、エンジン部と交流発電機とのジョイント部のボルト増締めなどが、念入りに行われた。切り替え時に過電流警報が鳴るトラブルもなく、極めてスムーズな仕事ぶりであった。

昭和気象台より情報届く

10日からのGPSによる海抜高度測定旅行に備えて、6日より昭和基地気象台の情報を送ってもらっている。ちなみに、6日16時30分では、NEの風8・2m／s、マイナス5・8℃、曇。15時の1千m高層では、Nの風15・5m／s、マイナス9・6℃、またノボラザレフスカヤ基地では、15時にSEの風21m／s、マイナス9・2℃であった。ともにあすかと比べて、随分暖かい。

映画「砂の器」上映

5日夜、松本清張原作の映画「砂の器」がVTRで上映された。犯人を追う刑事の執念をタテ糸に、ハンセン氏病の父をもつ新進作曲家の宿命をヨコ糸に織りなす重い内容の映画で、見終わった隊員は無言で床に向かった。

ブリザード談話㉖　水

日本人は水と安全はどこでも得られると思っているが、ユダヤ人はこれらを金で買うものと考えているそうだ。安全はさておいて、南極越冬隊員は水について簡単に得られるとは思っていない。しらせ航海中は、何かにつけて生活水の規制が叫ばれる。

南極に来ると、あたり一面水また水なのだが、残念ながら固体であるため、生活水を得るには大変な熱量を必要とする。あすか拠点でも、夏オペ期間中は、食当が何度もポリバケツをかかえて造水用の雪取りを行い、灯油ストーブの上で約20ℓずつの飲料水を作ったのである。鍋釜を洗う水の余裕はほとんどなく、各隊員のアルミ食器は少量のトイレットペーパーで拭っていた。

それが現在のあすかでは、貯水槽と給排水設備のおかげで、水道栓をひねればいつでも冷水・温水が出る。入浴は隔日、洗濯も隔日という、南極では最高級の文化生活が送れるようになった。最近では、隊員ひとり一日当たり60～70ℓの水を使用していると野崎隊員はいう。

いつでも意識せずに水を得られるようになると、水の有難さを徐々に忘れるようになる。ついつい水の無駄遣いもする。風が吹けば桶屋が――の例ではないが、水を見ればドラム缶の重さを思い出す条件反射も、時には必要だろう。

南極あすか新聞

1987年
(昭和62年)
4月8日
水曜日

JARE28
あすか拠点
新聞社

[4/7 気象]
天気　高い地吹雪
平均気温　-11.7℃
最高気温　-8.8℃
最低気温　-16.0℃
平均風速　18.9m/s
最大風速　26.8m/s
平均気圧　870.7mb

[4/7 メニュー]
☆富田シェフ食当
朝食／鯵開き、生卵、わさび漬け、鮭水煮缶、みそ汁
昼食／きしめん、グレープフルーツ
夕食／刺身、ローストビーフ、牛モモ野菜炒め、みそ汁、ブランデーケーキ、オレンジ

第4回全員集会を開催

7日13時より、第4回全員集会が食堂に於いて開催された。議題は10〜16日に予定されているGPS海抜高度とりつけ旅行である。渋谷Lの旅行計画をもとに、行く者、残る者双方から、忌憚のない意見が出た。

特に、日照時間がどんどん短くなるこの季節に、計画の時間的スケジュールが混みあっていること、いわゆる暴風帯のL70〜L90にはキャンプしない方がよい等の指摘は、傾聴すべきであろう。

問題の暴風帯を通過する際は、L70〜L80には200mおきに、L80〜L90には500mおきに旗竿を立て、先日テストしたレーダーを補助的に使うなどの作戦をとることが確認された。今回はいわばリターンマッチであるから、前回の敗退の教訓を活かし、腰を据えて計画実施に努めたい。

大好評、スライド映写会

7日夜、高木が撮影し、基地で現像したカラースライドフィルムの映写会が催され、隊員たちは2ヶ月ばかり前の自分の姿をみて、大喜びであった。

カラフト犬

ブリザード談話㉗ カラフト犬タロ

第1次南極越冬隊とともに昭和基地に越冬した19匹のカラフト(樺太)犬については、多くの読み物が生まれ、「南極物語」という映画まで制作された。

第2次隊を乗せた宗谷は、折からの厚い海氷に前進をはまばれ、ついに第1次隊11名を収容するにとどまり、第2次隊越冬は断念された。

その際、昭和基地に鎖につながれたまま置き去りにされた15匹のカラフト犬のうち、タロとジロの兄弟犬が無人の昭和基地で1年を生きのび、第3次隊の村山越冬隊長らに発見されたニュースは、〝奇跡の生存〟と日本国民を驚かせ、「タロとジロのカラフト犬」という歌まで作られた。

タロ・ジロだけが何故生き残れたかについては、さまざまな推測を呼んだ。犬飼哲夫教授は、この2匹が最年少の満2歳で体力的に上り坂であったこと、昭和基地には越冬隊の残飯やアザラシの解剖体など食糧があったことを指摘している。

タロは宗谷に乗せられて帰還し、札幌の北海道大学附属植物園で余生をすごした。昭和43年に北大に入学した高木隊員は、よく植物園に遊びに行き、鎖につながれて芝生に寝そべる晩年のタロに声をかけたそうだ。びっくりするほど大きな犬で、もうろくしていたが風格はあったという。

南極あすか新聞

1987年（昭和62年）4月9日 木曜日

JARE28
あすか拠点
新聞社

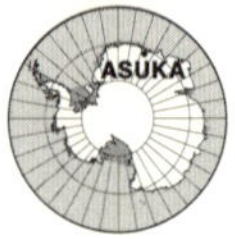

[4/8 気象]
天気　快晴
高い地吹雪
平均気温　-13.8℃
最高気温　-11.9℃
最低気温　-15.7℃
平均風速　17.8m/s
最大風速　25.9m/s
平均気圧　873.6mb

[4/8 メニュー]
☆富田シェフ食当
朝食／大和芋、鮭塩焼き、秋刀魚蒲焼き缶、みそ汁
昼食／牛丼、切り干し大根煮付け、みそ汁、グレープフルーツ
夕食／メカジキのパピヨット（紙包み焼き）、きしめんのサラダ、冷奴、みそ汁、ブランデーケーキ、フルーツ

発電棟・安全地帯／A間ドア閉鎖

8日午後より、発電棟・安全地帯／A間のドアは、通過ごとにきちんと閉鎖することになった。これまでは、温水ボイラーの煙突が風の強い時に給気管と化すことへの対策として、ドアを開放して給気していたのだ。

この方式では、防火上の問題があることから、このドアを閉鎖して、冷凍庫機械室のドアを開放した。さらに、同機械室の排気扇の結線を入れ替えて給気扇としたことで、吸排気の問題については一応の解決をみたと説明された。

南極では、20m／s以上の風が吹くと、この吸排気のややこしい問題が発生する。野崎隊員の理論が通用することを祈りつつ、今後を見守りたい。

ひと口知識
【白瀬氷河（Shirase glacier）】

リュツォ・ホルム湾の湾頭に注ぐこの地域最大の氷流で、河口の幅10km、背後の流域面積は約20万km²で、河口付近での年間流出速度は、ほぼ2・5kmと測定されており、これは、知られている限り南極で最も速い流速である。海氷で閉ざされたリュツォ・ホルム湾内に流入した氷河の末端は、しばしば50kmを超える長大な海に浮いた氷河舌を作り出す。

ブリザード談話㉘　単調
（「南極の科学9 資料編」より）

南極越冬生活は、基地の運営維持が順調にいくと、極めて単調な繰りかえしとなる。21次隊で8ヶ月半みずほ基地に暮らした高木隊員は、日記に記している。「越冬生活といっても、とりわけおもしろおかしいことなんかあるもんか。今日は昨日と同じで、明日も今日とまったく変わりがないのだ」。

あすか拠点の場合、みずほ基地よりはるかに規模が大きく、越冬隊員も8名いる。時代が変わって情報の流入も格段に多い。しかし、越冬生活が安定した現在、生活が単調化してきた事実は否めない。

けれど、よく考えてみれば、われわれの日本の職場においても、それほど変化に富んだ日常生活を過ごしているわけではないことに思い当たるだろう。「こんな平凡な生活から抜け出して、白い大陸で思いっきり燃焼してみたい」なんて、夢みたりしていたのである。

それでは、退屈極まりない単調な生活にアクセントをつけ、毎日を興味深い積極生活に変えていくよい方法があるのだろうか。その方法は、それぞれに模索するだろうから、越冬が終わるころには幾通りもの方法が紹介されよう。単調とは、言い換えれば安定して幸せなことだ。この幸せを踏まえて、創造性をもちたいものだ。

南極あすか新聞

1987年（昭和62年）
4月10日
金曜日

JARE28
あすか拠点
新聞社

［4/9 気象］
天気　快晴
高い地吹雪
平均気温
-18.3℃
最高気温
-15.6℃
最低気温
-20.9℃
平均風速
15.0m/s
最大風速
23.6m/s
平均気圧
870.0mb

［4/9 メニュー］
☆富田シェフ食当
朝食／鰯味醂干し、ロースハム、赤貝水煮缶、生卵、みそ汁
昼食／カレーライス、コールスロー、新香、グレープフルーツ
夕食／牛肉とインゲンのシチュー、クラゲの酢の物、フカヒレ炒め、みそ汁、ワインゼリー、グレープフルーツ

旅行隊出発準備

ＧＰＳ利用の海抜高度測定旅行の準備は、3日続きのブリザードがようやく一息ついた9日から本格的に行われた。前回の燃料・食糧がそのまま雪上車と橇に積み置かれているので、今回は旗竿つくりや雪上車のドアの修理などが行われた。なお出発は、ＪＭＲ調整のため1日延期され、11日となった。

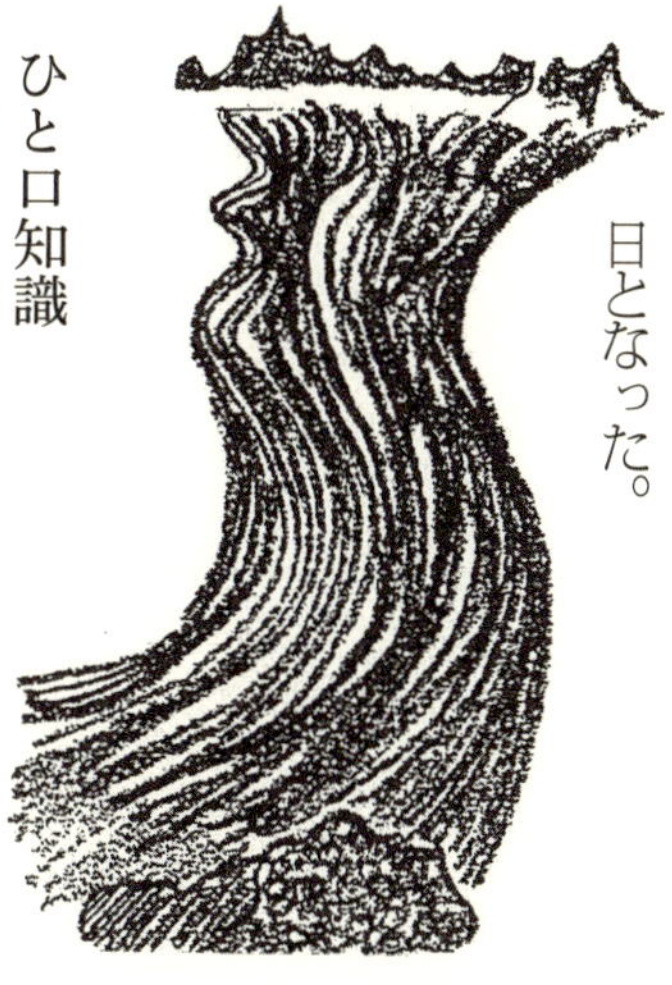

ひと口知識

【やまと山脈（Yamato mountains）】

昭和基地の南西約３００km辺りから南に約50kmにわたって延びる山地で、海抜高度２０００mから最高２４９０m（福島岳）の、7つの山塊と多くの小さなヌナタク*が、高度１７００〜２１００mの氷床面から露出する。主として閃長岩類と花崗岩質片麻岩類よりなるこの山脈は、全体として断層地塊の性質をもち、氷河に削られた急峻な岩峰や、これと対照的なモレーンに覆われた緩起伏の斜面を呈している。

かつては大陸氷床のすべてを覆っていたが、氷床の低下により露出してきたことが、モレーンの分布や氷食地形によって知られる。とくに周辺の青氷地帯で、多くの隕石を産出して有名となった。

（「南極の科学9　資料編」より）

ブリザード談話㉙　医療施設

医療の高木隊員は、あすか拠点の医療施設を作るにあたり、量はともかく質的には昭和基地のそれと同等のものが必要と申し入れた。あすかと昭和の越冬隊は、実質的に別の越冬隊で、冬場の相互交流は不可能だからだ。

越冬隊員は選考過程でかなり厳しい健康診断を受けている。少しでも異常があると再検査やさらに詳細な検索を受け、健康上の理由で落とされる候補者も出る。これだけ厳しくチェックされているからこそ、越冬隊員から内科的あるいは精神科的な重病人が現れないのであり、医療担当としては有難いのである。

しかし、外科的な病気、すなわち外傷はいつ発生してもおかしくない。特に、夏オペ期間中は、ズブの素人が建築や土木作業をブッ通しでやるのだから、事故が起きない方が不思議なくらいだ。

あすかの医務室は4×2・5mと狭いが、医療器械・医薬品・衛生材料などの設備は決して貧困ではない。この施設でも、胃切除くらいの手術はできる。ただし、医療施設などというものは、南極基地ではフルに活用されるべきものではなく、医療隊員も毎日あくびをして時間をもて余している方が望ましい。あすかの医務室も、本紙の編集室のまま終わってほしいものだ。

＊　氷河や氷床から頂部のみが突き出た山や丘のこと。ヌナタクとも。

南極あすか新聞
1987年（昭和62年）4月11日 土曜日
JARE28 あすか拠点新聞社

［4/10 気象］
天気　晴
平均気温　-21.3℃
最高気温　-19.9℃
最低気温　-22.3℃
平均風速　14.0m/s
最大風速　24.6m/s
平均気圧　871.0mb

天気回復、ゴミ捨て大作戦

4日間吹き荒れたブリも10日昼には収まり、セールロンダーネの冠雪した山々が明瞭に望まれた。

基地では、各棟に貯まったゴミが集められ、安全地帯B出入口から外へ排出され、処理された。B出入口の積雪は避けようがないため、階段を切って、みずほの出入口方式で維持されることになろう。

一方、旅行隊の準備はほぼ完了しており、11日の出発を待つばかりになった。極地研の佐野雅史氏からは、レーダーを使用しての荒天時の航法に関する説明が、FAXで送られてきた。

ひと口知識【アイスアルジー（Ice algae）】

海氷下面から上へ数cmないし30cmの間に、珪藻を主とする微細藻類群が生息し、生息密度が高い場合には褐色に見える。この微細藻類群を、アイスアルジーと呼ぶ。

Nitzschiaなどの羽状目珪藻が優占することが多いが、中心目珪藻（たとえばPorosira）が優占種となることもある。極域の春、日射量が数十cal／㎠／day位になると、海氷下部で珪藻の増殖が始まり、下端ではクロロフィルα濃度にして5000mg／㎥にまで達する。1㎥の氷柱に含まれるクロロフィルαは34mgであった。同様の現象は南極以外の海水の存在する海域で広く認められる。

（「南極の科学9 資料編」より）

ブリザード談話㉚ カレンダー

あすか拠点の各棟内を歩いてみると、各所にやたらとカレンダーが目に付く。まず各隊員の寝室には、必ず1組がぶらさがっている。その他、主屋棟5組、発電棟1組、観測棟4組、それにホワイトボードの予定表が主屋棟と観測棟に各1台。

南極基地にいる各隊員が、日時を忘れるほどスケジュールに追われているとはとても思えないから、カレンダー類は単なる飾りかというと、そうでもない。皆、カレンダーをよく眺めているのである。

昔の隊には、出所を待つ囚人のように過ぎ去りし日を×で消したり、帰国まであと○○日などと書き込んだりしている隊員がいた。その気持ちは、実際に越冬してみるとよくわかる。越冬隊員といえども、この南極に永住する気はないし、家族の待つ日本に帰りたいと皆おもっている。

ただ、与えられた南極越冬の日々を充ち足りて過ごすため、あるいは人生の珠玉の時ととらえて、「きょうもいい一日だった」とか「あと何日頑張ろう」とか意識しながら、カレンダーを見ているのであろう。

ミッドウインターの頃までは、「先は長いな」とため息をついていた隊員が、冬明けになるとカレンダーを見る余裕もないほど慌ただしくなり、帰国が近づくと「時よ止まれ」と祈ったりするものだ。

［4/10 メニュー］
☆富田シェフ食当
朝食／鯵開き、カレー、シチュー、みそ汁
昼食／他人丼、じゃが芋煮付け、新香、みそ汁、グレープフルーツ
夕食／ハンバーグステーキ、豆腐の煮付け、牛モモカレー粉炒め、新香、クラムチャウダー、チーズ盛り合わせ、グレープフルーツ

南極あすか新聞
1987年（昭和62年）4月12日 日曜日
JARE28
あすか拠点
新聞社

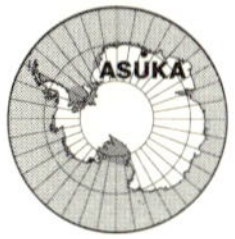

［4/11 気象］
天気　快晴
低い地吹雪
平均気温 -21.8℃
最高気温 -20.3℃
最低気温 -23.6℃
平均風速 10.3m/s
最大風速 17.2m/s
平均気圧 871.5mb

再挑戦！地吹雪帯突破なるか

ブリザード明けの好天に恵まれた11日、GPSによるL0～あすか間の海抜高度測定旅行隊（渋谷L・高橋・高木・大坂）がL0へ向けて出発した。

今回は、前回敗退の教訓を生かし、L90～L70の地吹雪帯突破のため、レーダー航法を用いたほか、ルートにリフレクター付き補助竹竿を用意するなど、対策は万全であり、観測の成果が期待される。

11日は、あすか～L110、L110～L100、L100～L90の3対の海抜高度の測定を実施、L90でキャンプ。いよいよ明日は地吹雪帯だ。

ひと口知識【オキアミ類（Euphausiids）】

動物プランクトンやマイクロネクトンの重要な構成群であり、分類学的には節足動物門、甲殻綱、軟甲亜綱、ホンエビ上目、オキアミ目に属する動物の総称である。現在、全世界の海洋のみに分布し、2科11属85種が知られている。このうち南極海には、1科2属8種が分布する。

なかでもナンキョクオキアミ（euphausia superba DANA）は、最大体長が5～6㎝に達し、氷縁域にて高密度のパッチ分布を示しており、10数億トンともいわれる豊富な資源量を有する。鯨類、アザラシ類、海鳥類、魚類などの主要な餌となっており、南極海洋生態系の鍵種とされている。

ブリザード談話㉛　誕生会

（「南極の科学9　資料編」より）

南極越冬隊員は、南極で迎える誕生日のことを生涯忘れないだろう。その日は基地の主役である。あすかの場合、ひとつ歳を加えた隊員は一番風呂に入れてもらえる。小ざっぱりして食堂へ足を運ぶと、「祝○○隊員×歳誕生日」の横断幕が天井梁から垂れ下がり、周囲には紅白幕が張りめぐらされて晴れがましい。

富田隊員の氷彫刻がきらめき、テーブルの洋食器やグラスがまばゆい。隊長の祝杯の音頭で祝宴がはじまると、待ちに待った豪華な洋食フルコースがおごそかに運ばれてくる。「オレは内地でもこんな料理を味わったことあるかな、これは夢かな」などと思いつつ喜びを噛みしめていると、来賓挨拶と称する仲間の祝辞が始まる。

皆、歯の浮くようなことを言ってくれるが、その言葉のはしばしから親愛の情が伝わってくる。祝電が披露される。遠い家族や昭和基地隊員やあすか発のものなど盛りだくさんだ。

アルコールが快く循環し、腹もはちきれんばかりに満たされたところで、誕生日を迎えた主役の御礼の挨拶がのべられ、これに対して来賓のさまざまな質問が集中して爆笑を誘う。デザートの誕生ケーキを食べ終わると、最後に高橋隊員大音声の激励エールで祝宴は締められ、会は記念麻雀やカラオケの2次会に移る。

［4/11 メニュー］
☆富田シェフ食当
朝食／ロースハム、納豆、鮭塩焼き、鯨缶、みそ汁
昼食／天津丼、キンピラごぼう、吸物、フルーツ（旅行隊：弁当、サンドウィッチ）
夕食／牛ヒレステーキ、海老チリソース、焼き豚、ハムサンド、みそ汁、フルーツ

南極あすか新聞
1987年（昭和62年）4月13日 月曜日

［4/12 気象］
天気　高い地吹雪
平均気温 -17.4℃
最高気温 -15.2℃
最低気温 -20.9℃
平均風速 18.0m/s
最大風速 32.0m/s
平均気圧 858.4mb

JARE28
あすか拠点新聞社

［4/12 メニュー］
☆富田シェフ食当
朝昼兼用／グラタン、キンピラごぼう、オニオンスープ、パン、オレンジ
夕食／鍋焼きうどん、鮪山かけ、イカの酢の物、煮物、キンピラごぼう、みそ汁、グレープフルーツ

GPS測量旅行隊、L89で停滞

11日、L90でキャンプを持った旅行隊は12日、激しいブリザードの中でレーダーを頼りにL89まで進んだ。しかし、視界数mとなり同地点で停滞し、天候の回復を待つことになった。

ひと口知識

【間氷期（Interglacial〔age〕）】

氷期（氷河時代）と氷期の間の時期で、気温は少なくとも現在と同程度であったような時代とされる。この時期には、グリーンランドを除く北半球の大きな氷床は消失していた。しかし、このような時期がいつ頃始まり、いつ頃終わったかについては、明瞭ではなく、定義によっても異なる。

最終の氷期前の最終間氷期は、12万8千年前から7万3千年前まで続いたというのが、一つの考えである。南極での間氷期については、さらに不明な点が多い。氷床のコアからみると、最終間氷期に相当する気温の高い時期があったことが知られる。

他方、現在の露岩地域で、過去いくつかの氷の拡大期の中間に、現在以上の氷の後退や、融氷の進展があったかどうかははっきりしない。

降雪による氷床の涵養《かんよう》という観点からみると、気温からみれば間氷期に当たるときに氷床が増大する可能性もあって、氷河の拡大・縮小からとらえる間氷期と、気温からとらえるそれとが食い違うことも考えられるのである。

（「南極の科学9 資料編」より）

ブリザード談話㉜　あすかの湯

日本人の風呂好きは有名だが、ブリザード吹き荒れる地の果て南極あすか拠点に、温度管理の行き届いた立派な風呂があり、2日に一度は入浴できると知ったら、世の人は驚くにちがいない。

南極に各国の観測基地は数多くあるが、ほとんどの基地の入浴施設はシャワーだけで、どっぷり首まで湯に浸って演歌のひと節をうなることのできるのは、日本の観測基地くらいのものだと聞いている。

夏オペの真っ最中、デポの埋没と闘っていた頃、誰が今日のあすかの湯加減など予想できたであろうか。夏オペが成功裏に終了した頃、しらせから視察に来られた星合観測隊長を一番風呂に入ってもらうため、突貫工事で風呂の給排水を完成させた野崎・高橋の努力も、いまは懐かしい。

ほぼ2ヶ月ぶりに湯につかって、打ち身だらけのわが身をしみじみ眺めた日も、すでに忘却の彼方に去ろうとしている。あの厳しい夏オペも、たった一度の入浴でチャラになってしまった——そんな気さえした。

今は、8人の隊員が隔日、あすかの湯の中で手足を伸ばし、鼻歌まじりで髪など洗い、体重計に乗っては「ちょっと減量すべきだな」などと思ったりする。

夏オペも　昔語りに　あすかの湯

南極あすか新聞
1987年（昭和62年）
4月14日
火曜日
JARE28
あすか拠点
新聞社

［4/13 気象］
天気　低い地吹雪
平均気温　-19.5℃
最高気温　-16.8℃
最低気温　-21.9℃
平均風速　14.6m/s
最大風速　27.7m/s
平均気圧　870.0mb

［4/13 メニュー］
☆富田シェフ食当
朝食／鯵開き、キンピラごぼう、おじや、みそ汁、グレープフルーツ
昼食／ラーメン、グレープフルーツ
夕食／スルメイカ煮付け、牛モモ味噌炒め、ビーフン炒め、みそ汁、アップルパイ

ブリ明けの全員作業実施

一昨日のブリザードの余波も午前中で収まり、午後から雪入れ、各出入口の除雪が留守部隊全員作業で実施された。

今回のブリは降雪を伴い、安全地帯A及びBの出入口は完全に埋まっていた。これらの出入口は、非常時の重要な役割を持ち、その確保には今後ひと工夫が必要だ。

GPS測量旅行隊情報

午前中は視界が悪く停滞するも、午後からレーダーを頼りに前進した。その後、L80まで進み、同地点でキャンプとなった。

ひと口知識【クレバス（Crevasse）】

氷体中に見られる割れ目で、規模が比較的大きいもののこと。規模の小さな割れ目は、クラックまたはジョイントと呼ばれる。

氷はその力学的性質により、約30mの厚さになると塑性変形を起こし始めるので、一般には30m以上深いクレバスはまれである。氷体に作用する応力により、氷の流動方向に直角な横断クレバス（transverse crevasse）、平行な縦断クレバス（longitudinal crevasse）、斜交したクレバスなどに分類される。

クレバスは氷床辺縁部、氷流や氷河の下流部、山やヌナタク（引用者注：氷床から頂部が突出した丘や山）を回り込む流れの場所、基盤傾斜が大きく変わる場所などに発達する。

ブリザード談話㉝　公式映画

（「南極の科学9 資料編」より）

あすか拠点には、公式映画撮影用にキヤノン・スコーピック16㎜撮影機と100ftフィルム60本が持ち込まれている。担当の酒井と高木は、プロカメラマンで18次越冬経験者である鹿野賢三氏から、講義と実技指導を受けてきた。したがって、撮影の基礎は承知している。

最近はVTR撮影機が普及し、機能も一段と充実してきているので、家庭で楽しむ記録映画としてはVTRで充分と考えられる。しかし、隊の公式記録映画として大画面に投影するには、どうしても16㎜映画の解像度が必要となる。

映像としては、夏オペ期間のようにモノを造る過程が一番おもしろい。酒井は、安全地帯Aの建設作業の撮影に執念を燃やしたが、撮影者自身も重要な作業員という状況では、あすかの数多い建設作業の一つひとつを記録することは無理な話であった。

越冬期間にはいると、撮影者の手はあくが、逆に面白い映像となる対象が少ない。それでも、各隊員の仕事ぶりを小まめに季節ごとに撮り貯めて、あすかの初越冬生活としてまとめる予定だ。

映画撮影には、対象となる人物の協力、時には面倒な「やらせ」が必要となる。記録のための名演技が望まれる。

南極あすか新聞

1987年（昭和62年）4月15日 水曜日

JARE28 あすか拠点 新聞社

[4/14 気象]
天気 晴
平均気温 -23.4℃
最高気温 -21.1℃
最低気温 -25.4℃
平均風速 7.8m/s
最大風速 10.8m/s
平均気圧 876.7mb

B出入口の庇を増築

風おだやかで地吹雪もなく、好天に恵まれた14日、酒井・野崎・富田の3名で安全地帯B出入口の庇《ひさし》の増築が行われた。

幅1・2m×長さ2m×高さ3mのこの庇は、ブリで雪が吹き込んでも出入口が確保できるように考えられている。次回、ブリ到来時の結果が楽しみである。

GPS測量旅行隊情報

17時、30マイル地点に到着した模様。

ひと口知識【コア掘削（Core drilling）】

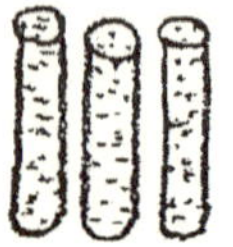

掘削装置を用いて、柱状試料を採取すること。南極氷床のコア掘削は、掘削深度により浅層コア掘削、中層コア掘削、深層コア掘削の3つに分けられる。

装置は、熱式サーマルドリルと機械式のメカニカルドリルの2方式に大別される。浅層コア掘削は一般に100～200m深までの掘削を指し、掘削にはメカニカルドリルが用いられることが多い。中層コア掘削は200～1000m深の掘削で、みずほ基地ではサーマルドリルを用いて700mの掘削が行われた（1984年）。

深層掘削は、掘削の孔の変形を防ぐため液体を注入（液封という）して行う必要のある約1000m以深の掘削をいう。南極氷床での深層掘削は、これまでバード基地（アメリカ、2164m、1968年）とボストーク基地（ソ連、2400m、1982年現在）で行われている。

（「南極の科学9 資料編」より）

ブリザード談話㉞ ウイークエンド

あすか拠点でも日曜日と祝祭日は、日本国内のそれに準じている。したがって、土曜日の夜から日曜日いっぱいは、ウイークエンドとして隊員も羽根を伸ばす。

土曜日の夜は、いつも半荘1回で済む麻雀が2回、3回と行われる。VTRの深夜映画も上映され、ごく少数のファンが好きな映画をじっくり見ている。普段、睡眠不足の隊員はこの際、徹底的な寝だめを決め込む。

日曜日は朝食がなく、11時ブランチと決められている。食当以外は皆、朝寝を楽しんで起きてこない。それでも、さすがに10時半頃になると、空腹のため食堂に集まってくる。午後は、各人思い思いの過ごし方をする。洗濯、麻雀、スケッチ、写真現像、カセットテープのダビングなどだ。

ウイークエンドの低料金を利用して、家族にインマルサット電話をかける隊員もいる。日本時間はあすか時間プラス6時間であるから、15時くらいに通話すると相手も都合がいいらしい。

夕食後はいつもと変わりがない。「ちょっと新宿へ飲みに行くからタクシーを呼んでくれ」「暖機運転に1時間かかるとさ」なんてやりあっているうちに、夜が更けていく。

「明日は早いから寝るとするか」

[4/14 メニュー]
☆富田シェフ食当
朝食／納豆、秋刀魚蒲焼き缶、ベーコンソテー、生卵、みそ汁
昼食／いなり寿司、おにぎり、切り干し大根煮付け、吸物、グレープフルーツ
夕食／鯵塩焼き、スペアリブ、ビーフンサラダ、みそ汁、アップルパイ、フルーツ

南極あすか新聞

1987年（昭和62年）
4月16日
木曜日

JARE28
あすか拠点
新聞社

［4/15 気象］
天気　曇低い地吹雪
平均気温 -20.0℃
最高気温 -18.0℃
最低気温 -23.7℃
平均風速 9.1m/s
最大風速 19.8m/s
平均気圧 869.9mb

［4/15 メニュー］
☆富田シェフ食当
朝食／切り干し大根煮付け、ロースハム、鮭水煮缶、生卵、グレープフルーツ
昼食／カレーうどん、グレープフルーツ
夕食／おでん、鶏唐揚げ、卵フリット、ベーコンソテー、吸物、アップルパイ

除霜順調、テレビカメラ用ドーム

観測棟屋上の大小2個のオーロラ光学観測用ドームのうち、高感度テレビカメラ用の小ドームは、厚さ1㎝の氷化した霜に覆われていた。

しかし、酒井によりファンコイル利用の温風ダクトが完成し、12～15日にかけて8割の除霜が済んだことで、観測可能な状態となった。観測が開始されると、観測室内にモニターテレビが設置される予定で、室内でもオーロラ見物を楽しめる。

GPS旅行隊情報

15日、30マイル地点を中心に2対の観測を実施。順調に経過している模様。

ひと口知識

【10メートル雪温（10-m snow temperature）】

10m深の雪温。氷床や氷河の乾雪線以上の地域では、10m雪温は通常測定時期を問わず年平均表面温度（年平均温度に近い）の±0・5℃以内の値を示す。このため、年平均気温として10m雪温が測定される。

みずほ高原では、10m雪温と標高の関係が詳しく調べられており、その高度による減率は、標高千mまでが、0・8℃／100m、標高千mから3千mまでの高度範囲では1・3℃／100m、標高3千m以上ではさらに大きくなり、2・0℃／100mとなる地域もある。

また、みずほ高原の10m雪温は、海岸からの距離（Lkm）によって、T10＝3・47×L0・146で表される。

（「南極の科学9　資料編」より）

ブリザード談話㉟　オーロラ予報

夜が長くなると、基地の雰囲気も沈みがちとなる。こんな冬の夜長を救うのは、何といってもオーロラである。ただし出現するのは、午前0時からの数時間で、われわれの睡眠時間帯に一致し、特に凄い乱舞は「草木も眠る」丑三つ時に見られるという。

そこで望まれるのが、オーロラ予報だ。

オーロラの前兆は、何といっても短波無線の不調である。電離層が乱れて、昭和基地とうまく交信できない日は、オーロラ出現が期待できる。次に宙空部門の地磁気変動と脈動の記録である。

これらのペンレコーダーの記録は素人には理解しがたいが、よく見ると、数時間前にオーロラ出現を予測できるという。そこから、出現するかどうかが大体わかるのである。では、撮影に値する美しい姫か否かという点については、出てみなければ何とも言えないそうだ。

酒井隊員の「今夜は60％出るよ」の予報を聞いて勇み立った高木隊員。カメラにASA400の高感度フィルムをセットし、極めつけのアングルに三脚を固定、羽毛服の完全武装に身を固めて、待つこと1時間。「午前1時に来たけれど、願い下げのオカメ、白黒写真用のオーロラだったよ」。

南極あすか新聞

1987年（昭和62年）4月17日 金曜日

JARE28 あすか拠点 新聞社

[4/16 気象]
天気　快晴
平均気温 -26.7℃
最高気温 -19.0℃
最低気温 -29.9℃
平均風速 6.1m/s
最大風速 15.5m/s
平均気圧 865.0mb

最低気温タイ記録 マイナス29・9℃

朝から快晴に恵まれた16日、放射冷却により気温が急降下し、11時4分、ついに4月4日8時11分の記録と並ぶマイナス29・9℃を記録した。

ふたたび太陽が昇り始めた9時頃からは、基地のほぼ全方向にわたって蜃気楼が見られ、実に壮観であった。

GPS測量旅行隊L0到着

GPS測量旅行隊は16日17時30分、往路の最終目的地であるL0に到着した。17日には、L0を中心とした海抜高度測定とひずみ方陣の観測が実施される予定だ。なお、同隊のあすか帰投は、21日頃になりそうである。

ひと口知識

【重力測定（Gravity measurement）】

重力の測定は、測定地点で「振子をふらせ」たり、「物を落下させ」たりして、その点の重力値を直接求める「絶対測定」と、絶対測定点との比較で測定をする「比較測定」あるいは「相対測定」がある。

マクマード基地などでは、振子による測定が行われているが、南極大陸内の重力測定のほとんどは、ラコステ型重力計による相対測定である。海上重力計による海洋域での測定も、相対測定である。日本隊は新しい海上重力計（NIPRORI）を開発し、ふじやしらせで観測を続けている。

（「南極の科学9　資料編」より）

ブリザード談話㊱　筆

手前ごとで恐縮だが、翌日の記事にするべき事象がまったくないとき、あるいは筆が全然進まないとき、どうするかについて記そう。

まず編集室こと医務室の掃除を行う。念入りにやる。すると10分くらいが過ぎる。次に、棚の医薬品の整理だ。整理と言っても、ほとんど使用していない薬品の並べ方を少し変えたり、薬品のラベルの方向をそろえたり、ほとんど意味のない作業だ。これで10分は経つ。

それでも機が熟さない場合は、医務室を出て観測室へ足を延ばす。「教授」は、机に向かって研究活動に余念がない。知的生産の邪魔をしてはいけないので、気象自動観測装置のデータをのぞくふりをする。気温や風速が変わっているはずもない。つい30分前に見たばかりなのだ。ポットの湯で紅茶を入れ、引き上げる。これでさらに5分が浪費される。

次にあすか文庫の前に足を止め、2、3冊物色してパラパラと拾い読みしてみると、案外おもしろい。そこで椅子を引いて、本格的に読み始める。ハッと気づくと30分が経過して、紅茶もすっかり冷めている。溜息をひとつ吐いて、医務室に戻る。

鉛筆を口にくわえて、窓からセールロンダーネの山々を眺める。1時間が過ぎ去り、ようやく何かが書けそうな気配。南極で原稿に追われる不思議な体験である。

[4/16 メニュー]
☆富田シェフ食当
朝食／ベーコンアスパラ炒め、切り干し大根煮付け、鮭水煮缶、おじや、みそ汁
昼食／そぼろ丼、ブリ・里芋・豚肉の煮付け、みそ汁、オレンジ
夕食／天婦羅、帆立マリネ、じゃが芋洋風煮付け、みそ汁、アップルパイ

南極あすか新聞

1987年（昭和62年）4月18日 土曜日

JARE28
あすか拠点
新聞社

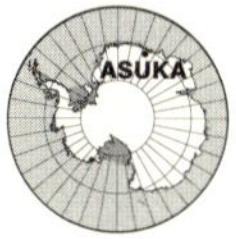

［4/17 気象］
天気　曇高い地吹雪
平均気温 -21.9℃
最高気温 -19.3℃
最低気温 -28.6℃
平均風速 14.8m/s
最大風速 23.2m/s
平均気圧 864.2mb

［4/17 メニュー］
☆富田シェフ食当
朝食／鮭水煮缶、鯨缶、生卵、みそ汁
昼食／冷しそば（和風と中華風）、オレンジ
夕食／酢豚、鶏肉のグリエ、カニ酢の物、新香、みそ汁、ヨーグルトケーキ

作業棟内に物品棚を設置

昨日午後から、ノンちゃん、富ちゃんで作業棟内に物品棚が作られ、機械部品等の片づけが行われた。作業棟内の整理は機械部門の月間目標で、シゲさんの留守中もノンちゃんがコツコツ作業を進めている。

GPS測量旅行隊情報

昨日のL0はあすか同様、強い地吹雪のため視界が悪く、旅行隊は一日停滞、明日ひずみ方陣等の観測を実施する予定だ。天候はおもわしくないが、4人とも元気で、観測旅行を楽しんでいる様子。

全隊員4名で雪入れ実施

昨日昼食後、隊員が4人になってから2回目の雪入れが実施された。全隊員ともに運動不足の解消になった。

ひと口知識

【蜃気楼（Mirage）】

温度の違いにより密度の著しく異なる空気が層をなして存在するとき、光の異常屈折によって、遠くの事物が浮き上がったり変形されたりして見える現象をいう。下冷上温のヴィンス型、下温上冷のモンジュ型（逃げ水現象）に大別される。南極の沿岸域でも、強い日射により上層の空気が急に温められ、地面近くの海氷上の冷たい空気と層をなすことで起こりやすく、遠くの氷山が逆になって浮き上がる光景がよく見られる。

（「南極の科学9　資料編」より）

ブリザード談話㊲　暴風圏

しらせは、先代のふじと比べれば格段に快適な砕氷艦だ。広い。設備がよい。そして、何よりも揺れない。否、揺れないというウワサだった。

ところが、28次の南極行動往路では、けっこう揺れてくれたのである。

南極へ行く際に必ず通過しなければならない海の難所が、吠える40度、叫ぶ50度、狂える60度といわれる暴風圏だ。越冬隊はフリーマントル出航で俗世界にきっぱりと別れを告げ、決然と南極へ向かったはずなのに、暴風圏内で前後左右に激しく揺さぶられているうちに、ともすれば意気も消沈してしまう。

普段はとても有能で強い男なのに、船酔いには丸きり駄目で、船室のベッドから一歩も出ず、冬眠に入る隊員もいる。飛行甲板でのトレーニングも、動揺のためにままならない。

夜は夜で、各県人会や艦側各部門主催の飲み会、隊側常設のバー「リリー」が盛況で、どうしてもアルコールと縁が切れない。そのため心身とも弛緩しがちである。

そんな状況を救ってくれたのは、石沢夏オペ総括が計画・主催した、あすか夏オペ計画説明会であった。各建設作業責任者による克明な計画説明は、各隊員の抱く漠然とした不安を一掃し、旺盛な闘志を鼓舞するばかりでなく、船内生活に規律と緊張を蘇らせたのである。

南極あすか新聞

1987年（昭和62年）4月19日 日曜日

JARE28
あすか拠点
新聞社

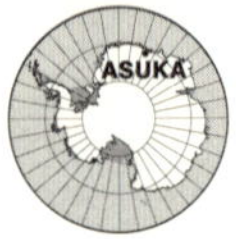

［4/18 気象］
天気　雪高い地吹雪
平均気温　-16.1℃
最高気温　-14.5℃
最低気温　-19.5℃
平均風速　17.8m/s
最大風速　24.1m/s
平均気圧　865.9mb

［4/18 メニュー］
☆富田シェフ食当
朝食／ベーコン炒め、浅利味付け缶、鮭塩焼き、みそ汁
昼食／チャーハン、サラダ、山菜ビビンパ、新香、吸物、オレンジ
夕食／鯖味噌煮、山菜ビビンパ、ロールキャベツ、オムレツ、ソーセージ、みそ汁、プリン

吹き荒れるウィークエンド

一昨日から始まったブリザードは、昨日昼頃から降雪を伴い、激しさを増した。午後3時には視界も100m以下となり、作業棟内の整理作業を行っていた野崎・富田も発電棟に戻った。

また、14日に完成したB出入口の庇部には、ちょうど階段状に雪が吹き込み有効であることがわかった。

GPS測量旅行隊L0で停滞

同じく激しいブリザードのため、旅行隊はL0で停滞、観測は本日に順延された。

しらせ、東京港外に到着

28次夏隊を乗せたしらせは昨日、品川沖に到着。本日は通関、検疫等を行う。

ひと口知識

【定着氷（Fast ice）】

海岸に接して形成された、定着している海氷。海岸、氷河壁、浮氷壁に接するか、または浅瀬や座礁した氷山の間に張る。水位の変化で垂直な上下動が見られる。

定着氷はその場の海水が凍結するか、ある年令の流氷が海岸に凍結して形成され、海岸からの幅は数m～数百mに達する。定着氷で1年以上存在するものは、年令によって分類され（古い、2年、多年）、その厚さが海面上2m以上になれば、たな氷という。

（「南極の科学9　資料編」より）

ブリザード談話㊳　銘板

主屋棟前室に酒井隊員が靴箱を設置するにあたり、そこにある銘板を撤去せざるを得なかった。これは、このあすかの地に初めて主屋棟を建設した、第26次隊の川口貞男観測隊長以下全員の名前を彫り込んだボードである。

あすかのパイオニアたちが残したモニュメントであるから、勝手に始末することもできない。そこで、当の川口隊長にお伺いをたてたところ、焼却処分OKの返事をもらえた。

探検や初登頂や開拓に挑んだ人々が、その地に自分の名前を彫った銘板を残したり、落書きしたりするのは、なにも日本人に限ったことではない。自分の業績を思い出の地に残し、これを後世に伝えたい気持はわからないでもない。

しかし、これを続けてゆくと、基地は銘板で溢れてしまう。銘板など残さなくても、建築そのものが立派なモニュメントなのだし、心ある後輩であれば、誰が造ったかもちゃんと知っているのだ。

われわれもまた、あすかの初越冬隊として、この地の開拓者である自負をもっている。この基地のあらゆる事物に、われわれの臭いが染みついている。だから、銘板など不要だ。

この越冬の熱い思い出は、各隊員の心に深く刻まれるであろうから。南極関係者はわれわれを忘れないから。

南極あすか新聞

1987年（昭和62年）4月20日 月曜日

JARE28
あすか拠点
新聞社

[4/19 気象]
天気　曇高い地吹雪
平均気温 -15.5℃
最高気温 -14.7℃
最低気温 -16.7℃
平均風速 16.8m/s
最大風速 24.3m/s
平均気圧 868.2mb

[4/19 メニュー]
☆富田シェフ食当
朝昼兼用／魳（カマス）干物、納豆、浅利味付け缶、みそ汁、オレンジ
夕食／牛ロースステーキ、カリフォルニアミックス、棒棒鶏、スープ、五目飯、プリン、デーニッシュパン、リンゴ

旅行隊、L0でひずみ方陣を実施

19日、旅行隊は強い地吹雪の中、L0を中心とする1km四方4点でひずみ方陣観測を実施した。いよいよ今日から、復路のGPSによる測量に入る。

今日はL0〜30マイル地点間の測量を実施し、30マイル泊の予定。あすかの留守部隊も通常業務以上の業務をかかえ、大変であるが、ここまできたら旅行隊に頑張ってもらい、8人そろって観測旅行成功の美酒に酔いたい。

ひと口知識
【ドライバレー（Dry valley）】

ロス海西岸マクマード入江付近にある、サウスビクトリアランドの南極横断山地には、マクマードオアシスとも呼ばれる南極最大の露岩地帯がある。

ここでは、かつて山地を横切って西側東南極氷床の氷を排出した溢流氷河が、幅広いU字谷をつくったが、現在では氷は後退し、小さい局地的な山岳氷河の氷舌以外、ほとんど氷を蓄えていないところがある。

局地的な気候条件から、冬でも氷雪がほとんどなく、きわめて乾燥していて、これらの谷（北からビクトリア、ライト、テイラーと呼ばれる）はドライバレーと称される。このほかにも、マイヤーズバレーなどかつて局地的な氷河に削られて生じたドライバレーもあるが、ドライバレーといえば、固有名詞的に前記三つの谷を指すのがふつうである。

（「南極の科学9　資料編」より）

ブリザード談話㊴　ネアカとネクラ

南極越冬隊員は、厳しい精神科的診察や心理テストをパスした人たちであるが、その性格が画一的なわけでは決してない。ネアカの隊員もいれば、ネクラの隊員もいる。常に会話の中心にいて光り輝く人もいれば、中島みゆきの歌をヘッドホンで聴くのが楽しみという人もいる。明るく見えて実は暗い性格の人もいれば、その逆の人もいる。

28次隊では、あすかと昭和の越冬隊長がネアカとネクラの好対照をなしているように見えるが、実のところはわからない。あすか越冬隊の面々は、だいたいネアカであると思われる。元気があり、積極性に溢れ、ユーモアにも富んでいる。ひとりで読書に耽るよりは、集まって麻雀牌を握ることを好む。ヘッドホンよりカラオケだ。会話になると皆よくしゃべり、よく笑う。

しかし南極越冬隊員として、ネアカの性格がネクラより優れているとは限らない。北日本の日本海側の出身の隊員によくあるタイプだが、地味で寡黙、頑固で忍耐強く、毎日コツコツと働き、いつの間にか大仕事をやりとげてしまう。越冬期間は、飾ったり装ったりしてすごすには長すぎる時間だ。皆、地を出して付き合うしかあるまい。

南極あすか新聞
1987年（昭和62年）4月21日 火曜日
JARE28 あすか拠点 新聞社

[4/20 気象]
天気　雪高い地吹雪
平均気温 -16.3℃
最高気温 -15.7℃
最低気温 -16.6℃
平均風速 14.7m/s
最大風速 22.4m/s
平均気圧 867.2mb

28次夏隊が帰国

28次夏隊15名を乗せたしらせは、20日8時（日本時）、東京港晴海埠頭に5ヶ月ぶりに帰国した。

共同ニュースは、家族や友人が出迎えるなか、ひさしぶりの親子対面に歓声が湧きあがったと報じている。夏隊の皆さん、ご苦労様。本紙面をもって、あらためて感謝の意をつたえたい。

GPS測量旅行隊情報

昨日は、L0～L30間の観測を実施する予定であったが、天候悪く、L0～L10間の観測実施にとどまった。今日はL30からL40くらいまで進む予定だ。

ひと口知識

【無人気象観測所（Automatic weather station）】

無人で自動的に、風向、風速、気温、気圧、日射などの気象要素の観測を行うもの。自動気象観測所ともいう。

長期間の記録を現場でとる方式と、衛星などを介して、データを遠隔地（有人基地や本国）に随時送信するアルゴスシステム（ARGOS）などのデータ収集システム（DCS:Data Collection System）を使う方式とに大別される。

南極では、広大な大陸や海氷上に有人の観測点が極めて少ないことから、面的な気象現象を把握する上で大きな期待がかけられている。日本隊でも、風力発電をエネルギー源としたもの、ARGOSを使ったものなどが開発されている。しかし、低温下での安定したエネルギー供給源としては難点があり、実用域に達したとは言い難い。

ブリザード談話㊵　カセットテープ

（「南極の科学9　資料編」より）

音楽は、南極越冬生活に欠かせない娯楽である。音楽がなければ、あすかの音は、風の叫びと、エンジン・調理・通信観測機械などの業務上の殺伐とした音だけになってしまう。

そこで音楽テープは必需品として、隊の装備あるいは私物として基地に持ち込まれる。最近は、軽量で音の良いカセットデッキや、個人が聴くヘッドホンステレオがコンパクトになり、輸送にも便利なので、ほぼひとり1台を所有している。

というわけで、基地では、観測室、医務室、風呂場、食堂など、あちこちでミュージックが流れることになる。音楽の種類はまったく多種多様で、隊員たちの好みを反映するが、やはり流行歌が流れることが頻繁だ。そのため、鮎川隊長もようやく百恵と明菜を区別できるようになってきた。

テープの音が流れるのは、なにも基地内だけではない。調査旅行など雪上車で動く時も、たいていはヘッドホンステレオをもっていく。雲のように視界を流れる地吹雪を眺めながら、アルゼンチンタンゴの歯切れのいいリズムを聴くもよし。後部席にひっくり返って演歌のさびに酔うもよし。

南極は絶好のコンサートホールだ。

[4/20 メニュー]
☆富田シェフ食当
朝食／鯵開き、ビビンパ、牛大和煮缶、みそ汁
昼食／うなぎ蒲焼き、れんこん辛煮、ビビンパ、みそ汁、オレンジ
夕食／プレ（鶏）ソテーマレンゴ風とガルニ（付け合わせ）、厚焼き卵、新香、吸物、スパゲティサラダ、ミカン入りプリン

南極あすか新聞

1987年(昭和62年)4月22日 水曜日

JARE28 あすか拠点 新聞社

[4/21 気象]
天気　雪高い地吹雪
平均気温 -16.4℃
最高気温 -15.6℃
最低気温 -17.1℃
平均風速 16.6m/s
最大風速 23.7m/s
平均気圧 868.4mb

[4/21 メニュー]
☆富田シェフ食当
朝食／ロースハム、秋刀魚蒲焼き缶、生卵、みそ汁
昼食／ミートスパゲティ、コールスロー、スープ、新香、牛乳、グレープフルーツ
夕食／秋刀魚塩焼き、切り干し大根煮付け、刺身盛り合わせ、ニンニクの芽炒め、みそ汁、ミカン入りプリン、オレンジ

依然続くブリザード

17日から始まった今回のブリザードは、昨日も衰えることなく続いた。今回の特徴は、風速が一定して15m／s前後でさほど強くないが、降雪を伴っており、視界が極端に悪いことだ。昭和基地気象台の天気解析によると、現在クイーンモードランド沖を東進中の低気圧による前線の影響によるという。このブリのためGPS測量旅行隊の日程延長や野外物品デポの埋没が進んでおり、一日も早い天気の回復を祈りたい。

GPS測量旅行隊情報

昨日の地吹雪はそれほど強くなかったが、ホワイトアウトに悩まされ、車のシュプールを追うのも困難であることから予定を短縮し、L20までの観測を行った。

旅行隊は全員元気だが、唯一の悩みは、日程延長のため用意したアルコールが底をついたことらしい。

機械部品ソリの整理作業

B出入口の風下200mにある中型ソリには、配管、配線等の機械部品がデポされていたが、発電棟および作業棟内の整理が進み、屋内へ収容できるようになったため、20日、野崎・富田によりその片付けが実施された。搬入された物品の一部はすでに用意されていた整理棚に納まった。

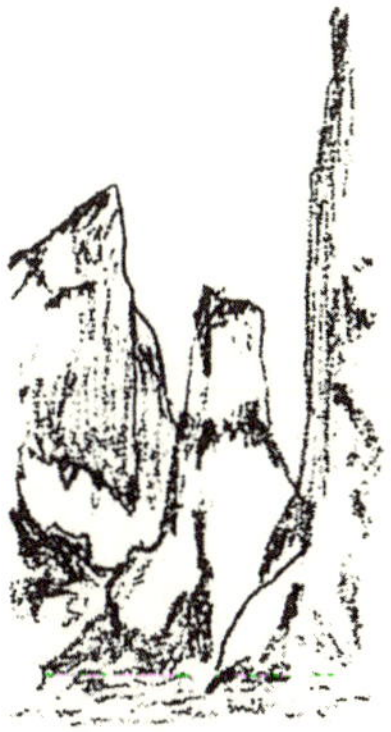
Tarnat peak

ブリザード談話㊶ 機械ワッチ《1》

あすか機械班の高橋・野崎両隊員は、一日の休みもなく一日3回のワッチを続けている。記者は4月10日の発電設備運転記録紙を見せてもらった。ここに具体的な数字をあげて、彼らの日常の維持努力をしのぶ。

4月10日(金)8時
計測者　高橋
発電機No.1
室　温　湿球20℃　乾球26℃
外気温　マイナス21℃
エンジン　油圧　3.0kg／cm²
同　冷却水入口温度　43℃
同　冷却水出口温度　64℃
同　冷却水圧力　(一) kg／cm²
同　積算運転時間　2073h
同　オイル補給量　(一) ℓ
電　圧　202V
電　流　56A
周波数　47.7Hz
力　率　CosΦ　0.8
積算電力読　2125.3kwh
最大電力　16.5kw
融雪槽水温　11℃
融雪槽水位　107cm
水中ポンプ圧力　0.8kg／cm²

これらの数字は、すべて問題ない数字らしい。この数字のひとつでも正常域を逸脱すると、彼らは忙しくなる。　[つづく]

南極あすか新聞

1987年
(昭和62年)
4月23日
木曜日

JARE28
あすか拠点
新聞社

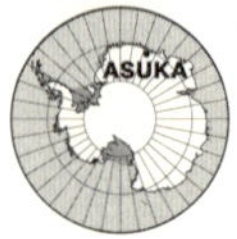

[4/22 気象]
天気　晴低い地吹雪
平均気温　-18.9℃
最高気温　-15.7℃
最低気温　-24.2℃
平均風速　8.9m/s
最大風速　17.8m/s
平均気圧　872.4mb

[4/22 メニュー]
☆富田シェフ食当
朝食／鮭水煮缶、鰯味醂干し、切り干し大根煮付け、みそ汁
昼食／牛丼、じゃが芋と竹輪の煮付け、新香、吸物、グレープフルーツ
夕食／牛と仔羊のシチュー、イカ野菜炒め、豚レバーケチャップ炒め、ソーセージ、新香、スープ、ヨーグルトケーキ

厨房排気筒を取り付け

ブリザードも一段落した22日、主屋棟厨房の排気筒取り付け工事が富田・野崎により実施された。

これまでは直径25cm×高さ40cmのステンレス製排気筒の周囲を、底を抜いたドラム缶で覆っていただけであった。このため排気筒内へ雪が吹き込み、灯油レンジの熱で水滴となって厨房内へ落ちてくるのが、調理担当者の悩みの種であった。

今回取り付けた排気筒は、断面が25cm×25cmの角型で高さが約2mあり、逆L字型で排気口を風下側に向けており、雪の吹き込みがなくなることが期待されている。

GPS測量旅行隊、L66に到着

ブリ明けのまずまずの天気に恵まれ、旅行隊はL20~L30間で3区間のGPS測量を実施したのち、L66まで進んだ。

昨日の通信では、基地帰投日は早ければ今日、遅くとも24日中とのこと。なお、本観測が無事終了した場合は、29日の夕食を「GPS測量旅行成功祝賀会」とすることが決まった。

36本雪尺測定を実施

22日、4月分の36本雪尺測定が隊長・酒井で実施された。今月は降雪の日が多く、基地周辺のドリフトも成長していることから、測定値が注目されていた。前回3月20日からの積雪はプラス5・1cmで今年初めてプラスとなった。なお、1月25日の観測開始以来の積算はマイナス6・7cmとなった。

ブリザード談話㊷　機械ワッチ《2》

あすかの機械班の日常業務は、自動車修理工場、発電所、風呂屋、水道局、冷凍庫会社、燃料店の業務をまとめてやっているようなものである。

第62号の数字のつづきを掲載する。

4月20日(金)8時

二次熱交温水入口温度	46℃
同出口温度	43℃
温水ボイラー入口温度	39℃
同出口温度	44℃
冷水循環ポンプ圧力フィルター入口	2.9kg.f／cm²、同出口　2.9kg.f／cm²
給水流量計	34809ℓ
冷水槽水温	21℃
温水循環圧力	3・8kg／cm²
冷凍庫内温度	マイナス26℃
冷凍機室温度	20℃
軽油小出槽ゲージ	90ℓ
軽油流量計読	3828ℓ
野外タンク油面	67cm
灯油タンクゲージ	77cm
備考	特記なし

これらの数字も問題ないようだが、貯油タンクへの軽油補給の日が近づいているようである。

南極ではこれから暗く長い厳冬期を迎える。その時期になってもこのような数字を維持するためにも、機械班にはまだまだ頑張ってもらわなければなるまい。

南極あすか新聞

1987年
（昭和62年）
4月24日
金曜日

JARE28
あすか拠点
新聞社

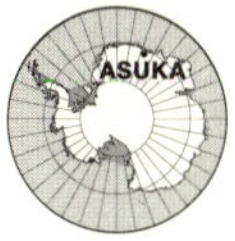

［4/23 気象］
天気　曇
平均気温 -27.0℃
最高気温 -21.1℃
最低気温 -31.9℃
平均風速 4.5m/s
最大風速 8.2m/s
平均気圧 864.8mb

［4/23 メニュー］
☆富田シェフ食当
朝食／筋子、納豆、鮭水煮缶、みそ汁
昼食／親子丼、ビビンパ山菜、吸物、グレープフルーツ
夕食／豚ロースかつ、ローストビーフ、カニと豆腐の炒め、ビビンパ山菜、新香、みそ汁、アップルパイ

ＧＰＳ測量旅行隊、あすか帰投

23日、Ｌ66で美しい黎明を迎えたＧＰＳ測量旅行隊（渋谷Ｌ）は、晴れ地吹雪なしという天の時を得て、Ｌ66～Ｌ78、Ｌ78～Ｌ90の2区間の同時衛星受信を消化。ここに、Ｌ0～シール岩間の海抜高度とりつけを、見事完成させることに成功した。

ＧＰＳのテープを止めた渋谷は、ＶＨＦ無線を通じて、あすか拠点とＳＭ515号車に心から礼をのべ、これに対して各局から祝福の声が飛んだ。旅行隊の2台のＳＭ50はＬ90で合流し、折からの強烈な蜃気楼に歓声を上げながら、4名は意気揚揚とあすかへ帰投したのである。

ＧＰＳ旅行の終了で、あすかにとって冬前の大きなオペレーションは、すべて完了し、基地はいよいよ厳冬を迎える。地吹雪やホワイトアウトの悪条件に耐えて、観測を完遂した旅行隊も、半数の人間で基地の維持運営をやり通した残留部隊も、それぞれ大きな満足と自信を得た。あすかに集結した8名は、気温マイナス30℃突破の報を聞きつつ、旅行成功の美酒に酔いしれた。

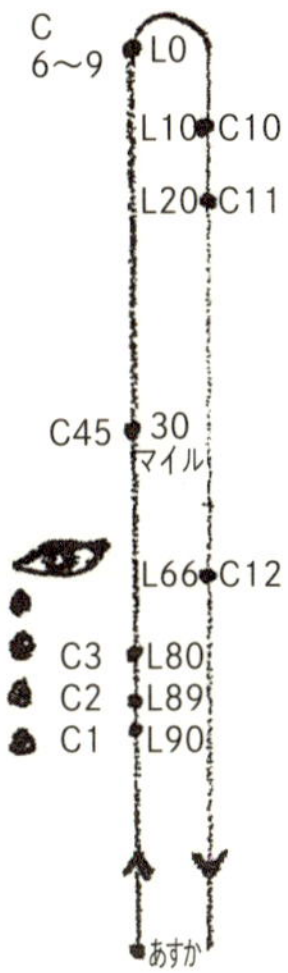

ター坊哀歌（Ｌ0～シール岩間海抜高度測定旅行のテーマソング）

1. いいぞいいぞと　おだてられ
Ｌ70に来てみれば
朝から晩まで　地吹雪で
景色なんぞは　夢のうち

2. 設営主任は　爺くさい
観測主任は　婆くさい
生活主任は　小うるさい
おじさん相手じゃ　疲れるよ

3. 30マイルに来てみれば
ＳＭ40　雪まみれ
通信器械も　雪まみれ
直せといわれりゃ　やるけどさ

4. でっかい氷山　プカプカと
青い海原　キラキラと
眺めるはずの　Ｌ0は
ホワイトアウトの海の中

5. 鮎川隊長　元気よく
毎日通信くれるけど
あすか拠点にゃ　帰れない
シュラフにもぐって　涙ぐむ

6. 渋谷リーダーは　抜け目なく
ＪＭＲに　ＧＰＳ
ひずみ方陣　などなどの
観測やれと　迫るのよ

7. 泣いてくれるな　わが妻子
オレはホントは　チライのよ
タバコも切れたし　酒もない
麻雀　マイナス　大ばく進

8. 頑張ったんだよ　オレだって
レーダー航法　水つくり
衛星受信に　気象観測
分かっておくれよ　ユキドリさん

（「新人哀歌」の替え歌）

南極あすか新聞

1987年(昭和62年)4月25日土曜日

JARE28
あすか拠点
新聞社

[4/24気象]
天気 曇
平均気温 -28.6℃
最高気温 -23.4℃
最低気温 -33.6℃
平均風速 5.9m/s
最大風速 13.6m/s
平均気圧 867.4mb

あすか基地、平常態勢に戻る

GPS旅行隊が23日に帰投したあすか拠点は、24日からそれぞれの隊員が本来の任務に復帰し、平常の態勢に戻った。旅行中、朝食といえば冷凍卵入りの雑炊ばかり食べさせられていた隊員は、生卵のブッカケ飯や塩鮭を喜び、コーヒーの香りを楽しんだ。

渋谷ははやばやと、ドリフト測量作業を酒井とペアで再開し、大坂は通信業務に戻った。高橋はバッテリーのあがったSM403のエンジンを、SM515のバッテリーとの直結で始動した。高木はシール岩デポ地へ竹竿の束を取りに行き、ルート整備に備えた。

皆、ひと仕事を終えた後の落ち着いた表情で、黙々と任務に没頭していた。

基地まわりでは、富田、野崎、隊長による根気強い除雪が続けられた。

麻雀ルールを改正

GPS旅行隊の不在中も、あすかでは連日、麻雀が行われた。富田のダブル役満(四暗刻単騎待)が飛び出すなど盛況を示したが、この度、以下のようにルールが改正された。

1 七対子は30符2飜とする。
2 鳴きタンヤオチュウの対対和はなし
3 東場の親ノーテンは流れ、南場の親ノーテンは流れない。

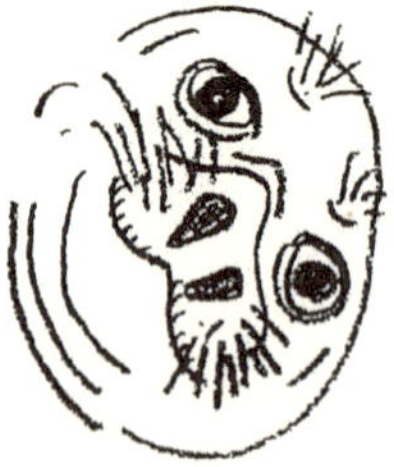
大鼻アザラシ

GPS旅行記① 高木特派員

今回のGPSによる海抜高度とりつけ旅行(以下、GPS旅行)は、L0～シール岩間の測線の完成、L0および30マイルでのひずみ方陣の測量、GPSとの比較のためのJMRなどの計画をすべて完遂し、大成功裏に終わった。

その成果は、観測だけにとどまらない。ベールに包まれていた4月のLルート上での気象、ユキドリの存在、地吹雪やホワイトアウト時の雪上車走行方法、30マイル地点の状況など、新たに確認したり工夫したりした成果は、極めて大きなものがあり、28次隊ばかりでなく29次隊以後にも伝えたいものであった。

本紙では、同行した高木特派員の「GPS旅行記」として、本日より実り多かった旅行のルポルタージュを掲載する。

●敗退

第1回のGPS旅行隊は3月10日、快晴のあすかを出発した。渋谷、高橋、高木、大坂の4名はL0～あすかの12区間のGPS衛星同時受信を4泊5日でやってのける計画をひっさげて、「できれば1日でL0まで走破しよう」という意気込みであった。

ところが、L90あたりから地吹雪に見舞われ、雪面のシュプールを辿りつつL70まで走行したが、認識不足・準備不足を痛感し、翌日引き返したのであった。

[4/24メニュー]
☆富田シェフ食当
朝食／生卵、鮭塩焼き、ロースハム、みそ汁
昼食／牛細切り炒めライス、じゃが芋とベーコンの煮付け、ビビンパ山菜、新香、スープ、オレンジ
夕食／サーモンムニエル、コールスロー、牛ヒレたたき、キスフライ、アップルパイ、新香、吸物、グレープフルーツ

南極あすか新聞

1987年（昭和62年）4月26日 日曜日

JARE28
あすか拠点
新聞社

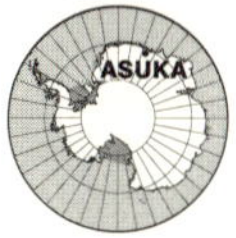

[4/25 気象]
天気　晴低い地吹雪
平均気温 -26.4℃
最高気温 -23.4℃
最低気温 -28.1℃
平均風速 9.5m/s
最大風速 13.6m/s
平均気圧 873.0mb

[4/25 メニュー]
☆高木サブ食当
朝食／お多福豆、高菜漬け、ベーコンアスパラ炒め、海苔、みそ汁
昼食／チャーハン、ロールキャベツ、グレープフルーツ
夕食／イカフライ、ベークドポテト、竹輪・筍・こんにゃくの煮付け、牛肉野菜炒め、茶わん蒸し、チキンスープ

アマチュア無線アンテナを建設

25日、大坂・酒井により、観測棟風下にアマチュア無線用アンテナが建てられた。一方、トランシーバー（KENWOOD TS-440S）は観測棟通路に設置された。もし電離層の条件が良ければ、26日にも日本とのアマチュア無線交信が可能である。

あすか局のコールサインは、8J1RMで、みずほ局の転用である。もし、あすかが電波を発射すると、No.1のQSLカードを巡って、マニアは大変な騒ぎとなるだろう。あすかのアマチュア無線技士は、プロの大坂、高木、酒井、野崎の4名である。

インマルサット一時不調に

24日11時23分、今年最低となるマイナス33・6℃を記録したが、この冷え込みと時を同じくして、日本発あすか基地宛のインマルサット衛星ファクシミリの受信が不調となった。気温上昇後に自然復帰したが、レドーム内の冷却によるものか否かは不明、と大坂は言う。

トレーニングジム開設

観測棟通路にトレーニングジムが開設された。ぶらさがり健康器、ダンベル10kg×2、鉄アレイ2kg×2が用意されている。運動不足を痛感している人、体重増加傾向の人、この冬を利用してランボーになりたい人などの積極的利用が期待される。

GPS旅行記②　高木特派員

●地吹雪帯

2月に行われた高橋・酒井による燃料輸送隊および鮎川隊長らによる見送り隊は、いずれもL90あたりからL70にかけて地吹雪を経験し、30マイル地点に着くとケロリと飛雪が減少すると証言した。3月のGPS旅行隊も同様の地吹雪に悩まされて撤退した。

これらの苦汁をなめさせられたあと、あすか拠点に立って北の地平線を望むと、あすかが快晴無風の時でも、白く沸き立つような帯がノルトッペンから北へ向かって、ほとんど恒常的に存在することに気づくのである。白い帯の上空には、すじ状の雲が漂っていることもある。

そこで登場するのが、「地吹雪帯」の存在を肯定する鮎川理論だ。

鮎川隊長は「L65～L80またはL90にわたって存在すると考えられる地吹雪帯は、セールロンダーネ山地バード氷河域におけるカタバ風の収束に起因する」との、大胆かつ魅力的な仮説を提唱している。

そして、秋から冬にかけての地吹雪帯の通行には、慎重を要すること、さらにこの区間には、旗竿細分立が必要なことをつけ加えた。

この鮎川理論により、GPS旅行成功の鍵は地吹雪帯での行動にあることが浮き彫りにされたのである。しかし、われわれはどう対処すればよいのだろうか。

南極あすか新聞

1987年
（昭和62年）
4月27日
月曜日

JARE28
あすか拠点
新聞社

［4/26 気象］
天気　晴低い地吹雪
平均気温　-21.9℃
最高気温　-20.8℃
最低気温　-26.2℃
平均風速　12.1m/s
最大風速　18.5m/s
平均気圧　869.4mb

［4/26 メニュー］
☆野崎食当
朝昼兼用／ベーコンエッグ、ポテトサラダ、みそ汁
夕食／クリームシチュー、サイコロステーキ、酢の物、吸物、グレープフルーツ

地磁気絶対値測量を実施

26日、日曜日休暇を返上して、酒井・渋谷により地磁気絶対値の測量が行われた。ＧＳＩ型磁気儀を用いて、磁力線の偏角と伏角を求める作業である。担当の酒井によれば、伏角は26日の測定値を計算すればすぐに出るが、偏角はなお詳細なシール岩～ロムナエス間などの測量が必要とのことである。伏角はマイナス63度54・5分。

アマチュア・トランシーバー受信

25日にアマチュア無線用アンテナとトランシーバーが設置されたことは既に報じたが、26日には、トランシーバーによる受信だけが可能となった。これにより、世界各地から発射される短波無線の受信が可能となり、日本のアマチュアとの交信に加え、ＢＢＣ放送も聴き取れた。もちろん、あすか～昭和基地間の定時交信も傍受できる。

観測棟住人にとって楽しみが増えたわけだ。一方、送信の方はＳＷＲ（進行波と反射波の比率）が大きく、観測器への障害も懸念されるため、大坂が改めてマッチングの調整などの整備を行うことになった。

カラー現像盛んに

26日、高木・大坂は先日のＧＰＳ旅行などのカラースライドフィルム現像に午後一杯を費やした。オーロラも写っていた。

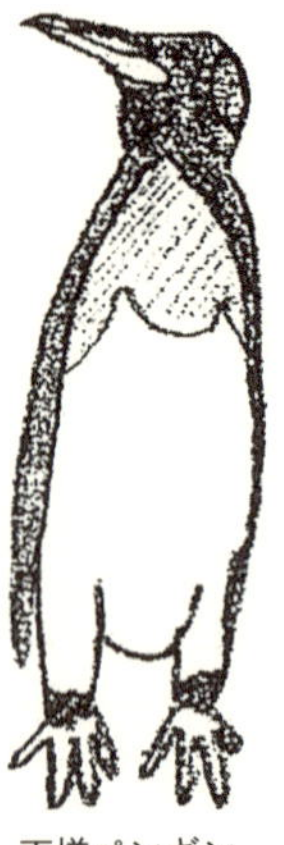
王様ペンギン

ＧＰＳ旅行記③　高木特派員

●レーダー航法

地吹雪帯の突破には、旗竿の細分立とレーダーの使用しか手があるまいと、越冬経験者たちが誰からともなく言い始めた。ナビゲーターの肉眼で1km先の旗を探すことは、地吹雪帯では極めて困難であるし、雪面を這いつくばっても、過去の雪上車のシュプールを正確にたどることは不可能に近いと、3月の苦い経験によってはっきり悟っていた。

レーダーは渋谷・高木が越冬した21次隊で導入された。特に、8月末に実施されたＹ１００地点への旅行では、暗闇の中でも雪上車をドラム缶の列に正確に誘導するレーダーの威力を高木は痛感していた。

しかし、レーダーを操るオペレーターには、ある種のセンスが必要なこともまた事実であった。

4月にＧＰＳ旅行の再挑戦が決まった。ＳＭ５１５にレーダーが装備されていることを知った大坂は、取扱説明書を読み、4月5日にあすか周辺でテスト走行することを提案した。

そこで高木・渋谷・大坂の3名は、日曜日の昼、あすか～Ｌ１１５～ロムナエス山腹間でテスト走行を行い、2km先の旗竿がレーダーに映ることを確認した。

一方、持参する旗竿にはレーダーの反射をよくするため、30cm長に切ったアロハンテープが貼りつけられた。

1987年
（昭和62年）
4月28日
火曜日

南極あすか新聞

JARE28
あすか拠点
新聞社

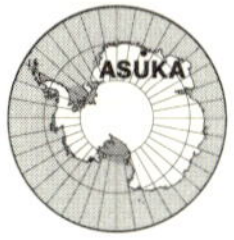

[4/27 気象]
天気　曇高い地吹雪
平均気温　-18.1℃
最高気温　-13.6℃
最低気温　-23.0℃
平均風速　15.0m/s
最大風速　25.5m/s
平均気圧　868.8mb

500時間点検実施

27日、30KVA発電機1号機の500時間点検が行われた。4月6日以来22日目の実施である。点検の際の1号、2号機の切り替え作業も順調で、スムーズに行われ、機械班の慣熟ぶりを示した。

今回は、調理非番の富田も作業に加わるなど、できるだけ多くの隊員が基地運営の知識・技術を身につけるという、あすか隊のモットーが実践された。また点検作業の模様は、酒井により16㎜公式記録映画に記録された。

あすか公式VTRを放映

27日昼食時、酒井が23日に撮影したわが隊の公式VTRが放映された。蜃気楼やGPS旅行隊の帰投、安全地帯B出入口庇増築などが見事にとらえられていた。このVTRは、16㎜公式映画とは異なり、手軽にダビングして各隊員の記念とすることも可能だ。ぜひとも、小まめにあすかの生活記録を撮り貯めてもらいたいものである。

天気荒れ模様に

27日昼頃から、地吹雪が徐々に高くなり、視程も100mほどに落ちた。21日以来の荒れ模様である。天気に一喜一憂していたGPS旅行隊の面々も、基地に戻ると「いくらでも吹きやがれ」といった顔で、天気悪化にほとんど気もとめない様子であった。

ドリフト稜

GPS旅行記④　高木特派員

●再挑戦

4月11日、GPS旅行隊はあすか拠点を出発。前回のような「盲蛇《めくらへび》に怖《お》じず」ではなく、夏とはまったく様相の異なる南極を知った上での、確かな自信を抱いての出発であった。

先行車はM515車で、のっけからあすか～L110区間でGPS衛星同時受信を行うという実戦的な作戦を渋谷は採用した。冬間近の南極は油断も隙もない。得られるわずかの機会も、逃すわけにはゆかない。

高木・大坂の乗る515車は、あすかを発つと時速15～20㎞で飛ばした。Lルートの雪面には、前回とは比較にならないほどのサスツルギやバルハン型堆積が見られる。「国道」は荒れているらしい。L112の屈曲点の赤ドラムは倒れ、前方には地吹雪の帯が流れる。「さあ、おいでなすったぞ」。

515車は白く揺れ動く地吹雪の海に突入する。このルートをいつ戻ってこられるか見通しは立っていない。しかし、再挑戦の今回は、大抵のことでは引き返せない。出発して50分後、515車は10時20分にL110に到着した。空は先程の曇から快晴へと好転しつつあった。今回はツイている。大坂がエスロンポールを持って車から飛び出していった。

[4/27 メニュー]
☆高木サブ食当
朝食／塩鮭焼き、キンピラごぼう、筋子、海苔、漬物
昼食／うな丼、ミネストローネスープ、グレープフルーツ
夕食／秋刀魚塩焼き、カキフライ、マカロニポテトサラダ、リブステーキ、チキンスープ

南極あすか新聞
1987年
（昭和62年）
4月29日
水曜日
JARE28
あすか拠点
新聞社

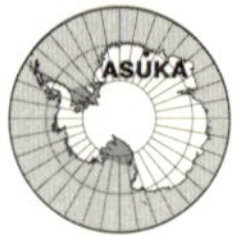

［4/28 気象］
天気　高い地吹雪
平均気温　-12.3℃
最高気温　-11.2℃
最低気温　-13.6℃
平均風速　21.7m/s
最大風速　29.8m/s
平均気圧　871.0mb

［4/28 メニュー］
☆富田シェフ食当
朝食／鯵開き、鮭水煮缶、生卵、ロースハム、みそ汁
昼食／味噌ラーメン、グレープフルーツ
夕食／Tボーンステーキとガルニ（付け合わせ）、スパゲティサラダ、オヒョウのマリネ、チーズ盛り合わせ、吸物、オレンジ

ブリ吹き荒れ、外出禁止令発令

27日から徐々に強まってきた風速は、28日未明より20m／sをはるかに超え、気温はマイナス12℃台まで上昇し、ブリザードの様相を呈した。28日朝食後には、発電棟から観測棟への見通しも効かなくなり、隊長から外出禁止令が発令された。

半月後には太陽が姿を隠し、一層視程も悪くなるので、外出禁止の日も増えることが予想される。

地磁気偏角を算出

本紙第67号で既に報じた、シール岩基準点における地磁気絶対値の偏角は、その後酒井の計算により、36度21・3分と算出された。この値は、以前からルート表などに使われてきた37度より、やや小さい。

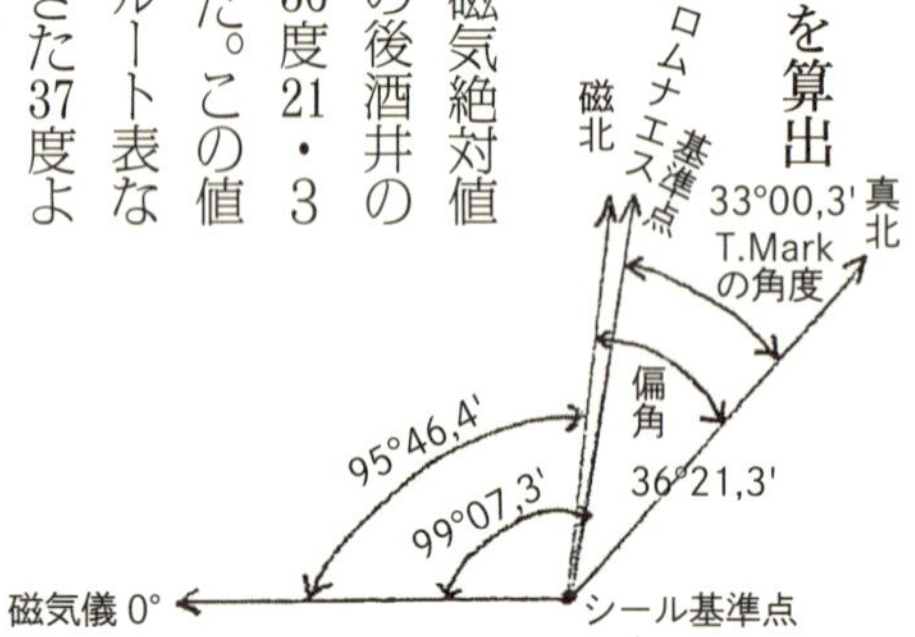

配管物品棚が完成

28日、野崎・富田による足場板を利用した配管物品棚が完成し、さっそく安全地帯Aに設置された。強度本位で作ったとは、製作者の弁。

オジさん怒る「想い出づくり。」

ＶＴＲや映画の登場人物に対して、あすかのオジさん達が怒ったり、ブツブツ文句を言ったりする症候群は、以前から見られた。だが、ドラマ「想い出づくり。」の柴田恭平に至っては、それぞれ娘をもつ一同が怒り心頭に発し、散々にこきおろされた。

ＧＰＳ旅行記⑤　高木特派員

●衛星同時受信

大坂は低い地吹雪に吹かれながら、赤白のエスロンポールを立て、コードの付いたＧＰＳのセンサーをすっぽりとかぶせた。雪面からセンサーまでの高さを巻尺で測定すると１５７cmである。

次に、ＧＰＳの計器のスイッチをＯＮする。雪上車の架台に載せられ毛布で覆われた、このとるに足らない計器が、海抜高度を10cmの誤差で測定するという。その精度も驚きだが、ＶＴＲデッキ程度にしか見えないこの計器が、一台８００万円もすることに素人はたまげてしまう。

３つのＧＰＳ衛星が南極の空に出現し、計器のステイタスが08になると、いよいよ同時受信のスタートだ。あすかに待機する５１３号車の渋谷Ｌと、Ｌ１１０の５１５号車内の大坂との間で、計器に現れる細かい数字のやりとりがＶＨＦで行われる。幸い、うまく受信しているらしい。

今回の移動観測は、仕事そのものについていえば非常に単純で、観測者が屋外の寒冷に曝露される時間も短い。要するにラクなのだが、反面、受信の間はひどく退屈である。高木は、ヘッドホンで葛城ユキを聴きながら、開高健を読み始めた。時折目を雪面に落とすと、地吹雪が幾分か高くなっていた。

1987年
（昭和62年）
4月30日
木曜日

南極あすか新聞

JARE28
あすか拠点
新聞社

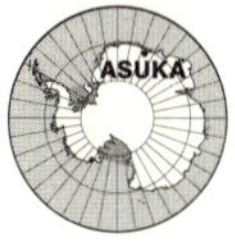

［4/29 気象］
天気　晴高い地吹雪
平均気温　-15.0℃
最高気温　-12.0℃
最低気温　-17.4℃
平均風速　18.4m/s
最大風速　29.5m/s
平均気圧　869.4mb

［4/29 メニュー］
☆富田シェフ食当
朝昼兼用／じゃが芋煮付け、納豆、スクランブルエッグ、牛大和煮缶、鮭塩焼き、みそ汁、グレープフルーツ
夕食／GPS旅行成功祝賀会（中華風前菜、鯛刺身、鍋物、炊き込みごはん、うずら豆、デーニッシュパン、オレンジ）

GPS旅行の成功祝賀会開催

29日17時30分より、GPS旅行の成功を祝って夕食会が行われた。

最初に鮎川隊長が、悪天候に屈せず観測を完遂した旅行隊の粘りと、留守を預かった残留組の地道な努力を称えたあと、一人ひとりがそれぞれの立場でGPS旅行の成果を語った。

また、旅行のテーマソング「ター坊哀歌」が紹介され喝采を博すなど、ブリを吹き飛ばす盛会であった。

ブリザード3日目に突入

27日から吹き荒れるブリザードは、29日も衰える気配はなく、ゴウゴウと音をたて吹きまくった。午後には空がいくらか透見できるようになったが、いつまで続くのか。

トイレのお釣りはもう要らない

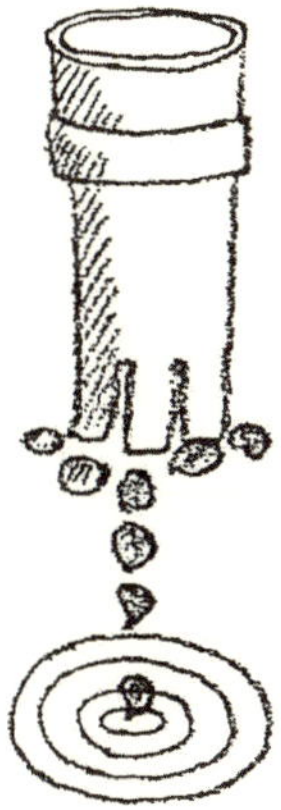

発電棟便所は、新幹線便所方式の循環水洗式で、極めて快適なのだが、唯一の悩みは、便排泄直後のおつりである。特に白いパンツは、ポリシン液で青色に着色する始末であった。

そこで高橋は29日、黒ゴムを使って漏斗型のおつり防止装置をこしらえた。さっそく試しに利用した高木によれば、便が落下する音も、おつりの冷ややかな感触もなかったと好評だった。

GPS旅行記⑥　高木特派員

●キャンプ

GPS旅行隊再挑戦の初日、成果は上々だった。天気は、あすかで曇、Lルートを駆け下るにつれて、快晴から低い地吹雪と変化していき、決して望ましい観測条件ではなかった。

それにもかかわらず、あすか～L110、L110～L100、L100～L90の3区間において、衛星同時受信を消化したのである。予定どおりのこの成果に、旅行隊の士気は大いにあがった。

その夜のキャンプはL90であった。ソリは風向きと直角に向けて切り離し、2台の雪上車は風上に頭を向けて平行に並べる。あすかとの交信は、VHFで感度・明瞭度とも充分なので、HFアンテナを張る必要はない。キャンプの態勢が整うと、さっそく夕食づくりが始まる。

旅行隊の調理担当は高木だ。なにしろ旅行に出るたびにメシを作っているから、味はともかくとして、手際はひどくはやい。初日の夕食メニューは、タコ、イカ、ハマチの刺身、ステーキ、これに米飯とインスタントみそ汁とナスの漬物が付く。初日だからアルコール類も豊富にそろう。皆、よく飲み、よく食べ、515号車内は談笑の花が咲いた。

あすかの鮎川隊長からVHFで、板橋のスナックのママから高木・大坂に衛星電話が入ったとの情報。話はまたまた弾んだ。

空から見たセールロンダーネ山地。手前左があすか基地、右が雪上車とソリの列（1987年12月、高木撮影）

5
May

1987(昭和62) 年5月1日(金)～31日(日)

5/3●兵庫県西宮市の朝日新聞社阪神支局を
覆面男が襲撃、散弾銃で記者2人が死傷。
5/8●俵万智の処女歌集『サラダ記念日』発刊。
250万部を超える大ベストセラーに。
5/10●帝銀事件の平沢貞通死刑囚が、
八王子医療刑務所で死亡。95歳。

皐月

南極あすか新聞
1987年（昭和62年）5月1日 金曜日
JARE28 あすか拠点 新聞社

[4/30 気象]
天気　晴高い地吹雪
平均気温 -20.0℃
最高気温 -17.3℃
最低気温 -22.3℃
平均風速 17.0m/s
最大風速 27.0m/s
平均気圧 873.3mb

[4/30 メニュー]
☆富田シェフ食当
朝昼兼用／カレーライス、切り干し大根煮付け、新香、みそ汁、牛乳、オレンジ
夕食／豚ヒレカツ、コールスロー、高野豆腐とシイタケの煮付け、酢の物、新香、鯛汁、プリン、グレープフルーツ

ブリザード4日目に突入

27日から続いている今回のブリザードは、30日朝に収まるかにみえたが、午後から再び勢力を回復し、4日目も音をたてながら吹き荒れた。屋外の作業ができる状態ではないので、各隊員は屋内でのこまごまとした作業に従事した。風呂の排水による臭気は、排水用トンネルを伝わり、折からのブリの吹き込み気流に乗って、安全地帯B付近に長く漂っていた。野崎によれば、排水タテ穴の直上に脱臭排気孔を作りたいが、雪の吹き込みが懸念されるのでできないという。一方、高橋はL型鋼と足場板を加工して、便所のステップをこしらえた。

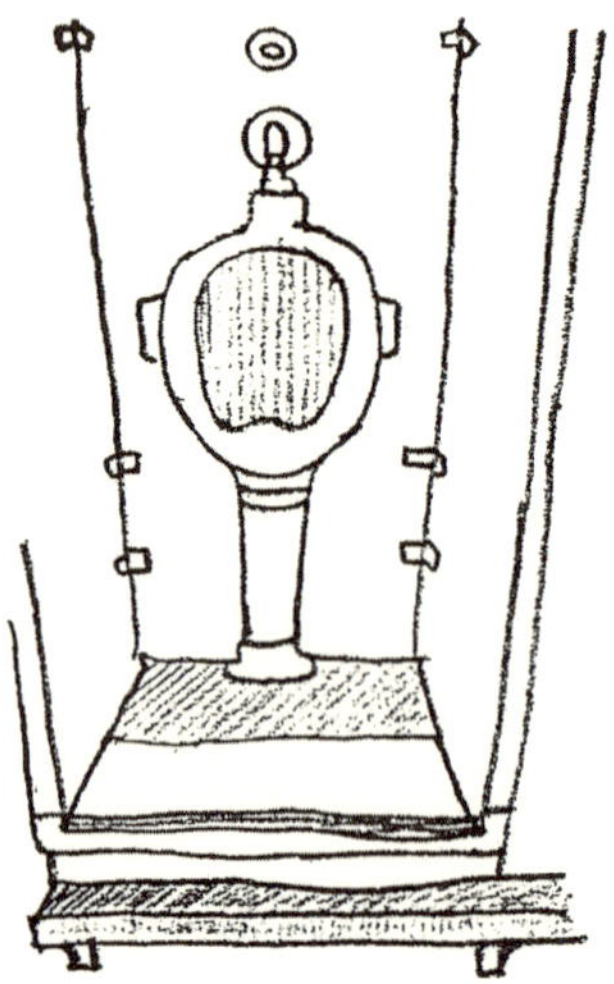

あすかVS昭和、囲碁対局開始

30日、HF無線を利用したあすか基地対昭和基地の囲碁対局が開始された。あすかは、酒井・富田・鮎川隊長、昭和は宮田・大山隊長を中心にした布陣でのぞむ。

あすかが4子のハンディをもらい、一日一手で対局を進めるので、終局は150手前後として、5ヶ月後の9月末頃になるはずである。南極ならではの気の長い対局だ。

GPS旅行記⑦　高木特派員

●最初の試練

4月12日黎明のL90は快晴だった。空には満天の星、雪面には地を這うような地吹雪、ロムナエスのシルエットが鮮やかだ。

7時30分に起床し、エンジン始動。オプティマスに点火して、昨夕の残飯に水とだしの素と冷凍卵を加え、20分後には卵雑炊ができた。朝食をかきこみ、いそいそと撤収して出発を待つ。

ところが9時頃、太陽が昇ると地吹雪が徐々に高くなり、出発の態勢が整った時には視程200mの状態になっていた。いよいよレーダー航法の本番、旅行隊に最初の試練が与えられた。

大坂がレーダーにかじりつく。L89の旗竿はしっかり映っている。渋谷・高橋の513号車が先行し、レーダー車からの指示で方向を定めながら、200mおきに旗竿を立てていく。

4本の中間旗を立て、息詰まるような緊張の中で最後の200mを走ると、正面からL89の赤旗がぽっかりと浮かびあがってきた。515号車がすぐに追いついた。2台の雪上車が1kmを移動するのに1時間10分を要した。すでに視程は20mとなり、これ以上進むことは意味がない。L89でキャンプしよう。

一日1kmの前進ではあったが、旅行隊はレーダー航法の確かな自信を得て、意気軒昂であった。

南極あすか新聞
1987年
（昭和62年）
5月2日
土曜日
JARE28
あすか拠点
新聞社

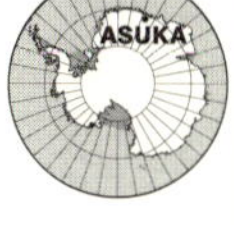

［5/1 気象］
天気　晴高い地吹雪
平均気温　-22.8℃
最高気温　-21.9℃
最低気温　-24.1℃
平均風速　16.5m/s
最大風速　28.8m/s
平均気圧　874.7mb

［5/1 メニュー］
☆富田シェフ食当
朝食／ロースハム、鰯味醂干し、鮪水煮缶、辛子明太子、切り干し大根煮付け、みそ汁
昼食／チキンライス、春雨サラダ、スープ、オレンジ
夕食／ボルシチ、里芋煮付け、油淋鶏（鶏唐揚げネギ香味ダレ）、新香、みそ汁、プリン、グレープフルーツ

ブリザード、ついに5日目突入

27日から吹き荒れるブリザードは、1日で5日目に入った。

午前中は変わらず猛威をふるっていたが、午後には風の息の合間にセールロンダーネの山々もチラチラ見えるようになり、鎮静も間近いと思われる。

深呼吸するブリザード

30日23時から1日0時15分頃にかけて、風速が極端な強弱を示し、その脈動の振幅は4ｍ／ｓから27ｍ／ｓに及んだ。こんな現象は、あすかの気象観測開始以来、初めてのことで、まさにブリの深呼吸であった。

ニンジンさん、さようなら

30日、生野菜のうちニンジンがすべて消費され、あすかの食膳から姿を消した。キャベツもあと6玉である。心して食べたい。

雀荘あすか4月戦の成績

雀荘あすかの4月戦は、富田が3月の記録を更新する圧倒的な強さを発揮し、2位以下に大差をつけた。

役満は、富田の四暗刻単騎（放銃、鮎川）のダブル役満、および鮎川隊長の2度にわたる四暗刻ツモが出た。

雀荘あすか4月戦集計	
富田	＋482
渋谷	＋14
高橋	＋7
酒井	－15
高木	－38
大坂	－74
鮎川	－127
野崎	－249
半荘最高点	富田 ＋90
半荘最低点	鮎川 －105

ＧＰＳ旅行記⑧　高木特派員

●ブリザード

4月12日、雪上車を揺する強風に目が覚めた。小便のために車外に出ると、完全なブリザードだ。行動は不能と判断して、再び暖かいシュラフにもぐりこむ。

8時30分、エンジンを始動し、ＶＨＦをＯＮにしたが、513号車の二人とも動く意志がないらしく、音沙汰なし。うとうと眠って、目を覚まし、さざまな想いを巡らせてはまた寝入る。

南極の野外行動では、このように待つということも重要な戦略のひとつだ。気のきいた人は、こういう時間を利用して文章のひとつもモノにするのだろうが、われわれ凡人はただ惰眠をむさぼるのみ。何日間も停滞した、苦い想い出が蘇ってくる。

だが、こうして大の男が公然と惰眠をむさぼっていられるのも、圧倒的な南極の自然の支配下に在らばこそで、日本にいれば重病でも患わない限り、こんな時間の過ごし方はできないだろう。

11時、513号車に声をかけてブランチを摂る。何杯もお茶を飲みながら、とりとめもない話に興じた。

この日は、一日無為に過ごすはずであったが、14時頃から地吹雪が低くなったので、旅行隊はレーダー航法で3時間に9㎞進み、Ｌ80までしぶとく前進した。

南極あすか新聞

1987年
(昭和62年)
5月3日
日曜日

JARE28
あすか拠点
新聞社

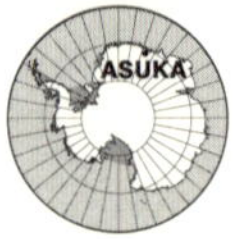

[5/2 気象]
天気　曇高い地吹雪
平均気温　-19.9℃
最高気温　-15.2℃
最低気温　-24.1℃
平均風速　13.9m/s
最大風速　23.7m/s
平均気圧　871.5mb

[5/2 メニュー]
☆高木サブ食当
朝食／アスパラニンニク炒め、辛子明太子、納豆、鮪缶、うなぎ入り卵焼き、みそ汁
昼食／親子丼、ミネストローネスープ、グレープフルーツ
夕食／柳カレイ塩焼き、イカリングフライ、コロッケ、ベークドポテト、牛肉とシイタケ・イカ・筍の煮付け、スープ

ブリようやくひと休み

2日、これまで猛威をふるってきたブリザードはようやく収まり、ひさしぶりに山々も見渡せるようになった。

この機会を逃さず、機械班はデポの整備に精を出し、渋谷はGPSデータを送信するARGOSのアンテナを観測棟－発電棟間に設置した。

4月の月間気象データ集計

渋谷によって集計された、あすか拠点の4月月間気象データは次のとおり。

平均気圧A	870.4mb
平均気温B	-19.8℃
最高気温C	-8.8℃
最低気温D	-33.6℃
日最高気温の平均値E	-17.3℃
日最低気温の平均値F	-22.8℃
平均風速G	13.3m/s
10分間平均風速の最大値H	ESE24.7m/s
最大瞬間風速I	32.0m/s
ブリザード日数J	17日
月間積雪深K	＋5.1cm (3月20日～4月22日)
平均蒸気圧L	1.07mb

ASUKA　89524

水耕栽培始まる

1日、高橋により水耕栽培が始められた。手始めにモヤシの種(大豆)が撒かれたが、適度の水温と苗床がよいのか、2日には早くも発芽した。われわれが新鮮な緑を楽しみつつ味わえるのは、間もなくであろう。

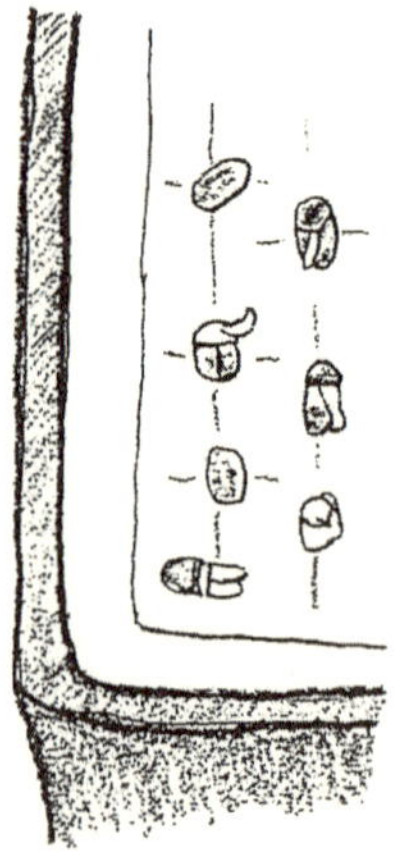

GPS旅行記⑨　高木特派員

●楽しい旅

旅行に出ると、比較的早く床に就くこと、朝方に雪上車内の気温が下降することもあって、尿意を促し早く目が覚めてしまう。シュラフを出て、恐る恐るドアを開き、外の天気を一瞥して、気分が良くなったり悪くなったりする。

4月14日の朝は快晴、地を這うような地吹雪を認めて、すっかり明るい気分になった。9時、東の地平線に日が昇り、まもなく西の地平線に満月が沈んだ。

斜めの陽光を浴びてサスツルギ*が刃物のように鋭く輝く。セールロンダーネの連峰とロムナエスが蜃気楼に浮かび上がる。叫びたくなるような好天だ。普段、写真などめったに撮らない渋谷と高橋が、雪上車の屋根に登り、盛んにシャッターを切ってはしゃいでいる。

9時35分、513号車が先に走って、1kmのポイント間に3本ずつ旗を立てていく。帰路のGPS受信を、悪天候でも可能にするためのルート工作となる。後続の515号車はあとを追うだけなので、まるでハイキング気分だ。

この日は、予定外のL66～L56区間での同時受信を消化できた。夕方、やや地吹雪が高くなったのでレーダー車が先頭に立ち、17時、30マイル地点に到着した。

＊雪の表面が風で削られてできた模様のこと

南極あすか新聞
1987年
(昭和62年)
5月4日
月曜日

[5/3 気象]
天気　曇
平均気温　-20.6℃
最高気温　-15.0℃
最低気温　-25.6℃
平均風速　9.7m/s
最大風速　19.2m/s
平均気圧　873.9mb

JARE28
あすか拠点
新聞社

[5/3 メニュー]
☆渋谷食当
朝昼兼用／ベーコンエッグ、アスパラ炒め、漬物、みそ汁
夕食／牛肉ビール煮、鶏と大豆の味噌煮、サラダ

ゴールデンウイーク3連休だ

日本の南極基地は、祝祭日を国内のそれに準じている。したがって、5月3～5日のゴールデンウイーク3連休は、あすか拠点でも適用される。

3日は、実にひさしぶりに陽光が射し、風速も10m/s以下という絶好の「行楽日和」となった。

前夜、麻雀やカラオケで夜更かしした隊員は、11時のブランチまでたっぷり睡眠をとり、食後はVTR鑑賞、カラースライド現像、短波ラジオ受信、散歩など、思い思いの祝日の過ごし方をした。

ブリザードでドリフトが変化

4月27日から5月1日まで吹き荒れたブリザードは、あすか拠点各棟のドリフトの形をかなり変化させた。

安全地帯〃Aから風下にのびる長大なドリフトは、排水トンネルの上を越え徐々に北方へ動いており、B出入口も飲み込まれる恐れがある。

また観測棟風下のドリフトは高さが増し、医務室の風下側窓が風前の灯だ。観測棟を取り巻くウインドスクープのうち、山側の壁も高くなっており、眺望の障害になりつつある。

大きく育て、モヤシっ子

1日に始められた水耕栽培のモヤシは、順調に発芽している。2日目の3日には、すでにほとんどの豆穀が破れて芽が出ており、あるものは1㎝以上に発育した。

●GPS旅行記⑩　高木特派員

●30マイル地点

2月14日、夏隊の4人を見送った後の30マイル地点が、どう変わっているのかが心配の種であった。ジェットA1を主とする燃料の埋没、デポの倒壊などは充分懸念された。それ故に、先行の515号車は、30マイル地点に到着するや否や、祈るような気持ちでエリアを見廻ったのである。

居カブ、幌ソリ2台はウインドスクープに沈むも大丈夫。デポの倒壊はなく、段ボール箱2個が風下側に吹き飛ばされただけだ。燃料ドラムは2月の状態が維持され、フックが掛かる。

28次隊持ち込みの飯場棟は、風下のドリフトがやや増えたが、出入口の開閉は容易で、雪の吹き込みもほとんどない。以前から雪面下に在る30マイル小屋は、アンテナや天井脱出口の状態も2月と変わりなかった。嵐の大地・南極においてこの現状は、上々と言わなければなるまい。

被害といえば、駐車していたSM404の運転席側のドアが開放され、車内に雪がギッシリつまっている上に、後部窓ガラスが吹き飛んでいたこと。さらに、ブルドーザの1台は、運転席とエンジンまわりに雪が充満。しかしこれらは、翌日、早くも高橋によってほとんど除雪、修復された。

南極あすか新聞
1987年（昭和62年）5月5日 火曜日
JARE28 あすか拠点 新聞社

[5/4 気象]
天気　晴
平均気温 -28.1℃
最高気温 -24.8℃
最低気温 -31.3℃
平均風速 5.3m/s
最大風速 8.9m/s
平均気圧 872.2mb

穏やかな休日2日目

ゴールデンウイーク2日目の4日も、風のない極めて穏やかな天気であった。各人思い思いに過ごしたが、隊長と大坂は、朝の9時過ぎから「ケインとアベル」のVTRにかじりついていた。

アマチュア無線交信第1号

4日13時18分、酒井は日本のアマチュア無線家と初めて交信に成功した。№1はJA1SVV、茨城県に住むイソザキ氏で、思わぬ南極からの通信に興奮気味であった。ちなみに、周波数は21・19MHz。これからは、アマ無線も忙しくなるだろう。

ガンバレ、モヤシ

3日目のモヤシは、芽が3cm以上に伸びて、種子を大きく持ち上げるまでに成長した。水だけで育っているのが嘘のようだ。種子、すなわち大豆によっては、早熟なもの、未完の大器といった感じのものなど、成長の度合いはさまざまで、面白い。

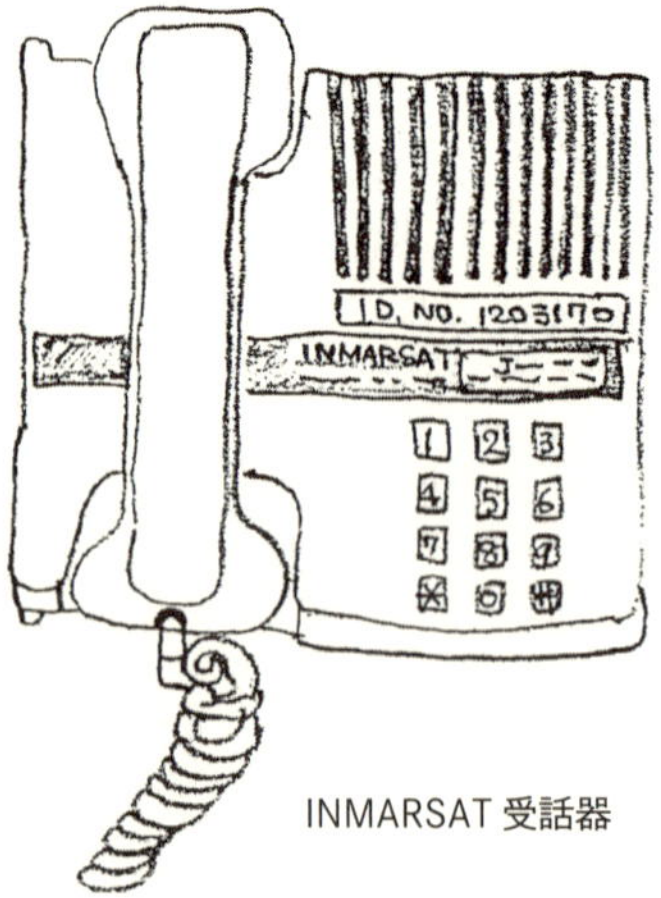

INMARSAT 受話器

GPS旅行記⑪　高木特派員

●ひずみ方陣

30マイル地点での2日目は、曇で視程が約300mであった。渋谷はこの気象条件で、中間旗を立てながら一挙にL0まで下ることは困難とみた。そこで、30マイル地点でのひずみ方陣測量と、L56〜L30マイル地点区間のGPS衛星同時受信を行うことにした。

ひずみ方陣は、氷床ダイナミックスの観測における基本的な手法である。氷床は流動しつつ、毎年少しずつ歪んでゆく。過去の報告によれば、1辺2kmの方陣（ストレイングリッド）は、年間約10cmの歪みを生じるという。

そこで渋谷は、ひずみ方陣測量に得意のGPSを導入し、1年より短い時間の歪みを測定しようと試みた。30マイル小屋近くに立つエスロン基準ポールに、513号車のGPSセンサーを固定する。

一方、515号車は、この点を中心に東西南北に約1km走った地点にポールを立て、15分間にわたりGPS同時受信をしては、次の点に移動して同じ作業をくりかえす。計器のセッティングと移動の時間を含め、すべてのひずみ方陣測量を終えるのに2時間を要した。

雪氷地学を含めた自然科学には、実験室内の研究と野外の研究がある。素人にとって面白いのは、何といっても野外の研究だ。科学する醍醐味を味わいつつ、走り廻った。

[5/4 メニュー]
☆高木サブ食当
朝昼兼用／鮭塩焼き、辛子明太子、納豆、お好み焼き、みそ汁、グレープフルーツ
夕食／トンカツ、鴨と野菜のトルコ風煮込み、コールスロー、野菜炒め、オニオンスープ

南極あすか新聞

1987年
(昭和62年)
5月6日
水曜日

[5/5 気象]
天気　快晴
平均気温 -31.4℃
最高気温 -26.4℃
最低気温 -33.8℃
平均風速 7.6m/s
最大風速 12.9m/s
平均気圧 869.9mb

JARE28
あすか拠点
新聞社

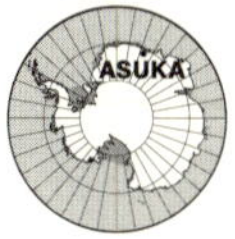

連休3日目も上天気

ゴールデンウイーク3連休の3日目も、風なく快晴の穏やかな日和であった。こどもの日でもあった5日、高橋は「娘に電話したよ」とニコニコ笑顔をふりまき、普段、私電には縁のない鮎川隊長も「日本から電話」の一斉放送をかけられていた。

高木は白黒現像に没頭し、酒井はひとつ本棚を作って食堂の雑誌を整理した。渋谷は観安トンネルからケーブルをひいて観測に余念がなく、大坂は気温降下で不調になったインマルの復旧に精を出した。

またこの日は、富田によりこどもの日の豪華夕食が供せられるとともに、野崎により3日連続の風呂が沸かされ、皆を喜ばせた。

モヤシはすでに一人前

1日に撒かれたモヤシは、3日目から4日目にかけて著しく成長し、7~10cmに伸びた。これは高橋が、黒ナイロン袋とジャンパーで光線を遮断したことによる。すでに根も張りシッカと立ったモヤシは、一人前の顔つきで食膳にのぼる日を待っている。

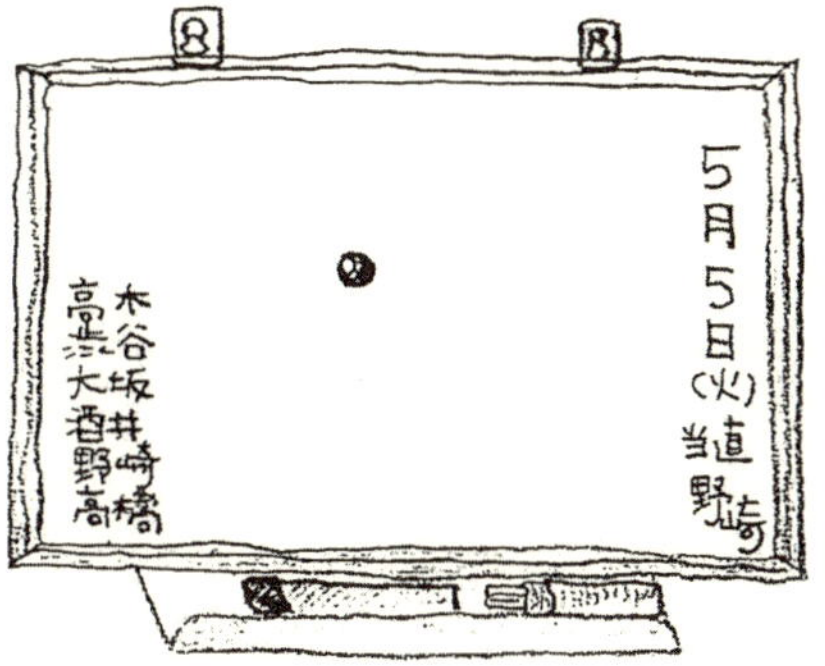

連絡板

GPS旅行記⑫　高木特派員

●ユキドリ

野外調査をしていると、普段の基地生活では気のつかない発見をするものだ。今回の新発見は、4月後半もまだユキドリが、この地域に生息していることであった。

4月14日、L57で北方から雪上車に向かって飛来する、純白の体に黒い嘴と足をもつハト大の鳥を目撃した。夫婦だろうか、それとも親子だろうか、2羽が連れ添って雪上車の様子をうかがったあと、ヒラリと身をかわし、南のセールロンダーネ山地方面へ飛び去った。もう、とっくにいなくなったと思っていたユキドリであった。

ユキドリはその後も度々出現し、515号車に飛来しただけで17羽に及んだ。いずれも北から南へ飛ぶ途上にあったようで、北の海で捕食し、南の営巣地に帰るものと想像される。

4月も後半となり、日照時間は刻一刻と短くなり、気温も下降線をたどる。天気も悪い日の方がずっと多い。それなのに、ユキドリはまだセールロンダーネ山地北面のガレ場の巣をねぐらに生活している。何という野生のしたたかさだ。

もしかすると、真冬にオーロラを見上げている越冬ユキドリがいるかもしれない。この発見に旅行隊は、仲間を得たような喜びで満たされたのである。

[5/5 メニュー]
☆富田シェフ食当
朝昼兼用／幕の内弁当、吸物
夕食／牛ヒレステーキ、うずら豆、海老チリソース煮、厚焼き卵、コーンチャウダー、フルーツゼリー、ケーキ、グレープフルーツ

南極あすか新聞
1987年（昭和62年）5月7日 木曜日
JARE28 あすか拠点新聞社

［5/6 気象］
天気　雪高い地吹雪
平均気温 -22.5℃
最高気温 -20.4℃
最低気温 -31.1℃
平均風速 15.5m/s
最大風速 23.5m/s
平均気圧 868.6mb

荒れ模様の連休明け

ゴールデンウイーク連休明けの6日、あれほど穏やかだった天気が一転して、高い地吹雪、風速18m／s台、視程20mほどのブリザードと化してしまった。

このため、暗夜期前の大仕事である、貯油タンクへの軽油補給には着手できなかった。ブリは一度荒れ始めると数日続くのが通例だが、今回は早めに収まってもらいたいものだ。

日没5月17日、日の出7月29日

昭和基地気象台によると、今年のあすかの日没は5月17日13時48分、日の出は7月29日13時11分となる。したがって、太陽の出ない暗夜期は72日間に及ぶ。

早くも調達参考意見の要求届く

6日、極地研からのFAXに、協力室の大塚氏から大坂に宛てて、早くも29次隊の調達参考意見を求める記載があった。

通信機器は電波監理局の認可を取る必要があることから、この早い催促がなされたようだ。それにしても、早くもそんな季節になったのだ。

モヤシ林立し、収穫へ

播種後5日目の6日、モヤシはほとんどが10cm以上に成長し、葉を出した。苗床はモヤシで林のようだ。いつでも食べられる状態になったので、高橋により収穫された。

GPS旅行記⑬　高木特派員

●L0へ

4月16日、夜明け前の30マイル地点の天気は、快晴・地を這うような地吹雪。これならL0まで一気に走れそうだ。10時、515号車が先頭に立ってレーダーで旗を探し、後続の513号車が1kmに2本の中間旗を立てていく。

30マイル地点のデポに竹竿が束で残されていたのは、われわれにとって幸運だった。Lルートの30マイル地点以北には、過去の雪上車のシュプールはほとんど残っていない。積雪が多いのだ。

雪面形態をあらわすKOTLYAKOVの分類によると、雪の積もり方にも自由堆積による平坦な雪面、風の作用をうけながら起こる強制堆積によるドリフト型・バルハン型・さざなみ型がある。

わずか121kmのLルートでも、あすか拠点に近づくにしたがい、強制堆積による雪面形態が多くなり、逆にL0に近づくと自由堆積によるズブリと靴が埋まる雪面形態が優勢となる。

しかしながら、30マイル地点付近は、両者の中間ともいえる雪面形態を呈している。気温や風、積雪などの違いが、微妙な差異を産むのだろう。

雪上車の走行は、8km／hほどと快調であった。大坂のレーダー誘導と、高木の運転・旗視認の息もぴったりで、正面に移動した陽光の眩しさも苦にならなかった。

［5/6 メニュー］
☆富田シェフ食当
朝食／鯵開き、生卵、辛子明太子、鮭水煮缶、みそ汁
昼食／中華丼、じゃが芋煮付け、新香、スープ、グレープフルーツ
夕食／鰆味噌焼き、山菜おろし和え、冷奴、金目鯛の荒煮、豚バラしょうが蒸し、オレンジ、フルーツあんみつ

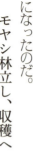

南極あすか新聞
1987年
（昭和62年）
5月8日
金曜日
JARE28
あすか拠点
新聞社

［5/7 気象］
天気　曇高い地吹雪
平均気温 -21.2℃
最高気温 -20.3℃
最低気温 -22.0℃
平均風速 17.3m/s
最大風速 25.1m/s
平均気圧 869.3mb

［5/7 メニュー］
☆富田シェフ食当
朝食／かまぼこ、ロースハム、コンビーフ、鯖水煮缶、みそ汁
昼食／きしめん、オレンジ
夕食／鶏肉のアメリカンカツレツ、牛モモ味噌炒め、豆腐と野菜の煮込み、新香、みそ汁、アップルパイ、グレープフルーツ

ブリザードまだ続く

7日も前日から吹き始めたブリザードが止まらず、外作業の困難な一日であった。日照時間が短くなったこの頃は、ブリが荒れると、基地の各棟内は非常に暗い印象となる。

日本国内は今、風薫る百花繚乱の春たけなわなだけに、実に対照的だ。「南極越冬＝忍耐」をしみじみ感じる季節が始まる。

あすか隊員の食欲旺盛

越冬隊員の食欲は、5～7月の暗夜期の折、徐々に落ちるといわれている。ところがあすか隊では、毎日ひとり2合弱の米を始め、肉・魚・野菜などまんべんなく旺盛な食欲をみせていることに、富田は驚いている。食事が美味なせいもあるが、隊員たちは特別に腹の空く作業をしているのだろうか。

ビタミンC錠、食堂に

7日、高木によりビタミンC錠シナールが、箱ごと食堂に持ち込まれた。ビタミンCは現在の越冬食でも充分摂取できるが、一日3回1～3錠を飲めば、さらに良いという。

GPS旅行記⑭　高木特派員

●淋しいL0

30マイル地点－L0間は、47・5kmの距離がある。4月16日は快晴微風の上天気であったが、このあたりには過去の雪上車のシュプールがほとんど残っておらず、進行方向を定めるのにレーダーを使用した。

雪上車の運転は、真っ直ぐ進んでいるつもりでも、少しずつサスツルギの流れる風下方向へズレてしまうものだ。それをレーダーで修正してもらう。

旗竿を雪原から探し出すのは運転手の肉眼であるが、慣れてくると600m先の旗竿も見えるようになる。17時15分、515号車は今回の最終目的地であるL0に到着した。30マイル地点から7時間15分を要したことになる。

L0には期待があった。ブライド湾の氷山、青い開水面、そしてあわよくばクジラやアザラシの姿――。しかし、少しずつ強まってきた地吹雪に、そんな期待はすべて吹き飛ばされてしまった。

われわれに見えたのは、組み立て足場、門型クレーン、エスロンポール、L0の旗竿、そしていくつかの梱包材のゴミだけという、いかにも淋しく殺伐とした光景であった。溜息がひとつ出た。

南極あすか新聞

1987年
(昭和62年)
5月9日
土曜日

[5/8 気象]
天気　曇高い地吹雪
平均気温　-21.2℃
最高気温　-19.4℃
最低気温　-23.6℃
平均風速　13.7m/s
最大風速　21.4m/s
平均気圧　870.8mb

JARE28
あすか拠点
新聞社

[5/8 メニュー]
☆富田シェフ食当
朝食／鰯味醂干し、牛大和煮缶、ベーコン炒め、生卵、みそ汁
昼食／ハヤシライス、切り干し大根煮付け、新香、みそ汁、オレンジ
夕食／ハンバーグステーキ、カリフォルニアミックス、きしめんのサラダ、クラゲ酢の物、新香、吸物、アップルパイ、グレープフルーツ

貯油タンクへ燃料補給

8日は風速14～15ｍ／ｓで高い地吹雪の流れる生憎の天気であったが、高橋の決断で全員による貯油タンクへの燃料補給が行われた。補給された軽油はドラム42本、8・4kℓで、電動ポンプを使用して約6時間を要した。

この補給により、貯油タンクの油面は31cmから141cmに回復。基地の30KVA発電機の燃料消費量は、一日100ℓ弱であるから、今後少なくとも84日間は補給の必要がなく、暗夜期を無事、乗り切れることになった。

排水タテ坑の気温測定

8日、渋谷により、排水タテ坑に水晶温度計センサーが設置された。この日はタテ坑1mの点で測定するが、徐々に深部へセンサーを降ろし、最終的には27・5mの坑底にて経時的に測定を行う予定である。この観測は雪氷学のみならず、設営工学的にも意味のある観測となろう。

D靴

GPS旅行記⑮　高木特派員

●停滞

4月16日夕刻、L0に着いた時は、翌日にも観測を片付け、あすかへの帰路を辿りたいと思ったものだ。それほどL0の印象は良くなかった。

そのL0に4泊5日も留まることになろうとは、思いもよらなかった。17日は朝から雪上車を揺らすほどの強風が吹き、ブリザード模様。停滞となる。

18日、前日より一層強いブリザードで、排便に出る気にもなれない。12時にブランチを済ませると、「やろうか」と衆議一決。麻雀である。牌と卓は、27次の西尾隊が30マイル地点の居住カブースに残しておいてくれたものだ。気分も沈みがちな連続停滞の折には、最高の気晴らしとなる。

27次隊に感謝しながら、車内で麻雀を開帳して午後を過ごした。あすかでは鳴かず飛ばずの高木が、破竹の半荘V4で気を吐いた。旅行隊はこのあとも、キャンプが変わるごとに麻雀を楽しみ、これを「Lルート・サーキット麻雀」と称した。

停滞の日は、読書も盛んである。日中あまり眠ると、夜間に眠れなくなるので、昼間は無理をして読書に耽り、時を費やすのも手だ。ブリザードに雪上車ごと揺られながら『世界最悪の旅』を読む。迫力はいやでも出る。

〈訂正〉昭和基地気象台の山本哲氏は、あすか拠点の日の出日時を、7月27日13時05分に訂正すると述べた。これにより、暗夜期は70日間と若干短縮されることになる。なお日没は、5月17日13時48分で変わりない。

南極あすか新聞

1987年(昭和62年)
5月10日
日曜日

JARE28
あすか拠点
新聞社

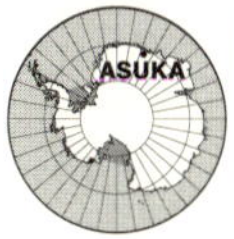

[5/9 気象]
天気　曇
平均気温　-25.1℃
最高気温　-21.6℃
最低気温　-29.7℃
平均風速　8.9m/s
最大風速　13.1m/s
平均気圧　867.8mb

[5/9 メニュー]
☆高木サブ食当
朝食／鮭塩焼き、辛子明太子、キンピラごぼう、白菜漬け、納豆
昼食／タラコスパゲティ、イカ・こんにゃく・じゃが芋煮付け、チキンスープ、グレープフルーツ
夕食／鶏と野菜のトマトシチュー、卵と野菜の炒めあんかけ、鰊塩焼き、イタリアンサラダ

太陽の名残惜しむ外作業

9日は、晴れ微風のこの季節には珍しい穏やかな天気であった。8日に懸案の貯油タンクへの燃料補給を済ませていたので、各隊員は沈みゆく太陽に名残を惜しむかのように、屋外に飛び出した。

機械班と富田は、ブルによる造水用の雪の積み上げを始め、デポの整理、ロータリー除雪機による仮設作業棟周辺の除雪に精を出した。一方、渋谷・酒井のコンビは、貯油タンクと貯水タンクのレベル測量に余念がない。

また鮎川隊長は、黄色いヤッケ、ロシア帽子にサブザックといういつものスタイルで、雪のサンプリングを行った。基地の主屋棟内では、大坂がインマルサット電話の調整を続け、食当の高木は新しいメニューに取り組んだ。

太陽は次の日曜日17日に姿を隠すはずである。暗夜期でも北中時には新聞が読める明るさになるが、日の出が待ち遠しかろう。

モヤシを210g収穫

9日、高橋による2度目のモヤシ収穫が行われた。収穫量は210gであった。前回は光を当てすぎて発育が遅れ、茎もモヤシらしからぬ緑色になってしまったことから、今回は終始遮光して育てたそうで、白色の器量のいいモヤシとなった。

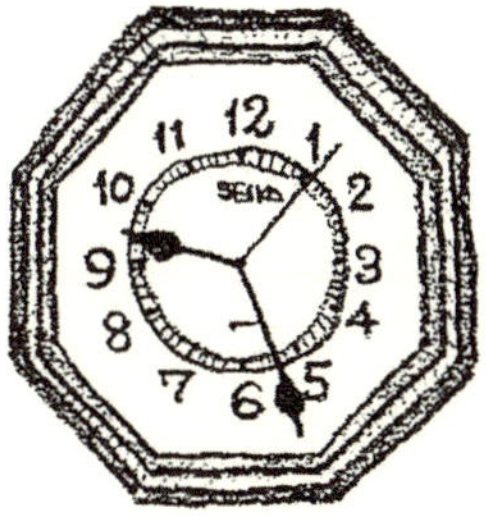

食堂の時計

GPS旅行記⑯　高木特派員

●焦燥

4月19日、ブリザードは沈静したものの、L0はホワイトアウトの海にスッポリ飲み込まれてしまった。キャンプ地から組み立て足場がかろうじて見える程度だから、視程は約200mである。

すでに、あすかを発って9日目を迎えていた。旅行隊は少ない機会を確実に捉え、ようやく最終目的地まで辿り着いた。しかし、GPS衛星同時受信の区間としては12区間のうち5区間、ひずみ方陣も二つのうち一つを消化したにすぎない。

昭和基地気象台は、毎日、気象概況と天気予報を送ってくれるが、沿岸の低気圧の動きが緩慢で今日、明日の回復は望めないという。運悪く、最近の予報はよく的中しているのだ。

旅行隊の4人とも、あすかのことが気になっていた。渋谷は、観測全般とSYNOPを酒井に任せっきりであり、高橋は毎日ワッチの野崎を想い、高木は基地での外傷など突発事故を案じ、大坂は隊長に任せっきりの通信業務を気遣っていた。

できれば突貫作業で観測を済ませ、大急ぎで基地に帰りたいところだが、悪天候と1日4時間強の観測可能時間にしばられ、動きがとれなかった。こうなったら、毎日少しずつでも観測を消化するしかない。

南極あすか新聞
1987年（昭和62年）5月11日 月曜日
JARE28
あすか拠点
新聞社

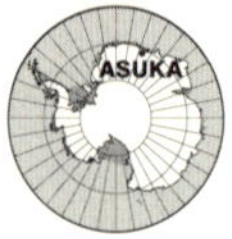

[5/10 気象]
天気　曇
平均気温 -27.7℃
最高気温 -25.9℃
最低気温 -30.3℃
平均風速 7.4m/s
最大風速 10.2m/s
平均気圧 870.6mb

ミニブル、エンジン始動せず

10日、機械班は仮設作業棟風下に駐車するミニブルを移動させようとしたが、エンジンが始動せず、動かせなかった。

原因は現在調査中であるが、グローランプが灯らず、マスターヒーターも効果がなかった。

暗室で白黒印画紙を焼き付け

10日、暗室を使って白黒写真の印画紙焼き付けが行われた。高木によると、暗室設備は非常に使い易いが、水洗いは発電棟洗面所で行うのがよいという。

排水坑の気温測定実施

排水坑の気温測定は渋谷によって行われているが、坑口から1m下の気温は大体マイナス15℃で、外気温の変動と連動しているらしいという。今後測定される、年平均気温を表す10m下の温度が興味深い。

貝割大根が発芽

モヤシの生産で自信を持った高橋は、9日、新たに貝割大根の種を撒いた。10日、早くも種子が割れて、可愛い芽が出ている。モヤシ同様、遮光して育てるそうだ。

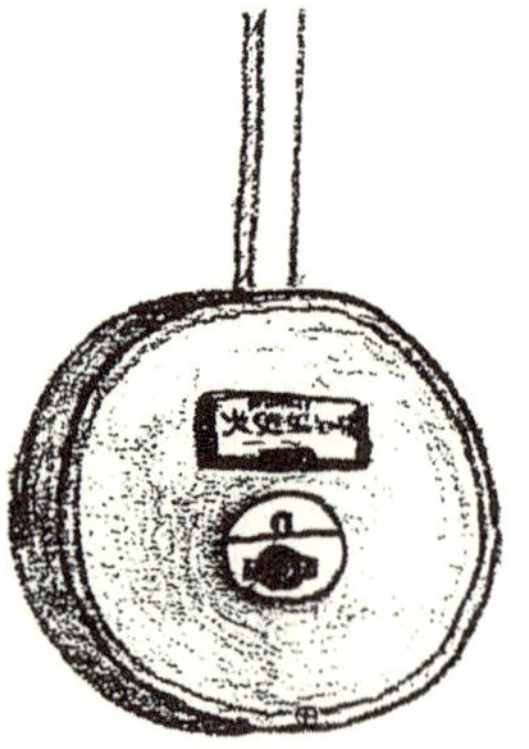

食堂の火災報知機

[5/10 メニュー]
☆大坂食当
朝昼兼用／コンビーフハッシュ、目玉焼き、しいたけスープ
夕食／海老ピラフ、豚肉としめじのやわらか卵とじ、ソーセージサラダ、豚肉とシイタケのとろみスープ

GPS旅行記⑰　高木特派員

●ホワイトアウト

ホワイトアウトとは、雪面上で全天が雲、霧や吹雪などにおおわれ、地物の境目なく、一面真っ白に見える現象だ。各方向からくる光の強さがほぼ等しくなるためで、物の影ができず、地面の凹凸も見えなくなってしまう（「南極の科学9　資料編」より）。

ブリザードに続いて旅行隊を悩ませたのが、このホワイトアウトだ。4月19～21日までの3日間、旅行隊はホワイトアウトにスッポリ包まれてしまった。

気温は高く、風も弱い。それなのに視程は50～200mほどで、思うように行動ができないもどかしさは、旅行隊を苛立たせた。うっかりフラフラと雪上車を離れると、視界を奪われ、方角がわからなくなり、仕舞いには命とりにもなりかねないのである。まったくもって、始末に負えない現象であった。

それでもわれわれ旅行隊は、19日には行動を再開した。まずL0のひずみ方陣にとりかかる。東西南北のエスロンポールは16日に立ててあり、4つの点がレーダーに鮮やかに輝いた。

L0を基準に、515号車が200mおきに旗竿を立て、各ポールへのルート工作を行う。北東西へのルートは、明らかに下り傾斜があった。このようにして道を作っておき、12時からひずみ方陣GPS受信にとりかかった。

南極あすか新聞

1987年
(昭和62年)
5月12日
火曜日

JARE28
あすか拠点
新聞社

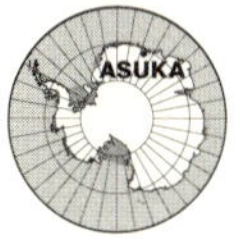

[5/11 気象]
天気　晴
平均気温　-28.0℃
最高気温　-25.3℃
最低気温　-29.8℃
平均風速　7.7m/s
最大風速　10.5m/s
平均気圧　873.1mb

暗夜期前のデポ地整備完了

11日、穏やかな天気の下、機械班はデポ地の不要な梱包材や空ドラムなどを処理し、暗夜期前のデポ地整備を完了した。同時にD31ブルドーザはウォーニングされ、越冬態勢となった。一方、観測班はドリフト測量を行い、大坂はFAXの受信が不調なインマルサットにかかりきりであった。まもなく、転がる太陽の撮影チャンスが来る。

貝割大根、双葉芽吹く

9日に撒かれた貝割大根の種は順調に芽吹き、苗床でにぎやかにひしめきあっている。中には双葉を開こうとしているものもいる。ピリリと辛い貝割が待ち遠しい。

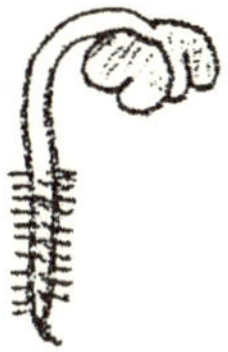

本紙写真版を購読者に配布

暗室での印画紙焼き付けが初めて行われた10日、永らく期待されていた本紙写真版が購読者に配布された。

写真は越冬成立の2月20日午後、18m/sほどの地吹雪の中で撮影されたもので、各人の顔は不鮮明であるが、かえって臨場感があってよいと好評を博し、社主を喜ばせた。

GPS旅行記⑱　高木特派員

●微速前進

4月19日、ホワイトアウトの海の中で、旅行隊はようやくひずみ方陣のGPS衛星受信を消化した。15日以来の観測ができたことで、チームの雰囲気は明るかった。

こうなれば勢いをつけて、翌日には一気に3区間を消化してしまいたいと思うのが、人情というものであろう。ところがどっこい、そう簡単には問屋が卸さないのが、南極の天気だ。

20日、またしてもホワイトアウト。だが、もう旅行隊はL0に留まる気はない。微速でも前進あるのみ。9時35分、515号車はL10に向けて出発した。

初めは視程250mで、往路のシュプールも所々に見られ、快調に進んだ。しかし、L8から登り急勾配となり、視程も100m以下となった。

ナビゲーターは、レーダービームを放つも旗竿の反射を得られなかったり、レーダーが旗竿を見つけても肉眼で探せなかったりと、苦戦を強いられた。

515号車は右往左往、後戻りを繰り返し、何とか11時にL10へ到着することができた。そして、L0の513号車とL10の515号車の間で、ようやく1区間のGPS衛星同時受信に成功した。

夏の晴天時なら居眠りしても走れるような10kmが、晩秋のホワイトアウトでは何と遠いことだろう。

[5/11 メニュー]
☆高木サブ食当
朝食／ベーコンとアスパラのケチャップ炒め、辛子明太子、キンピラごぼう、納豆、鯨ベーコン、みそ汁
昼食／チャーハン、チキンスープ、グレープフルーツ
夕食／秋刀魚塩焼き、チーズリングフライ、コンビーフコロッケ、ベークドポテト、かに玉、吸物

南極あすか新聞
1987年（昭和62年）5月13日 水曜日
JARE28 あすか拠点 新聞社

［5/12 気象］
天気　晴
平均気温 -26.2℃
最高気温 -24.1℃
最低気温 -29.2℃
平均風速 8.2m/s
最大風速 13.0m/s
平均気圧 879.1mb

渋谷隊員39歳の誕生会開催

12日、渋谷隊員39歳の誕生会が行われた。今回は、お祭り担当が趣向を凝らし、まず本人に「そして、神戸」をカラオケで歌わせて、宴会が始められた。一挙に座が盛り上がったところで、大坂の司会のもと、なごやかな夕食会に移った。

富田シェフの腕によりをかけた洋食フルコースが、酒井ソムリエによって配られ、来賓が次々に祝辞を述べた。高橋の三本締めで一次会が終わると、渋谷本人が出航前後に撮ったVTRが映され、半年前の慌ただしい日々を懐かしんだ。

節水をこころがけよう

D31ブルドーザが冬ごもりに入り、貯水タンクへの雪入れは人力に頼ることになる。そこで高橋は、節水のため風呂は3日に一度、ただし誕生会などイベント開催の際には沸かすことを決めた。また雪入れ作業は、必要な日の昼食後に手空き総員で行うことも全員に了承された。いよいよ南極の厳冬を迎える今、隊員の心構えは万全だ。

貝割大根、背筋をのばす

播種後、3日目をむかえた貝割大根は、茎をピンと伸ばし、双葉も一段と大きくなった。

背丈は約5㎝。これら貝割大根の一部に当たる160gは収穫され、さっそく渋谷隊員誕生会の料理に彩りを添えた。

GPS旅行記⑲　高木特派員

●雪原の峠

4月20日はホワイトアウトに悩まされながらも、L0～L10間のGPS同時受信を勝ち取った。まだ13時だったのでもう1区間稼ごうと、513号車はシュプールを辿ってL10へと急ぎ、515号車はさらにL20へのレーダー走行にとりかかった。

ところが、L11からL12へ進めない。レーダーが、L12のポイント旗も、われわれが往路に立てた中間旗も映し出してくれないのだ。

ルート方位表を見ると、L6の標高は222mであるが、L8で248m、L10で254m、L12で260mと急に高くなり、L14では228mと急激に下がっている。つまり、肉眼では平坦に見えるLルートも、L12に一つの峠を持つ。そのため、レーダービームがアッパー気味に発射され、旗竿の反射波が帰ってこないのだ。

これまでホワイトアウトの中でも何とか行動できたのは、レーダー航法のおかげだったが、レーダーがギブアップでは万事休す。ウロウロしているうちに、ロストポジションする恐れもある。

高木はあっさり前進を中止し、515号車はL10に戻った。一方、513号車はL8辺りからシュプールを追えなくなり、515号車のレーダーによる誘導でようやくL10に到着できた。

［5/12 メニュー］
☆富田シェフ食当
朝食／鯵開き、鰯味醂干し、生卵、鮪オリーブ油漬け、みそ汁
昼食／カレーライス、れんこん煮付け、新香、吸物、グレープフルーツ
夕食／渋谷隊員誕生会コース（伊勢海老のサラダ、スープミルファンティ、金目鯛の蒸し煮、トゥルネードシャスールソース、ケーキ、黄桃缶、クロワッサンブリオッシュ）

1987年
(昭和62年)
5月14日
木曜日

JARE28
あすか拠点
新聞社

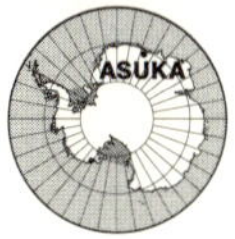

[5/13 気象]
天気　晴
平均気温 -29.3℃
最高気温 -24.4℃
最低気温 -35.2℃
平均風速 6.3m/s
最大風速 11.5m/s
平均気圧 876.6mb

[5/13 メニュー]
☆富田シェフ食当
朝昼兼用／いなり寿司、おにぎり、吸物、サラダ、オレンジ
夕食／おでん、鮪山かけ、ピロシキ、ローストポーク、新香、みそ汁、オレンジ

晴海出航から今日で半年

去年11月14日、第28次隊が砕氷艦しらせで晴海埠頭を出航して以来、今日でちょうど半年が過ぎた。すでにしらせは28次南極行動を終え、母港に戻っている。あと半年経てば、第29次隊員を乗せて再び晴海を出航する。南極観測のローテーションは、長いようで案外短いものだ。

スコットの時代の南極探検は、2年越冬も常識だったが、現在のわれわれは2年越冬など許されない職場環境から南極に来ている。そういう意味で、われわれが腰を落ち着けて南極越冬生活を楽しめるのは、あと半年のことであろう。これからの時間を大切にしたいものだ。

基地内ドリフト測量終了

13日、渋谷・酒井により風上側2列のドリフト測量が行われ、2ヶ月にわたった観測が終了した。測点数にして500、測量面積にして400×300＝120000㎡に及ぶ作業であった。得られたデータを使い、コンピュータグラフィックスでの描出や、あすか拠点の模型作成も可能となった。

機械班、空ドラムを移動

13日、基地内に放置されていた空ドラムは、機械班によってすべて、シール岩寄りに移動、整理された。

GPS旅行記⑳　高木特派員

●L15補点

4月21日、今日こそピーカンの天気を期待したのだが、夜が明けてみると曇、視程100m程度で昨日とあまり変わりなし。いつもは明るい旅行隊の雰囲気も、この朝は沈みがちであった。

すでにあすかを発ってから11日目、悪天候は5日も続いている。GPS衛星同時受信は12区間のうち、半分を消化したにすぎない。朝食は相変わらず卵雑炊なのだが、皆あまり食欲がない。

渋谷は観測を二の次にして、L10～L16のルート工作をやりたいという。L0からL16までは500mおきに中間旗を1本ずつ立ててきたが、これだけではホワイトアウト状態になると、レーダーの装備のない513号車は走れないからだ。

10時15分、515号車のレーダー誘導で513号車が先行し、250m毎にエスロンポールを立てていく。旗竿はすでに底をついていた。雪上車のシルエットの視程は250m、後方灯のそれは500m。なんとかいけそうだ。

1km進んだところで、渋谷がL15に観測補点を設けて、L10～L20区間を二分割したいと連絡してきた。変則的であるし、無理をすればL10～L20の正規区間でも実行可能と思われたが、この視程では二分割して着実に消化してゆくのもひとつの戦略であった。

南極あすか新聞

1987年
(昭和62年)
5月15日
金曜日

JARE28
あすか拠点
新聞社

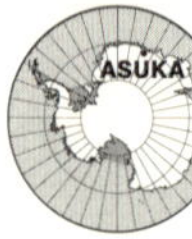

[5/14 気象]
天気　高曇り
平均気温 -27.8℃
最高気温 -18.1℃
最低気温 -36.0℃
平均風速 7.3m/s
最大風速 16.1m/s
平均気圧 886.6mb

[5/14 メニュー]
☆富田シェフ食当
朝食／鮭水煮缶、納豆、牛大和煮缶、みそ汁
昼食／味噌ラーメン
夕食／鯵塩焼き、切り干し大根煮付け、春雨と豚挽肉炒め、ロールキャベツ、ピロシキ、新香、みそ汁、グレープフルーツ

穏やか日和、連続6日目に

14日、全天曇ながら、微風の穏やかな天気であった。これで9日より6日間連続の穏やかな日和となり、3～4月のブリザードが嘘のようだ。この調子ならば、日没後の70日間の暗夜期も、案外ラクに過ごせるかもしれない。

この好天を利用して、酒井・渋谷は地磁気絶対値測量のためシール岩へ向かったが、マイナス30℃以下の寒冷が原因なのかアンプが不調で、観測は中止された。しかし、観測の模様は高木により記録撮影された。

あすか交代時期の問題と課題

極地研からのFAXによると、あすか拠点での28次・29次隊の交代時期は、12月中に行われる可能性が出てきた。もし12月交代が決定すれば、われわれの越冬は12月で終了、後は昭和基地での支援活動となる公算が高い。

しかし、なお航空観測の時期と航空機のフェリーの問題、基地の引継ぎの問題、渋谷の観測と撤収についてなど、解決されていない課題も多い。ともあれ、12月が極めて慌ただしいことは間違いない。

GPS旅行記㉑　高木特派員

●ヤマ場

視程200mのホワイトアウトの中、515号車はL14まで進んで、513号車をレーダー誘導でL15まで送り届けた。レーダーの装備のない513号車は、ひとり歩きができないからだ。515号車はL14で反転し、大急ぎでL10に戻る。

こういう時、運転手の高木はシュプールを追うことなく、レーダー誘導する大坂の指示で、走行距離と旗竿のみに注目するようにしていた。その方が、遙かに速く走れるからだ。

L10に戻った515号車とL15の513号車との間で衛星同時受信をやる。まだ13時45分、もうひと区間やれる。そこで515号車は、今度はエスロンポールで代用した中間旗を引き抜きながらL15に急行し、休むことなくL20へ向かった。

レーダー航法の極めつきといおうか、視程200mのホワイトアウトにもかかわらず、雪上車は15km／hのスピードで突っ走ったのである。

こうして、この日はL15～L20でも同時受信を稼ぎ、変則的だがL10～L20の区間を消化したのである。観測業績としてはわずか1区間であるが、この区間は、戦略と経験と技術を駆使してようやく勝ち取った1区間であった。その意味で、L10～L20区間は、今回の観測のヤマ場であった。

南極あすか新聞

1987年
（昭和62年）
5月16日
土曜日

JARE28
あすか拠点
新聞社

［5/15 気象］
天気　曇のち高い地吹雪
平均気温　-14.4℃
最高気温　-12.8℃
最低気温　-18.3℃
平均風速　16.0m/s
最大風速　26.1m/s
平均気圧　885.0mb

［5/15 メニュー］
☆富田シェフ食当
朝食／鯨缶、辛子明太子、生卵、みそ汁
昼食／カレーそば、グレープフルーツ
夕食／白いんげんシチュー、小海老の酢の物、イカ野菜炒め、吸物、チーズパイ、ミートパイ

ブリザード、1週間ぶりに復活

これまで1週間も鳴りを潜めていたブリザードが15日、各棟を叩くゴウゴウという風音を伴い帰って来た。

16時には風速18m／sを超え、気温はグングン上昇してマイナス13℃台に至り、ブリはついに本性を現した。今回は、いつまで荒れるか。

石沢隊員からの問い合わせ

15日、極地研の石沢夏隊員からＦＡＸで、あすか拠点の状況について問い合わせが入った。内容は、各棟のドリフトのつき方、出入口確保の状況など14項目に及び、6月初旬に開催される専門委員会と29次隊の計画のために必要とされる情報という。

南極大学講座の開催を予定

70日間の暗く長く寒い暗夜期を利用して、互いの専門分野や趣味などを理解し、教養を深め、一層の連帯を図るため、「南極大学講座」を開催することが、高木により提案された。前期講座として、5月25日より全8回の講義が予定されている。

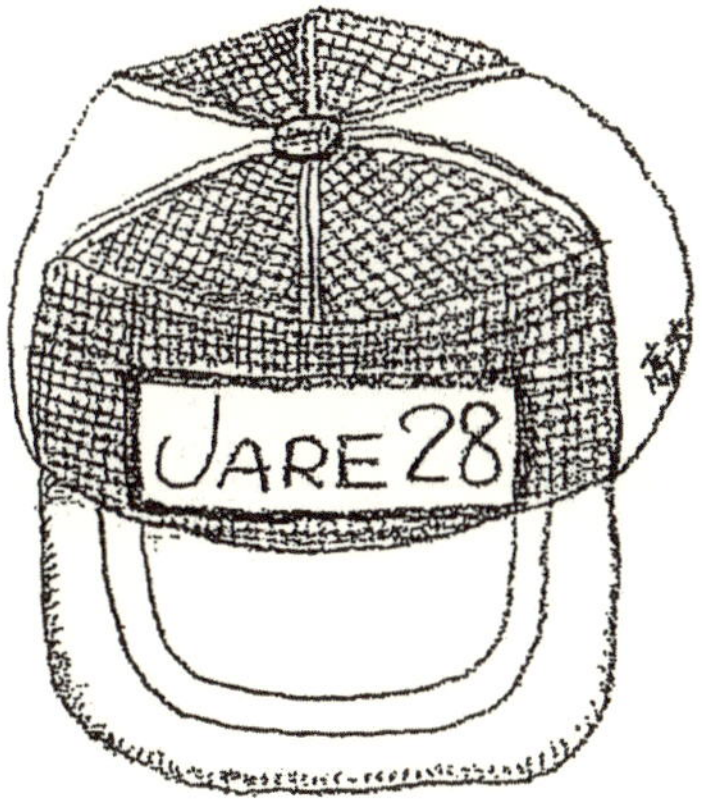

ＧＰＳ旅行記㉒　高木特派員

●帰って来た蒼空

4月22日、7時に小便のため雪上車外に出た。全天曇だが、北東の地平線に一条の緋色の帯を見た。明らかに天気回復の兆しである。8時30分朝食。東の空はますます明るくなり、旅行隊の歓びが爆発した。とうとう地平線が見えるようになった。蒼空が帰って来た。

9時50分、515号車がＬ20を出発した。もうレーダーは要らない。大坂が久しぶりに助手席に戻った。雪上車を走らせることが、いまは楽しくて仕方がない。空の蒼さが目にしみる。左背後から射す陽光を、熱いとすら感じる。大陸旅行はこうでなくちゃいけない。

11時20分より、Ｌ20～Ｌ30のＧＰＳ衛星同時受信を開始。20分間受信して、両車とも次のポイントに移動する。13時よりＬ30～Ｌ38区間の受信。そして、15時よりＬ38～30マイル地点の受信。過去あれだけ苦労した観測が、嘘のように容易に消化されていくのだ。

513号車が30マイル地点で追いつくまで、515号車はエリアを走り廻って、居カブと幌ソリ2台をウィンドスクープから引き出し、飯場棟からビール缶やトイレットペーパーを入手した。軽油置きドラムからの給油も済ませておく。

やがて、雪煙を上げながら513号車が到着した。

南極あすか新聞

1987年
(昭和62年)
5月17日
日曜日

[5/16 気象]
天気　高い地吹雪
平均気温 -11.4℃
最高気温 -10.1℃
最低気温 -13.0℃
平均風速 17.5m/s
最大風速 25.6m/s
平均気圧 887.7mb

JARE28
あすか拠点
新聞社

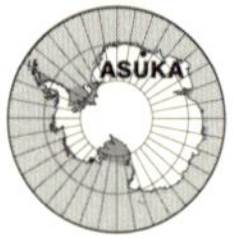

ブリザード、2日目に

15日16時頃から本格的に吹き始めたブリザードは、16日も終日衰えることがなかった。この勢いでは、17日に沈みゆく太陽と別れを惜しむことも難しいかもしれない。

基地では、機械班と富田により黙々と排水トンネルの拡張工事が行われており、16日には17mまで工事が進んだ。一方、石沢隊員の質問に対する回答も、出来上がった分からFAXで極地研へ送られている。

オーロラ予報出る

15日、昭和基地赤松氏のKインデックス、鮎川隊長の地磁気変化パターン表に基づいて、酒井がオーロラ予報のパンフレットを作成した。これによると、6月3日と11日が要注意である。

ひと晩に2度も出た役満

15日、ひと晩で2度の役満が生まれた。まず大坂が四暗刻をツモであがった後、鮎川隊長の振り込みで酒井が大三元をあがった。これであすかでは、渋谷・高橋・高木を除く5人が役満クラブ入りを果たした。

GPS旅行記㉓　高木特派員

●最良の夜

30マイル地点で合流した2台のSM50は、それぞれ給油を済ませ、ソリにスノーモービルを積み込んだ後、16時30分に30マイル地点をあとにした。間もなく、燃えるような太陽が沈み、辺りは徐々に暗闇に呑まれていった。

雪上車の走行は、変わらず快調だ。ルートを外す不安はない。各ポイント間には、アロハンテープを貼った旗竿が2本ずつはためいている。雪面が硬くなって、古いシュプールも残っている。それに何よりも、ロムナエスの白い雪田がはっきり見える。これだけ目標が多いと、もったいない気さえしてしまう。

18時30分、L66に到着。地吹雪はない。さっそくキャンプ態勢に入る。渋谷はJMRのコードを伸ばし、しぶとく、しつこく、ダメを押すように観測を行った。JMRはGPSとの精度の比較に使うという。

夕食は、今回のGPS旅行において最後の晩餐となることから、ビール飲み放題、ひと口ステーキ、煮物、焼きそば、海老といんげんのスープ、フルーツカクテルと豪華だ。食後は、Lルートサーキット麻雀の最終戦を楽しむ。

やがて夜が更けて空を見上げれば、宝石箱をひっくり返したような満天の星である。誰もが今日一日に満ち足りて、シュラフに入った。明日はあすかに帰ろう。

[5/16 メニュー]
☆高木サブ食当
朝食／鯨ベーコン、キンピラごぼう、お多福豆、納豆、白菜漬け、みそ汁
昼食／うな丼、オニオンスープ、オレンジ
夕食／豚とピーマンの味噌炒め、チーズ入りメキシコ風ソテー、じゃが芋焼き、マカロニサラダ、スープ

南極あすか新聞

1987年
(昭和62年)
5月18日
月曜日

JARE28
あすか拠点
新聞社

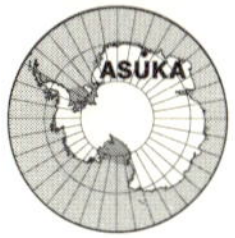

[5/17 気象]
天気　晴
平均気温　-13.3℃
最高気温　-10.3℃
最低気温　-18.0℃
平均風速　10.8m/s
最大風速　19.6m/s
平均気圧　894.0mb

さよなら太陽

昭和基地気象台によると、17日はあすか拠点で太陽が見えなくなる日であった。折よくブリも止み、晴れあがった北の地平線から、雲海を茜色に染めて太陽が昇る。

高木、大坂の常連カメラマンはもとより、富田、野崎、高橋ら普段はほとんど写真を撮らない隊員まで、完全防備で屋外に飛び出し、思い思いの位置に陣取って、去り行く太陽に惜別の念を込めてシャッターを切った。特に５００mm望遠レンズを装着してモロに太陽を狙った高木は、陽光で目を痛めるほどの入れ込みようであった。

実際には、日没予定の13時48分になっても、太陽は地平線より多少浮き上がっていて、日没には間があった。これは、北の地平線と比べて、あすかの標高が２００〜３００m高いこと、幾らか蜃気楼もあることが原因であろう。したがって気象条件がよければ、18日以降も太陽が見られるかもしれない。

5月の声を聞いて以来、あすかの天気は概して良くなり、ブリが吹いても2日で収まっている。この調子なら有難いのだが。

GPS旅行記㉔　高木特派員

●蜃気楼

4月23日、美しい黎明であった。今までのブリザードやホワイトアウトがすべて帳消しになるような朝であった。

朝食後、残飯や腐敗しかかった冷凍卵などを雪面下に埋め、雪上車内を清掃した。大坂がセッセと雪を解かして作ったポリタンクの水も捨てた。もう当分は調理をすることもあるまい。

9時30分、５１５号車がL66を発ち、L78に向かった。前方のロムナエスに蜃気楼が浮かびあがって、山がずいぶん高くなり、稜線が不連続線を描く。セールロンダーネの山々は一様に氷山の上にのっかっているようだ。ワルヌム山塊のすだれ山が黄金色に輝く。山だけではなく雪面も蜃気楼で浮上しているため、旗竿がやけにたくさん見える。双眼鏡で数えると20本もあった。

今回の観測旅行成功の鍵は、L65〜L90の地吹雪帯の突破にあると考え、レーダー航法やアロハンテープ付旗竿の対策を練ってきた。ところが皮肉なもので、往路、復路ともに地吹雪帯の核心部L70〜L80では快晴微風の好条件で、雪面はまるで高速道路のように平坦だった。

しかし、地吹雪帯突破対策がなければ、われわれは快晴微風時以外には動けなかったことだろう。

[5/17 メニュー]
☆酒井食当
朝昼兼用／コロッケ、炊き込みご飯、みそ汁
夕食／酢豚、春巻、酢の物、フカヒレスープ

南極あすか新聞
1987年
（昭和62年）
5月19日
火曜日
JARE28
あすか拠点
新聞社

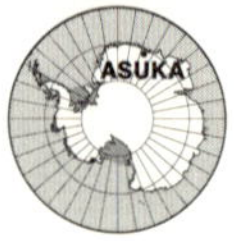

［5/18 気象］
天気　快晴
平均気温　-16.3℃
最高気温　-12.6℃
最低気温　-20.2℃
平均風速　5.4m/s
最大風速　9.6m/s
平均気圧　885.7mb

いまだ転がる太陽

計算上は17日に太陽が隠れるはずであったが、18日にも太陽は現れた。快晴、まったくの無風という願ってもない気象条件を得て、あすかの隊員たちは、昼食もそこそこに転がる太陽の写真撮影に熱中した。

太陽はもはや、その全貌を地平線上に現わさず、まさしく地を転がるように移動した。計算値とのズレがあるとはいえ、太陽が姿を隠すのは今日、明日、時間の問題である。オレンジ色の美しい太陽が別れを告げるまで、じっと見守っていたい気がする。

発電機の500時間点検実施

約21日周期の30KVA発電機定期点検が、18日午前中に実施された。高橋・野崎・富田の3名が一斉に始めるので、発電機点検そのものは非常に短時間で済むが、相変わらず1号機、2号機切り替え時の警報ランプ点灯が課題となっている。

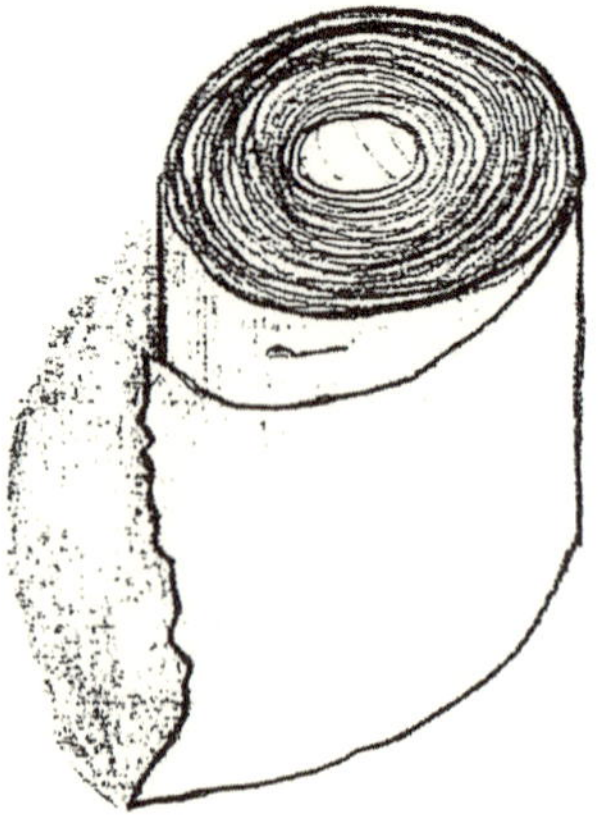

昭和基地で南極大学開講

18日、昭和基地で南極大学講座が開講され、初日は大山隊長の特別講演「ペンギンの話」が行われた。あすか南極大学の渋谷学長、高木事務局長名で、昭和基地に祝電が送られた。

GPS旅行記㉕　高木特派員

●帰投

4月23日、残された地吹雪帯の測定区間は、最高の気象条件のもと、苦もなく消化された。

L78～L90の最後のGPS衛星同時受信を終えた渋谷は、VHF無線を通じてあすか拠点の鮎川隊長に観測成功を報告し、協力援助に対して謝辞を述べた。515号車でもVHF波から伝わる渋谷の感激を感じ取り、缶ビールを開けて秘かに祝杯をあげた。

渋谷の言うように、GPS旅行は12区間の観測が消化されて初めて成功といえるもので、1区間でも欠ければ意味がなくなってしまう。こうした観測は、ポイント毎に実績を蓄積できる観測と比べて、苦労は多いが成功の喜びもひときわ大きい。

14時30分、513号車がL90の515号車に追いついた。こぼれるような笑顔の渋谷と握手。「さあ、帰ろうか」。

2台の雪上車は、15～20㎞／hの速度で雪煙を巻き上げながら突っ走る。L90‐あすか間は、ポイント旗といくつかの中間旗が立つものの、これらも整備し直す必要があろう。しかし、今日のところは見逃しておくことにしよう。

16時30分、旅行隊はあすかに帰投した。ロムナエスの左肩に日が沈み、われわれの旅もついに終わった。

［終］

［5/18 メニュー］
☆高木サブ食当
朝食／鯨ベーコン、納豆、海苔、キンピラごぼう、お多福豆、タラコ、キムチ、みそ汁
昼食／他人丼、鶏と白菜スープ、オレンジ
夕食／柳カレイ塩焼き、コロッケ、コールスロー、茶わん蒸し、かに玉、鶏と野菜のスープ

南極あすか新聞

1987年（昭和62年）5月20日 水曜日

JARE28 あすか拠点新聞社

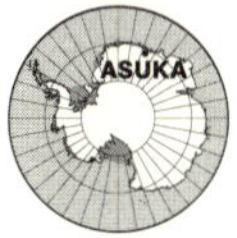

［5/19 気象］
天気　晴
平均気温　-20.0℃
最高気温　-15.4℃
最低気温　-24.0℃
平均風速　6.2m/s
最大風速　8.7m/s
平均気圧　874.4mb

まだまだ転がる太陽

日没予定日の17日を過ぎること2日目の19日、太陽はまたも地平線上に姿を現し、あすかのにわかカメラマンたちを喜ばせた。隊員それぞれのアングルでカメラの砲列を敷き、さまざまな撮影条件で標的を狙う。

ちなみに高木は、ニコンF2フォトミックにマイクロレンズを装着し、ASA400フィルムを用いて、250分の1秒、絞り32の条件で、20分毎に6回のシャッターを切ることにしている。転がる太陽にばかり眼が向けられているが、黎明や黄昏の真っ赤に染まった空も、甲乙つけがたい美しさであることをお忘れなきように。

重力測定室の掘削開始

18日より重力計設置のため、4×1.5mの雪洞を渋谷が掘り始めた。場所は、安全地帯B出入口のゴミ仮置き場の隣である。重力計に振動は禁物だが、付近をヒトが歩く程度なら測定に支障はないという。

野帳

基地訪問④　観測室

観測棟の観測室は、あすか拠点の観測の中枢である。8×5mの部屋に窓が8個も備わり、明るい。中央にやや貧弱であるが大きな机が置かれ、渋谷観測主任は日夜この机に向かって、腹をさすりながら科学研究に没頭している。

机をとり囲むように、気象自動観測装置、2台のパソコン、設営工学装置、超高層物理観測装置、JMR、ラック、プロトン磁力計、工具、パーツ棚などが鎮座し、それぞれ特有な音を発しながら、アカデミックな雰囲気を作り上げている。

ファンコイル4台で部屋は快適に暖房され、カセットデッキから常に百恵か明菜が流れ、BGMをなしている。研究室特有の近寄りがたい雰囲気はまったくなく、気象データを見るふりをして、気楽に入れる。

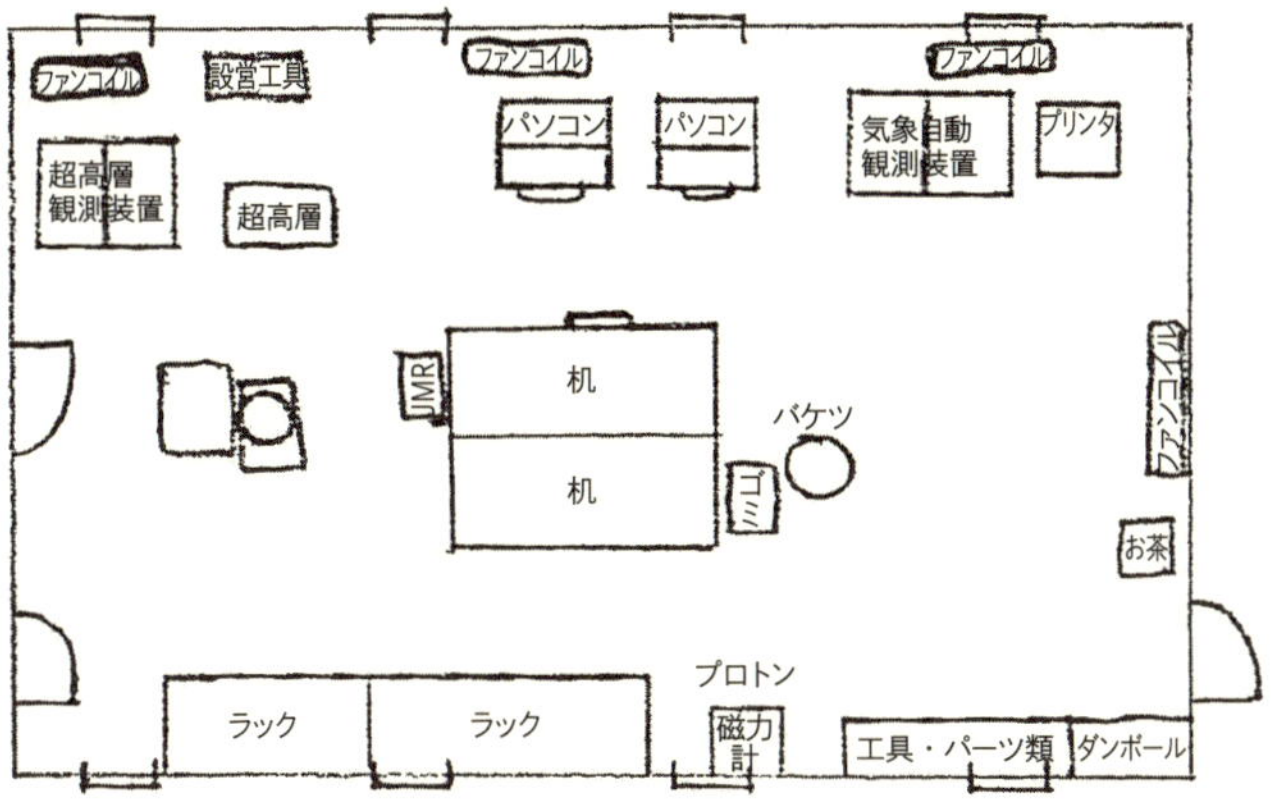

［5/19 メニュー］
☆富田シェフ食当
朝食／鯵干物、コンビーフ、生卵、みそ汁
昼食／しっぽくうどん、オレンジ
夕食／肉団子、刺身（甘海老・鮪・メカジキ）、ひじき煮付け、吸物、イチゴミルク、オレンジ

南極あすか新聞
1987年（昭和62年）5月21日 木曜日
JARE28 あすか拠点新聞社

［5/20 気象］
天気　雪高い地吹雪
平均気温 -21.0℃
最高気温 -18.6℃
最低気温 -23.3℃
平均風速 9.7m/s
最大風速 17.6m/s
平均気圧 869.5mb

［5/20 メニュー］
☆富田シェフ食当
朝食／鮭塩焼き、鮪水煮缶、ロースハム、みそ汁
昼食／他人丼、切り干し大根煮付け、吸物、オレンジ
夕食／鮭照り焼き、大豆煮付け、ポテトサラダ、焼き鳥、新香、プリン、オレンジ

寒冷適応心電図検査を実施

20日、高木により第3回の寒冷適応心電図検査が実施された。あすか隊員は、日照時間の減少に伴い、寒冷に曝露《ばくろ》される時間も減ってきた。寒さに対する適応性も、案外低下しているかもしれない。浸水時の手指の痛みが、それを示唆しているようだ。

通路棟のひずみ測定、結果出る

酒井・渋谷により実施された、通路棟のひずみ測定の結果が出た。

ひずみの大きい個所は安全地帯Bと通路3を結ぶステージで、風上側壁パネルと屋根パネルの間は、最大3・5cmのすきまがあった。しかし、雪圧と雪原の流動による致命的なひずみはない。

本格的水耕栽培始まる

発電棟の高橋農園は、GFMメロウなる本格的水耕栽培器を導入し、いよいよフル操業に入った。現在、つまみ菜が芽吹いている苗床の下には養液タンクがあり、養液がポンプにより苗床-タンク間を循環する。

また、大坂により取り付けられたランプで、24時間つねに照明することによって、芽を青々と色づかせより生長を促している。

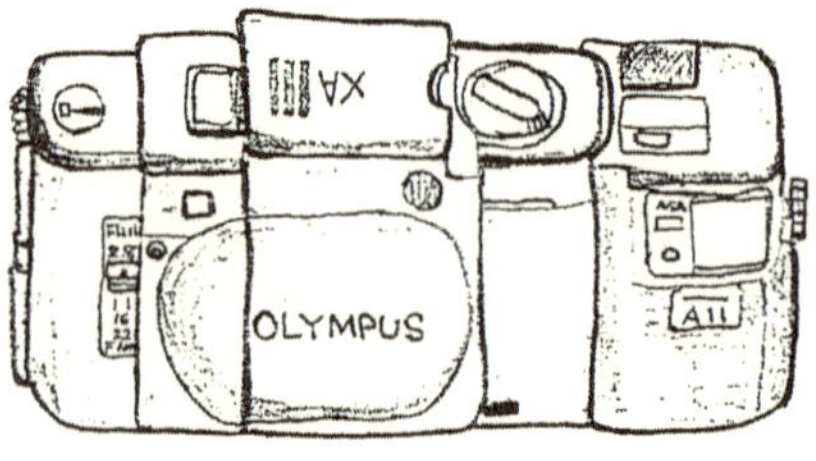

取材用カメラ

基地訪問⑤ 厨房

厨房は主屋棟北西側の一面を占め、4・4×2・8mの狭い空間ではあるが、終日ライトが灯され不夜城の観がある。他の部屋とは異なり、壁には防火パネルが使われ、オーブン、レンジ、流し、デシャップ台などステンレス製品が大半を占めるので、金属的な印象をうける。

管理するのは富田シェフで、狭いながらも調理用具、調味料、食器棚などが機能的に配置され、排気管の改良で灯油レンジへの水滴落下もなくなった。ここから毎日、食欲をそそる料理が提供されるのだ。

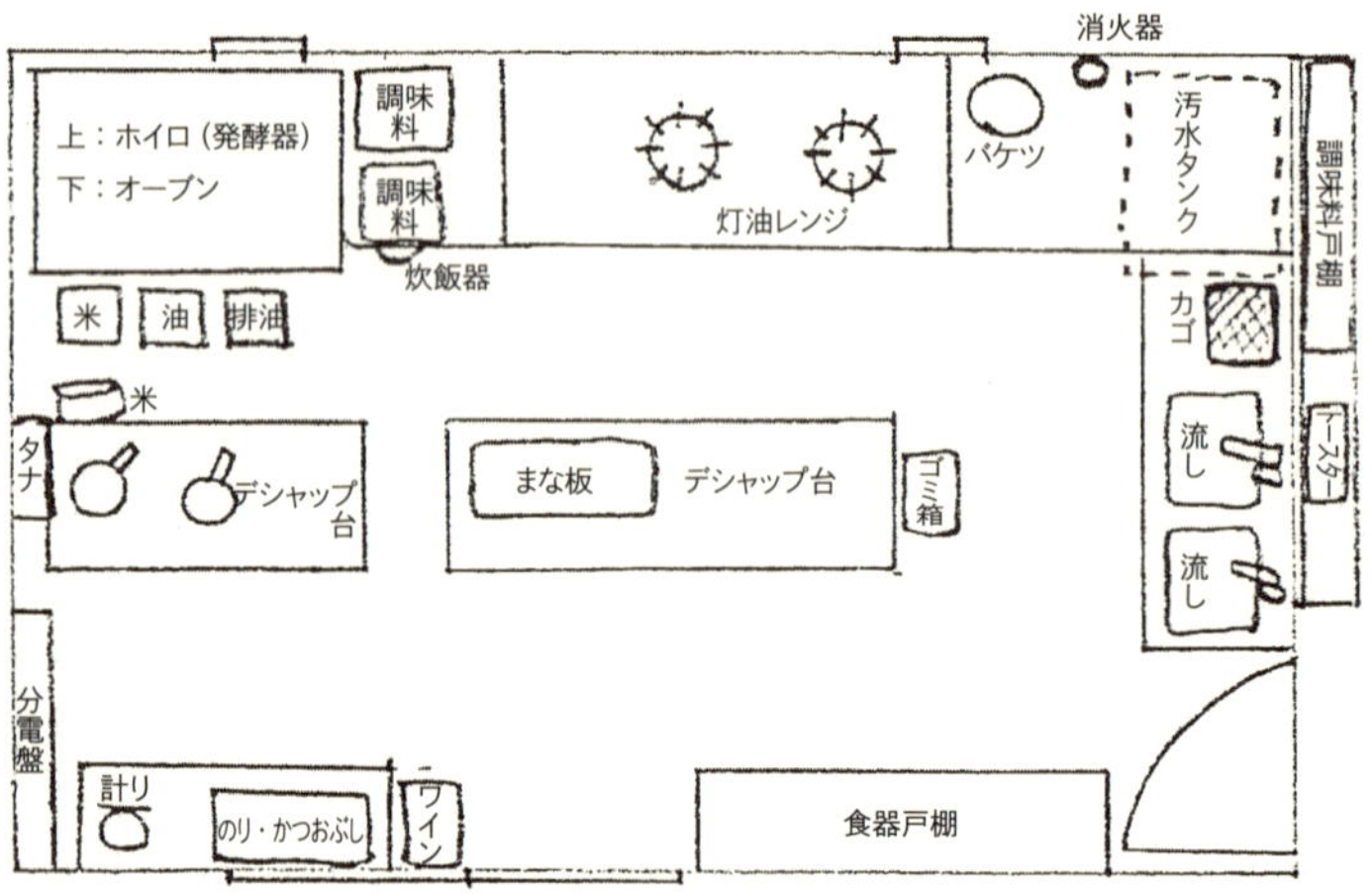

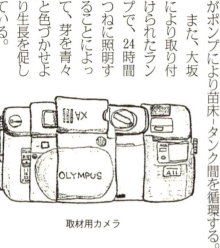

1987年
（昭和62年）
5月22日
金曜日

［5/21 気象］
天気　快晴
平均気温 -30.4℃
最高気温 -23.3℃
最低気温 -35.0℃
平均風速 6.2m/s
最大風速 11.5m/s
平均気圧 873.4mb

JARE28
あすか拠点
新聞社

太陽もう見納めか

21日、穏やかな天気に恵まれ、もう見られないと思われた太陽が、またまたヒョッコリと地平線上に顔を出した。あまりしつこく出るので、もう誰もカメラを向けようともせず淋しい太陽であった。

酒井・渋谷組は、地磁気絶対値測量のためシール岩へ出かけたが、今回も低温による計器トラブルのため無念の涙をのんだ。基地では、大坂が安全地帯B出入口に蛍光灯を取り付けた。

極地研へ基地状況を報告

極地研・石沢夏隊員からの問い合わせに対し、各隊員は分担して基地の状況報告を送っている。なかでも高橋のデポ状況報告は、物品名、基地からの距離、方位、スケッチなど詳細を極めている。

36本雪尺測定を実施

20日午前中、酒井・大坂は雪上車で36本雪尺測定に出かけた。4月20日〜5月20日の積雪は、プラス4・6cmであった。1〜2月はマイナス5・4cm（訂正値）、2〜3月はマイナス6・4cm、3〜4月はプラス5・1cmで、夏場に減少したが、秋から冬にかけて積雪は回復しつつあることがわかる。

毎夜消費されるアルコール

基地訪問⑥　観測棟寝室

個室2部屋の隔壁を取り去った4×2・5mの4人部屋である。2段ベッドが2台置かれ、風上側上段に渋谷、同下段に酒井、風下側上段に高木が寝床を作っていて、風下側下段は空いている。

隔壁がないので個室ではないものの、住人はむしろその小ぢんまりとした空間を気に入っている。各隊員のベッドと棚の利用法はそれぞれ異なり、家族の写真を飾る人、小段ボール箱を無造作に置く人、『女の秘湯北海道』という本を秘かに備える人などさまざまだ。

また、3人のうち2人はきちんとシーツを布団にかぶせているが、1人は布団をむき出しのまま使っている。

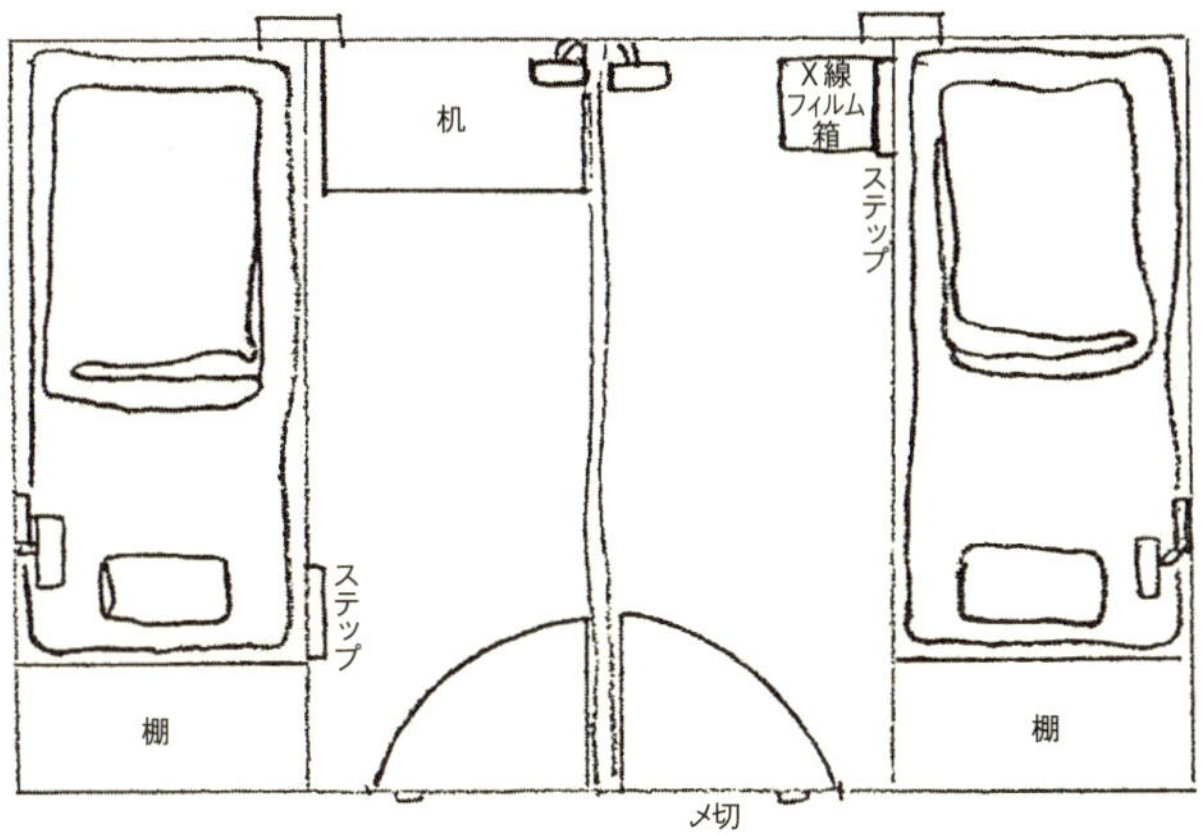

［5/21 メニュー］
☆富田シェフ食当
朝食／ベーコンソテー、秋刀魚蒲焼き缶、鮪オリーブ油漬け、みそ汁
昼食／キジ焼き丼、里芋煮付け、新香、みそ汁、オレンジ
夕食／ブロシェット（串焼き）ミックスとガルニ（付け合わせ）、イカと高菜の炒め物、高野豆腐の煮付け、新香、みそ汁、プリン

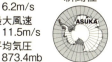

南極あすか新聞
1987年（昭和62年）5月23日 土曜日
JARE28 あすか拠点 新聞社

[5/22 気象]
天気　高曇り
平均気温 -30.6℃
最高気温 -23.6℃
最低気温 -35.6℃
平均風速 9.6m/s
最大風速 20.6m/s
平均気圧 874.6mb

[5/22 メニュー]
☆富田シェフ食当
朝食／かまぼこ、浅利味付け、キンピラごぼう、みそ汁
昼食／かに玉丼、牛肉カレー粉炒め、新香、みそ汁、リンゴ
夕食／麻婆豆腐、牛ヒレたたき、山菜酢味噌和え、新香、みそ汁、デーニッシュパン、リンゴ

太陽ついに隠れる

22日、ついに太陽は地平線上に姿を見せなかった。したがって21日があすか拠点の日没日で、22日から暗夜期に突入したわけである。酒井・渋谷・大坂の3名は、22日も地磁気絶対値測量に再挑戦した。しかし、朝から低温が続き、磁気儀のハンドルが円滑に回らず、またしても失敗に終わった。

28次隊のアルバム作成を計画

昭和基地では、28次隊のアルバム作成を計画していて、あすか隊とも共同して作りたいとの提案があった。あすかのアルバム委員は酒井・高木であるが、2人とも共同で作ることに異存はない。

高木が撮りためた写真を中心に、あすか分は酒井がまとめる予定である。これとは別に、あすかだけのアルバムとカレンダーも計画されていて、越冬記録は充実したものになるであろう。

つまみ菜初出荷

高橋農園では、モヤシ、貝割大根に続いて22日、つまみ菜80gを初出荷した。種の包装紙には、ホウレンソウほどもある大葉が印刷されているものの、水耕栽培ではこのような著しい生長は望めない。

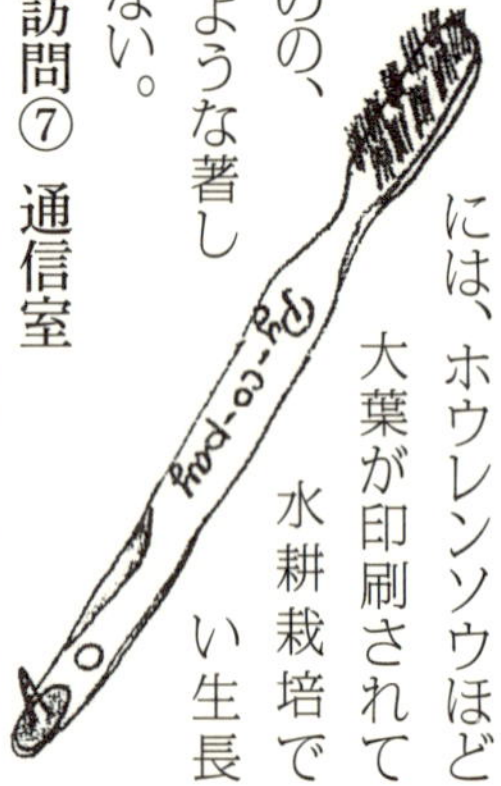

基地訪問⑦ 通信室

あすか拠点は、他と隔絶された孤絶社会である。そのため情報交換は、通信室のHF、VHF、インマルサット衛星電話を用いて行われる。これらの通信機器は通信室の管理者・大坂により、8×2・5mの細長い部屋の南側に並べられている。なにしろ情報中枢だから、通信室には用のある人もない人も集まってくる。おまけに主屋棟の住人にとっては、寝室と仕事場を結ぶ通路でもあるから、ひと気の絶えることはない。

昭和基地とのHF交信は9時、15時、17時に設定され、前2者でSYNOPが昭和へ通報される。昭和基地の中山・伊礼両通信士の細かい通信上の性癖や、大山越冬隊長の抑揚のない音声もおなじみになった。

また、各隊員が楽しみにしている家族との衛星電話や共同FAXニュースも、今ではすっかり基地の日常生活に欠かせないものとなった。

同時に、通信の毎日の仕事を記入する、無線業務日誌の頁も相当に進んでいる。

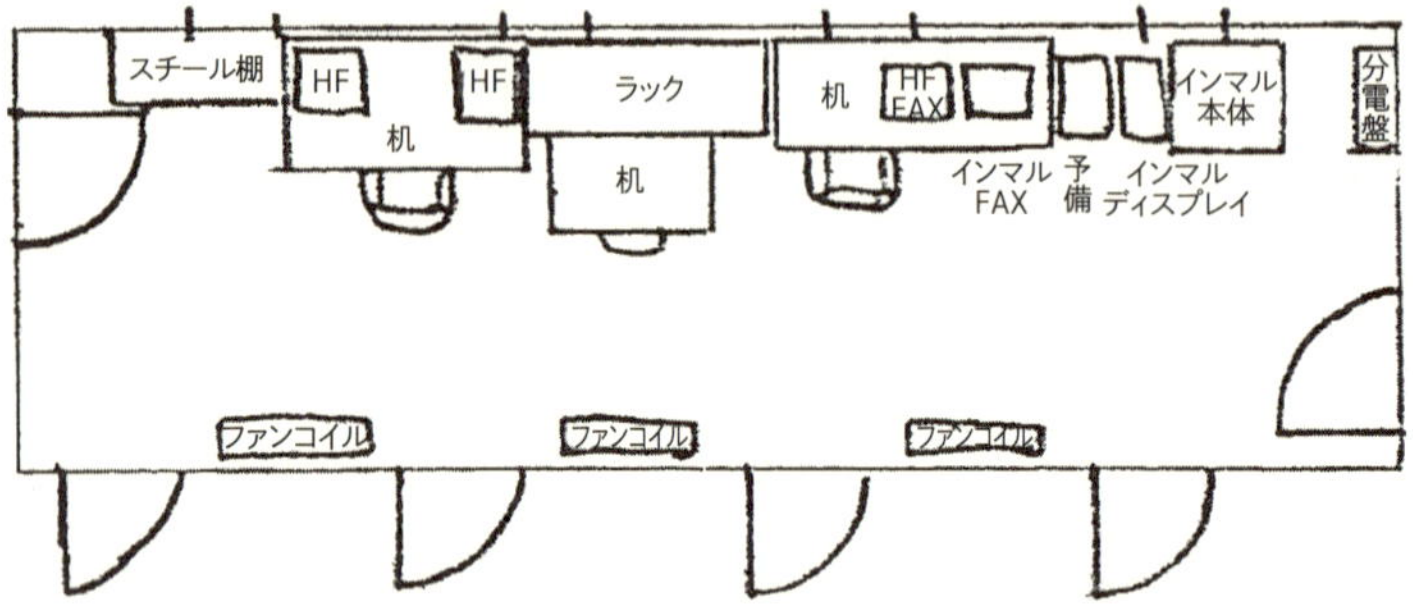

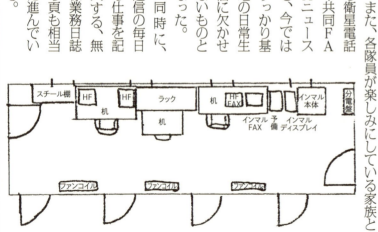

南極あすか新聞

1987年
(昭和62年)
5月24日
日曜日

JARE28
あすか拠点
新聞社

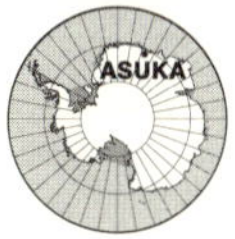

［5/23 気象］
天気　晴高い地吹雪
平均気温　-19.8℃
最高気温　-18.4℃
最低気温　-23.7℃
平均風速　17.3m/s
最大風速　24.6m/s
平均気圧　869.8mb

風強いが視程は良し

23日は終日、20m／s近い強風がゴウゴウと吹きまくったが、何故か視程は非常によく、セールロンダーネの山々も望むことができた。

このような現象は3月28日にも認められたが、原因はいまもって不明である。

通信囲碁、中盤戦へ

昭和基地との通信による囲碁対戦は、23日に47手目となり、いよいよ中盤戦に入ってきた。酒井によると、現在のところあすかが優勢というが、相手は手強い。

重力計設置用の掘削が終了

渋谷によりコツコツと掘られてきた安全地帯B出入口の重力計は、掘削が終了した。23日に保温箱が搬入され、24日には重力計本体の設置が予定されている。この周辺で振動を起こさぬよう注意したい。

雪洞の拡張工事進む

22日、機械班により観安トンネルの安全地帯／A側が拡張され、ポリシン缶などの物品置場として使うことになった。

一方、排水トンネルの拡張工事も精力的に続けられ、23日には26mまで作業が進んだ。切り出された雪塊の運搬だけでも、ひと仕事である。

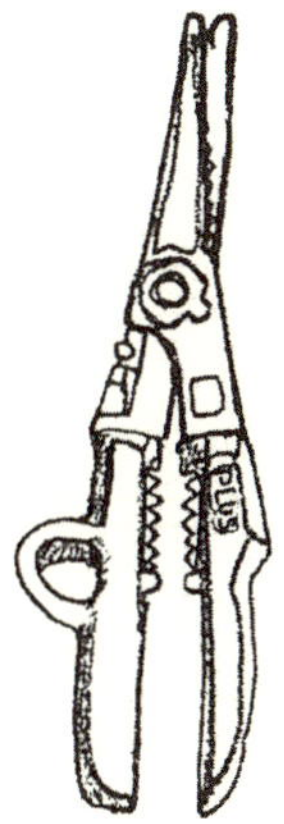

万能ハサミ

私のホビーライフ①　富田瑞穂《1》

原動機付自転車の免許を取ったのが高校3年の時だから、オートバイとの付き合いはかれこれ15年になる。20歳で自動二輪の免許を取った。

当時、バイクの免許はいまのように、小型・中型などと細かく分かれていなかった。そのため、自動二輪を取得さえすれば、スーパーカブからナナハンまで何でも乗ることができた。

私のバイク歴は、まずカワサキW1・650ccに始まり、ホンダCB・550cc、ホンダホーク・250ccと乗り継いで、最後にホンダVT・250ccで極地研やしらせに通った。

東京都内での通勤には、まさにバイクが最適で、満員電車でもみくちゃにされることもなく、四輪のように渋滞で悩まされることもない。例えば、中野から極地研に通うとしても、わずか10分くらいで着いてしまう。だから雪の降る日以外は、いつもバイクに乗っているわけだ。

バイクの大きな楽しみに、ツーリングがある。時にはひとりで、また時には仲間と連れ立って、東京を離れて長距離を飛ばしている。これまでも、北海道への2回の旅や、北陸などへ宿泊しながらのツーリング、富士山5合目までの日帰りツーリングなど、さまざまな長距離走行を楽しんだ。このような折、私はあまりあちこちに立ち寄らず、思い切り走りまくっている。

［つづく］

［5/23 メニュー］
☆高木サブ食当
朝食／鯨ベーコン、タラコ、納豆、ハンペン、キムチ、新香
昼食／すきやき丼、ロールキャベツ、オレンジ
夕食／イカフライ、帆立フライ、鶏肉と野菜のトマトシチュー、竹輪・筍・こんにゃくの煮付け

南極あすか新聞

1987年
（昭和62年）
5月25日
月曜日

JARE28
あすか拠点
新聞社

[5/24 気象]
天気　晴
平均気温　-18.5℃
最高気温　-17.6℃
最低気温　-19.4℃
平均風速　16.5m/s
最大風速　22.0m/s
平均気圧　872.4mb

暗夜期の日曜日を楽しむ

24日は暗夜期に入って最初の日曜日であった。天気は穏やかで、屋外に出られない気象ではないが、終日屋内で過ごした隊員が多かった。野崎は、折からの4週に1度の食当で、一日中厨房勤めであった。高橋は自ら管理する水耕農園の改良に午後いっぱいを費やした。高木は日没を撮影したカラースライドの現像に熱中した。

渋谷は先週いっぱいかけて掘削した雪洞に重力計保温箱を設置し、本体の取り付けに関するFAXを待っている。大坂はアマチュア無線のアンテナを調整し、酒井は25日開校される南極大学の開校式次第の作成に頭をひねった。富田は珍しく屋外の写真撮影に出かけ、鮎川隊長は大乃国の全勝初優勝をいち早く知って、皆に伝えた。各人それぞれの日曜日を楽しんだようだ。

太陽がなく、時間があり余っていても、皆それぞれのペースでうまく時間を費やしている。越冬が軌道に乗っている証拠だ。

貝割大根出荷、夕食を飾る

連日の出荷で盛業の高橋農園から、24日は貝割大根350gが出荷された。昨夜の夕食膳を、瑞々しい貝割のハート型双葉が飾ってくれた。

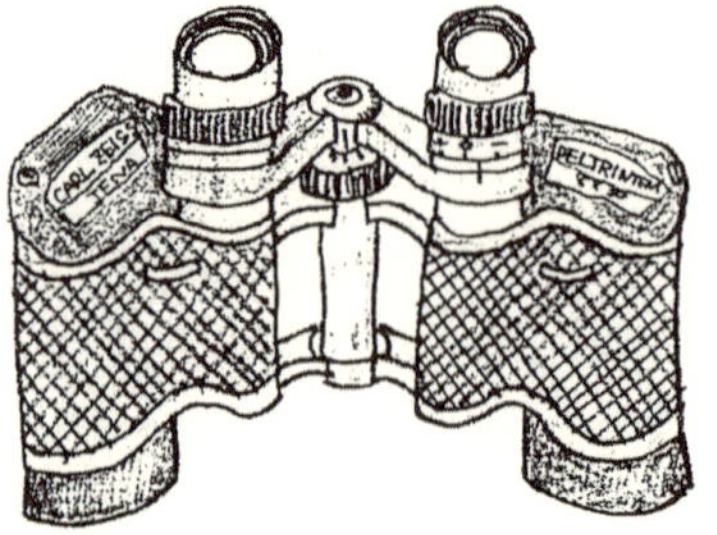

私のホビーライフ①　富田瑞穂《2》

北海道は広く、交通量も少ないので、ライダーにとってはツーリング天国だ。私も北海道のツーリングを2度経験したが、そのうちの1度は、女房を後の席に乗せたいわゆるタンデムであった。オートバイは本来、男がひとりで乗るハードボイルドな乗り物だから、2人で乗ると大変疲れる。

東京を発ち、東北を駆け抜けて、青森県の野辺地から北海道の函館へはフェリーで渡る。函館から札幌、さらに稚内へとひたすら北上し、歌で有名な宗谷岬を廻ると、淋しいオホーツク海岸を一気に網走まで突っ走る。

この後、阿寒、層雲峡、襟裳岬、苫小牧を経由して札幌に戻り、函館からフェリーで本州に帰った。これがわずか4日間の旅だから、一日に500～600km走った勘定になる。本当は北海道を1ヶ月かけて廻りたいが、これはまあ夢だ。休暇が取れないからね。

ネズミ捕りにひっかかった苦い思い出は、軽井沢への途上の高崎だった。50km／hオーバーで、一発免停1ヶ月。事故は、赤信号で停まったタクシーが、急に開けたドアに突っ込んだこと。その他、昔の極地研の砂利で転んだりしたけれど、オートバイはやっぱり楽しい。

越冬が終わったら、ちょうど今頃の若葉の下を、存分に走りたいものだ。

[5/24 メニュー]
☆野崎食当
朝昼兼用／目玉焼き、ミックスベジタブル
夕食／ピトック、ポンムマケール、チキンカレースープ、海老玉

南極あすか新聞

1987年（昭和62年）5月26日 火曜日

JARE28 あすか拠点新聞社

[5/25 気象]
天気　晴
平均気温 -20.3℃
最高気温 -17.7℃
最低気温 -24.3℃
平均風速 11.6m/s
最大風速 17.9m/s
平均気圧 875.7mb

南極大学開校式を挙行

25日、南極大学が始まった。第1講目を前に、13時より紅白垂幕と日章旗に飾られた会場の食堂において、開校式が行われた。高木事務局長の開会の辞に続いて、渋谷学長の挨拶、来賓の鮎川後援会長、高橋PTA会長の祝辞が述べられ、講師紹介の後は、校歌「あすか基地」の起立斉唱で式を終えた。

第1講目は、高木教授の「胃癌の話」。胃の形態・機能から始まって、胃癌の疫学・診断・治療にまで及ぶ内容は、40代及び40に手の届きそうな学生諸氏を震撼ならしめるに充分であった。南極大学の前期講座は、6月5日まで続く。

雪入れと灯油移送を実施

25日、好天を利用して、灯油ドラム缶5本の移送と、全員での雪入れが行われた。

地磁気大揺れ

25日、起床して地磁気の記録紙を見た渋谷は、変動・脈動ともに今年一番の大揺れであることを認めた。空を見上げると、派手な色つきではないが、全天に乱舞するオーロラが見られた。この記録からして、夜半には凄いオーロラ爆発があったはずで、カメラマン諸氏は悔しがることしきり。

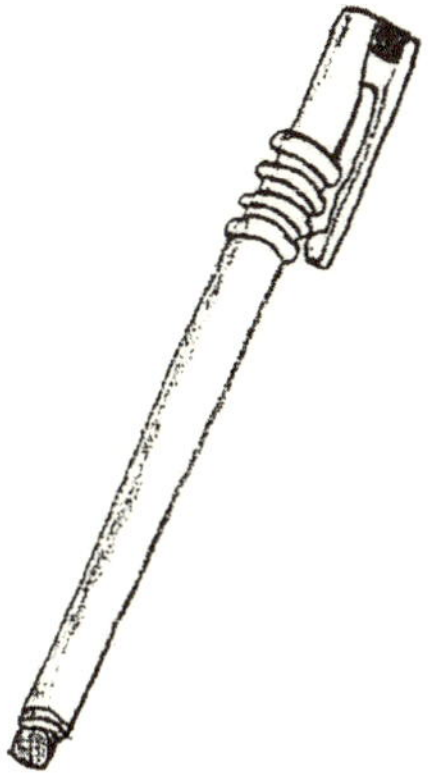

私のホビーライフ②　高木知敬《1》

21次隊の越冬が終わって北海道に帰った後、1年間は北大病院に勤めた。が、その後は、1年の半分を大学の研究室で過ごし、残りの半年は地方の中小病院で臨床医をやるという生活を4年間くらい続けた。

勤めた病院は、オホーツク海岸に近い遠軽、上湧別、道南の大沼国定公園の森、摩周湖の弟子屈、それに短期間では、競走馬の産地・新冠、知床の斜里、洞爺湖温泉などである。いずれも人口数千人から2万人ほどの町で、外科医の仕事としてはさほど忙しくはなかった。

これらの田舎で覚えたのが、渓流釣りである。これらの田舎病院には必ずひとりやふたり釣狂がいる。最初はそんな人達に連れて行ってもらい、穴場を実地に教えてもらったが、私は趣味を持つと深みにはまり、すぐに師匠をしのぐほどに凝り始めた。

釣りは、朝夕に魚の食いが良く、太陽が輝く日中は食いが止まると相場がきまっている。そこで、朝4時に起きて片道1時間も要する山中の渓流に出かけ、9時の診療開始に間に合うように帰ってくる。

夕方では、仕事が済む5時にバタバタと準備して、近くの川へ走り、どっぷり日が暮れるまで釣り糸を垂れる。6月から9月頃までのシーズンになると毎年、当直以外の日はずっとこんな生活を続けていたのである。

［つづく］

[5/25 メニュー]
☆高木サブ食当
朝食／鯨ベーコン、タラコ、キムチ、昆布豆、吸物
昼食／チャーハン、チキンスープ、オレンジ
夕食／カキフライ、鰊塩焼き、貝割大根、海老玉、牛肉と野菜のカレー炒め、ミックススープ

南極あすか新聞

1987年
（昭和62年）
5月27日
水曜日

JARE28
あすか拠点
新聞社

［5/26 気象］
天気　快晴
平均気温　-23.8℃
最高気温　-19.4℃
最低気温　-27.8℃
平均風速　9.7m/s
最大風速　14.0m/s
平均気圧　870.7mb

［5/26 メニュー］
☆富田シェフ食当
朝食／鮭水煮缶、生卵、鯵開き、みそ汁
昼食／味噌ラーメン、オレンジ
夕食／牛ヒレのポワレ・インゲンとじゃが芋添え、牛モモカレー炒め、鮭のマリネ、クラゲとキュウリの酢の物、みそ汁、オレンジ

講演「南極の夜は友だち」開講

26日、酒井量基教授による南極大学講義「南極の夜は友だち」が、13時より食堂にて行われた。

同教授は、自ら担当するオーロラ、地磁気について概説を述べ、南極の夜空にきらめく星座についても、全天カメラで撮影した写真を基にわかりやすい解説を加えた。現在進められている南極観測にわれわれの興味を引き込む、平易でしかもアカデミックな名講義は聴衆に感銘を与えた。

最後に22次越冬の際に録音された、オーロラの音がテープで再生された。小鳥のさえずりのようなコーラスは、あのオーロラの乱舞といかにも波長の合うような音で、学生諸氏はうっとりと聴き入った。

高橋農園の早苗床完成

高橋農園では、種子の発芽を促す3段の早苗床を増築した。ここに播種し、暗黒の中、20℃以上の環境で発芽させる。その上でGFMメロウに移し、光と養分を与えて生長をうながすという、近代的な農業を推進していくことになった。

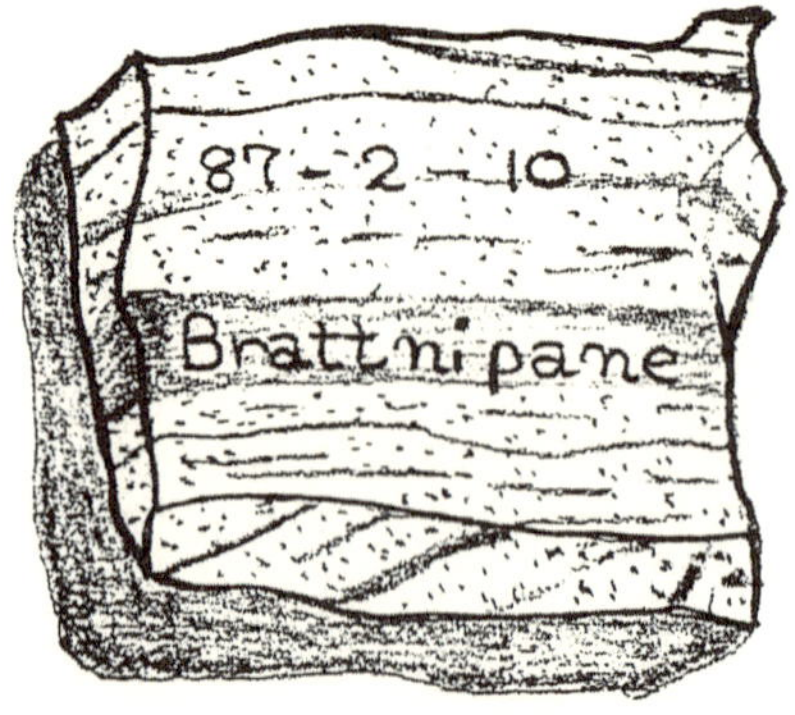

セールロンダーネの石

私のホビーライフ②　高木知敬《2》

私の好きな魚は、サケ科の魚たちである。サケ、サクラマス、ニジマス、アメマス、ヤマベ（ヤマメ）、エゾイワナ、オショロコマといった、いずれも背びれと尾びれの間に小さな脂《あぶら》びれをもつ、精悍な北の魚たちだ。

これらのうちサケとサクラマスは、川で釣ることが禁じられている。彼らは渓流で産卵、孵化し、幼魚のうちに海へ下って巨大化し、3、4年で再び故郷の川へ帰ってくる。ニジマスは北米原産の魚だが、移入された日本の湖水や渓流によく適応し、北海道にも広く分布する。

アメマス、エゾイワナ、オショロコマはいずれもイワナ属の親戚だが、白い斑点をもつアメマスだけが海に下る。エゾイワナ、オショロコマは陸封されたイワナで、いずれも川の最も源流に生息する。ヤマベは、内地ではヤマメと呼ばれ、体側に美しいパーマークをもつ渓流の女王で、北海道の渓流を歩く釣人には、ヤマベだけを狙う人もいる。

これらの他に、日本の淡水魚の中で最大のイトウ、十和田湖で有名なヒメマス、宝石のように美しいブラウントラウトなどサケ科の魚は数多いが、そう簡単に釣人の手にかかるものではない。

東北海道には、河川工事やダム造成といった人手の加わっていない原始の川がいまだに残されていて、渓流魚の宝庫となっている。

〔つづく〕

南極あすか新聞

1987年
（昭和62年）
5月28日
木曜日

JARE28
あすか拠点
新聞社

［5/27 気象］
天気　快晴
平均気温
-27.6℃
最高気温
-24.3℃
最低気温
-33.8℃
平均風速
8.6m/s
最大風速
19.2m/s
平均気圧
863.8mb

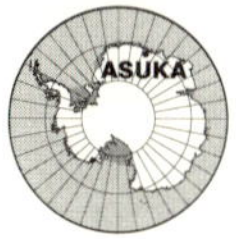

内陸旅行をテーマに講義

27日、南極大学の第3講目として、富田瑞穂教授の「思い出の内陸旅行」と題する講義が行われた。

同教授が第24次隊に参加した際のやまと山脈調査旅行の経験を中心に、内陸旅行の醍醐味、危険、エピソードを面白く語る、肩の凝らない講義であった。

あすか観測拠点の越冬生活

あすか観測拠点は、2ヶ月にわたる困難な建設作業の結果、越冬観測が可能な体制を確立し、鮎川越冬副隊長以下8名が、2月20日から正式に越冬観測を開始した。

あすか観測拠点は、南緯71度、東経24度のセールロンダーネ山地北麓の大陸雪原上標高930mに位置し、南の山脈や北の地平線など景観の美しさは比類がない。この素晴らしい自然環境に、主屋棟、発電棟、観測棟、通路棟などの赤い建物が、色鮮やかに映える。

越冬隊は鮎川副隊長、高橋（機械、設営主任）、渋谷（観測、観測主任）、高木（医療、生活主任）、富田（設営一般、調理）、酒井（観測、庶務）、大坂（通信）、野崎（機械）の8名で、このうち6名が過去の南極越冬経験者という、観測史上最も経験豊かな越冬チームとなっている。

最も近い昭和基地からさえ670㎞も離れた孤絶社会であるが、それだけに8名のチームワークはよく、過去の越冬記録にはない、基地で発生するさまざまなトラブルにも、全員が一致協力して対処している。

また、各隊員がお互いの仕事に理解を深め、不測の事態に備えるべく、他の隊員が担当する分野の基本的な知識と技術を、つねに吸収しようと努めている。富田が機械ワッチ、高木らが食当にあたり、鮎川副隊長が通信を手伝うなどの取り組みは、そのよい例だ。

日常の観測は、気象、雪氷、地学、超高層物理、医学、設営工学などについて実施され、設営では、機械ワッチ、造水、油移送、車両点検整備、デポ物品管理、雪洞工事などが行われている。通信は昭和基地と一日3回定時に運営され、日本とはインマルサット衛星電話が利用されている。

生活面では、8時、12時、18時の食事が規則正しい生活リズムの柱となり、入浴は2～3日に一度、洗濯は入浴日の翌日に決められ、当番は輪番制である。また、日刊紙「南極あすか新聞」が発行され、生活に潤いを与えている。娯楽では、VTRやレーザーディスクの映像と麻雀が人気を二分するが、最近では囲碁や写真現像も盛んだ。

基地では、共同FAXニュースで日本の情報を得られるが、家族からの電報・電話はまた格別の喜びである。5月21日に北の地平線に太陽が姿を隠し、基地は70日間の暗夜期に入ったが、あすか越冬隊は全員元気で、あすかのパイオニアとしての意気に燃え、日々の任務に励んでいる。（高木記）

※以上は「家族会だより」に掲載予定の報告である。

［5/27 メニュー］
☆富田シェフ食当
朝食／ベーコンソテー、辛子明太子、浅利味付け缶、みそ汁
昼食／チキンライス、里芋とれんこんの水煮、新香、吸物、オレンジ
夕食／メカジキのムニエル、オムレツ、浅利のワイン蒸し、新香、吸物、チーズ、アップルパイ

南極あすか新聞

1987年
(昭和62年)
5月29日
金曜日

JARE28
あすか拠点
新聞社

[5/28 気象]
天気　晴低い地吹雪
平均気温　-23.8℃
最高気温　-21.2℃
最低気温　-28.0℃
平均風速　13.7m/s
最大風速　20.5m/s
平均気圧　868.7mb

[5/28 メニュー]
☆富田シェフ食当
朝食／かまぼこ、鰯味醂干し、辛子明太子、みそ汁
昼食／そぼろ丼、じゃが芋洋風煮付け、新香、吸物、リンゴ
夕食／秋刀魚塩焼き、インゲンソテー、海老チリソース煮、ホッペルオペル、新香、みそ汁、リンゴゼリー

南極における初事事物物を講義

28日の南極大学は、鮎川勝教授による「南極の初事事物物《じじぶつぶつ》」と題する講義が1時間にわたって行われた。初事事物物とは、南極発見から来夏の日本人女性隊員初到着に至る、南極探検の歴史をまとめた物語で、A4判で8枚に及ぶ労作であった。

これらの詳細な記録は、われわれ南極観測に係る者の基本的な知識として、また帰国後の講演等の資料として極めて貴重なものと思われる。

25日から4日間の連続講義で、今週の講義は終了した。来週は6月2日火曜日から4日間の日程で行われる。南極大学は、教授陣にとっても、また聴衆にとっても有意義な企画であることが証明されつつある。

NHKより電話取材の依頼

28日、NHKの関野氏から鮎川隊長にかかってきた電話によれば、6月25日と7月30日の両日、あすかが電話取材を受けることになった。6月は隊長が、7月は広報担当の高木がそれぞれ応答することが決められた。各5分程度の取材で、翌日の金曜日にNHK国際放送で流される予定という。

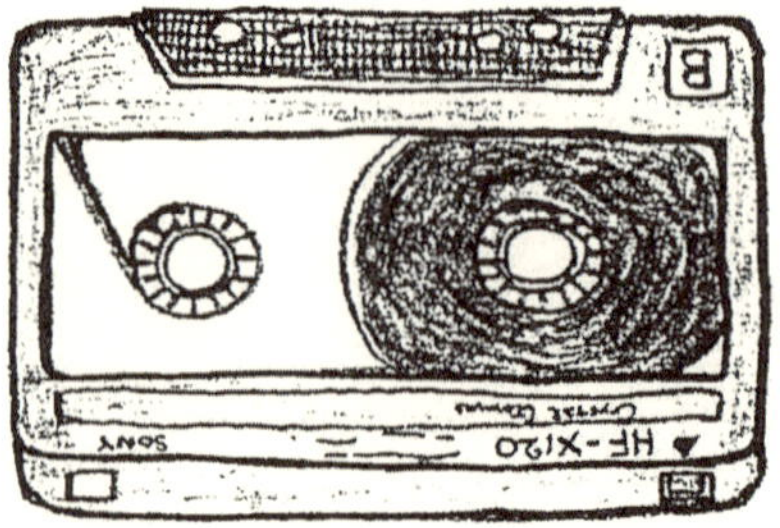

私のホビーライフ②　高木知敬《3》

オホーツク海沿岸の道東の町では、6月ともなると朝3時には空が明るくなる。朝もやをついて、車を走らせる。目指すは湧別川の源流。私の住む町からは80㎞の距離があるが、1時間で着くつもりで飛ばす。どうせ行き交う車など、ほとんどありはしない。

毎日渓流釣りをやっているのに、漁場が近づくと心が躍る。国道から分かれる雑草の茂った小径に車を突っ込んで、エンジンを止めると、せせらぎの音が聴こえる。

大腿長靴、釣り道具一式の入った小型リュックサック、偏光眼鏡、狩猟用ナイフ、熊脅し警笛など七つ道具を手早く身に着けると、夜露にしとど濡れたフキの林をかき分け、渓流へと下っていく。今日は、イクラを餌に手竿でやってみよう。

川幅は数mから10m程度だが、源流ゆえに勾配が急で、小滝、早瀬、トロ場など渓相は極めて変化に富む。山合いの谷間には、まだ陽光が届かないので川面は暗い。

それでも偏光レンズを通して、魚たちが上流に頭を向け、時々、キラリと身をひるがえす様子が見える。私の愛するオショロコマだ。

オショロコマはイワナの一種だが、体側に赤い一条の美しい帯をもつ。北海道でも道東の一部にのみ生息する、まさに渓流の宝石だ。

［つづく］

南極あすか新聞

1987年（昭和62年）5月30日 土曜日

JARE28
あすか拠点
新聞社

［5/29 気象］
天気　晴
平均気温 -28.6℃
最高気温 -22.9℃
最低気温 -34.7℃
平均風速 6.3m/s
最大風速 15.4m/s
平均気圧 874.5mb

機械班が便所汚水を排出

29日、機械班は便所汚水を排出した。これに先立ち、金属パイプの先端にT字型のチャンネルをネジ止めした「アッパかまし棒」を使って、ポリシン液に混じった糞尿を充分に攪拌し、塊をくだいた。

来夏の建設は灯油タンクのみ

29日、極地研の石沢夏隊員から届いたFAXによれば、あすかの来夏の建設作業は、灯油タンクのみらしい。また、中型ソリ4台を修理のために持ち帰ることになろう。

貝割大根、一挙に大量出荷

29日、高橋農園は散水器効果で林のように茂った貝割760gを一挙に出荷した。

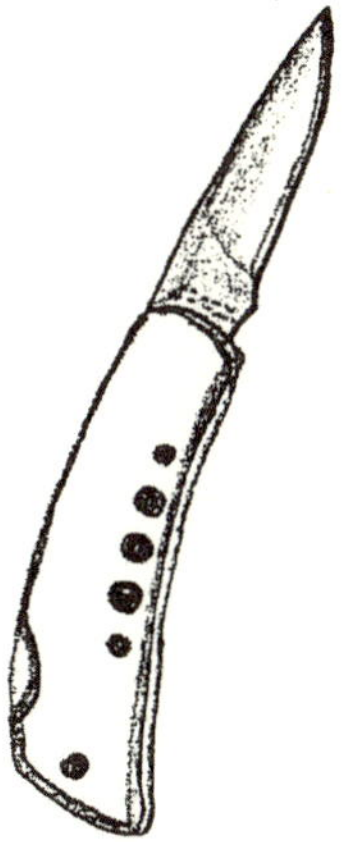

本紙第100号達成御礼

「南極あすか新聞」は2月20日の創刊以来、本日で第100号を刊行するに至りました。小さな紙面であり、必ずしも越冬隊全員の日常の動向を捉えることはできないにもかかわらず、読者諸氏の絶大な支持に支えられて、とにもかくにも第100号刊行にこぎつけたことは、弱小地方紙の編集部一同にとって望外の喜びであります。今後もご愛読、ご支援を切に希望しつつ、第200号を目指したいと存じます。

社主敬白

私のホビーライフ②　高木知敬《4》

渓流での第一投、緊張と歓喜の一瞬。ラインの中ほどに取り付けたプラスチックの小さなマークが、流れに乗ってスーと音もなく移動する。

マークが渦流に呑み込まれようとする刹那、ふいに消えた。来た！　意識したと同時に、竿を持つ手首が返る。グルルルという快い振動が伝わる。

オショロコマは釣り針に掛かっても、ニジマスのような派手な跳躍はみせない。割におとなしく引き寄せられてしまう。その意味で、釣味はよくない。しかし、緑がかった艶やかな魚体を手にする時、釣人は幸福の絶頂にある。15㎝ほどのオショロコマの若者は、びっくりしたような眼をして、口をパクパクさせてもがく。

私は、たいてい釣りあげると同時に逃がしてやる。いわゆるキャッチ・アンド・リリースなのだが、時には魚体を写真に収めることもある。

よほど立派な魚とか、初めての魚はキープ、すなわち持ち帰る。今日は食べようと思う時も、種類に応じた制限サイズを設けて、小さい魚はリリースする。

道東の渓流は、とにかく魚影は濃いから、根こそぎ釣りあげるほどガッつかなくても、その気になれば数は揃う。渓流釣りは、海釣りと異なり、釣人が移動する釣りである。だから、釣れなくても楽しい。

［つづく］

［5/29 メニュー］
☆富田シェフ食当
朝食／ロースハム、納豆、辛子明太子、吸物
昼食／スパゲティナポリタン、角揚げと野菜の炒め物、新香、吸物、オレンジ
夕食／鯵の野菜あんかけ、スパゲティサラダ、キスフライ、ミートパイ、新香、みそ汁、オレンジ

南極あすか新聞
1987年
(昭和62年)
5月31日
日曜日
JARE28
あすか拠点
新聞社

[5/30 気象]
天気　曇
平均気温 -21.4℃
最高気温 -18.3℃
最低気温 -25.5℃
平均風速 18.8m/s
最大風速 25.6m/s
平均気圧 866.7mb

鮎川隊長43歳の誕生会開催

30日、鮎川勝隊長の43歳の誕生会が、17時30分から開催された。今回も本人に「津軽海峡冬景色」をカラオケで歌わせるという趣向で、宴会は始められた。

富田シェフによる今までの誕生会メニューに勝るとも劣らない質と量の料理で、参会者を喜ばせた。渋谷の司会、高木の乾杯、各隊員の祝辞、数多くの祝電披露、そして隊長の挨拶となごやかに会は進み、最後に高橋のエールで一次会は締められた。

二次会は、2卓を用意しての第1回鮎川杯争奪記念麻雀となり、伏兵の大坂が断トツで制した。奥ゆかしくも隊長本人は最下位。三次会はカラオケの競演となり、ブリの夜は各隊員の名調子で更けていった。

6月の行動計画発表

各部門の計画は酒井により集計、ワープロコピーされ、これが30日の昼食後に発表された。観測・設営・生活ともすでに軌道に乗っているので、目新しい計画は、地震観測くらいのものだ。ミッドウインター祭は、20～23日に予定され、21～23日は富田シェフが和洋中華料理に腕をふるってくれることになった。祭の内容はお祭り委員会が検討する。また、改めて節水が強調された。

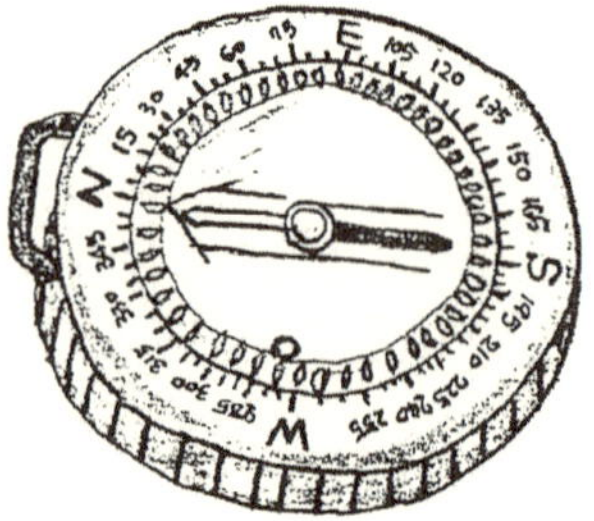

私のホビーライフ②　高木知敬《5》

河川の源流は、当然ながら深山から発する。本州の山と違って、北海道の山に単身で踏み込むには、相当の勇気が要る。それは、羆《ヒグマ》という大きくて気の荒いクマが、北海道には広く生息しているからである。

ちょっと登山に凝った人なら、一度や二度は羆と遭遇した経験をもっている。私も学生時代に日高山脈で二度、羆を見た。怖いもの知らずで、好奇心に溢れた学生時代ならいざ知らず、今はなるべく羆なんぞに遭遇したくないのが正直なところだ。

単独で渓流を釣りのぼっていくと、川の水音以外の物音はあまり聞こえない。ところが、時折、両岸の草むらや林から、ザワザワと草むらをかき分けるような物音がする。これに強烈な獣臭が加わることもある。こうなると、怖気づいてしまい、とてもそれ以上の上流に踏み込む勇気は出ない。

羆の姿を目撃したら、速やかに立ち去るのが原則だ。もし羆が襲ってきたら、及ばずながらひと太刀浴びせようと狩猟用ナイフを腰に下げ、警笛もポケットに忍ばせている。

とはいえ、いざその場になって、冷静にこれらを使用できるかどうかは疑問である。しかし、羆に徹底抗戦して命拾いをした例は、これまでも数多くあるので、あきらめるわけにはゆかない。

［つづく］

[5/30 メニュー]
☆富田シェフ食当
朝食／オムレツ、鯨焼き肉、鮭塩焼き、みそ汁
昼食／天婦羅うどん、オレンジ
夕食／鮎川隊長誕生会コース（サーモンクリュー、コーンチャウダー、伊勢海老のクリームソース、牛ヒレのウェリントン（パイ包み焼き）、グリーンサラダ、ケーキ、マスカット、バターロール）

6
June

1987(昭和62) 年6月1日(月)～30日(火)

6/9●リゾート法公布(12/5施行)。
6/22●連続出場記録で世界新の広島カープ・衣笠祥雄選手が、国民栄誉賞を受賞。
6/26●日本の4月末外貨準備高、西ドイツを抜いて世界一となる。

水無月

南極あすか新聞

1987年（昭和62年）6月1日 月曜日

[5/31 気象]
天気　雪高い地吹雪
平均気温 -18.3℃
最高気温 -17.1℃
最低気温 -19.4℃
平均風速 22.0m/s
最大風速 29.8m/s
平均気圧 869.1mb

JARE28
あすか拠点
新聞社

ブリザード本格化

30日より吹き始めたブリザードは、31日には風速が終始20m／s以上、視程10mの本格的なブリザードに成長し、一日中うなりをあげ、各棟に激しく雪粒を叩きつけた。このため、観測棟寝室の床のすきまからは、予期せぬ雪の吹き上げがみられた。

5月最後の日曜日

31日は5月最後の日曜日であったが、生憎のブリザードのため屋外へ出ることはできなかった。各隊員は、前日の鮎川隊長誕生会で夜更かしした影響か、幾分呆けた顔つきながら、リラックスして暗夜期の生活を楽しんでいた。

日本に衛星電話をした酒井の情報では、極地研のT氏は豪邸を建てたとのことである。親しい知人の快挙とはいえ、嵐の大地で越冬するわれわれ隊員にとっては、別世界の夢物語のようにも思える。

大盛況を呈する麻雀

暗夜期に入って、麻雀はますます盛況を呈している。31日は5月の最終日とあって白熱を帯び、特に最後の半荘では渋谷が10本場を積み上げ、意地を見せた。

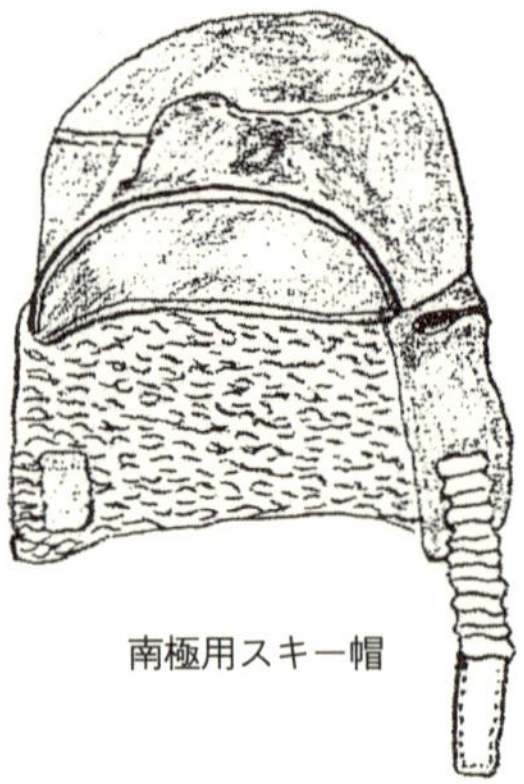

南極用スキー帽

私のホビーライフ②　高木知敬《6》

湧別川の支流のひとつに支湧別川がある。その支湧別川の源流右岸に、私の山小屋が建つ。正確に言えば、山小屋の8分の1が私のものである。というのも、私が属している遠軽登高会という社会人山岳会の有志が、ひとり20万円ずつ出し合って、4千坪の山林を購入し、そこに山小屋を自分たちで建ててしまったのだ。

ブルドーザーで小径を作り、木を切り倒して丸木橋を掛けた。水源を探して水を引き、それを貯めた貯水池もあり、将来はそこでニジマスを養殖する計画もある。

山小屋自体は、原価で手に入れた木材を、大工の指導でほとんど山男たちが加工し、組み上げた。東京都内にマイホームを建てるには、数千万円もの出資が必要と聞くが、私たちの山小屋はわずか160万円で建てることができた。

周囲はクマザサと雑木林で、オショロコマやニジマスが棲む清流が敷地内を流れる。都会に住む人には得られない豊かなアウトドア・ライフを、田舎の私たちは享受できる。

登高会の仲間には、居酒屋の店主、スナックの経営者、栄養士など調理のプロがいるので、山小屋での夕食も現地調達の材料を実に上手に料理して食べさせてくれる。もちろん、山小屋を拠点にして、登山やスキーも楽しめる。田舎暮らしも捨てたものではない。

［つづく］

[5/31 メニュー]
☆渋谷食当
朝昼兼用／ベーコンエッグ、おにぎり、みそ汁
夕食／柳カレイのおろし和え煮、サラダ、貝割大根、シイタケスープ

南極あすか新聞

1987年（昭和62年）
6月2日
火曜日

JARE28
あすか拠点
新聞社

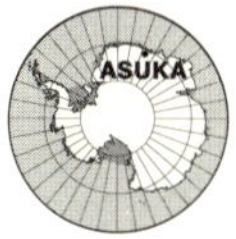

［6/1 気象］
天気　雪高い地吹雪
平均気温　-16.7℃
最高気温　-13.9℃
最低気温　-18.2℃
平均風速　26.1m/s
最大風速　39.2m/s
平均気圧　874.7mb

［6/1 メニュー］
☆高木サブ食当
朝食／鯨ベーコン、タラコ、キムチ、納豆、みそ汁
昼食／うな丼、チキンスープ、オレンジ
夕食／鯵塩焼き、二十日大根、イカと高菜の炒め、大豆味噌炒め、牛肉しぐれ煮、みそ汁、オレンジ

ブリザードなお衰えず

30日から吹き始めた今回のブリザードは、1日も衰えることなく荒れ続けた。しかし、3～4月頃のブリと比べ、飛雪が少なく、視程は比較的よい。27次の無人気象観測装置による去年のデータでは、6月も風速は強いが、はたして今年はどうなるか。

6月の麻雀がスタート

月が変わって、各人思うところあり、さっそく卓を囲んだ。初日の成績は、鮎川隊長と酒井がプラス29でトップを並走。「あすかのエル・ニーニョ」の声が掛かったが、両雄この調子を持続できるか。

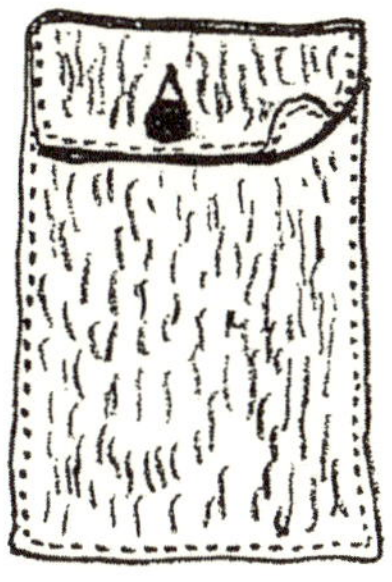
革製筆入れ

雀荘あすか5月戦の成績

あすかの麻雀は月を追ってますます活況を呈し、5月は実に半荘106回が闘われた。結果は表の通り、富田が圧倒的な強さで、2月以来V4を達成した。高木が健闘し2位、3位以下は混戦であったが、終盤、酒井が抜け出して3位に食い込んだ。

雀荘あすか5月戦　集計

	得点	半荘平均	1位回数
富田	＋790	＋8.1	37
高木	＋124	＋2.1	14
酒井	＋38	＋1.0	10
大坂	－28	－0.8	8
野崎	－90	－1.7	13
高橋	－95	－5.3	3
渋谷	－158	－4.9	7
鮎川	－581	－6.3	14
半荘最高点	高木	＋72	
半荘最低点	鮎川	－62	

私のホビーライフ②　高木知敬《7》

私の釣歴は、父親に連れられて琵琶湖のゲンゴロウブナなどを釣っていた頃から数えると30年にもなる。が、本格的に渓流釣りを始めてからは、まだ5年にも満たない。凝っているわりには、腕も上がっていない。したがって、語るに足る大物を釣り上げた輝かしい釣果もない。

また、小魚はすべて逃がしてやるので、数を釣ったこともない。一回の釣行で、型のそろった魚を数匹持ち帰ればいい方である。それでもシーズンになると、ほぼ毎日、どこかで釣竿を振っているから、私の家の冷蔵庫の冷凍室は、カチカチに凍った渓流魚でいつも満杯で、女房には「早く食べてください」と文句を言われている。そのうち、釣魚専用の冷凍庫が要るようになるだろう。

凍結した渓流魚のうちで、28cmの中型のニジマスには特に思い出がある。上湧別の病院で、午前中の診療を終えたあと、ふつふつと釣心が湧いて、町内を流れる湧別川へルアーフィッシングに出かけた。トビーというルアー（金属の疑似餌）を投げたところ、一発で喰いついた奴が、このニジマスであった。

以来、私は「昼休みにニジマスが釣れる環境」に生活できることを、無上の喜びとしている。越冬が終わったら、早く道東に戻りたいものだ。

南極あすか新聞
1987年（昭和62年）6月3日 水曜日
JARE28 あすか拠点 新聞社

［6/2 気象］
天気　雪高い地吹雪
平均気温　-10.6℃
最高気温　-7.8℃
最低気温　-16.9℃
平均風速　26.8m/s
最大風速　45.2m/s
平均気圧　873.6mb

［6/2 メニュー］
☆富田シェフ食当
朝食／鰺開き、生卵、辛子明太子、鮭水煮缶、みそ汁
昼食／塩ラーメン、リンゴ
夕食／海老フライ、ポテトサラダ、レバーのケチャップ炒め、春雨と梅干のサラダ、うずら豆、吸物、オレンジ

暁の眠り引き裂く警報

2日未明の5時35分、突然、基地内に警報が鳴り響いた。火災表示盤に出火場所の表示はなく、最も疑わしい発電棟も火災の異常は認められなかった。

折から40m／sを超える、あすか観測始まって以来の強風が吹き荒れていて、おそらく静電気による放送設備の故障と推定され、解散となった。ブリザードの際、警報が鳴ることは過去、昭和基地でも事例があるが、とんだ暁の「火災訓練」となった。

5月の月間気象データを集計

渋谷によって集計された、あすか拠点の5月月間気象データは次のとおり。

平均気圧 A	874.0mb
平均気温 B	-23.0℃
最高気温 C	-10.1℃
最低気温 D	-36.0℃
日最高気温の平均値 E	-19.5℃
日最低気温の平均値 F	-26.8℃
平均風速 G	11.3m/s
10分間平均風速の最大値 H	ESE23.5m/s
最大瞬間風速 I	29.8m/s
ブリザード日数 J	9日
月間積雪深K	+4.6cm（4月22日～5月20日）
平均蒸気圧 L	0.72mb

ASUKA　89524

エンジンの構造と点検

2日、高橋茂夫教授による南極大学の第5講「エンジンの構造と点検」が、1時間半にわたって行われた。

同教授の専門であるディーゼルエンジンについての実地に即した明快な話は、学生に感銘を与えると同時に、実践的な知識となった。

私のホビーライフ③　大坂孝夫《1》

銚子無線局に就職して海釣りを覚えたから、釣歴は4、5年になる。銚子は利根川河口に開けた漁港を中心に発達したマチであるから、海釣りの漁場は車で5分という距離だ。釣りには通信非番の日中に、誘い誘われて幾人かでにぎやかに出かける。

海釣りには、浜釣り、磯釣り、堤防釣り、それに船釣りがあるが、普段楽しむのは、船釣り以外の海釣りだ。浜での投げ釣りの対象は、イシモチやキスである。これらの魚は、砂場に群遊している。

釣り方は、3・6m程度のリール竿を使い、ラインの先に15～20号の重りをつけ、さらにその先に30cm以内のハリスとハリを結んで、投げては海底を曳くことを幾度も繰り返す。

イシモチは、20～30cmの白身魚で、煮て良し、塩焼き良し、フライまた良しの美味な魚である。磯釣りでは、アイナメやカッツァリを狙う。いわゆる磯の五目釣りだ。磯の魚は、掛かると岩礁に潜り込む習性と、餌を呑み込む貪欲性をもつので、ラインを切られることも多い。

五目釣りは、タイやカツオなどの高級魚以外の、いわば外道を狙うわけだが、これらの魚も案外うまい。アイナメとカッツァリは、ともに20～30cmの魚体だが、煮魚にして食うと、なかなかいける。［つづく］

南極あすか新聞

1987年（昭和62年）6月4日 木曜日

［6/3 気象］
天気　曇高い地吹雪
平均気温 -9.1℃
最高気温 -8.3℃
最低気温 -9.8℃
平均風速 19.8m/s
最大風速 30.4m/s
平均気圧 894.8mb

JARE28 あすか拠点 新聞社

［6/3 メニュー］
☆富田シェフ食当
朝食／牛肉大和煮缶、アスパラサラダ、佃煮、みそ汁
昼食／カレーライス、ビビンパ山菜、里芋とこんにゃくの煮付け、新香、みそ汁
夕食／豚ロースカツレツ、ホウレンソウのお浸し、イカの酢の物、ひじきと大豆の煮付け、牛たん塩漬け、吸物、デーニッシュパン

渋谷学長、極点旅行の意義を説く

3日の南極大学講義は、渋谷和雄学長による「極点旅行をやりたい」と題する、壮大な話であった。これは学長が得意とする、人工衛星によるRemote sensingの裏付けとして、Ground dataをとるという学問的意味をもつ。

もしこの旅行が成功すれば、日本は南極の地学観測において今後数十年間はイニシアティブを握れるという。南極条約の期限である1991年にこの計画が実現できれば、政治的にも非常な意義をもつであろう。

第29次隊員候補者名が届く

3日、極地研から届いたFAXによると、第29次隊員候補者のうち、あすか越冬隊員については次の通りとなっている。

研究観測・雪氷地学系：余良岡浩（筑波大）藤田秀二（北大）　気水圏系：青木輝夫（気象研）　設営・機械：米沢泰久（小松）、白田孝（いすゞ）　通信：神邦人（保安庁）　医療：河内雅章（信州大）　設営一般：下田泰義（長崎県有明中学校）、古山勝康（つるや食堂）

なお、あすか越冬隊長は、越冬副隊長の矢内桂三氏にすでに決定済みである。また、われわれ28次越冬も半ばに達していないが、次の隊員が内定すると、なんとなく落ち着かなくなるものだ。29次隊の夏期訓練は、26～30日に実施予定。

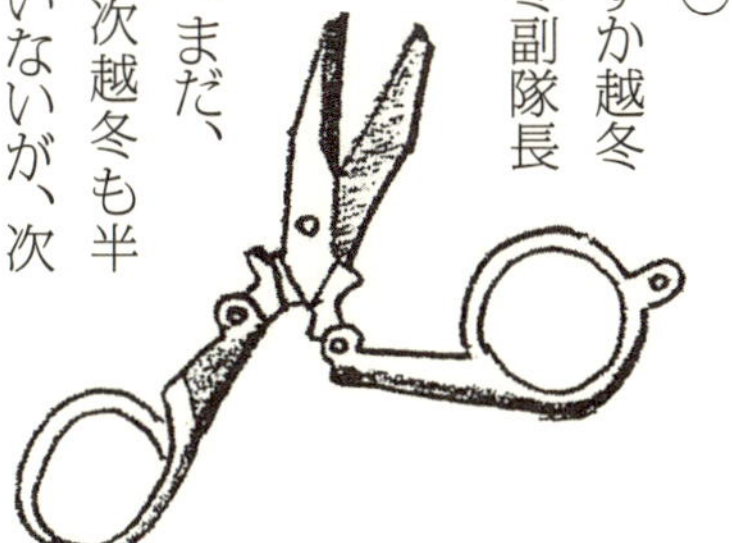
折りたたみハサミ

私のホビーライフ③ 大坂孝夫《2》

私は、釣った魚は自分で食べることを原則とする。したがって食べられる量だけ釣ると、引き上げることにしている。よくバケツ一杯の魚を釣ったなどという話を聞くが、あれは馬鹿げているし、殺生だと思う。

銚子では利根川のハゼ釣りなどもできるが、私は川では釣らない。一度、クロダイを上げてみたいが、まだ実現していない。また、銚子周辺は風が強いので、毎日釣りを楽しむというわけにはいかない。もっとも、海水が透明な日は釣れない。台風一過といった日が一番釣れるので、こんな日の漁場は釣人でにぎわいをみせる。

銚子市は、9・8万人の人口を擁する漁業と農業のマチである。NHKドラマ「澪つくし」の舞台になり、醤油工場が多く、ヤマサやヒゲタ醤油の本社も銚子にある。ちなみに「澪つくし」とは、船に水路を知らせるために立てた杭《くい》のことである。

銚子には「銚子の川口てんでんしのぎ」という言葉がある。これは昔、利根川の川口には難所があって、船の操縦が大変困難で、他の船のことなんか、構っていられなかったことに由来する。すなわち、他人の面倒なんか見られない、独立独歩という気質なのである。こういう土地は、文化的には遅れてしまう。

［つづく］

南極あすか新聞

1987年
（昭和62年）
6月5日
金曜日

［6/4 気象］
天気　曇高い地吹雪
平均気温　-11.2℃
最高気温　-9.5℃
最低気温　-13.1℃
平均風速　20.4m/s
最大風速　30.5m/s
平均気圧　892.0mb

JARE28
あすか拠点
新聞社

［6/4 メニュー］
☆富田シェフ食当
朝食／鰯味醂干し、ビビンパ山菜、佃煮、みそ汁
昼食／焼き肉丼、ホワイトツナサラダ、ビビンパ山菜、新香、みそ汁
夕食／Tボーンステーキ、インゲンソテー、生ハム盛り合わせ、鮭冷製、クラゲ酢味噌和え、新香、みそ汁、オレンジ

講義「基地の中の熱について」

4日の南極大学講義は、野崎勝利教授による「基地の中の熱について」であった。

基地内の熱移動を利用した諸設備の原理と熱収支に始まり、暖房負荷、一人一日当たりの給水量、さらには建築物のすきま風、風速とヒトから奪われる熱にまで及ぶ講義内容は、アカデミックかつ非常に身近な内容であり、聴衆を魅了せずにはおかなかった。

同教授が多忙な機械班の合間をみて、研究をつづけている風速と建築物熱伝導の問題は、ぜひとも論文化してもらいたい。

超大型ブリザード6日目に

30日から吹き荒れている今回の超大型ブリザードは、幾分勢力を失ったとはいえ、4日もパチパチと各棟に雪粒を叩きつけながら荒れ続けた。基地はこのブリによるドリフトのために、地形がかなり変わった。

発電棟風上側から北側のウインドスクープに雪庇が落下し、かなり浅くなった。造水槽上にも積雪があり、一見雪入れが容易にみえるが、雪塊の密度が小さいので、効率は良くない。観測棟風上側のウインドスクープも縮小し、雪が出入口に迫っている。

その一方、灯油ソリが長いドリフトを引いてしまった。地形の変化はおそらくまだ認められるだろう。ブリが鎮静した後の状態を見るのが、恐ろしい。

ミニ辞書

私のホビーライフ③　大坂孝夫《3》

私は食べることも飲むことも好きなのだが、銚子の飲食店は田舎の割に値が高いように思う。これは、釧路など漁港をもつマチ一般に言えることである。若い漁師が長靴の中に万札を突っ込んで飲み歩く景気の良さが、飲食料に反映するのであろうか。

銚子は漁業基地であるわりには、マチの市場の魚の種類は少ない。水揚げされた魚のほとんどが、地元を素通りして築地へ流れるからだ。それでも、旬のカツオなどは1本500円程度で手に入ることもあり、たたきにして食べるとこたえられない。

銚子の言葉は東北弁によく似ている。若い女性が、「うっせい、バカわれよ」なんて浜言葉を平気で使うので圧倒される。だが、その裏に漂う親愛の情を汲み取ることができないと、銚子の人間とはいえない。

私は銚子無線局の社宅に住んでいるが、ここには50世帯ほど入っていて、ひとつの町内会を構成している。職場までは歩いて30秒だから、三食とも当然、自宅で食べている。

また、一日中うちに居ることもあるので、子供とのスキンシップは十分。首都圏の通勤を課せられている人は気の毒だね。同じ職場に南極経験者が5人もいるので、帰国後の心配もない。

南極あすか新聞

1987年
（昭和62年）
6月6日
土曜日

[6/5 気象]
天気　晴高い地吹雪
平均気温 -13.9℃
最高気温 -12.2℃
最低気温 -16.3℃
平均風速 20.0m/s
最大風速 28.3m/s
平均気圧 883.3mb

JARE28
あすか拠点
新聞社

[6/5 メニュー]
☆富田シェフ食当
朝食／かまぼこ、ロースハム、鯨焼き肉、みそ汁
昼食／カニチャーハン、切り干し大根煮付け、新香、吸物、リンゴ
夕食／刺身盛り合わせ、玉ねぎスライス、高野豆腐煮付け、豚バラしょうが蒸し、牛スカート肉のモヤシ炒め、新香、スープ中華風、オレンジ

前期最終講義「電気工学概論Ⅰ」

5日、南極大学前期講座の最後の講義が、少壮・大坂孝夫助教授により行われた。演題名は堅いが、内容はいたって平易であり、聴衆もリラックスして話を楽しんだ。

映画「ランボー　怒りの脱出」の中に、通電による拷問の場面がある。あの場合におけるランボーの肉体が有する抵抗は、たった1千Ω《オーム》、電流は10 mAとして、電圧はたったの10Vであるという推定など、極めて興味深いエピソードも多数織り込まれたものとなった。

これで南極大学の前期講座は終了した。南極大学は、夏休みに入る。

超大型ブリザード、ついに1週間

30日から荒れ始めた今回のブリザードは、5日でついに1週間目に突入した。

単に長く続いているだけではなく、2日にはあすか観測史上最大の風速45・2m／sを記録するなど超大型でもある。

しかし、昭和基地ではすでに風も収まったらしく、5日にはS16への小旅行隊が出発した。

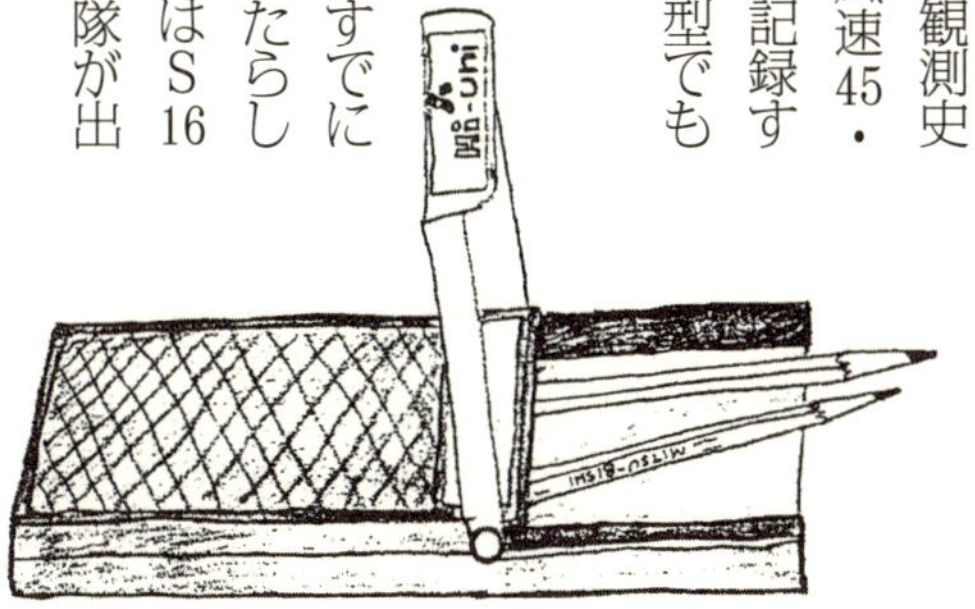

オーロラ夜話①　南極大学

南極大学が、南極越冬中のとりわけ鬱屈した暗夜期に開催されるようになったのは、何次隊の頃からであろうか。外作業が思うに任せないこの季節に、各隊員が得意とするところの専門知識を語らせることで皆の教養を深め、同時に互いの専門分野を理解しようとするこの企画は、まことにタイムリーといえよう。

自らの知識や知見を人前でしゃべることが得意な人も、不得意な人も、それぞれできる限りの準備をして演壇に立つ。緊張を強いられる場ではないが、30分なり1時間なりの講演時間の間に、聴衆を魅了する話をすることは非常に難しいことを、いやでも知ることになる。

もしある人が、ひとつのテーマについて、原稿なしに筋道の明快な話を1時間にわたって展開できるのなら、その人はそのテーマの達人と考えて良い。自分に理解できていない事柄を、他人に語り聞かせることなどできるわけがないし、あやふやな理解ではすぐにボロが出てしまう。

一般に教壇に立つ者は、習う者の5倍から10倍の知識を要求される。そういうわけで、南極大学は実のところ聴衆よりも演者にとって勉強になる企画なのである。

あすかの南極大学でも、各教授の講義が5日でひと回りした。それぞれ含蓄のある話で聴衆を魅了しており、後期講座が今から楽しみだ。

南極あすか新聞
1987年
(昭和62年)
6月7日
日曜日
JARE28
あすか拠点
新聞社

[6/6 気象]
天気　晴高い地吹雪
平均気温 -20.4℃
最高気温 -16.3℃
最低気温 -23.1℃
平均風速 24.3m/s
最大風速 38.9m/s
平均気圧 873.1mb

[6/6 メニュー]
☆高木サブ食当
朝食／鯨ベーコン、キムチ、納豆、タラコ、みそ汁
昼食／親子丼、浅利汁、オレンジ
夕食／トマトシチュー、柳カレイ塩焼き、コロッケ、チーズリングフライ、シュウマイ、筍・竹輪・こんにゃくの煮付け、牛肉しぐれ煮

ブリザード8日目に

5日24時には風速が12・1m／sまで落ちて、ようやく沈静化したと思われたブリザードだが、ものの30分も経たないうちに復活し、6日には再び25m／s前後の風が吹き荒れた。この様相では、いましばらく収まりそうにない。雪入れ作業ができないので、6日の風呂は延期された。

調達参考意見第1弾は調理部門

6日、富田は早くも29次のための調理調達参考意見を書き上げた。部門によって、隊員の極地研勤務の時期や準備期間は異なるものの、現場からの参考意見は早いに越したことはない。鮎川隊長もボチボチやってくれという口調であった。

麻雀表彰式を挙行

5日夕食後、麻雀の表彰式が行われた。受賞者は、2月から5月までの月例麻雀でV4を達成した富田と、第1回鮎川杯記念麻雀優勝者の大坂で、それぞれあすか基地麻雀協会会長の高木より賞状が授与された。

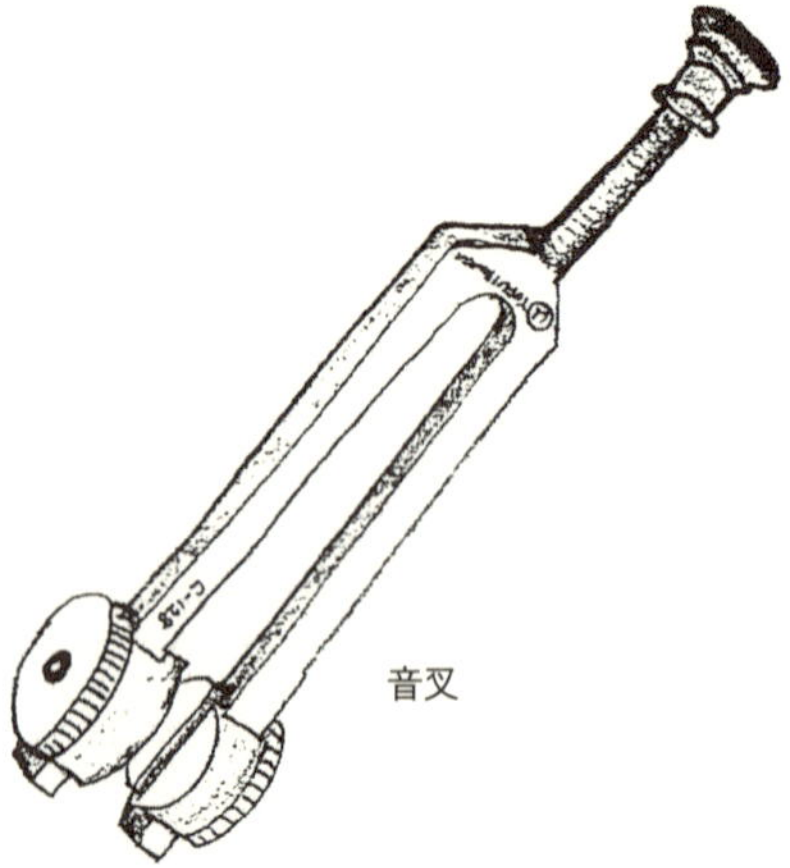
音叉

私のホビーライフ④ 酒井量基《1》

私の囲碁歴は8年で、極地研協力室時代は村越さんに、事業課に移ってからは妹尾課長に手ほどきを受けたものである。

極地研では主に昼休みに碁を打つが、一局だいたい1時間で終局するので、ちょうどよい。また極地研内でハンディをつけてリーグ戦を行ったり、近くの野口研や高分子研の棋士を招いて親睦囲碁大会を行ったりすることもある。

NHK教育テレビでは毎週日曜日に囲碁番組をやるので楽しみにしているが、自宅で観ていると女房が「囲碁なんて家の中が暗くなる」といって嫌うので、ちょっと困っている。

私の現在の棋力は、市ヶ谷にある日本棋院の認定で3級である。この認定は、同じ級を申請した3人と対局し、2勝すればもらえるというものだ。極地研では村越さんが5段、湯本会計課長が2段、妹尾事業課長が1・5段くらいの実力であった。

囲碁の醍醐味は、読みと駆け引きの面白さにあると思うが、実力差があっても置き碁(ハンディ)をつけて対等に打てることも魅力であろう。

囲碁を打つことによって、精神的な落ち着きやゆとりが生まれるということはないが、一手一手を読み、思考することによって老化を防げるのではないだろうか。この意味で、囲碁を知っていれば後年、役立つことになるだろう。

[つづく]

南極あすか新聞

1987年（昭和62年）6月8日 月曜日

JARE28 あすか拠点 新聞社

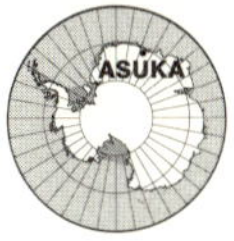

[6/7 気象]
天気　晴低い地吹雪
平均気温 -22.5℃
最高気温 -19.5℃
最低気温 -24.8℃
平均風速 14.3m/s
最大風速 25.5m/s
平均気圧 879.6mb

[6/7 メニュー]
☆大坂食当
朝昼兼用／味噌ラーメン、肉まん
夕食／オヒョウのムニエル、肉野菜炒め、貝割大根、じゃが芋、シイタケスープ

ブリザードやっと終焉

7日、8日間吹き荒れ続けた超大型ブリザードがやっと収まった。ブランチのあと、12時より全員が屋外に出て、まず貯水槽への雪入れ、ついで基地内に貯まったゴミの搬出作業を行った。このあと、各隊員は担当地区の点検にまわった。

今回のブリによるドリフトの成長で、観測棟が最も大きな影響を受けた。風上側のウインドスクープが小さくなり、雪壁が出入口のプラットホームにまで達した。また南側のウインドスクープが雪に埋め立てられて浅くなり、棟風下側の医務室の窓は4つとも埋まってしまった。この経過から、地形の変化は徐々にではなく、ブリによる積雪で一気に起こると考えられる。

それにしても、今回のブリは長かった。ひさしぶりに眺めた北の地平線の朝焼けや、セールロンダーネの山々は、普段にも増して美しく感じられた。

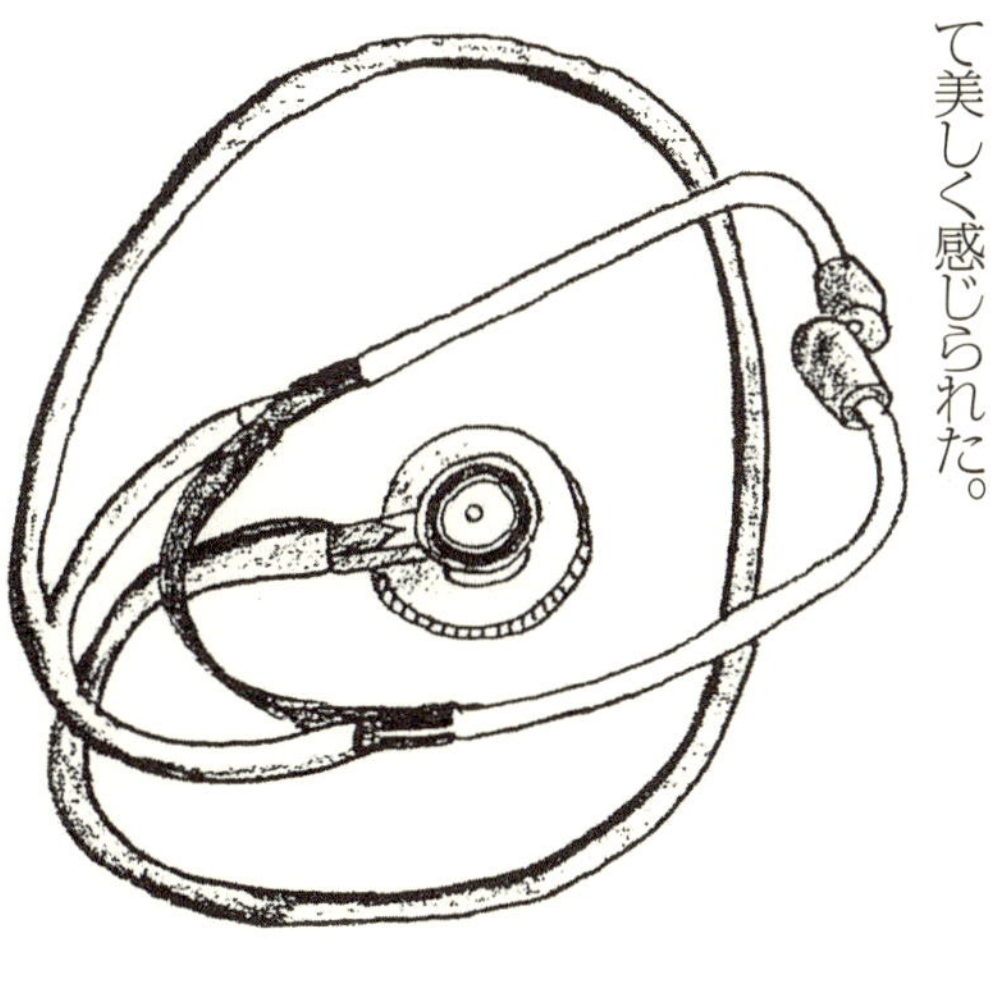

私のホビーライフ④　酒井量基《2》

私の好きなプロ棋士は、武宮正樹9段である。彼の囲碁は宇宙流といって、隅にあまりこだわらずに大きく取る。有名な趙治勲9段のように、隅まで細かく取る囲碁とは対称的なのである。

しらせ艦内では、主に宮田さんや大山越冬隊長と対局した。宮田さんは掛け値なしの3段で強い。相手に応じた打ち方をしてくれる。

あすかでは、富田、大坂、鮎川隊長の3氏と打ってみて、今のところ私が勝っているが、差は縮まっているようだ。

昭和基地との通信囲碁対局は、相手が宮田さんを主とする強敵ではあるけれど、十分に長考できる時間的余裕があるので、何とか勝てそうな気がしている。

今後の目標は、昭和基地との対局で勝つこと、そして持参した棋譜を並べて、自分なりに解釈すること。こうして幾つかの定石をものにできれば、いうことはない。

あすかでの越冬が済んだら、改めて日本棋院の門をくぐり、初段に挑戦してみたいと思っている。

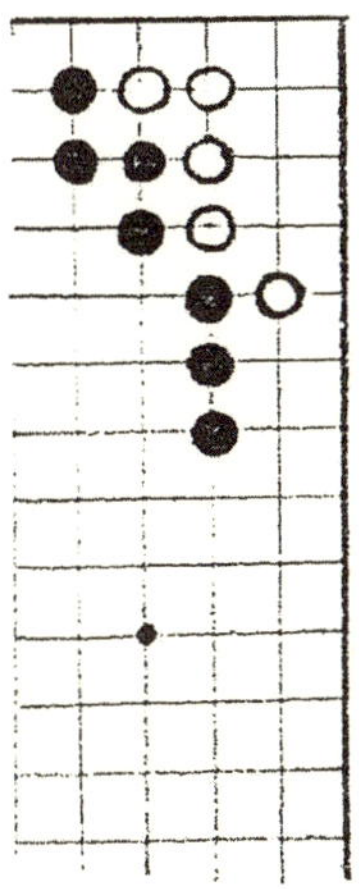

南極あすか新聞

1987年
(昭和62年)
6月9日
火曜日

[6/8 気象]
天気　曇高い地吹雪
平均気温　-14.7℃
最高気温　-13.1℃
最低気温　-20.4℃
平均風速　20.2m/s
最大風速　26.0m/s
平均気圧　876.4mb

JARE28
あすか拠点
新聞社

[6/8 メニュー]
☆高木サブ食当
朝食／タラコ、キンピラごぼう、白菜漬け、金時豆、コンビーフ野菜炒め
昼食／チャーハン、チキンスープ、オレンジ
夕食／ビーフシチュー、鰊塩焼き、マカロニサラダ、卵と野菜のあんかけ炒め、イカと白菜の炒め物

発電機500時間点検を実施

8日午前中、30KVA発電機の500時間点検が実施された。最近は点検に係る高橋・野崎・富田・大坂それぞれの作業分業化が進み、スペシャリストの仕事となって、それだけ全作業時間は短縮されている。

ブリザードまたもや復活

7日にようやくひと息つき、われわれに雪入れやゴミ処理の余裕を与えてくれたブリザードは、作業の終了を見届けたかのように、8日未明より再び荒れ始めた。

このブリは局地的なものではなく、リュツォホルム湾でも暴れている。S16へ気象ロボットの保守に向かった昭和基地の小旅行隊も、このブリに捕まって動けない。

画期的換気口を設置

発電棟の吸排気に苦労の絶えない機械班が、8日、画期的な換気口をこしらえた。すなわち、便所天井の吸気口のラッパを風上に向け、換気扇を除去し、天井と換気口の隙間を厳重にシールした上で、煙突を床側へ伸ばしたのである。

この新案による換気口は、究極の換気口となるのか。しかし、中央の便所に入る人は、頭をぶつけないように注意したい。

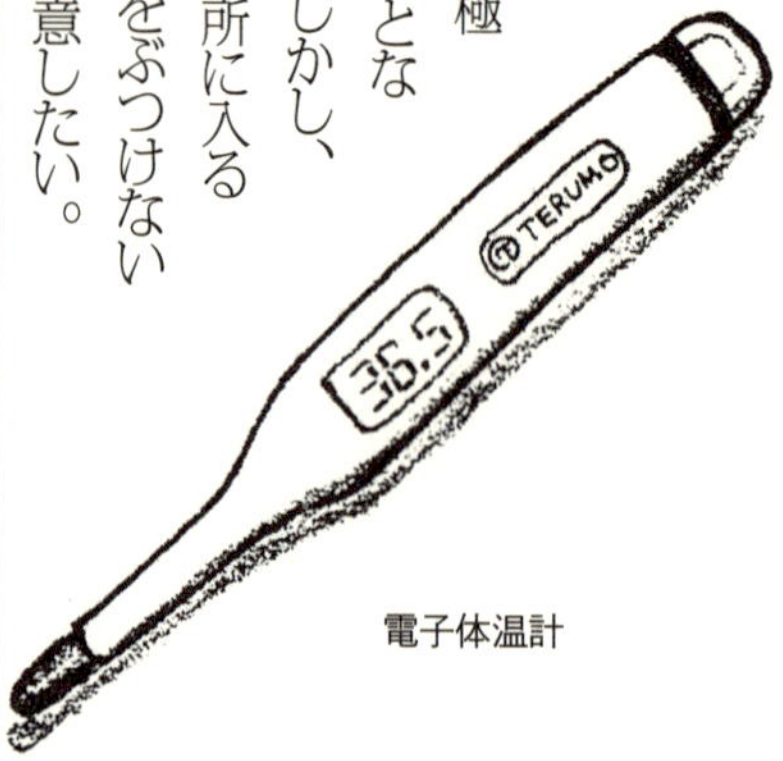

電子体温計

オーロラ夜話②　替え歌

南極観測隊では、流行歌の詞だけを身近な話題にスゲ替えた替え歌が、これまで数多く生まれてきた。古くは「海路壱万五千キロ」から、われわれあすか拠点の「ター坊哀歌」まで、枚挙にいとまがない。

何故、詞だけ替えるのかといえば、曲を作ることは普通のセンスでは非常に難しいからだ。例え、作詞作曲された新しい観測隊の歌が生まれたとしても、反復練習して各隊員が完全に覚え込まない限り、定着し、後に生き残ることはない。

その証拠に、第1次隊出発に際し、さる高名な作曲家が作曲した「南極観測隊の歌」も、山口百恵が唄った「アンタークティカ」も、現在では誰ひとり唄えない。

その点、替え歌ならば、本歌が有名なスタンダードナンバーである限り、誰でもメロディを簡単に口ずさむことができる。詞は時と場合に応じて適当にアレンジもできるし、ちょっとした思いつきですぐに唄えるのだ。

小さなモヤシに　口づけをしたら
小さな声で　僕に言ったよ
シゲさん　あなたは　優しいひとね
あたしを摘んで　お部屋へ連れてって
（本歌「花とおじさん」）

こんな替え歌はあすかでしか生まれないし、あすかでしか理解されないが、唄っているわれわれは楽しい。

新案の換気口、快調に稼働

機械班苦心の作である便所天井の換気口は、すでに稼働している。現在のところ、快調な出だしである。ダクトに吹き込む雪は、黒ゴムと蛇腹管を通ってバケツに受けられ、空気だけがうまく吸入されている。

風の間隙をぬって雪入れ作業

9日、相変わらずの強風が吹きつけていたが、昼食後のちょっとした風の弱まりを利用して、全員で雪入れ作業が行われた。

6月に入ってからは、一日中快晴無風という気象条件は望めなくなっている。そのため、雪入れ作業もこのようにゲリラ的に行うべきであろう。

ブリへの弱さ露呈した焼糞便所

9日朝、酒井は焼糞便所から焦げた臭気が漂うことに気づいた。ドアを開けると、煙突が詰まり過熱していたことがわかった。超大型ブリによって観測棟周辺の地形が大幅に変わったため、気流に変化が生じ、焼糞便所の直立円形煙突が時折、雪で詰まるようになったのだ。これは火事の危険をはらむため、煙突の改造が予定されている。

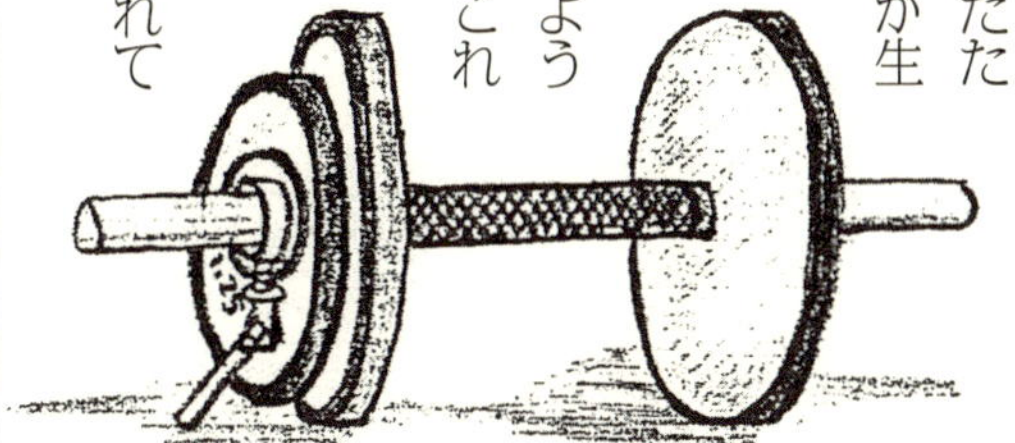

ダンベル

オーロラ夜話③　水耕栽培

南極越冬も半ばに差しかかると、持参した生野菜がひとつ消えふたつ消えして、食膳が淋しくなるものである。特に、キャベツのシャキッとした歯ざわりや、ニンジンの鮮やかな赤い色には、惜別の情すら湧き出てしまう。

そこで登場するのが、水耕栽培による採りたてピチピチのモヤシ、二十日大根、貝割大根、つまみ菜などの野菜だ。いずれも小兵ではあるが、緑に輝き、独特の風味をもつ。

あすかでは暗夜期に入って、外作業の職にあぶれた高橋隊員が、本格的に水耕栽培に打ち込み始めた。その凝り方といったらハンパではない。最初は、プラスチックの物品入れにウレタンを敷き、種子をパラパラと撒いて細々と栽培していた。

そのうちに高橋隊員は、GFMメロウなる循環水を用いた栽培器を導入し、これに手製の噴水パイプやシコシコポンプやらの手を加えてゆき、さらには早苗床からGFMメロウに植え替える手法を取り入れるに至って、高橋農園の収穫量は飛躍的に増大したのである。

また高橋隊員は、単に収穫を上げることに情熱を注ぐばかりでなく、一本一本の苗に対して、慈愛に満ちた眼差しで語りかけるのである。

「おまえたちの成長が、オレの生き甲斐なんだよ」と。

1987年（昭和62年）
6月10日
水曜日

南極あすか新聞

[6/9 気象]
天気　晴高い地吹雪
平均気温　-14.1℃
最高気温　-13.4℃
最低気温　-14.6℃
平均風速　19.4m/s
最大風速　26.7m/s
平均気圧　874.2mb

JARE28
あすか拠点
新聞社

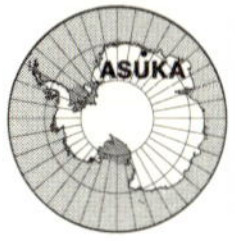

[6/9 メニュー]
☆富田シェフ食当
朝食／鰺干物、豚バラ野菜炒め、牛肉大和煮缶、みそ汁
昼食／カレーうどん、新香、オレンジ
夕食／プーレ（若鶏）ソテー・ルイジアナ、ビーフンサラダ、ソーセージとインゲンの炒め物、新香、みそ汁、パンプキンパイ

南極あすか新聞

1987年
(昭和62年)
6月11日
木曜日

[6/10 気象]
天気　晴低い地吹雪
平均気温 -17.3℃
最高気温 -14.0℃
最低気温 -22.2℃
平均風速 12.8m/s
最大風速 25.5m/s
平均気圧 867.4mb

JARE28
あすか拠点
新聞社

[6/10 メニュー]
☆富田シェフ食当
朝食／鮭塩焼き、鯨缶、キンピラごぼう、みそ汁
昼食／中華丼、煮豆、新香、みそ汁、リンゴ
夕食／鱈ちり、ローストポーク、ロールキャベツ、新香、みそ汁、リンゴ

焼糞便所の煙突改造に着手

10日午前、機械班と酒井は微風を見計らって、懸案の焼糞便所の煙突改造に着手した。円形直立式の煙突では、地吹雪の高い時、雪の吹き込みがどうしても避けられない。そこで、ブリキ管を継ぎ足して風下側へ曲げ、テープで固定した。これでブリザードの夜でも、観測棟住人は安心して焼糞便所を使用できることになった。

期待したい美しい満月

10日、ほぼ満月に近い月が、13時30分頃、ブラットニーパネの上空に懸かった。200㎜望遠レンズを用いれば、麓の雪面と山と月を、かろうじてひとつの視野に納めることができる。12日は満月なので、天気さえ許せば、さらによいショットが期待できる。

あすか拠点、科学基地の様相に

最近、野崎が観測室のパソコンで仕事をすることが多い。渋谷、野崎が並んで同型のコンピュータのキーを叩いている光景はまさに科学基地の様相である。

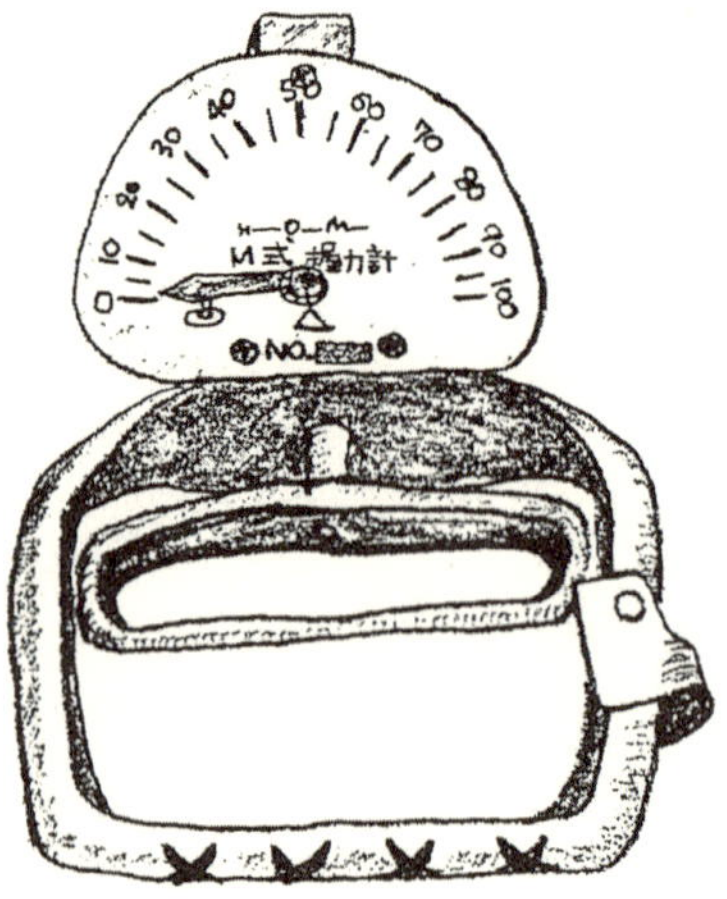
握力計

オーロラ夜話④ 落日

太陽が北の地平線下に姿を隠してから、すでに20日あまりの時が流れた。

幸い、いわゆる転がる太陽の見られる数日間は、極めて天気が良かったことから、あすか拠点でも地を這う太陽の動きを撮影しようと、隊員たちによるカメラの砲列がしかれた。

夏の間は、一日中輝き強い光を浴びせていた太陽に見向きもしなかった人たちが、落日に何故これほど興味を抱いたのだろうか。確かに地平線すれすれをかすめる太陽は、オレンジ色に燃え、息をのむ美しさをみせる。転がるような動きも、極地ならではのものだ。

しかし、越冬隊員をして撮影に熱中せしめたものは、実は太陽そのものというよりも、隊員自身の惜別の情、思い入れであったと思われる。落日は、去り行くものであるからこそ美しいのである。

今は暗夜期の真っただ中で、おまけに天気もブリザードが多いため、窓から眺める外の景色のほとんどが暗闇である。こうなると、太陽への感情移入はいっそう増すのであるが、この恋しさを一概に精神的な問題と片付けるわけにもゆかない。

南極と同じく暗夜期のある北欧では、うつ病患者に太陽灯を照射して、治療効果を上げているからだ。太陽リズムが、ヒトの生体リズム維持に影響することは、もうひとつの事実なのである。

南極あすか新聞

1987年
（昭和62年）
6月12日
金曜日

［6/11 気象］
天気　快晴
平均気温
-23.5℃
最高気温
-20.1℃
最低気温
-26.0℃
平均風速
9.4m/s
最大風速
16.9m/s
平均気圧
869.8mb

JARE28
あすか拠点
新聞社

6月初となる、快晴無風の上天気

11日、6月に入って初めての快晴無風の上天気となった。おまけに12日には、満月を迎えた見事な月が、セールロンダーネ山地の上空に懸かっているとあって、誰もが屋外に出て、手足を伸ばしたくなる。

機械班と富田はさっそく、発電棟屋根上の除雪に取り掛かった。一方、酒井・渋谷は手軽に頻繁に雪尺測定ができるようにと、30×30mの範囲に4×4本の雪尺をセットした。また高木は、基地と月を被写体に、さまざまな角度から狙って撮影を行った。

お祭り実行委員会を開催

11日15時より、ミッドウインター祭実行委員会が開かれた。委員長には高木生活主任が就任し、20～23日の行事案を細かく検討した。祭の中心となる食事は、20日あんこう鍋、21日中華コース、22日洋食コース、23日ふぐちりと決まり、それぞれに富田シェフが腕をふるってくれる。

さらに、22日のブランチにはつき立てのもちが提供され、23日には酒井のSUN寿司が特別出店する。また、各種大会には、麻雀・キャロム*・ダーツを予定。

昭和基地で催されるような派手な騒ぎではなく、8名の小社会らしい小粋な隠し芸も期待される。期間中の飲酒は自由で、21日、22日の両日には、昼風呂がプレゼントされる。

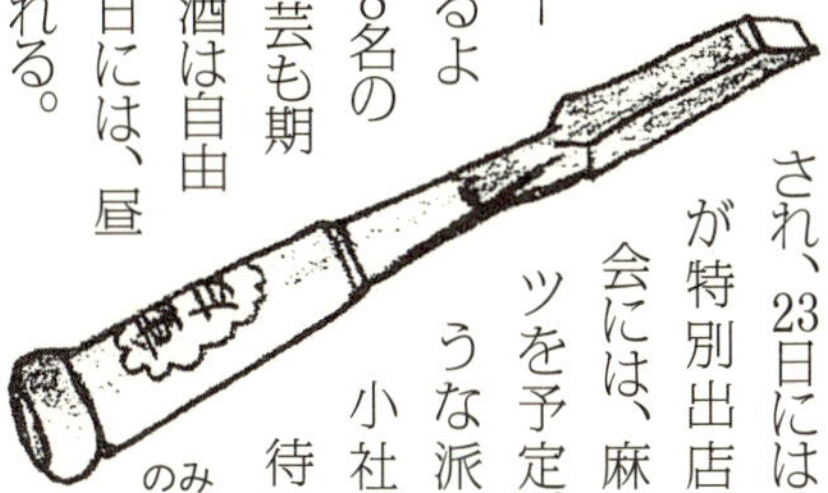
のみ

オーロラ夜話⑤ 6月

6月は南極越冬のヤマである。越冬隊が日本を発ってから日本に帰るまでの全期間の半ばは、7月下旬に当たる。しかしながら、われわれが越冬の前・後半を区切るヤマ場と感じるのは、なぜか6月、それもミッドウインターの頃なのである。

6月は、どこの越冬基地も大体は暗夜期にある。おまけに天気も悪い。誰もが屋外行動もままならず、屋内の電灯の下で手仕事などをやっている。うんざりし、いじいじし、溜息やあくびばかり出る。

日本国内にいると、ふだんは太陽光など気にもしないし、できれば日陰に避けていたいと思っていた人でさえ、いざ太陽がなくなってみると、猛烈にあの圧倒的な光量が恋しくなるのだ。

温帯に生まれ育ったわれわれは、いつの間にか、明暗のはっきりしたリズムに体が馴染んでいる。生理学的には、ヒトの生体リズムを刻む時計は、脳の視交叉上核（しこうさじょうかく）という部分にあり、外界の太陽などなくても、きちんと固有のリズムを刻むことになっている。

しかし、われわれは太陽がなくなると、途端に眠りが浅く断続的になったり、気分的に落ち込んだりすることに気づく。そして、6月さえ乗り切れば、太陽が戻ってくれば、などと自らを慰め、耐え忍ぶ。6月は越冬隊にとって、精神的にも生理学的にも正念場なのだ。

［6/11 メニュー］
☆富田シェフ食当
朝食／ベーコン野菜炒め、鮭水煮缶、キンピラごぼう、吸物
昼食／ハヤシライス、切り干し大根の煮付け、新香、みそ汁、リンゴ
夕食／シャトーブリアンステーキ、ニンジングラッセ、厚焼き卵、切り干し大根のハリハリ漬け、鶏肉のマリネ、新香、ブリオッシュ（フランス菓子パン）

＊ビリヤードに類似したボードゲーム

南極あすか新聞

1987年
(昭和62年)
6月13日
土曜日

[6/12 気象]
天気　快晴
平均気温　-28.4℃
最高気温　-24.5℃
最低気温　-31.2℃
平均風速　7.5m/s
最大風速　13.6m/s
平均気圧　868.9mb

JARE28
あすか拠点
新聞社

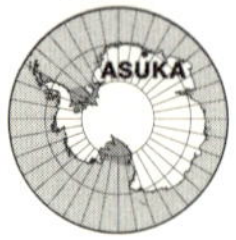

満月、セールロンダーネ上空に

12日、満月がセールロンダーネ山地上空に懸かった。2日連続の快晴無風という気象条件も味方して、月を撮るにはこれ以上望めない極めつけの光景であった。

日没時の太陽、現在の月、それに最高のオーロラがそろえば、あすかの壮大な自然の御三家、さらに蜃気楼を加えて四天王と呼んでもよかろう。これらは、写真撮影にとって最高の被写体であり、われわれの記憶にも長く残ることだろう。

作品と景品スポンサー求む

ミッドウインター祭実行委員会では、麻雀・キャロム・ダーツ大会、演芸大会の景品スポンサーを求めている。また替え歌、俳句、標語の作品も募集している。冬至の祭りを文化の香り高いものにするため、各隊員の傑作、力作を期待している。

帰路の豪州旅行が早くも話題に

気の早い話だが、昭和基地と文部省とのHF電話で、帰路のオーストラリア旅行が話題となった。公用旅行の渡航先国名はオーストラリアだけなので、ニュージーランドなど他の国には行けない。オーストラリア国内旅行の交通費は、すべて個人負担という。旅行希望先を当局は知りたいらしい。あすかでは、さっそくエアーズロック、ホバートなどの地名が挙げられた。

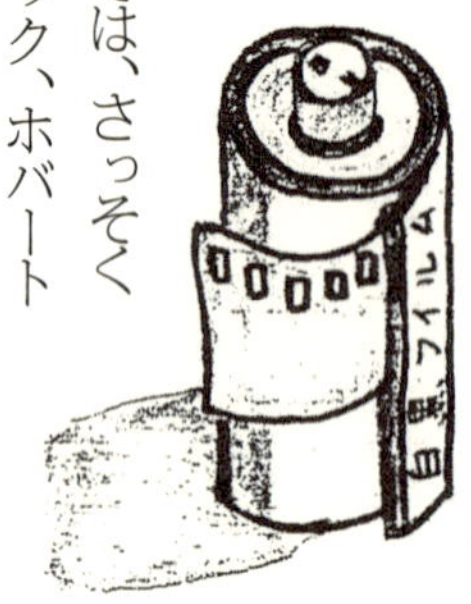

オーロラ夜話⑥ 映像

レーザーディスクやVTRの映像は越冬当初、熱狂的な人気を博した。われわれが持ち込んだディスクやカセットのラインナップは、すべて貪るように見てしまったので、すでに〝処女の映像〟は残っていない。それでも越冬の深まった現在もなお、結構な人気を保っている。しかし、これらの映像の楽しみ方が、以前とは幾分異なってきたようだ。

〝処女の映像〟の頃は、酒井が上映時間を決めて、全員が食堂に集まったことを見届けてから、「それでは参ります」ってな感じで、おごそかに鑑賞していたのである。同時に、見る方にも裃を身にまとったような、一種の堅苦しさがあった。

それが現在では、まるでBGMのような感じで上映されるようになっている。麻雀卓を囲んでいる面子は、映像を見るともなく聞くともなく、そのくせ「学問の前後左右に女あり……か、ア、それポン!」などと映像に調子を合わせて打っている。

また、自分でカセットを探し出し、上映し始めたというのに、すぐに鼾をかいて床で眠ってしまう御仁や、好きな作品のラストシーンだけを流して、何度も感動の涙を流している者もいる。番組「神々の峰　アンデス大自然行」の中で緒形拳がつぶやく、「来てよかったネ」のセリフを、思わずくりかえす人もいる。

[6/12 メニュー]
☆富田シェフ食当
朝食／かまぼこ、わさび漬け、ロースハム、秋刀魚蒲焼き缶、ポタージュ
昼食／ドライカレー、豚レバー炒め、新香、吸物、リンゴ
夕食／牛ヒレと大豆のシチュー、焼き豚、角揚げの炒め物、チーズ盛り合わせ、新香、みそ汁、グレープフルーツ

南極あすか新聞

1987年
（昭和62年）
6月14日
日曜日

JARE28
あすか拠点
新聞社

［6/13 気象］
天気　曇高い地吹雪
平均気温 -26.4℃
最高気温 -24.2℃
最低気温 -28.8℃
平均風速 13.3m/s
最大風速 25.2m/s
平均気圧 860.2mb

［6/13 メニュー］
☆高木サブ食当
朝食／鯨ベーコン、タラコ、白菜漬け、ベーコン野菜炒め、納豆、みそ汁
昼食／うな丼、チキンスープ、筍・竹輪・こんにゃく煮付け
夕食／秋刀魚塩焼き、モヤシ、キスフライ、イカリングフライ、ローストチキン、大豆味噌炒め、中華風スープ

再び荒れ模様

11日、12日と絶好の観月日和が続いたが、13日7時頃から徐々に風速が強まり、12時には20m／sに達した。

6月は上旬だけで1ヶ月分の風が吹き荒れた感じだが、まだまだわれわれを屋内に閉じ込めるつもりらしい。この地吹雪の中、鮎川隊長はいつもの黄色いヤッケスタイルで、飛雪のサンプリングに出かけた。

プロ野球ナイターを聴く

13日午後、通信室のHFトランシーバーで日本短波放送9・59MHzのナイター中継を受信した。時々、ウッドペッカーノイズが入ったものの感度は割合良く、ブリ気味のあすかで、ナイター観戦の気分を味わえた。なお、試合は6対2で巨人がヤクルトを破っている。

衣笠2131試合出場の世界記録

13日の共同FAXニュースによると、広島市民球場で行われた対中日10回戦に、5番3塁手で出場した「鉄人」の愛称で知られる衣笠祥雄選手（40）は、米大リーグのルー・ゲーリック選手の記録を抜く、2131試合連続出場のプロ野球世界新記録を樹立した。

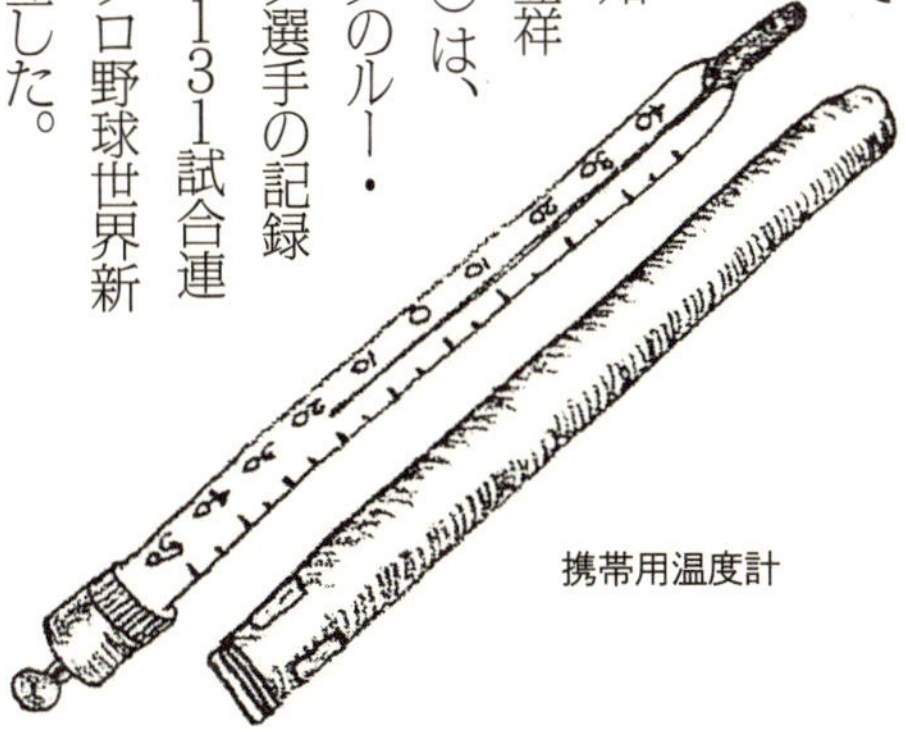

携帯用温度計

オーロラ夜話⑦ 雪入れ作業

あすか拠点の造水槽は、発電棟の南側に隣接した八角柱の野外タンクである。設計者の先見の明であろうか、それとも単なる幸運であろうか、造水槽はこの形と設置場所のおかげで、ブリザードが吹いても雪中に埋没することがない。

しかも造水槽の設置により、発電棟の風上側から南側にかけて形の良いウインドスクープが生じ、発電棟の窓がきれいに露出している。ちょっとした建物が建っただけで、気流が微妙に変化する南極大陸において、これだけ上手に気流を操った例はあまりない。

造水槽の底面積は11・77㎡、満タン時の水位は1・12mで、最大で約13㎥の水を貯留できる。ブルドーザーが稼働していた頃は、すべて機械力で行われていた造水槽への雪入れ作業であったが、冬場に入ってスコップを手にした人力作業で行われるようになった。冬場に全員で行う屋外の肉体労働は、この他にほとんどないので、各隊員は存分に体を動かせるこの作業を案外気に入っている。

昼食の後、全隊員が完全装備に身を固めてスコップで雪塊を掘り出し、放り投げる。すると、快い汗とわずかな息切れが生じる。たった15分のこの発散が、身体にはとても心地よい。スコップに手を添えて遥かに望む、北の地平線のオレンジ色も、息をのむほど美しい。

南極あすか新聞
1987年
(昭和62年)
6月15日
月曜日
JARE28
あすか拠点
新聞社

[6/14 気象]
天気　曇高い地吹雪
平均気温　-20.8℃
最高気温　-19.4℃
最低気温　-24.2℃
平均風速　17.1m/s
最大風速　25.5m/s
平均気圧　865.7mb

[6/14 メニュー]
☆酒井食当
朝昼兼用／酢豚ラーメン
夕食／コロッケ、チキンロール、すきやき風煮込み、フカヒレスープ

晴海出航7ヶ月目の日曜日

14日はしらせの晴海出航から、ちょうど7ヶ月目であった。暗夜期の単調な毎日が続くせいか、もう何ヶ月、あと何ヶ月といった話題が最近は多い。しらせが29次隊を乗せてブライド湾に来るまであと半年だ。

機械作業台を製作中

ブリの日曜日、高橋は仮設作業棟に設置予定の、機械作業台の作製に余念がなかった。中量ラックのプレート、アングル、正角材などを利用して、組み立てられつつある作業台は、頑丈そのものである。

順調に進む排水坑の温度測定

渋谷により排水タテ坑にセットされた水晶温度計は、順調に作動している。1、2、5m深を経て、センサーは現在10m深に設置されている。

10m深の温度はマイナス16℃前後であるが、排水されると一挙にプラス5℃程度まで上昇する。水晶温度計はパルスをカウントすることから、屋外の風速が15m／sを超えると静電ノイズが発生するため、温度測定ができなくなるという。

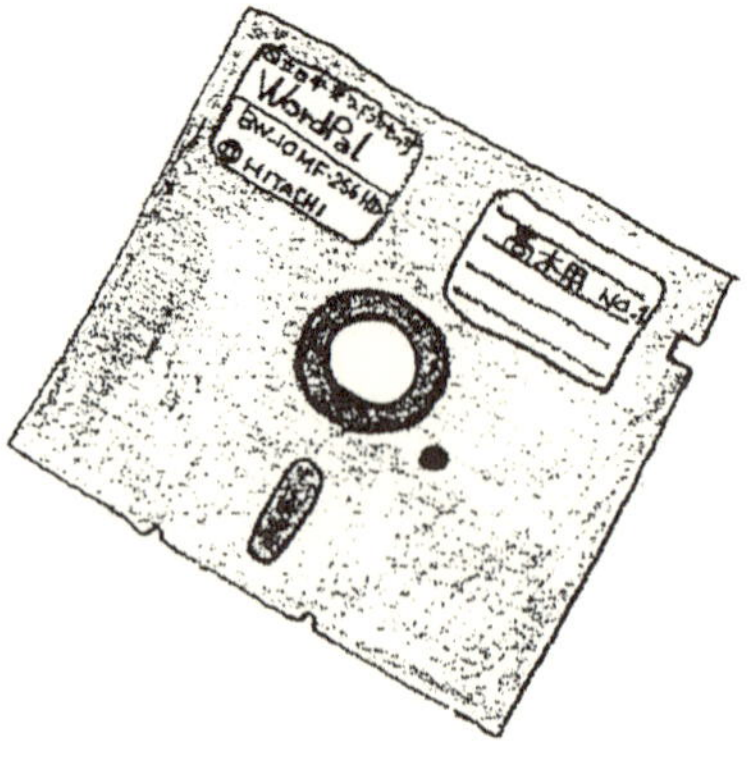
ミニフロッピーディスク

オーロラ夜話⑧ 暗夜の空

太陽の隠れる暗夜期の空は、天気が悪いせいもあって注目されることが少ない。脚光を浴びるのは派手なオーロラくらいのもので、南極の空にひっそりと光る星たちや、もっと大きな動きをする月も、ほとんど目に止められない。

しかし、暗夜期ほど星空散歩に適した時季はないのである。オーロラ撮影をしようと夜空を見上げると、南天の星たちも結構豪勢に輝いていることを知る。

南天で最も有名な星座は十字架座だが、本物の南十字近くにある、ほ座とりゅうこつ座の4つの2等星で構成される〝にせ十字〟も、案外立派だ。南十字の短い方の対角線を延長した線上に輝く明るい星は、ケンタウロス座のαとβである。

一方、長い方の対角線を5倍に伸ばした先の点が天の南極で、北半球の北極星に当たる。また、日本でもおなじみのサソリ座のαアンタレスと、星座の王者であるオリオン座のαベテルギウスとβリゲルも見られる。

ちなみにギリシア神話の英雄オリオンは、サソリに踵を刺されて死んだので、夜空でもオリオンはサソリを嫌い、180度離れて決して一緒には現れないという。

このほか、南天の月もしらじらと光って捨てがたい。特にブラットニーパネに懸かる満月は、絶景といえよう。

南極あすか新聞

1987年
（昭和62年）
6月16日
火曜日

JARE28
あすか拠点
新聞社

［6/15 気象］
天気　晴低い地吹雪
平均気温　-23.2℃
最高気温　-20.9℃
最低気温　-25.3℃
平均風速　12.4m/s
最大風速　19.9m/s
平均気圧　865.1mb

［6/15 メニュー］
☆高木サブ食当
朝食／鯨ベーコン、タラコ、キンピラごぼう、野沢菜漬け、納豆、みそ汁
昼食／親子丼、チキンスープ、グレープフルーツ
夕食／鰺塩焼き、焼き餃子、生モヤシ、里芋・こんにゃく・焼豆腐の煮付け、そら豆ケチャップ煮、牛肉しぐれ煮、マカロニサラダ、みそ汁

ハロン消火設備の講習会開催

15日昼食後、発電棟発電機室に設置されている、ハロン1301消火設備の講習会が行われた。

ハロンは計画段階では自動操作による放出が予定されていたが、誤動作による放出が起きると、隊員が窒息死する恐れもある。そのため、28次隊では手動操作することが決められている。

雪入れ作業を実施

15日午後、風速が10m／s台に弱まったことから、全員による雪入れ作業が実施された。

雪塊は固く締まって、スコップでもなかなか歯が立たないが、人海戦術で攻めるので、作業時間は相変わらず10分程度ですんでいる。

暗夜期で、しかも北の地平線がべったりと雲で覆われているため、屋外は暗かった。作業を終えた各隊員は、ついでに各自の持ち場を点検してまわった。

ミッドウインター祭看板、制作中

酒井は、ミッドウインター祭の看板を現在制作している。青地に白でセールロンダーネ山地とオーロラを描いて、なかなかの好評を博している。

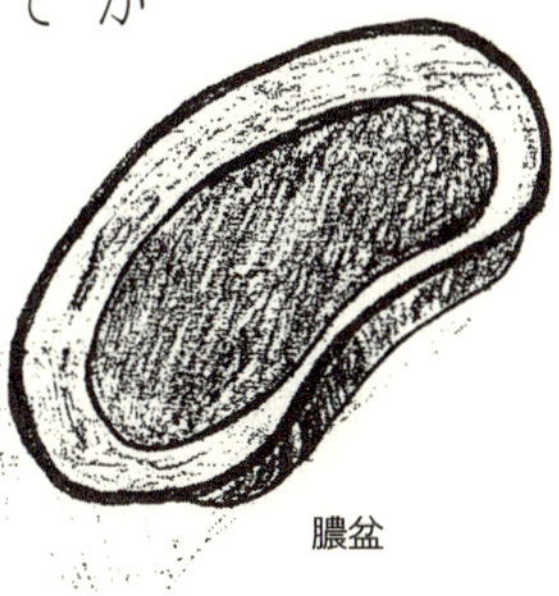

膿盆

私のホビーライフ⑤ 鮎川勝《1》

私には、特にコレだ!!といって自信をもって紹介できるような、自分の趣味が思い浮かばない。

あすか観測拠点では、毎朝目覚めると同時に、昨年の手帳を開くことを日課にしている。10年ぶりの南極行きの準備作業に多忙を極めた、昨年の日々行動記録のうち、日曜日の欄は「畑で汗をかく」と記載されていることが多い。強いて言えばこの事が、私の趣味として紹介できそうだ。

山峡に生まれ育った私は、少年時代に山や土といったものがあまりにも身近にあったので、自然を特に欲した記憶はない。しかし、都会生活も20数年を経た現在、考えてみるとある時は登山に夢中になり、ある時は川釣りに熱中し、ある時は読書に夢中になり、手にした書物の舞台となった辺地や史跡を訪れることを最大の楽しみとしたこともあった。

いずれも麻疹のように、二度とかかることのない熱病のように過ぎ去ったが、現在（少なくとも昨年まで）は、日曜日の土いじり、あるいは出勤前の早朝野良仕事を楽しむ心境になっている。

土いじりは職場での種々雑多な出来事、職責上抱え込む難題、複雑な人間関係などを忘れさせてくれる。それはまた、私が初めて南極で越冬していた昭和45年8月に他界した、亡父をしのぶことにもなる。

［つづく］

南極あすか新聞

1987年（昭和62年）6月17日 水曜日

［6/16 気象］
天気　高曇り
平均気温　-27.0℃
最高気温　-24.5℃
最低気温　-29.6℃
平均風速　9.0m/s
最大風速　15.0m/s
平均気圧　865.2mb

JARE28 あすか拠点 新聞社

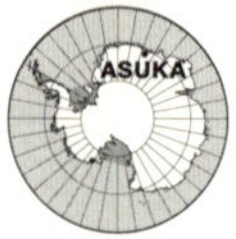

［6/16 メニュー］
☆富田シェフ食当
朝食／鰺干物、鮭水煮缶、キンピラごぼう、みそ汁
昼食／きしめん、新香、リンゴ
夕食／ハンバーグステーキ、カリフォルニアミックス、きしめんのサラダ、ミートパイ、みそ汁、オレンジ

基地内ゴミ焼却を実施

16日午後、気温マイナス25℃、10m／sの風という好条件を得て、基地内のゴミが廃油を使って焼却された。

暗夜の雪原にオレンジ色の火炎が昇り、背後には下弦の半月が淡く光って異様な景観を生み出していた。ミッドウインターデイまであと6日とあって、あたりはさすがに暗かった。

鶴田浩二追悼の演歌流れる

16日、俳優の鶴田浩二（62）が、肺癌のため慶應病院で死去した。このニュースを知った鮎川隊長は、さっそく自ら持参した鶴田本人が歌う演歌を流し、哀悼の意を表した。しかし、若者は概ね無関心であった。

図書調達の要望

各部門とも調達参考意見のまとめにかかっているが、基地に欲しい図書についての意見もチラホラ聞かれる。

まず、百科事典。みずほ基地のお古である20年前の代物ではどうにもならない。次にギネスブック。これ一冊あれば、話題には事欠かない。さらにオーストラリアの最新ガイドブック。六法全書。ヘディンなどの探検記や美しい写真集などもあるとよい。

われわれが読む余裕は、ないだろうが。

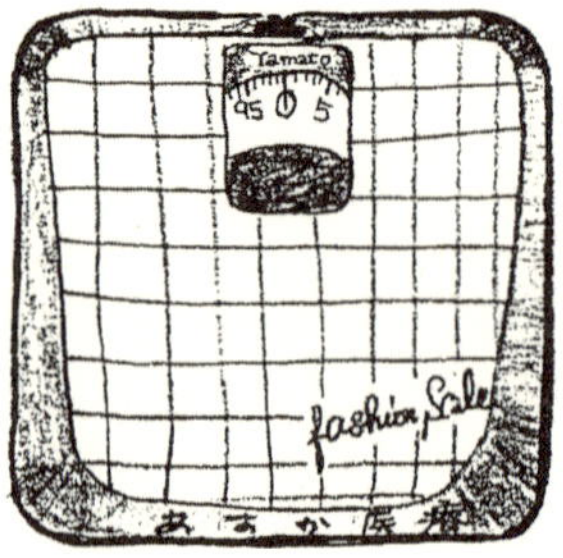

ヘルスメーター

私のホビーライフ⑤ 鮎川勝《2》

私の幼年期は終戦直後ということで、食糧難であったことをわずかに記憶している。部落総出で急峻な山腹を切り開き（開墾と称する）、猫の額ほどのところへ芋や大豆などを植えて、何とか飢えをしのぐ算段をしていた。

兵役から解放された亡父が、開墾作業に一心不乱となっていた姿が、おぼろげながら頭の片隅に焼き付いている。私の土いじりは、この開墾作業に似た作業から始まっている。

現在の私は、官舎住まいである。官舎には、わずかではあるものの各棟別、各世帯別に、土いじりが可能な空間が備えられている。私の前の住人は、植木が趣味であったのか、その空間には各種の草木が不規則に生い茂り、かつ中央部に蘇鉄に似た大木が生えていた。

大木は既に、5階建ての官舎の2階部まで達するほど成長し、1階住人の日照を妨げるようになっていた。私の開墾作業は大木を切り倒し、その切株と根っ子の掘り起こしから始まった。切株、根っ子の掘り起こし作業は困難を極め、途中なんどもギブアップしてしまいたい衝動に陥った。

官舎の2階部までに達するような大木の根っ子の掘り起こし作業が、どの程度の作業であるかを想像できる人が、あすか越冬隊員の中に居るであろうか？　［つづく］

1987年
（昭和62年）
6月18日
木曜日

南極あすか新聞

第2回ホルモンリズム採血

17日、医学観測の第2回ホルモンリズム測定用採血が行われた。一日4回、朝から晩までの採血はラクではないが、皆こころよく血液を提供し、高木を喜ばせた。

6月は1ヶ月間、まったく太陽が出ない唯一の月である。すでに、一日中なんとなく眠いとか、気力が充実しないとかいった暗夜期特有の症状が現れている。血液中のいろいろなホルモン値には、もっと明瞭な変化があるはずだ。

残念ながらあすかでは、コーチゾル、アルドステロン、テストステロン等のホルモン値測定はできないが、興味深い結果が出ることだろう。

機械作業台を／Aに設置

高橋が工夫して、あり合わせの材料で製作した作業台が、安全地帯／Aに設置された。これに卓上ボール盤と卓上グラインダーがボルトで固定され、工作には極めて有用な作業台となっている。

今後は、／Aから「ガリガリグリグリ」と景気のいい音が響いてくることだろう。

なお、作業にともなう防火対策として、床にはあらたに石膏ボードが貼り付けられた。

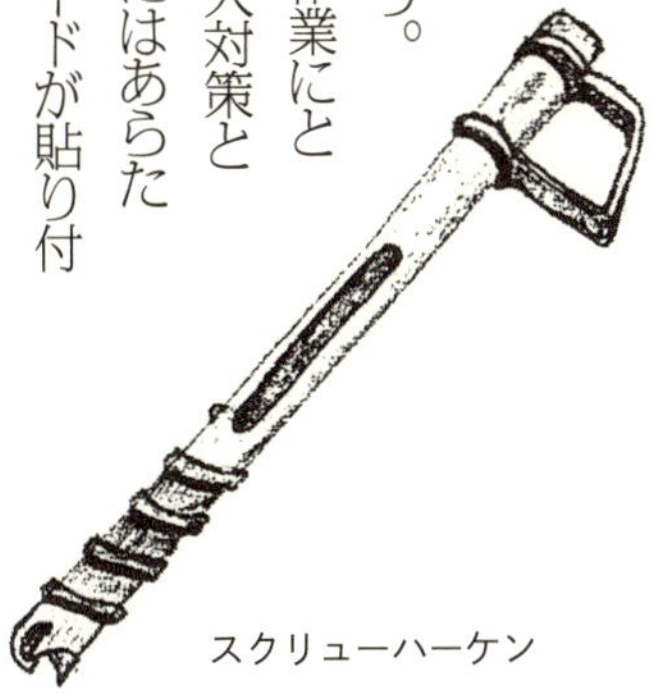
スクリューハーケン

［6/17 気象］
天気　快晴
平均気温 -34.6℃
最高気温 -29.5℃
最低気温 -37.5℃
平均風速 6.9m/s
最大風速 9.4m/s
平均気圧 867.0mb

JARE28
あすか拠点
新聞社

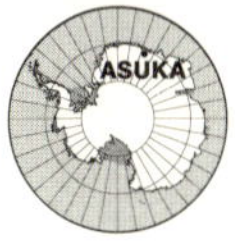

私のホビーライフ⑤　鮎川勝《3》

その作業は、少なくとも「あすか」での雪掘り作業の比ではなかったように思える。約1・5m×1・5m、深さ0・5～0・8mにおよぶ切株の周囲を長く伸びる根、小石など穴掘り作業の遅延に作用する因子を除去しながら、家庭用の粗末なスコップ、クワ、ノコギリ、ナイフなどの道具を用いての穴掘り作業である。

休憩なしの数時間にわたる連続作業の末、切株と根っ子を大地から切り離すことに成功した。ホッと息つく間もなく、この切株を地表面に持ち上げるのが難関となる。重くて持ち上がらないのである。機械力、助っ人に頼るのが一般的な解決策であろう。

でも私は、亡父が額を汗で満たし、黙々と大木の切株を取り除いていた、あの終戦直後の開墾作業を思い浮かべていた。

切株一つ始末できないのでは、亡父の域に達しえない。直面する困難を一人で解決できなくては、亡父を乗り越えることはできない――。私はその時、亡父と男の競い合いを演じるつもりだったのだろう。

やっとの思いで、大きな木の根っこを地表面に押し上げ、根が取り除かれたことによってできた大穴に、近くの林から肥えた土を運び、約2m×3m程度の「小さな畑」を造成した。この時以来、春夏秋冬、休みなく小さな畑で家庭菜園を楽しんできた。

［つづく］

［6/17 メニュー］
☆富田シェフ食当
朝食／大和芋、モヤシ炒め、浅利味付け缶、牛大和煮缶、みそ汁
昼食／牛丼、じゃが芋煮付け、新香、みそ汁、オレンジ
夕食／鮭照り焼き、切り干し大根煮付け、牛ヒレたたき、浅利ワイン蒸し、吸物、プリン

南極あすか新聞
1987年（昭和62年）6月19日 金曜日
JARE28
あすか拠点
新聞社

［6/18 気象］
天気　快晴
平均気温　-40.8℃
最高気温　-36.6℃
最低気温　-44.3℃
平均風速　3.2m/s
最大風速　8.3m/s
平均気圧　864.1mb

厳寒、零下40℃を突破

18日は快晴無風であった。放射冷却現象により、気温はグングン下降し、9時には早々とマイナス40℃の大台を突破。20時16分には、ついにことし最低のマイナス44・3℃を記録した。

あすか拠点で気象定常観測が開始されて以来、風は予想以上に強いが、気温はむしろ暖かいという傾向が長く続いた。しかし、6月も後半に入って、ようやく嵐の大地は、凍《しば》れる大地へと変貌しつつあるようだ。

我々越冬隊員にとっては、この方がありがたい。氷震*が聴こえる日を待ちたい。

零下40℃の中、雪入れ作業

18日、快晴無風、マイナス40℃以下の厳寒の中、雪入れ作業が行われた。さすがに造水槽のフタを開くと、湯気が著しい。

作業そのものは、風がないのでさほど苦痛を感じない。オレンジとピンクに染まった、低い空が美しかった。

便所排水、フィルター交換を実施

18日、機械班は便所の排水を実施した。汚物タンクのフィルターは目づまりが激しいので、新品と交換された。目づまりの原因の一つは、トイレットペーパーだという。紙は必要最小限の使用にとどめたい。

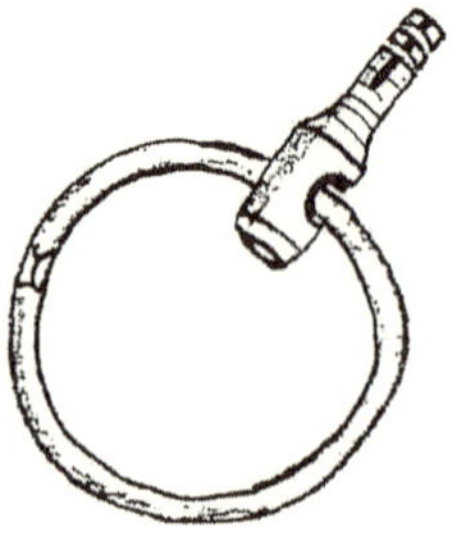
埋め込みボルト

私のホビーライフ⑤　鮎川勝《4》

家庭菜園を通じ、近くの園芸店のご主人とも知己となった。そのおかげで、私の人生観を根こそぎ変えてしまうような、四季折々の草花の楽しみ方などのお話を聴く機会も得られるようになった。

私や私の周囲に存在する人々と、まったく異なる人生を歩んでいる、あるいは生き方をしてきた人との会話は、目新しく、かつ心が浄化される思いがする。

さて、私の小さな畑で収穫される農作物を紹介してみよう。胡瓜、茄子、トマト、南瓜、大根、ホウレンソウ、小松菜、中国菜、サニーレタス、三つ葉、大豆（枝豆）などなどである。人参は何度挑戦してみても失敗続きであった。

実をつける植物は、肥料、給水など細やかな手入れが必要である。花を咲かせること、花が咲いたらさらに細やかな愛情で、大切に大切に花の保守につとめると同時に、一定間隔で適度な鶏糞や牛糞その他の混合肥料を根の周囲に与えつづける。与えすぎは、幹そのものを枯れさせてしまう。

大量収穫ができるか否かは、このような日々の手入れと、気温によって左右される。1本の苗から数個から10数個、あるいはそれ以上の収穫をめざし、毎日が期待と不安の明け暮れである。

［つづく］

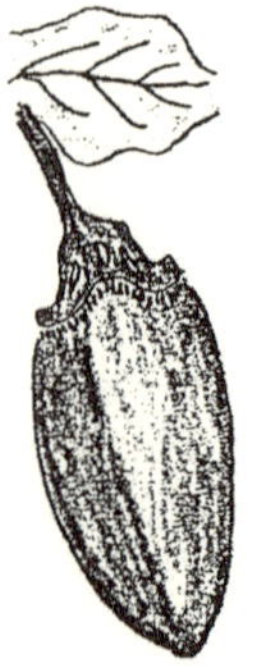

［6/18 メニュー］
☆富田シェフ食当
朝食／鰯味醂干し、かまぼこ、秋刀魚蒲焼き缶、みそ汁
昼食／スパゲティナポリタン、ひじき煮、新香、吸物、オレンジ
夕食／豚ロースアメリカンカツレツ、飯（はまち）刺身、ツブ貝の酢味噌和え、ひじき煮、みそ汁、プリン、グレープフルーツ

＊寒波などにより氷河に亀裂が生じて発生する、地震に似た揺れ

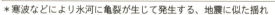

1987年
（昭和62年）
6月20日
土曜日

南極あすか新聞

JARE28
あすか拠点
新聞社

[6/19 気象]
天気　晴
平均気温 -38.8℃
最高気温 -28.8℃
最低気温 -44.6℃
平均風速 7.3m/s
最大風速 16.3m/s
平均気圧 863.2mb

低温記録を更新

19日、前日に続いてあすかは凍てつき、7時56分にはマイナス44・6℃と低温記録を更新した。しかしブリと違って、低温による障害はいまのところ認められていない。

第2回基地内気温測定の結果

18日、高木により測定された基地内気温は表の通りとなった（第42号掲載の第1回結果を参照）。外気温は大幅に下降したが、主屋棟と観測棟では3月の数値と変わらず、発電棟ではむしろ暖かくなっている。

私のホビーライフ⑤　鮎川勝《5》

胡瓜、茄子、トマトを育んだ年の夏は、毎朝4時頃に起きて、植物の生育の一翼を担う葉の裏につくアブラムシ、青虫などの退治、不必要な枝葉の切り落しなどを、世俗を忘れて楽しむ。

手入が済み、夏の太陽が輝きを増す頃、蝶が花の周辺を飛び交う。なんと平和で、すがすがしい一刻であろうか。

収穫物は、八百屋の店先に並ぶようなスマートで品の良いものは皆無に等しい。しかし、無農薬で新鮮な味を楽しむことができる。ご近所への押し付け気味のお裾分け、私の研究室にもちこんで昼食時に皆で試食するのも楽しい。お世辞にも美味しいと喜んでいただくと、幸福感が倍加する。私の尊敬する南極観測の大先輩某教授と、お互いの作物の出来具合を自慢しあうのも、また楽しいものである。

あすか基地では、高橋隊員が高橋農園を経営している。高橋隊員が改良、改善を重ねる農園からは、緑色鮮やかでフレッシュな野菜が出荷され、8人の越冬生活の食卓を一段と華やかなものにしている。

高橋隊員が多忙な主業務の暇をみて、農園で働く姿は美しく、愛情細やかな手つきで貝割君と会話を交わしている姿は、何物にも代えがたい……。高橋隊員の人柄が浮き彫りにされ、時には高橋農園に蝶が飛翔しているような錯覚に陥ることすらある。私は高橋農園で、水撒き人夫として秘かに楽しませていただいている。

常日頃、やれ会議、それ来客、やれ報告書、それ予算云々と、しかつめらしい態度で過ごしている私にとって、「畑で汗をかく」は何事にも代えがたい心安まるひと時であり、亡父をしのぶひと時でもある。

私の小さな畑は、いまどうなっているだろうか？

第2回基地内気温

場　所	気温（℃）
屋外	-40.8
オーロラ観測室	+12.5
風上側前室	-1.5
観測室（FC4台）	+23.0
通路（FC2台）	+21.5
寝室	+20.0
医務室	+19.5
風下側前室	+9.0
観安トンネル	-15.5
発電棟便所（FC1台）	+19.0
部品庫	+22.0
発電機室	+27.0
安全地帯 A'	-2.5
安全地帯 B	-7.0
安全地帯 A	-8.0
食糧庫	+15.0
前室	+16.0
通路（FC1台）	+20.0
厨房（火気使用なし）	+21.0
食堂（FC2台）	+24.0
通信室（FC2台）	+22.0
隊長寝室	+20.5

[6/19 メニュー]
☆富田シェフ食当
朝食／鯨焼き肉、ベーコンソテー、鮭水煮缶、みそ汁
昼食／天津飯、里芋煮付け、新香、みそ汁、リンゴ
夕食／牛ヒレのポワレ、七面鳥のロースト、キスのフライ、おじや、新香、吸物、マロンパイ、オレンジ

1987年（昭和62年）6月20日　土曜日　　　　　　　　　南 極 あ す か 新 聞　　　　　　　　　号 外

ミッドウインター祭日程表

月／日	6月20日	6月21日	6月22日	6月23日
曜　日	土	日	月	火
9:00				
10:00				
11:00	ブランチ	ブランチ	ブランチ（餅つき）	ブランチ
12:00	雪入れ	昼風呂	昼風呂	雪入れ
13:00	記念写真（外）		麻雀（第2戦）	麻雀（第3戦）
14:00		ロードショー	ロードショー	ロードショー
15:00				
16:00				
17:00				
18:00	前夜祭　開会式	中華コース	洋食コース	和食コース
19:00	・花火			・特別出店（SUN寿司）
20:00	・記念写真（内）	キャロム大会	演芸大会	閉会式
21:00	・祝電披露	ダーツ大会	・題名当てクイズ	・表彰式
22:00	・祝辞	麻雀（第1戦）	・カラオケ大会	
23:00	・基地歌斉唱		・替え歌発表会	
24:00	・スライド映写会（高木）		・俳句標語コンクール	
備　考			冬　至	

注　1．期間中（22日18時〜23日）の飲酒は自由、ただし業務に支障のない範囲とする
　　2．ミッドウインター祭明けの24日はブランチとする

JARE28-ASUKA
ミッドウインター祭実行委員

1987年（昭和62年）6月20日　土曜日

南極あすか新聞

JARE28 あすか拠点 新聞社

1987年
（昭和62年）
6月21日
日曜日

南極あすか新聞

JARE28
あすか拠点
新聞社

［6/20 気象］
天気　曇
平均気温 -32.3℃
最高気温 -28.4℃
最低気温 -35.6℃
平均風速 9.8m/s
最大風速 15.4m/s
平均気圧 863.0mb

ミッドウインター祭開催

20日、待ちに待ったミッドウインター祭が始まった。ブランチの際には、酒井祭実行委員の作った祭プログラムが配布され、雰囲気を盛り上げた。13時より全員作業の雪入れを行い、つづいて屋外での記念撮影、さらに凍てつく雪原で冬の花火が景気よく打ち上げられた。

夜の部は17時30分から始まった。酒井・大坂らによって紅白垂れ幕、日章旗、ベルギー国旗が張り巡らされ、頭上に大看板が掲げられた会場となる食堂で、まずは隊員の記念撮影が行われた。次いで宴会の部に移り、鮎川隊長の開会宣言、高木祭実行委員長の挨拶、高橋設営主任の乾杯音頭で、あんこう鍋の夕食がにぎやかに始まった。むっちりと締まった白身が絶品だ。

祝電披露、各隊員の挨拶がつづくうちに、メートルもどんどん上がった。1次会がまろやかなアイスクリームで〆られ、テーブルが片付けられると、2次会の高木によるスライド映写会に移った。越冬前半の数々のドキュメントが、皆の思い出を蘇らせた。隊歌「あすか基地」斉唱で、20日のスケジュールは終了した。

この後は、麻雀組、VTR組などに分かれ、ミッドウインター祭初日の夜は楽しく更けていった。

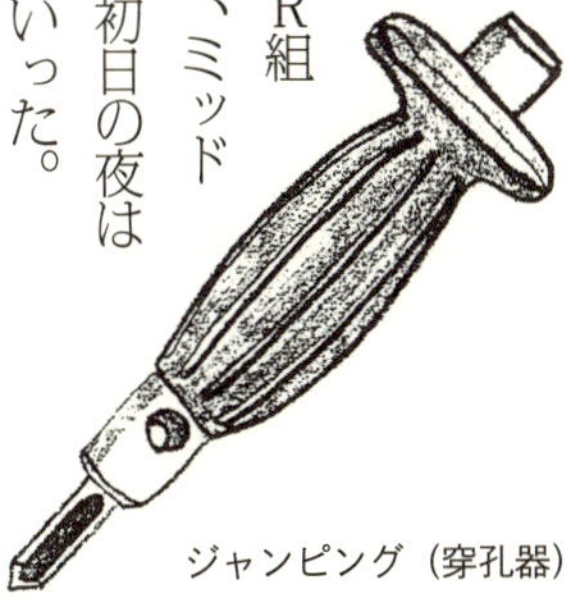

ジャンピング（穿孔器）

オーロラ夜話⑨　髪型

以前、越冬隊員のヒゲについてレポートを行ったことがある。そこで今回は、隊員の髪型について記してみよう。

6月に入って、にわか床屋が盛業である。富田・酒井・大坂らが、それぞれ自信ありげにハサミを操っているが、その作品群は、なかなか個性にあふれている。囚人風短髪、坊ちゃん風カット、さらにはもみあげが耳介より上で切られてしまったテクノカットもどきなどなど。

越冬隊員の髪型には、大きく分けて3つのタイプがある。その1は、鮎川隊長に代表される標準型、すなわち日本国内に生活する時と同じ髪型である。この髪型の人は、南極越冬をも日本の日常生活と同じにとらえられる、いわば南極のプロといえる。

その2は、高橋に代表される一念発起型である。すなわち、越冬を機に思い切った髪型に変えて、気持ちを新たにしようというものである。その3は、高木に代表される不精型。この型には、意識的あるいは実験的に伸ばすタイプと、いつの間にかぼうぼうに伸びてしまった純粋無精タイプがある。が、いずれにしても散髪は一切しない。

高木の場合は、1年間に髪はどれくらい伸びるのかという疑問を抱き、冷静に第三者的に、自らの髪を観察する実験型無精タイプだ。

いずれにしても、隊員の髪型ひとつとっても個性がある。

［6/20 メニュー］
☆富田シェフ食当
朝昼兼用／カレーライス、マカロニサラダ
夕食／ミッドウインター祭前夜祭（和食と鍋物：あんこう鍋、焼き鳥、クラゲの酢の物、高野豆腐の煮付け、アイスクリーム、フルーツ）

南極あすか新聞

1987年
(昭和62年)
6月22日
月曜日

JARE28
あすか拠点
新聞社

[6/21 気象]
天気　快晴
平均気温 -34.6℃
最高気温 -31.5℃
最低気温 -37.5℃
平均風速 8.8m/s
最大風速 13.6m/s
平均気圧 859.6mb

[6/21 メニュー]
☆富田シェフ食当
朝昼兼用／ハンバーガー、サンドウィッチ、イチゴジュース
夕食／中華コース料理(前菜盛り合わせ、伊勢海老チリソース、鯛の唐揚げ野菜あんかけ、カニの爪フライ、鶏肉とカシューナッツの炒め物、鴨肉のローストホウレンソウ添え、サラダ、新香、赤飯、フカヒレスープ、ライチ)

ミッドウインター祭2日目に

ミッドウインター祭2日目の21日も、前日に続いて、穏やかな天気に恵まれた。思い思いの時刻に起床した各隊員は、ブランチのハンバーガーとサンドウィッチに舌鼓をうった後、機械班の用意した昼風呂にどっぷり浸かって手足を伸ばした。

14時からはロードショー「蒲田行進曲」を鑑賞し、平田満の池田屋階段落ちシーンに一同息をのんだ。夜の部は、17時の夕食から始まった。メニューは中華料理コースである。次々と出来上がって食卓を飾る、数々のこってりとした料理は、質量ともに冬の祭りにふさわしいものだった。

食後、各種ゲーム大会が始まった。まずキャロムでは、富田プロが全勝優勝し、2位に高橋が食い込んだ。ダーツでは、鮎川隊長が中央の20点的に何度か当てて優勝をかざり、2位には敗者復活戦から進出した高木が、逆転で入った。

麻雀の第1戦は、B卓で高橋台風が吹き荒れ、「ツモ!」「アタリ!」の声高らかに、プラス39でトップに立った。こうして2日目も、楽しい雰囲気で夜は更けていった。

カラビナ

オーロラ夜話⑩ ミッドウインターデイ

南極越冬隊員にとって、冬至とクリスマスと正月を一緒にしたような祝日が、ミッドウインターデイだ。

うんざりするほど長く単調な暗夜期の、中日に当たるこの日、南極の各観測基地では、越冬のヤマを越したことを喜び、太陽の帰還と冬明けの野外活動への期待をこめて、基地をあげて祝祭を催す。

さらに、各国の基地間を祝電が飛び交う。国境のない大陸に暮らす歓びを、しみじみ感じる。「世界は一家、人類みな兄弟」なんて気分に、この日だけはなる。

昭和基地では例年、豪勢な食事と演芸大会などのどんちゃん騒ぎで、ミッドウインターデイをうかれて過ごす。21次のみずほ基地では、3日間寝て食って麻雀を打つという「耐久麻雀」に没頭した。

木崎甲子郎氏の『氷点下の1年　南極・オーストラリア基地』(朝日新聞社、1972年)によると、オーストラリアのモーソン基地では、各隊員それぞれが楽器を持ち寄って、にわかオーケストラをやるそうだ。

わがあすか拠点でも、祭実行委員会が早くから盛りだくさんなスケジュールを作り、富田シェフが和洋中日替わりのパーティ食をこしらえて、この祭りに備えた。思い出に残る楽しい祭にしたいものだ。

ミッドウインターが終わると、越冬の日々は驚くほど早く過ぎてゆく。

南極あすか新聞

1987年
（昭和62年）
6月23日
火曜日

JARE28
あすか拠点
新聞社

［6/22 気象］
天気　晴低い地吹雪
平均気温　-33.1℃
最高気温　-29.5℃
最低気温　-38.1℃
平均風速　9.4m/s
最大風速　17.8m/s
平均気圧　861.1mb

［6/22 メニュー］
☆富田シェフ食当
朝昼兼用／つきたて餅、大根おろし、納豆、あん、きなこ
夕食／洋食コース（オードブル〔飾り盛り〕、オニオングラタンスープ、舌平目のクリームソース、牛ヒレのステーキ〔ロッシーニ風〕、サラダ、アイスクリーム、パン、コーヒー、フルーツ）

ミッドウインターデイ迎える

ミッドウインター祭3日目の22日、ミッドウインターデイを迎えた。暗夜期の中日で、もちろん太陽は影も形もない。空は小気味よく晴れ、低い地吹雪が静かに流れた。まずは穏やかな冬至日だった。

ミッドウインター祭3日目は、酒井が餅つき器でついたつきたて餅のブランチで始まった。大根おろし、納豆、つぶあん、きなこ衣もそろえて、懐かしい味を楽しませてくれた。

食後は、さっそく記念麻雀第2戦を開始。酒井が断トツで飛び出した。午後はロードショー「夏服のイブ」。18時より、ミッドウインター祭のメイン・ディナーが華やかに始まった。あんきも、フォアグラ、トリュフなど世界の珍味も加えた豪華な洋食フルコースは、今回のあすか越冬でも極めつけの食事であった。

夕食後は、小休止のあと、高木主催のあすか歌会が行われ、各隊員のひねった俳句、短歌、標語、狂歌などの数々が披露、講評された。つづいて渋谷主催の替え歌発表会が、拍手喝采のうちに進められた。さらに酒井主催の音楽イントロ題名当てクイズが行われ、渋谷が芸能部長の面目をいかんなく発揮した。最後はカラオケの大競演になり、各隊員はマイクを奪い合って、熱唱、激唱、絶唱し、踊り、舞い、爆発したのであった。

ハーケン

オーロラ夜話⑪ 読書

暗夜期は読書に最も適した時季だ。われわれ越冬隊員の将来を予想しても、現在ほどまとまった読書のできる時間は、おそらく得られないに違いない。

ところが、あすか隊の読書状況はいささか貧困である。これは、麻雀と映像の2大娯楽のために読書が片隅に追いやられているという事情以外に、最近の隊員にはあまり読書の習慣がないからかもしれない。

「あすか文庫貸し出し記録簿」を見ても、6月13日現在で貸し出された図書は、わずかに64冊だ。読書傾向をみるには、やや少ない冊数ではある。

しかし、ざっと見ると『極地探検』『氷点下の一年』『昭和基地』といった南極関係の書が、よく読まれているようだ。また、『竜馬がゆく』など大河小説に挑んでいる人、渡辺淳一ばかり10冊読み漁っている人も目立つ。いずれも南極での読書傾向の一端を示すものといえよう。

21次のみずほ基地で冬を越した4名の隊員は、他の娯楽にめぼしいものがなかったせいか、皆よく本を読んでいた。鬱屈した基地生活のうっぷんを晴らすかのように、大藪春彦などのスーパーヒーローの活躍に熱中した。『あしたのジョー』のように「燃え尽きて白い灰になる」が流行語にもなった。状況が読書熱をあおったのだろうか。

南極あすか新聞

1987年
（昭和62年）
6月24日
水曜日

JARE28
あすか拠点
新聞社

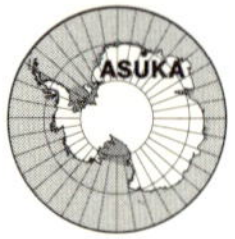

［6/23 気象］
天気　晴
平均気温　-27.4℃
最高気温　-25.3℃
最低気温　-30.1℃
平均風速　9.4m/s
最大風速　14.8m/s
平均気圧　870.7mb

［6/23 メニュー］
☆富田シェフ食当
朝昼兼用／モヤシラーメン
夕食／和食コース（ふぐちり、前菜、鯛の刺身、酢の物〔モズクガニ〕、鮎の塩焼き、天婦羅、枝豆、松茸の吸物、松茸ご飯、握りずし）

ミッドウインター祭閉幕

23日は4日間にわたって繰り広げられたミッドウインター祭の最終日であった。ブランチは、高橋農園が大量出荷したモヤシをふんだんに使ったモヤシラーメンだ。満腹したところで、屋外に出て全員での雪入れ作業。午後、記念麻雀の最終戦が行われ、酒井が優勝、鮎川隊長が大三元を記録した。

夜の部は、和食コースの豪華な宴で始まった。あまりに品数がありすぎて、食卓に全部の皿が載らないくらいだった。また、酒井のSUN寿司も南極で初めて店を開いた。

食後は、麻雀・ダーツ・キャロム・題名当てクイズ・歌会・替え歌発表会の表彰式が行われ、4日間にわたり特別料理に腕をふるってくれた富田シェフに、祭実行委員会特別賞が授与された。また、ミッドウインター祭参加賞として、いすゞ自動車から提供されたTシャツなどの品々も皆を喜ばせた。

こうして、盛りだくさんの行事にあすか越冬隊のエネルギーが如何なく発揮され、幾つもの愉快な思い出と、満ち足りた時間の余韻を残して、われわれのミッドウインターは幕を閉じた。裏方として活躍してくれた酒井に感謝したい。

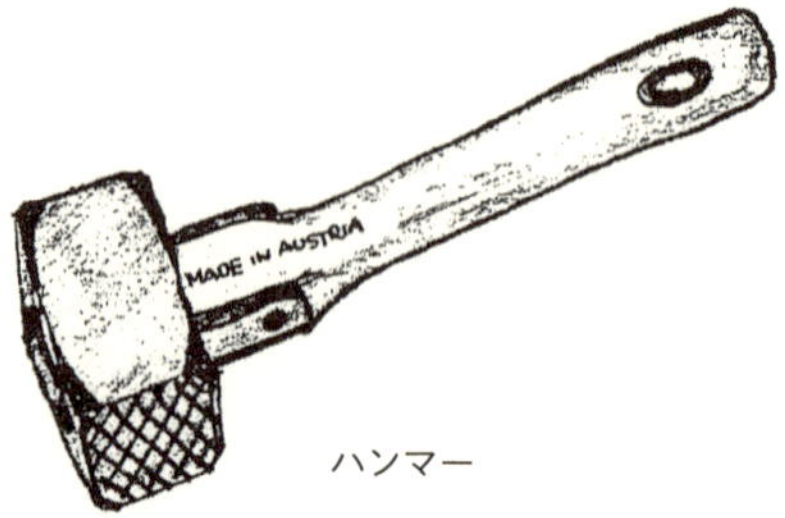

ハンマー

オーロラ夜話⑫ シール岩

あすか拠点に最も近い露岩、それがシール岩である。その名の通り、アザラシ（英語名 seal）が昼寝をしているような姿だが、風下側には目を見張るようなウインドスクープを隠している。

セールロンダーネの山々と比べれば取るに足りないヌナタークではあるが、シール岩はロムナエスとともにあすか拠点の絶好の目標となっている。シール岩に立ち、左腕をまっすぐロムナエス方向へ外転すると、顔はあすか拠点に向くはずだ。

シール岩はまた、非常用予備食、機械・建築・航空などの物品デポ地にもなっている。風が強く、ドリフトがあまり付かない利点を利用したものだ。さらにこの露岩は、雪原のように移動することがないので、測量や地磁気測定の基準点としても使えるという利点をもつ。

あまり知られていないが、シール岩のウインドスクープの底に降りると見られる、露岩と雪壁の構成する光景は凄味がある。裸氷にクラックが走り、モレーンの礫が不気味に転がっている。おそらく、ここにはクレバスも在ると思われる。

セールロンダーネに営巣する海鳥もシール岩を目標にしているらしく、ユキドリの群れが飛翔し、力尽きた死体が転がっていたりもする。

あすか初越冬隊の誰もが、いつかシール岩を懐かしく思い出すに違いない。

南極あすか新聞

1987年（昭和62年）6月25日 木曜日

JARE28
あすか拠点
新聞社

［6/24 気象］
天気　晴
平均気温 -27.5℃
最高気温 -25.3℃
最低気温 -29.3℃
平均風速 11.4m/s
最大風速 20.4m/s
平均気圧 871.6mb

［6/24 メニュー］
☆高木サブ食当
朝昼兼用／チャーハン、チキンスープ、ホットケーキ
夕食／イカとカキのフライ、マカロニサラダ、里芋・竹輪・筍の煮付け、牛肉しぐれ煮、ふぐちり、揚げ餃子

越冬後半がスタート

ミッドウインター祭が終了し、24日から越冬後半が始まった。祭の飾りつけの取り外し、ゴミの処理、SM40車のバッテリ交換など、懸案の仕事が次々にはかどった。

ミッドウインター祭全成績発表

◇キャロム　①富田（7勝0敗）、②高橋（6―1）、③鮎川・酒井・大坂（4―3）、⑥高木（2―5）、⑦野崎（1―6）、⑧渋谷（0―7）　◇ダーツ　①鮎川、②高木、③富田、④高橋・酒井、⑥渋谷、⑦大坂、⑧野崎　☆最高点：渋谷61点　◇題名当て　①渋谷9、②高木7、③大坂5、④野崎4、⑤鮎川3、⑥富田2、⑦高橋1　◇麻雀　①酒井プラス58、②高木プラス17、③鮎川プラス16、④大坂マイナス4、⑤高橋マイナス10、⑥渋谷マイナス11、⑦野崎マイナス26、⑧富田マイナス40　☆区間賞　第1戦：高橋プラス39、第2戦：酒井プラス48、第3戦：鮎川プラス25　☆役満賞　鮎川（大三元）　◇俳句・短歌・標語　最優秀：高橋、優秀：野崎　◇替え歌　実行委員奨励賞：大坂　◇実行委員会特別賞　富田

皆さん、多種目に奮闘ご苦労さま。

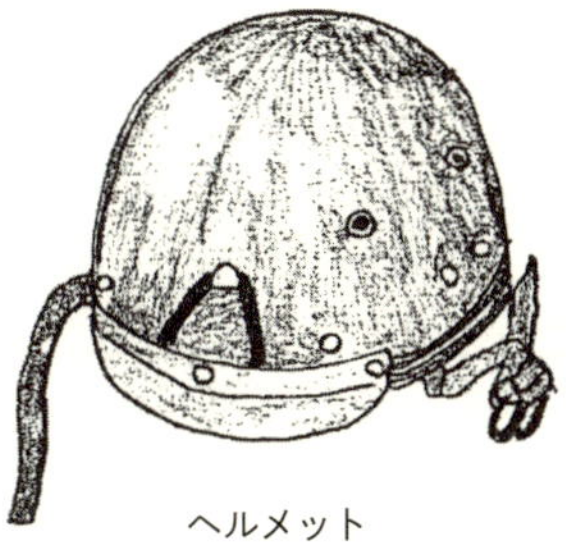

ヘルメット

オーロラ夜話⑬ 極寒

あすか拠点の気温は、予想していたよりも遥かに暖かいが、それでも6月後半に入って、ようやくマイナス40℃を下回るようになった。マイナス40℃というと、南極では極寒入門というところであろう。ちなみに、昭和基地の最低気温は、1982年9月4日のマイナス45・3℃である。

ところが、日本国内でマイナス40℃を割ると大騒ぎになる。日本の観測史上最低気温は、1902年1月25日に旭川で記録されたマイナス41・0℃である。北大低温研の石川信敬氏らが母子里で観測した値は、さらに1℃ほど低かったと記憶するが、この辺が日本の低温限界だろう。北海道の人は、マイナス30℃の寒さは経験しているが、マイナス40℃となるとさすがに驚く。

記者の伯父で満州のチチハルに従軍した男が、「マイナス40℃以下で小便をすると即座に凍るので、満州で小便をする時は、後ずさりしながらやる。そうしないと、ムスコが凍るからね」と話していた。

こんなホラが吹けるのも、日本ではまずマイナス40℃を下回ることがないと確信していたからだろう。

南極は、地球の寒極でもある。みずほ基地の年最低気温は、毎年マイナス50℃を下回る。地上最低気温となるマイナス89・2℃を記録したボストーク基地では、年平均気温がマイナス50℃以下だ。こういう所を、本物の極寒の地という。

南極あすか新聞
1987年
(昭和62年)
6月26日
金曜日
JARE28
あすか拠点
新聞社

[6/25 気象]
天気　晴高い地吹雪
平均気温　-23.2℃
最高気温　-22.4℃
最低気温　-25.4℃
平均風速　15.2m/s
最大風速　22.4m/s
平均気圧　879.9mb

[6/25 メニュー]
☆富田シェフ食当
朝食／鰺干物、浅利味付け缶、モヤシ炒め、マカロニサラダ、煮付け、みそ汁
昼食／しっぽくそば、オレンジ
夕食／ミックスプロシェット（串焼き）、じゃが芋、枝豆、切り干し大根煮付け、豚ローストポーク炒め、里芋の煮付け、みそ汁

NHKラジオの電話取材入る

15日13時、NHKの関野氏から鮎川隊長に電話取材が入り、基地の状況、気象、観測項目、チームワーク、女性隊員の受け入れ態勢などについて応答した。

この音声は、16時30分からNHK国際放送ラジオ日本で流され、隊長は「オレの声が世界に飛んだ」とレコーダー片手にご満悦であった。

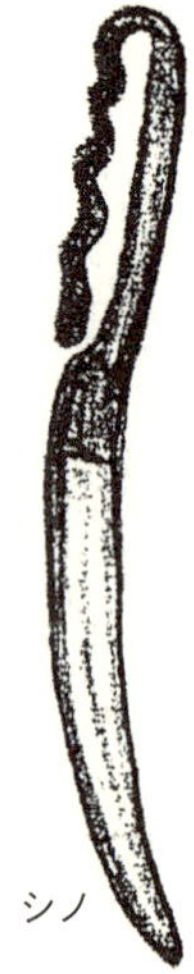
シノ

雪尺測定を実施

18日、酒井・大坂が実施した36本雪尺測定の結果、5月20日からの積雪はプラス18・7cm、1月からの総計はプラス16・6cmとなった。

また16本雪尺では、1週間の積雪がプラス4・9cmであった。ブリザードのため、積雪は大幅に増加した。

29次隊の菅平訓練始まる

26日から菅平高原で29次隊の夏季訓練が始まる。あすか越冬隊の激励文は次の通り。

「隊員決定おめでとう。緑溢れる菅平で、肉体を鍛え、知識を深め、熱い連帯の絆を築かれるよう祈る。70日間の暗夜期なかばにあるあすかは、ブリザードが吹き荒れる嵐の大地であり、氷点下45度℃の凍《しば》れる大地であり、セールロンダーネの峰々とオーロラと南十字輝く夢の大地でもある。次の夏、われわれは愛するあすかを万全の状態であなたがたに引き渡す用意がある。安心して、大陸に来られたし。

あすか越冬隊一同」

オーロラ夜話⑭ スケッチ

南極探検家には、スケッチの達人が多い。古くはスコットの極点旅行に同行し、非業の死を遂げたウィルソン。彼は医師で博物学者でもあったが、絵の方も画家と呼んでもいいほどの腕前だった。

わが日本隊でも、『ペンギンの国訪問記』の著者である第13次夏隊の青柳昌宏氏、第28次の夏隊員でもある寺井啓氏らは、すでに素人の域を脱したスケッチの名手だ。

スケッチは、モノを見ながら短時間にその特徴を捉え、簡略化された線で形を造ってゆく画法だから、スケッチの達人はすなわちモノの本質を見抜く名人でもある。

スケッチの技術として、描く対象の大まかな線を造ってから細部に至る方法と、対象の最も特徴的な部分をまず描いて、徐々に周囲へ拡げてゆく方法がある。大きな風景を描く時には前者が、似顔絵を描く時には後者が適していると思われるが、べつにこれにこだわる必要はない。

南極越冬生活の記録として、映像・写真・録音・文章と並んで、スケッチはまことに有用なものだ。わがあすか隊でも、シール岩デポ地のドラムの状況や、雪上車・ソリの位置などを、高橋が実にうまく捉えて描いている。できれば、あすか基地の全域を、鳥瞰図として描いておきたいものだ。

南極あすか新聞
1987年（昭和62年）6月27日 土曜日

［6/26 気象］
天気　晴
平均気温 -24.5℃
最高気温 -21.8℃
最低気温 -27.5℃
平均風速 11.1m/s
最大風速 19.4m/s
平均気圧 884.6mb

JARE28
あすか拠点
新聞社

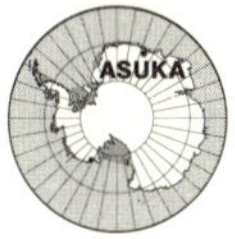

人気集める森永由紀さん

25日に発表された日本南極観測隊初の女性隊員・森永由紀さん（28）は、一挙にマスコミの寵児になったようだ。

ラジオ日本のインタビュー、共同FAXニュースでも取り上げられたが、日本では26日、新聞朝刊に写真入りで大きく報じられたという。

一方、あすか基地は無名のまま。

エンジン交換クレーンを組み立て

26日、機械班は30KVA発電機エンジン交換の折に使用する、門型のクレーン（0・5t用）を組み立てた。ガッシリした鉄製で、キャスターが付いていて、吊り上げにはチェーンブロックが使われる。

オーロラのVTR撮影に成功

25日夜、酒井はオーロラTVカメラにより、同夜出現した輝度の高いオーロラの撮影に成功した。

残念ながら白黒映像ではあるが、すばやいオーロラの動きが見事に捉えられていた。

鮎川隊長によると、月末にかけてオーロラの乱舞が始まる可能性は高いという。

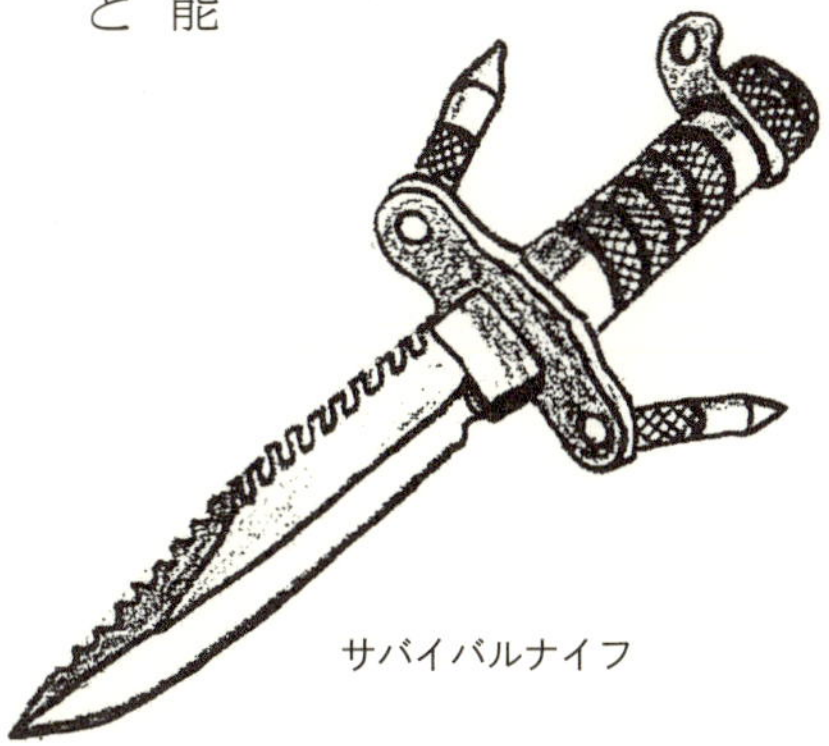

サバイバルナイフ

オーロラ夜話⑮　雪原散歩

零下40℃の昼下がり、食事のあとの軽い運動に、雪原散歩に出かける。羽毛服に身を包んで屋外に出ると、唯一露出した顔面が冷気に触れてピーンと緊張する。長靴で踏みしだくサスツルギは、キシキシカリカリととても乾いた金属的な音をたてる。

北の地平線は鮮やかなオレンジ色に染まって、その上層のピンク、さらに上層の蒼《あお》へと微妙な色合いで移ろいゆく。あんな色の衣服を着て街を歩けば、きっと人目を惹くに違いない。

南極の雪原は暗いピンク、背後のセールロンダーネ山地はおぼろげな青と灰色と白。冬が明ければ、ひとつひとつの山を丹念に探ってみたい。

デポ地の雪上車、スノーモービル、ブルドーザなどは、軽く雪をかぶって冬眠している。一台一台のぞきこんでは、撫でてみる。活動期が来れば、また雄々しいエンジンの咆哮をあげることだろう。

振り返ると、発電棟の煙突が、ポンポンとリズミカルな音をたてて煙を吐いている。見上げると、濃い蒼空に絹《けん》（巻）層雲がいくすじも走っている。あれは氷晶の集まりなのだ。

頬と手指先が徐々に冷えてくる。いつの間にか、ひげにつららが下がっている。そろそろ帰るとしよう。サクサクサク、カリカリ、わずか10分間の雪原散歩。頭が覚醒して、すっかりいい気持ち。

［6/26 メニュー］
☆富田シェフ食当
朝食／納豆、キンピラごぼう、ベーコンソテー、みそ汁
昼食／チキンライス、じゃが芋煮込み、新香、スープ、リンゴ
夕食／麻婆豆腐、豚レバーケチャップ炒め、海老入りスクランブルエッグ、ハリハリ漬け、銀杏塩焼き、新香、みそ汁、グレープフルーツ

南極あすか新聞
1987年(昭和62年)6月28日 日曜日
JARE28 あすか拠点 新聞社

[6/27 気象]
天気　晴高い地吹雪
平均気温　-20.1℃
最高気温　-19.6℃
最低気温　-26.0℃
平均風速　15.5m/s
最大風速　25.3m/s
平均気圧　870.4mb

[6/27 メニュー]
☆高木サブ食当
朝食／納豆、タラコ、鯨ベーコン、キンピラごぼう、みそ汁
昼食／うな丼、ベーコンスープ、ホットケーキ
夕食／チーズのベーコン巻き揚げ、イカ揚げのうま煮、卵と野菜の炒めあんかけ、貝割大根、スペアリブのピリピリ、中華風スープ

排水トンネルの掘削すすむ

地吹雪の27日、富田・野崎は、排水トンネルの掘削をすすめ、30mの大台を超えて30・5mまで拡張工事を完了した。

アルバム制作と解散会について

昭和基地のアルバム委員会によると、60ページのカラー版アルバムを作り、そのうち15ページ分をあすかに当てたいという。われわれとしては、初越冬を考慮してもらい、半分はあすかに当てて欲しい。また解散会については、来年4月のしらせ日本帰航前夜に開催したいが、場所は酒井に決めて欲しい意向のようだ。意見調整は難しい。

地吹雪の写真はいかが?

あすかの各隊員は最近、自然現象の写真撮影に熱心だが、案外撮り逃がしているのは地吹雪であろう。ブリザードになると写真にならないし、明るすぎると速いシャッターを切るので飛雪や雪煙が表現できない。

27日13時半頃は、風速16m/s程度で、北の空が逆光気味に適度に明るく、風に抗して歩く人物を入れるといい絵になった。撮影条件は、ASA400フィルムで、4分の1～15分の1、絞り11～4であった。地吹雪を流すのがコツである。

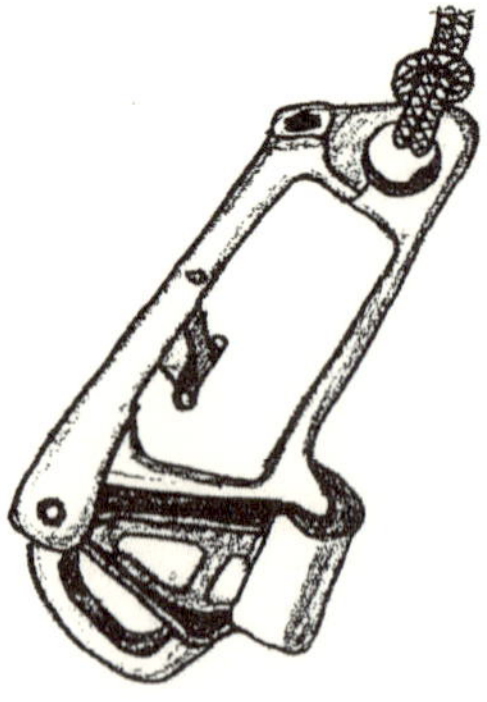
ユマール登高器

オーロラ夜話⑯ 冬の花火

ミッドウインター祭の行事の一つとして、雪原での花火大会が行われた。折からの零下30℃、風速10m/sの気象条件は、あすか基地のこの季節としては、決して厳しすぎるものではない。しかし、花火を夏の夕涼みに興じた経験しかもたない者にとっては、やはり異様な光景であった。

風よけの段ボール箱の中で点火された花火は、ポンポンとはじけて、大陸の冬空へ景気よく打ち上がった。別の花火は、シュルシュルと回転しながら、サスツルギをかすめて滑空した。

花火は燃えているにもかかわらず、決して熱いものには見えなかった。こんな冷気の中へ飛び出し、一瞬の光を放ってはあっけなく消滅する冬の花火に、いっそうの哀れ、はかなさを見た気がする。

渡辺淳一の小説『冬の花火』は、女の情念を大胆にうたいあげて戦後の歌壇に華々しく登場し、そして花火のように燃え盛りながら消えていった美貌の女流歌人・中城ふみ子の生と死、その奔放な愛と生の遍歴をたどったものである(清原康正の解説より)。

著者の脳裏にひらめいた「冬の花火」なる題名は、実際に冬の花火を見て連想されたものかどうかは分からない。が、この小説の内容には、的確な題名だと思われる。

暗い暗夜期の曇り空に妙に映える、冬の花火ではあった。

南極あすか新聞

1987年（昭和62年）6月29日 月曜日

JARE28 あすか拠点 新聞社

[6/28 気象]
天気　晴
平均気温 -21.1℃
最高気温 -19.5℃
最低気温 -22.0℃
平均風速 14.1m/s
最大風速 25.5m/s
平均気圧 869.5mb

静かな日曜日

6月最後となる日曜日の28日、各隊員は1週間前のミッドウインター祭とうってかわり、静かな日曜日を送った。屋外は低い地吹雪が流れていたが、ミッドウインターデイを過ぎると、気のせいだろうか、同じ暗夜期でも前半より明るくなったようだ。

VTR「ネバーエンディングストーリー」の鑑賞や麻雀に興じた人、いつもの日課どおり一日を送る人、4週に一度の食当にかかりきりの人、日曜と言えば写真DPEに没頭する人など、各隊員思い思いに、好きな時間の使い方をしたようだ。

あすか隊員の写真が日本へ

昭和基地の亀丸氏からの連絡によると、夏オペ時に昭和隊員が撮ったカラー写真のうち、あすか隊員が写っているものを、SSTVで日本の家族のもとへ送ってくれるそうだ。一方、あすかからは、高木の撮影した各隊員の白黒写真が、7月上旬に衛星電話FAXで送られる予定。家族も現在のわれわれの元気な姿を喜んでくれるだろう。

医療用ピッチャー

[6/28 メニュー]
☆野崎食当
朝昼兼用／焼きそば、スープ
夕食／牛肉の赤ワイン煮、ジャーマンオムレツ、餃子、サラダ、みそ汁

オーロラ夜話⑰ 録音

南極越冬の記録として、写真、映像はたくさん残されているが、音の記録は割合少ない。

最近では隊ごとに記念のカセットテープを作ったりしているが、収録された音は、ミッドウインターや宴会など遊びの音が主で、南極の自然の音、各隊員の仕事の音は少ない。それだけ、録音技術は難しく、また録音する余裕もないからであろう。

南極の自然の音で、何といっても横綱はブリザードだ。あのすさまじい叫びは、ぜひとも収録したいが、直接マイクを屋外に出すと風を拾ってしまい、ブリのうなりや息を得ることができない。

そのため、室内で棟に叩きつける雪粒や間接的なブリの音を録ることになるのだが、これもなかなかよい。次に迫力あるのが、氷震だ。雪中のみずほ基地では、凄い裂音となって響きわたる。

人工の音では、基地のエンジン音、雪上車の地響き、通信の音声や機械音もいい。夏オペの建築の音や掛け声も録っておけばよかった。

案外おもしろいのは、観測棟のドアを開き、観安トンネルをくぐり、発電機室を抜けて、小便をしてから、通路を歩いて主屋棟へ向かう——こういう一連の音を丸ごと録ることだろう。いい生活記録になるはずだ。鼾、寝言、歯ぎしりの類も、後になれば皆で笑って楽しめる。

南極あすか新聞
1987年(昭和62年)6月30日 火曜日
JARE28 あすか拠点 新聞社

[6/29 気象]
天気　雪高い地吹雪
平均気温 -18.8℃
最高気温 -16.7℃
最低気温 -21.5℃
平均風速 13.9m/s
最大風速 22.1m/s
平均気圧 879.7mb

[6/29 メニュー]
☆高木サブ食当
朝食／タラコ、納豆、鯨ベーコン、キンピラごぼう、野沢菜漬け、タラコ角煮佃煮、みそ汁
昼食／すきやき丼、みそ汁
夕食／帆立キスフライ、マカロニサラダ、こんにゃく・イカ・里芋の煮付け、大豆と鶏肉の味噌炒め、柳カレイ塩焼き、中華風スープ

30KVA発電機の4千時間点検実施

29日、機械班・富田・大坂による30KVA1号発電機の4000時間点検が実施された。今回は、切り替えもスムーズに運んだ。

高橋によると、30KVA発電機用ディーゼルエンジン「4BD1」は、16000時間くらいは稼働するというが、29次隊では2号機を常時運転させるらしい。

その場合、1号機のエンジンは、安全地帯Aに置かれた予備エンジンと交換される。交換用のクレーンもすでに組み立てられている。まったく用意のいいことだ。

地吹雪の中で雪入れ作業

29日13時より雪入れ作業が行われた。折から17m/sの風による地吹雪で雪粒が飛び、降雪も加わって視程は50m程度であった。ブルドーザは9月末頃から稼働する予定なので、それまでは人力による雪入れが続けられる。

各部門、7月の計画を発表

29日、昼食の後に各部門から提出された7月の計画が発表された。観測・設営ともすでにルーティンワークになっている仕事がほとんどで、冬ごもりは続く。

南極大学

後期講座は2日から始まり、10日に卒業式、謝恩会。また、29日には日の出を祝う会が予定されている。

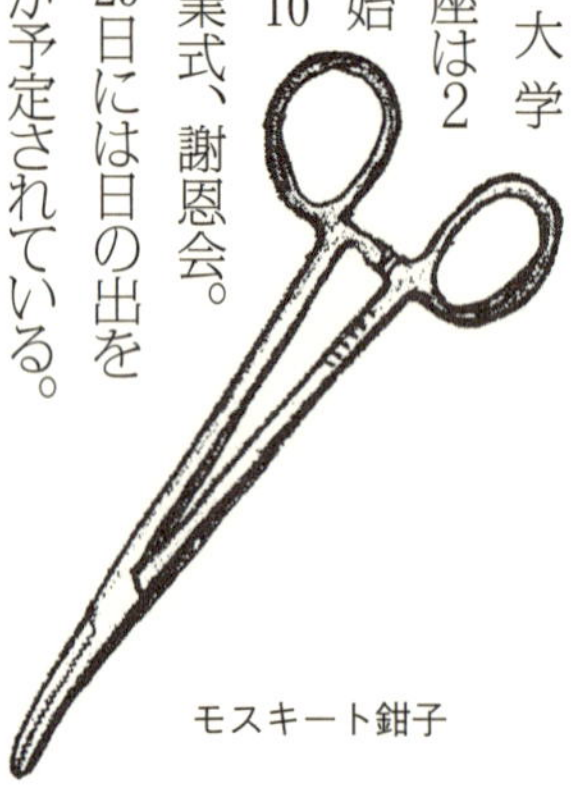
モスキート鉗子

オーロラ夜話⑱　カラオケ

あすか越冬隊のカラオケは、レーザーディスクの映像付きだ。メロディとともに歌詞が現れ、背景には歌にちなんだ風景と若く美しい女性が映し出される。元来、皆が好きなカラオケに、懐かしい日本の風景と日本女性がセットになっているのだから、うけるのは当然だろう。

酒がはいると、「カラオケいくか」と誰かが叫び、さっそくスタンバイとなる。各隊員が好みの曲を歌っているうちに、それぞれに持ち歌ができてしまう。

越冬初期の頃は、上手な人に気おされていた感じもあった。しかし、越冬が深まるにつれて、皆が「歌わないでか」という積極性と厚かましさを身につけ、現在ではマイクを奪い合い、4～5曲先まで予約済みという状況だ。

カラオケという娯楽は、素人の遊びだから、上手な歌も、音程のはずれた歌も楽しく聴ける。聴衆にとっては、プロまがいの上手な歌よりも、メロディもリズムも元歌から遙かに外れた滅茶苦茶な歌の方が、むしろ愉快だ。

イントロとエンディングだけ帳尻が合っていて、こぶしの所は熱唱すればするほど外れていく歌などは、馬鹿ウケする。

ミッドウインターデイの盛り上がりは、カラオケなしでは考えられなかった。越冬生活に及ぼすカラオケの効用は、予想外に大きい。

7

July

1987(昭和62) 年7月1日(水)～31日(金)

7/1●東京都の１年間の地価上昇率は85.7%。
１坪１億円を突破するなど不動産バブルに。
7/26●三重大付属病院で、医師と看護婦が
Ｂ型肝炎に感染。医師２人の死亡が判明。
7/31●釧路湿原が28番目の国立公園に指定。

文月

南極☆あすか☆新聞☆

1987年
（昭和62年）
7月1日
水曜日

JARE28
あすか拠点
新聞社

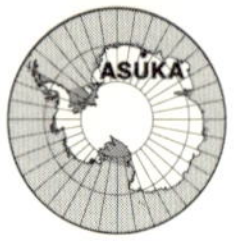

[6/30 気象]
天気　快晴
平均気温
-21.7℃
最高気温
-20.2℃
最低気温
-22.8℃
平均風速
11.3℃
最大風速
18.7℃
平均気圧
876.5mb

幻想的な三日月が浮上

30日、15時頃になって茜色に染まった北の地平線から、鋭い弧の幻想的な三日月が浮上した。飛雪採取のため屋外に出た鮎川隊長に指摘され、各隊員は次々にカメラを持って屋外に飛び出し、満月とはまた趣の異なる、美しい極地の月に盛んにシャッターを切った。

当然のことだが、夏の白夜の頃には精彩を欠いていた月が、暗夜期に入って急に目立ってきた。太陽と違って満ち欠け、七変化するので、いっそう人目をひく。あと20日間あまり、あすかの空は月の天下だ。

観安トンネル拡張工事が終了

酒井が29日から始めた観安トンネルの拡張工事は、30日午後に終了した。

同トンネルにおける安全地帯／A側の西壁を削ることで、通路の横幅を拡げたもので、これまでに比べて、いっそう通行が容易になった。

酒井によると今後の計画では、次に下方向へ掘り下げることで、かがむことなくトンネル内を歩けるようにしたいという。

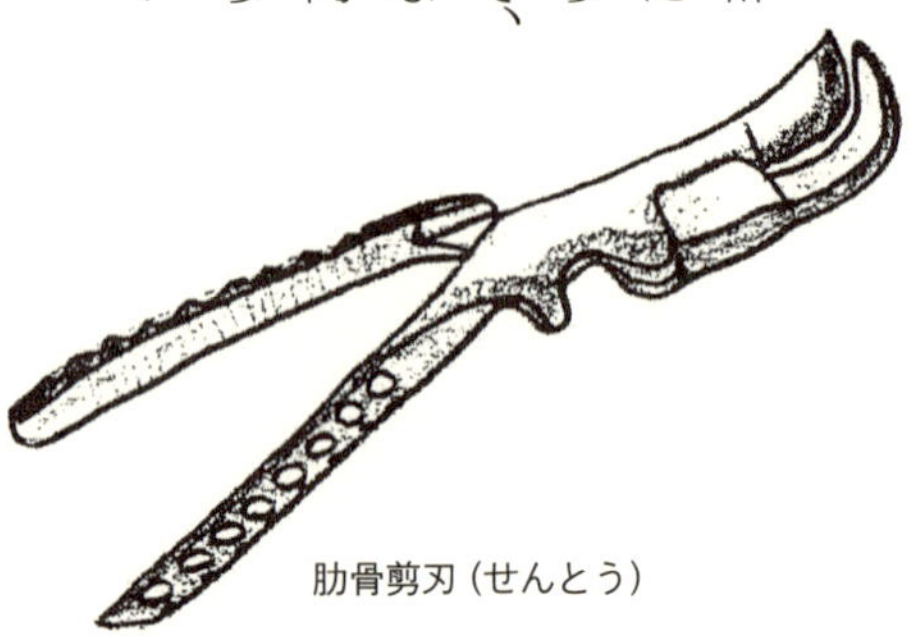

肋骨剪刃（せんとう）

[6/30 メニュー]
☆富田シェフ食当
朝食／鯵開き、モヤシ炒め、キンピラごぼう、みそ汁
昼食／卵丼、里芋煮付け、吸物、新香、リンゴ
夕食／Tボーンステーキ、大豆煮付け、腸詰ウインナー、デーニッシュパン、新香、スープ、オレンジ

オーロラ夜話⑲　女性隊員

第29次南極観測隊夏隊員に森永由紀さん（28）が正式に決まった。発表当日のラジオ日本で、彼女の抱負を聞くインタビューがあったが、優しい落ち着いた声で、まずは好感のもてる印象をうけた。

日本の新聞には、日本隊初の女性隊員誕生とデカデカと記事が載っているそうだから、彼女は出発までマスコミ取材に追われ、さぞ忙しいことだろう。

われわれですでに28次を数え、30年以上に及ぶ日本南極観測隊に、いまだ女性隊員がいなかったことは不思議なくらいだ。森永さんの出現により、今後は各隊に女性が進出するようになるかもしれない。南極を男性だけで占拠しなければならない理由は何もないから、こうした傾向は歓迎すべきである。

一般に女性は、創造や決断することでは男性に劣る面もあるといわれるが、維持や耐久性には優れているから、基地の定常観測には適しているかもしれない。通信、調理、医療などにも能力を発揮するはずだ。

初めての女性越冬隊員が誕生すれば、隊長はいろいろと気遣いがあろうから、隊長の目の届く範囲の基地に置きたいと思うだろう。というわけで、初の女性越冬隊員は、わがあすか基地で誕生ということにしてはいかが。楽しくなるぞ。

美女《ピリカ》来て　まぶしそうだよ
あすか基地

南極あすか新聞
1987年（昭和62年）7月2日 木曜日
JARE28 あすか拠点新聞社

[7/1 気象]
天気　快晴
低い地吹雪
平均気温 -25.1℃
最高気温 -21.8℃
最低気温 -29.7℃
平均風速 10.5m/s
最大風速 23.7m/s
平均気圧 867.8mb

[7/1 メニュー]
☆富田シェフ食当
朝食／かまぼこ、鰯味醂干し、牛大和煮缶、みそ汁
昼食／キジ焼丼、れんこん煮付け、新香、吸物、リンゴ
夕食／鯵唐揚げあんかけ、牛ヒレたたき、ロールキャベツ、新香、みそ汁、チーズ盛り合わせ、アップルパイ、オレンジ

本部総会決定事項のＦＡＸ届く

1日、先の本部総会決定事項のＦＡＸが届いた。29次しらせ艦長は28次副長の本田守忠氏が昇任。報道陣が3名同行取材する。

雀荘あすか6月戦の成績

6月の月例麻雀は、前半で富田が大不振に陥り、トップが日替わりする大混戦状態を呈した。ところが、終わってみれば富田のＶ5であった。とはいえ、富田に以前のような断トツさはなく、力にやや陰りがみられる。鮎川隊長、酒井の健闘が光った。

	得　点	半荘平均	1位回数
富田	284	3.38	29
鮎川	132	1.86	20
酒井	82	1.91	11
大坂	-38	-0.79	7
渋谷	-46	-1.02	10
高木	-82	-1.39	13
野崎	-151	-3.43	7
高橋	-181	-10.06	3
半荘最高点		富田　+ 65	
半荘最低点		高木　− 49	
役　　満		鮎川　大三元	
冬至祭記念		酒井　+ 58	

雪入れとゴミ処理を実施

1日昼食後、雪入れとゴミ処理作業が全員で行われた。機械班があらかじめ発電棟屋根上の雪塊を造水槽周囲に落としておいたので、作業はたいへん能率的にすんだ。

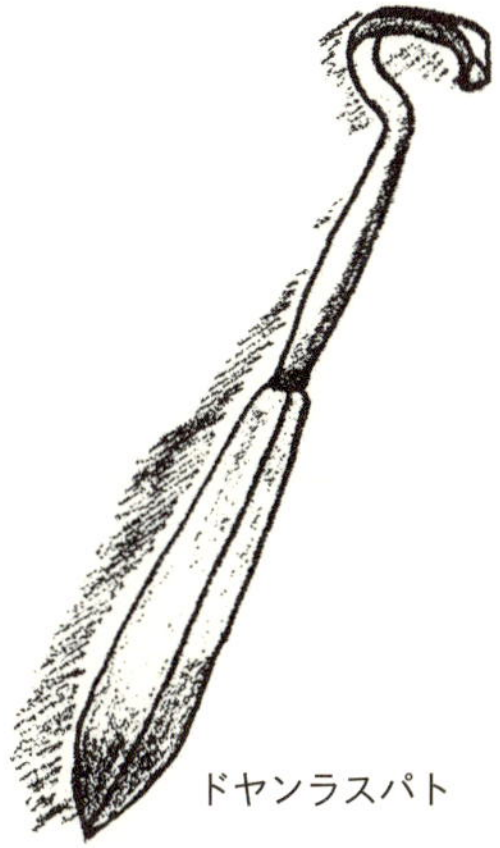
ドヤンラスパト

オーロラ夜話⑳　短波放送

日本から発射される短波帯の日本語ラジオ放送で、あすかにて受信できるのは、ＮＨＫのラジオ日本と民放の日本短波の2局となる。それぞれ4～5の波長帯で電波を出しているから、電離層状態によって最も感度のいい波を捉えればよい。

男所帯の南極基地では、1万5千㎞の彼方から届く女性アナウンサーの声は耳に心地よい。暗夜期の週末の午後、プロ野球のナイター実況中継を雑音の中から聞き分けるのも楽しい。カクテル光線に照らし出された芝の緑や球場にこだまするざわめきが思い出されて懐かしい。思いがけない競馬実況放送や高校受験講座・社会なんていう時間も興味深い。

日本語放送の感度が落ちてくると、波長帯のダイアルを廻してみる。凄いパワーのロシア語放送、賑やかなトロピカル局、歯切れのいいキングズイングリッシュのＢＢＣ、寂寥感漂うケーナの演奏ではじまるボイス・オブ・アンデス。耳は世界を駆け巡る。

6月25日にはラジオ日本で鮎川隊長の電話応答の声が流れた。南極基地の音声が、電波に乗って世界各地の在留邦人の耳にも届いている。大変な時代になったものだ。

10年後には、南極にもテレビ放送が届くかもしれない。

南極あすか新聞
1987年
（昭和62年）
7月3日
金曜日

[7/2 気象]
天気　快晴
平均気温
-35.3℃
最高気温
-33.3℃
最低気温
-37.9℃
平均風速
5.5m/s
最大風速
11.6m/s
平均気圧
875.0mb

JARE28
あすか拠点
新聞社

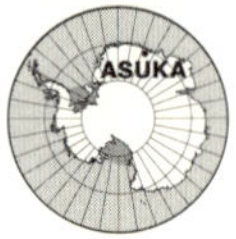

後期講座は「CUISINE」で開幕

2日、南極大学後期講座の第1講として、富田瑞穂教授による「CUISINE《キュイジーヌ》（料理）」が講義された。本職の仏料理のソース、肉の名称からワインまで、浪漫的かつ実践的な良い話であった。聴衆は、耳学問だけでいっぱしのグルメとなり、帰国後、食にうるさくなることだろう。

6月の月間気象データ集計を発表

渋谷によって集計されたあすか拠点の6月月間気象データは表の通りとなった。

平均気圧A	872.4mb
平均気温B	-23.3℃
最高気温C	-7.8℃
最低気温D	-44.6℃
日最高気温の平均値E	-20.6℃
日最低気温の平均値F	-26.2℃
平均風速G	14.0m/s
10分間平均風速の最大値H	ESE 34.3m/s
最大瞬間風速I	45.2m/s
ブリザード日数J	14日
月間積雪深K	+18.7cm （5月20日～6月18日）
平均蒸気圧L	0.96mb

ASUKA　89524

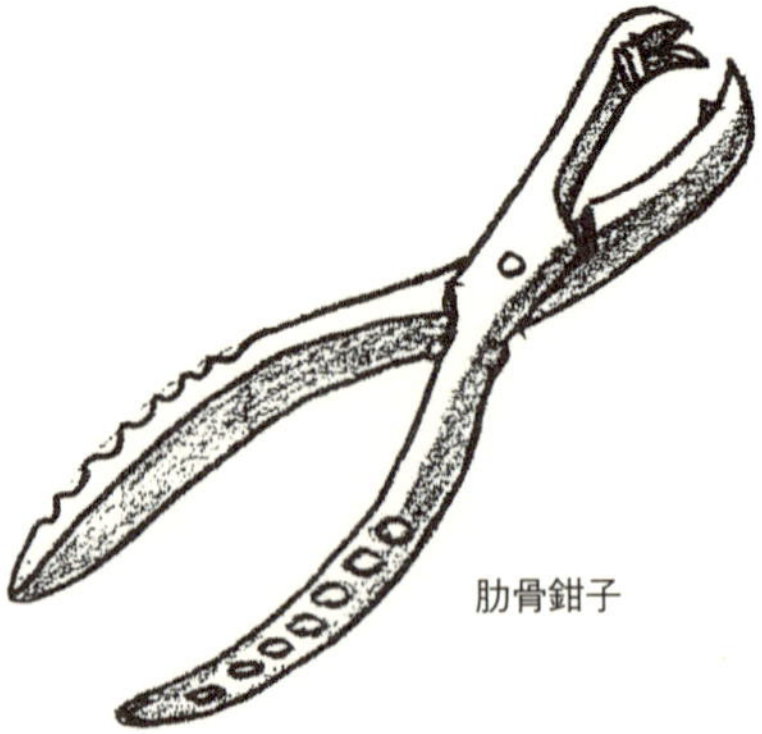

肋骨鉗子

オーロラ夜話㉑　仲間意識

第28次南極観測越冬隊は、われわれあすか越冬隊8名と、昭和越冬隊29名の総勢37名で構成されている。しかし、昭和基地の仲間とは1月4日に別れて以来、すでに半年近くも顔を会わせていない。

28次隊としては同僚であっても、実際の基地運営は別個にやっているのだから、仲間意識や連帯感が希薄になることは避けられない。観測の一部、通信業務の一部、月例報告などで、あすかは昭和に従属しているが、これは観測隊内規にしたがっているからであって、われわれは独立の気概をもち、実績もあげている。

こちらは、気象条件の遙かに厳しい大陸氷床上で、しかも8名という小人数で初の越冬観測をやっているのだという、いささかの優越感もないと言ったら嘘になるだろう。昭和基地には負けないといった対抗意識も当然ある。先日、通信でやりとりされた、アルバム作成や解散会についての話題の受け取り方にも、両基地の隊員間にはギャップがあったようだ。

こういった断層を、別越冬の自然の成り行きだから仕方がないとクールに受けとめる人と、同じ28次隊なのだからなんとか仲良くやっていきたいと考える人がいるのも事実である。

しかし、こういう問題は時に解決を委ねるしかあるまい。それまでは、淡々と電波を介してつきあえばよいのである。

[7/2 メニュー]
☆富田シェフ食当
朝食／鯨焼き肉、ベーコン炒め、辛子明太子、みそ汁
昼食／冷し中華そば、リンゴ
夕食／おでん、金目鯛煮付け、牛たんと生ハムの盛り合わせ、フキと筍の煮付け、みそ汁、アップルパイ、オレンジ

1987年
(昭和62年)
7月4日
土曜日

南極あすか新聞

JARE28
あすか拠点
新聞社

[7/3 気象]
天気　晴
平均気温　-28.4℃
最高気温　-22.9℃
最低気温　-38.2℃
平均風速　10.1m/s
最大風速　19.7m/s
平均気圧　878.4mb

南大講義「私のアウトドアライフ」

3日の南極大学講義は、高木知敬教授による「私のアウトドアライフ」であった。同教授が北海道に住むようになって以来、20年間コツコツと積み上げてきたアウトドアライフ経験の集大成で、最後には「次代のアウトドアマンを育てる」夢が語られ、「心が洗われるようだ」と好評を博した。

美しい層状の雲、現る

3日午後、北の空に見事な層状の雲が現れ、カメラマンたちは撮影に忙しかった。

インマルFAXの写真電送テスト

3日10時30分より、あすかと極地研の間で、インマルサット衛星FAXを使った写真の送受信テストが行われ、成功を収めた。

極地研からは、NEFAXのテスト画像として、美しいモデルと原田知世のポートレートが送られてきたが、白黒写真は極めて鮮明だったものの、カラーは濃淡が強調されて、いまひとつの状態だった。あすかからは、四つ切りの白黒写真で、6月25日にNHKの取材を受ける鮎川隊長と4月末の基地全景が送られ、きれいに受信したとの返答を得た。

これで、あすかの写真は問題なく送信できることがわかったので、隊員の写真も追って電送することになろう。

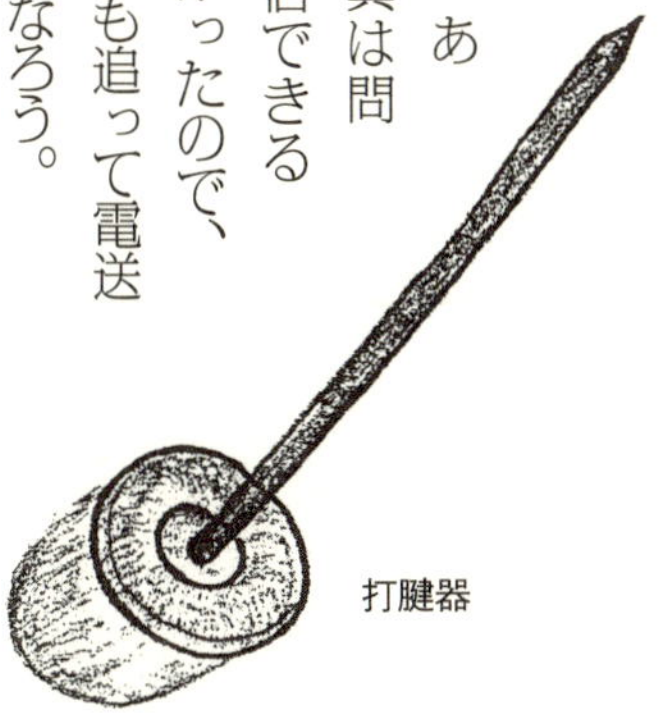

打腱器

オーロラ夜話㉒　ファン

京都出身の高木隊員は、生粋の阪神タイガースのファンである。2年前、あれほどの猛威をふるった猛虎阪神が、ことしは球団始まって以来の不振に陥り、6月末現在、3割にも満たない勝率で、最下位に甘んじている。

不振の理由のひとつは、主砲・ミスタータイガース掛布が、極度の打撃不振に陥っているためだそうで、掛布は6月いっぱいファームで調整につとめていたらしい。

「そういえば、オレが21次で越冬していた年も、掛布が全然ダメで、新人の岡田にミスタータイガースの座を奪われそうになったんだ。やっぱりオレがいないとダメかな、掛布は……」。

共同FAXニュースのプロ野球情報を見ながら、高木隊員のボヤキは続く。最近では、鮎川隊長までが受信したばかりのFAXニュース紙をもってきて、「おーい、阪神また負けたゾ」と、幾分かうれしそうに高木に告げに来るのだ。

しかし、高木隊員は秘かに期待している。あの掛布が突如、復活する日を。掛布はプロ野球選手としては決して大柄ではないのに、バットをグリップいっぱいに握って、渾身の力で振り抜く。コツコツ当てて打率を稼ぐ、ケチなバッティングではないのだ。二軍から叩き上げた底力がいまに火を噴く。

あすかに太陽が戻る頃、掛布もタイガースの太陽となるのだゾ。

[7/3 メニュー]
☆富田シェフ食当
朝食／鰺開き、納豆、コンビーフ、ビビンパ山菜、みそ汁
昼食／ちらし寿司、高野豆腐煮付け、コンビーフとインゲンの炒め物、新香、吸物、リンゴ
夕食／刺身、ローストチキン、牛バラと梅干の煮込み、春雨サラダ、貝割大根、みそ汁、白玉ぜんざい、オレンジ

南極あすか新聞

1987年
（昭和62年）
7月5日
日曜日

JARE28
あすか拠点
新聞社

［7/4 気象］
天気　晴
平均気温　-22.2℃
最高気温　-20.5℃
最低気温　-25.7℃
平均風速　13.8m/s
最大風速　22.3m/s
平均気圧　871.4mb

［7/4 メニュー］
☆高木マルミトン食当（マルミトンとは見習いコックのこと）
朝食／タラコ、鯨ベーコン、納豆、キムチ、ビビンバ山菜、貝割大根
昼食／スパゲティミートソース、ベーコンスープ、ホットケーキ、大福餅
夕食／豚とチーズの重ね焼き、春雨サラダ、貝割大根、ハムのうま煮、インゲン炒め煮、こんにゃくと野菜の煮付け、中華風スープ

南大講義「九州一人歩き」開講

4日の南極大学講義は、酒井量基教授が自分の郷里を語る「九州一人歩き」であった。北九州から与論島まで、九州をぐるりと巡るガイドは、学生たちの限りない興味をかきたてた。

いつの日かわれわれも、清酒「美少年」と荒尾名産の平貝を口にしながら、火の国のひなびた湯にどっぷりと浸かってみたいものだ。

モーソン基地へSYNOP送信

4日9時、昭和基地との交信が不通のため、大坂はモーソン基地へ直接SYNOPを送信した。あすかは8MHzの電信で送り、モーソンは9MHzで応じた。このように、あすか～モーソン間の交信がスムーズに運用できるのなら、昭和に中継してもらう必要はないという声も出ている。

厨房に温水蛇口設置

4日、野崎によって厨房で温水を使えるようにするための配管工事が行われ、流しの蛇口は三つになった。これは29次の要請によるものだ。温水といえどもボイラーからの距離が遠いので、シャワーほど熱くはない。

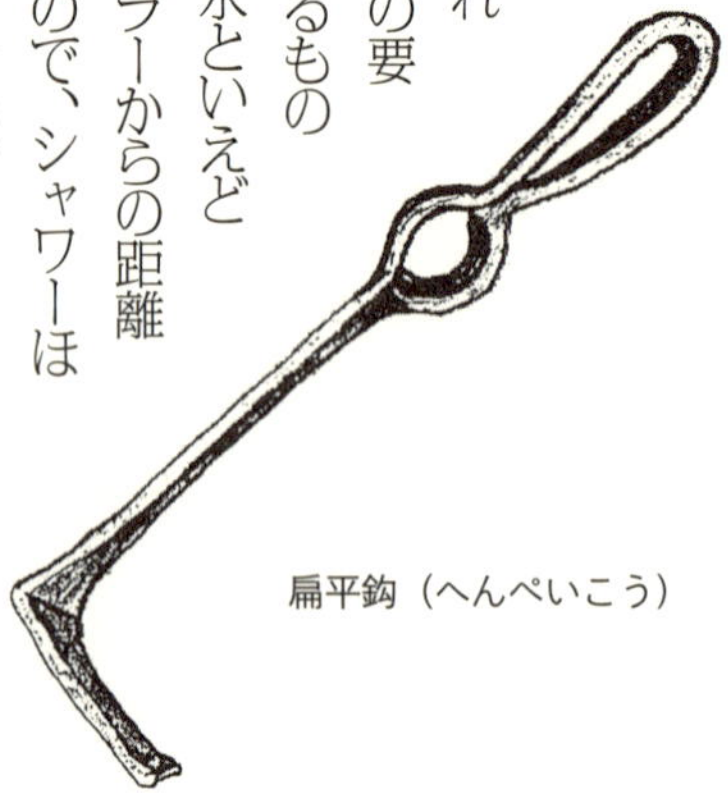

扁平鈎（へんぺいこう）

オーロラ夜話㉓　アピール

極地研からのFAXによると、29次隊には、TBS2名と読売新聞1名の計3名の報道陣が同行するそうだ。

初の女性夏隊員の誕生とのタイミングから推して、彼らは森永由紀さんを終始追いかけ、彼女の南極での動向を逐一記録し、報道することは間違いあるまい。女性隊員の誕生は、マスコミの好んで飛びつく事件なのだから、まあ仕方あるまい。

しかし、女性隊員という南極観測の意義や本質からやや離れたことばかりが騒がれて、日本南極観測史上初となる、大陸氷床上の独立基地越冬というあすかの画期的な業績が相手にされていないのは、われわれにはいささかくやしい。

そこでこの際、われわれも積極的にあすかの建設と初越冬をアピールしてみたい。南極本部も極地研も、案外あすかには冷たいから、自分たちで直接マスコミに働きかけるしか方法はあるまい。

具体的にどうするかというと、あすかは可及的に取材に協力すればよいのだ。各部門の仕事を正しく、わかりやすく、ていねいに示せばそれでよい。誇張などしなくても、われわれの仕事は質量ともに充分評価に耐え得るはずである。

その上、セールロンダーネの自然を、陸と空から見せてやれば言うことはない。これで報道陣に相手にされないのであれば、あすかは玄人受けのみで我慢しよう。

平穏な日曜日

5日の日曜日は、午前中は微風で、午後から徐々に風は強まっていったものの、空は気持ちよく晴れわたり、まずは平穏な日曜日であった。

サンドウィッチでブランチを摂った後は、12時より全員で雪入れ作業が行われた。発電棟の屋根から除雪された雪塊は、比較的柔らかく、スコップで容易に割ることができる。

一方、以前から山と積み上げられている雪塊は、カチンコチンに凍っていて、崩すことすら困難だ。

ちょうどこの作業を始めたころ、アウストカンパーネの左端から、異様に黄色い半月が昇った。

茂さん快進撃

1日から始まった麻雀7月戦では、高橋隊員が6月までの実績を完全にくつがえす、怒涛の快進撃を続けている。

茂さんお得意の、巻き舌での「リーチ!」「ツモ!」「アタリ!」に、他の面子は翻弄され、恐怖の単騎ツモ・ドラドラに戦々恐々の状態である。

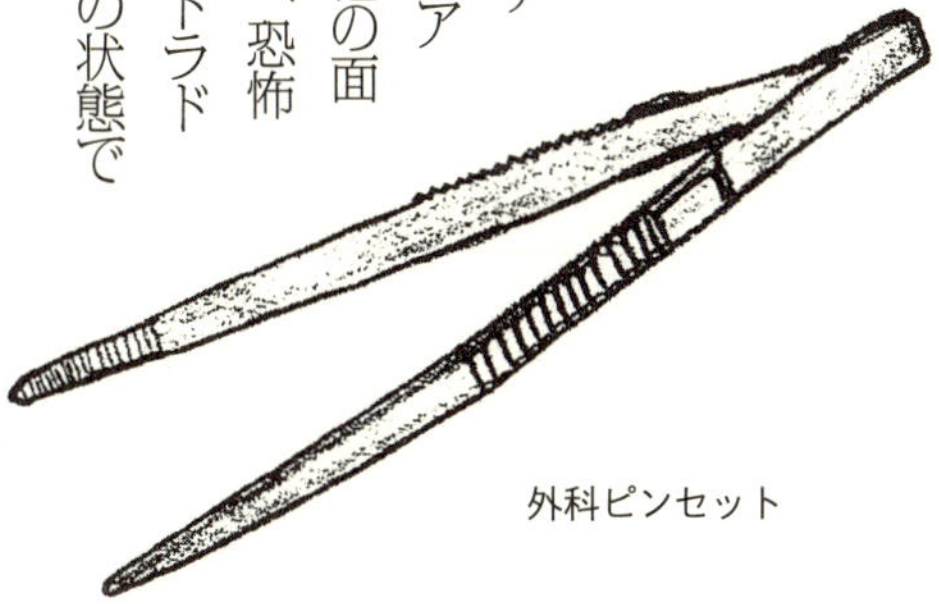

外科ピンセット

オーロラ夜話㉔　寝床

あすか隊員の寝床は狭い。195×95cmのベッドと、90cmの高さの空間があるだけだ。枕元には、小物や衣類を収納する棚と、小さな蛍光灯が付いている。狭いながらも楽しい我が家、というわけである。

夏オペの頃は、肉体労働に疲れ果てた体を寝床に横たえる瞬間が、ほとんど唯一の楽しみという日々が続いた。越冬体制が確立され、不安のない日々を送るようになってからも、やはり床に就く瞬間というのはいいものだ。

布団の上にゴロリと横になる。きょう一日の出来事を思い出し、日記を記す人、寝酒代わりに難解な書物を手にする人、「娘はどうしているかな」と家族に想いを馳せる人、昔の恋人の面影を秘かに甦らせてニヤリとする人、明日の計画や構想を練る人などなど、それぞれ安らぎに満ちた短い時間を過ごす。

時には、妙に頭が冴えて入眠できなくなったり、隣人の寝息や鼾がうらめしく思えたりすることもある。こういう時は、想いが巡り巡って、案外、奇抜な思い付きをしたりもする。

眠れないことを悩む必要は、決してない。ヒトは疲れると、かならず眠ることになっているのだ。眠れないことを苦にして死ぬヒトはいるが、不眠が原因で死ぬヒトはいないのだから。

狭くても寝床は城で、寝る人は王様だ。

南極あすか新聞

1987年（昭和62年）
7月6日
月曜日

JARE28
あすか拠点
新聞社

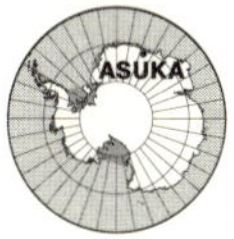

[7/5 気象]
天気　晴
平均気温　-25.3℃
最高気温　-23.4℃
最低気温　-27.8℃
平均風速　12.3m/s
最大風速　25.4m/s
平均気圧　864.7mb

[7/5 メニュー]
☆渋谷食当
朝昼兼用／サンドウィッチ
夕食／カツ丼、みそ汁、野菜サラダ

南極あすか新聞

1987年
（昭和62年）
7月7日
火曜日

［7/6 気象］
天気　晴低い地吹雪
平均気温 -24.9℃
最高気温 -23.0℃
最低気温 -26.9℃
平均風速 16.6m/s
最大風速 25.6m/s
平均気圧 867.4mb

JARE28
あすか拠点
新聞社

南大講座「水耕栽培」開講

6日、南極大学後期講座の第4講、高橋茂夫教授による「水耕栽培」が行われた。

同教授が5月1日に水耕栽培に着手してから、現在の大収穫に至るまでの試行錯誤と細かい改良を詳しく述べた講義内容には、「南極越冬を凝縮したようだ」との声もあがるほど聴衆に深い感銘を与えた。

毎日食膳にのぼる貝割大根やモヤシが、あれほどの手間と愛情によって育まれてきたものかを知ると、一本たりともおろそかにできないという気がする。

排水タテ坑の温度測定

渋谷によって水晶温度計で測定されている排水タテ坑の温度は、排水のない日の定常の状態下で、表の通りとなった。渋谷はこの温度から推して、廃棄された汚物は坑内で凍結せず液状を保ち、徐々に坑外の雪中へ拡散しているだろうという。タテ坑の液面が上昇することも懸念され、近日中に重垂による深度測定が計画されている。

深さ (m)	温度 (℃)
1	-15.6
2	-16.4
5	-17.7
10	-16.4
15	-11.5
19	-6.5

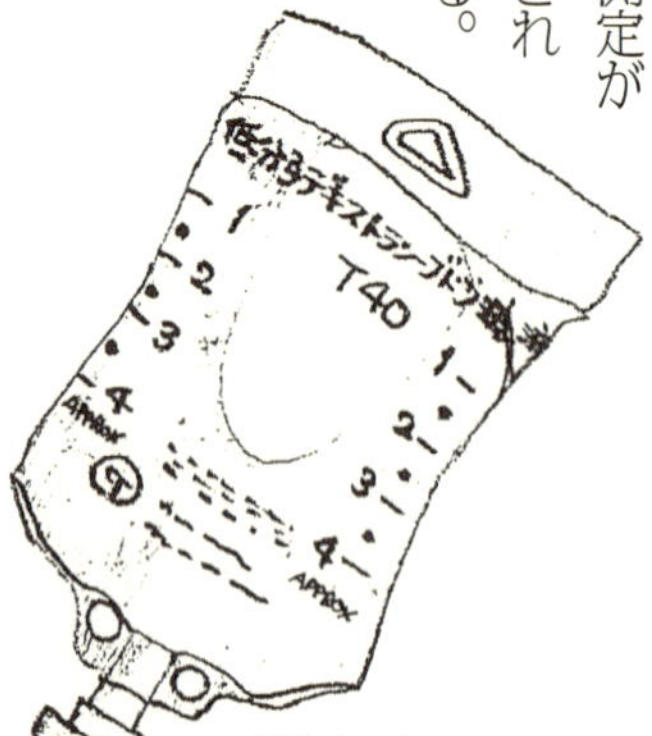

点滴パック

オーロラ夜話㉕ オーストラリア

気の早い話だが、帰路のオーストラリアでの自由時間が頻繁に話題にのぼる。オーストラリア政府観光局のパンフレット、往路のパースで入手した写真集、VTR「NHK特集オーストラリア」などは貴重な資料として、あすか隊の誰もが一度ならず目を通している。オーストラリアへ「出迎え」を兼ねて家族がやってくる予定の人が、あすか隊だけで4名もいる。

旅というものは、計画・実行・回想の3つの楽しみから成るものだから、長い越冬期間にあれこれ検討して、綿密な計画を練ることは大いによろしい。

しかし、なにしろ自由時間が5日間ほどしかないのだから、広大なオーストラリア大陸を股にかけて飛び回るような計画にはどうしても無理がある。やはり、シドニー近辺を重点的に見て回る計画のほうが無難だろう。

今のところ、あすかであがっている計画では、本場のローンテニスをやる、メルボルン-シドニー間の鉄道に乗る、シドニー無線局を訪問する、タスマニア島で鱒を釣り、ついでにホバートのAntarctic Division Dept. of Science and Technology を表敬訪問する、などがある。いずれも実現させたい計画ばかりである。

極寒の地から解放されたわれわれ隊員に、オーストラリアの温暖な気候は優しく微笑むことだろう。

［7/6 メニュー］
☆高木マルミトン食当
朝食／タラコ、納豆、野沢菜漬け、ビビンパ山菜、角煮、青豆、野菜サラダ、みそ汁
昼食／中華丼、チキンスープ
夕食／鰊塩焼き、揚げシューマイ、フライドポテト、貝割大根、海老玉、牛肉しぐれ煮、こんにゃく・れんこん・筍の煮付け、中華風スープ

南極あすか新聞

1987年
(昭和62年)
7月8日
水曜日

[7/7 気象]
天気　晴
平均気温 -22.9℃
最高気温 -21.8℃
最低気温 -24.0℃
平均風速 14.7m/s
最大風速 22.6m/s
平均気圧 868.3mb

JARE28
あすか拠点
新聞社

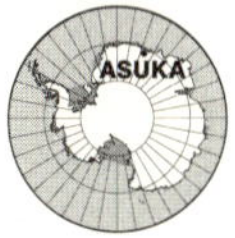

[7/7 メニュー]
☆富田シェフ食当
朝昼兼用／カレーうどん、新香、リンゴ
夕食／サーモンムニエル、フライドポテト、鰹のタタキ、牛モモの味噌炒め、ツナサラダ、新香、みそ汁、オレンジ

南大講座「裏から見たハワイ」

7日の南極大学講座は、助教授から昇進した大坂孝夫教授による「裏から見たハワイ」という、極めて個性的かつ実践的な講義であった。

田舎町の安キャバレーの実態を醒めた眼でとらえた物語は、井上ひさしの小説にも似て、聴衆の爆笑と哀感を誘った。南極大学後期講座では各教授の本業を離れた興味深い講義が多く、学生にも好評だ。

七夕歌会を開催

6日夜、七夕歌会が行われた。酒井が竹竿と竹箒で作った七夕の笹に、各隊員がものにした短歌・俳句を記した短冊を吊るし、ひとりひとりが吟詠して、皆で批評した。

冬至祭歌会につづく七夕歌会は、あすかの文化水準の高さを示している。高木は、あすか歌会の業績を集大成したいという。歌会の後は、カラオケの熱唱が夜更けまでつづき、各歌手は冬至祭以来、ひさしぶりに完全燃焼したようだ。

排水タテ坑の深さ19・3mに

7日、酒井が錘《おもり》付きのひもで、排水タテ坑の深さを測ったところ、坑底まで19・3mであった。この値は、当初の27mより相当浅くなっている。

薬液ビン

今後は1週毎に測定して、対策を考えることになった。

オーロラ夜話㉖　カラー現像

あすかでは、カラー・ポジティブ・フィルム、いわゆるカラー・スライド・フィルムの現像ができる。この作業は、現像キット、簡単な現像器械一式、きれいな水と温度管理のできる設備さえあれば、どこでも可能だ。

南極で撮影した写真の出来具合は、誰しも気になるところだろう。特に太陽やオーロラといった南極の自然現象は、撮影条件が特殊なだけに、本当にうまく撮れているかどうか心配になる。日本に持ち帰って現像してみた時点で、全然写っていなかったら取り返しがつかないことになる。だから、現地でのカラー現像は、撮影条件のテストの意味がある。

さらにポジフィルムは、そのままプロジェクターで投影して、皆で楽しむことができる。あすかでも、夏オペから転がる太陽まで、カラースライドで再現される初越冬の記録に、各隊員は予想外の興味をおぼえた。また、カラー撮影された30マイル地点の風景やセールロンダーネ山地の山容などは、われわれの今後のオペレーションに際して、資料として役立つことだろう。

ヒトの五感のうちでも、視覚はとりわけ強い印象を残す。一目瞭然というように、見ればわかることも多い。カラー現像の意義は、案外大きい。

南極あすか新聞
1987年（昭和62年）7月9日 木曜日
JARE28 あすか拠点新聞社

[7/8 気象]
天気　晴高い地吹雪
平均気温　-21.9℃
最高気温　-19.7℃
最低気温　-23.4℃
平均風速　18.3m/s
最大風速　26.6m/s
平均気圧　861.8mb

南大講座「極点旅行実践編」

8日、南極大学後期講座は第6講目を迎え、渋谷和雄教授による「極点旅行実践編」が話された。

この講義は、前期講座「極点旅行をやりたい」の続編を成していて、人工衛星のグランド・データをとるという目的の極点旅行を、いかに実践するかが主題であった。

1991年に、8名が4台の車両を駆使して極点への片道走行をするためには、20億円の資金を始め、困難を極めるさまざまな障害を克服しなければならない。しかし、実現したい魅力的な計画である。

水耕栽培器が移転

8日、高橋は発電棟風呂濾過装置の鉄ワクの上にベニヤ板を敷き、水耕栽培器GFMメロウをこの上に移転させた。

これは、従来の床上では水道配管の邪魔になるためで、新しい設置場所は温度も高く植物の発育にも良いという観点から、実施されたものである。

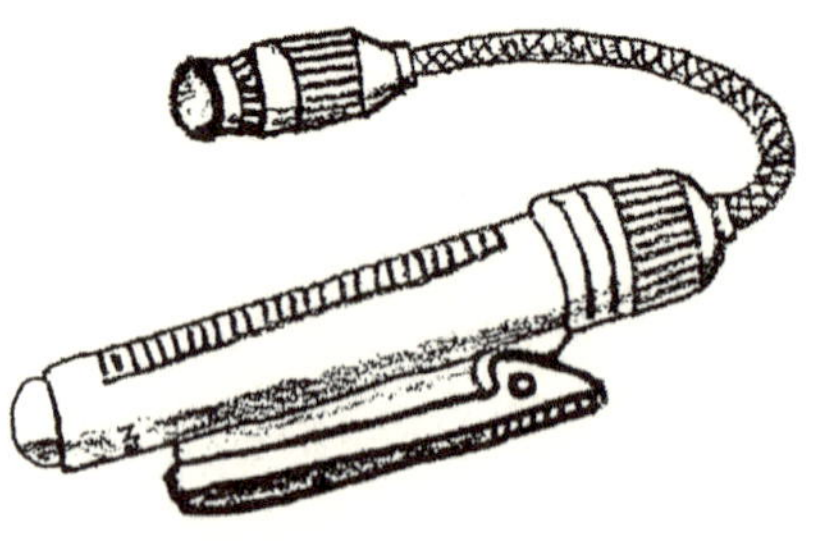

フィッシング用ポケットライト

オーロラ夜話㉗ ネバーギブアップ

南極越冬隊員の資質として、どうしても必要なものは、応用の効く柔軟な思考能力と、旺盛な行動力、そしてネバーギブアップの精神力である。

南極大陸は、未知の部分が極めて多くを占める所だから、われわれが日本で練ってきた構想どおりに物事が運ぶことは、まずもってない。南極で仕事を始めると、必ずと言っていいほど壁に突き当たる。日本でいつもやってきたことが、ここでは通用しないのだ。

そこで、一歩退いて考えなければならない。応用問題を解くような思考能力が、ここで威力を発揮する。解決のカギが見つかっても、南極ではそれがひどく面倒であることが多い。うんざりする。しかし、ここはブルドーザのような行動力で突破するしかないのである。

この行動には、体力も忍耐力も必要なことが多い。こうして一気呵成に突っ走っても、何度も何度も障害は立ちふさがる。そこはしつこく、ネバーギブアップの精神で乗り越えていくしかない。

われわれあすか隊でも、夏オペから現在まで、ほとんどの仕事がこのような隊員の資質を要した。南極で初めての越冬観測というのは、このようにひとすじ縄ではいかない仕事の集積なのである。一見、円滑に見える現在の越冬生活だが、まだまだこのままでは終わるまい。

[7/8 メニュー]
☆富田シェフ食当
朝食／鯨焼肉、納豆、かまぼこ、キンピラごぼう、みそ汁
昼食／焼き肉丼、ひじき煮付け、新香、みそ汁、リンゴ
夕食／牛ヒレステーキ、なめことワカメの酢の物、芝海老唐揚げ、ひじき煮付け、バターロール、スープ、オレンジ

南極あすか新聞
JARE28
あすか拠点新聞社
1987年（昭和62年）
7月10日
金曜日

[7/9 気象]
天気　晴
平均気温 -20.3℃
最高気温 -18.3℃
最低気温 -22.1℃
平均風速 15.8m/s
最大風速 25.5m/s
平均気圧 264.7mb

南大講座「MY TENNIS」

9日、南極大学講座は、野崎勝利教授による「MY TENNIS」であった。

埼玉県南部大会でベスト16の実績をもつ同教授の、日本と世界のテニス界の話題は、スポーツ好きの学生たちの興味をひいた。あすか隊には、極地研パワーテニスで鳴らす隊長を始め、しらせ飛行甲板テニスで鍛えたメンバーもいて、それぞれ一家言を吐き、なごやかな雰囲気の中で講義を終えた。いよいよ10日には、南極大学講座も千秋楽を迎える。

雪入れと御神輿かつぎ行う

9日、14時より17m／sの風の中で、全員による屋外作業が行われた。まず雪入れ作業に始まり、つづいて百葉箱の土台を上げる御神輿担ぎが行われた。北の地平線はすでに冬至祭の頃より格段に明るく、懐かしい地吹雪帯の雪煙も見られた。

あすか越冬交代は12月末か

9日、極地研の矢内29次越冬副隊長から送られたFAXによると、29次あすか夏オペは、12月17日開始、12月31日越冬交代となっている。この計画案が正式に認められると、我々はおそらく年末にはしらせに戻り、昭和基地へ運ばれて何らかの作業に組み入れられるはずだ。

オーロラ夜話㉘ 白黒写真

南極ではカラー写真の普及に押され、白黒写真で撮影する人が少なくなっている。しかし、白黒写真の魅力も捨てがたいものがある。第一に白黒写真は安価だ。いくら撮りまくっても惜しい気はしない。第二に現像・引き伸ばし・焼き付けの工程を自分でやる、手づくりの楽しみがある。

幸い、あすかの暗室はコンパクトだが、極めて使いやすくできている。自分で撮影した写真が、コレクトール現像液の中で印画紙にポジとなって現れる瞬間は、何度経験しても心躍る。またトリミングが自由なので、好きな絵を作ることができるし、4切りに伸ばせば、写真の迫力は倍加する。第三に衛星FAXで日本へ電送したり、現地でのオペレーションの資料として利用できたりもするのだ。

以前、昭和基地では白黒写真作業が非常に盛んだった。21次隊では毎月食堂で写真展を開催し、その優秀作品を集めて、帰途のふじ艦内で早くも記念アルバムの原稿を完成させていたのである。

あすかでは、酒井が全天カメラで撮った星空写真を配布してくれた。高木も趣味と実益を兼ねて、越冬生活を白黒写真で小まめに撮り続けている。彼は、母校の同窓会誌に連載する予定の南極越冬記に、白黒写真を添えることにしている。

[7/9 メニュー]
☆富田シェフ食当
朝食／鯵開き、ベーコンモヤシ炒め、キンピラごぼう、鮭水煮缶、みそ汁
昼食／カレーライス、サラダ、新香、吸物、リンゴ
夕食／肉団子、ローストポーク、浅利ワイン蒸し、海老チリソース煮、吸物、オレンジ

南極あすか新聞
1987年
(昭和62年)
7月11日
土曜日

JARE28
あすか拠点
新聞社

[7/10 気象]
天気　晴
平均気温　-29.1℃
最高気温　-21.5℃
最低気温　-35.1℃
平均風速　9.3m/s
最大風速　19.4m/s
平均気圧　868.3mb

南大講座「オーロラの共役性とα」

10日、南極大学講座最終日を飾る鮎川勝教授の講義「オーロラ共役性とα」が、1時間15分にわたり行われた。共役性とは、南北両半球の対称的な磁気圏に、形状、強度、動きの似たオーロラが同時刻に観測されることだ。この研究がいかに進められてきたかというアカデミックな話であった。

話のあと、同教授自身が過去の昭和基地越冬期間中に撮影した、さまざまなオーロラの写真が供覧され、学生たちはその美しさに息を呑んだ。本講義をもって、5月25日より開講した、あすか基地の南極大学講座は終了した。

南極大学卒業式と謝恩会を開催

10日17時30分より、南極大学の卒業式が行われた。渋谷学長および鮎川後援会長の挨拶に続いて、学長より成績順に卒業証書が授与された。居眠りの多かった学長の子息も、無事に卒業証書を手にした。

次いで、卒業生総代の野崎から、御礼の挨拶が述べられ、再度本学に学ぶ意志が初めて明かされた。最後に全員で校歌「あすか基地」を斉唱し、高橋PTA会長の三本締めで式次第は終了した。

謝恩会は、すきやきを主とするパーティとなり、教授・学生入り乱れてなごやかな語らいがつづいた。

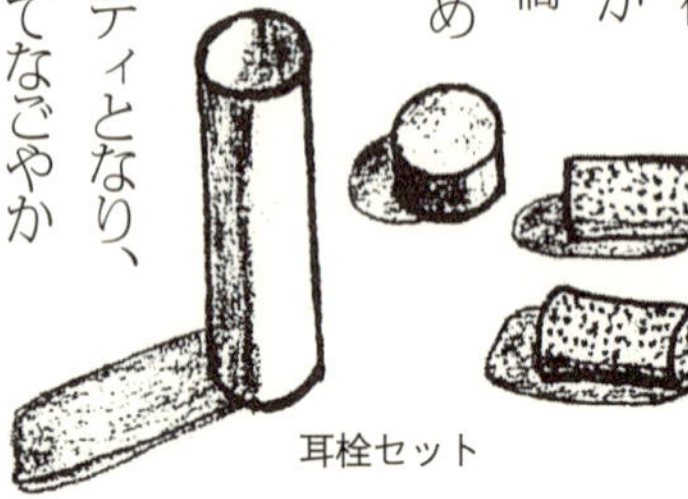
耳栓セット

オーロラ夜話㉙　服装

あすか基地では3棟内の室温がすべて20度C以上あるので、各隊員の服装は大変軽装だ。しかも、たいていの人は、洗濯の行き届いた小ざっぱりしたものを身に着けている。1次隊の猛者たちのような、むさくるしい姿は見かけない。

上半身は、隊支給のウールシャツの人気が高く、8人中4人は普段これ1枚ですごす。その他は、隊貸与のセーター、手編みのセーター、トレシャツを着用している。下半身は、隊支給のスキーズボンが4人、同じくベージュのキルト肌着が3人、トレパンが1人。足は薄手の靴下か裸足だ。

雪入れ作業などの屋外労働の場合は、防寒具に身を固めて、南極越冬隊らしい姿で出かける。8人中6人は、羽毛服上下を着込むが、鮎川隊長と富田は、相変わらず黄色のナイロンヤッケで頑張っている。

昔の日本隊では、羽毛服以下すべてを越冬終了後、各隊員にくれたらしい。しかし現在は、羽毛服、ミクロテックス・オーバーオール、セーターなどめぼしい衣類は、すべて返却しなければならない。

いずれも日本の日常生活では無用の品だが、「記念に」といった日本人のウエットな心理は、自分の愛用した越冬用衣類を欲しがるのだ。

それだけに、貸与品はボロボロになるまで着て、鬱憤を晴らす人が多い。

[7/10 メニュー]
☆富田シェフ食当
朝食／納豆、イカ巻と野菜の炒め物、牛大和煮缶、カレー、みそ汁
昼食／ちゃんぽん、リンゴ
夕食／南極大学謝恩会（すきやき、焼き鳥、数の子、枝豆、モズク酢の物、ハマグリ酒蒸し、アワビ、松茸ご飯、吸物、グレープフルーツ）

南極あすか新聞
1987年（昭和62年）7月12日 日曜日
JARE28 あすか拠点 新聞社

［7/11 気象］
天気　晴
平均気温 -29.2℃
最高気温 -26.5℃
最低気温 -35.1℃
平均風速 11.2m/s
最大風速 16.9m/s
平均気圧 875.6mb

［7/11 メニュー］
☆高木マルミトン食当
朝昼兼用／スパゲティミートソース、大福餅、ワカメスープ
夕食／柳カレイ塩焼き、帆立キスフライ、揚げシューマイ、マカロニサラダ、牛肉のうま煮、里芋・竹輪・筍の煮付け、チキンスープ

B出入口の除雪などを実施

11日、ブランチを終えた後、12時より全員でB出入口付近の除雪を行った。排水トンネル工事で捨てられた雪塊は、B出入口付近に堆積していたが、これらは出入口をふさぎ、ドリフトの発生も懸念されることから、スコップで雪割りをした上、バケツで風下側へ運んでならした。

次いで、基地内のゴミを屋外へ運び出し、SM40でゴミ捨て場へ運搬して、廃油により焼却した。さらに、デポ地から米・塩などの食糧および観測用ケーブルを移動した。ひと頃と比べてすっかり明るさを増した大陸氷床を、満月が照らしていた。

あすかのアルバムを作ろう

11日午後、食堂に集った面々から、あすかだけのアルバムまたは記念誌を作ろうという声があがった。アルバムにするか、あるいは文章を多くして読ませるものにするか、さまざまな意見が出ており、今のところまとまっていない。

しかし、28次の昭和とあすか合同のアルバム以外に、われわれ独自のものを持ちたいという意見には、皆が賛意を表したようだ。なお高木は、撮りためたカラー写真で、友人のグラフィックデザイナーの協力を得て、89年度のカレンダーを作る予定だ。

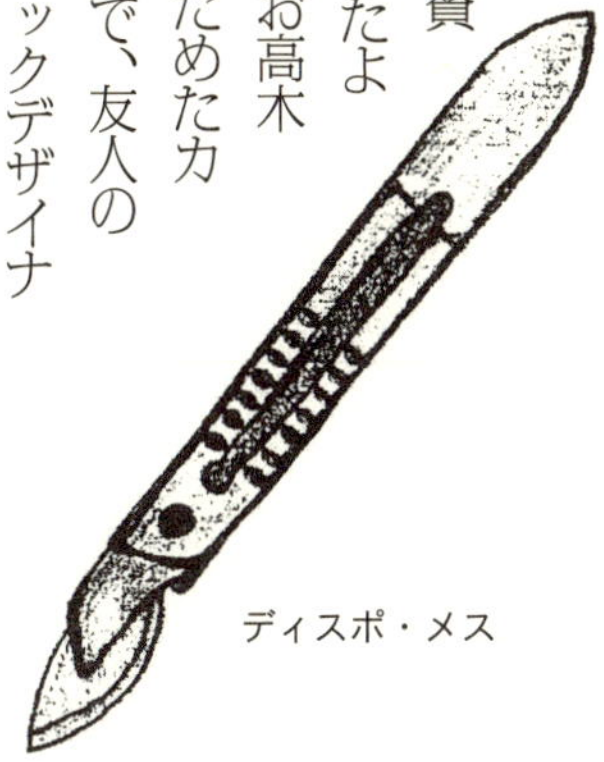
ディスポ・メス

オーロラ夜話㉚　排水坑

あすかではいま、排水タテ坑の坑底の上昇が話題になっている。もとはといえば、渋谷が坑内各深度の温度を測定していくうちに、どうも坑口から20ｍあたりに液面がありそうだと推測したことが発端となった。

さっそく酒井が、錘《おもり》付きのヒモで底までの深さを測ったところ、1度目は45ｍ以上もあるという結果が出て、一同安堵の胸をなでおろした。が、再測によって19・3ｍという妥当な値が出た。石沢がこの坑を掘った直後の深さが27ｍだったから、5ヶ月間の生活排水の残渣によって、坑底が約8ｍも上昇したことになる。

この上昇速度を速すぎるとみる人と、妥当な線とみる人がいる。われわれがあすかで暮らす期間をあと6ヶ月とすれば、その間にはタテ坑は埋まらないと楽観視する人が多い。だが、もし埋まったら大変だと懸念する人もいる。渋谷の言うように、排水施設が崩壊すると、水のふんだんな使用は不可能となり、現在の快適な生活はたちまち過去のみずほ基地並みに後退してしまう。

タテ坑に流された汚水のうち、固形分と液体のそれぞれの移動状況はどうなっているのだろうか。坑底付近の写真が得られれば、ある程度の推測と対策も可能となろう。あすか隊の興味はいま、坑底付近に集まっている。

南極あすか新聞
1987年(昭和62年)7月13日 月曜日
JARE28
あすか拠点新聞社

[7/12 気象]
天気　晴
平均気温　-24.5℃
最高気温　-23.4℃
最低気温　-27.4℃
平均風速　13.0m/s
最大風速　20.0m/s
平均気圧　879.7mb

[7/12 メニュー]
☆大坂食当
朝昼兼用／オムレツ、牛肉のうま煮、煮付け、みそ汁
夕食／エクリチュール・ベジテール風、ビーフストロガノフ、スープ

日曜日の話題

日曜日のブランチの後、だんらんのひとときは、共同FAXニュースを見ながら話の花が咲く。日曜日の2大ニュースは、愛人の看護婦を殺して旅行カバンに詰めて捨て、自分も感電自殺をした国立がんセンターの医師M(34)と、父親の怨念を晴らさんとN産業の布団に針を混入したK(45)の話題であった。

前者に関しては、「オレは基本的には、Mという奴は凄いと思うよ。殺しさえやらなければ、将来は『白い巨塔』の財前五郎のような医者になっていたろうね。惜しい奴を亡くした」と高木医師がコメント。

後者に関しては、「Kの執念は充分理解できるが、N産業への怨みを晴らすのに、針を布団に忍ばせて不特定多数の第三者を狙ったやり口は感心しない。あれはやはり、必殺仕置き人に依頼すべき一件であった」「大岡越前なら、Kは情状酌量され、N産業にもお仕置きが下るはずだ」などの見解が述べられた。

あすかにもFAXなどでニュースは届くが、このようなスキャンダルの詳細はなかなか伝わらない。越冬隊員は案外、自民党総裁後継者選びなどのビッグニュースよりも、むしろ庶民の人間臭いスキャンダルを待っているのだ。29次隊が持参するであろうフォーカス&フラッシュや週刊誌に、皆が飛びつくことだろう。

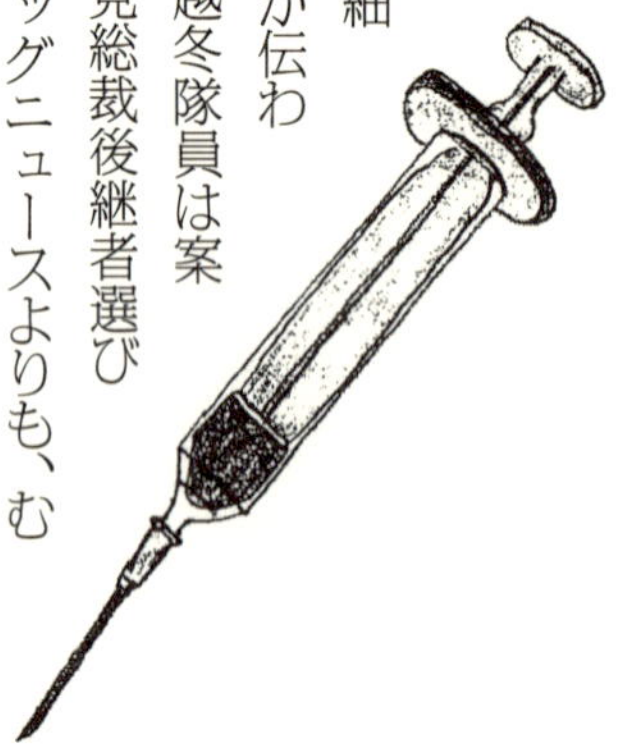

七夕歌会発表句歌①

あすかにも　春が近しと
たんざくに　たくす心に
陽はまた昇る
(NON)

暗き時我はひたすらパイを握る
(NON)

まほろばの　帰りを待てり
まなむすめ
南のはてに　父はフリコム
(「ロン」の声を聞いて詠める　大坂)

ぬばたまの　オーロラおどる
あすか基地
ペンタックスの　凍りつきても
(レンズ凍りて詠める　大坂)

しろたえの　バード氷河の
ブリザード
サンプリングの　雪は降ったか
(隊長の熱意に打たれて詠める　大伴の大坂)

全天の空をにらんで
よもすがら
回すカメラの　音ぞ響ける
(全天カメラを回して詠めり　酒之上席麿呂)

南極あすか新聞

1987年（昭和62年）7月14日 火曜日

JARE28
あすか拠点
新聞社

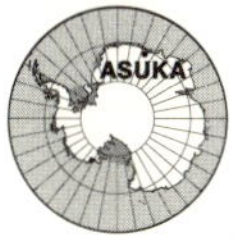

［7/13 気象］
天気　晴
平均気温 -23.6℃
最高気温 -20.7℃
最低気温 -27.9℃
平均風速 11.7m/s
最大風速 20.4m/s
平均気圧 875.8mb

晴海出航からきょうで8ヶ月

14日、28次の晴海出航から丸8ヶ月目を迎えた。あと4ヶ月経つと、29次が盛大な見送りをうけて出発することだろう。今月21日頃が、われわれ越冬隊全行動期間の中日となる。

雪下ろしと雪入れを実施

13日、穏やかな日和を利用して、発電棟屋根上の雪割りと雪下ろし、そして造水槽への雪入れが行われた。

すでに、北の地平線は濃い黄金色に輝き、かげろうが立って、いまにも太陽が昇りそうな光景であった。

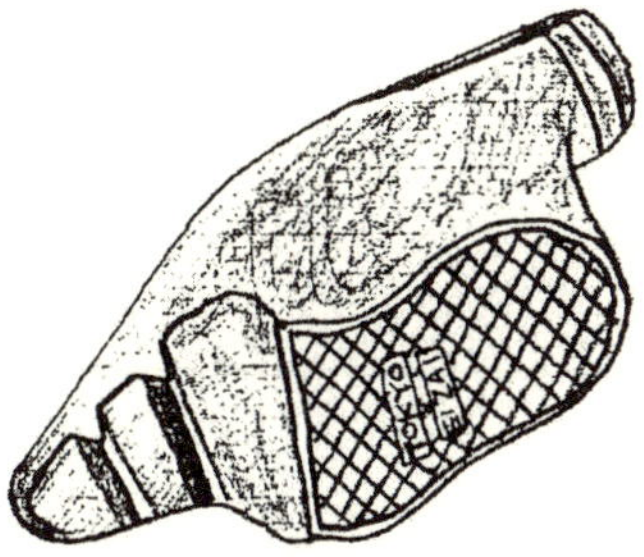
ギプスヒール

U-BIX修理でドラムを交換

13日、酒井・大坂により、コピー機U-BIXの修理が行われた。

ドラムに傷がついたため、A4判以上をコピーする際、黒い筋やゴーストが見られるようになったもので、ドラムの交換が行われた。

細かい調整を行ったものの、黒い筋は消えないため、近々、メーカーにFAXで問い合わせるそうだ。

七夕歌会発表句歌②

地吹雪に向いて　進むますらおの
顔にくっきり　凍傷のあと
（酒之上席麿呂）

エントツヤ　ジフブキマケズ　イキシテル
（富）

ロムナエス　ジフブキクルウ　ユキノニテ　フジニモマケズ　ソビエタテタテ
（富）

眠れぬ夜　想い巡りて　時移り
呆とたたずむ　地の涯の朝
（高木医尊鎌足）

百葉箱　のばすケーブル
凍りつき
凍える手には　ネジも痛いな
（百葉箱にて詠める　渋谷朝臣）

観測棟　打ち出てみれば
満天の星空に渡る
白きオーロラ
（渋谷朝臣）

ハツデントウ　ミドリノソノノ　カイワレヤ
（高）

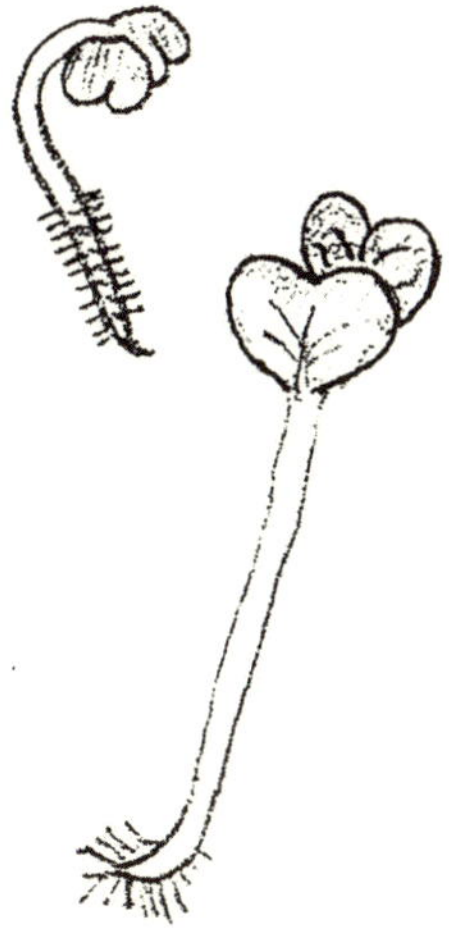

［7/13 メニュー］
☆高木マルミトン食当
朝食／納豆、タラコ、白菜キムチ、キンピラごぼう、佃煮、貝割大根、みそ汁
昼食／うな丼、吸物
夕食／トンカツ、鶏肉のトマトシチュー、かに玉、フライドポテト、貝割大根、トウモロコシのバター煮、吸物、パンプキンパイ

南極あすか新聞
1987年
（昭和62年）
7月15日
水曜日
JARE28
あすか拠点
新聞社

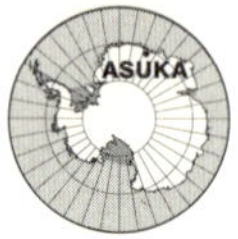

［7/14 気象］
天気　快晴
平均気温
-23.0℃
最高気温
-21.6℃
最低気温
-25.6℃
平均風速
15.2m/s
最大風速
24.3m/s
平均気圧
871.4mb

節電節水標語を募集

機械班では、節電節水キャンペーンの一環として、標語を募集している。

あすかの電力消費量は、平常時で12～13KW、最大では22KWで、現在のところ30KVA発電機の供給能力でまかなっているが、電力消費量はいつの間にか倍増するのが常である。現在の電力消費量を維持し、ムダをはぶくのがキャンペーンの狙いだ。

一方、水使用量も6、7月と節水の効果が上がっているので、このペースを維持したいという。募集の締め切りは、今週末。機械班では、優秀作品に景品を用意するといっている。

荻原隊員に長男誕生

13日、昭和基地気象台の荻原裕之隊員に待望の長男が誕生し、「光輝《こうき》」と命名された。荻原隊員は晴海出航時には身重の夫人の涙で送られたが、今回は越冬中最初のパパになる栄誉に輝いたわけだ。

このめでたいニュースを受けて、あすかからは一同の名で、さっそく祝電が打たれた。あすか隊には、こういうニュースはないのだろうか。

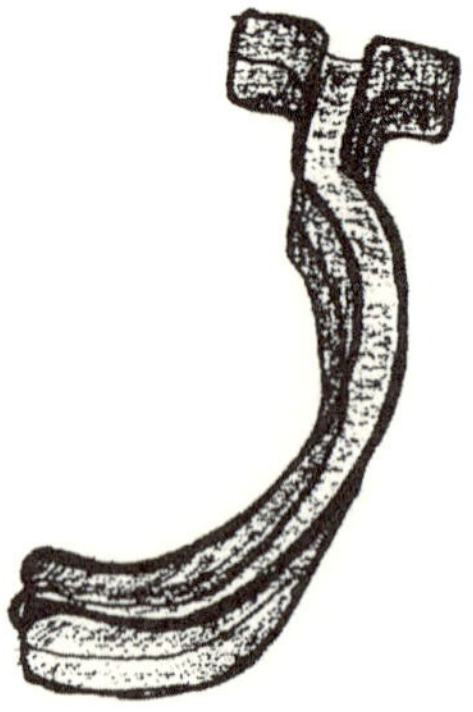

エアーウェイ

［7/14 メニュー］
☆富田シェフ食当
朝食／鮭水煮缶、ベーコンモヤシ炒め、キンピラごぼう、みそ汁
昼食／うどん、リンゴ
夕食／プーレ（鶏）ソテー・マレンゴ風、クラゲとビーフンの酢の物、ナマコとフクロダケの炒め物、ミートパイ、シチュー、みそ汁、オレンジ

七夕歌会発表句歌③

キカイハン　シゴトノアイマニ
クンデワミタガ
モンガタクレーン　イマダツカワズ
（高）

ポリシンノ　イロガウスレテ　コウカンカ
（高）

七夕夜　南の果ての願いごと
八百の星空　織姫いずこ
（鮎川勝）

幸願う　妻子は遠し　七夕夜
白き大陸　星影凍る
（鮎川勝）

星月夜
凍てる極夜の流れ星
弧峰ロムネエス
黒く聳ゆる
（鮎川勝）

星雲の志ざし胸に上り汽車
今も忘れじ情味（うるみ）し瞳
無言の黒髪ホームに佇み
春風に舞う
淡き青春の思慕密かに
あすか基地の終夜（よもすがら）
（飛鳥白翁）

南極あすか新聞

1987年
（昭和62年）
7月16日
木曜日

JARE28
あすか拠点新聞社

［7/15 気象］
天気　晴高い地吹雪
平均気温　-22.7℃
最高気温　-21.7℃
最低記温　-25.6℃
平均風速　18.0m/s
最大風速　25.5m/s
平均気圧　879.0mb

［7/15 メニュー］
☆富田シェフ食当
朝食／鮭塩焼き、納豆、キンピラごぼう、鯨焼き肉、みそ汁
昼食／山菜とろろそば、リンゴ
夕食／ハンバーグステーキ、冷奴、生ハムとテリーヌ、うどんのサラダ、みそ汁、新香、オレンジ

地震計ヒーターのケーブル敷設

15日、朝から午前中にかけて、一時は10分間平均風速で21m／sの強風が吹き荒れたが、午後には急激に風は衰えた。この機を逃さず、渋谷は地震計を温めるヒーターのケーブル敷設を行った。

地震計は、基地の南1kmに設置が予定されている。このため、1巻200mのケーブルが5本必要となる。地震観測は、数日後から開始される予定だ。

「家族会だより」への寄稿依頼

極地研事業部では、越冬隊の留守家族を対象にした、「家族会だより」という小冊子を発行している。

8月上旬にその第5号が発行されるが、「基地の生活」と題する文章と、隊員一人あたり3行の寄せ書きを、誌面に掲載するためにFAXで送るよう、あすかに依頼があった。

写真電送は16日より開始

極地研の大塚氏から届いたFAXによると、各隊員の家族写真の電送は、時間がかかるため、毎日1枚ずつ、衛星FAXで送ることになったという。

8名全員に写真が届くには、8日間を要することになるが、楽しみに待ちたい。

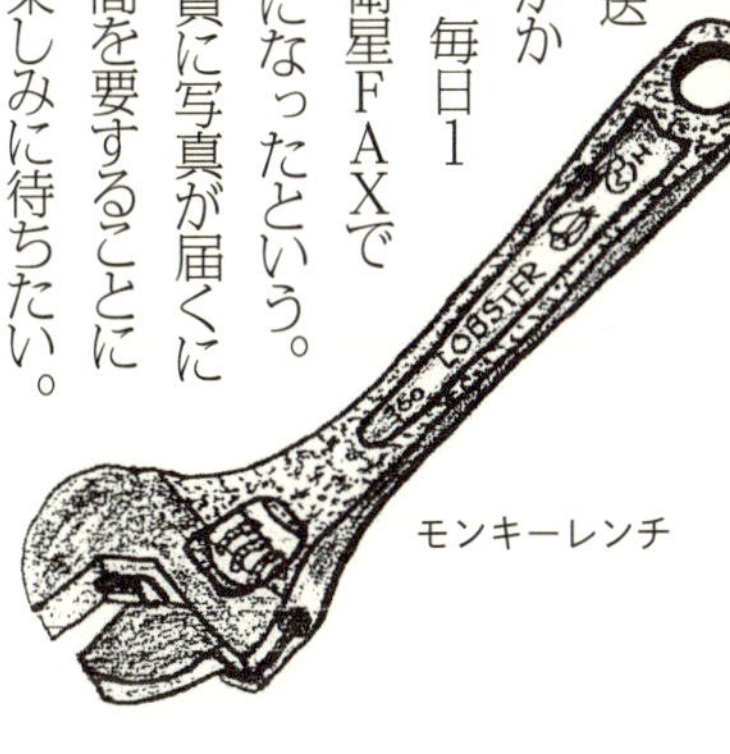

モンキーレンチ

一方、われわれの白黒写真は、大坂が16日から極地研に電送する予定だ。

オーロラ夜話㉛　次の夏

29次隊のあすか夏オペ計画案が、ようやくFAXで届いた。当然、われわれも協力参加することになる夏オペの計画にしては、伝達が少々遅すぎるきらいがある。しかし、ともかくも夏期間のわれわれの身の振り方について、見通しは立った。

あすかに29次隊が到着すると、荷受け、引継ぎ、帰り支度など極めて慌ただしく、落ち着かない状態に陥ることは想像に難くない。したがって、われわれあすか隊の越冬は事実上、29次隊の到着をもって終了することになる。越冬の記録を主目的とする「南極あすか新聞」も、その時点で最終号を出すことになろう。

年末、しらせにピックアップされたわれわれは、昭和基地へ運ばれて、何らかの任務を受け持つことになる。

すでに、われわれの越冬は終了しているし、昭和へ行けば事情に不案内な「お客さん」だから、昨夏ほど仕事に身が入らないことは間違いないだろう。だから、せいぜい怪我をしないように注意し、また昭和の仲間たちと仲良くするようにつとめたいものだ。

しらせの反転北上は、2月8日となっている。シドニーまでの航海は長い。われわれは、一気に越冬報告をまとめあげて、早くラクになろう。

南極あすか新聞
1987年
（昭和62年）
7月17日
金曜日
JARE28
あすか拠点
新聞社

[7/16 気象]
天気　晴
平均気温 -21.4℃
最高気温 -18.4℃
最低気温 -25.6℃
平均風速 14.6m/s
最大風速 24.5m/s
平均気圧 871.4mb

電送写真第1号が届く

16日、あすかに留守家族の電送写真第1号が届いた。写っていたのは、高橋のひとり娘の麻理子ちゃん。4月の小学校入学時に撮影されたもので、制服に名札を付けた姿を見て茂さんは「随分背が伸びたなぁ」などとつぶやき、目を細めていた。

雪入れ作業実施

16日の昼食後、全員による雪入れ作業が行われた。折から、18m／sの風が吹いていたが、飛雪はほとんどなかった。

野崎によれば、1回の雪入れで2㎥くらいの水量が増えるという。北の空は、ますます明るさを増している。

安全地帯・通路棟接続部にひずみ

安全地帯と通路棟の接続部に、ひずみが生じている。特に、基礎レベルの異なるBと通路3の接続部はひずみが著しい。側壁をみると、B側が55㎜持ち上っており、固定釘が抜け、氷化した雪の層が隙間から見えている状態だ。

排水タテ坑18・6mに上昇

16日、酒井が排水タテ坑の深さを測定したところ、18・6mであった。7日の測定では19・3mであったから、9日間で0・7mも坑底が上昇したことになる。このペースで上昇すると、5ヶ月後には11m近くも上昇することになる。

ブロワー・ブラシ

オーロラ夜話㉜　ジョイント

28次あすか基地建設で最も難航が予想されていたのは、通路棟と安全地帯棟の建設であった。

出発前、ミサワホーム松本工場での組み立て訓練に参加した者は皆、その巨大さに驚き、南極大陸上での建設を想ってしばし呆然としたものだった。

主屋棟と発電棟という基礎レベルの異なる2棟を、この巨大なジョイントで連結することは、素人集団のわれわれにはかなり困難な作業と思われた。事実、夏オペ期間のこの作業は、建設のハイライトであった。

さらに、材料のパネル・鉄骨類が、ブリザードで雪下に埋没するという事件が起きた。建設予定地はいくら除雪しても、翌日には地吹雪の吹き込みで元の木阿彌と化す。しかも、一つひとつの資材は腹立たしいほどの重量だった。あれはまさに、夏オペの踏ん張りどころであった。

広い雪原に埋没した資材が、ひとつ残らず見つかるという奇跡的な幸運にも恵まれて、通路棟と安全地帯は完成し、主屋棟と発電棟は見事にジョイントされた。完成時には、皆が感激した。

今われわれは、意識することもなく、この快適な通路を速歩で抜けてゆく。次隊の人たちは、通路建設の苦労など思いもよらないことだろう。

[7/16 メニュー]
☆富田シェフ食当
朝食／かまぼこ、鰯味醂干し、キンピラごぼう、モヤシ炒め、みそ汁
昼食／チャーハン、里芋煮付け、貝割サラダ、新香、みそ汁、リンゴ
夕食／金目鯛のグラタン、ロールキャベツ、ワカサギのフライ、牛モモの唐揚げ、みそ汁、新香、プリン、オレンジ

1987年
（昭和62年）
7月18日
土曜日

南極あすか新聞

JARE28
あすか拠点
新聞社

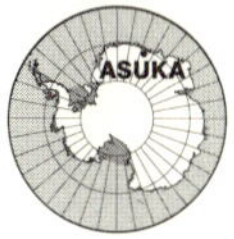

［7/17 気象］
天気　快晴
平均気温　-19.6℃
最高気温　-16.8℃
最低気温　-25.8℃
平均風速　12.7m/s
最大風速　20.7m/s
平均気圧　866.6mb

［7/17 メニュー］
☆富田シェフ食当
朝食／浅利味付け缶、鰯味醂干し、鰯塩焼き、モヤシ炒め、おじや、みそ汁
昼食／親子丼、ひじき煮付け、リンゴ、新香、みそ汁
夕食／天婦羅、ビーフン炒め、チーズ盛り合わせ、豚バラ生姜焼き、プリン、オレンジ

全体会議を開催

17日昼食後、全体会議が開かれた。議題は、29次隊渡辺興亜越冬隊長から届いた、越冬交代についてのFAXに対する、あすか隊の対応である。

すでに越冬交代後の1月に、渋谷・酒井があすかに残留して、地磁気・GPS・JMR等の観測および気象観測をやりたいとの希望は、29次隊長宛に伝えてあった。

これに対する返答はOKであったが、冬明け以降、あすかの野外観測が遅滞することも考えられ、それが1月にずれ込んだ場合は、2名だけで成就できるわけがない。

また鮎川隊長はあすかの責任者として、観測者とともに残留する意向である。したがってあすか隊が、残留組としらせ引揚組に分裂する懸念もある。

全体会議では、こうした事情説明と各隊員による意見交換が行われた。この問題はなお、FAXによるやりとりを重ねながら煮詰めてゆく予定だ。

第3回心理テスト実施

17日午後、第3回の心理テストが実施された。86年11月、ことし3月の過去2回のテスト結果と現在のそれとは、当然、大きく変化していることだろう。

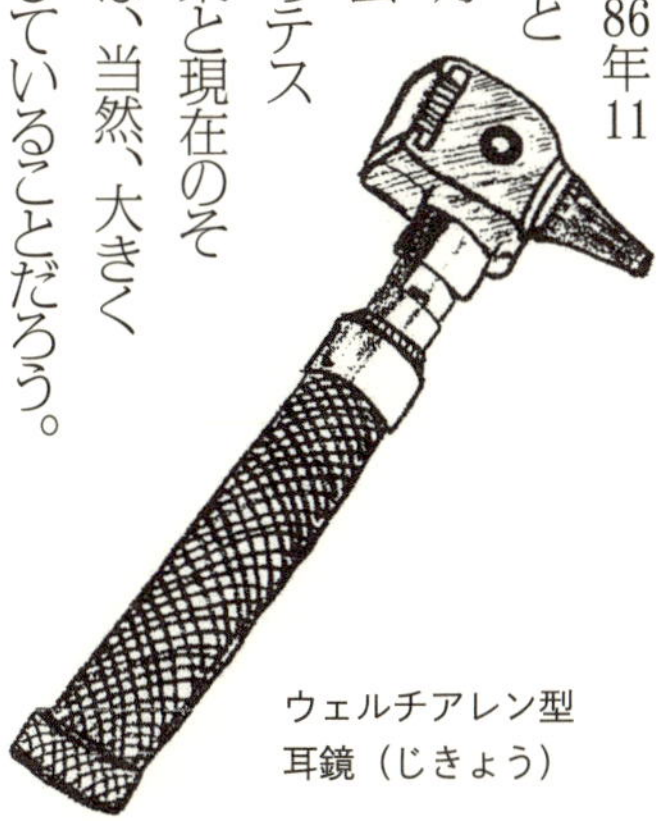
ウェルチアレン型
耳鏡（じきょう）

石原裕次郎死去

共同FAXニュースによると、17日、俳優の石原裕次郎が慶應病院で死去した。享年52歳。

オーロラ夜話㉝ 話題

あすか基地越冬隊は、わずか8名で構成された小社会だ。すでに5ヶ月以上の期間、この8名が毎日顔をつきあわせては、さまざまなネタを持ち出して、話の花を咲かせている。よくも話題が尽きないものだ。

話のネタは、8名の日常生活から生まれたエピソード、電報と電話で伝えられた家族からの情報、昭和基地との通信によって得られた情報、共同FAXニュースの記事、極地研からのFAX、その他ラジオ放送やあすかの図書から仕入れた知識が基になっている。これだけ情報が集められれば、8名程度の話題には事欠かないのだろう。

21次のみずほ基地で越冬したのは4名であった。しかも、外界からもたらされる情報量はあすか隊の10分の1にも満たなかったろう。こうなるとさすがに話題にも限りがあり、個人宛の私電報も曝け出して話のネタにすることも多かった。

越冬隊のような閉鎖社会で生活していると、ふだんの談話でも、いつの間にか話役と聞役、ツッコミとボケの掛け合い、話題の提供者と総括者などが生まれてくるのが面白い。5ヶ月後に29次隊が来る頃には、彼らに通じない「あすか語」が交わされていることだろう。

南極あすか新聞

1987年
（昭和62年）
7月19日
日曜日

[7/18 気象]
天気　快晴
平均気温 -31.2℃
最高気温 -19.2℃
最低気温 -35.4℃
平均風速 4.1m/s
最大風速 11.5m/s
平均気圧 878.3mb

JARE28
あすか拠点
新聞社

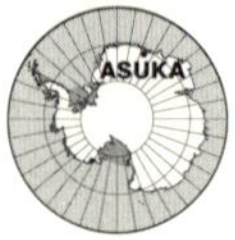

快晴無風の好天気

18日午後は、驚くほどの快晴無風となった。あまり風がないので、発電棟煙突の煙が周囲に散らばり、造水用の雪塊がカーボンで汚れるほどだった。

この好天気を利用して、18日に42ｍまで掘り進んだ排水トンネルの廃雪塊を搬出し、ゴミ処理、36本雪尺測定などの屋外作業が行われた。通信によると、昭和基地ではすでにサンライズを迎え、転がる太陽が見られるそうだ。

オーロラ連夜の乱舞

17日深夜から18日未明にかけて、あすかの空には、3夜連続の豪華なオーロラが出現した。東の低い空からやってくるオーロラは、あすかの天上で爆発し、揺らめき、発色した。各カメラマンも17日夜は雪原に散らばり、満足のゆく成果を得たようだ。

裕次郎追悼カラオケ大会開催

17日、石原裕次郎死去の報に接し、あすかでは急遽、追悼カラオケ大会を開催した。残念ながら、レーザーディスクのナンバーに、裕次郎の曲は「夜霧よ今夜も有難う」1曲きりしかなかった。

しかし、夜更けまで各歌い手はマイクを奪い合い、亡き裕次郎をにぎやかに弔った。

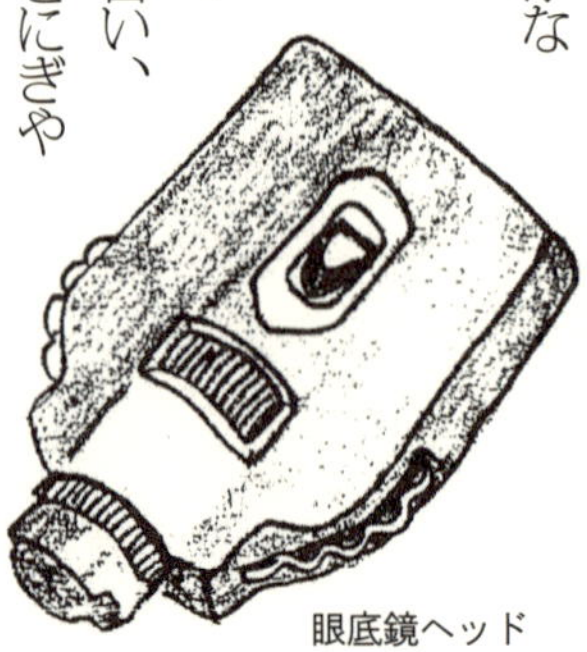
眼底鏡ヘッド

オーロラ夜話㉞　輸送手段

来春、村山雅美氏をリーダーとする朝日新聞社のチームが、初めて航空機を用いて、マクマード基地経由で昭和基地とあすか基地へ来ることになった。

その目的は朝日新聞社の取材のためらしいが、日本の観測基地へ人員を運ぶ輸送手段として、航空機の使用を実践することの意義は大きい。

もしこのオペレーションが成功すれば、われわれ南極観測隊も今後は航空機で南極大陸を出入りすることが可能となる。南極で仕事をすることが目的である観測隊が、往復で2ヶ月以上も船に揺られるだけの無駄はなくなる。

夏隊は観測・設営とも、もっと効率よくそれぞれの仕事ができるだろうし、越冬隊は3月頃に南極入りし、10月頃には任務を果たして帰国できるかもしれない。

航空機での人員輸送は、すでに米ソ両大国が行っている。米はマクマード基地、ソ連はマラジョージナヤ基地へ、それぞれ巨大な航空機で移動し、これらの母基地から各地の前進基地へ分散していく。両国とも南極観測のリーダーであるが、実力№3の日本としても、そろそろ航空機使用を考慮すべき時期であろう。

人員は航空機、物資は船という輸送手段を、南極本部と極地研もそろそろ真剣に検討してもらいたいものだ。以上のような意味で、村山チームの成功を期待したい。

[7/18 メニュー]
☆高木マルミトン食当
朝食／タラコ、キムチ、佃煮、納豆、貝割大根、みそ汁
昼食／すきやき丼、チキンスープ
夕食／チーズとベーコンの串揚げ、揚げシューマイ、貝割大根煮付け、豚肉うま煮、焼うどん、チーズパイ、中華風スープ

南極あすか新聞

1987年
(昭和62年)
7月20日
月曜日

JARE28
あすか拠点
新聞社

[7/19 気象]
天気　高曇り
平均気温　-26.5℃
最高気温　-21.2℃
最低気温　-34.0℃
平均風速　6.3m/s
最大風速　11.1m/s
平均気圧　888.2mb

[7/19 メニュー]
☆酒井食当
朝昼兼用／あずま丼、みそ汁
夕食／かぼちゃコロッケ、オムレツ、貝割大根、みそ汁

サンライズ間近の日曜日

19日は、サンライズ間近、おそらくは暗夜期最後の日曜日であった。晴れ、風なしの穏やかな天候に恵まれ、各隊員はリラックスした時間を思い思いに楽しんだ。

酒井は、食当の合間をみて日本に電話をかけた。大坂はカラースライド現像に没頭し、高木は大陸雪原を散歩して屋外の物音の録音に余念がなかった。野崎はコンピュータ、富田はワープロとの対話を楽しみ、渋谷は近々始める地震計観測用ケーブルの調整に精を出した。高橋は夕焼けに染まった北の空の撮影にいそしみ、鮎川隊長は昭和基地との交信を行った。

7月も下旬にさしかかる今、日本各地はうだるような暑さで、おまけに東京地方は水不足のため給水制限が行われていると報じられている。われわれは、夏の灼熱を恋しく思う一方で、この快い寒さに身をさらすことの幸せをつくづく感じたりする。

来年の夏は、各隊員ともことのほか暑さに苦しめられ、あすかの今頃の気候を懐かしく思い出すに違いない。

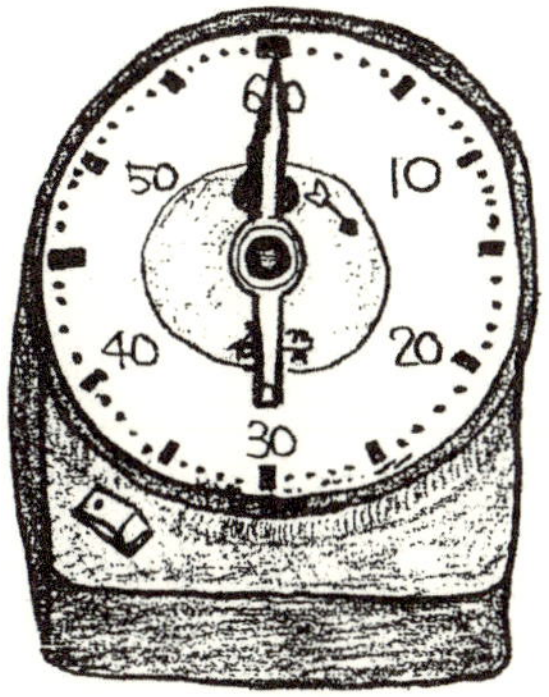

分時計

オーロラ夜話㉟ 美食

もうすっかり慣れっこになってしまったが、あすか隊の食事は、われわれの日本での食生活とは段違いに豪勢だ。家庭なら、「オイ、どうしたんだ今日は?」と女房に問いたくなるような特別料理が、毎日食卓を埋めている。

本紙では右欄に日々のメニューを記録しているが、日本でこのメニューの内容を示せば、誰もが仰天するにちがいない。平均して7品も並ぶような美食なのだ。

記者は21次のみずほ越冬中、自分が調理した食事の詳しいカロリー計算をしたところ、一人一日平均3090キロカロリーであった。みずほの食事はすべて素人の手になるものだから、質的には現在のあすかの美食と比較にならない。

とはいえ、高蛋白、高脂肪の美食を、皆でよく作って食べていた。それでも、みずほ隊員は寒冷に熱量を奪われたのか、8ヶ月半で平均5kgやせた。

現在のあすかの食事は、カロリー計算されていないが、記者の感じでは3100キロカロリー前後だろう。あすか基地は暖かく、外作業は少ない。このエネルギー収支なら、体重は増えるはずだ。事実、ほとんどの隊員はそういう傾向にある。

あすかの美食は南極ならではのもので、国内で続ければ、肥満・痛風・脂肪肝・動脈硬化、否その前に財政窮迫が待ちうけることだろう。

南極あすか新聞

1987年（昭和62年）7月21日 火曜日

JARE28
あすか拠点新聞社

[7/20 気象]
天気　晴
平均気温　-27.0℃
最高気温　-18.8℃
最低記温　-31.7℃
平均風速　5.4m/s
最大風速　10.4m/s
平均気圧　893.2mb

発電機500時間点検で部品交換

20日、30KVA発電機の500時間点検が、機械班・富田・大坂による総がかりで行われた。

今回は、ジェネレータの不調によりバッテリー電圧が低下するトラブルが見つかったため、滑車の大きなジェネレータに交換し、併せてウォーターポンプも交換した。切り替え作業は、スムーズに進んだことから午前中に終了した。

雪入れ作業を全隊員で実施

20日の昼食後、全員による雪入れ作業が行われた。

発電棟の煙突から排出されたカーボンが散らばり、汚れた雪塊が多かったものの、フィルターで濾過できることから、構わず貯水槽に投入した。

FAX送受信、頻繁に

20日は月曜日だったことに加え、五者連絡会議が間近に控えていることもあって、あすか及び極地研双方からのFAXが頻繁に送受信された。いよいよ29次隊も始動したようだ。

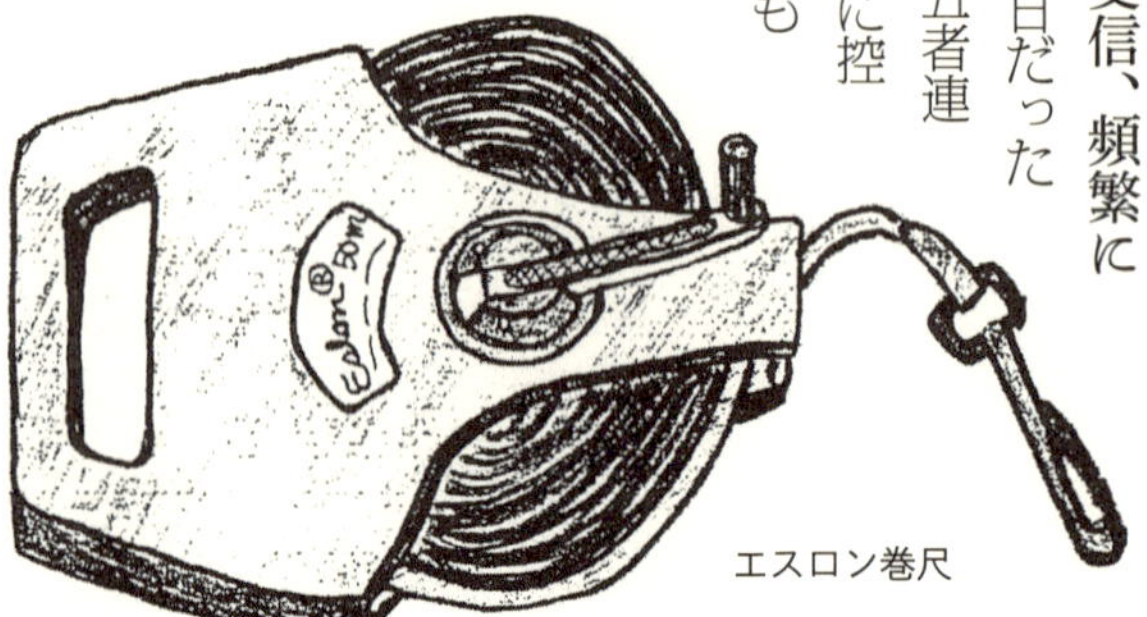

エスロン巻尺

オーロラ夜話㊱　越冬後半

本日7月21日あたりが、われわれ28次越冬隊の全行動期間における中日に当たることから、以降われわれは越冬後半戦に臨むことになる。

南極越冬全期間を人生に例えるならば、しらせ往路が学業終了までの期間、夏の建設期間がわけもわからず遮二無二がんばる20代、越冬体制確立から越冬半ばの現在までが軌道にのる30代だ。そう考えると越冬後半は、人生航路でも最も脂ののった男盛りの40～50代といえよう。

越冬交代の定年まで、若気の至りも冒険もすべて包み込んだ円熟により、正確で余裕を持った仕事を続けなければならない。時には、南極の自然風土を楽しむゆとりももちたい。そして、定年まぎわの越冬交代時期には、血気にはやる次の20代諸君に人生のさまざまな教訓を伝えてやればよいわけだ。

越冬経験者は誰もが言うことだが、1年4ヶ月あまりの全期間のうち、前半の時の経過は緩慢だが、後半のそれは極めて敏速だ。28次のあすか隊の場合は、12月末で事実上の越冬が終わってしまうから、なおのこと後半は短く感じられることだろう。

われわれに残された円熟期は、たった5ヶ月しかない。後半の基地生活と野外活動を、充実と愉悦のうちに送りたい。そしてしらせ復路の悠々自適生活の折は、40代を懐かしく振り返りたいものだ。

[7/20 メニュー]
☆高木マルミトン食当
朝食／卵焼き、タラコ、新香、納豆、佃煮、みそ汁
昼食／スパゲティミートソース、白菜スープ
夕食／秋刀魚塩焼き、カレーコロッケ、チーズリングフライ、貝割大根、海老玉、煮付け、牛肉しぐれ煮、ビーフン炒め、中華風スープ、パンプキンパイ

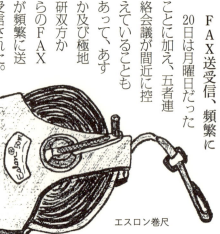

南極あすか新聞

1987年
(昭和62年)
7月22日
水曜日

JARE28
あすか拠点
新聞社

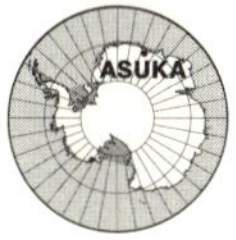

[7/21 気象]
天気　晴低い地吹雪
平均気温 -22.9℃
最高気温 -16.8℃
最低気温 -33.4℃
平均風速 11.2m/s
最大風速 25.5m/s
平均気圧 878.8mb

[7/21 メニュー]
☆富田シェフ食当
朝食／鰯塩焼き、鯨焼き肉、海老佃煮、みそ汁
昼食／味噌ラーメン、リンゴ
夕食／仔牛カツレツ、ウインナー炒め、鰹のタタキ、牛たん焼き、新香、みそ汁、オレンジ

究極のオーロラが出現

21日、0時から1時半にかけてあすか上空に出現したオーロラは、掛け値なしに越冬開始後最大かつ最高のオーロラだった。

例によって東から1本の目立たない白色の筋として現れたオーロラは、1時間近くも満を持していたが、1時頃、突然燃え立つように膨張し、天空を縦横無尽に駆け巡り、激しく発色した。

この深夜のオーロラの饗宴を、ほぼ全員が雪原に散らばって写真に収め、それぞれ満足のゆく成果を得たようだ。「これだから(南極越冬は)やめられないんだ」との声があちこちで聞かれたほど素晴らしい、究極のオーロラの乱舞だった。

高橋・富田がレスキュー出動

20日、シール岩へ旗竿などを取りに行ったSM513から、クラッチが切れないとの無線連絡が入った。さっそく高橋・富田がレスキューに急行したところ、「鼻の脂」でクラッチは直ったそうだ。

昭和基地の伊禮隊員にジュニア誕生

7月9日、伊禮《いれい》朝詞隊員に長男が誕生し、大地と名付けられたことを初めて知った。あすか隊全員が祝電を打って、祝福した。

夏オペ用食器

オーロラ夜話㊲ ストライキ

夕食後のだんらんのひと時、越冬隊にはなぜ労働組合がないのかという話題が出る。志願して南極に来た隊員にだって、雇用主の日本国にいろいろと不満はある。

極地手当は、なぜ本俸とともにスライド上昇しないのか。あすか初越冬が、なぜ正当に評価されないのか。帰路のヨーロッパ旅行が、なぜオーストラリア旅行に変更・縮小されたのか。

どうなんだ、エッ!といいたい。

待遇の改善を迫るには、どうしても組織力が必要だ。そこで労働組合を組織し(名称は28次労組、あるいは全あすか越冬隊労組「全あ労」とでもしよう)、当局に対して争議あるいはストライキを仕掛けるわけだが、何か良い戦術はあるだろうか。

日常の労働を拒否しても、困るのはわれわれ自身だ。ハンガーストライキをしても無視されれば終わりだ。SYNOPや月例報告をサボれば多少効果はあるかもしれないが、当局の報告書作成が少々遅れるくらいのものだ。

交代時期にバリケードを作ってたてこもれば、南極にさらに1年置いてけぼりにされるのがオチだろう。

頼りは、電報・電話の通信手段でマスコミに訴えることだが、この手も報道管制されればチョン。どうも地の利がなさすぎるようだ。

1987年
(昭和62年)
7月23日
木曜日

南極あすか新聞

JARE28
あすか拠点
新聞社

[7/22 気象]
天気　晴高い地吹雪
平均気温 -22.0℃
最高気温 -17.8℃
最低気温 -24.4℃
平均風速 20.2m/s
最大風速 29.8m/s
平均気圧 876.0mb

[7/22 メニュー]
☆富田シェフ食当
朝食／鯵干物、ベーコンソテー、鮭水煮缶、みそ汁
昼食／かに玉丼、切り干し大根、新香、スープ、リンゴ
夕食／焼き肉、スモークサーモン、厚焼き卵、切り干し大根煮付け、新香、みそ汁、アップルパイ、オレンジ

29次あすか夏オペの機械計画

22日、29次あすか夏オペの機械班による計画内容がFAXで届いた。主な計画項目としては、30マイル地点での雪上車整備、あすかでの灯油タンク造設、150トンの物資輸送である。

だが、これらを遂行するためには、われわれ28次の協力が必要なことは言うまでもない。あすかでは、越冬交代後のわれわれの去就の決定をみた上で、返答することを確認した。

U-BIXついに完治

22日、小西六からU-BIXの故障対策についてのFAXが届いた。酒井が早速、指示どおりクリーニングユニットを調整すると、ゴーストも筋もピタリとなくなった。さすがプロの診断は的確だった。

雪尺測定で積雪マイナスに

17日、酒井・大坂が行った36本雪尺測定の結果は、6月18日から積雪マイナス1・8cm。4ヶ月ぶりに積雪マイナスで、1月からの積算はプラス14・8cmであった。

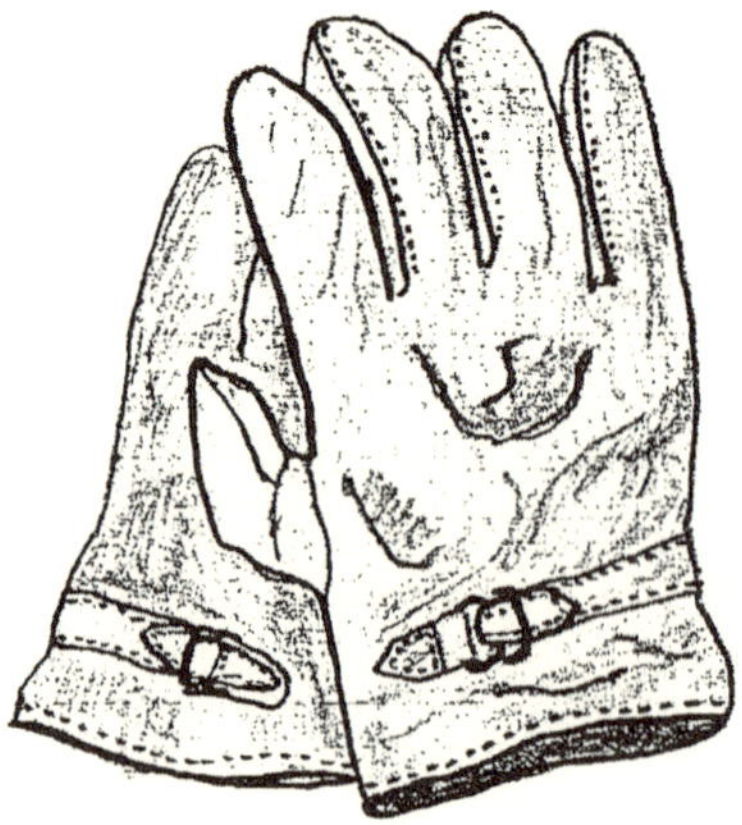
黒革手袋

オーロラ夜話㊳　調達参考意見

次の隊が持ち込む物資について、越冬中の隊員がいろいろとアドバイスする調達参考意見は、6月頃から各部門に送られる。次の隊は、この意見にしたがって詳細な調達計画を立てることとなる。

参考意見を送るタイミングは、いまだ越冬前半から半ばの時期なのだが、この作業を始めると、急に慌ただしい気分になるのだから不思議だ。

28次のわれわれは、初の越冬隊だから、あすかに関しては前次隊の調達参考意見なしに調達計画を立てたが、これは不安というよりもむしろ気楽だった。

ところが29次隊は、われわれが必要不可欠と認める物資も、老婆心から調達をすすめる物資も、一切合切用意してくるだろうから、どうしてもしらせの積荷は増えてしまうことになる。

昭和基地で認められる通り、基地が大きく充実し、物資の在庫が増えれば増えるほど、新しく持ち込まれる物資の量もまた増えていく。昭和基地と異なり、物資を収容できるスペースが限られているあすかでは、いきおい屋外デポを余儀なくされる物資が増えることだろう。

われわれが29次隊に送るべきアドバイスの最たるものは、必要にして充分な屋外デポの組み立て材料ではあるまいか。われわれ初越冬隊の試行錯誤の数々は、屋外デポの作り方に凝縮するように思える。

DAYS ASUKA
あすか観測拠点
初越冬の日々
part II

仲間と過ごした
孤絶の空間。

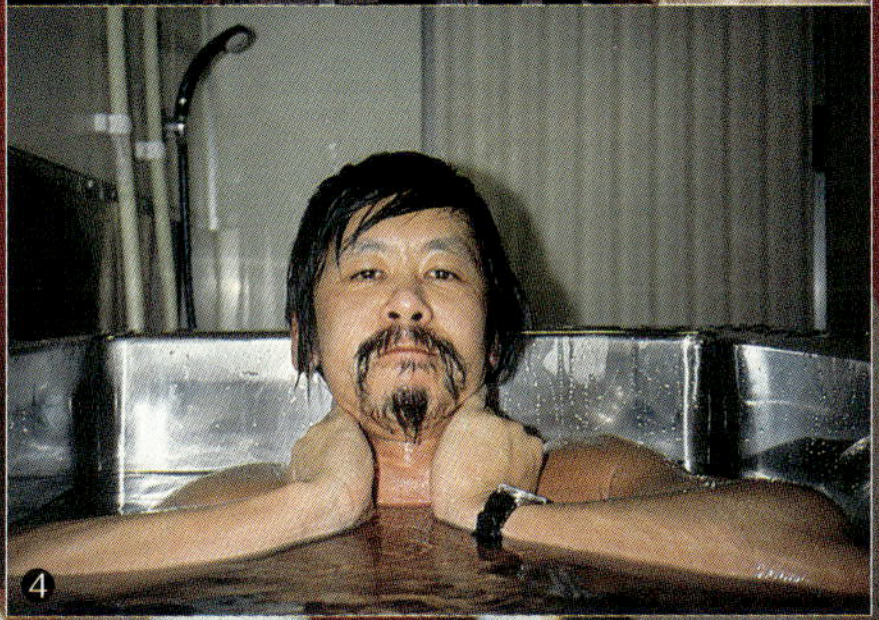

❶ミッドウインター祭を祝うあすか越冬隊のメンバー。前列左より、高木・鮎川隊長・酒井、後列左より高橋・富田・渋谷・野崎・大坂。社会と隔絶された地の果てで、隊員たちは日常生活を豊かにするための工夫を重ねた
❷豪華な夕食が並ぶミッドウインター祭。左から高木・高橋・鮎川隊長・渋谷
❸あすかでのカラオケは、生活の潤滑剤となった
❹「あすかの湯」でリフレッシュする高木

初越冬を乗り越えた
タフな隊員たち。

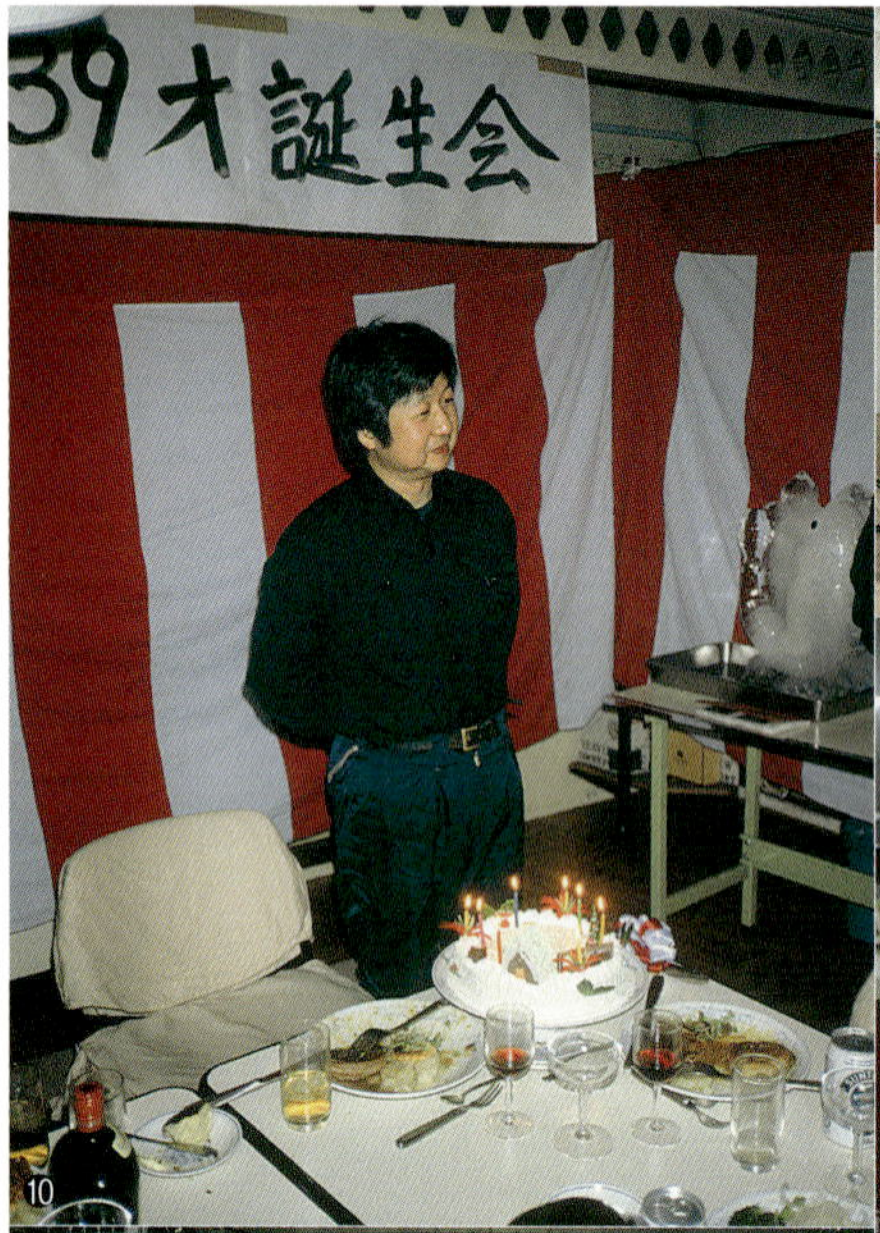

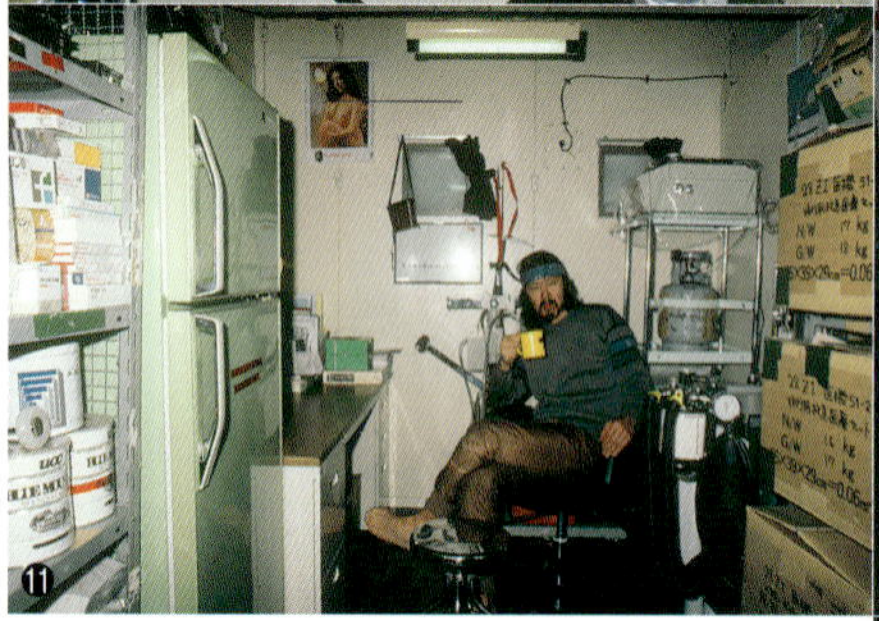

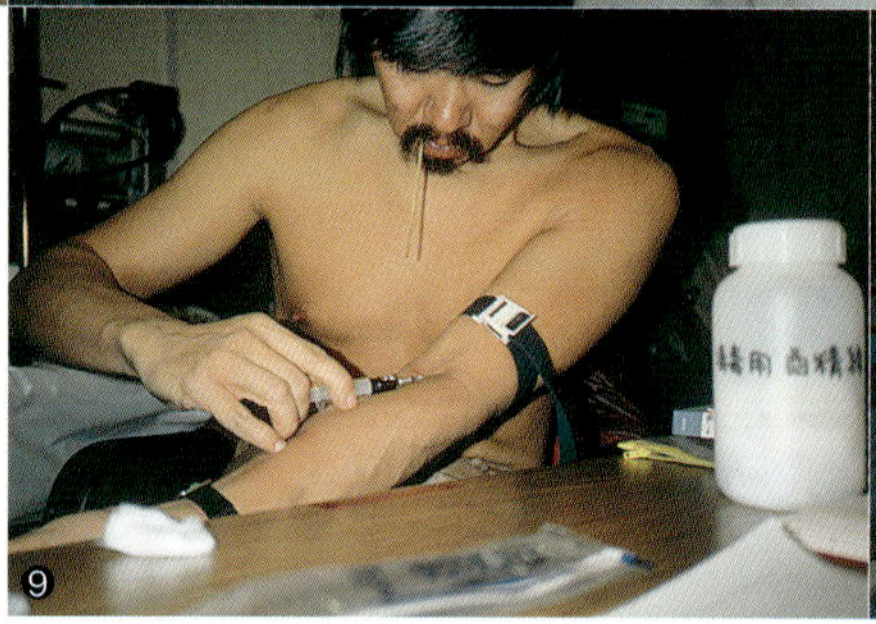

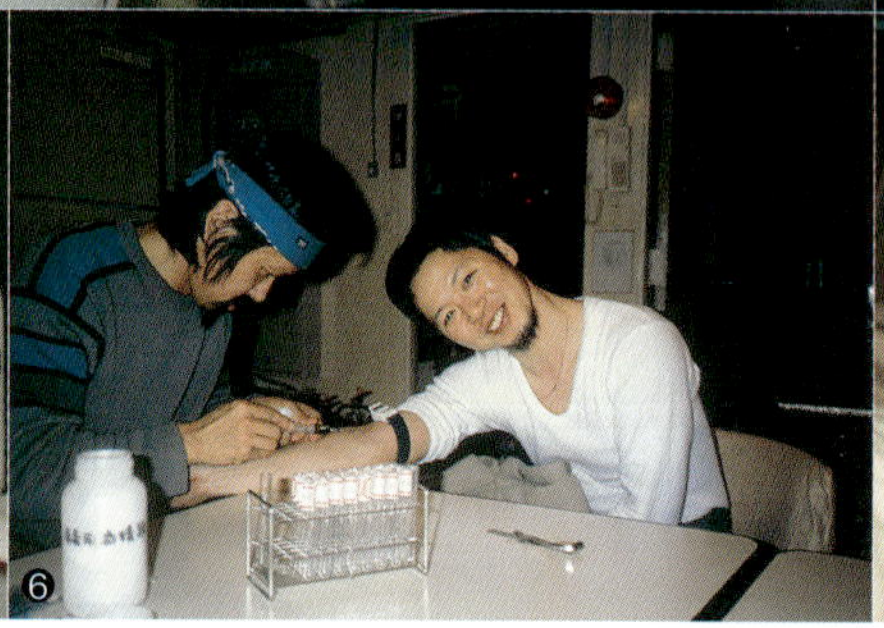

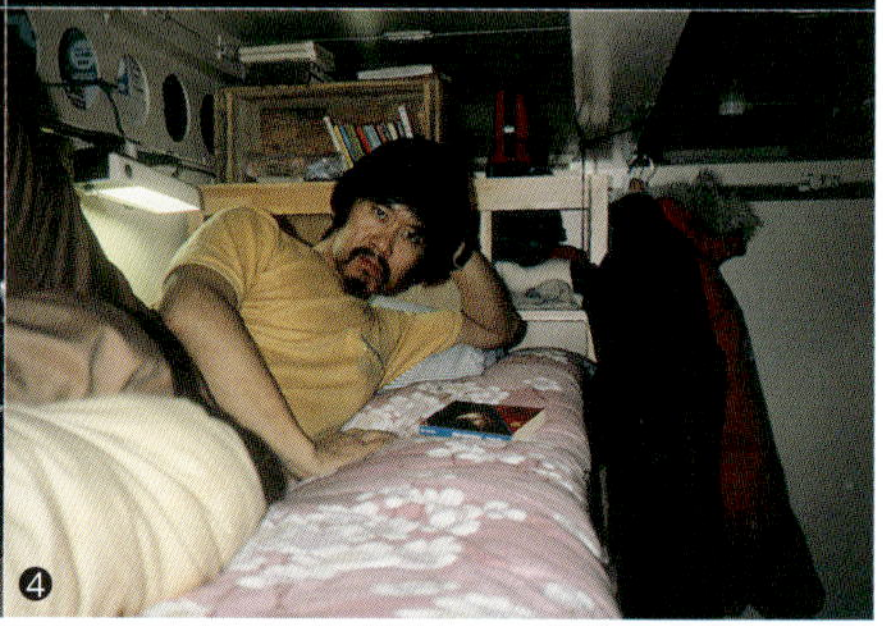

❶厨房でプロの腕前を発揮する富田シェフ
❷南極の星空を長時間露光で撮影
❸夕焼けをバックにしたあすか
❹高木が寝起きした観測棟の寝室
❺日々、あすか新聞を制作したデスク
❻研究データを取るため野崎から採血する高木
❼隊員の誕生会も欠かさず開催した
❽水耕栽培による貝割大根を出荷する高橋
❾自らを実験台に採血を続けた高木
❿誕生会にはバースデイケーキも用意された
⓫高木が根城にした医務室兼編集部

観測拠点の責務、測量と調査を完遂。

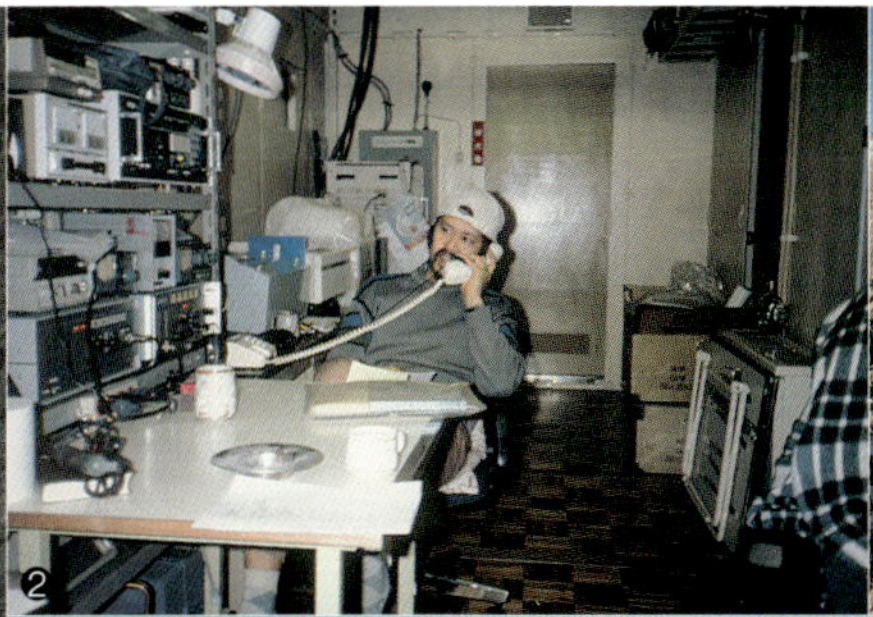

❶野外観測の様子を16mmカメラで記録する高木
❷家族と衛星電話で話す高木
❸逆光にシルエットで浮かぶ雪上車
❹観測室で計器に囲まれる南極学者・渋谷
❺発電機の定時点検を行う高橋（右）と富田
❻調査で訪れたセールロンダーネ山地を滑降
❼強風の中、風速を測定する
❽電報をタイプする大坂通信士
❾太陽の周りに輪ができる「ハロー現象」

DAYS ASUKA
あすか観測拠点
初越冬の日々
part II

ブリザード吹き荒れる極地観測の営み。

2

❸

❹

❶

❶ブリザードの中での記念撮影。左から大坂、渋谷、高橋、高木
❷雪嵐によって形成されたドリフトを測量する
❸基準点測量を行う酒井（右）と大坂
❹計器を使って重力測定を行う渋谷

南極あすか新聞
1987年（昭和62年）7月24日 金曜日
JARE28 あすか拠点 新聞社

［7/23 気象］
天気　晴
平均気温 -23.3℃
最高気温 -21.5℃
最低気温 -24.8℃
平均風速 19.3m/s
最大風速 30.1m/s
平均気圧 875.3mb

太陽が帰ってきた！

23日13時10分、雪採取に出かけた鮎川隊長が、北の地平線から顔を出した太陽を認めた。「太陽が帰ってきた」との一斉放送で全員が屋外に飛び出すと、確かに懐かしいオレンジ色の目くるめく輝く太陽が、蜃気楼ではなく、本当に現れていた。

あすかの日没は5月21日だったから、暗夜期は62日間――、思えば長い夜だった。カメラをセットして万歳する人、じっと光芒を見つめる人、黙々と雪を掘る人などさまざまだったが、いずれも63日ぶりの太陽に感無量の表情だった。

長い暗夜期を耐えた者にしか、太陽のありがたさは理解できまい。これからは、われわれが南極を去る日まで、太陽がわれわれを照らし、見守ってくれる。しばらくは、転がる太陽とのお付き合いが続く。

電報3通届く

23日、電報3通が届いた。1通はサンライズにタイミングよく、極地研協力室長の竹内氏より日の出の祝電。2通目は、しらせ新副長の上垣氏よりの就任の挨拶。そして昭和の亀丸氏よりの「太陽ってやっぱりいいね」といったものだった。

パナニカ充電器

オーロラ夜話㊴　写真電送

あすかと極地研の間で、インマルサット衛星電話回線を利用した写真電送が行われるようになった。相互に2枚ずつのテスト写真電送が行われ、美しく鮮明な画像が得られることがわかったので、7月16日からはいよいよ本番の電送が開始された。

あすかからは、隊員2名ずつがペアで写った白黒四つ切り写真が順次送られ、極地研からは、各隊員の家族の写真が届いた。ＦＡＸ機の走査線が、徐々に顔や姿を形づくってゆく瞬間は心が躍るものだ。

写真電送のメカニズムは、送ろうとする像を一定の順序で点に分け、その点の明るい暗いを電気の強い弱いという形に変えて、順々に送ることなのだという。しかし、1万5千㎞の彼方から、人工衛星にワンクッションして写真が届くという事実は、素人にとって驚きだ。

けれども、1枚の四つ切り写真を12分間かけて電送するだけで、実に2万3千円の費用がかかるというのだから、そう安易に送受信できるわけではない。

それだけに、ようやく届いた1枚の写真を手にする喜びは、格別のものがある。一目瞭然という言葉のとおり、電報文や電話の声だけではいまひとつ了解しかねる家族の様子が、一枚の写真を見るだけですべてわかる。

電送写真サービスというきめ細かい心遣いを、極地研の担当者に感謝したい。

［7/23 メニュー］
☆富田シェフ食当
朝食／鰯塩焼き、浅利味付け缶、海苔、キンピラごぼう、みそ汁
昼食／ハヤシライス、新香、サラダ、吸物、牛乳、リンゴ
夕食／カルボナーラ、ビーフンサラダ、ワカサギマリネ、焼き鳥、ホウレンソウのお浸し、新香、スープ、アップルパイ

南極あすか新聞

1987年
（昭和62年）
7月25日
土曜日

［7/24 気象］
天気　晴低い地吹雪
平均気温　-26.6℃
最高気温　-22.5℃
最低気温　-28.7℃
平均風速　18.7m/s
最大風速　25.5m/s
平均気圧　875.9mb

JARE28
あすか拠点
新聞社

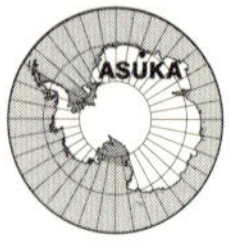

［7/24 メニュー］
☆富田シェフ食当
朝食／納豆、鰯味醂干し、ベーコンソテー、みそ汁
昼食／そば、リンゴ
夕食／牛ロースステーキ、刺身盛り合わせ、豚レバー野菜炒め、スープ、新香、ミートパイ、オレンジ

7月の気象データ

7月は現在まで、6月初旬のようなブリザードに見舞われることなく、概して穏やかな天気が続いている。23日から吹き始めた強風は24日も終日続いたが、幸いにもあまり地吹雪が立たないので視程はよく、セールロンダーネの山々を見通すことができる。同じ荒天でも、こういう荒れ方は越冬隊員の精神を圧迫することがない。

ちょうど今の期間は、南極で最も寒い時期に当たる。ところがあすか周辺では、一向に冷え込む気配がないのは、われわれにとってありがたいが不思議でもある。

南極の各観測基地の7月の気象データをみると、昭和（平均気温マイナス14・5℃、平均風速6・5m／s、以下同。統計年数不均一）、みずほ（マイナス39・4℃、12・7m／s）、モーソン（マイナス17・8℃、11・7m／s）、ロアボードワン（マイナス22・8℃、10・8m／s）、マラジョージナヤ（マイナス18・1℃、11・1m／s）、マクマード（マイナス25・9℃、6・5m／s）、アムンゼン・スコット（マイナス60・1℃、7・4m／s）、ボストーク（マイナス67・9℃、5・3m／s）、パーマー（マイナス10・5℃、3・1m／s）などとなっている。

コーヒードリッパー

カタバ風帯に属し、山岳地帯に近いあすか基地の気象データは、いったいどのような数値を示すのか、興味は尽きない。

オーロラ夜話㊵　究極のオーロラ

緒形拳がレポーターを務めるVTR「神々の峰・アンデス大自然行」の中で、アウサンガテ峰を望みながら緒形が「来てよかったね」と独白する場面がある。

1年2ヶ月もの期間を南極で過ごす越冬隊員が、思わず「来てよかったね」とつぶやくのは、何といっても暗夜に絢爛豪華に輝くオーロラを目撃した時だ。数多い南極の自然現象の中でも、オーロラの美しさ、スケール、神秘性は別格という気がする。

7月21日1時頃、あすかの上空でブレークアップしたオーロラは、われわれの越冬中において、おそらく最高級の逸物だった。あの爆発時の形態・色・動きなどを的確に表現する言葉は、思いつかない。

雪原を支配する冷気も、シャッターを切ることも忘れ、呆然と立ち尽くした隊員は、「これだから南極越冬はやめられないのだ」と悟ったに違いない。オーロラの専門家で、南極越冬4回目という鮎川隊長ですら、子供のように大声を発してはしゃいだ。あれはまさしく究極のオーロラだった。

いわゆる「アフリカの毒」と同様に、大の男の足を何度も南極へ向けさせる「南極の毒」の正体は、もしかすると究極のオーロラかもしれない。今夜も寒い雪原で、やつを待たなければならない。

南極あすか新聞

1987年（昭和62年）7月26日 日曜日

［7/25 気象］
天気　快晴
平均気温 -34.2℃
最高気温 -28.3℃
最低気温 -39.4℃
平均風速 7.7m/s
最大風速 19.0m/s
平均気圧 882.3mb

JARE28 あすか拠点 新聞社

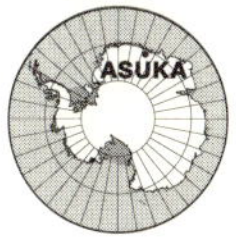

［7/25 メニュー］
☆高木マルミトン食当
朝食／タラコ、鯨ベーコン、佃煮、胡瓜の漬け物、納豆、キンピラごぼう
昼食／うな丼、吸物、オレンジ
夕食／トンカツ、フライドポテト、揚げ餃子、トウモロコシバター煮、大豆の味噌炒め、焼うどん、中華風スープ、チーズパイ

次期夏オペ対応の全体会議開催

25日13時より、全体会議が開催された。議題は、22日に届いた29次夏オペ設営計画に対する対応であった。

スチームドリルによる排水坑掘削法の指導引継ぎをいつやるべきか、車両整備予定の雪上車をいつ30マイルにおろすべきか、基地に残す雪上車を両隊でどう振り分け、どう使うべきか、といった極めて実際的な議論が交わされた。

現在、越冬中のわれわれは、細かいところまで気を配り、綿密な計画を立てようとしているが、事情のわからない29次隊は概して計画にスキがあり、具体性を欠いていると思われる。

しかし、これは仕方のないことであり、われわれもあまり至れり尽くせり、過保護的になる必要はないだろう。

雪洞掘削と雪入れ

25日午前中、機械班は排水トンネルの掘削拡張工事を行い、45・5mまで工事を完了した。

また、午後開催の全体会議後、マイナス38℃の冷え込みの中で、全員による雪入れが行われた。すでに太陽が顔を出して3日目、雪原は15時でも充分に明るかった。

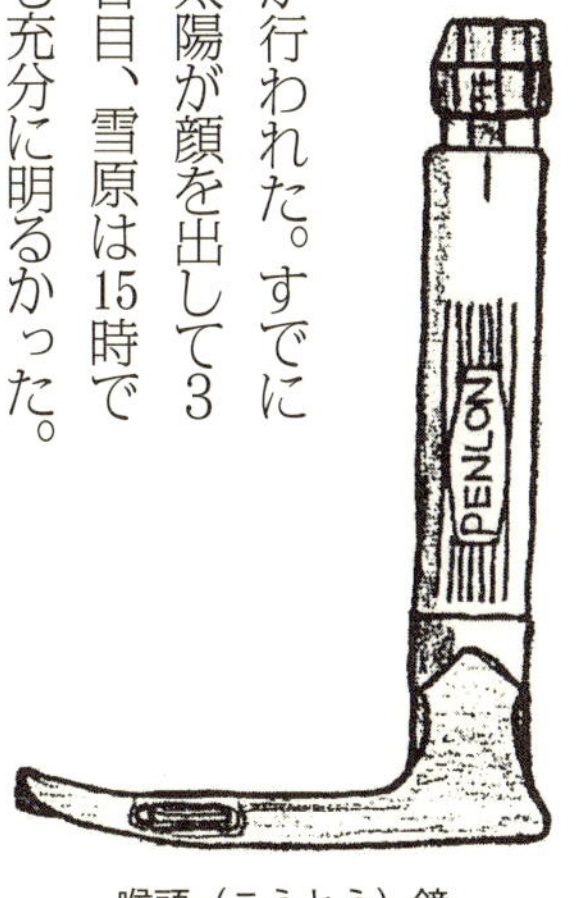

喉頭（こうとう）鏡

オーロラ夜話㊶　サバイバル

南極観測隊の任務は、いうまでもなく南極を探り調べることにあるが、それ以上に各隊員にとって大切なことは、生存することだ。

いくら南極でいい仕事をしても、死んでしまっては元も子もない。基地内生活が長くなると、快適な生活環境のために、ともすると自分が南極大陸上にいることを忘れてしまう。南極大陸は、極寒と嵐の大地であることを、改めて肝に銘じておかなければならない。

サバイバルとは、生きて還ることだ。生き延びることは、生物の本能ともいえるが、ヒトは肉体的には極めて弱い動物だから、丸裸ではそう長くはもちこたえることができない。

普段から、危険を敏感に察知する能力を身につけ、いざという時に使える知識と技術を養っておかなければならない。また、サバイバル・キットと呼ばれる道具を、念のために持っていることも重要だ。

冬が明けると、野外活動の機会が増える。そこには、ロストポジション、クレバス転落、滑落などの危険が待ちうけている。われわれは、そういったトラブルの対策もあらかじめ練っておくべきであろう。

極地研の寺井氏、白石氏が編著の中心となって、制作をすすめている「野外行動マニュアル」の完成も待たれるところだ。とにかく生きて故郷へ帰ろう。

南極あすか新聞
1987年
(昭和62年)
7月27日
月曜日
JARE28
あすか拠点
新聞社

[7/26 気象]
天気　高曇り
平均気温　-26.4℃
最高気温　-22.8℃
最低気温　-35.3℃
平均風速　14.9m/s
最大風速　25.5m/s
平均気圧　879.5mb

[7/26 メニュー]
☆野崎食当
朝昼兼用／おにぎり、キンピラごぼう、新香、みそ汁
夕食／鶏肉のカレー焼き、タラコうどん、豆腐卵とじ、イカ姿焼き、なめこと春菊の和えもの、けんちん汁

夜明け後、初の日曜日

26日は、サンライズ後、初めてとなる日曜日だった。天気は晴れたが、午後から風が強まった。食当の野崎は、一日中厨房にこもって凝った料理をこしらえ、「家でもしょっちゅうやっているんだろう」と問い詰められた。大坂・高木・酒井は、カラー現像にいそしんだ。

21日未明のオーロラは、40～60秒開放で撮影すると、はっきり色づいているのがわかる。富田は観測棟でワープロを叩き、渋谷は地震計観測準備に日曜を返上した。高橋は、貝割君の世話に明け暮れ、鮎川隊長はいつものロシア帽・黄色ヤッケ・サブザックのスタイルで雪採取に出かけた。

共同ニュース日曜版

毎週、おもしろい特集記事で楽しませてくれる共同FAXニュースだが、26日は海外旅行心得を掲載した。

最近目立ったトラブルは、雲助タクシー、睡眠薬強盗、肩掛けカメラのひったくり、撮影禁止場所での撮影などだ。麻薬をすすめた現地人が当局へ密告する例もあるというから、油断ならない。

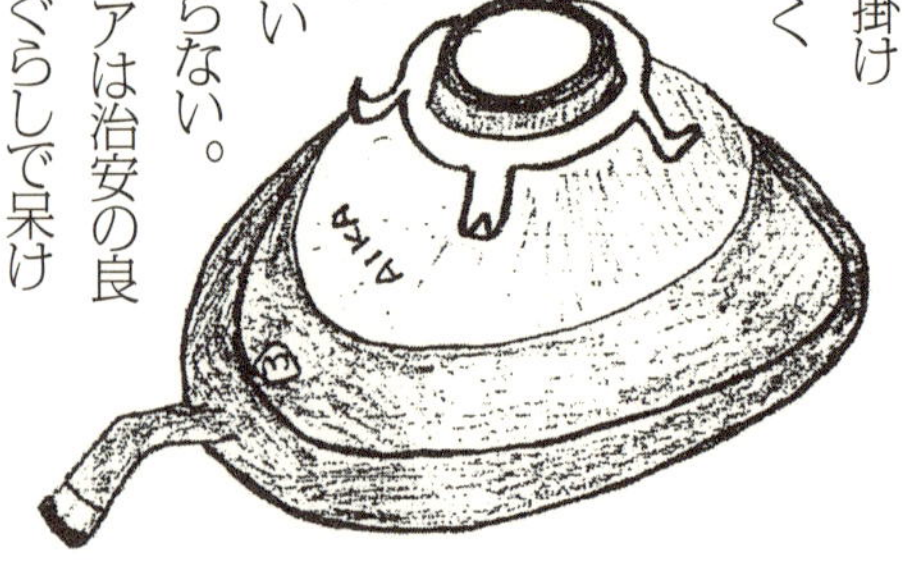

麻酔用マスク

オーストラリアは治安の良い国だが、南極ぐらしで呆けた旅行者は、注意するにこしたことはない。

オーロラ夜話㊷　しらせ幹部

29次南極支援行動にやってくるしらせ乗組員のうち、幹部の名簿がFAXで届いた。本田守忠艦長以下12名中、4名だけが新しいクルーで、8名は28次の乗組員だ。われわれにとっては極めて心強い。

本田艦長は前副長で、観測隊員には目立った印象はなかったものの、今回は立場上、自ずから違った言動を示されることだろう。また、いかにも少壮の英才幹部らしい加藤達雄運用長、冷静沈着な久松武宏航海長、古武士然とした増田嘉夫機関長はとりわけ懐かしく、再会するのが楽しみだ。あすかには、加藤氏の娘さんが折ってくれた千羽鶴が飾ってある。

28次支援行動で、しらせ側はあすかの輸送に労を惜しまず、非常によくやってくれた。特に30マイル地点でのソリ積み付けや、燃料ドラムの集積などは、しらせ側の協力なしにはとてもできなかったであろう。

われわれは、あすか初越冬隊を送り出すに当たって、わざわざ歓送会を開いてくれた士官室、発艦に際して全員で見送ってくれた乗組員を忘れてはいない。

可能ならば、本田艦長以下の幹部にあすか基地を案内したい。それが無理なら、帰路の航海中にカラースライド等を用いたあすか越冬報告会をやりたいものだ。

われわれの成果は、彼らに負うところも大きいのだから。

1987年（昭和62年）7月28日　火曜日　　　　南 極 あ す か 新 聞　　　　第159号

1987年
(昭和62年)
7月28日
火曜日

南極あすか新聞

JARE28
あすか拠点
新聞社
ASUKA

[7/27 気象]
天気 晴
平均気温 -24.5℃
最高気温 -22.6℃
最低気温 -27.9℃
平均風速 16.2m/s
最大風速 25.4m/s
平均気圧 882.0mb

[7/27 メニュー]
☆高木マルミトン食当
朝食／タラコ、鯨ベーコン、キンピラごぼう、ラッキョウ、鰯塩焼き、金時豆、けんちん汁
昼食／スパゲティミートソース、チキンスープ
夕食／鰊塩焼き、フライドポテト、貝割大根、ビーフン炒め、豚肉のうま煮、カボチャと里芋の煮付け、ロールキャベツ、中華風スープ

転がる太陽、再び

23日に太陽は戻ってきたが、しばらくは地を這うような動きをした。しかし、27日には完全に全貌を地平線上に現わし、転がる太陽に変わった。

この機会を逃したら、われわれはもう転がる太陽を撮影できない。生憎の強風だったが、敢然と撮影に挑んだ隊員もいた。

聞くところによると、29次隊には「新・転がる太陽」ともいうべき御仁がおられるそうだ。撮影しそこなっても、まだ機会はあるね。

《基地の生活2》

あすか観測拠点では、ミッドウインターデイの6月22日をはさむ3日間を、ミッドウインター祭期間として、昭和基地に負けない趣向を凝らした冬の祭典を楽しんだ。

祭の柱となる祝宴の御馳走として、富田シェフが腕によりをかけて、20日の前夜祭からあんこう鍋、21日は中華料理コース、22日は洋食フルコース、23日は和食コースを準備して皆を喜ばせた。

祭のスケジュールは、酒井が中心になって計画を練り上げ、記念撮影、雪原での花火、スライド映写会、ロードショー、キャロム・ダーツ・麻雀大会、イントロ題名クイズ、短歌俳句会、替え歌発表会、カラオケ大会などバラエティーに富み、文化の香り高い内容となった。

あすか隊8名は、南極の正月ともいえるミッドウインター祭にも爆発的なエネルギーを発揮し、元気のあるところを示した。

南極越冬はミッドウインターの峠を越えて、いよいよ後半にさしかかった。

太陽の隠れた70日間の暗夜期には、南極大学が開講された。南極大学は、屋外作業が思うにまかせないこの季節、各隊員に得意とするところを語らせて皆で教養を深め、互いの専門分野や趣味を理解しようとする企画である。渋谷学長、高木事務局長のもと、冬至をはさんで前期・後期の講義が行われ、各教授は約1時間の講義を2度担当した。

講義内容は鮎川教授の「オーロラの共役性とα」、高橋教授の「エンジンの構造と点検」など硬いものから、大坂教授の「裏からみたハワイ」、野崎教授の「MY TENNIS」など柔らかいものまで多種多彩で、学生諸君に深い感銘を与えた。

最終日には卒業式がおごそかに挙行され、全員が無事に卒業証書を手にした。夜の謝恩会では、教授と学生が入り乱れてそれぞれの講義を振り返り、祝杯を重ねた。

7月末に太陽が帰ってくると、あすかでは屋外作業が多くなり、9月からは野外活動が爆発的に行われる。あすか隊は越冬交代の日まで、着実に初越冬の実績を積み上げることになろう。

（高木記）

＊以上の原稿は、8月上旬に留守家族へ送られる「家族会だより」に掲載される予定。ひとり当たり3行の家族へのコメントも同じく発送される。

南極あすか新聞
1987年
(昭和62年)
7月29日
水曜日
JARE28
あすか拠点
新聞社

[7/28 気象]
天気　快晴
平均気温 -25.7℃
最高気温 -21.2℃
最低気温 -31.5℃
平均風速 9.5m/s
最大風速 21.6m/s
平均気圧 875.1mb

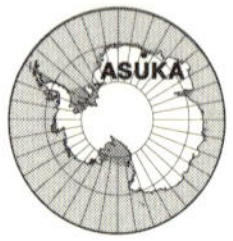

家族の衛星写真届く

28日午前3時から約1時間半、大坂は夜勤により、インマルFAXの衛星写真を受信した。先日の受信レベルの試験によって、この時間帯の受信感度がよいことがわかったからである。

極地研から送られてきた家族の写真は、食堂のホワイトボードに貼りだされ、寝ぼけ眼の隊員たちを喜ばせた。これらの写真は、大変な手間と時間と費用をかけて南極に送られてきたものだ。受け取る喜びもひとしおだろう。

排水タテ坑18・2m深

28日、酒井による計測で、排水タテ坑の深さが18・2mであることがわかった。前回計測を行った16日以後の12日間で、坑底は40cm上昇したことになる。

この上昇率は、前回の7・8cm／日と比べて3・3cm／日と小さくなっており、隊員たちはホッと安堵の胸をなでおろした。

地磁気絶対値を測定

28日午後、穏やかな天候を得て、酒井・渋谷は久しぶりにシール岩での地磁気絶対値測定を行った。

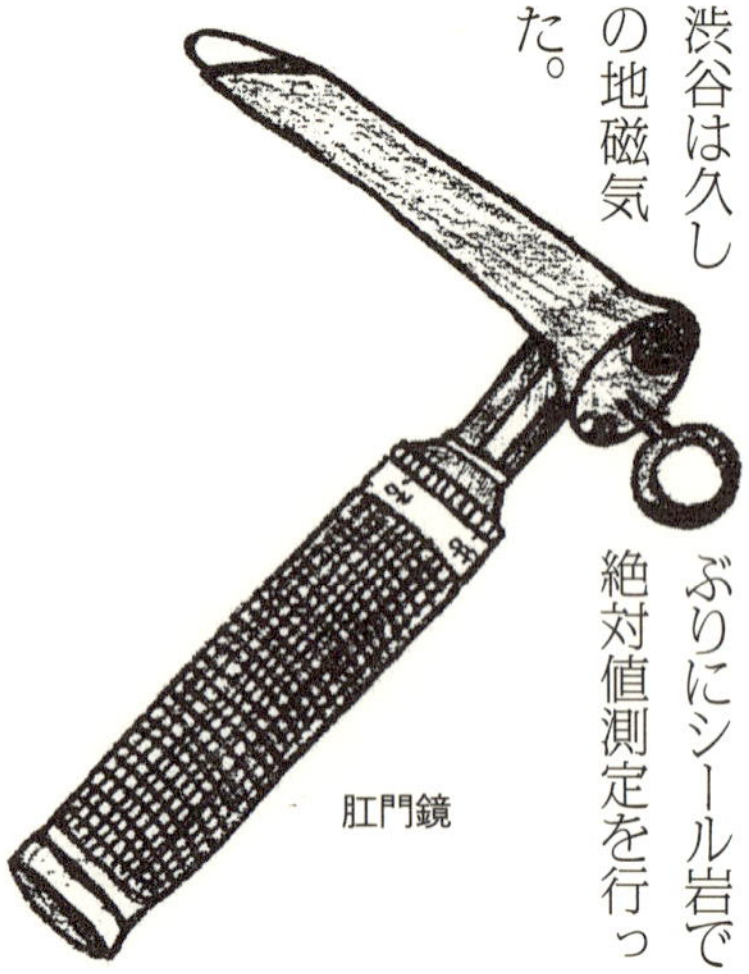

肛門鏡

オーロラ夜話㊸ 盛夏

南極の7月下旬は、ボストーク基地での地上最低気温マイナス89・2℃を記録するなど、寒極地の面目躍如たるディープフリーズの時季だ。一方、われわれの故国では、毎日がうだるような暑さの盛夏と呼ばれる時季に当たる。

ことしの関東地方は、カラ梅雨のあと豪雨に見舞われたりして、天候不順と報じられている。しかし、7月下旬ともなると、例年どおり目くるめく太陽光が、首都圏に降り注いでいることだろう。

北海道でも、道東や道北のヤマベ釣りが解禁され、腕自慢の渓流釣り師たちが、きらめく清流に踏み込んで銀鱗の舞に心躍らせ、短い夏を楽しむ。

長い越冬の中日をようやく越えたあすかの観測隊員たちに、現在最も希望することはと問えば、日本の夏を過ごしてみたいと答えることだろう。

紺碧の海、灼熱の渚、ブロンズの肌、吹き出す汗、スイカ割り、麦わら帽子、セミの声、盆踊り、幌を倒したジープ、ノースリーブ――。みんな、現在のわれわれには手の届かないものばかりだ。

人間とは不思議なもので、ないものねだりばかりする。来年の日本の夏に、われわれ隊員の望むものは、凍てついた雪原、オーロラ、地吹雪、ブリザードの叫び、そして充分な睡眠と溢れるほどの時間に違いあるまい。

[7/28 メニュー]
☆富田シェフ食当
朝食／鯵開き、鯨焼き肉、タラコ、鯨ベーコン、みそ汁
昼食／モヤシラーメン、リンゴ
夕食／海老フライ、マカロニサラダ、れんこんとこんにゃくの煮付け、ナマコ・フクロダケ・ヤングコーンの炒め物、ミートパイ、みそ汁、白玉ぜんざい、オレンジ

南極あすか新聞

1987年（昭和62年）7月30日 木曜日

［7/29 気象］
天気　快晴
平均気温 -28.8℃
最高気温 -26.2℃
最低気温 -30.8℃
平均風速 18.2m/s
最大風速 25.3m/s
平均気圧 867.4mb

JARE28
あすか拠点
新聞社

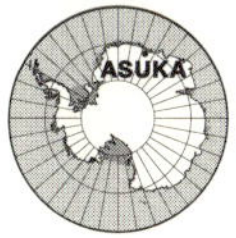

サンライズ祝賀会を開催

29日、暗夜期が終わり、太陽がわれわれのもとに帰って来たことを祝う、サンライズ祝賀会が開かれた。

例によって、富田シェフが腕を振るった特別料理がずらりと並べられ、隊長挨拶、野崎乾杯、隊歌斉唱のあと、にぎやかに食べ、飲み、日の出の喜びを語りあった。

同時に、節電節水コンクールの授賞式も行われ、酒井と鮎川隊長に最優秀賞、大坂に優秀賞が授与された。また、あすか恒例の歌会が、「太陽」の題で開催され、各隊員の情感溢れる短歌、俳句が披露され、披講された。

地磁気大荒れ

29日未明から午前中にかけて、地磁気は大荒れで、フラックスゲート型磁力計の記録も、越冬始まって以来の乱れを示した。

空には不鮮明ながら、全天にわたってオーロラが現れ、昭和基地との通信感度も非常に悪かった。

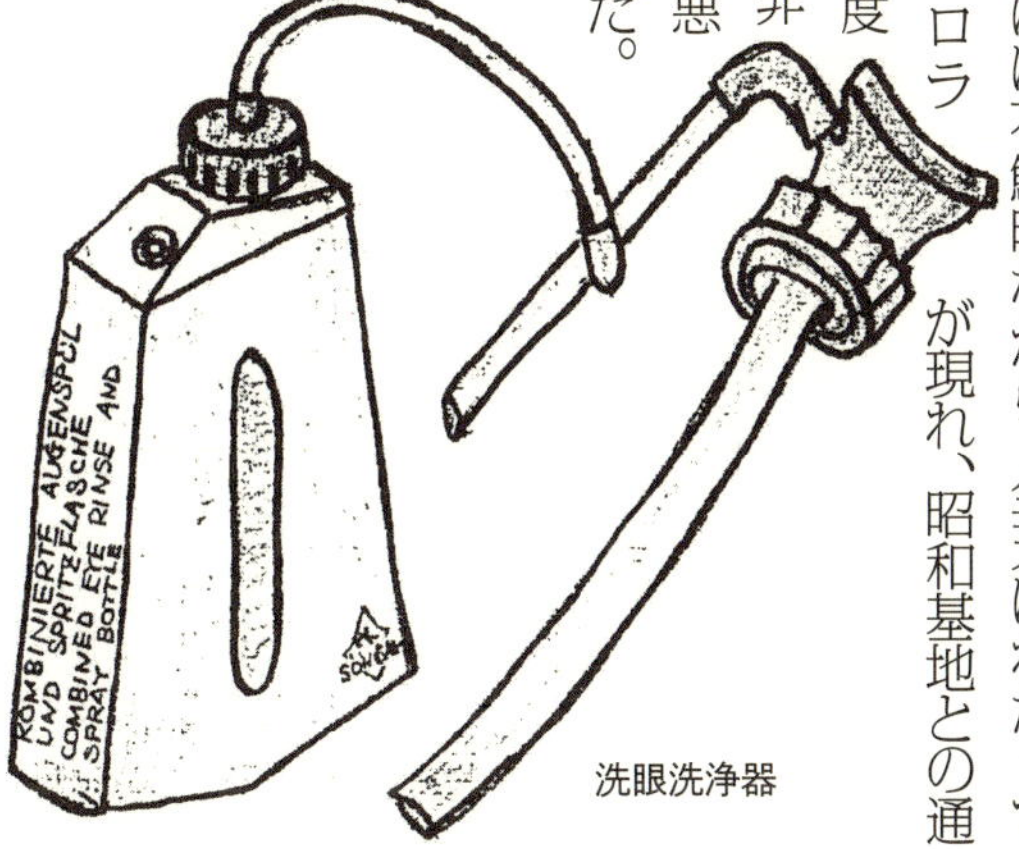

洗眼洗浄器

オーロラ夜話㊹　サンライズ

『「おーい、ドクター、太陽が出てるぞー」石川隊員の鋭い叫び声に私は、やにわに握っていた鉄筆を放り出し、みずほ独特の雪洞の天井に何度も頭をぶつけながら地上へ這いずりだした。そいつはまったく本当だった。太陽が帰ってきたのだ」

かつて、21次越冬隊員だった高木は、サンライズの感動をこう綴った。

7月23日、28次あすか越冬隊のもとにも、太陽が63日ぶりに帰ってきた。その1週間ほど前から、太陽北中時の13時頃になると北の地平線に陽炎が立って、サンライズ近しの期待を抱かせていた。

しかし、実際に目撃するオレンジ色の火の玉は、いかにも明るく暖かそうで、われわれの胸に染みわたった。

この南極大陸のように、ヒトと比べて自然の力が圧倒的なところでは、われわれヒトの心理は、自然の変化に大きく揺さぶられるものだ。

激しいブリザードには気が滅入るし、野外行動中、前方に地吹雪の雪煙を認めると戦々恐々となる。そして、長い暗夜期が終わって太陽が昇れば、文句なしにうれしさがこみあげてくる。

ギリシア神話のアポロンは、ゼウスの子で太陽の神だが、知的文化活動の守護神であり、青春と光の神でもある。サンライズを迎えたわれわれは、アポロンのように白い大陸上で躍動したいものだ。

［7/29 メニュー］
☆富田シェフ食当
朝食／鰯味醂干し、キンピラごぼう、浅利味付け缶、牛大和煮缶、みそ汁
昼食／いなり寿司、里芋煮付け、吸物、リンゴ
夕食／サンライズ祝賀会（オードブル、鯛刺身、ローストビーフ、海老と鶏唐揚げ、カキのクリームソースブーシェ添え、焼き鳥、うずら豆、貝割大根、フカヒレスープ、フルーツ、パン）

1987年
(昭和62年)
7月31日
金曜日

南極あすか新聞

JARE28
あすか拠点
新聞社

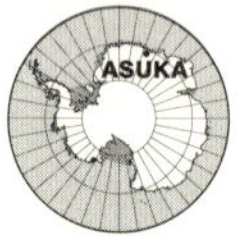

[7/30 気象]
天気　高曇り
平均気温 -31.2℃
最高気温 -29.5℃
最低気温 -32.0℃
平均風速 17.6m/s
最大風速 24.6m/s
平均気圧 869.6mb

[7/30 メニュー]
☆富田シェフ食当
朝昼兼用／ドライカレー、サラダ、新香、みそ汁、オレンジ
夕食／豚ロースアメリカン、冷奴、小松菜の和え物、こんにゃくと小筍の田楽、貝割サラダ、新香、みそ汁、リンゴ

NHKラジオの取材第2弾

30日13時より、NHKラジオ国際放送・ラジオ日本の電話取材に高木が応じた。取材の内容は、現在のあすかの気象状況、サンライズ、隊員の健康状態と医学研究、ミッドウインター祭などであった。

高木によると、相手の関野アナウンサーは、さすがに話の引き出し方が上手で、ついつい相手の筋書きどおりにしゃべらされてしまったそうだ。

16時40分頃から、9695kHzの波でインタビューは放送されたが、巧みな編集により、そつのない応答に組み立てられていて、皆を「さすがプロ」とうならせた。

うすら寒い基地

30日午後、強風と寒冷が重なって、基地の各棟内にはすきま風が流れ、室温が下がった。例えば15時には、外気温マイナス31・3℃、風速19・3m/sで、観測棟医務室の室温は14℃を示した。

ただし、外気温がマイナス40℃台に下降するような時は、ほとんど無風になるので、室温は下がらない。

各部門の8月計画発表

30日夕食後、8月の各部門の計画が発表された。貯油タンクへの軽油移送、ロムナエス山頂のTマーク保守、Lルート旗竿整備など、野外行動も多くなってきた。

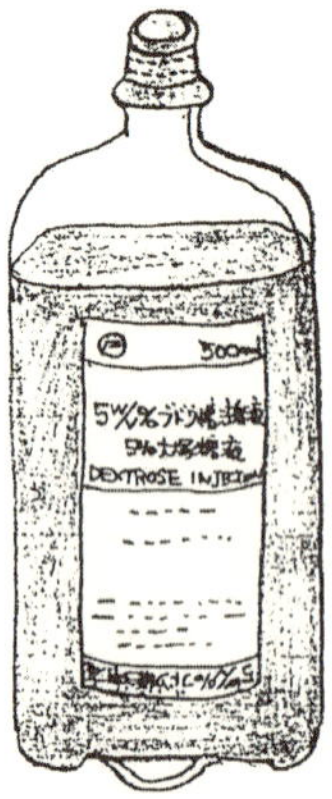

ブドウ糖
点滴パック

オーロラ夜話㊺ 第1便依頼

またまた気の早い話だが、第1便には何を送ってもらおうかという話題が、食後のだんらんに持ち出される。

まずはなにより家族の便り。これは、どうしても欲しい。子供が描いた絵とか、「おとうさん」などといった文字に、思わず涙ぐむ人もいる。

次に家族の写真。現在でこそ、インマルFAXの電送写真が送られてきて、家族の近影が見られるようになったが、昔は一年ぶりの家族の姿がことのほか待ち遠しかったものだ。さらにVTR。21次の際は、越冬中に生まれた我が子のVTRを、飽きもせず毎夜毎夜上映して、皆をあきれさせた隊員がいたものだ。

以上が確保できると、次は趣味の品々が欲しくなる。オートバイ、つり、スキー、スポーツなど雑誌の最新号。それから、越冬中に日本で発生したさまざまな事件の詳細が載っている週刊誌、写真誌、新聞縮刷版。

また学者なら、越冬中に発刊された自分の論文別刷りなども見たいだろうし、民間出身の隊員ならば、不在中の社内報なども興味のあるところだろう。

案外楽しみなのは、送り返して現像してもらった南極の写真だ。南極で現像した写真用のマウントも欲しい。それから、帰途旅行先の最新情報。これは絶対欲しい。

8

August

1987(昭和62) 年8月1日(土)～31日(月)

8/7●ロス疑惑の三浦和義被告、殺人未遂罪で懲役6年の判決(後に最高裁で無罪判決)。

8/7●臨教審、最終答申で国旗・国歌尊重教育、秋季入学制などを提唱。

8/29●東京都全域が土地取引監視区域に指定。

葉月

南極あすか新聞
1987年（昭和62年）8月1日 土曜日
JARE28 あすか拠点 新聞社

[7/31 気象]
天気　雪高い地吹雪
平均気温 -22.8℃
最高気温 -19.3℃
最低気温 -29.5℃
平均風速 20.3m/s
最大風速 30.1m/s
平均気圧 866.0mb

久々のブリザード

31日は、朝から20m／sを超える強風がゴウゴウと音をたてて吹きまくり、飛雪も飛んで久しぶりにブリザードの様相を呈した。視程は約50mと悪く、予定の雪入れは中止された。7月は概して穏やかな天気のうちに経過したが、サンライズとともに風速は強まっているようだ。

29次渡辺隊長発のFAX届く

31日、29次隊渡辺興亜隊長発のFAXが届いた。あくまで同隊長の私見とことわった上で、越冬交代について以下のように伝えてきた。

①越冬交代は、航空機フェリー終了後から、しらせブライド湾離岸までの間に設定する。28次は一応の撤収準備を、12月中旬までに済ませておくこと。

②越冬交代の後に残留希望の人員は、必要最小限（4名以内）とし、原則としてあすかに同居して29次隊の指揮下に入ること。

③越冬交代後の最終残留計画に関しては、28次オペレーションの推移をみて、11月中までに詰める。

このFAXにより、われわれあすか隊員それぞれの越冬交代後の身の振り方は、大体決まったようだ。あすかとセールロンダーネに未練のある人もない人も、艦上と昭和基地でそれぞれの転進方法を考えておかなければならない。

注射用バイアル

オーロラ夜話㊻　睡眠の楽しみ

夏オペの頃を除けば、南極越冬中は時間に追われるということはない。ほとんど他人に規制されることなく、自分のペースで仕事ができるから、自由時間を捻出することもたやすい。こういう時間の使い方はいろいろあろうが、一番手っとり早くて、体にもいいのが眠ることだ。

ヒトは30歳を過ぎると、大体、睡眠時間は決まってくるものだ。激務で1日5時間程度しか睡眠時間が取れない人もいる。1日8時間はたっぷり眠らないと、心身とも活動しない人もいる。連続的睡眠が不可欠な人もいれば、断続的な睡眠でもやっていける人もいる。精神状態でも睡眠時間は変わる。極端な場合は、躁うつ病で、うつ状態の時は床を出るのがひどくおっくうなのに、躁状態になるとほとんど一睡もしなくても元気いっぱいだ。

南極では各隊員とも一般に睡眠時間が長い。暗夜期には生体リズムが崩れて、夜に眠れないことが多いが、そういう時には体が睡眠を要求するから、昼に短い睡眠をとれば効果的だ。昼食後、ゴロリと横になってシエスタをとったあとの爽快感は南極ならではのものだろう。

もし、われわれに「寝貯め」ができるものなら、南極越冬中に2、3年分の睡眠をとっておきたい。

[7/31 メニュー]
☆富田シェフ食当
朝食／鰯塩焼き、牛肉大和煮缶、かまぼこ、鯖味噌煮缶、みそ汁
昼食／海藻そば、リンゴ
夕食／おでん、麻婆豆腐、鮭と銀鱈の唐揚げ、ウインナーとキャベツ・タマネギのブレゼ、新香、吸物、オレンジ

南極あすか新聞

1987年
(昭和62年)
8月2日
日曜日

[8/1 気象]
天気　晴
平均気温 -19.1℃
最高気温 -18.1℃
最低気温 -20.7℃
平均風速 15.2m/s
最大風速 22.4m/s
平均気圧 868.2mb

JARE28
あすか拠点
新聞社

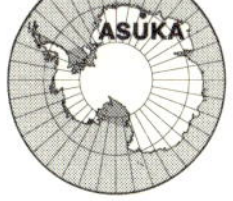

排水トンネル拡張工事完了

1日、富田と機械班は、排水トンネルの拡張工事を完了し、新たに臭気抜き孔の掘削に着手して、50㎝ほど掘りすすんだ。

雪入れとゴミ処理実施

1日、ブリザードが止んだあすか基地では、さっそく雪入れ、廃雪塊の搬出、ゴミ処理が全員総出で行われた。

風が強いと、雪面上に持ち出したゴミの段ボール箱が、あっという間に風にさらわれてしまう。そのスピードが、ちょうど追いかける走力と同じくらいなのが、なんとも腹立たしい。

雀荘あすか7月戦の成績

富田のV6を阻止したのは渋谷であった。前半から着実に加点して好位置をキープし、最終日に国士無双を2度あがるなど爆発して、大逆転で初の栄冠を得た。富田は前半の不振が響いた。酒井は3ヶ月連続プラス。高橋は健闘して4位に入った。

雀荘あすか　7月戦集計

	得　点	半荘平均	1位回数
渋谷	＋384	＋10.67	15
富田	＋333	＋6.66	18
酒井	＋24	＋0.73	7
高橋	－5	－0.17	7
大坂	－75	－2.34	7
高木	－106	－2.47	9
鮎川	－144	－2.82	10
野崎	－411	－10.28	6

半荘最高点 富田 ＋69 半荘最低点 富田 －69	役　満 大坂／国士無双 渋谷／国士無双 酒井／清老頭 渋谷／国士無双

オーロラ夜話㊼ カメラ

あすか越冬の各隊員が持ってきているカメラは多種多彩で、その数も各人平均2台として、20台近くあるに違いない。

南極越冬隊員のカメラ装備としては、1台は自然現象や風景を撮るしっかりした一眼レフ、もう1台はポケットに収まるハンディタイプで、日付やフラッシュの内蔵されたいわゆるコンパクトカメラが望ましい。

一般に、何度も南極に来ている人は、あまり写真を撮らない。どこへ行っても、何を見てもパチパチ、カシャカシャとシャッターを押しているのは、初越冬の人か、写真に特に興味をもつ人か、あるいは意図的に記録を残そうとしている人だ。

たくさん撮るほうがいいのか、網膜に焼き付けておくだけでいいのかでいえば、できるだけ数を撮った方がよい。プロカメラマンは、技術もさることながら数も撮る。記者の友人はプロだが、1カットを撮るのに、フィルムを1本使い切ってしまう。

アングルを変え、条件を変え、数をたくさん撮らないと、いい写真は絶対に撮れない。さらに大事なのは、労を惜しまないこと。そして、最も大切なことは、写真の目的を考えながら撮ることだ。

極地冒険家の植村直己氏は、単独行の克明な記録を残した名カメラマンだった。

[8/1 メニュー]
☆高木マルミトン食当
朝食／タラコ、納豆、鰯塩焼き、鮭水煮缶、佃煮、新香
昼食／中華丼、チキンスープ
夕食／天婦羅盛り合わせ、貝割大根、トウモロコシのバター煮、焼きうどん、中華風スープ、大福餅

南極あすか新聞

1987年
(昭和62年)
8月3日
月曜日

[8/2 気象]
天気　晴
平均気温
-25.0℃
最高気温
-20.0℃
最低気温
-36.1℃
平均風速
8.2m/s
最大風速
16.8m/s
平均気圧
866.0mb

JARE28
あすか拠点
新聞社

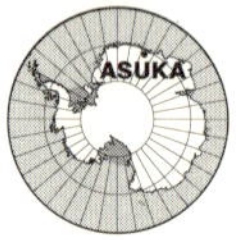

[8/2 メニュー]
☆渋谷食当
朝昼兼用／秋刀魚塩焼き、納豆、みそ汁
夕食／ビーフカツ、ホウレンソウ炒め、サラダ、スープ

穏やかな日曜日

2日は、晴れ微風の極めて穏やかな日曜日であった。

夕暮れ時、茜色に染まった空を背に聳え立つロムナエス山は美しく、高橋はスケッチを描き、高木は基地も含めてロングでのスチール写真を撮影した。

もう、転がる太陽の日々は過ぎ去ってしまったが、朝焼け、夕焼けの美しさが際立つのはこれからだ。

7月月間気象データ集計

渋谷によって集計された7月月間気象データは次の通り。ブリザード日数の少なさが目立つ。

平均気圧 A	874.0mb
平均気温 B	-25.6℃
最高気温 C	-16.8℃
最低気温 D	-39.4℃
日最高気温の平均値 E	-21.9℃
日最低気温の平均値 F	-29.8℃
平均風速 G	13.3m/s
10分間平均風速の最大値 H	ESE 25.0m/s
最大瞬間風速 I	30.1m/s
ブリザード日数 J	5日
月間積雪深 K	-1.8cm (6月18日～7月17日)
平均蒸気圧 L	0.44mb

ASUKA　89524

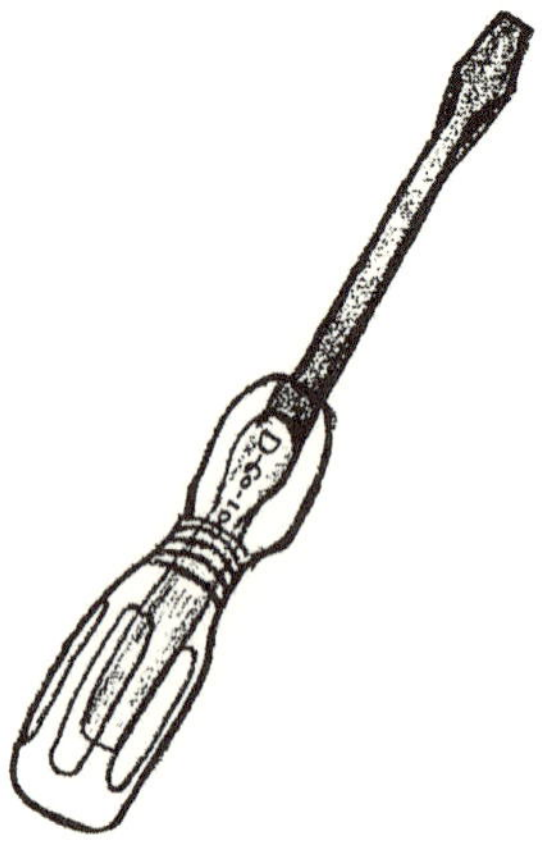

マイナス・ドライバー

オーロラ夜話㊽ ワープロの効用

南極越冬に国語辞典は必携だ。なぜなら、日に日に文字、とくに漢字を忘れるからだ。当然、誤字脱字のたぐいも多くなる。英単語のスペリングなども例にもれず、滅茶苦茶になってしまったりする。

南極には、学者、事務職員、医師など、文字を書くことが商売の人が多数来ている。ふだんは正確に、しかも速く文章を構成する訓練を積んでいるはずの人たちだ。

ところが南極では、交渉相手というよりは身内ばかりが周りにいるから、緊張を欠いてしまって、厳しく推敲する習慣がなくなってくる。また、速く書く必要もない。こういう時、字を忘れるものである。

以前は、日本と無線でやりとりしていたからボロが出なかったが、現在はFAXで自筆の文章が送られてしまうから、気を付けないと、とんだ赤恥をかく羽目になる。

こういう時に、極めて役に立つのがワープロだ。ワープロには、かな漢字変換機能があるので、誤字脱字はたいてい機械がチェックしてくれたり、気づかせてくれたりする。

おまけに文字が読みやすいから、FAXには最適といえる。

越冬隊　漢字忘れて　ワープロ頼み

〈訂正〉第164号の麻雀成績の役満の項に、鮎川隊長の国士無双がモレていました。お詫びするとともに、訂正します。

南極あすか新聞
1987年（昭和62年）8月4日 火曜日
JARE28 あすか拠点 新聞社

［8/3 気象］
天気　高曇り
平均気温 -29.4℃
最高気温 -22.2℃
最低気温 -36.6℃
平均風速 9.6m/s
最大風速 25.5m/s
平均気圧 857.7mb

［8/3 メニュー］
☆高木マルミトン食当
朝食／鰯塩焼き、納豆、タラコ、佃煮、卵焼き、キンピラごぼう
昼食／チャーハン、貝割大根、吸物
夕食／マカロニグラタン、揚げ物盛り合わせ、煮付け、ビーフン炒め、中華風スープ、大福餅

貯油タンクへ軽油を移送

3日、晴れ微風の好条件に恵まれる中、機械班と富田は貯油タンクへ軽油の移送を行った。

前回の5月8日は暗夜期を目前に控え、是が非でも一気にタンクを満タンにしなければならないという緊張感があった。

しかし今回は、これから毎日毎日、日照時間が延びていくから、今後も補給のチャンスはあるわけで、気楽な移送だった。

ソリ3台分、ドラム缶計36本の軽油が貯油タンクに移されたことで、油面計は120㎝にまで達した。これで、10月末頃までは補給をする必要がない。

次の夏、29次隊は同様のタンクをもう一つ風下側に作って、灯油を備蓄する予定だ。二つそろうと、燃料補給は随分とラクになることだろう。

ロムナエス測量基準点の位置は？

3日、極地研の佐野氏から届いたFAXによると、ロムナエスの測量基準点（27次作成）は、山の左端のピークに在ることになっている。

しかし酒井は、頂上付近に在るものと記憶しており、地磁気測量の際にもこれを使ってきた。

どちらにあるかは、現地に行ってみないとわからない。

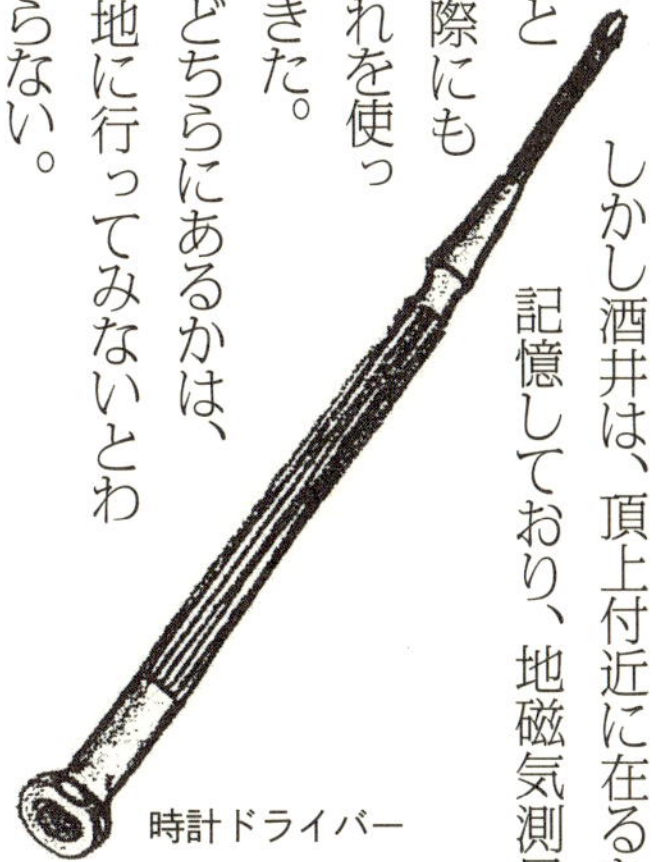
時計ドライバー

オーロラ夜話㊾　観測と探検

第1次日本南極地域観測隊が、まだ企画段階にあった頃、当時東大教授であった永田武氏と、極地探検研究家で朝日新聞記者の加納一郎氏との間で、南極行動について観測・探検論争があったことは、よく知られている。

永田氏は「観測に行くのだ、探検なんかではない」と自説を固く守り、一方の加納氏は「観測の前に探検がある。人間がまだ一度も足を踏み入れたことのない場所に、日本からはるばる出かけて行って、その日からすぐに観測ができるはずはない」と譲らなかった。

結局、日本政府は観測という言葉を採用して、日本南極地域観測隊が誕生したが、政府が英訳する際は、Research Expedition（学術探検）としている。Expedition に観測という意味はない。要するに、永田氏をはじめ政府関係者は、探検という言葉を、独自に解釈して嫌ったのだ。

探検とは探り調べることだ。有名なノルウェーの人類学者ヘイエルダールは、「探検は、いつも科学とか発見をともなう」といい、米英学生カヤック隊は「南極の学術探検は、観測はもちろんするにきまっているが、南極へ行くという〝行動〟もあるし、越冬をすれば〝生活〟もある。その全体を指すのが探検や遠征だ」という。

南極探検隊の方が正確だし、カッコいいと思われるが、いかがだろう。

南極あすか新聞

1987年
(昭和62年)
8月5日
水曜日

JARE28
あすか拠点
新聞社

[8/4 気象]
天気　高曇り
平均気温　-21.6℃
最高気温　-19.7℃
最低気温　-22.7℃
平均風速　21.1m/s
最大風速　27.4m/s
平均気圧　850.6mb

[8/4 メニュー]
☆高木マルミトン食当
朝食／納豆、キンピラごぼう、ビーフン炒め、煮付け、佃煮、新香、みそ汁
昼食／うな丼、貝割大根、吸物
夕食／富田誕生会（すきやき、鮎塩焼き、茶わん蒸し、天婦羅、握り寿司、アイスクリーム、ケーキ、フルーツ）

富田隊員34歳の誕生日

4日、富田瑞穂隊員は34歳の誕生日を迎えた。南極で迎える3度目のバースデイとなる。祝宴料理は、高木マルミトンが腕によりをかけ、酒井SUN寿司もあすかで2度目の開店営業を行った。

祝宴は野崎の司会で、なごやかな雰囲気のうちにすすみ、大坂のくす玉も見事開いて宴に花を添えた。来賓は各自短歌一首を披露してから祝辞を述べ、宴は高橋の新型エールで締められた。

その後の記念麻雀は、のっている酒井が場を制し、カラオケの部では各歌手の熱唱が深夜まで続いた。

天気荒れ模様に

3日夕刻から徐々に強まってきた風が、4日には終始20m/s以上に風速をパワーアップし、吹き荒れた。

天気は曇で、視程もセールロンダーネまで見通せたが、気圧が低かった。

プラスドライバー

オーロラ夜話㊿　トレーニング

高木隊員はトレーニング大好き人間だ。21次越冬の際は、ルームランナーで走り続けて、みずほ基地で600km以上を走破した記録を持っているし、今回は暇があればダンベルを振っている。

そんな暇とパワーがあるのならば、雪入れや雪洞掘りなど、もっと役に立つことをやれといわれそうだ。また、南極はトレーニングをするところではなく、トレーニングの成果を発揮するところだ、ともいわれそうである。

然り、ごもっとも。しかし、トレーニングとは肉体の一部を意図的に鍛えることだから、やっぱりスコップやつるはしを持ってやるわけにはゆかないのだ。

マラジョージナヤ基地には、トレーニングジムがあると聞いた。さすが寒い国の人は、寒い余暇の過ごし方を知っている。あすかはともかくとして、昭和基地にはそろそろ体育館のような冬季でも汗を流してトレーニングができる施設があってもよいと思われる。

隊員の平均年齢は30代前半だが、一般に体力面は下り坂の年齢だ。南極越冬の疲労を国内まで持ち込むと、どっと老けてしまう。南極の疲れは、南極で吹き飛ばして、リフレッシュしたい。

そのためには、トレーニングが最良だ。「昭和基地の次の建設は体育館」という案は、どうだろうか。

南極あすか新聞
1987年(昭和62年)8月6日木曜日
JARE28
あすか拠点
新聞社

[8/5 気象]
天気　晴
平均気温 -26.0℃
最高気温 -19.3℃
最低気温 -28.9℃
平均風速 14.6m/s
最大風速 25.5℃
平均気圧 852.4mb

雪入れと廃雪塊搬出を実施

5日、12時より全員による貯水槽への雪入れと、排水トンネル拡張工事で生まれた廃雪塊の搬出が行われた。

太陽はすでに地平線よりぐんと浮き上がり、その斜め光線に照らし出された、雪原のサスツルギやバルハン*が美しかった。

村山チームの南極飛行計画

5日、極地研事業部長から日本南極飛行計画(Japanese Antarctic Airborne Project)の概要が、FAXで送られてきた。

この計画の目的は、①昭和基地への空路開拓、②南極隕石集積機構解明に関わる裸氷地域の調査、③南極地域における各国の活動状況の報道、である。

飛行計画は、12月25日頃にチリ南端のPunta Arenasを発ち、Marsh–Calvajal–Halley–Neumayerを経由して、来年1月1日頃にあすか着、同7日頃に昭和着の予定だ。帰路は逆コース、使用機種は、カナダの会社からチャーターするlong ranged DHC–6 Twin Otter 2機となる。ただし1機は、非常用として南極半島に待機する。

正副操縦士ともRemote location engineer免許取得の者4名、整備士1名。乗客は、遠征機に村山雅美氏、記者2名、TV4名、待機機には五月女次男氏、TV4名、整備士となっている。費用を出すのは、朝日新聞社と朝日放送という。

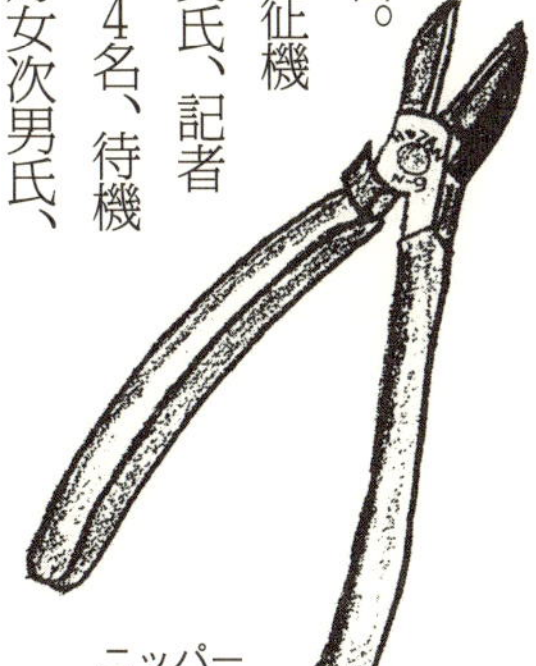
ニッパー

オーロラ夜話㊿ 子供

あすか越冬隊員8人のうち、7人は幼い子供の父親だ。食後のだんらんのひととき、誰かが子供の話を始めると、皆が目を細め相好を崩してわが子を語る。

「うちの男の子は、2秒間目を離すと何をやっているかわからないから、2秒の男といわれているんだ」

「電話に出た娘が『おとうさん、お酒のまないでね』っていうんだヨ。参ったなあ」

「女房が『南極のおとうさんに電話でお話ししなさい』というと、遠くで娘が『いやだ!』と言っているんだよ。もう完全に父親なんか忘れているね、うちの子は」

皆、なんだかんだと言いながら、実に楽しそうだ。

親はなくても子は育つのは事実だ。しかし、父親は母親ほど身近な存在ではないにしても、毎日、子供の目の届くところにいるにこしたことはない。

それなのに、南極にいる父親たちは、時間的に1年4ヶ月、空間的には実に1万5千㎞も子供から離れているのだから、「おじさん」と呼ばれても仕方がない。

しかし、南極の父親たちは、この厳しい自然環境の中に身を置いていても、いつも我が子に想いを馳せている。子供たちがもう少し大きくなれば、わかってくれるに違いない。

[8/5 メニュー]
☆富田シェフ食当
朝昼兼用／モヤシラーメン、リンゴ
夕食／牛ヒレカツレツ、フライドポテト、うどんのサラダ、山菜おろし和え、腸詰ウインナー、新香、みそ汁、オレンジ

＊雪面の吹き溜まり模様のうち、三日月状のもの

南極あすか新聞
1987年（昭和62年）8月7日 金曜日
JARE28 あすか拠点 新聞社

[8/6 気象]
天気　晴
平均気温 -32.8℃
最高気温 -28.7℃
最低気温 -36.0℃
平均風速 12.9m/s
最大風速 23.0m/s
平均気圧 857.1mb

第2回健康診断を実施

6日、3月に続いて、越冬中2回目の健康診断が実施された。検査項目は、空腹時採血による検血、生化学検査、検尿および血圧測定であった。

血圧値は、3月の値と大差なく全員正常だった。血液と尿の検体は、さっそく医務室において測定に供されているが、結果が出そろうのは7日の予定である。長い越冬生活やアルコール摂取が、果たして検査値にどう影響するか。

排水タテ坑測定、深さ18・6mに

6日、酒井の測定による排水タテ坑の深さは18・6mであった。

今回の測定は4回目だが、1~3回の測定では、105cmスパンを100cmと読む誤りを犯していた。そのため、7月7日は20・3m、16日は19・6m、28日は19・2mと値を訂正するそうだ。

今回の坑底上昇率は60cm／9日で、1日あたり6・7cmの上昇となった。なお、渋谷の温度センサーは、氷にトラップされているという。

膨張したコカコーラ缶

オーロラ夜話(52) 越冬手帳

南極越冬隊員に必携と思われるものに、越冬中に役立つ情報の記載があり、越冬全期間内に使用ができ、しかもいつも身につけて携行できる小型の手帳があるとする。これを仮に〝越冬手帳〟と名付けることにしよう。

現在、隊ごとに作っている隊員手帳は、市販の能率手帳の前後扉に、各次隊の計画、隊員名簿、各国基地の記載があり、贈り物としては喜ばれるが、残念ながら1年間しか使えない。

極地研発行の「第〇次南極地域観測隊員のしおり」や南極本部発行の「南極地域観測隊員必携」も役に立つが、バラバラではなくて、一冊にまとまっていたほうが有難い。極地研発行の「基地要覧」は実務に使えるが、大冊すぎる。

以上から、南極越冬に必要な最小限の内容を抜粋し、そこに「野外行動マニュアル」を加えれば、極めて実践的な越冬手帳になると思われるのだが、手帳サイズに収めるのは無理だろうか。越冬手帳の編集発行を極地研でできないならば、極地振興会でやってもらえれば有難い。

こうした特殊な手帳は、売れないようで案外売れるものだし、定期購買者が確保できれば、毎年まとまった数が売れる。「山日記」という先例もあるし、「スペースシャトル搭乗員マニュアル」が、日本で売れるような時代なのだから。

[8/6 メニュー]
☆富田シェフ食当
朝食／鯵開き、納豆、鯨焼き肉、キンピラごぼう、佃煮、みそ汁
昼食／牛玉丼、大豆煮付け、新香、スープ、リンゴ
夕食／牛スカートと白うずら豆のシチュー、ホウレンソウごま和え、ローストポーク、ひじき煮、貝割サラダ、新香、みそ汁、オレンジ

南極あすか新聞
1987年
(昭和62年)
8月8日
土曜日

[8/7 気象]
天気　晴
平均気温
-36.2℃
最高気温
-33.7℃
最低記温
-39.6℃
平均風速
9.7m/s
最大風速
16.4m/s
平均気圧
859.6mb

JARE28
あすか拠点
新聞社

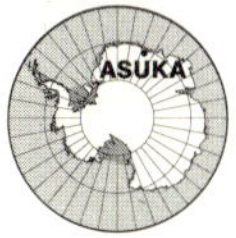

健康診断の結果はOK

6日に実施した全隊員対象の健康診断の結果が出た。高木によると、「全員がすべての項目で正常というわけではないが、総括して後半のオペレーションには大丈夫」という結果となった。

夏の甲子園開幕

8日、若人の夢、夏の甲子園全国高校野球大会が開幕した。恒例のあすか越冬隊による決勝戦進出校当てトトカルチョで、各隊員は表のように予想している。

例によって、鮎川隊長は郷土校を挙げ、高橋、酒井、野崎も郷里もしくは現住所の高校を応援している。渋谷と大坂は穴狙い、富田は実力校を推している。一方、高木は「冷静に考えればこれしかない」と、PLと池田を挙げ、またしても勝ちに走った。

	決勝戦進出校	
鮎川	東海大甲府	浦和学院
高橋	横浜商	静岡
渋谷	伊野商	中京
高木	PL 学園	池田
富田	横浜商	広島商
酒井	九州学院	鹿児島商
大坂	明石	秋田経法
野崎	浦和学院	常総学院

雪入れ作業実施

7日昼食後、マイナス34・9℃、風速11・4m/sの下で、雪入れ作業が実施された。

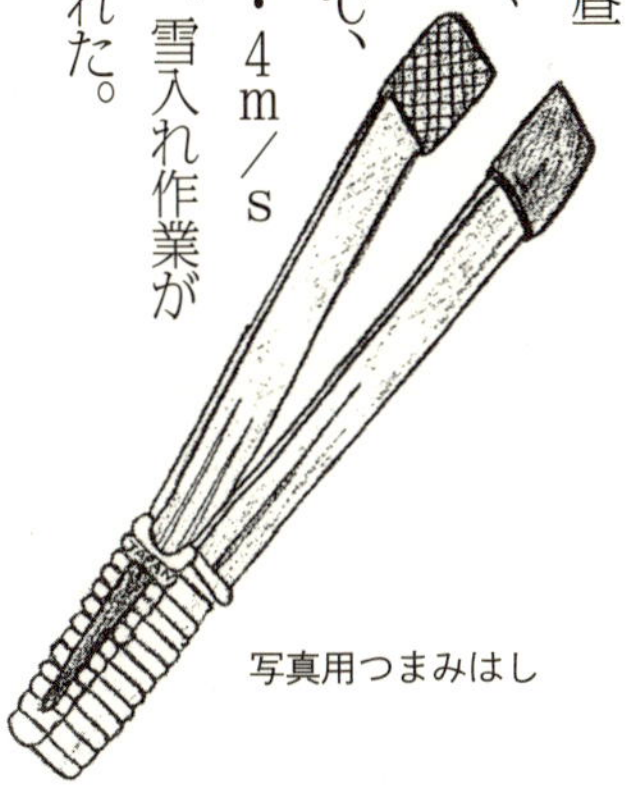

写真用つまみはし

オーロラ夜話(53)　インタビュー

28次隊に対して、NHKラジオ国際放送の電話インタビューが毎月行われている。あすか隊への割当は2回で、6月25日に鮎川隊長、7月30日には高木がインタビューに応じた。

取材時間はそれぞれ正味5分程度だが、その前にどういう話の進め方をするのか、話のポイントはどこに置くのか、といった打ち合わせが行われる。筋書きが決まると、相手のアナウンサーはスタジオに入り、もう一度マイクで通話テストをして、いざ本番となる。

アナウンサーは、さすが話術のプロだ。柔らかい口調で、実に上手に話を引き出してくれる。こちらは安心して自分のペースでしゃべれるのだが、あとで振り返ってみると、すっかり相手のペースにはまりこんでいる。

話の内容は、予想外に仕事に関するものが多く、番組の誠実さがうかがわれた。われわれとしては、南極の気象とか、自然現象とか、ミッドウインター祭とかいったものではなく、われわれの仕事すなわち観測や設営について聞いてもらいたいわけで、この点では高く評価してよいだろう。

インタビューは、ラジオ日本の番組「NHKジャーナル」で全世界に向けて放送された。上手に編集され、インマルの感度まで褒められて、みんなニコニコ顔で放送を聴き終わった。

[8/7 メニュー]
☆富田シェフ食当
朝食／鮭水煮缶、秋刀魚蒲焼き缶、鰯塩焼き、ひじき煮
昼食／チャーハン、サラダ、新香、吸物、リンゴ
夕食／サーモンムニエル、ロールキャベツ、焼き鳥、クラゲとモヤシの酢の物、新香、スープ、マロンパイ、オレンジ

南極あすか新聞

1987年
（昭和62年）
8月9日
日曜日

JARE28
あすか拠点
新聞社

［8/8 気象］
天気　晴
平均気温　-39.3℃
最高気温　-36.2℃
最低気温　-42.9℃
平均風速　8.3m/s
最大風速　13.0m/s
平均気圧　861.4mb

［8/8 メニュー］
☆高木マルミトン食当
朝食／タラコ、納豆、佃煮、キムチ、貝割大根、みそ汁
昼食／中華丼、貝割大根、チキンスープ
夕食／秋刀魚塩焼き、餃子、チーズリングフライ、フライドポテト、鶏トマトシチュー、焼きうどん、里芋・こんにゃく・筍の煮付け

排水トンネルの臭気孔開通

8日、富田と機械班は排水トンネルの臭気孔の掘削作業をつづけた。40cmばかり掘り上がったところから、アイスドリルをねじ込んだところ、青空光が透過するようになり、ちょっとした紫御殿のようになっているという。

ノック・オン多し

8日13時より、全員で排水トンネルの廃雪塊を屋外へ搬出した。

手渡しによるパスでブロックを放り出したが、折からのマイナス38℃の冷え込みのため、各隊員の体のキレは悪かったようである。

その証拠に、ブロックのキャッチ・ミス――すなわちラグビーで言うところのノック・オンが、やたらと多かった。

風は微風でも、30分ほど屋外作業を続けていると寒冷曝露のため、鼻梁や頬に第1度凍傷が生じた人もいた。

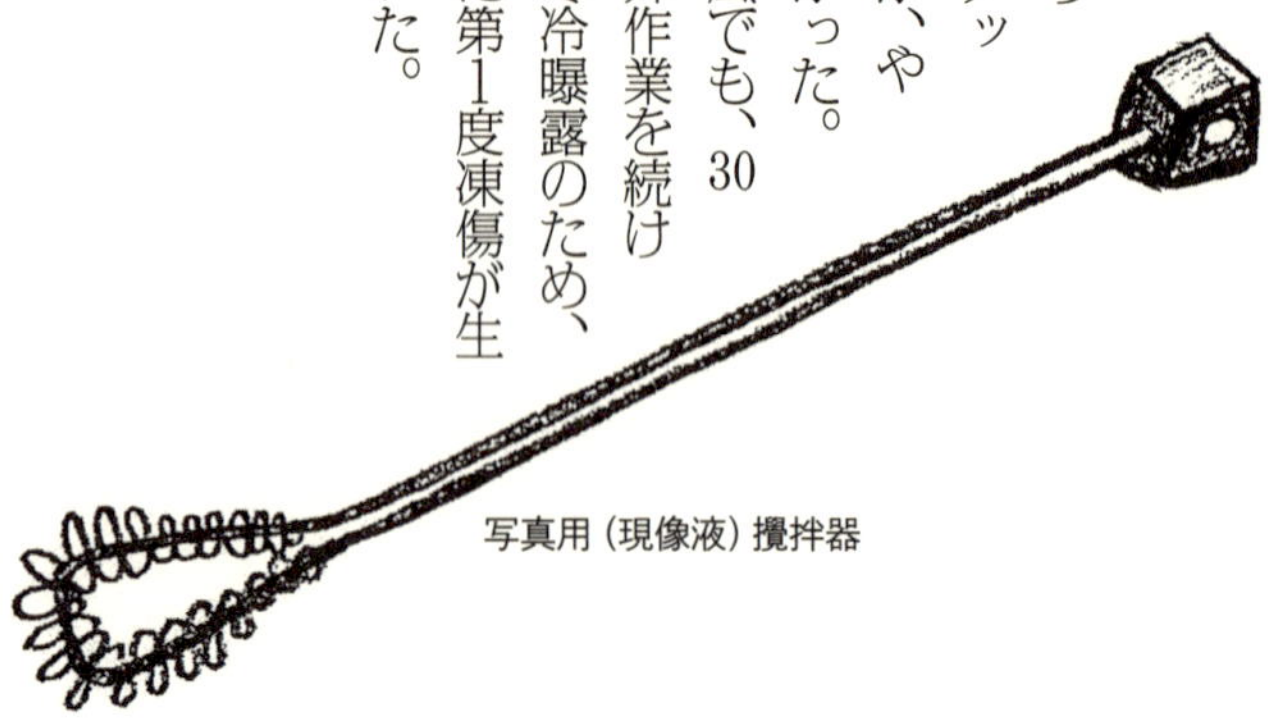

写真用（現像液）攪拌器

オーロラ夜話(54)　手の人間

あすか越冬隊の酒井隊員は、基地の大工さんだ。彼の手になる作品は、安全地帯B出入口の庇、オーロラ全天カメラ架台などの大物から本棚まで枚挙にいとまがない。

南極基地のような孤絶社会において、彼のように器用で、創意工夫のできる人はたいへん貴重で、基地生活を快適にしてくれる潤滑油的な価値がある。

酒井隊員に限らず、越冬隊員にはモノを作ることが上手でしかも好きな人が多い。いわば、手の人間だ。手の人間を言いかえれば、各論的人間ともいえよう。

世の中には、概論や総論をぶち上げて方向を示し、リーダーシップをとる人も必要だ。しかしながら、方向に沿って実務を着実にこなす実務派、すなわち各論的人間も欠かせない。南極基地では、総論をぶち上げる人は、隊長だけいればいいのであって、大多数の隊員はむしろ各論的人間であるべきだ。要するに、口よりも手の動く人が望ましいわけである。

そして、われわれあすか隊の強みは、手の人間が多いことにある。初越冬に付き物のさまざまなトラブルや不備を、手の人間たちが寄り集まって、一つひとつ解決してここまでやってきた。あと4ヶ月半ほどの期間に、まだまだ幾つもの創意工夫が施されていくことだろう。

記録係としては、工夫の数々を写真に収めてまわるのが楽しみだ。

南極あすか新聞

1987年
(昭和62年)
8月10日
月曜日

[8/9 気象]
天気　快晴
平均気温
-45.3℃
最高気温
-38.4℃
最低気温
-48.7℃
平均風速
4.3m/s
最大風速
8.6m/s
平均気圧
864.8mb

JARE28
あすか拠点
新聞社

[8/9 メニュー]
☆大坂食当
朝昼兼用／ざるそば
夕食／ビーフステーキ、洋風かき卵、シュークリーム、エクレア

低温記録を更新

6日から冷え込んできた気温は、9日になって一段と下がった。あすかの雪原は、快晴・無風のもと南極の冬にふさわしい凍《しば》れで、音もなく静まり返った。

9日9時19分には、今年の最低気温氷点下48・7℃を記録した。この気温降下により、陽光をいっぱいに浴びたセールロンダーネ山地は蜃気楼になって浮かび上がり、あすかの雪原はキラキラと輝いた。

人気を博す新着週刊誌

8日、酒井は食堂に設置された本棚の週刊誌を入れ替えた。段ボール箱の底からようやく日の目をみた「新着」週刊誌はたいへんな人気で、日曜日の食堂では、テーブル上に「週刊宝石」や「モーニング」を積み上げて読みふける隊員の姿がめだった。越冬も後半になって新しい週刊誌を出してくる酒井の演出もニクイが、「VTRもまだ隠しているんじゃないの、早く出せ」との声もチラホラ聞こえる。

家族会は来月開催

日本では9月8日(火)、家族会が開かれるそうだ。

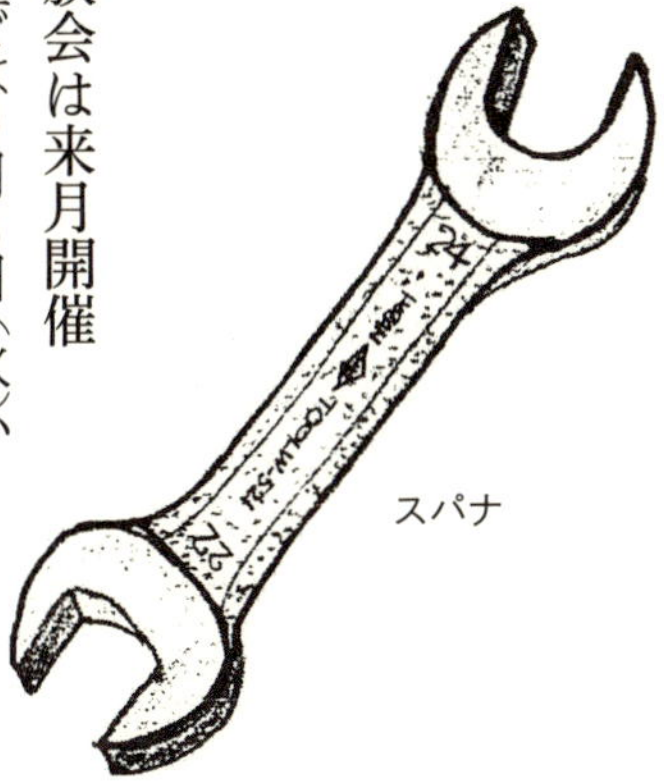

スパナ

サンライズ祝賀歌会　発表句歌①

地平線　赤く燃え立つ　初日出

そびえ立つ　山地を染めて　初日出

二ヶ月の長い暗夜を突き破る
一条の光　かくも尊き

（渋谷朝臣）

大陸の　初めて越える　厳冬期
戻りし迎陽《らいこう》　眩しかりけり

紅に燃ゆる地平を　眺めつつ
昇る朝日に　心は燃える

（貝割の茂麿呂）

お荷物の　あすかにだって　陽は昇る

北の空　茜に染めて昇る陽に
南の岳は　青く答えり

（NON）

もんもんと　夜も眠れず
身をこがし　作りし短歌を
笑わば笑え
朝ぼらけ　今日をこそはと
胸に秘め
あすかの里に　ひびくハネマン

（大坂）

南極あすか新聞

1987年
（昭和62年）
8月11日
火曜日

JARE28
あすか拠点
新聞社

［8/10気象］
天気　曇
平均気温　-34.0℃
最高気温　-27.7℃
最低気温　-44.3℃
平均風速　10.0m/s
最大風速　20.5℃
平均気圧　869.2mb

［8/10メニュー］
☆高木マルミトン食当
朝食／鰯塩焼き、タラコ、佃煮、納豆、キムチ、煮付け、みそ汁
昼食／チャーハン、吸物
夕食／天婦羅盛り合わせ、トウモロコシのバター煮、海老玉、鶏肉のトマトシチュー

排水臭気孔が完成

10日、富田と機械班がすすめてきた排水トンネル臭気孔の掘削が終了し、午後、全員による廃雪塊の搬出と煙突の据え付けが行われた。

折から、気温マイナス32℃、13m／sの風の中、皆が頬を真っ白にしての作業であった。この臭気孔とファンが、排水汚物の臭気を排出してくれるならば、今後は排水のたびに臭気が通路や安全地帯に漂うようなこともなくなるだろう。

貯水槽への雪入れ作業実施

10日13時より、貯水槽への雪入れ作業が行われた。貯水槽は、機械班の方針により、小まめに雪を補充して、常に満タンに近い状態にしている。

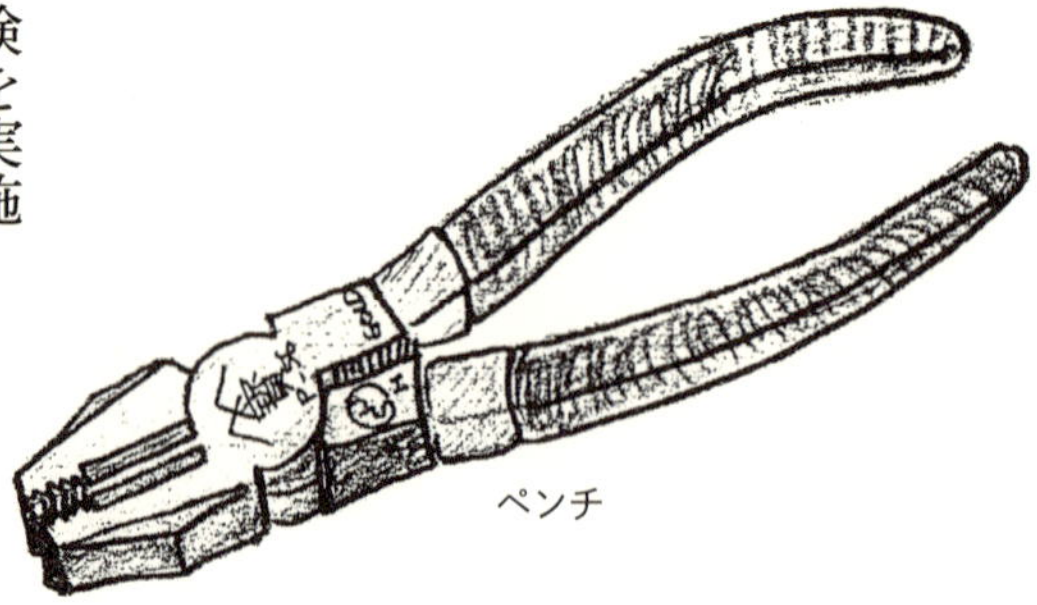
ペンチ

発電機点検を実施

10日、30KVA発電機の通算5千時間点検が実施された。

サンライズ祝賀歌会　発表句歌②

日は昇り
闇のくらしは　果てるとも
なお遠きかな　あすかの春は
（大坂）

雪原に　太陽戻りて　えみ交わす

転がる太陽　撮りてる最中
風強く　カメラ倒れて　嘆く人

転がる太陽　撮りてる最中
フィルム巻けず　嘆くデブ

日光　けっこう　あすかの太陽
（トミタ）

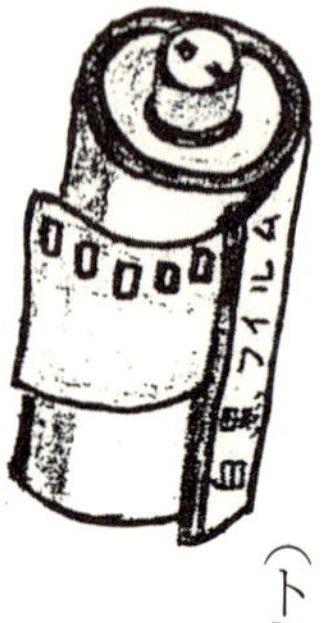

初日の出
今日か明日かと待ちわびて
今日が境の下り坂かな
（酒之上席麿呂）

めぐるめく光かがやく太陽の
帰還うれしき南極の春

待ちかねしオレンジの炎
地の果てに燃えさかり出ず
暗夜の終

太陽は青春の神アポロなり
吾また燃えん南極の春
（高木医尊）

南極あすか新聞

1987年（昭和62年）
8月12日
水曜日

JARE28
あすか拠点
新聞社

[8/11 気象]
天気　快晴
平均気温 -33.3℃
最高気温 -28.2℃
最低気温 -43.0℃
平均風速 10.2m/s
最大風速 19.5m/s
平均気圧 865.6mb

地震計センサー観測を開始

あすかの大陸岩盤と氷床との滑りを、地震計で観測する準備をすすめてきた渋谷は、このほど地震計センサーを10地点に置き、測定を開始する。センサーは、観測棟から延長したケーブルと接続され、地震の水平成分と垂直成分をキャッチする。

SM40は極寒向きではない？

高橋によると、SM403のバッテリーは、希硫酸がシャーベット状態になり起電力がなくなったという。同機種のプレヒーターの循環不凍液も、一部で凍結していた。これはエンジン始動の際、バッテリーの使いすぎで疲弊させたことが原因らしい。

それにしても、マイナス30℃台がつづいてバッテリーがあがるようでは、極寒地向きではないといえよう。

しらせ国内巡航へ

29次隊の晴海出航まであと3ヶ月余りとなり、しらせは恒例の国内巡航に出ることになった。横須賀を9月1日に発ち、名古屋、玉野、呉、細島（日向市）、酒田、秋田船川、小樽を巡航して横須賀に戻る。これに時を合わせて、日向市では渡辺第29次隊長、小樽市では内藤第27次越冬隊長が、それぞれ講演を行うという。

ご当地でのしらせの人気はたいへんなもので、艦内一般公開には長蛇の列ができる。こういう場合、元越冬隊員は歓迎されるので、われわれも来年以降はしらせを訪れるとよい。士官がにこやかに案内してくれる。

サンライズ祝賀歌会　発表句歌③

極寒の雪原染める太陽の光を
熱きものとぞおもう
（高木医尊）

北の空待ちこがれたり
サンライズ
越冬隊の笑顔まぶしき

待ちわびし陽光久さし
いまのぼる
光明一気大雪原に

日昇りて暫し佇ずむ雪の原
北の地平に安堵の祈り

東雲《しののめ》の紅きに染まり
季は移る　極夜を越えて
陽はかえり来ぬ

万歳と
叫んで跳ねる隊員の
帰り陽迎え嬉嬉たる姿
あすかの里に春呼ぶ響き
（飛鳥白翁）

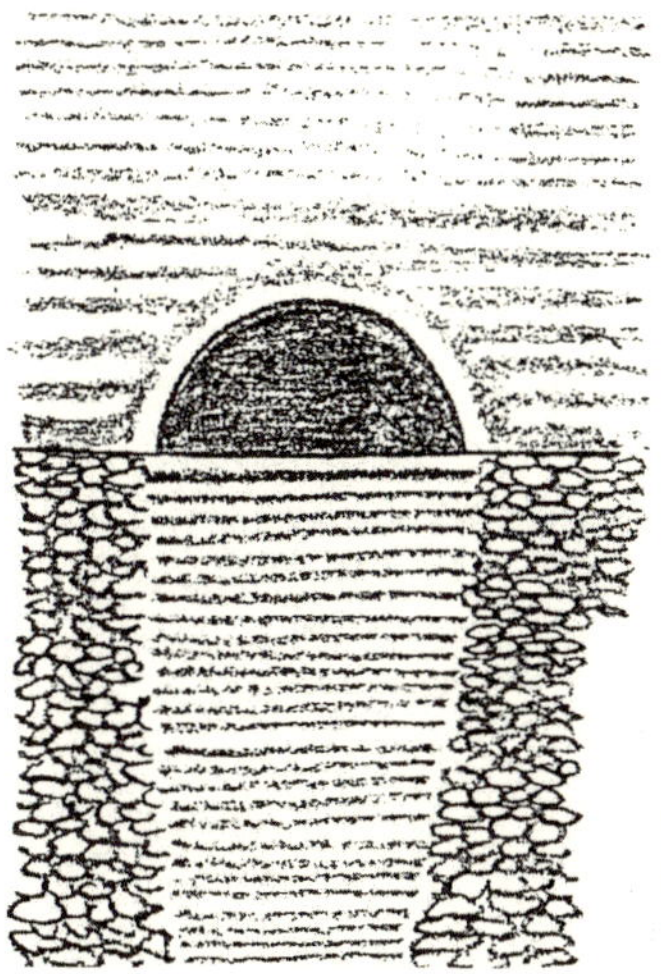

[8/11 メニュー]
☆富田シェフ食当
朝食／鯵干物、鯨焼き肉、海苔、キンピラごぼう、みそ汁
昼食／カレーうどん、リンゴ
夕食／鶏肉のソテー・インディアン風、浅利のワイン蒸し、なまこの酢の物、鮪山かけ、新香、吸物、カシスのムース、グレープフルーツ

南極あすか新聞
1987年（昭和62年）8月13日 木曜日

[8/12気象]
天気　快晴
平均気温　-37.6℃
最高気温　-28.8℃
最低気温　-44.7℃
平均風速　7.0m/s
最大風速　16.5m/s
平均気圧　865.7mb

JARE28
あすか拠点
新聞社

スチームドリルをテスト

12日午後、大坂と高橋は発電棟便所前で、排水坑掘削用のスチームドリルのテストを行った。大坂によると、蒸気は出るが制御回路がいまひとつの状態という。この作業は、29次隊に引き継ぐためのテストだ。

また高橋は、SM403のプレヒーター修理のため、マスターヒーターで車内を温めた。

雪入れ・雪出しを実施

12日昼食後、恒例の貯水槽への雪入れ、安全地帯B出入口からの雪出し作業が全員で実施された。貯水槽周辺の雪山も削りとられて随分小さく平らになった。雪のひと降りが欲しいところだ。

排水タテ坑深の測定値訂正

酒井は、排水タテ坑深の測定値を表のように訂正した。

	測定（m）	訂正（m）
7月7日	19.3	20.4
7月16日	18.6	19.7
7月28日	18.2	19.3
8月6日	—	18.6

スライド映写会

12日夕食後、高木の撮りためたカラースライドの映写会が行われ、中でも7月21日のオーロラは好評を博した。

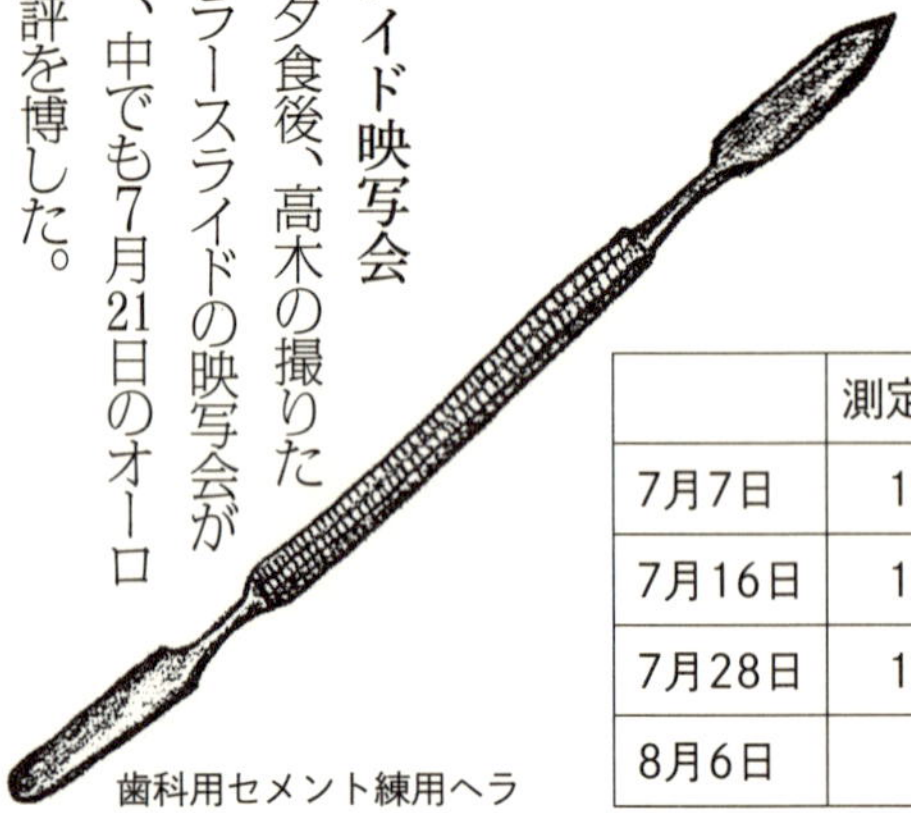
歯科用セメント練用ヘラ

オーロラ夜話㊺　いい女

森永由紀さんが来るまで、日本の南極基地は男性のみの社会だ。30代から40代前半の男が集まって、ちょっと酒でもはいれば、女性談義に花が咲くのは当然だろう。

あすか基地で話題にのぼるのは、まずVTRに登場する女優たちだ。松坂慶子、吉永小百合、十朱幸代クラスの大女優は、誰もがいい女と認める。しかし、浅茅陽子、大竹しのぶ、片平なぎさクラスになると、いろいろ異論が出てきて、カンカンガクガクとなる。

レーザーディスクのカラオケの画面に登場する女性たちは、いずれも無名のモデルである。だが、彼女らくらいのレベルの美貌だと、われわれの職場や近所にもいるので、議論はにわかに現実的な色彩を帯びて、ますます面白くなる。

「星降る街角」の女の横顔がいい。「夢芝居」もちょっと小川知子に似ていていい女だ。「帰ってこいよ」のリンゴ娘は愛くるしい。

また、われわれ越冬隊員が、共通に知っている女性というと、極地研勤めの女性群になる。彼女たちの話がでると、極地研の職員でもないのに極めていろいろと知っていて、一家言を吐く隊員もいる。

残念ながら、われわれあすか隊員は全員妻帯者だが、独身隊員がいたならば、皆の話の種になって、タジタジとなるかもしれない。いい女の話をすると、いつも楽しくなる。

[8/12メニュー]
☆富田シェフ食当
朝食／鰯塩焼き、浅利味付け缶、しらす佃煮、みそ汁
昼食／きじ焼丼、高野豆腐の煮付け、新香、みそ汁、リンゴ
夕食／秋刀魚の唐揚げあんかけ、ローストチキン、甘海老の唐揚げ、カニと豆腐の炒め物、新香、マロンパイ、オレンジ

南極あすか新聞

1987年（昭和62年）8月14日 金曜日

JARE28
あすか拠点
新聞社

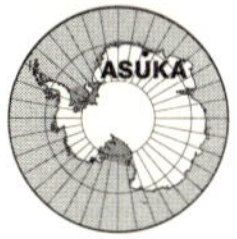

［8/13 気象］
天気　高曇
平均気温 -30.2℃
最高気温 -26.2℃
最低気温 -38.0℃
平均風速 11.9m/s
最大風速 21.6m/s
平均気圧 862.6mb

深夜の火災警報

13日3時55分、火災警報サイレンがあすか基地に鳴り響いた。火災現場表示は、またしても浴室・便所・部品庫であった。

消火器を手にして駆けつけると、発電棟には煙が雲の様にたなびき、少し息苦しさを覚えたが、出火はなかった。

原因は、スチームドリルのテストのために、発電棟風上側吸気孔の風上向ダクトを外したところ、棟全体の吸気ができなくなった。そのため、ボイラー煙突が吸気孔と化したことで煙が棟内に吐き出され、煙感知機が作動したものと判明した。

すなわち、火災警報は例によって誤報だったが、煙感知機は誤作動しなかったわけだ。結果的に真夜中の火災訓練となった今回の誤報は、忘れかけていた防火への警鐘を鳴らす結果となった。

ボイラー煙突2・3mに

13日、機械班はペール缶を連結した、高さ2・3mのへの字型煙突を、ボイラー煙突として立ち上げた。

晴海出航から9ヶ月目に

14日で、28次隊晴海埠頭出航から9ヶ月目となる。すでに出航風景も忘却の彼方に去ろうとしているが、あと3ヶ月もすると同じ風景が見られることになる。

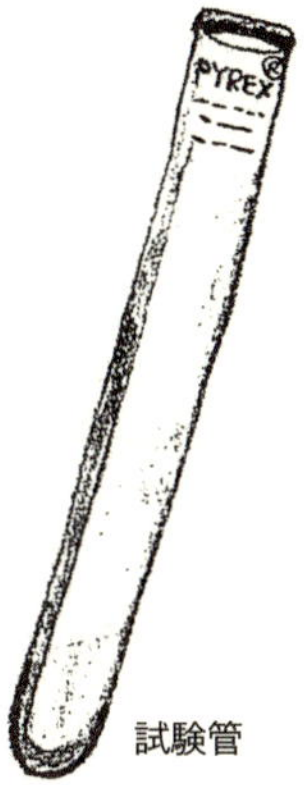

試験管

オーロラ夜話（56） ペット

第1次観測隊が初の越冬を行った時、ご存知のカラフト犬のほかに、猫とカナリアも昭和基地に同居していた。

もちろんカラフト犬は、犬ゾリを曳かせるための戦力としてだったが、その他は純粋なペットだった。雪上車の改良により、カラフト犬の戦力としての価値はなくなり、ホセを最後に基地からペットは消えた。それ以来、日本から南極に動物が持ち込まれることはなくなった。

ペットにも当然食糧は必要だし、ペットによる環境汚染や環境破壊を考慮してのことだろう。しかし、ペットが居ることによるメリットも、いま一度考え直してよいと思われる。

まず、孤絶社会が1頭の犬、1匹の猫によってなごむことは間違いない。訓練された犬ならば、行方不明の人間を探すことも、クレバスを探し当てることもできる。それに、動物の食糧の大半は、人間の残した残飯で賄うことができる。

そもそも、環境に対する悪影響うんぬんと言ってみたところで、昭和基地の土壌細菌調査結果が示すとおり、すでに環境はすでに充分汚いのだ。

あすかの気象条件は、犬を屋外飼育するには厳しすぎるかもしれない。しかし、もし忠実な犬を連れて、セールロンダーネ山地の調査をすることができれば、どんなに心強く、楽しいことだろう。

［8/13 メニュー］
☆富田シェフ食当
朝食／牛大和煮缶、鮭塩焼き、鰯味醂干し、みそ汁
昼食／ちらし寿司、切り干し大根煮付け、貝割サラダ、新香、吸物、リンゴ
夕食／麻婆豆腐、生ハム、テリーヌ、牛舌盛り合わせ、数の子、フキと筍の煮付け、新香、みそ汁、フランボワーズのムース、オレンジ

南極☆あすか新聞☆

1987年（昭和62年）8月15日 土曜日

JARE28
あすか拠点
新聞社

[8/14 気象]
天気　晴
平均気温　-32.8℃
最高気温　-29.5℃
最低気温　-38.1℃
平均風速　9.3m/s
最大風速　18.0m/s
平均気圧　858.1mb

[8/14 メニュー]
☆富田シェフ食当
朝食／鮭塩焼き、納豆、鯖水煮缶、みそ汁
昼食／冷やし中華、リンゴ
夕食／ステーキ、フレンチポテト、海老チリソース煮、豚レバーにんにく炒め、オムレツ、新香、クロワッサン、グレープフルーツ

スチームドリルのテスト成功

14日午前、大坂はスチームドリルの動作テストに成功した。蒸気は充分に噴出し、これで風呂もあっという間に沸いた。

29次用の排水タテ坑は、本来29次隊が自力で掘るべきものだから、大坂はスチームドリルを担当者に引き継ぎ、取り扱いを説明すればよいわけだ。

スチームドリルの蒸気が煙感知機に感知され、火災警報が鳴るというおまけがついたが、まずは目出度し一件落着となった。

松田達郎所長からの一首

松田達郎極地研所長から鮎川隊長宛ての私電のなかで、次のような短歌一首が詠まれていたので、紹介する。

いにしえの　飛鳥の都　しのびつつ
吹雪の中に　歌詠む勇士

人類動態学を得意とする松田所長の眼に、強固な連帯の中に豊かな文化を開花させたあすか隊のことは、どのように映っているのだろうか。

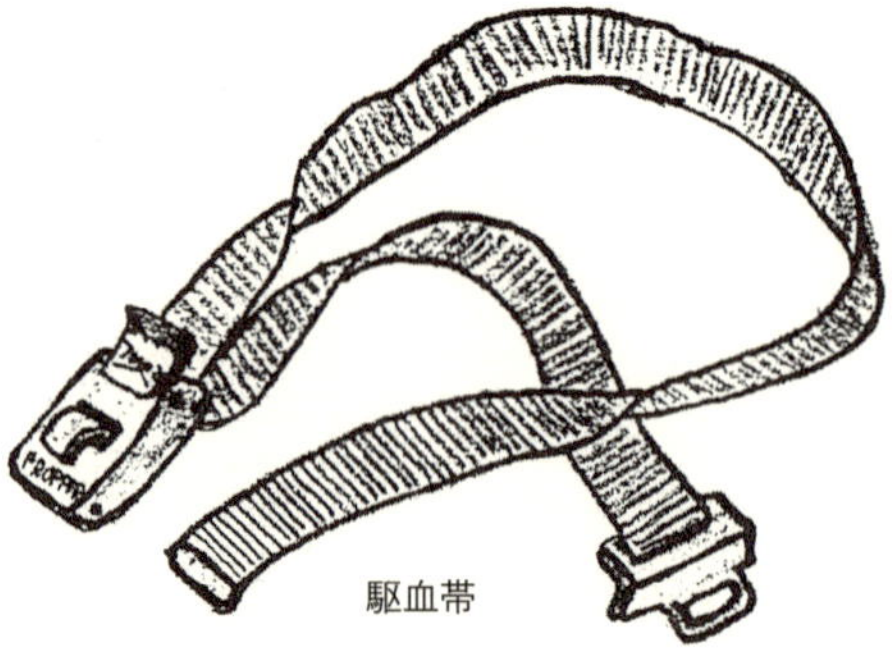
駆血帯

オーロラ夜話㊼ 撮影散歩

あすかに待望久しい太陽が戻ってから、さらに2週間も経ったある午後、快晴微風に誘われて雪原散歩に出てみた。気温は氷点下26℃、今のわれわれの肌には、ほどよい温度だ。

200㎜望遠レンズを装着したカメラを肩に掛けて、風上の東へと足を向ける。あすか基地中枢部の撮影上、最も絵になる構図は、南東から観測棟・発電棟・主屋棟をやや斜めから捉え、背後にロムナエスを据えるとよい。欲を言えば、角度の低い陽光が棟壁に反射して光っていると凄味が出るし、発電棟の煙がまっすぐ風下にたなびいてくれればなおよい。

こまめに位置を変えて、パチャパチャパチャとシャッターを押す。振り返ると、セールロンダーネの峰々が青く聳えている。40㎞ほども離れているので、望遠レンズでひっぱっても岩稜や谷筋の迫力は表せない。こういう山は、前に雪原、後に月などを配して、その雄大さを強調したい。

あれこれと構図を練っていると、SM40が南へ向いて走っていくのに気づく。雪上車は、動いて雪煙を巻き上げている写真が断然いい。背後にブラットニーパネを入れて、パチャと撮る。

南から観測棟を狙う時は、オーロラ観測ドームと太陽を重ね合わせると、幻想的光景が出現する。フィルム1本撮って、撮影散歩は気持ちよく終わる。

南極あすか新聞
1987年
（昭和62年）
8月16日
日曜日
JARE28
あすか拠点
新聞社

[8/15 気象]
天気　高曇
高い地吹雪
平均気温
-28.1℃
最高気温
-25.4℃
最低気温
-31.8℃
平均風速
17.2m/s
最大風速
27.6m/s
平均気圧
856.5mb

[8/15 メニュー]
☆高木マルミトン食当
朝食／納豆、佃煮、鰯塩焼き、牛肉大和煮缶、新香、みそ汁
昼食／すきやき丼、チキンスープ
夕食／豚肉のトマトシチュー、フライ盛り合わせ、煮付け、焼きうどん

安全地帯Bの棚が完成

酒井は、安全地帯Bに収納棚を作ろうと材料加工をすすめてきたが、15日、ついに頑丈な棚が完成した。

幅265cm、奥行50cm、高さ250cmの3段の木製で、中サイズの段ボール箱にして約50個が収納できる。

これで、安全地帯Bの空間も有効に利用できるようになり、物品がきちんと整理されて、すっきりした。

久しぶりのブリザード

風が強くても飛雪がないのでブリザードにはならなかった厳冬のあすかに、久しぶりにブリが帰って来た。

15日、8時頃から急に強さを増した風は、9時には20m／sの大台を超え、地吹雪をともなって、視程を50mほどに減じ、気温もマイナス28℃に上昇した。

大坂半荘V6ならず

8月麻雀も中盤にさしかかった。このところ半荘V5と絶好調で、トップの富田をおびやかす勢いの大坂だったが、15日のV6ははばまれた。

歯科用器具

オーロラ夜話(58)　海老コンプレックス

高木隊員の大好物は海老だ。海老料理なら何でも目がないのだが、海老フライと海老天婦羅は、もはやコンプレックスと呼んでもいいくらいの好物なのだ。

たとえば、レストランで海老フライを2皿注文したり、家庭では金属ボウルいっぱいに海老天を作らせて、ほとんどひとりで食べてしまったりする。とはいえ、高価な食材だから、そうそういつも口にできる代物ではない。

あすかでは、富田シェフが時折、海老フライや海老天をこしらえてくれる。マルミトン（見習いコック）でもある高木隊員は、よくプロの技術を見ているのだが、海老の揚げものに関しては、次のような隠し技があることを学んだ。

その1　海老は殻をむいた後、必ず背開きにして、背側を走る排泄管を除くこと。これが残ると臭味が残るし、蓄積するとヒトの体にもよくない。

その2　海老はどうしても、腹側にグンニャリ曲がるクセがあるので、腹側に3、4ヶ所切れ目を入れて、背筋をシャンと伸ばすこと。こうすると、真っ直ぐの姿勢で揚がり、見た目にも大きく立派だ。

その3　フライは一度揚げたあと、もう一度衣をつけて、二度揚げする。こうすると海老の大きさが2倍になる。

高木隊員は海老料理に、ますますうるさくなることだろう。

南極あすか新聞

1987年
(昭和62年)
8月17日
月曜日

[8/16 気象]
天気　曇低い地吹雪
平均気温　-24.1℃
最高気温　-22.8℃
最低気温　-27.2℃
平均風速　14.3m/s
最大風速　22.4m/s
平均気圧　859.9mb

JARE28
あすか拠点
新聞社

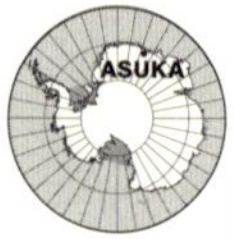

[8/16 メニュー]
☆酒井食当
朝昼兼用／チンジャオロース丼、スープ
夕食／春巻、クリームコロッケ、ポテトサラダ、みそ汁、ホットケーキ

お盆休みの終わりは静かな日曜日

日本では、お盆休みも16日で終わり、故郷や海外で休日を過ごした人たちの都会へのUターンラッシュが起こっているそうだ。あすかでは、8月いっぱいは泊りがけの外出はないし、もちろんラッシュなどというものにも縁がない。16日は午前中風が強く、外作業もできないので、終始のんびりと日曜日の静かな時間を過ごした。

共同ＦＡＸニュース日曜版

第一勧銀が都内の上場企業の課長を対象に行ったアンケート調査で、「理想の上司像」が浮き彫りにされた。

調査によると、良い上司は「部下の指導、育成がうまい」がトップで、以下「部下に仕事を任せてくれる」「的確な判断力がある」「率先して仕事をこなす」「的確な事務処理能力がある」とつづく。

逆にいただけない上司像としては、「失敗した時、責任を転嫁する」がトップで、「決断が遅い」「指示が一定しない」「本人の意見を押し付ける」とつづく。

小遣い月平均４２５００円

太陽神戸銀行の調査によると、サラリーマンの月ぎめ小遣いは、平均４２５００円だという。

既にわれわれは、何かを買うには金が要ることすら忘れているが、母国では昨年よりも小遣いが１５００円も減るという厳しい現実があるらしい。

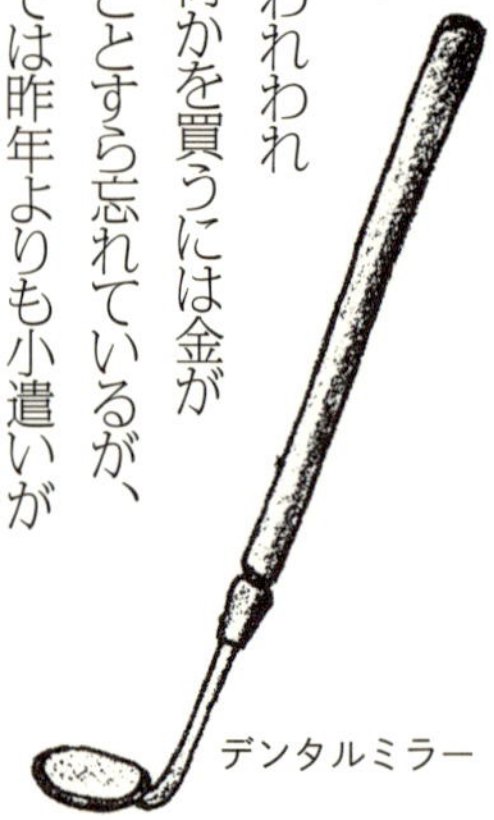
デンタルミラー

オーロラ夜話㊾　おすみさん

札幌のススキノに、菅原澄子さんという元劇団女優が開いている小さな居酒屋＊がある。その屋号を「きらく」という。

あすかの食堂よりひと回り小さな店を埋めるのは、昔から通いつめる常連がほとんどで、作家、放送局ディレクター、編集者、劇団関係者などのいわゆる文化人が多い。

店のカウンターに向かって座る客のほとんどが、サントリーホワイトの瓶を突っ立て、自ら水割りなどを作って飲むような、気のおけない居酒屋なのだが、そこで交わされている会話は、鋭い文芸批評であったり、TV放送批判であったりする。

店主のおすみさんは、往年の美貌を想わせる笑顔と、いまも舞台で朗読をする美声で酔客の相手をする。ところがこのおすみさん、二日酔いと睡眠不足にもかかわらず、毎週末に常連客の尻をたたいて山歩きにでかける元気も持ち合わせている。

おすみさんは南極越冬隊のファンでもある。店には絵画の小品と並んで、高木隊員の撮影したスカーレンのオーロラ写真が飾られている。「帰ってくるまで、とっておくね」という残り少ないホワイトのボトルも、棚の片隅に仕舞われているはずだ。

来年の帰国後、高木隊員はセールロンダーネの氷を手土産に、きらくを訪ねるつもりでいる。

＊現在は２代目の鶴見優子ママが営む

1987年
（昭和62年）
8月18日
火曜日

南極あすか新聞

JARE28
あすか拠点
新聞社

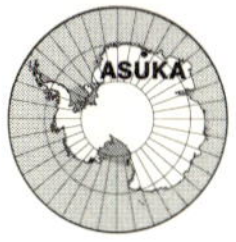

［8/17 気象］
天気　曇高い地吹雪
平均気温 -19.9℃
最高気温 -17.3℃
最低気温 -22.9℃
平均風速 16.0m/s
最大風速 23.6m/s
平均気圧 866.2mb

排水タテ坑深18・7mに

17日、酒井が測定した排水タテ坑の深さは18・7mで、なんと6日の測定値より10cm深くなっていた。

原因は不明だが、ちょうどこの深さに坑壁外へ水が浸透しうるような雪の層があるのか、あるいは野崎の言うように、熱い風呂の湯を流したため坑底の氷が解けたのかもしれない。いずれにしても、われわれにとっては吉報である。

冷凍品収納庫の掘削開始

17日、富田と野崎は冷凍食品を収納するスペースを作るため、安全地帯A脱出通路の風上側で雪の掘削を開始した。

発電棟横の冷凍庫には、いまだに28次の冷凍食品がギッシリつまっている。そのため、29次持ち込みの冷凍食品の仮置き場として、この収納庫を利用したいとの富田の考えから工事が始められた。

地吹雪で外出禁止令出る

17日15時、地吹雪のため視程がほとんど10m以下に落ち、鮎川隊長より外出禁止令が出された。

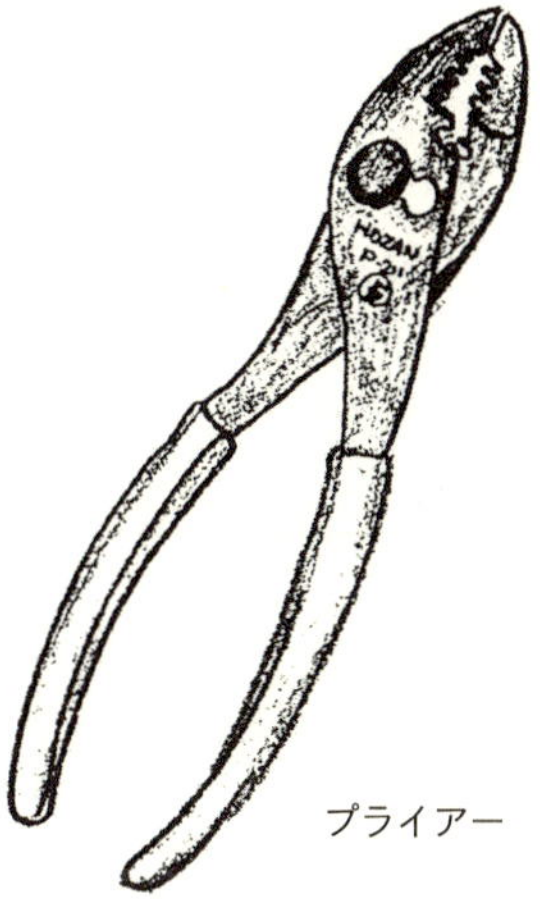

プライアー

オーロラ夜話（60）　食事当番

あすか基地の調理は、週7日のうち火・水・木・金を富田シェフが担当し、月・土の2日を高木マルミトンが受け持っている。残る日曜日は、渋谷・大坂・酒井・野崎が交代で腕を振るっている。

こうした調理の輪番制は、みずほ基地でこそ採用されているが、昭和基地ではかつて行われたことがない。あすかでは越冬成立前に、皆で相談して取り入れた輪番制だが、これは結果的には大成功だった。

まず富田は、週3日調理から解放されることにより、設営一般として気分転換がはかれるし、充分に睡眠をとることもできる。高木は、定期的な食当を務めることによって、週ごとの生活のヤマを持つことができ、おまけに趣味としての調理を楽しむこともできる。

一方、日曜担当の面々は、実際に一日の食当をやってみて、その難しさとともに、他人に舌つづみを打たせる悦びを感じることができる。

食事を作ることは、南極に限らず、探検にともなうフィールドワークにおいて基本的な技術といえる。これを、画一的で工夫のない食事にしてしまうと、活動意欲にも響くに違いない。アザラシの凍肉だけで雪原を駆ける植村直己のような人は、ごくまれな人物なのだ。

食事を柱とするあすかの生活は、今後の越冬のよいモデルとなろう。

［8/17 メニュー］
☆高木マルミトン食当
朝食／納豆、タラコ、佃煮、鰯塩焼き、ベーコンアスパラ炒め、みそ汁
昼食／チャーハン、ベーコンスープ
夕食／マカロニグラタン、鶏肉とシイタケの唐揚げ、うま煮、豚肉のトマトシチュー

南極あすか新聞
1987年
（昭和62年）
8月19日
水曜日
JARE28
あすか拠点
新聞社

[8/18 気象]
天気　高曇
平均気温 -23.3℃
最高気温 -21.1℃
最低気温 -24.2℃
平均風速 17.4m/s
最大風速 25.5m/s
平均気圧 860.6mb

第4回寒冷適応心電図検査を実施

18日13時より、第4回の寒冷適応心電図検査が行われた。この検査は86年11月、87年2月、5月につづいて4回目となる。

そのため被検者の諸氏も、検査手順、浸水による手指の痛みの出現と回復を、よく心得ているようだった。特に酒井は、浸水時における一過性の頻脈からの回復が速やかで、「寒冷地での作業に使える」と評判であった。

この検査は今後、11月と帰路のしらせ艦上での実施が予定されている。

長期計画の全体会議開催

18日、心電図検査終了後、全体会議が開かれた。議題は、8月末から航空機飛来までの計画であった。

各部門から提出された長期計画を鮎川隊長が調整したうえで、まとめられたものを発表し、各隊員の了解を得た。

雪入れ2名で実施

18日午前、富田・野崎は2人でチェーンソーを用いて雪を割り、雪入れ作業を完了した。

ハンガー

山本哲隊員に女児誕生

18日、昭和基地の山本哲隊員に女児が誕生した。名前は未定。

オーロラ夜話㉛　高校野球

夏の甲子園全国高校野球選手権大会は、今たけなわである。われわれのあすか越冬中、センバツにつづいて2度目の甲子園大会だが、さすが1県1校出場の今大会の方が関心は高いようだ。

あすかでは当新聞社主催で、決勝戦出場の2校を当てるトトカルチョを実施して、甲子園への関心を盛り上げるのに一役かっている。

といっても、金銭を賭けるわけではなく、ズバリ当てると、鮎川隊長が3分間の衛星電話をプレゼントしてくれるという、実にたわいもないものだから、若人のスポーツ大会を汚すことにはなるまい。

各隊員それぞれ思案を重ねて、2校を選んでいるが、当人が本心からこの2校の決勝進出を望んでいるとは限らない。高木隊員の場合、トトカルチョでは冷静な判断から、PL学園と池田を挙げているが、ひいきはやはり出身地の北嵯峨と現住所の帯広北、函館有斗ということになる。

ともあれ、越冬中の甲子園大会は隊員にとって大きな楽しみである。TV中継があるわけではないから、ズバリ結果だけを知ることになる。このスパッと竹を割ったような報道がまたいいのである。少ない情報からひいき校の闘いぶりを想像するのが、また楽しみなのである。

甲子園出場組の昭和基地・森本隊員の感慨は、またひとしおであろう。

[8/18 メニュー]
☆富田シェフ食当
朝食／モヤシベーコン炒め、鮭水煮缶、牛大和煮缶、みそ汁
昼食／山芋そば、オレンジ
夕食／Tボーンステーキ、なまこ炒め、ワカサギマリネ、角揚げと野菜の炒め物、みそ汁、新香、白玉ぜんざい、グレープフルーツ

南極あすか新聞

1987年（昭和62年）8月20日 木曜日

JARE28 あすか拠点 新聞社

[8/19 気象]
天気　高曇
平均気温 -23.3℃
最高気温 -21.1℃
最低気温 -24.2℃
平均風速 19.7m/s
最大風速 25.5m/s
平均気圧 867.2mb

ボイラーの失火対策布達

あすか発電棟のボイラーは、供給空気量に極めて敏感で、かねてから野崎はこの対策に慢性的に頭を悩ませている。

以前は、供給空気量が足りないため、ボイラーが失火（火が消えてしまうこと）したのだが、2・3mのへの字型煙突を立ち上げてからは、逆に供給空気量が多すぎて失火する現象が起こり始めた。

そこで、発電棟と安全地帯／A間のドアは常時閉じておくこと、トイレへの通行の際も、往復ともにその都度閉じることが申し渡された。作られたものは、その製作者に似るものだが、ボイラーもノンちゃんに似て感じやすいのであろう。

20m／sの強風下で雪入れ実施

19日13時より、風速20m／s、気温マイナス23・3℃の下で、雪入れ作業が行われた。雪はカチンコチンに凍っているので、チェーンソー2台を使って雪塊を切り出し、貯水槽に投入した。

1個1個の雪塊をひと抱えできる大きさに切り出すのだが、それぞれの雪塊はなかば氷化して密度が高いので、作業能率は良いようだ。

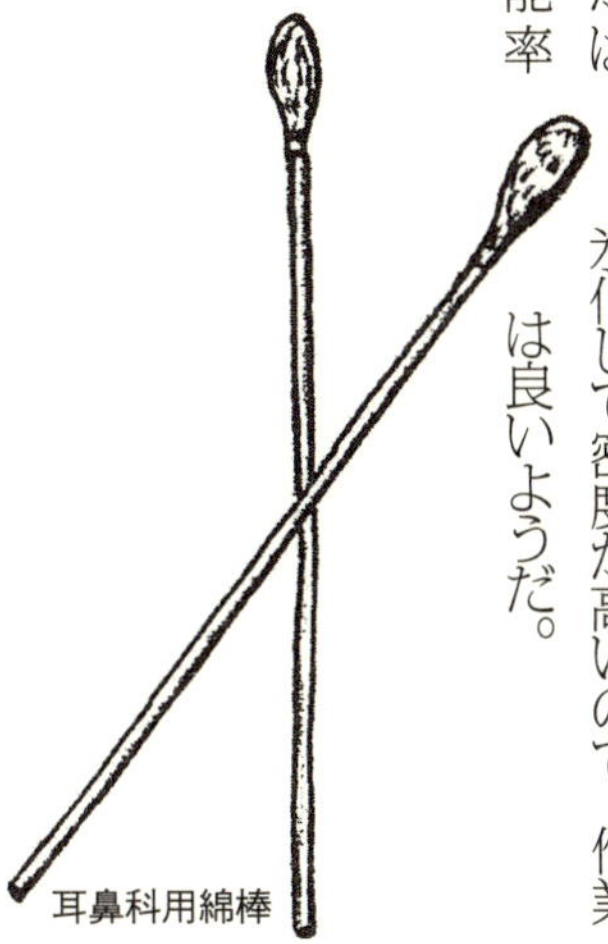

耳鼻科用綿棒

[8/19 メニュー]
☆富田シェフ食当
朝食／鰯塩焼き、納豆、鯖水煮缶、みそ汁
昼食／中華丼、大豆煮付け、新香、オレンジ
夕食／ギアナ海老クリームソース、冷奴、ベーコンとじゃが芋の煮付け、里芋とこんにゃくの煮付け、ハマチ煮付け、新香、吸物、カシスのムース、オレンジ

オーロラ夜話(62) 健康診断

あすか基地では、3月と8月に全員の健康診断が実施された。3月の健診では夏オペの激しい肉体労働で体に異常をきたしていないかを調べ、8月には長い暗夜期を越えてきた体がこれからの野外活動に耐えうるかを検討した。

検血・生化学検査・検尿・血圧測定と検査項目こそ多くはないが、これらと自覚症状を合わせれば、健康か否かの大体の判定はつく。

幸いあすかでは、寒冷適応心電図検査で、心電図の一部はチェックできるし、必要とあれば、X線装置はいつでも稼働できるように準備されている。医務室は狭く、雑然としているが、一般の開業医院よりは遙かに診断・治療器械とも充実しているから、安心されたい。

さて、健康診断の結果は、一部隊員に異常が認められたものの、総合的判断では、加療の必要はなく、今後の野外活動にも充分に耐えうると判定された。

南極越冬隊員は、選考時に厳しい健康診断をクリアして「すこぶる健康」のお墨付きをもらっている。しかし、30～40歳の肉体に鞭打って、この苛烈な地の果てで働いていれば、体のどこかがきしんだり、呻いたりするのはむしろ当然かもしれない。

あと半年、自分の体調と相談しながら、この生活を続ければ、しらせで心ゆくまで休養できる。

1987年(昭和62年)
8月21日 金曜日

[8/20 気象]
天気　高曇
平均気温 -20.3℃
最高気温 -17.8℃
最低気温 -23.8℃
平均風速 19.4m/s
最大風速 25.7m/s
平均気圧 863.3mb

JARE28
あすか拠点
新聞社

強風6日間つづく

8月後半になって風の強い日が多く、15日から20日までの6日間連続で最大風速が20m/s以上を記録している。雪原が凍てついているのか、強風の割には地吹雪が飛ばないのが、せめてもの慰めだ。

昭和基地の最新情報

大坂によると、昭和基地の貯水槽と荒金ダムを結ぶ水循環用パイプが凍結したため、風呂の回数が週3回から2回に減らされたという。また22日には、8月の誕生会が開かれる。

甲子園決勝はPL対常総に

夏の甲子園の準決勝は、PL学園が12対5で帝京高校を、常総学院が2対1で東亜学園をそれぞれ下し、決勝にコマをすすめた。PLは予想通りの強さで、2年ぶりの優勝を狙う。

あすかの夏の甲子園トトカルチョでは、決勝進出の2校を的中させた人はいなかった。しかし、鮎川隊長によると、優勝校を当てた人には3分間の衛星電話をプレゼントするという。

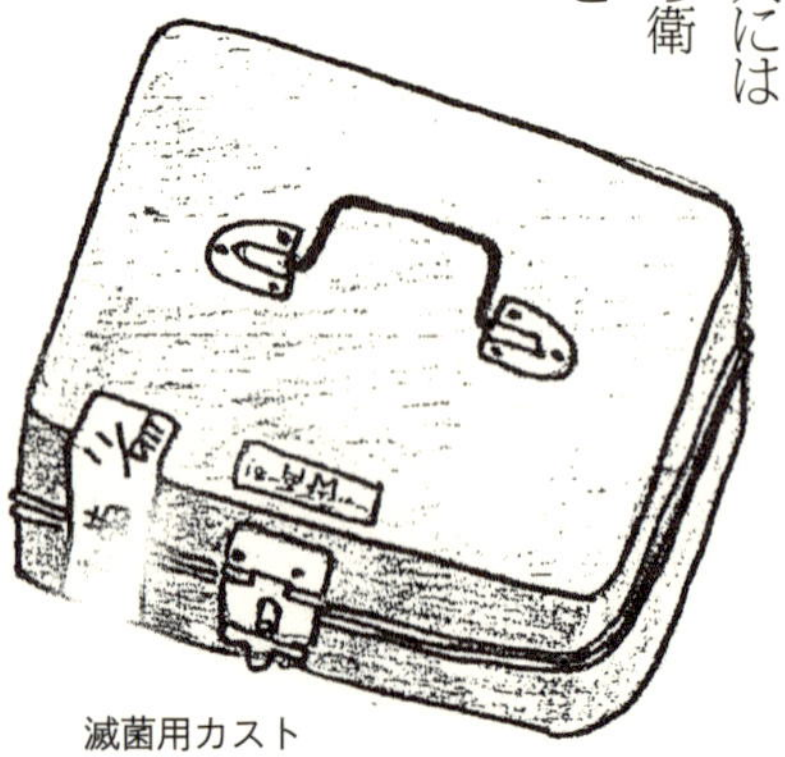

滅菌用カスト

オーロラ夜話㊿ 勉強

地球物理学専門の学者である渋谷隊員は、暇をみては英文の文献を声に出して読んでいる。文献を読むことが商売とはいえ、南極大陸で本格的な勉強をするのは、容易なことではない。

勉強は、試験や学会発表といった切羽詰まった状況でしかできない人も多い。南極越冬のように刺激のない状況では、いくら時間に溢れていても、勉強する気力が湧かないのが普通だろう。

かつて高木隊員は、21次隊のみずほ基地越冬の際、1冊2kgもある大冊の専門書を小段ボールにして1梱包分持ち込んで、数ヶ月の間に読破するつもりであった。ところが、結果的には小段ボールのガムテープすらはがしもせず、そのまま持ち帰った。こういうのを〝お荷物〟という。

南極越冬中に学術論文を書き上げたという話も聞いたことがない。自分の仕事のデータと、参考文献の類を持ち込めば、時間もコンピュータもあるから、可能なはずなのに、書けないのであろう。

しかしこれからは、どんな分野にせよ日進月歩の時代だから、南極越冬期間の1年4ヶ月を、なにもせずにのんびり過ごしてしまうと、大変な遅れをとることになるかもしれない。

FAXがさらに充実すれば、ジャーナル類を毎月取り寄せて勉強できるような時代が、やってくる可能性もある。

[8/20 メニュー]
☆富田シェフ食当
朝食／鮭水煮缶、牛大和煮缶、モヤシとハムの炒め物、みそ汁
昼食／かに玉丼、れんこん煮付け、新香、みそ汁、オレンジ
夕食／刺身、牛モモ炒め、切り干し大根煮付け、豚バラしょうが蒸し、ぜんまいご飯、新香、吸物、カシスのムース、オレンジ

南極あすか新聞
1987年(昭和62年)
8月22日
土曜日
JARE28
あすか拠点
新聞社

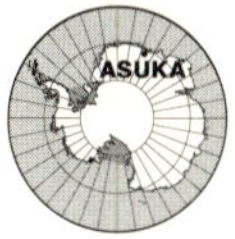

[8/21 気象]
天気　高曇
平均気温　-21.9℃
最高気温　-19.4℃
最低気温　-23.5℃
平均風速　16.6m/s
最大風速　25.3℃
平均気圧　858.3mb

夏期間報告執筆の依頼

21日、夏隊石沢隊員から、夏期間報告について執筆の依頼FAXが届いた。部門ごとに執筆分担者が指定され、従来通り作業内容を中心に書いてほしいとの依頼だ。

しらせが東京港に帰港してからすでに4ヶ月経つが、「夏隊の人たちはもしかすると、まだ報告を書いてないの?」との声もあがっている。

昭和基地よりFAX入る

21日、昭和基地よりあすか基地へのFAX送受信テストが行われ、成功した。

4540KHz波で送られてきたのは、昭和基地新聞「こんぱにょれす28」の記事で、森本隊員がベースボールについて書いたものであった。

雪出しとゴミ処理を実施

21日13時より、ひさしぶりに15m／sまで落ち着いた風のもと、雪出しとゴミ処理作業が行われた。ゴミの総量は、SM40のキャビン1杯分もあった。

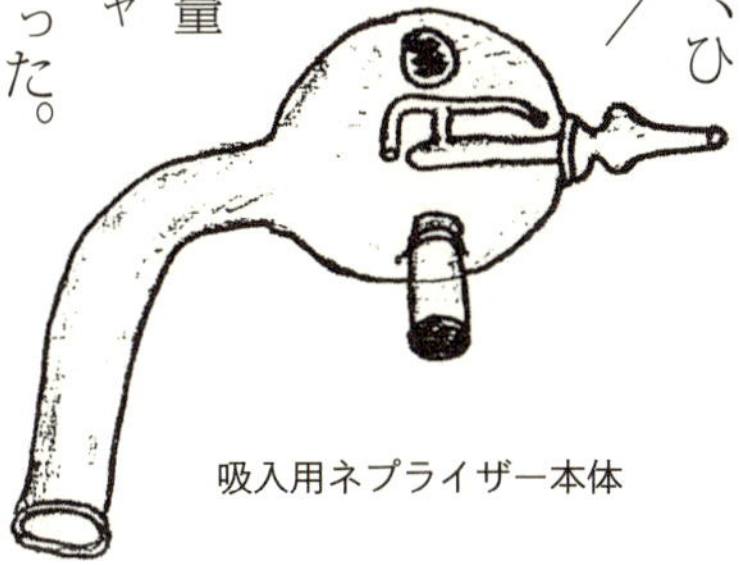
吸入用ネプライザー本体

夏の甲子園、PL学園が優勝

夏の甲子園決勝戦は、PL学園が常総学院を下し、予想通り2年ぶり4回目の優勝を成し遂げた。

衛星電話賞は高木が得た。

オーロラ夜話(64)　週刊誌

あすか基地の食後のだんらんのひととき、本棚から2、3冊の週刊誌を取り出して、パラパラと拾い読みするのは楽しいものである。

あすかに持ち込んだ週刊誌の数は限られているし、昨年11月以降のものは一冊もない。それでも、すでに結果のわかっているプロ野球の行方や、顚末の明らかな事件の記事を飽きもせず読んでいる。

8月にはいってから、酒井が段ボールの底に眠っていた週刊誌を出してきて、棚の読み古されたものと入れ替えてくれた。この入れ替えは隊員に大うけで、しばらくは皆、新しい古週刊誌に読みふけっていた。

週刊誌の読み方ひとつとっても、いろいろなタイプがある。漫画だけしか見ないタイプ。ヌードグラビアだけじっくり観賞して、あとはサーッと流すタイプ。グルメの特集に目を通し、時にはメモまでとるタイプなどなど。

何といっても週刊誌をこよなく愛し、どの頁も隅から隅まで読むのは渋谷で、芸能部長の名に恥じない丹念で真摯な読書態度である。大坂は、ヌードモデルを穴のあくほど深く見つめ、時として「このモデルは、他の雑誌にも出ているが、名前と生年月日とスリーサイズを偽っている」などと看破し、この方面でのただ者でない見識を披露したりする。

第1便の週刊誌の束を期待しよう。

[8/21 メニュー]
☆富田シェフ食当
朝食／とろろ芋、秋刀魚蒲焼き缶、鯵開き、かまぼこ、みそ汁
昼食／味噌ラーメン、オレンジ
夕食／秋刀魚塩焼き、切り干し大根ハリハリ漬け、鶏唐揚げ、春雨サラダ、ミートパイ、新香、みそ汁、グレープフルーツ

南極あすか新聞

1987年（昭和62年）
8月23日
日曜日

[8/22 気象]
天気　晴
平均気温　-25.5℃
最高気温　-23.4℃
最低気温　-29.1℃
平均風速　11.6m/s
最大風速　20.3℃
平均気圧　862.7mb

JARE28
あすか拠点
新聞社

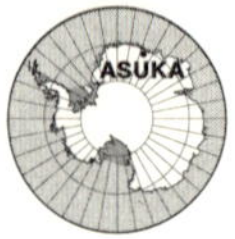

トイレ汚物の排水実施

22日、機械班と富田により、ちょうど1ヶ月ぶりにトイレ汚物の排水が行われた。高橋によると、ポンプのフィルターにエアブロウするようになってから、ポリシンの変色までの時間が長くなったそうだ。

また、排水管の接続部にもフィルターが装着され、ライターなどの固形物を誤ってタンクに落としても、ポンプや管内にひっかかる心配もなくなったという。

ロムナエス行の登山訓練行う

22日、ロムナエスの測量基準点修復行動の準備として、基準ポールの組み立て訓練と、登山靴・アイゼン・ピッケルを用いた登山訓練が行われた。メンバー4名は、発電棟ウインドスクープ南壁を初登攀、初下降した。

36本雪尺測定の結果発表

21日、酒井と鮎川隊長により、36本雪尺測定が行われた。結果は、7月17日からの積雪量がマイナス6・3cmで、7月につづいて8月も積雪が減少傾向にあることを示した。なお、1月25日からの積算では、プラス8・5cmであった。

日焼け止めクリーム

オーロラ夜話65　土産は石と氷

南極越冬隊員の土産として、最も喜ばれるのが石*と氷だ。どちらも原価はタダだから、持ち帰る側としては有難いのだが、ともに重いのが難点である。

石と氷の土産は、利用の仕方が自ずと異なる。石は、細かく砕いて配るわけにはゆかない。大きければ大きいほど、どっしりとして値打ちもあるのだろうが、持ち帰れる量には限りがある。そのため、手拳大のものが一番良いだろう。

種類は、南極の石なのでどうしても変成岩が多くなるのだが、素人眼に立派に見えるのはラングホブデの穴あき石と、スカーレンのガーネット結晶象嵌の石である。昭和基地のある東オングル島からは、既にめぼしい石は持ち去られているが、穴場は各居住棟の床下だ。

セールロンダーネの石は、ナタで割ったような趣に欠けるものが多いのだが、氷河のモレーンの石はなかなかよい味わいをもつ。南極の石のプレートを付けて、特にお世話になった人に差し上げると、大事にしてくれることだろう。

一方、氷は当然溶けるし、冷凍庫を塞いでしまうから、帰国後早いうちに職場の宴会や行きつけの飲み屋に持ち込んで、大勢で一気に、にぎやかに消費するのがよかろう。その日だけは、その場の主役になることうけあいだ。

早くも土産の心配をする季節になった。

[8/22 メニュー]
☆高木マルミトン食当
朝食／タラコ、納豆、ベーコンアスパラ炒め、キムチ、鰯塩焼き
昼食／うな丼、チキンスープ、グレープフルーツ
夕食／トンカツ、揚げシューマイ、ビーフンサラダ、かに玉、焼きうどん、鶏肉のトマトシチュー

＊現在の南極観測隊では、土産としての石の持ち帰りは禁止されている

南極あすか新聞

1987年
（昭和62年）
8月24日
月曜日

[8/23 気象]
天気　曇のち雪高い地吹雪
平均気温 -25.5℃
最高気温 -23.7℃
最低気温 -28.4℃
平均風速 13.3m/s
最大風速 19.8m/s
平均気圧 866.3mb

JARE28
あすか拠点
新聞社

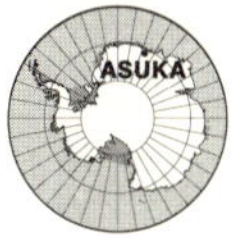

[8/23 メニュー]
☆野崎食当
朝昼兼用／サンドウィッチ、スパゲティナポリタン、サラダ、ココア
夕食／豚肉のケチャップ煮、高野豆腐団子、お浸し、ハリトーフ、スープ

日曜ブランチのだんらん

23日の日曜食当は野崎で、ブランチにはサンドウィッチ・サラダ・スパゲティケチャップ炒め・ココアという、ホテルの朝食のように心地よいメニューが並んだ。

それを頬張りながら、肩の凝らない話題でだんらんの時を皆ですごした。東京の住宅事情は大変で、公務員の給料で近在に土地を買い、家を建てることは、至難の業だと極地研組がいう。

「隊長のところは、山梨の山をひとつ売ればいいんじゃないの?」「そんな山は爺さんの代に、とっくになくなっているヨ」

南極越冬一回で一軒の家が建つといわれた古き良き時代は、もう帰ってこない。

航空機HFテストが成功

23日、昭和基地を飛び立ったピラタス機（森機長・有賀・中山）は、H90まで往復飛行し、懸案のHF通信テストを行った。機とあすかとのHF交信は明瞭で、テストは成功した。

アイスバイル

命名、山本和紀ちゃんに

8月18日に誕生した山本哲隊員の長女は、昭和基地の〃和〃と世紀の〃紀〃をとって、「和紀」と命名された。

オーロラ夜話(66)　窓

観測棟医務室には4つの窓がある。昨夏、観測棟が建設された直後は、4×2・5mの小さな部屋は、四つの窓から光がなだれ込んで、実に明るかった。越冬開始後も、高木隊員はこの窓から双眼鏡でセールロンダーネの峰々を眺めては、スケッチを楽しむなど優雅な時を過ごしたのである。

ところが、6月上旬のブリザードで一気にドリフトが形成され、風下側の二つの窓はあえなく雪面下に埋没した。残る南向きの二つの窓のうち、最も大切な診療机の上の窓が飛雪に侵され始め、徐々に雪面が上昇し、ついに抹殺される運命に至った。

初めは、埋まるごとに窓の除雪を試みていた高木隊員も、わずか10分後に飛雪にやられてしまう現状を目の当たりにしては、投げ出すよりほかなかった。そして残る一つの窓は、部屋のレイアウト上、あまり役にたたない。

あすかに太陽が戻り、雪原が凍てついて地吹雪が少なくなってきた頃、高木隊員は窓から紫色の光が見えることに気付いた。当初、予想もしなかった、紫の医務室が生まれたのだ。

これに勇気づけられて、最も大切な窓の除雪を敢行したところ、部屋の中からは驚くほど高い位置に紺碧の空が見えるようになった。一つの窓の復活で、部屋は明るさを取り戻した。まさしく、眼から鱗が落ちたようであった。

南極あすか新聞
1987年（昭和62年）8月25日 火曜日
JARE28 あすか拠点 新聞社

[8/24 気象]
天気　晴
平均気温 -28.2℃
最高気温 -24.7℃
最低気温 -32.8℃
平均風速 8.5m/s
最大風速 17.3m/s
平均気圧 863.3mb

持ち帰り物品は約8トン

29次佐藤夏隊長の依頼により、酒井が集計したあすか隊の持ち帰り物品は、約30㎥、8tになる。このうち修理のために持ち帰る木製ソリ4台が2・8tを占める。ソリはL0からヘリコプタの「スリング」（機外吊り下げ）で運搬される。

昭和基地からみずほ旅行隊出発

24日、昭和基地から冬のみずほ旅行隊が出発した。

メンバーは、馬場・曽根・宮田・磯・菅原英・森本の6名で、気象無人観測装置の保守点検が目的と思われる。

この季節のみずほは、極寒、荒天の厳しい気象条件を覚悟しなければならない。良い旅になることを祈りたい。

雪入れ・雪出しとB出入口除雪

24日13時より、快晴無風という好条件のもと、切り出してあった雪塊の貯水槽への投入、冷凍品収納庫から切り出した雪塊の搬出、さらにはブリザードで埋まったB出入口の除雪をあすか全隊員で行った。

すでに屋外は、裸眼ではまぶしいほどの光量である。

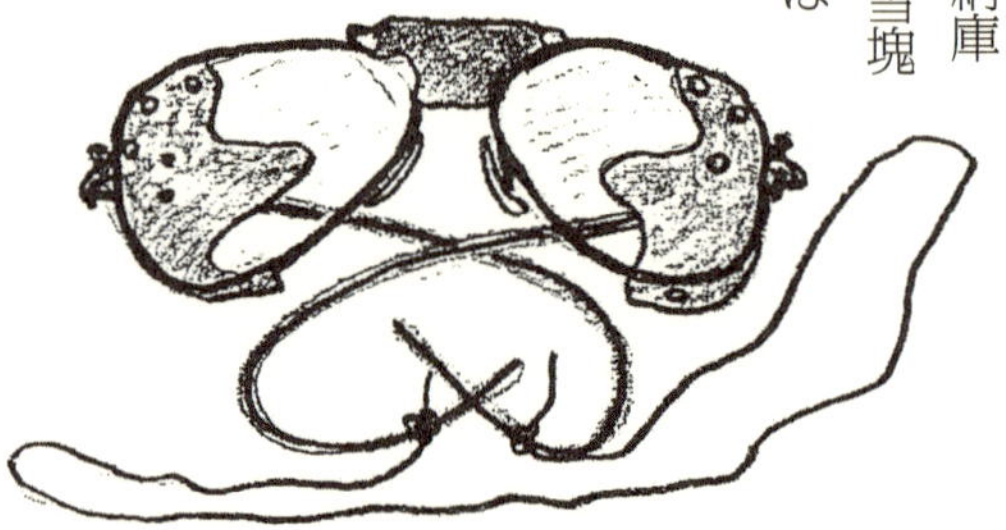
登山用サングラス

オーロラ夜話(67)　火災警報

越冬期間の中で、火災警報が突然鳴り響いた時ほど緊迫する場面は、まずない。深夜の寝こみに突如襲いかかるサイレン音には、心臓も凍りつく思いがする。

8月半までの越冬期間において、あすかの火災警報が予期せず鳴り響いたことは4度あった。火災表示盤に表示された場所は、仮設作業棟、食堂・厨房、便所・浴室・部品庫で、一度は場所が表示されなかった。

しかし、これらはすべて誤報であった。前3者は、ブルドーザーの排気ガス、サンマを焼いた煙、ボイラーの煙にそれぞれ対して、煙感知機が反応したものである。とくに後者は、ブリザードによって発生した静電気により、放送設備そのものが誤動作したことが原因であった。

これらの警報が鳴るごとに、隊員は消火器を抱いて現場に急行した。そして、誤報と知ってホッとひと安心すると同時に、腹立たしくも思ったものだ。しかし、誤報にもそれなりの原因があり、それらとて、決しておろそかにできないものだった。

煙感知機の機能は、充分すぎるくらい鋭敏だし、サイレンは警鐘を鳴らしてくれたと思えばよい。何度も鳴り響く誤報は、オオカミ少年になる恐れもあるが、弛緩した気持ちをピリリと引き締めてくれる点では、有難いことではないか。

火災は南極で最も恐ろしい災害であることを、常に忘れてはいけない。

[8/24 メニュー]
☆高木マルミトン食当
朝食／うなぎ入り卵焼き、タラコ、漬け物、納豆、みそ汁
昼食／中華丼、鶏肉と白菜のスープ、こんにゃく・里芋・筍の煮付け、グレープフルーツ
夕食／秋刀魚の唐揚げあんかけ、鶏唐揚げ、チーズとベーコンの串揚げ、鶏肉のトマトシチュー、アイスクリーム、フルーツカクテル

南極あすか新聞
1987年（昭和62年）8月26日 水曜日
JARE28 あすか拠点 新聞社

[8/25 気象]
天気　雪高い地吹雪
平均気温　-19.8℃
最高気温　-17.8℃
最低気温　-27.0℃
平均風速　19.5m/s
最大風速　30.4m/s
平均気圧　857.4mb

酒井量基隊員33歳の誕生日

25日、酒井量基隊員は33歳の誕生日を迎えた。高橋の司会で始まった祝宴では、来賓から口々にその観測・設営両面にわたる活躍と多岐に及ぶ才能が称えられ、祝電も妻子父母をはじめ一族郎党、極地研の先輩後輩、昭和基地の友人から、誰にも負けない質と量でドッと届いた。

食卓には、富田の力量を示す数々の料理が次々に並べられ、お返しに酒井の3分の1世紀の前向き半生が披露された。恒例の麻雀は、初めて本命の富田が場を制し、カラオケのメドレーで夜は更けていった。

ブリザード模様に

25日朝から徐々に強まった風は、12時には20m／sを超え、気温もマイナス20℃を割った。視程も観測棟から発電棟が見えないほどで、本格的なブリザードとなった。

また出た、新しい古写真誌

25日昼食後、酒井がまたまた新しい古写真誌を食堂へ持ち込んだ。フォーカス、フライデー、今はなきエンマなどの人気は抜群で、各隊員はモノを言うことも忘れて、これらの新着誌を読みふけった。

「このカメラマン、オレの後輩なんだよ」といったコメントもあり、あすかではこれらF・F写真誌のおかげで、昼食後のだんらんも短く感じられるほどだった。

オーロラ夜話(68)　ユキドリ

セールロンダーネ山地に最も広く、かつ数多く生息する海鳥はユキドリだ。われわれの隊歌「あすか基地」にも「ユキドリ群れるあすか基地」と歌われる、あの美しい純白の鳥だ。英語ではSnow Petrel、学名ではPagodroma niveaという。

学術書の概説によると、全長30～35cm、翼開長76～79cmで、嘴が黒く、眼先に暗色の小斑があり、青味のある灰褐色の脚のほかは全身白色とある。ミズナギドリ目の鳥では、雌雄の体重差が最も大きいそうだ。

南極大陸と周辺の島々に広く分布し、古いノルウェー・イギリス・スウェーデン共同探検隊は、なんと海岸から250km離れた山岳地帯で繁殖コロニーを発見しているから、海岸から200km弱のセールロンダーネ山地にたくさん住んでいても、驚くには当たらない。ユキドリは、ナンキョクオオトウゾクカモメを除く鳥類中、最も南まで分布する鳥だという。

9月中旬～11月初旬に渡来し、11月下旬～12月中旬に産卵。抱卵は41～49日で、孵化後42～50日で3月中旬までに巣立ち、2月下旬から5月中旬に営巣地を離れる。

われわれはユキドリを迎え、産卵から孵化、巣立ちを見守り、彼らとともに北へ帰ることができるかもしれない。楽しみだ。

[8/25 メニュー]
☆富田シェフ食当
朝食／ベーコンモヤシ炒め、鯖水煮缶、牛大和煮缶、みそ汁
昼食／ラーメン、オレンジ
夕食／酒井誕生会（生かき、コーンスープ、鯛の冷製トマトクーリー、鴨の赤葡萄酒煮、クロワッサン、イチゴアイスクリーム）

南極あすか新聞

1987年（昭和62年）8月27日 木曜日

[8/26 気象]
天気　雪高い地吹雪
平均気温 -18.6℃
最高気温 -17.6℃
最低気温 -20.0℃
平均風速 17.9m/s
最大風速 25.5m/s
平均気圧 850.9mb

JARE28 あすか拠点 新聞社

[8/26 メニュー]
☆富田シェフ食当
朝昼兼用／チキンライス、ホウレンソウのお浸し、貝割サラダ、新香、オレンジ
夕食／真鯵開き、ツナサラダ、ロールキャベツ、鶏とカシューナッツの炒め物、吸物、マロンパイ

ブリザード依然つづく

25日から吹き始めたブリザードは、26日も荒れ続けた。風速は20m／sを割り、視程も幾分改善したが、相変わらず飛雪は認められ、気温はマイナス18℃台と高かった。8月上・中旬の晴天・冷え込み型の気象は、下旬に至って荒天・寒さの緩み型に変わってきたようだ。

われわれとしては、凍《しば》れても穏やかな天気のほうがずっと好ましいわけで、野外調査や航空機観測のためにも、スカッと男らしい南極の凍結を期待したい。

地磁気荒れ、通信不調

25日から26日にかけて、フラックスゲート型磁力計はHDZ成分ともに波動を呈して、地磁気が荒れていることを示した。天気が良ければ、当然オーロラが見られたことであろう。

通信は、この地磁気の乱れと呼応して不調で、26日の9時は不通、15時と17時も極度に感度は悪く、おまけに飛雪によるノイズも加わって散々であった。

旅行隊Z10へ

24日、昭和基地を発ったみずほ旅行隊は、26日はZ10でキャンプをしたという。旅程は順調のようだ。

血球計算盤

オーロラ夜話⑲ 各隊の評価

南極越冬隊は毎年新しい隊が来て、前の隊が帰るという新陳代謝がある。だから当然、隊ごとに評価も異なる。そのポイントは、各隊における仕事の質量やチームワーク、事故の有無などにあるようだ。

外部の人には判らないだろうが、実際に隊員として南極に来ると、いろいろな人の評判や越冬報告、各隊が作ったさまざまな設備などから、どの隊が良くてどの隊がダメだったか、大体の判断はつく。そして、各隊の評価はその隊のリーダーの評価に帰せられるから、リーダーは大変だ。

わがあすか初越冬隊も、すでにいろいろな評価を受けていることだろうし、今後も次隊との比較の対象にされることだろう。われわれは、日本南極観測史上において、最も経験豊富な越冬チームである。これは数字にも現れている事実だから、胸を張ってそう言える。

さらに、矢内氏の言うように史上最強の越冬隊かもしれない。このことについては、実際に隊員の何人かはそう思っているのだが、はっきり口に出して言うのはおこがましいので、一応保留にしておこう。

とはいえ、史上最高の越冬隊かどうかというと、これは自信がない。花の第1次隊は別格という感じがするし、極点旅行の9次隊も凄い。だが、われわれに対する評価は、過去の隊の中でも、上位ランクに挙げられることは間違いない。

1987年（昭和62年）8月28日 金曜日

南極あすか新聞

JARE28 あすか拠点 新聞社

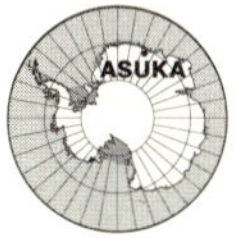

［8/27 気象］
天気　曇高い地吹雪
平均気温 -21.3℃
最高気温 -20.0℃
最低気温 -22.0℃
平均風速 15.1m/s
最大風速 20.3m/s
平均気圧 849.6mb

［8/27 メニュー］
☆富田シェフ食当
朝食／スクランブルエッグ、鯵干物、浅利味付け缶、牛大和煮缶、みそ汁
昼食／すきやき丼、ひじき煮付け、新香、みそ汁、オレンジ
夕食／牛肉のラグ、焼き鳥、腸詰ウインナー、じゃが芋煮付け、新香、吸物、アップルパイ、グレープフルーツ

矢内氏よりＦＡＸ入る

27日、29次隊矢内越冬副隊長よりＦＡＸが届いた。それによると、29次の地学調査は、東部セールロンダーネ山地のバルヒェン山を中心に行われる。

また古山隊員は、富田の指導のもとすぐに調理を担当し、機械隊員の1名も即ワッチを担当するという。

地吹雪止まず、山行順延

27日も前日につづき、風速は20ｍ／ｓを下回ったが、地吹雪は高く、ブリザード気味の気象であった。気圧は相変わらず低く、低気圧が居座った模様だ。このため、予定されていたロムナエス測地基準点修復登山は順延された。

排水タテ坑深18・5ｍ

27日、酒井が測定した排水タテ坑の深さは18・5ｍで、17日の測定時から10日間で、わずかに20㎝上昇したにすぎなかった。

これで8月は、6日の測定以来18・7〜18・5ｍの範囲に落ち着いており、どうやらこのレベルで、坑外への浸透が行われている模様だ。

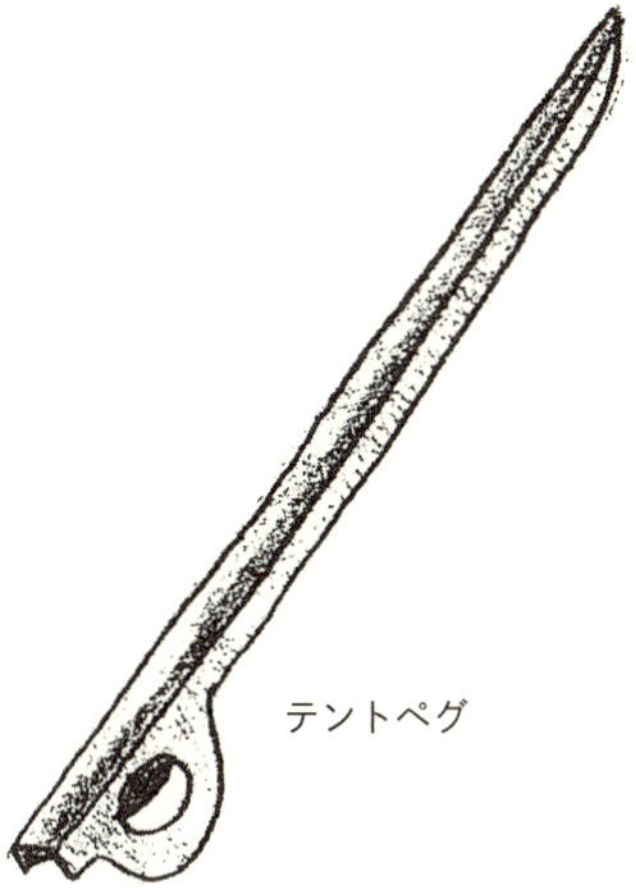
テントペグ

オーロラ夜話（70）　8月末

まだ、学校と名のつくところへ通っていた頃、8月末になると誰もが、去り行く夏への惜別の情ともいえる、一抹の寂しさを感じたことがあるに違いない。

楽しかった夏休みが終わる。夏の甲子園も盆踊りも過ぎ去る。あんなに日焼けした肌が、いつの間にか色褪せてしまう。海で出会った素敵な女性は、どこへ行ったのだろう。楽しかったことが一挙に去って、厳しい現実が日に日に目前に迫ってくる。

ちょうどいまごろ、日本にいる若者たちは、夏への未練を残しながら、来る秋を目前に控えて、時のうつろいに一種のとまどいを覚えているに違いない。

ところが、まさしく南極では逆なのだ。さあ冬が明けた。これから躍動の春が来る。太陽の高度は充分に高く、大陸雪原はまばゆく輝いている。厳しい寒さも、ようやく峠を越えた。

そして、もうお世辞にも若者と呼べないおじさんたちではあるが、一丁やったろうじゃないかと越冬隊は張り切っている。

越冬隊とは良くいったもので、暗夜と極寒の冬を越した自信は、各隊員の顔にはっきりとみてとれる。なにげない衣服や仕草も、南極という環境にみごとにマッチしてキマッている。安心してみていられるという感じなのだ。

いよいよわれわれが、南極大陸に燃焼する季節がやってきたようだ。

南極あすか新聞
1987年
（昭和62年）
8月29日
土曜日
JARE28
あすか拠点
新聞社

［8/28 気象］
天気　晴
平均気温 -24.2℃
最高気温 -21.2℃
最低気温 -25.2℃
平均風速 12.6m/s
最大風速 21.3m/s
平均気圧 850.4mb

ロムナエス測地基準点
修復行動、成功を収める

28日、ロムナエス測地基準点修復のため、高木L・酒井・大坂・野崎の4名は、材料を背負ってロムナエス頂上南側鞍部に登った。予定通りの登攀を行い、酒井の製作した組み立て式木製ポールを立て、無事下山して、あすか基地に帰投した。

28日8時には晴れていたが、低い地吹雪が前途の不安をかきたてた。シュプールの消えたLルートをたどり、L115から左折して3・8㎞走り、山麓に到着。ここに車を停め、11時25分に登山を開始した。

雪スロープの上部約50mは蒼氷化していてアイゼンがよく効いた。露岩にとりつき、半ば凍結したガレ状のルンゼを直登し、二股を右にたどると、急激に風が強まった。55分で岩盤上の基準点に到着。固定されたブリキの煙突の横に、新しい基準ポールを立て、VHFであすかの渋谷と交信して、基地から見えることを確認した。

風速16m／s、マイナス24・5℃の鞍部からの下山は、向かい風に悩まされたが、慎重に歩を進め、蒼氷帯はザイルを張って突破したが、この下山には50分を要した。

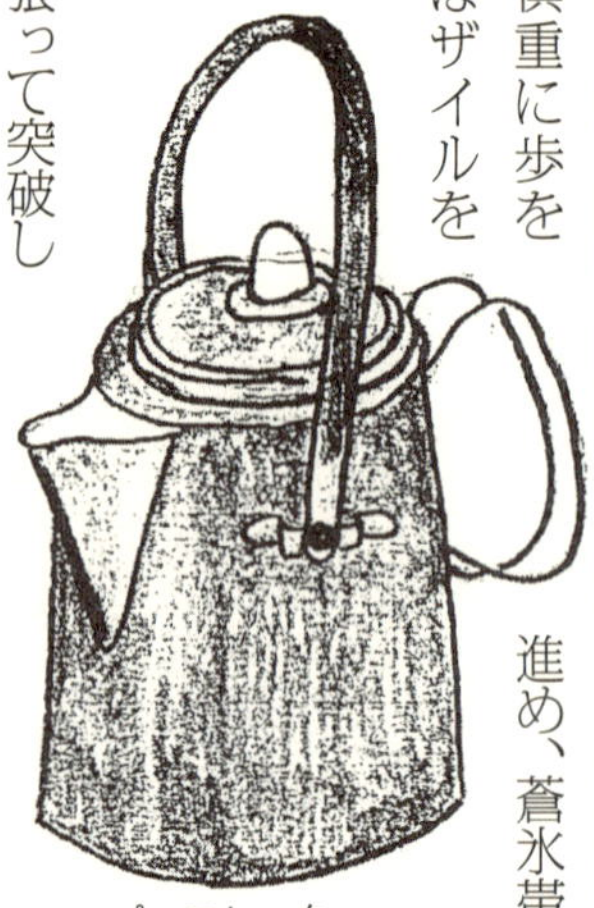

パーコレーター

今回のロムナエス行は、厳冬期の初登山となったはずである。冬明けの野外活動は、順調なスタートを切った。

オーロラ夜話㉑　B型肝炎

現在、日本では三重大学医学部付属病院をはじめとする各地の医療機関で、医師や看護婦などの医療関係者が、B型肝炎患者から感染し、劇症肝炎を起こして死亡するケースが多数報告されているという。

B型肝炎は、B型肝炎ウイルスを含む血液を介して経皮的・経口的に感染し、2～6ヶ月の潜伏期間の後に発症する。その90％以上は6～8週間の経過で治癒し、原則として慢性化せず、劇症化例を除けば予後は良好だ。今回は医療従事者における針刺し事故や性行為による感染が多い。

問題は、劇症肝炎を起こす例である。劇症肝炎とは、肝炎ウイルス感染、薬剤投与などにより、急激に肝臓の広範壊死が起こるもので、著しい血漿成分の異常が生じる。その結果、肝性昏睡、消化管出血、腎障害、易感染性、出血傾向などが発生し、予後は悪く、救命率は20～30％と低い。

幸い、あすか越冬隊員に肝炎ウイルスの抗原をもつ人はいない。今後も、重病で輸血などを受けない限り、B型肝炎に感染する機会はほとんどあるまい。安心していいのである。

ただし、高木隊員だけは別で、外科医として復帰するとまさしく危険が一杯というわけで、彼は戦戦恐恐である。

［8/28 メニュー］
☆富田シェフ食当
朝食／鮭塩焼き、秋刀魚蒲焼き缶、納豆、みそ汁
昼食／カレーライス、サラダ、吸物、オレンジ
夕食／仔牛のカツレツ、鶏肉とワカメと春菊の酢の物、春巻、鰹のタタキ、みそ汁、アップルパイ、桃缶、オレンジ

1987年
(昭和62年)
8月30日
日曜日

南極あすか新聞

JARE28
あすか拠点
新聞社

[8/29 気象]
天気　高曇
高い地吹雪
平均気温
-25.8℃
最高気温
-24.4℃
最低気温
-27.3℃
平均風速
15.5m/s
最大風速
21.9m/s
平均気圧
856.3mb

[8/29 メニュー]
☆高木マルミトン食当
朝食／タラコ、鯨ベーコン、納豆、白菜キムチ、みそ汁
昼食／チャーハン、チキンスープ、グレープフルーツ
夕食／天婦羅盛り合わせ、貝割大根、焼きうどん、トウモロコシのバター煮、枝豆、中華風とろみスープ、グレープフルーツ

再び地吹雪つづき、幻日も

8月下旬は、風が強く、地吹雪の現れる日が増えている。28日はその地吹雪も低く、いい気象条件をとらえて、ロムナエス行動ができた。

しかし、28日夕より再び地吹雪が高くなり、29日も終日吹きつづけた。午後には北の空に太陽を中心にしたハロー現象に加えて、左右に幻日も出現した。

B出入口に木戸完成

29日、富田・野崎により、B出入口に内開きの木戸が作られた。これは、ブリザードの度に雪で埋まってしまうB出入口に改良を加えたもので、29日の地吹雪による雪の吹き込みは認められなかった。

Bの出入口は、酒井の作った庇以来、さまざまな改良がほどこされ、段々と風下側へ長く伸びていく傾向にある。南極で棟の風下側にこしらえた出入口は、どうしてもドリフトに埋められる運命を背負う。

29次は新しく設計された出入口を造る予定というが、それにしても わが隊のような きめ細かな改良と保守が、必要になることだろう。南極の雪対策は、一発で決められるほど簡単ではないのだから。

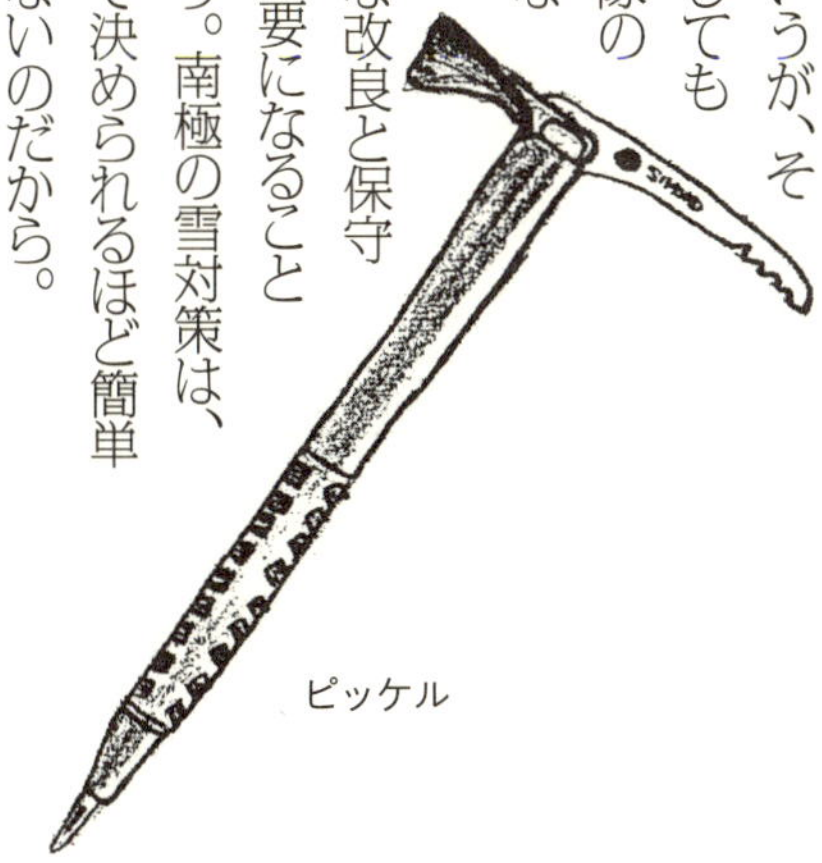
ピッケル

オーロラ夜話(72)　共同ニュース

共同通信のFAXニュースは、日本南極観測隊の各基地に備えられた受信機で毎日受信され、孤絶された越冬隊に新しい世の中の動きを伝えている。

共同FAXニュースには、朝刊と夕刊がある。また各版には、政治経済面と社会面があり、船舶向けらしく海運ニュースも組まれている。日曜日には日曜版が編集され、毎週、話題の事件の詳細や、アンケート調査の特集が載ったりする。

また、プロ野球や大相撲などスポーツの結果は、必ず別ワクで載るし、競馬の重賞レースは枠順までキチンと掲載されている。これは当然、船乗りのギャンブル志向に応じたものだ。

あすかに初めて共同FAXニュースが届いたときは、皆が活字をむさぼり読んだものだ。最近では、この新聞の端から端まで読む人と、見出しだけさっと眺めて、一部分だけ拾い読みする人とに分かれてきた。これは、日本での習慣にそれぞれが戻った証拠だろう。

日本で発行される日刊の大手新聞は、それぞれ20数頁もあって、全部の記事に目を通すことはかなり難しい。しかし、共同FAXニュースなら活字が大きく、字数も少ないので、全部を読んでもさほど時間はかからない。

われわれが読んでおくべきニュースは、大体このくらいで良いのかもしれない。

南極あすか新聞

1987年
（昭和62年）
8月31日
月曜日

JARE28
あすか拠点
新聞社

［8/30 気象］
天気　快晴
平均気温　-29.2℃
最高気温　-27.2℃
最低気温　-31.3℃
平均風速　13.8m/s
最大風速　21.8m/s
平均気圧　855.4mb

止まない地吹雪

30日も地吹雪は止まず、太陽は輝いて、セールロンダーネ山地が望めるにもかかわらず、比較的近辺の視程が良くない状態がつづいた。ちょうど、GPS旅行に出たころと似た気象だ。

ブランチの後、12時より全員でB出入口の除雪と雪塊の搬出作業を行った。風速15m／s、気温マイナス26℃の気象条件だったが、飛雪が多いため顔面が痛かった。

真夜中に特級オーロラが出現

29日夜から30日未明にかけて、酒井が回したVTRカメラに、おそらく28次越冬で最高級と思われる、凄まじいオーロラがみごとにとらえられていた。

ブレイクアップは、2時から3時半にかけてで、何度も波状的に出現したようで、最後は全天がオーロラで占拠されるという圧巻のスケールだった。

ウイークエンドの夜ゆえ、麻雀で夜更かしするものや、執務していた隊員もいたが、屋外のこのページェントには誰も気づかず、30日のブランチ時に過ぎ去ったオーロラ情報を知り、歯ぎしりをして悔しがった。

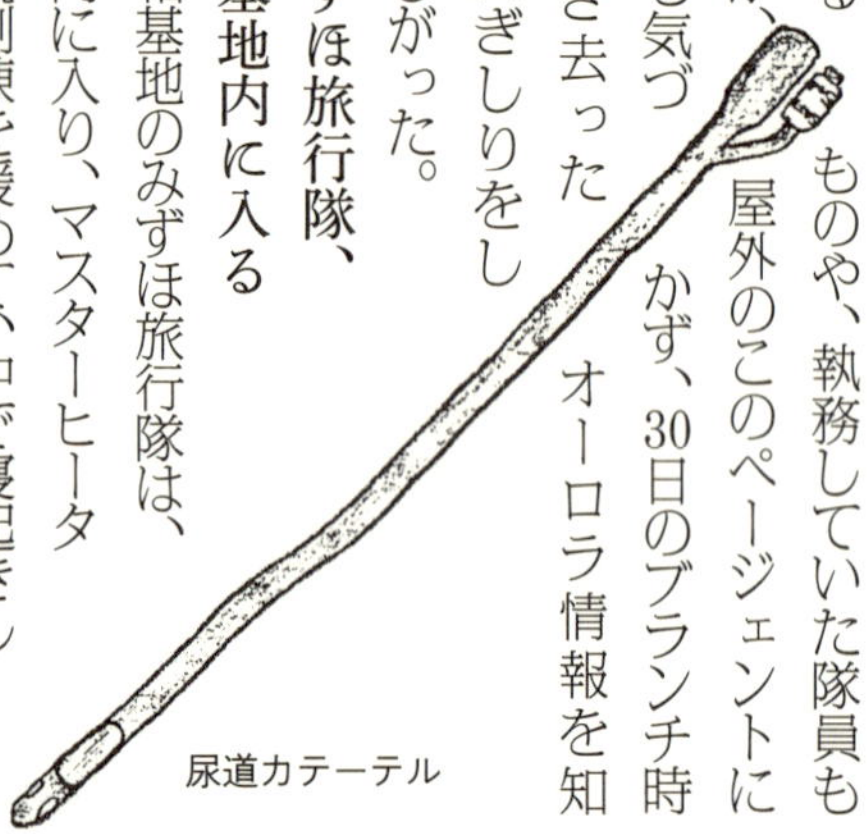
尿道カテーテル

みずほ旅行隊、基地内に入る

昭和基地のみずほ旅行隊は、基地内に入り、マスターヒーターで観測棟を暖めて、中で寝起きしているそうだ。

オーロラ夜話(73)　地図

日本南極観測隊が探検調査した地域の地図は、これまで多数作成され、地形図、地質図、作業図など種類も豊富である。地図は、各種調査の基礎資料となるものだから、正確であると同時に、測量後できる限り早急に完成されることが望まれる。

セールロンダーネ山地に関しては、衛星写真地図、森脇喜一氏の作った白地図・等高線図があるものの、何といっても求められているのは、国土地理院発行の地形図である。

28次では、夏隊の田中幸生隊員という航空写真撮影のスペシャリストが充分の仕事をして帰ったはずだから、暫定的でも構わないので、突貫作業で地形図を作ってもらいたい。

この地区の地形図を作るのに、4年も5年も要するようでは、出来上がった頃には地学調査も終了している恐れすらある。南極の地図というものは、実際の探検に利用されるべきもので、部屋に貼り付けてうっとり眺めるものではないはずだ。

国土地理院という官庁の仕事をけなすつもりは、毛頭ない。ラングホブデの2万5千分の1の地形図を使って平頭山に登った際、その正確さに驚いた経験がある。

要は、お役所の仕事とはいえども、南極観測の特殊性を考慮に入れて、できるだけ早く仕上げて欲しいのである。

［8/30 メニュー］
☆渋谷食当
朝昼兼用／秋刀魚塩焼き、牛大和煮缶、みそ汁
夕食／鶏肉とカリフォルニアミックスのワイン煮、豚バラの含ませ煮、切り干し大根と里芋の煮付け、ワカメスープ

9

September

1987(昭和62) 年9月1日(火)～30日(水)

9/7●劇団新国劇が解散を決定。
9/9●東北自動車道が全線(青森～川口間) 開通。
9/19●税制改正関連法案が参議院で可決。
9/22●昭和天皇、腸通過障害のため手術。
初の沖縄訪問が中止(10/7退院)。

長月

南極あすか新聞

1987年
(昭和62年)
9月1日
火曜日

JARE28
あすか拠点
新聞社

[8/31 気象]
天気　快晴
高い地吹雪
平均気温 -30.5℃
最高気温 -29.5℃
最低気温 -32.4℃
平均風速 13.6m/s
最大風速 22.0m/s
平均気圧 852.5mb

[8/31 メニュー]
☆高木マルミトン食当
朝食／鯨ベーコン、タラコ、納豆、佃煮、鰯塩焼き、貝割大根、みそ汁
昼食／うな丼、チキンスープ、グレープフルーツ
夕食／黒舌平目ムニエルのあんかけ、チーズリングフライ、コロッケ、シューマイ、貝割大根、うま煮、チキンスープ、グレープフルーツ

発電機500時間点検を実施

31日、機械班と富田、酒井により30KVA発電機の500時間点検が行われた。もう、この作業は手慣れたもので、9時35分には1号機から2号機へ切り替えられ、10時45分にはこの逆の切り替えが行われた。この500時間点検も、28次が担当するのは、残り5回ばかりとなった。

雪割り、雪入れ作業を行う

発電機点検を素早く終えた面々は、午前中、地吹雪の舞う中で雪割り、雪入れ作業を行った。

まぶしいほどの陽光が降り注いでいても、気温マイナス30℃、14m/sの風の中での外作業は、決してラクではない。

さあ9月だ

きょうから9月に入った。しらせの国内巡航が本日から始まっており、極地研では調達物品リストの締め切り日が迫っていることだろう。

29次隊があすかに到着するまであと100日余りだ。9月はわれわれの野外活動も活発に行われる。細心にかつ大胆にオペレーションを進めていきたい。

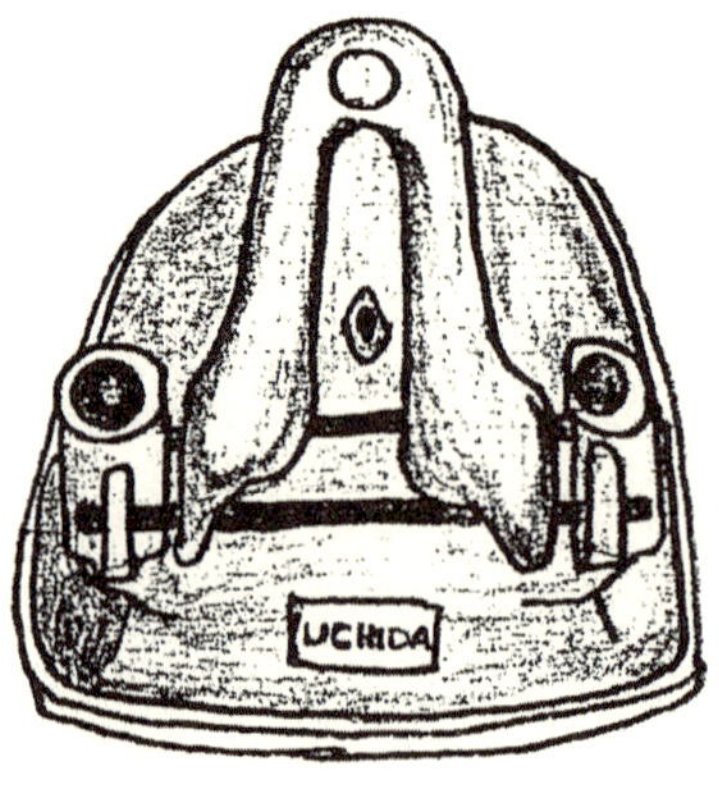

穴あけ器

オーロラ夜話(74) 越冬の疲れ

南極観測隊が日本を出発してから帰国するまでの期間は1年4ヶ月強で、南極で実際に過ごす時間も1年2ヶ月という長さとなる。隊員は事前の健康診断で太鼓判を押された人ばかりだが、このあきれるほど長い時間を過酷な自然環境の中で過ごすのだから、越冬の疲れがでるのも当然だ。

越冬の疲れは、肉体的な疲労と精神的な疲労とに分けることができる。疲労とは何かということは、まだ医学的には正確に解明されていないのだが、ここではあえて肉体と精神の疲労に分ける。

肉体的疲労の場合は、具体的に健康診断のデータ上に異常値が現れたり、体力測定の数値が落ちたり、体重が減ったり、身体のあちこちに痛みや違和感が出現することとしておく。

一方、精神的疲労とは、孤絶社会環境や特異な明暗リズムなど、南極特有の自然環境に充分なじめないことからくる、精神の消耗と仮定しよう。これには当然ながら、人間関係、気象条件、仕事の進み具合、日本からの情報などが密接に係る。

あすか越冬隊は一見して疲れていないように見えるが、疲労の片鱗はうかがわれる。これは本人が、最も自覚しているに違いない。

1987年
(昭和62年)
9月2日
水曜日

南極あすか新聞

JARE28
あすか拠点
新聞社

[9/1 気象]
天気　晴低い地吹雪
平均気温 -31.1℃
最高気温 -30.1℃
最低気温 -31.8℃
平均風速 15.8m/s
最大風速 23.9m/s
平均気圧 852.6mb

[9/1 メニュー]
☆富田シェフ食当
朝食／ベーコンモヤシ炒め、鯵干物、かまぼこ、みそ汁
昼食／卵丼、ニンニク茎とぜんまいの炒め物、新香、みそ汁、オレンジ
夕食／高橋誕生会（帆立とイカのマリネ、チキンブロッス、伊勢海老のアメリカンソース、トルネードペン、イチゴアイス、バターロール、コーヒー、ケーキ、氷細工〔鉄砲魚〕）

高橋隊員40歳の誕生日

1日、高橋茂夫隊員は40歳不惑の誕生日を、3度目の南極で迎えた。彼の謹厳実直で人情味あふれる人柄を象徴するように、あすか初越冬隊の仲間7人と、昭和基地の友人たち、そして最愛の娘麻理子ちゃんから、温かい言葉と電報が贈られた。

あすか隊からは、茂さんのために作った歌「あすか平野」が贈られ、茂さんは「男の背中」で応えた。心に染みる夜であった。

防災の日、火災訓練を実施

防災の日の1日、基地では発電棟出火を想定して火災訓練を実施した。

また、雪出し、ゴミ搬出の後、ゴミを燃やしての消火器訓練を行ったが、マイナス30℃、17m／sの気象条件では、ゴミに容易に火がつかなかった。

雀荘あすか8月戦の成績

8月の麻雀は、7月に王座を渋谷に奪われた富田が猛反撃に出て、ブッチギリで優勝をもぎとった。2位には後半追い込んだ高木が入った。前半を沸かせた大坂は結局6位。富田誕生会記念麻雀は酒井、おなじく酒井記念麻雀では富田が仲良く制した。

	得点	半荘平均	1位回数
富田	＋430	＋7.17	23
高木	＋122	＋2.54	12
酒井	＋42	＋1.84	12
野崎	－3	－0.06	13
渋谷	－33	－1.03	6
大坂	－61	－1.74	9
高橋	－205	－7.07	2
鮎川	－292	－4.95	9
半荘最高点		大坂　＋89	
半荘最低点		野崎　－57	
役満		富田　四連刻	
		鮎川　四暗刻	
		酒井　大三元	

オーロラ夜話(75)　オートバイ

南極越冬隊員には、オートバイの好きな人が多い。あすか越冬隊の8人をみても、富田・大坂・高木の3人は出発直前まで愛車にまたがっていたし、高橋も昔はバイクで通勤していたという。

他の隊をみても、8・12・21次越冬の多賀氏、24次の大久保・小笠原両ドクターは、いずれも限定解除の免許を持ちナナハンを乗り回す本格的なライダーだ。

南極越冬隊とオートバイにどんな関係があるのだろうか。オートバイ運転の自由感、個人主義、爽快感あるいは野性味は、越冬隊員の志向と一致するのだろう。隊員のメカ好きも無関係ではないはずだ。

日曜日といえば、家庭も仕事も忘れてバイクにまたがり、孤独のツーリングに出かけるライダーが、南極へやってくることは不自然ではない。開高健の言う、「半ば子供の脳を持った大人衆」なのである。

21次越冬隊の勝田隊員は、昭和基地に捨ててあったオフロード用バイクを修理し、磨き上げて立派に走れるようにした。これをレストアという。残念ながら、あすかにはレストアに使えるバイクはない。

あすかの寂しいライダーたちは、オートバイ雑誌をめくっては、バイク談義に耽るのだ。「帰ったら存分にバイクを飛ばしてやる」――、皆そう思っているのだ。

南極あすか新聞

1987年
（昭和62年）
9月3日
木曜日

JARE28
あすか拠点
新聞社

［9/2 気象］
天気　快晴
低い地吹雪
平均気温
-32.9℃
最高気温
-31.6℃
最低気温
-33.5℃
平均風速
14.0m/s
最大風速
23.6m/s
平均気圧
858.1mb

［9/2 メニュー］
☆富田シェフ食当
朝昼兼用／しっぽくそば、あんず缶
夕食／酢豚、イカのサラダ、貝割サラダ、なまこの炒め物、ビーフン酢の物、新香、吸物

旅行隊の出発準備すすむ

9月3日のLルート旗竿整備、8～10日の第1回セールロンダーネ調査を控えて、高木を中心に旅行の準備が進んでいる。

メイン車となるSM515のプレウオーマーの配管内エアー抜き、運転席デフロスタ整備が高橋により行われ、レーダー調整は大坂により行われた。

調理用具や食料は、GPS旅行の際のものがそのまま使える。さらに装備類と旗竿が積み込まれ、ほぼスタンバイOKとなった。問題は、少しも止まない地吹雪だ。

安全地帯'Aにのれんかかる

安全地帯'Aと発電棟の間にあるドアの開閉によって気流が変わり、ボイラーが失火することを確認した野崎は、'Aと発電棟のジョイント部及び通路4に、のれんをかけた。

8月月間気象データ集計

渋谷によって集計された8月月間気象データは、次のとおり。18日には、年間最低気温を記録した。気温は下がったものの、風速は7月並みに強かった。

平均気圧A	859.9mb
平均気温B	-27.3℃
最高気温C	-17.2℃
最低気温D	-48.7℃
日最高気温の平均値E	-24.1℃
日最低気温の平均値F	-31.3℃
平均風速G	13.4m/s
10分間平均風速の最大値H	ESE 24.7m/s
最大瞬間風速I	30.4m/s
ブリザード日数J	8日
月間積雪深K	-6.3cm（7月17日～8月21日）
平均蒸気圧L	0.40mb

ASUKA　89524

オーロラ夜話(76)　コピー

学生の講義ノートの貸し借りから、国家機密の漏洩まで、世は文書コピーの全盛時代だ。南極越冬隊も例外ではなく、コピーされた多種多様の文書が頻繁に配布されるようになった。

紙は文化のバロメーターといえるから、コピー紙が氾濫するようになったのは結構なことなのだろうが、反面、あまり必要ではないコピーも多いように思われる。

あすか基地には、装備担当の酒井がU－BIX1700MRという優れたコピー機に加え、A3が1500枚、A4とB4それぞれ5000枚、B5は1000枚と大量のコピー紙を持ち込んだ。そして、彼のメンテナンスのおかげで、われわれはいつでも手軽にコピーができる。

当初から予想されてはいたが、コピー使用の頻度は高い。大口使用は、わが「南極あすか新聞」、南極大学、それに送受信FAXの控えなどだが、その他の頻回のコピーも少なくない。一番使いやすいA4判コピー紙は不足気味で、航空隊飛来時に昭和から運んでもらわなければならない。

コピー紙の消費は、仕事量と相関するから結構なことだ。しかし、何となく安心して仕舞っておくだけのコピーや、帰途のお荷物になるだけのコピーは、控えねばなるまい。わが社も自重したい。

1987年
(昭和62年)
9月4日
金曜日

JARE28
あすか拠点
新聞社

[9/3 気象]
天気　快晴
低い地吹雪
平均気温
-32.2℃
最高気温
-28.6℃
最低気温
-37.1℃
平均風速
13.1m/s
最大風速
22.0m/s
平均気圧
864.3mb

[9/3 メニュー]
☆富田シェフ食当
朝食／鰺干物、モヤシ炒め、牛大和煮缶、吸物
昼食／ハヤシライス、ビーフンとホウレンソウのサラダ、新香、みそ汁、フルーツカクテル
夕食／サーモングラタン、牛ヒレのたたき、浅利ワイン蒸し、里芋と筍の田楽、みそ汁、グレープフルーツ

Lルート旗竿整備行動を実施

Lルート旗竿整備と雪面状態視察を目的とした日帰り旅行隊は3日、L105までLルートを下って引き返した。

メンバーの高木L・野崎・鮎川隊長3名は、SM515にて9時30分あすかを出発した。この時点でマイナス34・5℃、風速12・5m／sであった。L115までは、雪面状態はいわゆるハイウェイで良好であったが、徐々に吹きだまりサスツルギが増え、地吹雪が高くなり、視程が著しく悪くなったので、レーダー航法に頼った。

このあたりのLルートは、細かくルート方位が変化し、また急激に下降するので、レーダー操作が難しい。中間旗のない点と、旗竿の損傷の激しい点に新しい旗竿を立てていったが、12時50分、L104が視認できず、また地吹雪が高くなったことから引き返し、往路のシュプールを辿って15時にあすかに帰投した。

この時点であすかの気象は、マイナス30℃、風速16・8m／s、セールロンダーネの山裾が見えない高い地吹雪となっていた。

今回の視察で、Lルートは4月頃と同様に、天気は快晴でも地吹雪は高く、レーダー航法なしでは走行できないことが判明した。9月末の燃料輸送も、戦略を再考する必要がありそうだ。

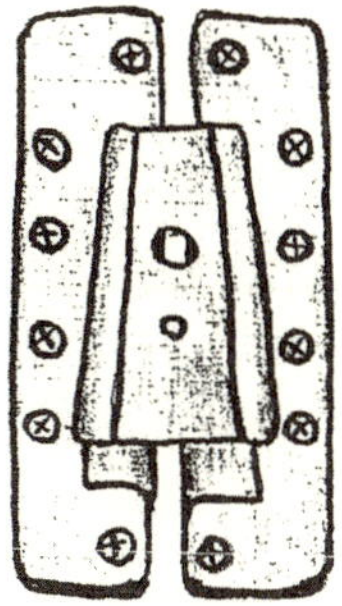

パネルジョイント

オーロラ夜話(77) 社会復帰

南極越冬隊としての任務を果たし、家族の待つ日本への帰途に就くことは基本的にとてもうれしいのだが、砕氷艦が寄港地に近づくにつれ、だんだん憂鬱の度を深める隊員もいる。

国家公務員や大会社からの派遣で南極へきている隊員は、帰国後のポストも保証され、周囲の理解もあるからのんびりしていられよう。しかし、帰国後の就職先も確定しておらず、南極越冬に対するねぎらいの言葉とて期待できない、まさに一匹狼の隊員もいるのだ。

もちろん、縁故のひとつやふたつはあるのだが、帰国時期が3月末というのでは、まさに満員電車に飛び乗るような就職しか期待できないのである。こういう隊員にとっては、帰国後の日本が南極以上にうそ寒い土地となりうる。

一部の調理隊員や医療隊員、大学院生や研究生から南極に飛び込んだ隊員が、前述のような憂鬱に身をやつすことになるのだが、結果的に数年後をみると、皆それなりに職にありついているから、杞憂ともいえる。しかしそれは、個人の能力や根性、強運に依るところが大きい。

かつて21次の川口隊長が、越冬も終わる頃に訓示として述べた言葉、「いったん国に帰ったら、南極のことなどサッサと忘れて各自の本業に専念すべし」なのである。

南極あすか新聞
1987年（昭和62年）9月5日 土曜日
JARE28 あすか拠点新聞社

[9/4 気象]
天気　曇高い地吹雪
平均気温 -23.7℃
最高気温 -20.2℃
最低気温 -28.6℃
平均風速 18.2m/s
最大風速 27.4m/s
平均気圧 862.5mb

ブリ来襲、外出禁止発令

3日夕刻より徐々に強まった風は、4日に入って一段と勢いを増し、11時には21m/sを超えた。

一方、気温はマイナス23℃まで上昇するとともに、視程は観測棟から発電棟が見えなくなるまでに落ち込み、完全にブリザードとなった。このため、鮎川隊長から外出禁止令が出された。

しらせ艦長よりメッセージ

現在、砕氷艦しらせは、国内巡航の途上にあり、名古屋港あたりにいる。

しらせの本田守忠艦長から28次越冬隊へ、艦行動とわれわれの計画遂行祈念を記した電報メッセージが届いた。しらせはあと百日余りで、ブライド湾へやってくる。

みずほ旅行隊S16へ

昭和基地のみずほ旅行隊は、4日にS16に到着、当地で作業、キャンプしたのち、5日午前中に昭和基地に帰投するという。

フラッシュ・ライト

オーロラ夜話㊺ ワードプロセッサー

最近の事務機器における発展の中で特筆すべきものに、日本語ワードプロセッサーがある。あすか基地でも、われわれ初越冬隊が持ち込んで愛用している。機種は日立のワードパル400で、ワイヤドットプリンターが付属している。

あすかでのその使い方を見ると、酒井は庶務としてさまざまな事務処理をワープロでこなしている。翌月の計画書作成から、麻雀の賞状作りまでと、その用途は多種多様で、さすがに自ら本機を選んだだけのことはある。

また渋谷は、文献の抄録やメモをフロッピーディスクに記録させ、今後の本業に活かそうとしている。富田は、日々の設営作業日誌風の記録をせっせと作っている。

一方、高木は家族会だよりの原稿や、基地内規の改訂版をワープロでたたき出しながら、暇をみては早くもあすか越冬記を書いたりしている。

同じ執筆作業でも、原稿用紙に鉛筆で立ち向かうのと、ワープロのキーを叩くのとでは、心理状態がまるで異なる。従来の紙と鉛筆では呻吟して絞り出すといった感が強い執筆が、ワープロでは遊びつつ下書きの感覚でやれるのだ。

もちろん漢字変換も、文章語句の移動挿入も自由だから、いくらでも手直しが効き、しかも記憶させることもできる。越冬報告づくりには、ワープロが最適だ。

[9/4 メニュー]
☆富田シェフ食当
朝食／鰯塩焼き、納豆、秋刀魚蒲焼き缶、みそ汁
昼食／そぼろ丼、貝割サラダ、牛肉の佃煮、新香、吸物、オレンジ
夕食／かき揚げ、モヤシの和え物、生ハムと牛たんの盛り合わせ、プレーンオムレツ、冷奴、新香、みそ汁、グレープフルーツ

1987年（昭和62年）9月6日 日曜日

南極あすか新聞

JARE28 あすか拠点新聞社

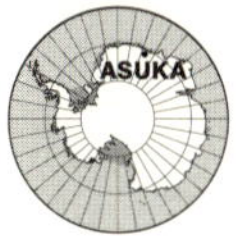

[9/5 気象]
天気　曇低い地吹雪
平均気温 -21.5℃
最高気温 -19.2℃
最低記温 -26.6℃
平均風速 15.5m/s
最大風速 25.5m/s
平均気圧 861.0mb

4日につづき外出禁止令

5日も、4日につづいてブリザードが吹き荒れた。風速は20m／s以上、気温はマイナス19℃台、さらに視程は30mという気象であった。

このため、4日に出された外出禁止令が維持された。8月後半から現在まで、ほぼ毎日地吹雪が流れ、ブリの日には降雪も認められる。減少傾向にあった積雪量も、再び増加しつつあると思われる。

地吹雪の中、雪入れ雪出し

5日の昼食後、いくぶんブリザードが収まってきたのを見計らって、全隊員による貯水槽への雪入れ、B出入口の雪塊の搬出作業を行った。

ブリの効用というのか、貯水槽の風下には雪が吹き溜まった。風速15m／s、気温マイナス20℃、視程50mでの作業であった。

トイレの水漏れを修理

5日、トイレの便器と貯水タンクの接続部からの、オーバーフローによる漏れを発見した機械班は、さっそくコーキング修理を施した。

カードボックス

オーロラ夜話(79)　コーヒーブレイク

南極大陸は白い砂漠といわれる乾燥地である。あすか基地の気象データによると、湿度は約37%で、室内も同様に乾燥していて、洗濯物や現像写真プリントの乾きも早い。隊員は汗を流すことは少ないのに、良く咽喉が乾くので水分を取りたくなる。

あすか基地では、特にコーヒーブレイクの時間を決めているわけではないが、各隊員はひと仕事の区切りをつけたり、気分を変えたりするためにお茶を飲む。

コーヒーメーカーにコーヒーが満たされるのは食事時だけだが、ポットには常時、熱い湯が入っている。そこで各人の好みに応じて、紅茶、ウーロン茶、番茶、煎茶、ネスカフェ、ココア、カルピスなどを飲んでいる。

お茶を飲みながら、共同FAXニュースを読んだり、家族への電報文を作ったりするのは、小さな日常の楽しみだ。誰かが食堂でお茶を飲んでいると、つい付き合いたくなるものだ。

ヒトが複数いると会話が生まれ、こういうなにげないひとときに、さまざまな計画の芽が生まれてくる。お茶にはたいていカフェインが含まれているから、中枢神経は刺激され、計画は大胆かつ具体的に発展したりする。

コーヒーブレイクとは、お茶をきっかけに心を静めたり、燃え立たせたりする、よい時間なのだ。

[9/5 メニュー]
☆高木マルミトン食当
朝食／鯨ベーコン、納豆、佃煮、ベーコンモヤシ炒め、鰯塩焼き、みそ汁
昼食／すきやき丼、吸物、グレープフルーツ
夕食／鰊塩焼き、コロッケ、餃子、フライドポテト、焼きうどん、煮付け、芝海老の唐揚げ、ロールキャベツ、ミートパイ

南極あすか新聞
1987年
(昭和62年)
9月7日
月曜日
JARE28
あすか拠点
新聞社

[9/6 気象]
天気　曇低い地吹雪
平均気温　-27.4℃
最高気温　-25.9℃
最低気温　-29.0℃
平均風速　11.3m/s
最大風速　21.6m/s
平均気圧　862.0mb

[9/6 メニュー]
☆大坂食当
朝昼兼用／親子巻、新香、スープ
夕食／シャトーブリアンステーキ、サーモンマリネ、ベーコンとモヤシのわさび和え、スープ

日曜返上し、旅行準備

6日は、ひさしぶりに「晴れ、地をなめるような低い地吹雪」という好条件に恵まれ、8日に迫った第1回セールロンダーネ調査の旅行準備が精力的に行われた。

機械班と富田は、使用車両のSM515と513の各種オイル交換、グリースアップ、増し締めなどに専念した。高木と酒井は、装備と食糧の積み込み、ソリへの燃料や旗竿の搭載に忙しかった。

6日の気象条件では、基地から南は極めて視程がよく、斜め光線にメニパやアウストカンパーネは美しく輝いていたが、北は例によって白い地吹雪の海であった。

本紙200号達成御礼

「南極あすか新聞」は、読者諸氏の温かいご支援とご愛読のおかげで、7日、第200号を発刊することができました。29次隊到着と相前後することになる第300号をつぎの目標として、魅力ある紙面づくりに社員一同、なお一層の努力を重ねる決意であります。主筆・記者ともに出張する際は、発刊の遅れることもありますが、引き続きご愛顧をお願い申し上げます。

社主敬白

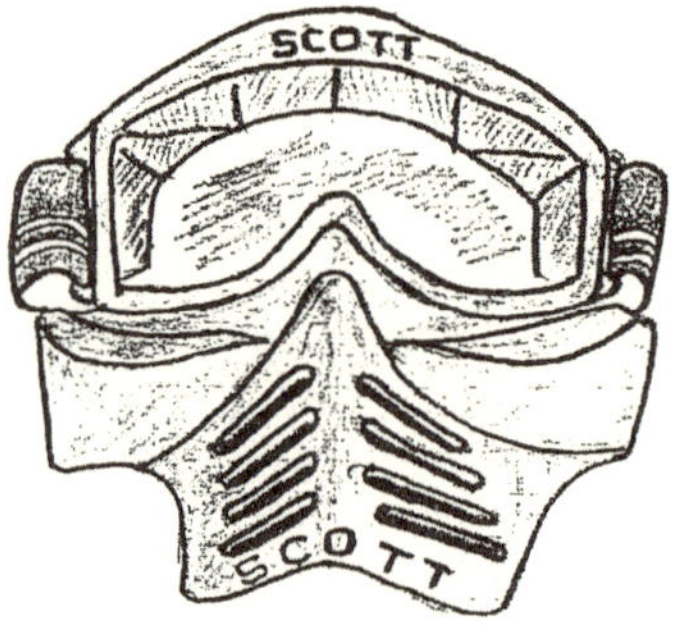

フェイスマスク付ゴーグル

オーロラ夜話⑧⓪　日記

南極越冬隊員は几帳面で記録を残す習慣を身につけているので、大部分の人は南極越冬日記を書き残している。

これらの越冬記の一部は、のちに発表され、第1次越冬隊長の西堀栄三郎氏が記したものを初めとして、広く読まれている。第1次隊員の日記は、見るもの聞くものすべて初めて体験する環境のなかでの記録だから、そのままドラマの脚本になりそうなほど新鮮で興味深い。

南極越冬も28回を数えると、目新しい事柄などほとんどないから、あえて越冬日記を公表するには相当の勇気が要ることだろう。しかし、あすか初越冬に挑んだ隊長の日記となると、まだまだ発表の意義はあるかもしれない。

日記というものは本来、他人に見せるものではない。日記の形式や目的はいろいろあるだろうが、いずれにしても対象とする読者は将来の自分自身なのだ。

したがって、発表する文章を書くような気配りや飾りは不要だ。公にはなかなか晒すことのできない喜怒哀楽も、大言壮語も、弱音と強がりも、他人の悪口も、なんでも堂々と書ける。

大部分の隊員にとって、南極越冬生活は人生のハイライトのひとつであり、その記録は誇らしいものとなるだろう。公表などしなくても、南極越冬日記は本人にとって千金の価値《あたい》をもつに違いない。

南極あすか新聞
1987年（昭和62年）9月8日　火曜日
JARE28
あすか拠点
新聞社

[9/7 気象]
天気　快晴
高い地吹雪
平均気温 -24.1℃
最高気温 -22.9℃
最低気温 -26.4℃
平均風速 16.6m/s
最大風速 25.2m/s
平均気圧 866.9mb

地吹雪高く、山見えず

6日夜から吹き始めた風は、7日3時には20m／sにも達した。その後は徐々に弱まり、日中は14～17m／s程度で吹き続けた風は、高い地吹雪を呼び、セールロンダーネ山地は見えなかった。太陽は充分に高く、地吹雪の中を透過した陽光が、とてもまぶしいのが印象的だ。

セールロンダーネ山地調査の準備は、6日の追い込み作業でほとんど仕上がっているものの、7日の屋外作業はまったくできなかった。

排水タテ坑17・9m深に

7日、酒井が測定した排水タテ坑の深さは17・9mで、前回8月27日の18・5mから、11日間で坑底は60cm上昇した。この間の排水量は6800ℓであった。

寒冷は低気圧を呼ぶのか？

鮎川隊長の指摘によると、あすかの気象観測が始まって以来、2月から7月の月間平均気圧は、一様に871・0mbから874・8mbの間に収まっているが、8月は859・9mbと10mb以上も低下している。

1972年から10年間のみずほの年間平均気圧は、741・2mbであるが、8月の月間平均で726・8mb、同9月で724・0mb、同10月で726・7mbと、8～10月に低下する傾向を見せている。理由は不明だが、面白い現象だ。

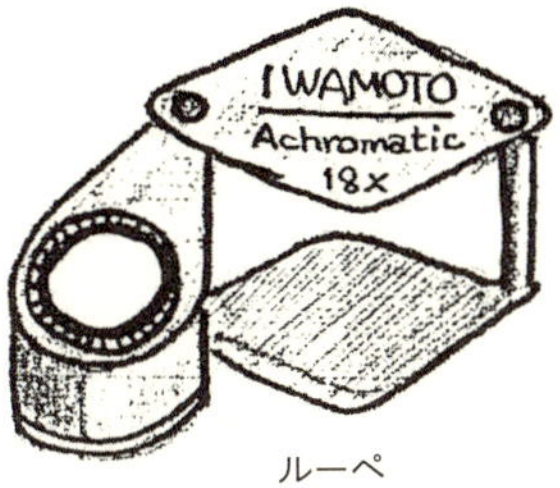

ルーペ

オーロラ夜話(81)　越冬報告

日本南極地域観測隊第○次隊報告（通称、越冬報告）は、各次隊の仕事をまとめた唯一の公式報告で、国立極地研究所が発行する。この越冬報告はふつう、帰路の艦上で各隊員から原稿を集め、帰国した年のしらせ出航前に発行される。

内容は各隊版ともに、総括、夏期間の経過、夏隊の観測、同設営、夏期間日誌、越冬経過、定常観測、設営、野外観測、みずほ基地、越冬日誌といった大見出しのもとに、各部門の仕事が細かく記載されている。

各次隊の越冬報告を年度順に読むと、毎年毎年、報告書の頁数が多くなり、分厚くなっていることに気づく。

これは当然、執筆に際して過去のバックナンバーを参考にし、さらにその記載以上に詳細に書こうとする、隊員の心理を反映しているものと考えられる。原稿をたくさん書くと、たくさん仕事をしたような気になるのだ。

26次越冬報告の場合は、なんと470頁の大冊となっていて、この調子でいくと40次あたりでは、東京の電話帳のように分厚くなる恐れもある。

28次越冬報告には、あすかの初越冬報告が登場する。鮎川隊長をはじめとして書くことが好きな隊員が多く、しかも書くべきことも多いので、分厚くなること必至だ。

[9/7 メニュー]
☆高木マルミトン食当
朝食／タラコ、鯨ベーコン、納豆、漬け物、鰯塩焼き、かまぼこ、みそ汁
昼食／チャーハン、チキンスープ、グレープフルーツ
夕食／マカロニグラタン、フライ盛り合わせ、牛肉のうま煮、枝豆、スープ、グレープフルーツ

南極あすか新聞

1987年（昭和62年）9月9日 水曜日

[9/8 気象]
天気　快晴
平均気温　-25.8℃
最高気温　-23.5℃
最低気温　-27.9℃
平均風速　13.2m/s
最大風速　25.4m/s
平均気圧　866.9mb

JARE28
あすか拠点
新聞社

第1回セールロンダーネ調査隊出発

8日10時、第1回セールロンダーネ調査隊（高木L・高橋・酒井・大坂）は、低い地吹雪のあすかを出発した。

幸い、ブラットニーパネに至るABルートの視程は良く、予定どおりAB2から500m毎に新しい旗竿を立て、ルート整備を行いながら、5時間35分でブラットニーパネⅠⅡ稜間のモレーンに到着した。

南へ走るにしたがって風は弱まり、モレーンでは完全に無風であった。高木以外の3名にとっては、初めて踏むセールロンダーネ山地である。南極ならではの裸氷帯、深く大きな山容に皆息を呑んだ。

9日に予定する、Ⅱ稜測地基準点で全磁力測定を行うための登山ルートを偵察し、モレーンでの生物探索の後、雪上車に戻り、Tボーンステーキ等の内容豊かな夕食を楽しんだ。夜、山の端から満月が浮上し、裸氷に照り映えた。

一方、基地では、残った4名で雪入れと、ゴミ出しを行った。

しかし、16時頃から地吹雪が高くなり、視程は200m以下に落ちた。

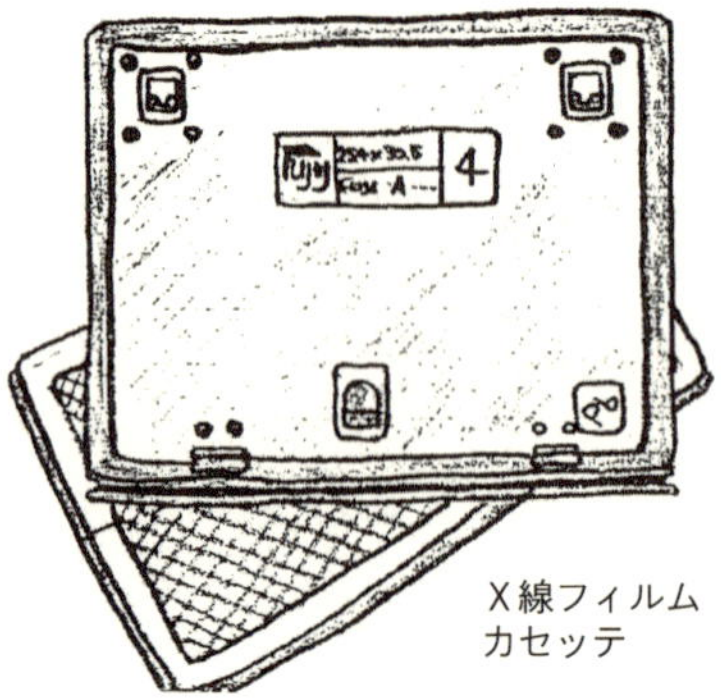

X線フィルム
カセッテ

オーロラ夜話㉜　ナイフ

野外生活（アウトドアライフ）に必要なサバイバル道具の中で、おそらく最も重要なものはナイフだろう。現に、石器時代の人類がいち早く考案し、それで生きのびることのできた道具は、石斧であった。

南極の野外活動で、身を守る道具としてのナイフの価値は高い。ナイフ一丁で、ビバーク用の穴を掘り、缶詰を開け、ヒモを作り、刃の反射で遭難位置を知らせるなどさまざまな作業を行えるからだ。

そのため南極観測隊員には、個人装備として、ビクトリノックスのスイスアーミーナイフが配られている。

ナイフのブレードはもちろんのこと、缶切りからワインの栓抜きまでが付いた万能ナイフで、非常に便利である。しかしながら、いかんせん南極の雪原でサバイバル用に使うには頼りない。これでヒトひとりが身を隠す穴は、きっと掘れないだろう。

高木隊員は、ナイフのコレクションが趣味のひとつで、南極には2本の信頼できるナイフを持ち込んだ。

1本はバック社の184、通称ランボーナイフである。刃渡り20cmでズッシリ重く、ナイフ刃のほかに、のこぎり、ロープカッターなどの機能を有する、まさにサバイバルナイフの王者だ。

もう1本はBST社の440で、切れ味抜群のスグレモノ。隊でもぜひ、標準装備してもらいたい2本である。

[9/8 メニュー]
☆富田シェフ食当
朝食／鰺干物、モヤシ炒め、鯖水煮缶、みそ汁
昼食／ラーメン、フルーツカクテル
夕食／Tボーンステーキ、牛モモ野菜炒め、じゃが芋煮付け、ホウレンソウのごま和え、新香、みそ汁、オレンジ

Ⅱ稜測地基準点に登攀し観測

セールロンダーネ・ブラットニーパネⅠⅡ稜間モレーンで朝を迎えた調査隊は、Ⅱ稜の測地基準点まで、防寒装備に身を固め、アイゼン・ピッケル・背負子《しょいこ》で登攀した。

モレーンから45分間で到達した基準点は、赤白ポールが倒壊し、風の強さを思わせた。約10m／sの風の中でこれを修復。酒井は持参した計器で、全磁力測定および岩盤の帯磁力を測定し、高木はこの模様を16㎜映画で記録した。

基準点で1時間の作業をすませたパーティ4名は、急傾斜の雪田を慎重に下り、無事、雪上車に帰り着いた。この9日、あすかでは20m／sの風が吹き、地吹雪が高く、外出禁止令が出されるほどだった。しかし、山では快晴・微風の好条件であり、わずか40㎞の距離でも、気象がまったく異なることは新しい知見であった。

14時、旅行隊はC1を撤収し、AB35を経由して、旗竿でルートを作りながら、ⅡⅢ稜間の深く美しい谷に入り、16時15分、JARE28地学隊のBCに到着してC2とした。この地から望むブラットニーパネ北峰は、鋭く天を突いて絶景である。

各人おもいおもいにモレーンを歩き、岩石を採取した。高橋と酒井は、上田デポを点検し、高木と大坂は腕によりをかけて夕食作りに取り組んだ。

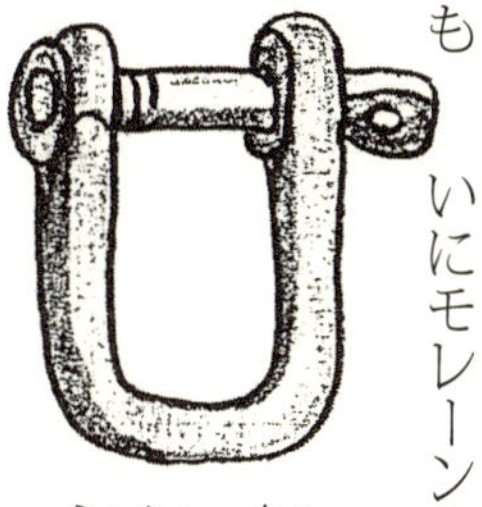

ミニシャックル

オーロラ夜話(83)　南極みずほ新聞

私事で恐縮だが、記者が南極で新聞発行に携わるのは、21次隊の「南極みずほ新聞」と「オングル21」に次いで3度目である。

今回を除いて思い出深いのは、何といっても「南極みずほ新聞」で、これは史上初で唯一無二のみずほ基地における日刊紙であった。

1980年1月20日に創刊し、「創刊によせて」といった文章を、当時のみずほ基地リーダーで、現在は新潟大学教授の小林俊一氏に書いていただいた。以来、8ヶ月弱の期間、もう徹底的にニュースのないみずほ基地で、4～5名の読者を対象に、B5判の謄写版新聞を書き続けたのである。

目新しいことは何もない南極最小の前進基地だけに、ある隊員の歯の金冠が脱落してもトップニュースとなり、2～3ヶ月に1度しか届かない大畑と高木宛の電報は、そのまま新聞に掲載した。5月5日に石川信敬隊員に次女が生まれ、皆で名前を考えて、南極の秋であることから、「あき」と命名したこともビッグニュースとなった。

それでも記事のない時は、記者のいつ終わるともしれない紀行文「ムイネの四季」「釧路川を下る」などを綴り、馬鹿でかいイラストで紙面を埋めた。石川隊員の私小説や大畑隊員のフランス語講座には、随分と助けられた。今は懐かしい「南極みずほ新聞」の思い出だ。

南極あすか新聞

1987年（昭和62年）9月10日 木曜日

JARE28 あすか拠点 新聞社

［9/9 気象］
天気　晴低い地吹雪
平均気温　-27.5℃
最高気温　-25.2℃
最低気温　-30.0℃
平均風速　19.1m/s
最大風速　27.4m/s
平均気圧　871.6mb

［9/9 メニュー］
☆富田シェフ食当
朝食／納豆、鮭水煮缶、秋刀魚蒲焼き缶、みそ汁
昼食／焼き肉丼、切り干し大根煮付け、新香、みそ汁、オレンジ
夕食／鍋焼きうどん、切り干し大根のハリハリ漬け、ぜんまいの酢の物、揚げシューマイ、新香、みそ汁、オレンジ

南極あすか新聞
1987年（昭和62年）9月11日 金曜日

［9/10気象］
天気　快晴
平均気温 -30.1℃
最高気温 -25.4℃
最低気温 -36.8℃
平均風速 6.2m/s
最大風速 18.5m/s
平均気圧 876.3mb

JARE28
あすか拠点
新聞社

調査隊あすかに帰投

8日からブラットニーパネ調査に出ていた第1回セールロンダーネ調査隊（高木L）は、10日、快晴無風の雪原を快調に飛ばし、15時30分あすかに帰投した。

8日、ⅡⅢ稜間谷のモレーンC2で朝を迎えた調査隊は、朝食のあとⅡ稜麓を探索し、酒井は雪壁を登って岩盤の帯磁力を測定した。生物に関しては、鳥類はおろか、地衣類などの下等植物もこの地には見いだせなかった。

10時5分、調査隊はC2を発ち、まぶしく反射する裸氷帯をゆっくり登り、自ら作成したルートを忠実に辿ってABルートに戻った。ABルートでは、2㎞毎に雪尺を測定した。10日は山もあすかも一様に快晴無風の好条件で、雪上車からの視程は極めて良く、ロムナエスやビーデレーの蜃気楼、アウストカンパーネの竜巻が認められた。

基地に戻った調査隊のメンバーは、野崎の風呂、富田の鍋料理、鮎川隊長の受けた私電報に迎えられ、夕食料理を囲んで土産話に花が咲いた。

こうして、冬明けに行う野外活動の目玉のひとつであったセールロンダーネの調査は、この時期にしては予想外の上天気を得て、成功裏に終わった。2週間後に控える30マイル地点からの航空燃料輸送へ向けて、良い前奏曲となった。

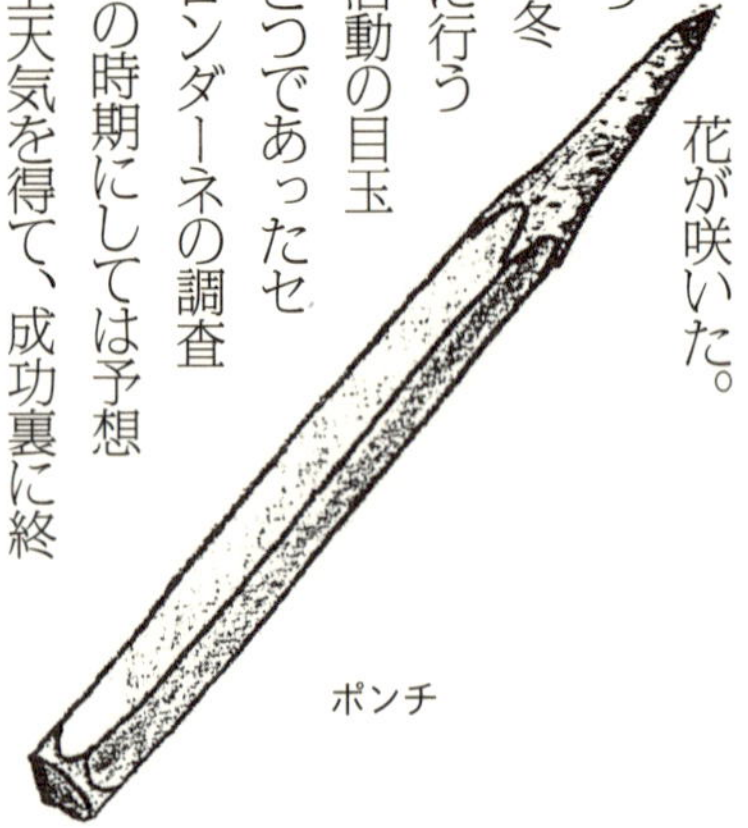
ポンチ

オーロラ夜話84　観測用航空機

南極の空を初めて航空機で飛んだのは、かの有名な米国のリチャード・E・バードで、1928年11月16日のことだった。以来59年が経過した現在、航空機は南極観測になくてはならない機動力となった。

日本隊は現在、ピラタスポーターPC6とセスナ815の2機を保有して、地学・気水圏・生物の各部門が航空機観測を行っている。今年は、さらに1機のピラタスポーターを購入する計画があるという。

南極で使用する航空機の条件として、①寒冷に強いこと、②整備が簡単なこと、③スキーが装着できること、④滑走距離が短いこと、などが挙げられる。これに加え、少なくとも昭和基地～あすか間の往復1340㎞を飛行しうる航続距離が欲しいと渋谷はいう。現在のピラタスとセスナでは、増槽タンクを取り付けても、約6時間、1200㎞の飛行が限界だからである。

渋谷によると、航続距離の長い手頃な航空機は、ツインオッター（英国隊が使用、次夏、村山隊が使用する）、ドルニエ（西独隊が使用）、デハビランドなどがある。しかしいずれも双発なので、整備に負担がかかるであろうという。

どれにしても、日本の主力戦闘機の10分の1にも満たない予算で買えるのだが。

［9/10メニュー］
☆富田シェフ食当
朝食／牛肉大和煮缶、切り干し大根煮付け、鰯塩焼き、浅利水煮缶、みそ汁
昼食／太巻き寿司、里芋煮付け、新香、吸物、グレープフルーツ
夕食／鱈ちり、ローストポーク、鮎塩焼き、アワビ、新香、みそ汁、グレープフルーツ

南極あすか新聞
1987年(昭和62年)9月12日土曜日
JARE28
あすか拠点
新聞社

[9/11 気象]
天気　快晴
平均気温 -28.5℃
最高気温 -24.2℃
最低気温 -36.3℃
平均風速 7.4m/s
最大風速 25.0m/s
平均気圧 875.7mb

快晴無風の上天気2日目に

10日につづいて11日も、あすかは信じられないような快晴無風の上天気を迎えた。さっそく高橋は、航空燃料輸送に使用するSM504と512を点検し、512のエンジンルームや運転席に雪がつまっていることを知った。昼食後、全員による雪入れを実施。南のセールロンダーネ山地は素晴らしくよく見えるが、北の地平線には雪煙が舞っていた。

シール岩行の新ルート開拓

10日、快晴無風を利用して、基地残留部隊はシール岩への新ルートを拓いた。L121を基点として303度方向へ200mおきに旗竿を立て、10点でシール岩へと導いた。この作業で鮎川隊長と富田は、シール岩を徒歩で往復した。

シーズン最後のオーロラか

10日、23時頃から約2時間にわたって、頭上を南北に横切る特級のオーロラが乱舞した。明るさ、色彩、動き、形態とも申し分なく絵になる逸物で、各カメラマンともマイナス30℃以下の凍れ《しば》をものともせず、シャッターを切りまくった。

ユキドリ飛行隊ボツンヌーテン往復

10日、やまと山脈を目指したピラタスとセスナ(大本)は、天候不良のためボツンヌーテンまでの往復飛行を行った。

(森)

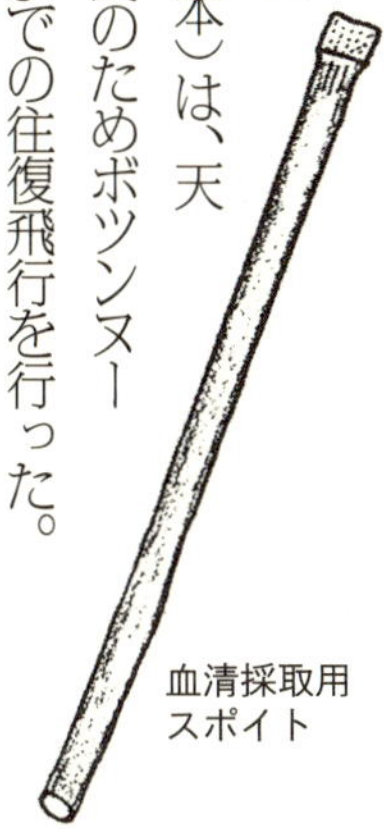

血清採取用
スポイト

オーロラ夜話(85)　ルート旗

南極大陸の雪原を雪上車で旅行する時、ポイントの目印として役に立つのがルート旗である。冬山登山の場合は、旗竿では大変かさばるので、針金に赤テント布地の切れ端を結んで利用するが、南極観測隊では予算と輸送力に物を言わせて、専用の竹竿と赤旗を用いている。

ルート上に旗竿を立てていくというのは、極地法(ポーラーメソッド)の探検形式ではあるが、これは当然、岳人の発想から生まれたものだろう。

赤旗は、新しいものなら、天気のいい状態で1km先のものが裸眼で見える。寺井啓氏のような眼力のある人なら、1.5km先の赤旗もとらえることだろう。

ところが、赤旗も南極の強風と飛雪に叩かれているうちに、徐々に脱色されて、黄色から白に近い状態に変化してゆき、おまけに千切れて、1年も経てばすっかり丸裸の竹竿だけになっている。千切れず、しかも脱色されない赤旗が開発されれば、2年は役立つに違いない。

一方、竹竿は案外丈夫で、強風で曲がることはあるが、基本的には雪に埋没するまで使える。埋没の状態を計測して積雪量も算出できるので、一石二鳥だ。竹竿にアロハンテープを巻くと、レーダーの映りが格段に良くなることは、GPS旅行でも証明済みだ。今後もルート旗には、お世話になることだろう。

[9/11 メニュー]
☆富田シェフ食当
朝食／山芋納豆、鮭塩焼き、牛大和煮缶、秋刀魚蒲焼き缶、みそ汁
昼食／中華丼、れんこんとこんにゃくの酢の物、新香、吸物、オレンジ
夕食／鶏肉のソテー、小松菜と春菊の酢の物、豚レバー炒め、クラゲの酢の物、ミートパイ、新香、吸物、グレープフルーツ

南極あすか新聞
1987年
(昭和62年)
9月13日
日曜日
JARE28
あすか拠点
新聞社

[9/12 気象]
天気　快晴
平均気温 -29.2℃
最高気温 -25.3℃
最低気温 -32.1℃
平均風速 8.8m/s
最大風速 10.9m/s
平均気圧 883.2mb

[9/12 メニュー]
☆高木マルミトン食当
朝食／納豆、タラコ、ベーコンアスパラ炒め、佃煮、かまぼこ、みそ汁
昼食／そぼろ卵丼、チキンスープ、里芋とこんにゃくの煮付け、グレープフルーツ
夕食／秋刀魚塩焼きあんかけ、チーズリングフライ、コロッケ、餃子、貝割大根、鶏肉のトマトシチュー、牛肉と野菜のカレー炒め、グレープフルーツ

快晴無風3日目に

11日夜から12日未明にかけて、一時は20m／s以上の勢いで吹き荒れた強風も、8時には急激に衰えて、12日もまた3日連続の快晴無風となった。

この好天気が、ほんの束の間の気まぐれなのか、春のきざしなのかはわからない。しかし、われわれ越冬隊にとっては、願ってもない自然のプレゼントだ。

SM50を2台同時に整備

12日の好天気を得て、機械班と富田はSM504と同512の整備を行った。整備内容は、エンジンとデフのオイル交換、足回りのグリースアップである。

高橋によると、航空燃料輸送オペレーションに向けた車両の大きな整備は、この一連の作業で終わったそうだ。

トマト・ナス・キュウリは成長不良

貝割大根とモヤシの安定出荷が続く高橋農園も、トマト・ナス・キュウリなど実のなる野菜の栽培には苦労を重ねている。

専用ウレタン苗床に播かれた種は、発芽して10cmほどの背丈にまで伸びるが、どうしても葉が白茶けて、枯れてしまう。割りばしの支柱にも、つるが巻き付かない。

高橋農園長は、25～30℃と温度が高すぎるか、肥料が足りないのかもしれないという。しかし農園では、熟れたトマトを食膳に供したいと、努力を続けている

スティックのり

オーロラ夜話(86)　冷凍食品

南極観測隊における食料品の主力は、冷凍食品だ。夏に持ってきたキャベツ、タマネギ、ニンジンなどの生野菜が、一つひとつ消費されて姿を消した時は、寂しい思いもした。しかし、越冬後半に入った今では、生野菜に対する渇望は予想外にない。それだけ冷凍食品が充実しているのである。

日本国内でもスーパーなどへ行くと、冷凍食品のコーナーを見かけるが、小売りされる冷凍食品はほとんどが、半調理済みか、あるいは出来合いの食品だ。ところが、観測隊の冷凍食品は、ほとんどが素材そのもので、しかも形よく規格化されており、極めて使いやすい。パールオニオンとか、パリジャンポテトなどの小粋な名前がついているものもある。

冷凍技術が最近、著しい進歩を続けている証拠に、大根おろしやピーマンなど冷凍が難しいと思われるものまで製品化され、それぞれそれなりにうまいのだ。残るは、スイカ、メロン、トマト、キュウリなどのジュースいっぱいの野菜を、どう冷凍するかであろう。

魚肉類の冷凍食品は、もう風格さえにじむほどの完成度だ。牛ヒレ肉の2kgほどの塊を手に取ると、惚れ惚れする。

日本の食膳も、冷凍食品が主力となる日が来るに違いない。

南極あすか新聞
1987年（昭和62年）9月14日 月曜日
JARE28
あすか拠点
新聞社

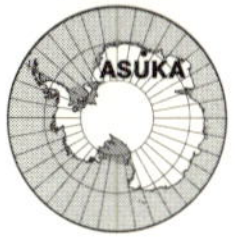

［9/13 気象］
天気　快晴
低い地吹雪
平均気温 -27.4℃
最高気温 -22.9℃
最低気温 -35.7℃
平均風速 12.7m/s
最大風速 25.0m/s
平均気圧 884.6mb

［9/13 メニュー］
☆酒井食当
朝昼兼用／炊込みご飯、白滝の真砂（タラコ）炒り、みそ汁、オレンジ
おやつ／ドーナツ
夕食／ミックスコロッケ、ポテトサラダ、豆腐田楽、白玉のそら豆和え、みそ汁、グレープフルーツ、オレンジ

快晴無風のち地吹雪

13日も朝は快晴無風で、4日連続の穏やかな日和かと思われたが、11時、急に地吹雪が吹き始め、一転して地上の視界は悪化した。このようなドラマチックな気象の変化は、季節の変わり目を意味しているのだろうか。

基地ではちょうど、オペレーションの谷間の日曜日に当たるため、各人とも終始リラックスして好きなように時間をすごした。食当の酒井は、おやつにドーナツを揚げて皆を喜ばせた。

晴海出航からまる10ヶ月

14日で、われわれ28次隊の晴海出航からまる10ヶ月を迎えた。あと2ヶ月後に、29次隊が華々しく日本を出発し、3ヶ月と少々であすかへやってくる。

共同ニュース日曜版より

13日の共同FAXニュース日曜版によると、新電電3社（第二電電、日本テレコム、日本高速通信）の市外電話サービスが始まって以来、安い料金が企業にも個人にも好評で、3社には一日平均1万件の加入申し込みや問い合わせが殺到しているようだ。

一方のNTTは、合理化などでコストダウンを図って対抗するという。わが大坂隊員にも、合理化の波が押し寄せるのか。

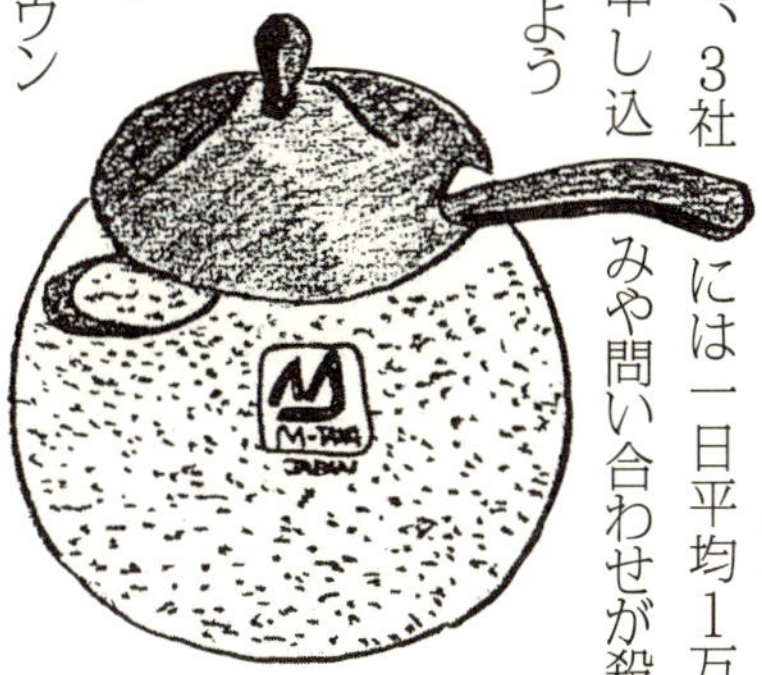
砂糖入れ

オーロラ夜話(87)　プロの道具

南極越冬隊の設営隊員は、ほとんどがプロの技術屋さんだから、当然ながら持ち込んだ道具もプロ仕様の機能的な道具がそろっている。男性週刊誌にしばしば「男の道具」などの企画が載るが、あれほどもったいぶらなくても、プロが日常さりげなく使いこなす道具には一様に風格がある。

発電棟には、使い込まれた工具類が、壁の型どおりに整理されている。日常の点検や工作に使われるスパナやペンチには、油や手垢が付いて、じつにいい光沢が出ている。安全地帯Aに置かれたドリルやグラインダーといった電動工具も、本物の凄味を放つ。

厨房の鍋釜類も、肉厚で重厚なものが多い。実際に使ってみても、家庭用のアルミやホーロー鍋とはひと味もふた味も違う。弘法筆を選ばずというが、本当のプロは道具にうるさいものだ。

通信室の電鍵はキンピカに光っているが、電報用のタイプライターは古色蒼然とした年代物だ。こういう対照的な道具を使うのもまた、プロなのだろう。

医務室の手術機械も、当然プロの道具なのだが、こちらは開院以来、滅菌されるだけで一度も使われていないので、ピカピカに光っている。

道具めぐりもまた、楽しいものだ。

南極あすか新聞
1987年（昭和62年）9月15日 火曜日
JARE28 あすか拠点新聞社

[9/14 気象]
天気　快晴
平均気温 -29.5℃
最高気温 -23.5℃
最低気温 -33.4℃
平均風速 6.0m/s
最大風速 16.3m/s
平均気圧 880.5mb

[9/14 メニュー]
☆高木マルミトン食当
朝食／鯨ベーコン、卵焼き、納豆、佃煮、かまぼこ、鰯塩焼き、キンピラごぼう、みそ汁
昼食／チャーハン、鶏肉と白菜のスープ、里芋と筍の煮付け、グレープフルーツ
夕食／鰊塩焼き、揚げシューマイ、モヤシ炒め、枝豆、スモークサーモン、焼きうどん明太子和え、鶏肉のトマトシチュー、グレープフルーツ

快晴無風、あすかの春が来た

13日は地吹雪がつづいたが、14日は一転して快晴無風の上天気に戻った。抜けるように蒼い空で、ほとんど無風にもかかわらず、気温はマイナス33・0℃を下限としてこれ以下には下降しない。太陽は目一杯照りつけて、ひどくまぶしい。9月10日を変曲点として、あすかの天気は大きく変わった。もう完全に春なのだ。

雪上車の整備すすむ

あすかの春を迎えて、屋外作業も肉体的にかなりラクになってきた。機械班と富田は、航空燃料輸送に用いるSM504、512、513、そして515のトランスミッション・オイルの交換、車内のグリースアップに精を出した。

スライド映写会を開催

14日夕食後、高木・大坂が撮影、現像したカラースライドの映写会が行われた。

9月に行われた第1回セールロンダーネ調査とオーロラが主な作品のテーマだが、大坂の撮ったオーロラと、人物ゴーストの不思議な世界も発表された。

オーロラシーズンもあと半月となり、各人とも撮影に拍車がかかりそうだ。

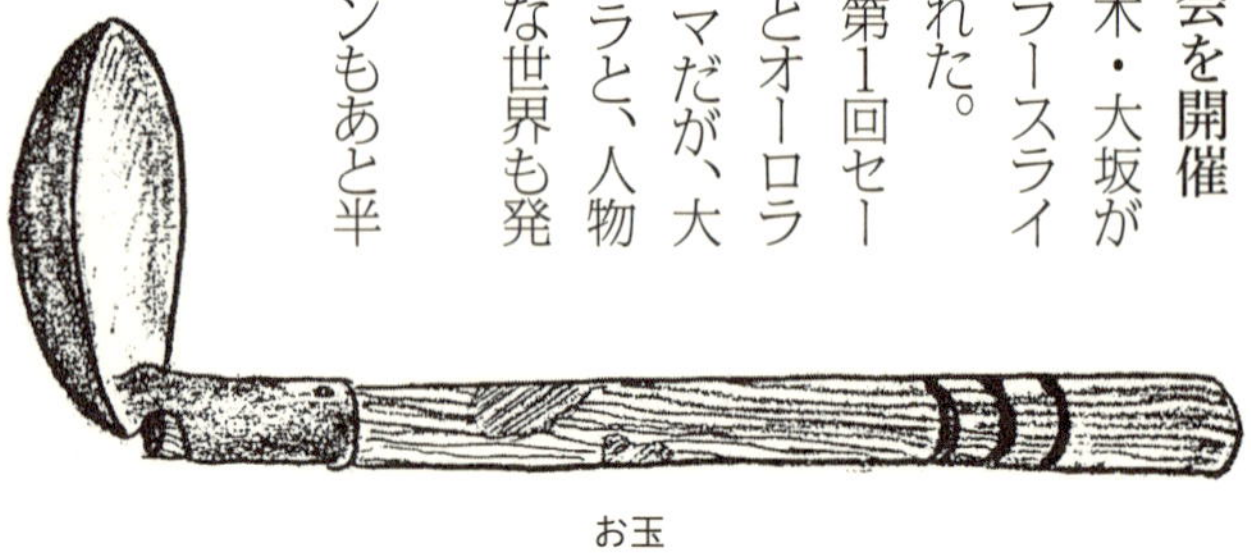

お玉

オーロラ夜話(88)　敬老の日

9月15日は敬老の日である。ところで、老年あるいは老人とは、いったい何歳からを言うのだろうか。一般的には60歳以上というところだろうが、政治家や財界トップなら、60歳代は脂の乗りきった壮年というべきだろう。

重責や多忙に追いまくられている人の方が、肉体的にも精神的にも若いというのは、皮肉なことだ。要するに、目標を高く掲げて自己に鞭打つ人ほど、目標達成までの道程が長いから、相対的に若さを保てるのだろう。手の届く目標を達成して満足してしまうと、人は老け込むのだろう。

さて、わがあすか初越冬隊では、鮎川隊長43歳、高橋40歳、渋谷39歳、高木38歳、富田34歳、酒井33歳、大坂は本日で33歳、野崎30歳の年齢順となる。

基地では誰ともなく、前者4人を老人、後者4人を若者と区別しているようだ。しかし、これは8人の小社会の中の相対的な立場であって、日本人の平均寿命あるいは社会通念からいえば、だれもが中年、あるいはむしろ男盛りといえよう。

南極越冬隊は、強靭な肉体と不屈の精神を要求される集団だから、もちろん60歳代を壮年というわけにはゆかない。はっきり言って、40歳をすぎて初めて南極で越冬するのは、かなりつらいはずだ。

しかし、好きで何度も南極に来ている40歳代は、老け込むわけにはゆくまい。

南極あすか新聞

1987年
(昭和62年)
9月16日
水曜日

JARE28
あすか拠点
新聞社

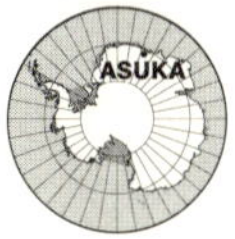

[9/15 気象]
天気　快晴
低い地吹雪
平均気温 -30.4℃
最高気温 -29.4℃
最低気温 -31.9℃
平均風速 16.2m/s
最大風速 25.3m/s
平均気圧 880.8mb

大坂隊員33歳の誕生日

15日は大坂孝夫隊員33歳の誕生日であった。いつもは祝宴を演出する側の彼も、この日は隊長の横という晴れがましい席に座らされ、いつになく緊張して宴に臨んだ。

「帰って来いよ」を主賓に歌わせるという趣向で始まった祝宴は、酒井の司会、富田シェフの豪勢な洋食フルコース、野崎のソムリエ兼ギャルソンにより、楽しく家庭的な雰囲気で盛り上げられた。さらに、来賓諸氏よりそれぞれ含蓄のある立派な祝辞がのべられた。

最後に高橋の新技エールで、宴はみごとに〆られた。記念麻雀は高木が初めて制し、恒例のカラオケが夜更けまでつづいた。

地吹雪舞い戻る

15日、しばらく姿を見せなかった地吹雪が、再びあすかに舞い戻ってきた。空は蒼く晴れ渡っているのに、風は13時には20m/sに達し、「ゴウゴウ」と音をたてて吹きまくった。

このため、地吹雪は高く、発電棟から百葉箱がようやく見える程度の視程であった。

前回のセールロンダーネ調査の知見でもわかったように、山ではおそらく快晴無風の好天気なのだろう。

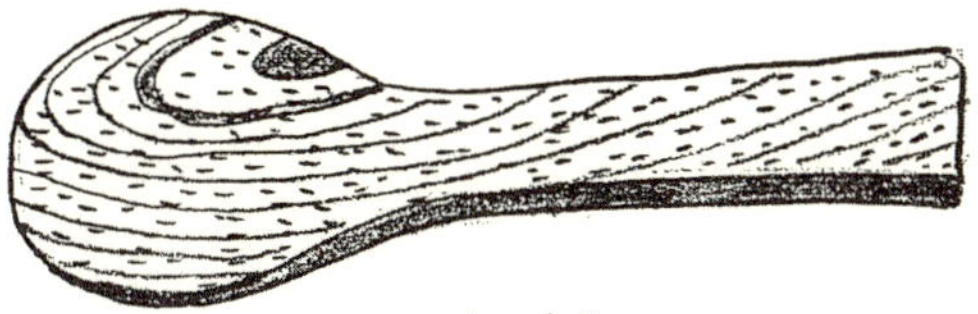

しゃもじ

[9/15 メニュー]
☆富田シェフ食当
朝昼兼用／うどん、杏子缶
夕食／大坂誕生日洋食コース（伊勢海老マリネ、ジュンサイのコンソメ、サーモンムニエル、牛ヒレのウェリントン、サラダ、イチゴアイス、コーヒー、バターロール、誕生日ケーキ、氷細工〔鮫〕）

オーロラ夜話(89) 洗濯

越冬生活で虚心坦懐になれる時間のひとつに、洗濯がある。

南極での汗をかかない越冬生活の中で、男が洗濯に供する衣類の数量は、それほど多いものではない。また、洗濯作業の好きな人と嫌いな人がいるから、あすか越冬隊員の場合、ひとりあたり月2~3回が平均ではないかと思われる。

洗濯日は、原則として入浴日の翌日で、洗濯水は風呂の残り湯を使う。適度に温かいので洗浄力も良いようだ。洗濯物を洗濯機の水槽にドサリと投げ込み、洗剤をふりかけ、風呂の残り湯を洗面器で10杯も移せばよく、タイマーをセットすれば後は機械任せだ。

規則的な洗濯機の水流音、発電機のエンジン音、屋外のブリザードの叫びなどが、それぞれの周期で耳に入る。

洗濯する隊員は、風呂場と脱衣場を分けるサッシなどに腰をおろして、時折、タイマーの進み具合を確かめながら、やおら文庫本などを読み始める。労せずして作業は進み、趣味のひとときまで持つことができる。洗濯という作業の性格もあって、この作業はとても爽やかな気持ちで行うことができるのだ。

あすか隊の8名は、全員が所帯をもっているから、家庭で洗濯をしている人はいないだろうが、適量の時折の洗濯は、気分転換に悪くない作業ではないか。

南極あすか新聞
1987年（昭和62年）9月17日 木曜日
JARE28 あすか拠点新聞社

［9/16 気象］
天気　快晴
低い地吹雪
平均気温 -28.0℃
最高気温 -25.7℃
最低気温 -31.1℃
平均風速 17.3m/s
最大風速 22.9m/s
平均気圧 884.1mb

［9/16 メニュー］
☆富田シェフ食当
朝昼兼用／かに玉丼、里芋煮付け、新香、みそ汁、オレンジ
夕食／ラムステーキ、お浸し、ナマコの炒め物、ローストチキン、新香、吸物、チーズケーキ、グレープフルーツ

冷凍食品収納庫が完成

16日、安全地帯A脱出口の脇でかねてより掘削が進められていた、冷凍食品収納庫が完成した。段ボール箱がきれいに並べれるよう、壁ぎわと中央には台座が設けられている。

富田の計画では、越冬交代前に、28次隊用の冷凍食品を冷凍庫から収納庫に移し、冷凍庫を29次隊のためにいったん空にするという。

この日は同時に、冷凍食品収納庫から切り出した雪塊の搬出と、B出入口の除雪も行われた。

まぶしい陽光の中、地吹雪続く

16日は風速が幾分弱まって、飛雪も少なくなり、セールロンダーネが見通せるようになった。しかし低い地吹雪は、相変わらず続いた。一方、春の陽光はまぶしく降り注いだ。

排水タテ坑深19・8mに

16日、酒井が測定した排水タテ坑の深さは19・8mであった。底部がシャーベット状態であったとはいえ、前回7日の値17・8mよりも2m近くも深くなっているのは驚きである。この間の排水量は、4200ℓであった。

深鍋

オーロラ夜話(90)　運動不足

ブリザードの日のあすか基地では、棟外へ出ることができない。こんな日は、基地の端から端まで歩くしかないが、観測棟の観測室から主屋棟の通信室まで、たかだか100mにしかならないのだ。

したがって、例えば観測棟の住人が、一日3回主屋棟へ食事に通い、同じく5回発電棟の便所に通うとして、一日に歩く距離は約1km。これに部屋の中をウロウロする距離として約0・5kmを加えた、約1・5kmが全歩行距離となる。歩幅を60cmとすると、一日2500歩の計算になる。

記者が21次のみずほ基地で越冬中の時のこと。万歩計で一日の歩数を測定したところ、暗夜期には大体、あすかと同じような数値が出たと記憶する。

10次隊医学担当の蜂須賀隊員によると、ふつうのサラリーマンの一日歩数は7000歩というから、屋外へ出られない日の越冬隊員は、明らかに運動不足といえよう。しかし、これは基地の特殊な環境を考えれば、仕方のないことである。

21次では、その当時流行したルームランナーを持ち込んで、足踏み式ランニングを励行した。これもなかなか運動量があって、効果はあった。しかし、ベルトが回転して、実際に自分が足を前に出して走れるトレッドミルがあれば、さらによい。

老化は足から来るというのは、事実なのだから。

南極あすか新聞

1987年（昭和62年）9月18日 金曜日

JARE28 あすか拠点 新聞社

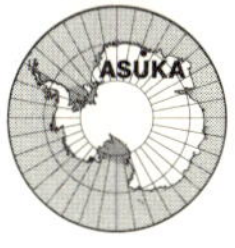

［9/17 気象］
天気　快晴
低い地吹雪
平均気温 -27.1℃
最高気温 -26.3℃
最低気温 -28.0℃
平均風速 18.5m/s
最大風速 24.9m/s
平均気圧 882.4mb

［9/17 メニュー］
☆富田シェフ食当
朝食／納豆、キンピラごぼう、鯵開き、牛大和煮缶、みそ汁
昼食／カレーライス、サラダ、新香、スープ、牛乳、桃缶
夕食／麻婆豆腐、牛モモの唐揚げ、ツナサラダ、鶏肉とカシューナッツの炒め物、新香、みそ汁、チーズケーキ、オレンジ

第3回ホルモンリズム採血行う

17日、医学観測の第3回ホルモンリズム採血が行われた。この研究は、南極の特異な自然および社会環境における、ヒトの血液中のホルモン日内リズムと季節変動を調べることが目的である。

高木の年間を通じた縦断的なデータと、8名の季節ごとの横断的なデータをつき合わせることで、一枚の綾錦《あやにしき》のように興味深い知見が得られるはずである。

排水タテ坑深、訂正値は18・0m

17日、酒井が測定し直した排水タテ坑の深さは、18・0mであった。16日の値は、排水直後のため上層がシャーベット状態になっていて、錘がそこを通過したことによるものと思われる。

コラム「変わる南極像」届く

17日、FAXで神沼克伊教授から、「変わる南極像」と題する、24回に及ぶ朝日新聞の連載コラムの切り抜きが送られてきた。内容はあすか基地における初越冬についてであったが、まずは無難で大きな誤りのない記載内容だった。

雪入れ作業を実施

17日昼食後、19m／sの風、マイナス26℃の気温の下で、全員による雪入れ作業が行われた。

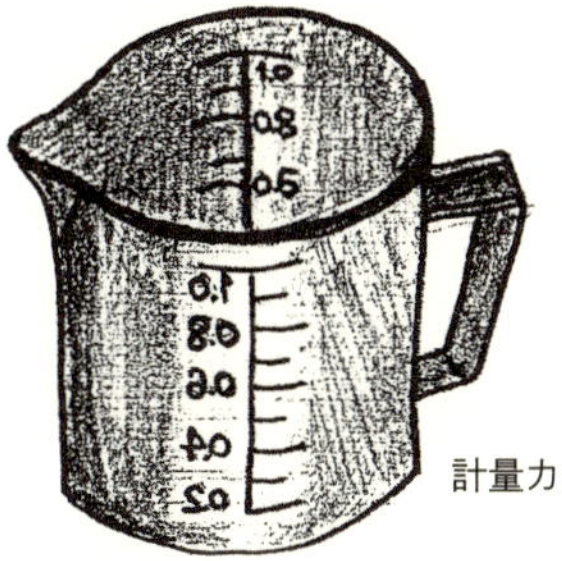

計量カップ

オーロラ夜話(91)　北原ミレイ

北原ミレイという歌手がいる。紅白歌合戦に常時出場するような人気歌手ではない。しかしながら、いわゆる港町演歌を歌わせたら、右にでる者がいないほどの実力をもつ歌い手だ。

彼女はいわゆる美人歌手ではないせいか、TVにはめったに出演しないのが、かえって一部のファンに静かにうけている。

彼女のオリジナル曲で、ひとつだけ中くらいのヒットを飛ばしたのが「石狩挽歌」だった。なかにし礼の作詞、浜圭介の作曲で、ニシン番屋の飯炊き女がニシン豊漁に沸いた昔日を偲ぶこの秀作は、北原ミレイの哀調を帯びた歌唱で、有線放送を主として街に流れた。

「あれからニシンはどこへいったやら」と歌うサビの部分は、ご当地である夜の札幌で、誰もが口ずさんだものだった。

北原ミレイは器用な歌い手だから、「漁歌」「釜山港へ帰れ」「矢切の渡し」「氷雨」「夢芝居」「まわり道」「湘南哀歌」などの有線演歌を、いずれも独特の底深い節まわしで見事に唄いこなしている。ところが、知名度の低さからか、競作になるといつも負けているようだ。

しかし、南極のブリザードの夜などに、ひとりしみじみと北原ミレイを聴いてごらん。言葉では言い表せない哀愁に、思わず身震いすることだろう。北原ミレイはエレジー（哀歌）の女王なのだ。

南極あすか新聞
JARE28
あすか拠点
新聞社

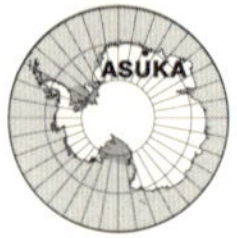

1987年
(昭和62年)
9月19日
土曜日

[9/18 気象]
天気　高曇
平均気温 -25.5℃
最高気温 -23.0℃
最低気温 -27.5℃
平均風速 16.8m/s
最大風速 25.5m/s
平均気圧 874.1mb

燃料輸送旅行の準備すすむ

18日、1週間後に迫った航空燃料輸送旅行出発の準備が、精力的に行われた。

すでに使用車両の整備は終わっているが、18日には車載の油類の補充、食糧の補充、車内の整理とキャビンのベニア敷き直し、ＨＦ無線機の点検、ラッシングベルトの点検などが行われた。

8月半ば以来、地吹雪は恒常的に吹きつづけ、北の地平線に地吹雪の白い帯がケバ立って見えている。9月3日のLルート整備でも確認されたとおり、あすかが快晴無風に近い好天気でも、Ｌ１１８あたりから地吹雪が出現し、Ｌ１１２以北は白い地吹雪の海である。

4人で4台の車両と数多くのソリを、70km離れた30マイル地点へ移動させるには、作戦が必要だ。よほどの運がなければ、4人が各1台を運転して、地吹雪のLルートを突破することはできない。

対策として、先頭を走るレーダー搭載のＳＭ５１５に高木・大坂の2名が乗って、レーダー航法でルートを拓き、酒井はＳＭ５１３を運転してソリを多数引き、高橋が1台の車両を運転し、プロペラシャフトを外した残る1台の車両を牽引するという方法が考えられている。

フライ返し

オーロラ夜話(92)　ロムナエス

あすか基地の西北に聳えるヌナターク・ロムナエスは、大陸雪原上の独立峰で、Ｌルートはロムナエスを格好の目標として作られたものである。

標高は約１５００ｍで、雪原から飛び出た部分が約５００ｍと推定される。形は南北に長い稜を有し、風上側の東は穏やかな雪のスロープ、風下側の西は深いウィンドスクープを少なくとも20kmは引いている。

ロムナエスとシール岩との相対的な位置を考慮して、われわれのあすか基地の場所は選定された。これが正しかったことは、基地を離れて野外に出てみるとよくわかる。どの方向からも、ロムナエスの特徴ある山容を同定でき、あすかの位置もすぐに見当がつくのだ。

28次あすか越冬隊は、ロムナエスから直線距離にして7kmの基地にいながら、建設作業や基地運営のため、この峰に取り付く機会がなかなかなかった。

8月28日になって、初めて頂上稜線の測地基準点に登り、実際にその雪斜面、蒼氷、露岩に触れることができた。頂上稜線は予想外に幅広く、ソフトボールができるくらいの平坦地も認められたが、さすがに風は著しく強かった。あすか一帯を見おろす景観はまさに絶景だ。

また、山すそには地衣類(コケに似た菌類)の貼りつく岩盤もあった。ロムナエスはまだまだ未知に包まれている。

[9/18 メニュー]
☆富田シェフ食当
朝食／辛子明太子、キンピラごぼう、鯖水煮缶、カレー、みそ汁
昼食／ラーメン、オレンジ
夕食／牛ヒレのポワレ、ワカサギのマリネ、油淋鶏、鮪山かけ、新香、みそ汁、チーズケーキ、オレンジ

南極あすか新聞

1987年
（昭和62年）
9月20日
日曜日

JARE28
あすか拠点
新聞社

［9/19 気象］
天気　曇
平均気温 -26.7℃
最高気温 -24.5℃
最低気温 -29.4℃
平均風速 10.8m/s
最大風速 19.9m/s
平均気圧 871.2mb

久々の穏やかな天気

19日、朝から高曇りであったが、10m／s以下の風で地吹雪はなく、気温はマイナス26～28℃という久々の穏やかな気象となった。

このため、雪入れや地磁気絶対値測定、予備食点検などの野外作業が活発に行われたため、基地内は至って静かだった。

シール岩の予備食点検

19日、富田・高橋・野崎・鮎川隊長により、シール岩にソリ積みのままデポされている予備食の点検が行われた。

夏オペ時に積み込まれたまま放置されていたので、雪が食料段ボール箱のすき間や上にびっしりつまっていたそうだ。品物はリストどおりに揃っておらず、ウイスキー瓶などは割れた可能性もある。

地磁気絶対値を測定

19日、酒井と渋谷は、シール岩で地磁気絶対値を測定した。好天気に恵まれ、仕事は順調にはかどった。

8月28日に立てたロムナエス測地基準点のポールは、いまもしっかり立っていて、いい目標になるそうだ。

天皇陛下は小腸癌か

19日の共同ニュースによると、天皇陛下は腸閉塞の症状を呈し、検査では「できもの」が疑われているという。

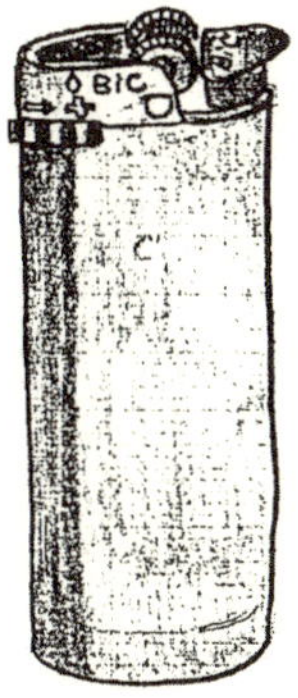

ライター

小腸癌は珍しい症例だが、おそらく癌で手術が必要になるであろう、とは高木の見解。

オーロラ夜話(93)　登山基地

南極大陸雪原上の基地にいて、遠く望めるロムナエスやセールロンダーネの調査計画を練るのは楽しいものだ。戦略も具体的に立てることができる。疑問が生じたなら、双眼鏡片手に棟の屋根の上に駆け上がり、じっくりと山を観察すればいいのだ。

このような好条件は、日本国内での山行計画立案の際でさえ、そうそう得られるものではない。例えば、東京に生活していて北アルプスに登ろうとしても、参考になるのは地形図などしかないが、信濃大町に暮らしていれば、爺ヶ岳や常念岳は実際に見られるのだ。

あすか基地に越冬するということは、山好きな人が思い募って、信濃大町に居を移したのと同じともいえる。

ロムナエス測地基準点に登った際も、予定する登山ルートを双眼鏡や500㎜望遠レンズでのぞいてみると、蒼氷帯の幅や露岩地帯の状態が割合正確に把握できた。セールロンダーネの未踏の稜や谷を双眼鏡でなめるようにたどって、あそこは突破できそうだとか、あそこはヤバイなどと判断するのも基地生活の醍醐味なのである。

こういう環境は、幼少の頃から山に憧れてきた者にとって、まったくもって堪えられない。あすか越冬隊員の条件は、第一に山好きであることだ。

［9/19 メニュー］
☆高木マルミトン食当
朝食／ベーコン野菜炒め、鯨ベーコン、納豆、佃煮、キンピラごぼう、鰯塩焼き、みそ汁
昼食／すきやき丼、吸物、グレープフルーツ
夕食／天婦羅盛り合わせ、牛モモの唐揚げ、枝豆、焼きうどん明太子和え、スープ、チーズケーキ、グレープフルーツ

南極あすか新聞

1987年
（昭和62年）
9月21日
月曜日

JARE28
あすか拠点
新聞社

［9/20 気象］
天気　高曇
平均気温　-27.4℃
最高気温　-23.6℃
最低気温　-35.7℃
平均風速　11.2m/s
最大風速　22.4m/s
平均気圧　863.6mb

オペレーション前の休日日課

20日は、航空燃料輸送オペレーションを数日後に控えた日曜日であったが、準備が順調にはかどっていることもあり、全員リラックスして休日を楽しんだ。

気象も午前中こそ風が強かったが、16時頃から急激に衰え、旅行用にとっておきたいような好天気となった。

基地では、野崎が4週に一度の調理にかかりきり、高橋は発電棟でベニヤ板の工作に余念がなかった。鮎川隊長は飛雪のサンプリング、渋谷は観測室にこもり、普段と変わりない一日を送った。

天皇の病状、続報入る

20日の共同ニュース日曜版によると、天皇陛下は、4月頃から祝宴で嘔吐するなど体調を崩されていたそうだ。

侍医たちは下剤など内科的処置を施してはいたが、症状が一進一退だったため、最近まで診断がつかなかったようである。

侍医団を構成するのは、おそらく高名な医師たちであろうが、天皇陛下というVIPに遠慮したのか、敏速な検査と診断の機会を失ったようにみえる。

VIPが病気になった場合、よくある事態だ。

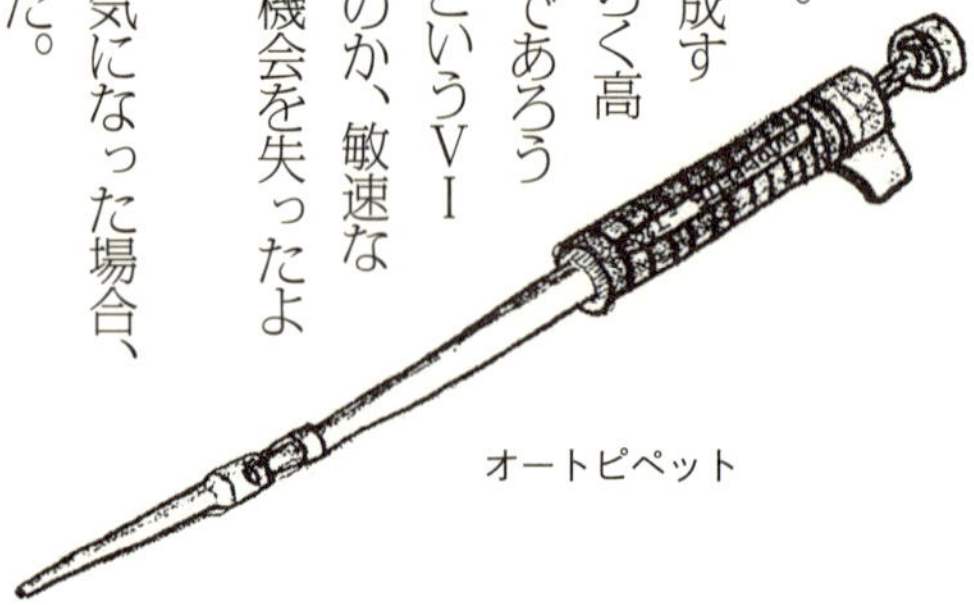
オートピペット

オーロラ夜話(94)　凍傷

冬明けの野外活動や屋外作業が多くなったあすかでは、必然的に寒冷や強風に曝露されることが多くなり、各隊員はいずれも頬や鼻梁に凍傷を負っている。

凍傷とは、凍結による皮膚の表層性組織の損傷で、重症度により三つに分類される。

第1度：水疱形成や表皮剝脱のない凍結、

第2度：水疱形成や表皮剝脱を伴う凍結、

第3度：皮膚の壊死を伴った凍結で、深部組織にも及んでいる。

軽度の凍傷患者の症状は、しびれ感やズキズキした痛み、掻痒感などで、重症になると、知覚麻痺やこわばりが起きることも。温めると、圧痛や灼熱痛をひきおこす。

凍傷は、皮膚温がマイナス4～10℃、またはそれ以下で起こる。つまり、あすかの気象のようにマイナス30℃以下で、しかも風速が15m／s以上もあるとなれば、露出した皮膚が凍傷になるのは、むしろ当たり前のことで防ぎようがない。

治療は第1度なら放置。軟膏類はほとんど効かない。患部を決してこすらないようにして、徐々に温める。第2度以上になると、医師の治療が必要だ。

まず、患部を40～42℃の湯で数分間加温して解凍し、感染予防を施す。消毒して滅菌ガーゼを当て、抗生物質を投与し、時には抗凝固剤も投与する。

さらに重篤になると、交感神経切除や患部切断の手術が必要な場合もある。

［9/20 メニュー］
☆野崎食当
朝昼兼用／チーズと野菜のオムレツ、トースト、スパゲティサラダ
夕食／牛バラ煮込み、豆腐ハンバーグ、大豆とベーコンのバター和え、サラダ、オニオンスープ

南極あすか新聞
1987年(昭和62年)
9月22日
火曜日
JARE28
あすか拠点
新聞社

[9/21 気象]
天気　快晴
平均気温　-32.8℃
最高気温　-27.4℃
最低気温　-40.1℃
平均風速　8.4m/s
最大風速　25.7m/s
平均気圧　859.8mb

発電機6000時間点検

21日、恒例の30KVA発電機の点検が行われた。今回は6000時間目に当たり、普段より入念な点検がなされたが、作業時間は2時間以内であった。

トイレ・風呂の排水実施

発電機点検の後、トイレと風呂の汚水タンクの排水が行われた。

風呂の排水タンクの底にはヘドロが少しずつ沈殿してくるが、これも攪拌しながら流した。きれいになったトイレには、しばらくポリシンの臭いが立ちこめた。

貯油タンクへ軽油移送

21日午後、燃料輸送用にソリを空けるため、軽油ドラムソリ2台分が貯油タンクへ移し替えられた。

貯油タンク周囲はドリフトが高くなっているため、ソリは2台の雪上車で列車にして、タンクの北側へ引き込まれ、ここからパイプを使って軽油が移された。

雪尺測定マイナス0・5cm

21日、酒井と大坂により、36本雪尺測定が行われた。

前回8月21日からの積雪は、マイナス0・5cmで、7月以降3ヶ月連続の積雪減少となった。1月25日からの積算では、プラス8・0cmとなっている。

食堂のカエル置物

オーロラ夜話㊵ 登攀用具

南極観測隊には、次隊ごとに2、3人は山好きの隊員がいるものだ。学生時代に山岳部に所属していたとか、社会人山岳会のメンバーであるといった人たちである。

中には、京都大学学士山岳会のヤルンカン峰遠征隊員で、栄光の初登頂を遂げながらパートナーと自分の手指を失ってしまった、上田豊氏(10次・26次)のような著名な岳人もいる。

山好きの隊員は、もしかすると南極の山を登る機会があるかもしれないと考えて、愛用の登攀用具を秘かに持参してきている。先述の上田氏は雪氷調査の折、ブラットニーパネ最高峰の登頂を果たした。

27次の佐藤隊員は、セールロンダーネ調査に備えて、岩壁穿孔用の埋め込みボルトまで持参していたが、残念ながら岩を攀《よ》じる機会はなかったそうだ。

あすかの高木隊員も、アイスバイル、12本爪アイゼン、ユマール、ハンマー、ハーケン、カラビナ、ハーネスなど、段ボール1梱《こん》分の登攀用具を持参してきている。アイスバイルとは、氷壁用の小型ピッケルだが、日本では使用する機会になかなか恵まれず、もっぱら軒先のつらら落としに使っていたという。

南極には未登の岩壁や氷壁が数多くあり、愛好者には垂涎の的だ。やがては、観測隊以外の登山家が押し寄せることだろう。

[9/21 メニュー]
☆高木マルミトン食当
朝食／かまぼこ、鯨ベーコン、キンピラごぼう、牛大和煮缶、辛子明太子、鰯塩焼き、佃煮、みそ汁
昼食／チャーハン、チキンスープ、煮付け、グレープフルーツ
夕食／秋刀魚塩焼き、納豆春巻、焼きうどん、かに玉、スペアリブ、とろみスープ、スモークサーモン、グレープフルーツ

南極あすか新聞

1987年
（昭和62年）
9月23日
水曜日

JARE28
あすか拠点
新聞社

[9/22 気象]
天気　高曇
平均気温 -23.9℃
最高気温 -21.8℃
最低気温 -27.5℃
平均風速 21.3m/s
最大風速 27.9m/s
平均気圧 853.1mb

家族の寄せ書き届く

22日、FAXにより隊員家族の寄せ書きが届いた。妻やさまざまな年齢の子供たちが、それぞれにふさわしい内容と字体で綴ったメッセージと絵に、隊員たちは目を細めて喜んだ。こうした極地研事業課のサービスは、まことにありがたい。

風呂循環水フィルター交換

22日、機械班は風呂循環水フィルターを交換した。2ヶ月に一度のことだが、30人近くが住む昭和基地では、20日間に一度は交換しなければならないそうだ。

風強く、屋外作業中止

21日夕方から吹き始めた風は、22日も終始20m／s以上の勢いで吹き続けた。しかし、風速の割に地吹雪は案外低く、セールロンダーネの山々もほとんど視界に在った。この強風で、旅行隊のソリ編成や雪入れなどの屋外作業は中止された。

ところで、あすかの気象はいつ頃、風が弱く安定した夏型に変わるのだろうか。10月初旬という声もあれば、11月初旬という説もある。渋谷予報官は、何故か10月12日と細かい数字を挙げた。

むぎ焼酎

あすか平野

一、あすか平野に　ブリ吹くころはヨー
茂さんすとりでェ　出稼ぎずたく
春にゃ必ず　茂さん帰る
ドラムいっぺぇ　引っぱってヨー
淋しくなるけど　慣れたや茂さん

二、あすかみなとは　カタバが強くて
夢もすばれ～る　吹雪の夜更け
降るな降るなよ　あすかの雪よ
春がことしも　遅くなるよ
燃料部隊ヨ　会いたや茂さん

三、山の雪解け　トリ舞うころはヨー
隊長やけにヨ　ソワソワするね
いつも演歌を　大きな声で
茂さんうたって　雪上車おりる
セールロンダーネよ　見えたか茂さん

吉幾三のヒット曲「津軽平野」の替歌である。高橋茂夫隊員の40歳の誕生日を祝って、高木隊員が歌詞を作った。

「津軽平野」はあすか基地のレーザーディスク・カラオケのナンバーにも含まれていて、酒井隊員が持ち歌にしている。本歌は雪深い津軽から都会へ出稼ぎに出た親父を偲ぶ歌詞になっているが、替歌では、冬明けに30マイル地点へ航空燃料ドラムを取りに行く茂さんを想っている。

「あすか平野」にもあるとおり、あすか一帯は雪氷の平野だし、基地は荒涼たる地吹雪の海の港ともいえよう。

[9/22 メニュー]
☆富田シェフ食当
朝食／鯵干物、納豆、キンピラごぼう、みそ汁
昼食／ハヤシライス、サラダ、新香、みそ汁、桃缶
夕食／おでん、生ハム・牛たん、腸詰ウインナー、ホウレンソウのお浸し、新香、スープ、ミートパイ、オレンジ

南極あすか新聞
1987年（昭和62年）9月24日 木曜日
JARE28
あすか拠点
新聞社

［9/23 気象］
天気　曇低い地吹雪
平均気温　-20.5℃
最高気温　-19.3℃
最低気温　-22.3℃
平均風速　19.2m/s
最大風速　25.5m/s
平均気圧　857.0mb

［9/23 メニュー］
☆富田シェフ食当
朝昼兼用／うどん
夕食／寄せ鍋、そら豆、焼き鳥、鰹のタタキ、チーズ盛り合わせ、松茸ごはん、吸物

旅行隊がソリ編成作業実施

23日は、秋分の日で休日日課であったが、24日の出発を目前にした航空燃料輸送旅行隊のメンバーは、20m／sの風の中、30マイル地点へ引いてゆく空《から》ゾリの編成作業に約1時間を費やした。

プロトン磁力計をテスト

23日、SM513に車載するプロトン磁力計の架台作成と走行テストが行われた。ところが、センサーを載せる中型ソリのランナーが、鉄製の磁性体であることから、テストはうまくいかなかった。

依然つづく荒天

23日は、朝から20m／s内外の強い風が吹き荒れた。さらに、16時頃からは地吹雪も出現し、視程が極めて悪くなったことから、外出禁止令が出された。

航空燃料輸送旅行隊の準備はすでに整っているので、24日の出発を見こして、特別に風呂が沸かされ、夕食は寄せ鍋のごちそうとなった。

23日は日本での秋分の日に当たるが、南半球の南極では春分の日だ。これから夜が、どんどん短くなってゆく。

ガスマッチ

オーロラ夜話(96)　雪上車

南極大陸の旅行における雪上車の重要性は、砂漠のラクダ以上のものだ。

雪上車さえあれば、われわれはその中で体を暖め、食事をし、眠り、そして移動することができる。南極での衣食住を、雪上車1台でカバーできるといっても、あながち過言ではない。

南極探検の先人たちは、犬ゾリのアムンゼンや人力ソリのスコットに代表されるように、寒冷に曝露され、体力の限りを尽くして大陸を移動した。彼らの苦痛や辛酸がいかばかりのものであったかは、われわれも雪上車を離れて行動してみると、多少でも想像できる。

しかし、少なくともわが南極観測隊員の中には、雪上車以外の乗り物で、大陸を長く旅してみたいと思う人は、ほとんどいるまい。

冬明けになって以降、われわれあすか隊は、雪上車を利用してでかける機会が増えた。高橋隊員がコツコツ整備してきたSM50型や40型の雪上車は、このクソ寒い大陸を、文句も言わずによく走ってくれる。

エンジン始動が面倒だとか、ファンベルトがきしむとか、フロントガラスのデフロスタが弱いとか、揺れがひどいとか、雪上車をののしりたくなる時もたしかにある。そんな時のわれわれは、過酷な南極大陸を旅していることを、忘れてしまっているのかもしれない。

南極あすか新聞

1987年
（昭和62年）
9月25日
金曜日

JARE28
あすか拠点
新聞社

[9/24 気象]
天気　晴
平均気温　-22.2℃
最高気温　-19.6℃
最低気温　-24.0℃
平均風速　14.8m/s
最大風速　25.5m/s
平均気圧　855.4mb

燃料輸送隊、30マイルへ出発

航空燃料輸送隊（高橋L・高木・酒井・大坂）は24日9時40分、30マイル地点へ向けてあすか基地を出発した。SM515、504、513、および512の4台の車両が、合計15台のソリを引いての出発風景は壮観であった。天気は晴れで、L115までの視程は1kmと良かった。

しかし、L113で早くもロムナエスを回り込む地吹雪が現れ、L112では視程0・2kmの地吹雪の海であった。航法担当の高木の報告により、L111で予定通りレーダー航法に切り替える。すなわち、先頭のSM515にレーダーマンとして大坂が乗り込み、SM504は高橋の512が曳航した。その威力はすばらしく、12時48分にはL100に到着し、昼食をとった。

L94〜L91間ではレーダーに旗竿が映らず、やや苦戦した。この間、0・5km毎に新しい旗竿を立てる整備も実施し、L90から先は目視航法に戻り、L86で再び元通り4人4台の車両編成になった。

以後、視程は0・3〜0・1kmであったが、GPS旅行の際に林立させた旗竿と、調子の出てきたナビゲーター高木の眼が活き、日没までにはL61に達し、ここでキャンプとなった。懸念された、いわゆる地吹雪帯を乗り切ったことで、輸送隊の士気は高かった。

夕食のTボーンステーキを食べ、各隊員は各車にシュラフを拡げた。

枝豆

オーロラ夜話(97)　禁煙

最近、鮎川隊長が禁煙を始めた。家族との衛星電話で約束させられたのか、自分で危機感を覚えたのか、ピタリと煙草との縁を切ってしまった。おかげで気管支がすっきりしたのか、咳をあまり聞かなくなった。

煙草には、誰もが未成年の頃に手をつける。それで味をしめた人だけが愛煙家になっていく。何十年も喫煙をしつづけると、禁煙することは大変な苦痛だろうと察せられる。煙草がないと、落ち着かず、思考もできなくなるのだろう。

つい近年まで、ヘビースモーカーはヘビードリンカーほど社会的に嫌悪されていなかった。ところが、禁煙キャンペーンが静かに深く社会に浸透していくにしたがって、徐々に煙草を締め出す運動が拡がっている。肺癌やバージャー氏病など煙草との因果関係がはっきり指摘される病気もある。煙草の効用が、アルコールと比べてずっと少ないことも事実だ。

そんなわけで、愛煙家は自分自身からも社会からも追い詰められつつある。あすかでは、8名の越冬隊員のうち、4名が愛煙家だったが、隊長が「いちぬけた」ので、3名になってしまった。この人たちは、完全な少数派となり、人知れずプレッシャーを感じていることだろう。

[9/24 メニュー]
☆富田シェフ食当
朝食／鰯塩焼き、納豆、とろろ芋、おじや、みそ汁
昼食／親子丼、切り干し大根煮付け、新香、みそ汁、オレンジ
夕食／手巻き寿司、オムレツ、冷奴、イカの辛煮、切り干し大根煮付け、吸物、グレープフルーツ

南極あすか新聞
1987年（昭和62年）9月26日 土曜日
JARE28 あすか拠点新聞社

[9/25 気象]
天気　高曇
平均気温 -20.6℃
最高気温 -19.1℃
最低気温 -22.9℃
平均風速 14.8m/s
最大風速 22.4m/s
平均気圧 852.8mb

輸送隊、30マイルに到着

航空燃料輸送隊（高橋L）は、25日9時25分、L61のキャンプを発ち、快晴無風のまるで夏のようなLルートを快調に飛ばし、11時、30マイル地点に到着した。30マイルの状態は、4月のGPS旅行の折とあまり変わらず、問題の航空燃料ドラムもしっかり雪面上に顔を出していた。

ソリを切り離したあと、埋没小屋の風下側北側に車両4台を並べてキャンプ態勢に入り、昼食をとる。作業開始前の30マイルの状態をカメラで撮影した。

13時より、ブルドーザの掘り出し、雪の溶解、エンジン始動の作業に取りかかった。ブルドーザのキャビンやエンジンルームには、びっしりと雪が侵入していたが、除雪とマスターヒーターによってきれいになり、高橋の祈るようなキー操作で見事にエンジンがかかった。これらの作業には、3時間を要した。

小休止のあと、17時より航空燃料ドラムのソリへの積み込み作業に着手した。高橋の安全第一のブル操作と、3名の人夫の慎重な動きで、20時までにソリ4台分計48本のJETA1のソリ積みが終了した。終始おだやかな気象に恵まれ、順調な滑り出しであった。

一方、酒井はプロトン磁力計観測をL61につづいて行った。

湯のみ

オーロラ夜話⑱　TV中継

ブリザードで屋外に出られない日、基地にTV中継があればと思う。日本ではさほど見たいとは思わないが、情報不足の南極でその映像と同時性は夢である。

20次隊に、勝部氏らNHK放送陣が同行して、南極からインド洋上のインテルサット衛星中継で日本へ映像を送った。あのNHKの企画は、隊員の遊びの場面ばかりが多く、実際の越冬生活の厳しさが描かれていないとの批判が、極地研内にはあったそうだ。でも、南極と無関係の一日本人としては、昭和基地の光景やみずほ旅行隊の記録に息を呑み、興奮した。

そして、記者が21次隊で昭和基地に暮らした時は、あのNECのパラボラアンテナが撤去されず、NHK企画とは逆に日本から南極へTV中継をしてくれたら、なんと楽しいことだろうかとつくづく思った。

28次の現在でも、インマルサット衛星FAXで、家族の写真1枚を電送してもらうと2万3000円もかかる。TV映像となると、幾ら必要かは素人に見当もつかない。しかし、共同FAXニュースの代わりに、船舶向けのTV放送が行われる時代が来れば、当然、南極基地にもアンテナと受信機が設置されるだろう。日曜の午後のナイター中継——悪くはないだろう。

[9/25 メニュー]
☆富田シェフ食当
朝食／とろろ芋、タラコ、切り干し大根煮付け、刺身、みそ汁
昼食／いなり寿司、高野豆腐煮付け、新香、吸物、フルーツポンチ
夕食／牛ロースステーキ、白滝辛煮、冷奴、鶏肉とワカメの酢の物、新香、みそ汁、グレープフルーツ

1987年
（昭和62年）
9月27日
日曜日

南極あすか新聞

JARE28
あすか拠点
新聞社

[9/26 気象]
天気　曇
平均気温　-25.5℃
最高気温　-22.8℃
最低気温　-29.1℃
平均風速　13.3m/s
最大風速　19.0m/s
平均気圧　862.4mb

[9/26 メニュー]
☆富田シェフ食当
朝食／鮭水煮缶、鯵干物、タラコ、みそ汁
昼食／きしめん、フレンチポテト
夕食／ハンバーグ、酢の物、竹輪の揚げ物、イカサラダ、オニオングラタンスープ、チョコレートケーキ、オレンジ

燃料輸送隊、ブリにより停滞

26日、航空燃料輸送隊（高橋L）はブリザードに見舞われ、屋外作業にまったく手が付けられず、丸一日停滞した。

25日夜半より強まった風は、26日9時には14m／sながらも高い地吹雪を呼び、車両からは埋没小屋上の無線アンテナさえも認め得なかった。

仕事マンの高橋だけに、「さあ、少しでもやろうか。明日がラクになるから」という掛け声がでることを、人夫たちは秘かに恐れていた。

しかし、「昨日も頑張ったし、ここまできたらもう焦ることはない。きょうは停滞、休養しよう」という彼の意外な発言に、ホッと安堵の胸をなでおろした。

天気は終始雪で高い地吹雪をともない、視程は30mを超えることはなかった。あすか出発3日目にして迎えた初の停滞を、各メンバーはいい休養ととらえたようだ。

あすかは風弱し

あすか基地では風が弱く、昼食後のゴミ出しが行われた。淋しくなった基地で、残留組の4名はそれぞれの任務に追われながら、慌しい時間を過ごした。

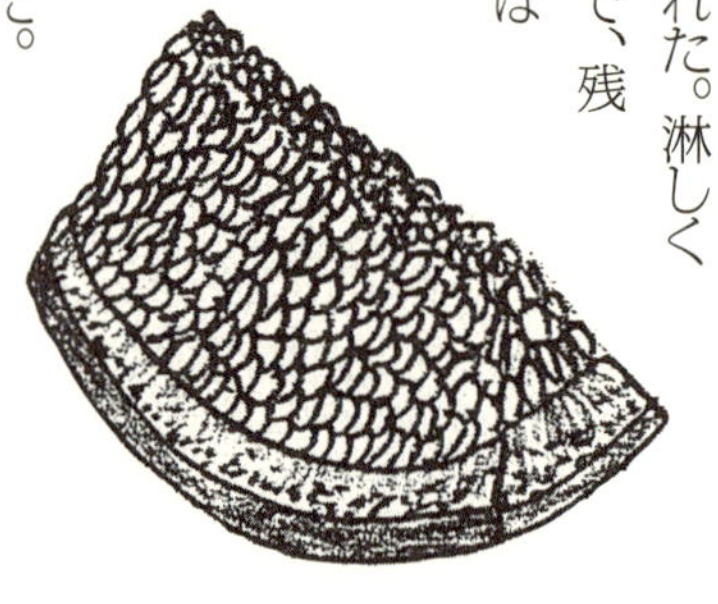

グレープフルーツの切り身

オーロラ夜話(99)　嵐の大地

英国の有名な登山家エリック・シプトンの著作に『嵐の大地パタゴニア』がある。パタゴニア・アンデスの悪天候は、各登山隊や調査隊が報告しているとおり、行動期間中の2ヶ月で晴れたのは、わずか2～3日といった具合だ。

パタゴニア・アンデスほどひどくはないが、セールロンダーネも嵐の大地であることに変わりはない。あすかのブリザード日数をみると、1987年2月は16日、3月は17日、4月は17日、5月は9日、6月は14日、7月は5日、8月は8日となっている。

ブリザードの日以外でも、ほとんど毎日のように地吹雪が流れているから、快晴無風の好天気は、夏期以外にほとんど数えるほどしかないのだ。

仮にあすか基地が、ロムナエス山以北に建設されていたとしたら、ほとんど毎日がブリザードであったことだろう。

これほど過酷な気象条件の地に、われわれは基地を建設し、初の越冬観測に挑んでいる。ヒトがかつて住んだことのないような土地で、自然の猛威に恐れおののきながら、一日また一日と生き抜いていく。

初越冬ならではこその情熱と好奇心で、今までやってきた。しかし、正直言ってあすかは、2度越冬したくなるような土地ではないし、安易に他人に越冬を勧められる所でもないのだ。

あすか越冬に、甘さはまったくない。

南極あすか新聞

1987年
(昭和62年)
9月28日
月曜日

[9/27 気象]
天気　曇
平均気温 -25.9℃
最高気温 -20.5℃
最低気温 -33.5℃
平均風速 14.9m/s
最大風速 29.9m/s
平均気圧 866.2mb

JARE28
あすか拠点
新聞社

[9/27 メニュー]
☆富田シェフ食当
朝昼兼用／おにぎり、カボチャの煮付け、ビビンパ山菜、新香、フルーツポンチ
夕食／紅鮭の照り焼き、イカ納豆、きしめんサラダ、里芋・こんにゃく・筍の煮付け、吸物、チョコケーキ、オレンジ

ブリザード続く30マイル

26日、丸一日をブリザード停滞で棒に振った輸送隊だが、一夜明けた27日もブリの叫びで目覚めた。朝食は8時、メニューは毎日、前日の残り飯を利用した卵雑炊だ。

8時45分のあすかとの定時交信によると、あすかは曇だが風は強くない。30マイルは晴れているが、高い地吹雪で、視程は100m。外作業はつらいが、昨日の休養で英気を養った旅行隊には、何とかできる仕事から片付けようという意欲が見られた。

酒井と大坂は、28次建設の飯場棟内の物品点検整理を行い、入口ドアの破損を発見した。高橋はスターターが廻らず、またストップの位置までレバーが動かなくなったD31ブルの修理に、雪まみれになって没頭した。ブリの中で一心に立ち働く姿は、感動的ですらあった。

高木は食糧の整理点検に熱中した。午後も一向に天候は回復しなかったが、全員やる気を出して、航空燃料ドラムのソリ積みに挑んだ。しかし視程が悪く、安全確認が充分できないという高橋の意見により、ソリ1台分の積み込みで中止となった。

しかし、できるだけの作業はやったので、夕食の雰囲気は明るかった。少ないチャンスを捉えて、少しでも仕事をすすめる。南極で何事かを成し遂げるには、これしかあるまいと思われた。

醤油びん

オーロラ夜話(100)　航路変更

しらせの29次行動における航路変更のおかげで、ワリを食ったのはわれわれ28次越冬隊だ。1次隊からずっと越冬隊の楽しみとしてきた帰途のヨーロッパ旅行が、突如としてオーストラリア経由帰国に変更されてしまったのである。

一方、得をしたのは29次以後の夏隊だ。今までモーリシャス～シンガポール～東京のうんざりするほど長い船旅をさせられてきたのが、シドニーから越冬隊と共に飛行機で帰国できることになったからだ。

しらせの航路変更の真相はわからない。南極圏行動の日数が増え、日本隊としては未調査のエンダービーランドやウィルクスランドに面した南極海を探ることができるとしたら、それは結構なことだ。

しらせに更に頑張ってもらって、ロス海～マリーバードランド沖～南極半島を経由して、ブエノスアイレスかリオデジャネイロに入港できるとしたら、われわれは有頂天だ。しかし、そんなことには決してならないことは、われわれも承知している。

航路変更の理由は、経費節減と考えるのが妥当なところであろう。オーストラリア～日本の航空運賃は、モーリシャス～日本のそれより遥かに安い。浮いた分の予算で夏隊も空路帰国できる。

それでもヨーロッパの休日に未練は残る。

南極あすか新聞
1987年（昭和62年）9月29日 火曜日
JARE28
あすか拠点
新聞社

[9/28 気象]
天気　雪高い地吹雪
平均気温 -19.7℃
最高気温 -18.7℃
最低気温 -20.8℃
平均風速 22.5m/s
最大風速 33.1m/s
平均気圧 869.4mb

[9/28 メニュー]
☆富田シェフ食当
朝食／納豆、秋刀魚蒲焼き缶、かまぼこ、吸物
昼食／冷やし中華、オレンジ
夕食／ポークカツレツ、焼売揚げ、豚レバーとニンニクの芽炒め、かに玉、みそ汁、アップルパイ、グレープフルーツ

あすか、30マイルともにブリ

30マイル地点で停滞する航空燃料輸送隊の「きょうこそ風も収まってくれるだろう」という期待もむなしく、朝から3日連続の一段とパワーを増したブリザードが続いた。

9時の気象で風速19m／sを記録し、降雪をともなう高い地吹雪のため、視程はわずかに10mで、隣の雪上車へ行くにもロストポジションの不安があるほどだった。

あすかでも、風速20m／s以上のブリでは外出禁止令が出されることを思えば、多少ともあきらめがつくというものだ。暦の上ではすでに春であるはずの南極だが、輸送隊出発以後の気象をみると、まだまだ冬の厳しさが続いている。

皮肉なことに、燃料輸送を行うために来た旅行隊が、雪上車の燃料軽油について欠乏をきたした。30マイルには軽油ドラムはたくさんあるのに、給油に行けないほど視程が悪い。働かなくても、暖気すれば1時間当たり1・5ℓの軽油が消費されていく。ブリはいつまで続くとも知れないので、各車エンジンを切り、食堂車のSM515のみ食事時に暖気することになった。

侘しい停滞となり、皆シュラフにもぐり込む。昼頃、高橋はわずかな視界を頼りに、約50m先の軽油ドラムを取りに単身で出かけ、それを転がしてきて515に給油した。まことにありがたいことだが、やや危険な行動ではあった。

タバスコ

セールロンダーネ余話①　野外リーダー

南極の野外活動におけるリーダーは、同行する隊員の生命を預かっている。リーダーの能力が足りなければ、ロストポジションやクレバス転落など、全隊員が一挙に危機に陥ることもありうる。

理想的には、リーダーは南極の気象や地形を良く知り、航法（ナビゲーション）の確固とした自信を持ち合わせている人が望ましい。また性格としては、危機に動じない強靭な精神、冷静沈着、時に臆病なくらいの慎重さ、時に一気呵成の大胆さ、そして基本的に楽天的な性格が欲しい。

南極観測隊の歴史をみると、大きな成果をあげた野外活動には、必ず有能なリーダーがいた。古くは9次隊の極点旅行における村山雅美氏、最近では26次隊でドーム旅行やセールロンダーネの東を廻ってあすかまでのRVルートをトレースした上田豊氏など、さすがと思わせるリーダーは、概して一流のアルピニストでもあったようだ。厳しい雪山で鍛え上げられた能力が、そのまま南極で活かされたのである。

しかし、こうした野外活動のリーダーが、かならずしも基地運営維持のリーダーとして有能とも限らない。基地でも野外でも強い人が、そんなにいるわけがない。この点は、隊の編成上において重要な事柄である。

南極あすか新聞

1987年（昭和62年）9月30日 水曜日

JARE28
あすか拠点
新聞社

［9/29 気象］
天気　雪高い地吹雪
平均気温　-19.3℃
最高気温　-18.1℃
最低気温　-21.1℃
平均風速　18.2m/s
最大風速　31.1m/s
平均気圧　877.8mb

［9/29 メニュー］
☆富田シェフ食当
朝食／鰯塩焼き、鮭水煮缶、牛大和煮缶
昼食／きじ焼丼、白ウズラ・ごぼう・竹輪の煮付け、新香、吸物、オレンジ
夕食／かき鍋、冷奴、生ハム、ホウレンソウのお浸し、新香、みそ汁、アップルパイ、グレープフルーツ

30マイルのブリ、ようやく収まる

3日連続のブリザードで、航空燃料ドラムのソリへの積み込み作業が滞っていた30マイルでは、29日朝も激しいブリに見舞われ、停滞つづきの輸送隊はうんざりさせられた。29日9時の風速は17m／s、降雪をともなう高い地吹雪で、視程はわずかに10mという有様であった。

しかし、待てば海路の日和ありとばかり、14時頃から徐々に視程は回復し、外作業ができる条件が整った。輸送隊はいままでの鬱憤を一挙に晴らすかのように外へ飛び出し、遅れた作業の消化にとりかかった。

まず、軽油ドラムデポまで旗竿でルート工作し、雪上車とブルドーザの給油を行う。さらに幌カブ、居カブ、SM517、SM404、同406をウインドスクープから引き出し、車両に無線機を設置。埋没小屋出入口を掘り出すためのあたりもつけた。

そして、天気が大幅に好転したところで、本来の目的である航空燃料のソリへの積み込み作業に着手し、ソリ4台分、ドラム48本の積み込みを消化した。残るはソリ5台分で見通しも立った。作業中、西の空にはハロー気味の美しい虹が現れた。

また、夜が更けてから南北に強いオーロラが舞い、隊員たちを喜ばせた。

鉄亜鈴

セールロンダーネ余話② 寝袋

南極観測隊が使用する寝袋は、羽毛と化繊の二重構造で保温性は充分だが、たたんで丸めると一抱えもある。しかし、観測隊の移動はほとんど雪上車によるから、かさや重さはあまり問題にならない。

SM50型雪上車のキャビンに24㎜厚のベニア板を敷き詰めて、そこにマットや古布団を並べ、さらに二重構造の寝袋を拡げて寝床とする現在の方式は、野外キャンプとはいえないほど安楽なものだ。

キャンプの夜は、カロリーの高い夕食で腹を満たし、軽くアルコールを飲み、寝袋の上にゴロリと横になって本を読んだり、相棒と探検を語ったりする。

やがて自然と眠気に誘われると、雪上車のエンジンを停止し、外で小用などを足して、星空を見上げてから、寝袋に潜り込んでチャックを引きあげる。車外を吹き抜ける風の音以外には、何の物音もない静寂がうれしい。

寝袋は布団と違って、袋ごと寝返りがうてる。どんなに寝相が悪くても、体がはみ出すこともない。中では裸でいることもできる。他から干渉されないプライベートな空間を、寝袋は与えてくれるのだ。

観測隊では、各人に1袋を貸与している。前の使用者が、高名で有能なフィールドワーカーだったりすると、実に心強い思いがする。

ピラタス機が磁気センサーのバードを引いて飛ぶ。背後に聳えるのはロムナエス山（1987年11月、高木撮影）

10

October

1987(昭和62) 年10月1日(木)～31日(土)

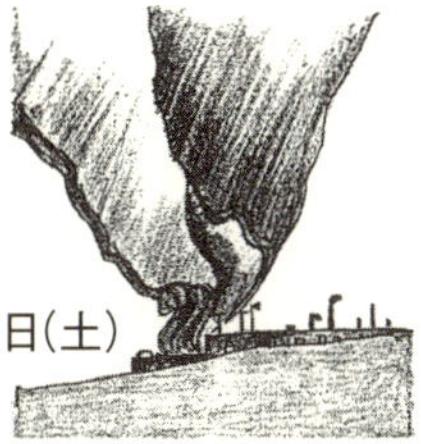

10/12●利根川進マサチューセッツ工科大教授が、ノーベル医学・生理学賞を受賞。
10/20●東京株式市場、前日のニューヨーク株式市場の大暴落を受け、過去最大の下落率。
10/20●中曽根首相、自民党次期総裁に竹下登を指名。

神無月

南極あすか新聞

1987年
（昭和62年）
10月1日
木曜日

JARE28
あすか拠点
新聞社

[9/30 気象]
天気　高曇
平均気温　-23.1℃
最高気温　-18.5℃
最低気温　-26.2℃
平均風速　5.4m/s
最大風速　13.3m/s
平均気圧　878.7mb

[9/30 メニュー]
☆富田シェフ食当
朝食／納豆、タラコ、浅利味付け缶、みそ汁
昼食／ラーメン、オレンジ
夕食／豆腐鍋、大豆煮付け、春巻、ロールキャベツ、みそ汁、フルーツポンチ

30マイル作業終了

30日、輸送隊が待つこと久しかった快晴の朝を迎えた。雪上車内で連日寝起きしていると、シュラフから顔を出した時のキャビンの明るさで、大体の天候はわかるものだ。外へ出てみると、大陸雪原に這うような静かな地吹雪が流れ、朝陽がまぶしい。

9時30分より、航空燃料ドラムの積み込み作業を開始し、約3時間でソリ5台分、合計14台分の積み込みを完了した。もとよりブルドーザーの運転手と人夫の呼吸がピッタリ合わないと、この作業は極めて危険だ。今回、作業が無事終了したことで、28次あすか隊はもうこの種の危険に曝されることはないだろう。

昼食の後、高橋と酒井はブルを利用して、鉄ソリの掘り出し、デポの修復を行い、さらに高橋はドリフトで乱れたキャンプ地を整地し、酒井は飯場棟のドアを修理した。

また高木と大坂は、2時間かけて埋没小屋の出入口を掘り出した後、大坂は通信機の点検と試験、3KVA発発の交換を行い、高木は居カブや飯場棟から食料を調達し、ソリのラッシングを済ませた。20時までかけて、輸送隊の30マイルでの仕事はすべて終了した。

注射用
アンプル

一方、あすかでは、山田式便所の移設、スコットテント便所の撤去作業に精をだすなど、屋外作業日和の一日だった。

セールロンダーネ余話③
ウィンドスクープ

快晴無風の午後、あすかの基地周りを散歩してみる。基地の各所に、東北東の卓越風が削り取ったウィンドスクープが認められる。一番大きいのが発電棟の風上側から北側にできたもので、その壁は氷壁登攀訓練に利用できるほど切り立っている。

貯油タンクの周りも、円形にきれいに削りとられ、基礎板が露出している。観測棟のウィンドスクープは、あるにはあるがまだ浅く、階段の風下にドリフトがついたため、やや複雑な形態となっている。主屋棟については、ウィンドスクープが埋められてしまった。

仮設作業棟については、風上側が深く削られ、風下側は両側に土手を認めるが、遙か遠くまで花道がきれいに開かれている。仮設作業棟はロムナエス山に近い形をしているから、ウィンドスクープも風下側はロムナのそれにそっくりだ。

仮設作業棟のメイン出入口は、最も雪がつく悪い方向に向いているが、これは誰も予測できなかった結果であり、将来に生かしたい知見だ。また、小物にもウィンドスクープはしっかりできている。山田式便所は丸裸となり、足元が浮かび上がっている。ブルドーザーの風上側も削られている。

ウィンドスクープのつき方は、大陸雪原上に置かれたモノの形によって微妙な違いをみせる。

輸送隊、L97でブリに捕まる

航空燃料輸送隊（高橋L）は、9月30日中までに予定した30マイルでの作業をすべて完了させた。10月1日は7時に朝食を済ませ、8時25分、SM515を先頭に、あすかへの帰途に就いた。

30マイルでの作業中、4日間もブリザードで停滞した苦い経験から、帰路のLルートは一気に駆け抜けたいと誰もが思っていた。早朝出発もこの意欲の表れであった。

出発時、すでに低い地吹雪が立ち始めていて、視程は0・3kmであった。各車ともドラムを満載したソリを3台（515は4台）引いているので、さすがに重い感じで、スピードは上がらない。それでも最初は快調で9時55分にはL66を通過したが、L70からは視程が0・1kmに落ち、先頭はシュプール走行で苦戦を強いられた。

L80で、512号車のタイヤガイドの爪が1個折損し、これの応急処理に1時間を消費した。14時、L91着。すでに風雪が相当激しい。L91〜L94のルート工作に、高木と大坂が515号車でレーダー航法に挑み、旗竿を立て、シュプールを刻んだ。

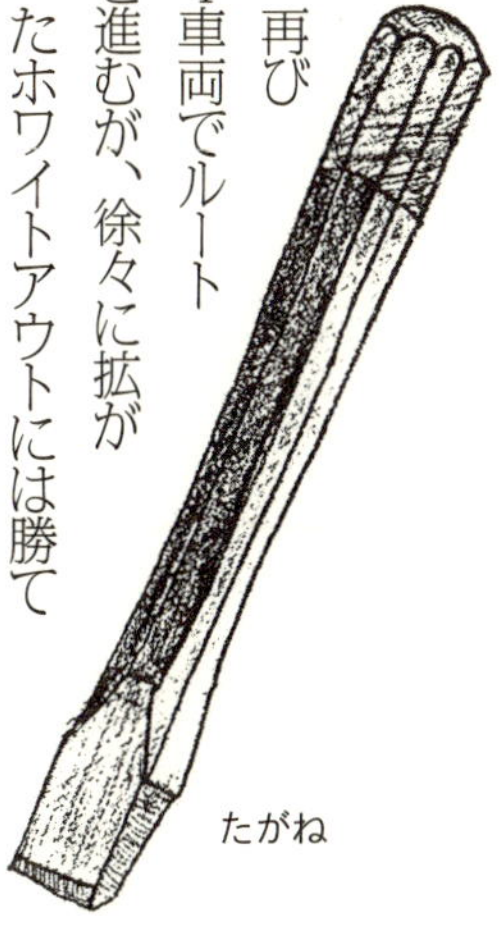

たがね

再び4車両でルートを進むが、徐々に拡がったホワイトアウトには勝てず、ついにL97でキャンプとなった。夜には激しいブリザードと化した。あすかまで、あとわずか24km。悔しい夜であった。

セールロンダーネ余話④　日焼け

高橋隊員が、たっぷりと日焼けしたいという。そういえば、あすか越冬隊員は、凍傷こそたくさんこしらえているが、顔はなまっちろい。

日焼けは通常の場合、波長が2600〜3200Åの範囲にある紫外線を、一定量照射することで生じる紅斑とされている。冬が明けて春を迎えた南極には、紫外線が目一杯降り注いでいるはずだが、日焼けしないのは、照射される時間が少ないからだろう。

しらせでの長い航海の末に南極に到着し、前次隊の隊員と会ってまず驚くのは、その薄着と日焼けである。越冬隊員だって、9月いっぱいはまだ寒さ厳しい屋外に長く出ているわけではない。たっぷりと日焼けするのは、11月以後の白夜の季節になってからなのだろう。

高橋隊員は、南極越冬隊員がなまっちろい顔のまま帰国するわけにはいかない、ともいう。この点は大丈夫だろう。29次隊の夏オペレーションが終わった頃には、われわれは凄味のあるくらい日焼けをしているはずだし、帰路のしらせ甲板でも、オーストラリアでも、充分に紫外線を浴びる機会はあるのだから。

われわれは、真っ黒い顔とひと仕事終えた余裕を携えて、家族の待つ国に帰ろう。

南極あすか新聞

1987年（昭和62年）10月2日 金曜日

[10/1 気象]
天気　高曇 低い地吹雪
平均気温 -21.2℃
最高気温 -17.7℃
最低気温 -25.4℃
平均風速 12.0m/s
最大風速 23.6m/s
平均気圧 876.3mb

JARE28 あすか拠点 新聞社

[10/1 メニュー]
☆富田シェフ食当
朝昼兼用／チキンライス、キャベツサラダ、新香、吸物、桃缶
夕食／牛ヒレのステーキ、キャベツサラダ、山菜ビビンパ、新香、吸物、グレープフルーツ

南極あすか新聞
1987年（昭和62年）10月3日 土曜日
JARE28 あすか拠点 新聞社

［10/2 気象］
天気　雪高い地吹雪
平均気温 -18.7℃
最高気温 -16.6℃
最低気温 -20.8℃
平均風速 22.2m/s
最大風速 31.5m/s
平均気圧 870.4mb

［10/2 メニュー］
☆渋谷・野崎食当
朝昼兼用／牛肉大和煮缶、ベーコンと絹さやの炒め物、みそ汁
夕食／秋刀魚塩焼き、野菜炒めのあんかけ、キンピラ卵、シューマイ、カレーコロッケ、ミネストローネスープ

輸送隊、L97で再びブリ停滞

2日朝、もしや動けるのではと期待して目を覚ました輸送隊だが、激しいブリザードの号泣を耳にして観念した。9時の気象では、18m／sの風が吹き荒れ、降雪をともなう高い地吹雪のため、視程はわずかに20mしかない。

L97はあすかから24kmの地点であるから、当然あすかの天気も悪い。20m／s以上の風が吹くブリザードで、外出禁止令が出された。基地では、富田が体調不良のため渋谷と野崎が食事を作った。4名という小人数でのやりくりは大変だ。もとより旅行隊は一刻も早く基地に帰りたいし、残留組もその帰還を望んでいる。しかし、ブリがそれを許してくれない。

輸送隊では「チキン野郎」という言葉が流行っていた。米映画によく出てくる「いくじなし」という意味のスラングだ。ブリザードの中で排便をするのが苦痛で、空いている車両内にナイロン袋などを持ち込んですると、たちまち「チキン野郎」と言われる。こうした冗談を交わしながら、ブリ停滞の車内はけっこう明るい。

酒井が、輸送隊をカンヅメにしているブリを「チキン・ブリ」と呼んだところ、怒ったブリは、一層声高に叫び始めた。

テーパーリーマー

セールロンダーネ余話⑤ 事故

日本南極観測隊の人身事故は、越冬後半に多発している。

4次隊の福島紳氏が、ブリザードの中でロストポジションを起こし、死亡したのが10月10日、21次隊の隊員が水素ガスを気球に充填中、爆発事故を起こし、踵骨《しょうこう》骨折と熱傷を負ったのが12月30日、25次隊の隊員がみずほで雪上車に轢かれ、骨盤骨折と尿道損傷を受けたのが11月12日。

このように重大事故は、いずれも10月以降に発生しており、すなわちこれからの時期のことなのだ。

なぜ、越冬終盤に事故が重なるのだろうか。一つには、越冬隊活動が軌道に乗り、屋外で活動する時間が多いことが挙げられよう。それ以上に原因として重大なことは、慣れによる不注意、気の緩みであろう。

越冬終盤といえば、ふつうは天気も安定している。冬を越した隊員は、心身ともに快調だ。仕事もうまくいっている。砕氷艦の迎えも迫っている。気分はルンルンだ。そんな状態のところへ、予期しない事故がドカンと起こる。

われわれ南極越冬隊には、二つの使命がある。一つは、できる限りの多くの仕事を成し遂げること。もう一つは、われわれ自身が無事に帰ることだ。後者は、それぞれの家族に対して背負う義務でもある。事故が起こるとすれば、これからだ。肝に命じておきたい。

南極あすか新聞
1987年
(昭和62年)
10月4日
日曜日

[10/3気象]
天気　雪高い地吹雪
平均気温
-16.9℃
最高気温
-15.2℃
最低気温
-18.9℃
平均風速
18.2m/s
最大風速
25.5m/s
平均気圧
860.3mb

JARE28
あすか拠点
新聞社

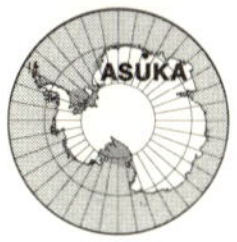

[10/3メニュー]
☆富田シェフ食当
朝昼兼用／カマス干物、ビビンパ山菜、タラコ、おじや、新香、吸物、グレープフルーツ
夕食／プーレ（若鶏）ソテー、ウインナー炒め、春雨サラダ、餃子、新香、みそ汁、ケーキ、オレンジ

輸送隊、ブリ停滞3日目に

大陸雪原上の一点に長く閉じ込められていると、世界はわずか半径50m以内の狭さなのに、それはそれで結構住み心地の良い世界になってくるから不思議だ。

時折、窓の外に激しくはためくルート旗を眺めては、「ダメだぁ」と一言つぶやき、シュラフに潜り込む。雪上車内は暖機運転のおかげで暖かく、食糧は質こそワンパターンだが量に不満はなく、時間はそれこそ溢れるほどある。睡眠時間は実に14～15時間にもなる。

3日朝は、風が12m／sとやや収まり、視程も50mと幾分改善したL97であったが、それ以上良くなることはなかった。輸送隊は、「天候回復祈願麻雀」と称して牌を握ったが、効力はなかった。

あすかでも、ブリ3日目となった。

9月の月間気象データ集計

渋谷によって集計された、9月の月間気象データは次のとおり。7月は5日間、8月は8日間と少なかったブリザード日数の増加が目立つ。

平均気圧A	868.5mb
平均気温B	-26.3℃
最高気温C	-18.1℃
最低気温D	-40.1℃
日最高気温の平均値E	-23.6℃
日最低気温の平均値F	-29.9℃
平均風速G	14.1m/s
10分間平均風速の最大値H	ESE 27.4m/s
最大瞬間風速I	33.1m/s
ブリザード日数J	11日
月間積雪深K	-0.5cm (8月21日～9月21日)
平均蒸気圧L	0.48mb
ASUKA	89524

セールロンダーネ余話⑥　サドマゾ

血中ホルモンの日内リズムと季節変動を調べている高木隊員は、毎月3日、連続12回の採血をつづけている。こうした長期間にわたり、一定時間に採血しうる被験者は自分自身が最適だから、毎回、自分の右腕と左腕を入れ替えながら注射針を突き刺して、血液を5㎖ずつ採っている。

この実験は、今回が初めてではなく、21次越冬の時に1年間やり、帰国してからも同じく1年間やった。それで、一応まとまった論文が書けたのだが、新たな疑問が生じたので、28次越冬に際して、まったく同じ条件でもう1年間やってみようと試みているのである。

実験をやり始めた頃は、自分の腕から血を採ることが苦痛であったし、失敗も多く、両腕のあちこちに注射痕ができてうんざりしたものだ。

ところが、慣熟とは恐ろしいもので、今では右手でも左手でもうまく操って、好きなところから好きなだけ採血でき、しかも逆に血管内に薬液を注入することもできるようになった。医師でもこういう芸当のできる人は少ない。

自分の腕に注射針を刺す時、ひとりの自分は加虐的で自らに痛みを与えて悦び、もうひとりの自分は、被虐的で痛めつけられて悦ぶ。

ホルモンリズム採血は、サドマゾの異常な世界でもある。

南極あすか新聞
1987年(昭和62年)10月5日 月曜日
JARE28
あすか拠点
新聞社

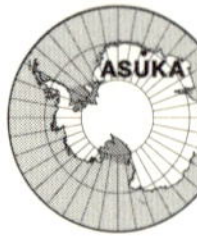

[10/4 気象]
天気　晴高い地吹雪
平均気温 -16.6℃
最高気温 -14.6℃
最低気温 -20.0℃
平均風速 21.8m/s
最大風速 36.7m/s
平均気圧 853.0mb

[10/4 メニュー]
☆富田シェフ食当
朝昼兼用／そぼろ丼、里芋と筍の煮付け、ビビンパ山菜、新香、吸物、オレンジ
夕食／鮭塩焼き、角揚げと野菜の炒め物、厚焼き卵、鮪、新香、スープ、ケーキ、グレープフルーツ

輸送隊、ブリ停滞4日目に

毎日毎日、ブリザードに停滞を強いられていると、明日こそきっと晴れて動けるだろうという楽観と、明日もおそらく駄目だろうという悲観が、交互に心に浮かぶ。

概して後者が的中し、日々新たな停滞を繰り返すことになる。こうも連続してブリに痛めつけられると、大自然の圧倒的な力に畏敬するしかない。ほとんど息つくことなく、4日間も吹雪《ふぶ》く無尽のエネルギーは、一体どこから生まれるのだろうか。

4日も朝から、一段と勢いを増した風が吹き続け、小用に雪上車外に出ると、ジェットストリームのために体が吹き飛ばされそうなほどであった。

スコットは9日間の停滞の後に死んだことを、ふと思い出した。

雀荘あすか9月戦の成績

雀荘あすか9月戦は、全般にわたって野崎が活躍し、中旬から下旬にかけては大坂が発作的に稼いだ。

しかし、終わってみれば順当に、富田と渋谷が1位と2位を占めた。特に、航空燃料輸送隊が発った後の富田の強さは、まったく手が付けられないほどだった。

	得点	半荘平均	1位回数
富田	+ 336	+ 6.59	18
渋谷	+ 116	+ 2.97	13
野崎	+ 94	+ 1.96	11
大坂	+ 33	+ 1.57	7
酒井	− 44	− 2.59	3
高木	− 61	− 2.35	7
高橋	− 219	− 10.43	2
鮎川	− 255	− 5.20	7

半荘最高点 大坂 + 60	役満 渋谷 国士無双
半荘最低点 高木 − 45	高橋記念 富田 大坂記念 高木

セールロンダーネ余話⑦ 夜景

ぜいたくな話ではあるが、暗夜期の頃は、毎日毎日つづく夜にうんざりし、太陽の光をひと目でもいいから見たいと思ったのに、日照時間がどんどん長くなって、夜がほんの深夜に暗くなるばかりに追い詰められてくると、満天の空に星の輝く夜が恋しく、いとおしくなるのだ。

われわれは、四季を通じて昼と夜の明暗リズムがはっきりした、中緯度温帯に生まれ育った。だから、昼ばかり、夜ばかりといった極端な明暗リズムには、馴染み難いのだろうか。

あすか基地でも、セールロンダーネ山麓のキャンプでも、雲も風もない日の夜景はすこぶる美しい。夜景は、肉眼でじっくり見ていると、徐々に瞳孔が開いて、よくものが見えてくる。森閑とした雪原に、月明かりに照らされたサスツルギが浮かび上がってくる時などは、孤狼に生まれ変わったような野性すら自らに感じる。

一方、写真で撮る夜景は、長時間露光によって、メルヘンの世界となる。夜景写真では、星や灯の光が生命となる。一枚の写真の上部8割にきらめく星座、下部2割に蒼白い雪原と黒いシルエットの基地を配し、しかも基地の窓の灯を温かそうに輝かせる。これはサンタクロースの世界だ。

もうすぐ南極の夜がなくなる。なごりを惜しみたい。

南極あすか新聞

1987年（昭和62年）10月6日 火曜日

JARE28 あすか拠点新聞社

［10/5 気象］
天気　雪高い地吹雪
平均気温 -18.9℃
最高気温 -17.6℃
最低気温 -20.8℃
平均風速 23.1m/s
最大風速 36.4m/s
平均気圧 857.4mb

［10/5 メニュー］
☆富田シェフ食当
朝食／納豆、ビビンパ山菜、かまぼこ、みそ汁
昼食／ハヤシライス、サラダ、新香、吸物、オレンジ
夕食／Tボーンステーキ、ワカサギマリネ、ホウレンソウのお浸し、れんこんとこんにゃくの煮付け、新香、みそ汁、大福餅、オレンジ

輸送隊、ブリ停滞5日目に

Ｌ97における航空燃料輸送隊（高橋Ｌ）のブリザード停滞も、5日で5日目となった。つまり10月は、初日からずっとブリ停滞をつづけているわけである。このように長く続いたブリザードは、あすか初越冬では6月初旬に経験しただけだ。

停滞でまったく動きが取れないとはいえ、食糧も燃料も充分保有し、雪上車という確固とした金属の箱の中に居ると、格別の悲壮感というものはない。おまけに、通信で24㎞離れたあすかと自由に連絡がとれることはまことに心強い。

輸送隊から呼びかけると、間髪を入れずに鮎川隊長の声が返ってくる。あすかも連続5日目のブリだが、気圧とか風速とか視程とか多少とも好転しつつある気象データをあげて、輸送隊を激励しようと努める隊長の心づかいが有難い。

輸送隊は不自由な環境にあっても、できるだけ規則正しい生活を送ろうと努めている。生活リズムの柱として、8時の朝食と19時の夕食があり、8時45分と16時45分の定時交信があった。

こういう規則性は、南極越冬生活全般にわたって不可欠なものだが、ブリ停滞の折にも重要といえる。規則正しい生活リズムは、安定した睡眠を与え、心身のバランスをほどよく保つのだ。

生存に必要なものではないが、アルコールや煙草などの嗜好品が欠乏するのは寂しい。高橋と大坂はしけもくを吸い始めた。

セールロンダーネ余話⑧　神頼み

あすか初越冬隊員8名の中には、仏教、キリスト教、神道、新興宗教などの熱心な信者はいないようだ。

しかし、出発に際し、高名な彫刻家の作になる観音像や、神社のお守りなどをもらって持参した人は、たくさんいる。

あすか基地には、食堂に神棚を作ろうとか、仏壇を飾ろうというような隊員はいない。おそらく、それほどの信心も持ち合わせていないだろうし、公の場所に宗教的偶像を持ち込むことを嫌う人がいることも、考慮しているのだろう。

しかし、南極越冬隊員が思わず、神とか仏とか絶体的な存在者に、頼み祈りたくなるような場面はしばしばある。屋外オペレーションの前には天候の回復を頼み、クレバスやクラックを横切る時は、落ちないことを祈る。

われわれは科学隊であるから、行動を起こす時は、それなりの根拠に基づく自信と見通しをもって行う。しかしながら、それでも万が一と考えれば祈りたくなるのだ。人事を尽くし、なおかつ天命を待つのではなく、天にお願いしたいのである。

さて、現在のあすかで、誰もが天に一番お願いしたいのは、好天気であろう。それほどわれわれは、自然の猛威を身にしみて知っている。さしあたって、地吹雪坊主でも作ってお願いしようか。

南極あすか新聞

1987年
（昭和62年）
10月7日
水曜日

JARE28
あすか拠点
新聞社

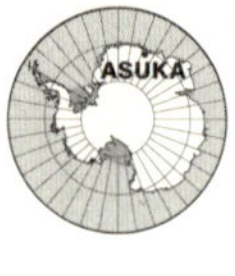

［10/6 気象］
天気　雪高い地吹雪
平均気温　-15.7℃
最高気温　-15.2℃
最低気温　-18.3℃
平均風速　20.1m/s
最大風速　30.3m/s
平均気圧　861.3mb

［10/6 メニュー］
☆富田シェフ食当
朝食／牛大和煮缶、秋刀魚蒲焼き缶、鯵干物、納豆、みそ汁
昼食／東丼（鮪ヅケ丼）、ひじき煮付け、新香、吸物、オレンジ
夕食／かき揚げ、海老チリソース煮、切り干し大根煮付け、焼き鳥、おじや、新香、みそ汁、グレープフルーツ

輸送隊、ブリ停滞6日目に突入

吹きつづくブリザードのため、L97で停滞を続ける航空燃料輸送隊（高橋L）は、ついに6日目を迎えた。すでにあすかを発って13日目、本来ならば10月6日には、第2回セールロンダーネ調査隊が出発する日だというのにである。

このように長く持続するブリザードが、きわめて異常な現象なのか、あるいはこの季節には往々にして現れるものなのか、あすか初越冬のわれわれには判断がつかない。しかし、おそらくここは、こういう嵐の大地なのだろう。

われわれに続く数度のあすか越冬観測が、この地における年間を通じての気象の全貌を明らかにすることだろう。われわれの骨身に泌みる苦い経験は、必ずや後の越冬観測や野外活動に活かされるに違いない。これこそ、パイオニア冥利につきる。

6日も、輸送隊は8時に雑炊の朝食をとり、昼間は時々屋外の状態をにらみながら、シュラフにもぐって読書などに時を費やした。16時のお茶で、車載分の食パンを食べつくし、夕食までのひとときを麻雀で過ごした。

5日、雪に埋まりつつある燃料ドラムソリ6台を、フック付きワイヤーで引き出した高橋と酒井は、残る7台のソリの処置も気にしている。6日つづきのブリは、飛雪だけではなく降雪もともなっているので、積雪量はかなりのものになるだろう。

高橋と大坂は、この際禁煙したらとの忠告も聞かず、しけもく探しに余念がない。

セールロンダーネ余話⑨ 川口隊長

セールロンダーネ北麓のこの地に、初めて主屋棟を建設し、基地をあすかと命名したのが、第26次隊観測隊長であった川口貞男氏である。川口隊長は、当然ながらあすか初越冬隊とも縁が深い。

まず、鮎川隊長の極地研における上司の資料主幹であり、さらに渋谷と高木が隊員であった第21次隊の隊長でもあった。川口隊長は自身4度目の南極越冬であった21次でも、困難な人工地震オペレーションの指揮を執って成功に導いたり、氷盤上に乗って漂うピラタスポーター機の救出をソ連に依頼したりするなど、忍耐と果断を併せ持つ名隊長として誉れが高い。

川口隊長は、北海道のオホーツク海に面した漁業の町・常呂《ところ》の出身で、地元の名門遠軽高校から東北大学に進んだ。

人口1万8千人の遠軽町を牽引する石井町長をはじめ、収入役、数人の小中学校長、住職、町一番の電気機械店社長など遠軽町の主だった人たちは、皆、川口隊長の高校の同級生で、年に一度は講演会をお膳立てして川口隊長を呼び、一席を設ける。

遠軽厚生病院の外科医となった高木も、そんな席に招かれて、川口隊長を囲む会で美酒を味わった。不思議な縁だが、こうした邂逅が、高木のあすか初越冬参加の契機となったのである。

南極あすか新聞

1987年（昭和62年）
10月8日
木曜日

JARE28
あすか拠点
新聞社

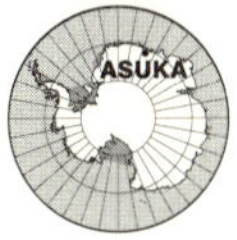

航空燃料輸送隊、あすかに帰投

9月24日から30マイル地点の航空燃料輸送にたずさわってきた旅行隊（高橋L・高木・酒井・大坂）は、7日20時、ついにあすか基地に帰投した。

4泊5日の予定で出発した輸送隊であったが、14日間の旅行期間のうち、実に11日間もブリザードに遭遇するという、かつて例のない辛酸をなめ、忍の一字の日々を過ごした。

30マイル地点における4日間のブリザード停滞はともかくとしても、L97での7日間ぶっ通しのブリザードには、さすがのフィールドワーカーたちもあきれ果て、疲労した。狭いSM50のキャビンで過ごした7日間は、輸送隊のメンバーにとって生涯忘れられない思い出となることだろう。

7日は朝から蒼空がひろがり、風も比較的弱く、地吹雪さえ低くなればいつでも帰途に就ける状態であった。午前中は埋没したソリの掘り出しに費やしたが、3台連結して引き出したソリのうち、2台目がドリフトのために転倒し、ドラムがすべて雪面に落ちるという苦いハプニングもあった。

15時頃から地吹雪が低くなるにつれて、視程も好転した。輸送隊は勇躍、ソリを編成し17時15分、L97を発ち、右手に夕陽を望みながら快調に飛ばして、20時にあすか基地へ帰投した。

鮎川隊長は屋外で輸送隊を出迎え、富田シェフは心づくしの夕食を食卓一杯に並べ、野崎は熱い風呂を沸かした。輸送隊も基地組も、ひとつの大きな試練を克服した。

セールロンダーネ余話⑩　顔

南極越冬は、浮世から遠く離れた厳寒の地での行動である。越冬隊員は南極独特の自然環境や社会環境から、さまざまなストレスを受ける。男の顔は履歴書というとおり、こういったストレスや、それに立ち向かおうとする強い意志は顔に現れる。

あすか初越冬隊員8名の顔も、晴海出航から夏オペレーション、越冬成立からミッドウインターを越え、初日の出から現在へと少しずつ変わってきたはずだ。毎日接している仲間内ではあまり気づかなくても、基地外の第三者が久しぶりに見れば、顔の変化に驚くに違いない。

顔はさまざまに変化する。肥え、痩せる。色艶が良くなったり、悪くなったりする。日焼けしたり、色あせたりする。ヒゲが伸びる。髪が伸びたり、白髪が増えたり、禿げたりする。眼光が鋭くなったり、弱くなったりもする。こうした変化が複合されることで、顔つきが形成されるのだ。

以前、21次隊の折、高木は晴海出航から成田到着まで、1年4ヶ月にわたって1週間ごとに自分の顔写真を撮りつづけた。それらを日付順に並べてみると、当時の状況と顔が、なんとなく関連のあるような変化を遂げていることに気づく。

われわれが語らなくとも、顔があすか初越冬の苦闘を物語るに違いない。

［10/7 気象］
天気　曇低い地吹雪
平均気温　-19.3℃
最高気温　-15.9℃
最低気温　-25.3℃
平均風速　15.7m/s
最大風速　25.3m/s
平均気圧　862.9mb

［10/7 メニュー］
☆富田シェフ食当
朝食／鮭水煮缶、納豆、鰯塩焼き、おじや、みそ汁
昼食／牛丼、ベーコン絹さや炒め、切り干し大根煮付け、新香、みそ汁、オレンジ
夕食／すきやき、飯（ハマチ）刺身、イクラのおろし和え、ツナサラダ、ひじき煮付け、チーズ盛り合わせ、新香、吸物、オレンジ

南極あすか新聞
1987年（昭和62年）10月9日 金曜日

［10/8 気象］
天気　曇低い地吹雪
平均気温　-21.9℃
最高気温　-18.9℃
最低気温　-25.9℃
平均風速　11.2m/s
最大風速　17.8m/s
平均気圧　864.1mb

JARE28
あすか拠点
新聞社

［10/8 メニュー］
☆富田シェフ食当
朝昼兼用／カレーうどん、オレンジ
夕食／鰺塩焼き、冷奴、ローストポーク、牛モモ炒め、浅利ワイン蒸し、新香、吸物、オレンジ

10月計画に関する全体会議

8日12時半より、10月の計画に関する全体会議が開催された。航空燃料輸送オペレーションが大きくズレ込んだため、各部門の野外活動計画にシワ寄せが来た。しかも10月末には、航空機フェリーという一大オペレーションが控えている。

このため、計画の調整が必要となり、第2回セールロンダーネ調査は13日から3日間、航空機フェリーの本格準備は15日からスタートすることになった。

また、鮎川隊長らのABルート地磁気観測計画は、10月の実行を見送った。10月のあすかの気象は、上旬をみる限り極めて悪く、屋外作業が連日可能という目算は立たない。やはりできることから、小まめに手をつけることが必要となろう。

全隊員による雪入れ作業実施

7日遅くに航空燃料輸送隊が帰投したため、8日はブランチとなった。食後、全員により貯水槽への雪入れ作業が実施された。

12時の気象は曇、低い地吹雪、気温マイナス20・7℃、13・5m／sの風であったが、はるかに望む北の地平線には雪煙の白い帯がかかり、彼地の地吹雪の強さをほうふつとさせた。7日のわずかなチャンスを逃していたら、輸送隊は8日もL97にカンヅメになっていたことであろう。

固形アルコール燃料

セールロンダーネ余話⑪　基地の人口

9月下旬にさしかかるある日、穏やかな天気に恵まれて、観測の酒井と渋谷が地磁気絶対値測定、富田・高橋・野崎と鮎川隊長は予備食の点検にそれぞれシール岩へでかけた。

基地に残ったのは、通信ワッチの大坂と食当の高木のふたりきりだ。こうなると、基地はひどく静かで、ちょっと寂しい。

あすか基地には、20m×5m＝100㎡の棟が3棟ある。これに通路と安全地帯を加えて、住人が常に往来する棟内の面積は約400㎡となり、ここに8名が生活している。ひとり平均約50㎡の面積があり、結構ゆとりがある。少なくとも息苦しいような雰囲気はない。

かといって、持て余すような広さでもない。個人の寝室は五つで、このうち3室はひとりずつが占めている。個室が好きな人と大部屋の方がいい人とがいるから、これはこれで良い。各隊員ともどこかに自分の机も有している。つまり、28次のあすか隊は、基地の広さと人口のバランスがとれているといえよう。

29次隊は10名越冬と聞いている。10名の人口は、この基地にはちょっと多すぎるような気がする。野外活動で出かける機会が多いらしいが、暗夜期に10名がゴロゴロすることを考えると、息がつまりそうだ。

あすか基地の定員は、やはり8名が最適だろう。

南極あすか新聞

1987年（昭和62年）10月10日 土曜日

JARE28 あすか拠点新聞社

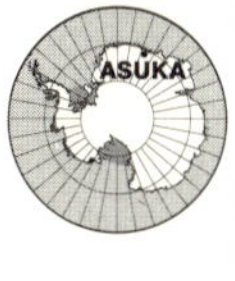

［10/9 気象］
天気　快晴
平均気温 -22.7℃
最高気温 -18.5℃
最低気温 -27.7℃
平均風速 6.6m/s
最大風速 13.9m/s
平均気圧 863.3mb

地震計観測の撤収作業を実施

9日、誰もが驚くような快晴微風の好天気を迎えた基地では、全員で渋谷の地震計観測の撤収作業を行った。

観測棟からセールロンダーネ山地側に1・6㎞も延ばされたセンサーケーブル、電源ケーブルと竹竿が一気に除かれると、南側の雪原はとてもスッキリした。これだけの装置を、寒い8月にコツコツと張り巡らせた渋谷の努力には、敬意を表したい。

一巻70万円もするというセンサーケーブルは、リールに巻き取り日本に持ち帰られるが、電源ケーブルは幾つかに切断したうえ、ゴミとして処理される。

こうしてきれいになった雪原には、間もなく航空機の滑走路や駐機場が作られ、10月末にはピラタスポーターとセスナの2機が、昭和基地の香りを載せて飛来する。いよいよ、われわれのあすか初越冬も、終盤近しの感がある。

冷凍庫、顔を出す

10月上旬のブリザードは、大量の降雪をもたらしたが、一方で雪面の掘削もやっていった。そのおかげで、冷凍庫は越冬開始以来、初めて側面の発泡スチロールやウレタンを露呈することになった。

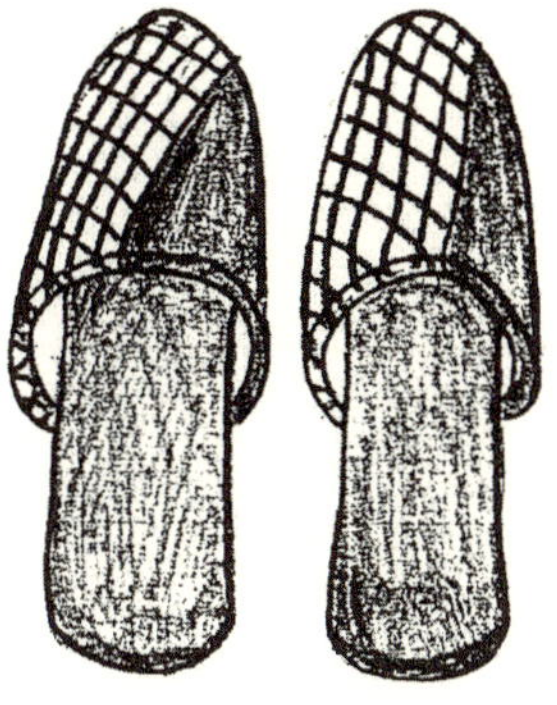
スリッパ

セールロンダーネ余話⑫　蜃気楼

天気が良くて風がなく、気温がグンと下降するような、いわば南極晴れともいえるような気持ちの良い日に、蜃気楼が現れる。

蜃気楼は、温度の違いにより、密度の著しく異なる空気が層をなして存在するとき、光の屈折異常によって遠くの地物が浮きあがったり、変形されたりして見える現象と説明されている。

南極大陸では、前記のように冷え込んだ日に、強い日射により上層の空気が急に温められ、雪面近くの冷たい空気と層をなす下冷上温の型（ヴィンス型）で発生することが多いようだ。

あすかでは、北の地平線が揺らめき始め、地吹雪帯の蜃気楼がまず出現し、ついでシール岩、ベストハウゲンの背が高くなる。大規模な蜃気楼の場合は、アウストカンパーネからニルスラルセンまで、屏風を立てたような壮大なパノラマが現れて息を呑む。酒井によると、36本雪尺から望むあすか基地の蜃気楼もみごとらしい。

それにしても、あすかから見て最も大きく立派なロムナエス山に、あまり蜃気楼が生じないのは不思議だ。

蜃気楼は、実在しないものを見ているのだし、その動きも非常に速いから、まるで花火か夢のような、つかみどころのない、はかなさを感じる。この越冬生活も、いずれ蜃気楼と思える日がくるかもしれない。

［10/9 メニュー］
☆富田シェフ食当
朝食／鯖水煮缶、浅利味付け缶、納豆、鰯塩焼き、みそ汁
昼食／チャーハン、サラダ、新香、吸物、グレープフルーツ
夕食／ポークソテーハワイアン仕立て、イカうに和え、ワカサギフライ、ウインナー炒め、新香、スープ、グレープフルーツ

南極あすか新聞

1987年
(昭和62年)
10月11日
日曜日

JARE28
あすか拠点
新聞社

[10/10気象]
天気　快晴
平均気温 -24.6℃
最高気温 -20.7℃
最低気温 -28.0℃
平均風速 9.5m/s
最大風速 20.0m/s
平均気圧 867.1mb

福島紳隊員の命日、黙祷ささげる

10日は、第4次隊の福島紳隊員が、ブリザードに巻かれてロストポジションをおこし、西オングル島に前途有望の一命を落とした命日にあたる。

あすか基地では、ブランチの前に全隊員で1分間の黙祷をささげ、先達の不慮の死を悼むとともに、わが隊の安全をあらためて祈った。

D31ブルドーザが始動

10日は、前日につづいて快晴微風の上天気に恵まれ、外作業日和であった。この機会を逃さず、機械班を中心にD31ブルドーザの掘り出しが行われた。

ブルのエンジンもみごと始動し、今後の滑走路作りなどの外作業に、明るい見通しが立った。

巨人と西武が優勝、首都決戦へ

9日の巨人につづいて、10日には西武が優勝し、プロ野球日本シリーズは人気カードの首都決戦となり、24日に開幕する。

排水タテ坑深17・6mに上昇

9日、酒井が測定した排水タテ坑の深さは17・6mで、9月17日の18・0mから22日間で0・4m上昇したことになる。航空燃料輸送隊が2週間基地に居なかったため、上昇率は非常に小さかった。

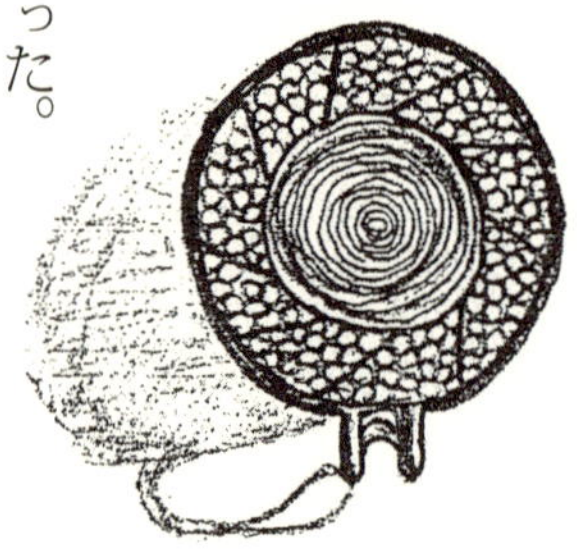

上から見たマグカップ

セールロンダーネ余話⑬　寄せ書き

極地研の事業課から、家族の寄せ書きを内容としたFAXが届いた。電送写真サービスに続く、いかにも日本隊らしいきめ細かな心づかいだ。

隊員たちは、わが妻子のメッセージに目を細め、同僚たちの妻子のそれにも思わず微笑んだり、なるほどと思ったりする。10ヶ月も越冬生活をともにしていると、お互いに家族構成や子供の年齢を知っている。そのうえで、各家族のメッセージや絵を見るのはとても面白い。

妻たちは、一様に隊員の健康を気遣い、帰国を心待ちにしていると書いている。中には、「今回が最後の南極越冬」と引導を渡された隊員もいる。いずれも、越冬隊の妻たちの偽りのない気持ちだろう。

一方、子供たちの文章の内容と字体は、それぞれの年齢にふさわしいもので、いかにも微笑ましい。まだ字の書けない子供は、つたない線で絵を描いている。それを見た父親は、「さすがオレの娘だ。魚の絵を描いている」と喜ぶ。

寄せ書きの習慣は、日本人特有のものだろうか。南極越冬のような〝壮途〟に就く者には、日の丸や色紙に皆の寄せ書きが書かれる。苦しい時つらい時にこれを見て、頑張れという意味らしい。

しかし、越冬隊員の家族による寄せ書きには、隊員たちと同様に家族たちも仲良くしている雰囲気がみえて心安まる。

[10/10メニュー]
☆高木マルミトン食当
朝昼兼用／すきやき丼、ロールキャベツ、佃煮、グレープフルーツ
夕食／天婦羅盛り合わせ、納豆春巻、焼きうどん、タコ・筍・竹輪・里芋の煮付け、枝豆、スープ、ヨーグルト、大福餅

南極あすか新聞

1987年
（昭和62年）
10月12日
月曜日

［10/11 気象］
天気　晴
平均気温 -25.4℃
最高気温 -22.5℃
最低気温 -28.9℃
平均風速 10.3m/s
最大風速 17.2m/s
平均気圧 873.1mb

JARE28
あすか拠点
新聞社

日曜返上し、発電機点検を実施

11日は日曜日だったが、機械班では30KVA発電機の500時間点検を実施した。

これは、週明け13日から第2回セールロンダーネ調査隊が出発し、一方基地では、航空機フェリーの本格的な準備がはじまるからである。

「きょうやっておけば、明日ラクになるから」という高橋イズムが、如何なく発揮されている。

もしかして、このまま夏!?

9日、10日の連続ドピーカンに続いて、11日も天気は見事に晴れた。午前中こそ14m／sの風が吹き、低い地吹雪が現れたものの、午後は前2日間と同じく、夏のような好天に戻った。

9月下旬に、渋谷予報官は大胆に10月12日から夏になるとの発言をした。それが実現しそうな案配である。

貝割大根、生産を再開

高橋農園は、農園長2週間の30マイル出張のため、操業を停止していた。

しかし、このたびの農園長の帰還により、再び貝割大根の生産が再開されることになった。

青々と茂った貝割大根が、われわれの食卓をかざる日も近い。

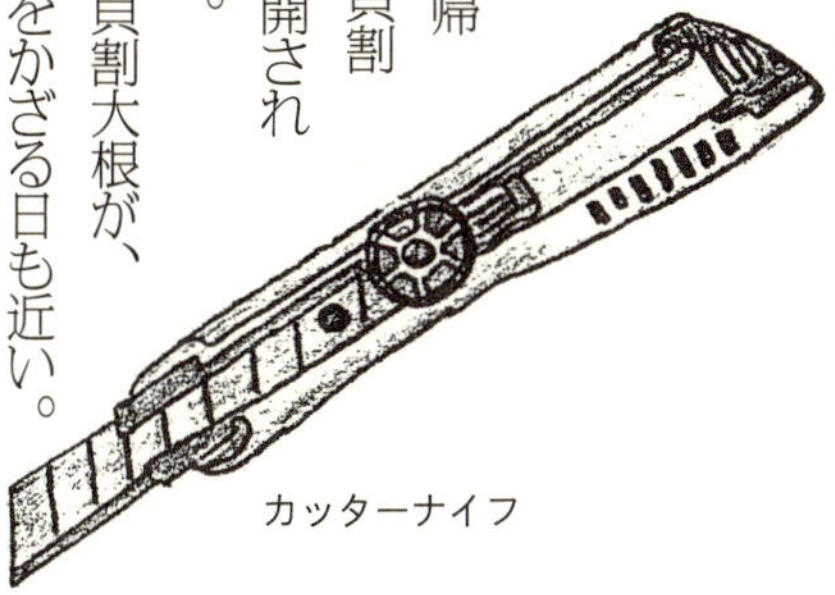
カッターナイフ

セールロンダーネ余話⑭　旅行

南極での各種の旅行が、いわゆる観光旅行のように安楽なものでないことは間違いない。しかし、南極で越冬して、基地生活しか知らないのはつまらない。

越冬隊員の誰もが、基地を離れ、大陸雪原を駆けて山岳地帯を目指したり、海氷上を走って沿岸の露岩地帯に足をのばしたりしたいはずであろう。

ところが、その与えられた役割から、基地を離れることが困難な人たちがいる。毎日のルーチンデータを取らなければならない定常観測、通信、調理といった部門の隊員たちだ。

各次隊とも冬が明けると、長期で大型のプロジェクトのため、10名かあるいはそれ以上の人たちが大陸旅行に出かける。旅行隊員は、毎日のように自然の猛威に曝されるので、決してラクではない。

それでも、基地に残留する隊員からみると、「あいつらだけが楽しんでいる」と見えることもある。

こんなことをきっかけに、両者にギャップが生じることがある。隊長はいろいろ苦心の調整をして、できる限り多くの隊員に旅行体験を味わわせたり、それが無理なら日帰りの遠足を用意したりした。

あすかでも、旅行回数の多い隊員と少ない隊員がはっきり分かれる。これから夏にかけて、全員がセールロンダーネの山地を踏む機会を作りたい。

［10/11 メニュー］
☆渋谷食当
朝昼兼用／秋刀魚塩焼き、ベーコン野菜炒め、みそ汁
夕食／うな丼、鶏唐揚げ、牛肉とニンニク茎の炒め物、サラダ、みそ汁、グレープフルーツ

南極あすか新聞

1987年（昭和62年）10月13日　火曜日

［10/12気象］
天気　快晴
平均気温　-27.7℃
最高気温　-21.6℃
最低気温　-33.6℃
平均風速　5.5m/s
最大風速　11.0m/s
平均気圧　865.6mb

JARE28
あすか拠点
新聞社

D21ブルドーザ掘り出しを実施

4日連続して快晴微風の好天気に恵まれたあすかでは、12日午前中、全員によるD21ブルドーザの掘り出し作業が行われた。

D21ブルは、バックフォー付きで、駐機場デッドマンの穴掘りなどに活躍が期待されている。

いよいよ夏到来か

12日は、連続4日目の好天であった。大陸雪原はかぎりなくまぶしい。昼食後、雪入れ作業が行われたが、ちょっとした肉体労働で汗がにじんだ。

ひと仕事済ませて、観測棟屋根上のすのこにひっくり返って日光浴しても、それほど寒くはない。これはいよいよ、本物の夏の到来と思われる。

シール岩で地磁気絶対値を測定

12日、酒井と大坂は、シール岩へ地磁気絶対値の測定に出かけ、成功裏に仕事を終えた。快晴無風のシール岩は大変暖かく、日射によって雪解けがすすんで、埋没していたドラムも相当顔をだしていたそうだ。

航空機フェリー遅れる

昭和基地の大山越冬隊長の談話によると、航空機は20日から1週間の整備を受けるため、あすかへのフェリーは27日以後と遅れる見込みである。

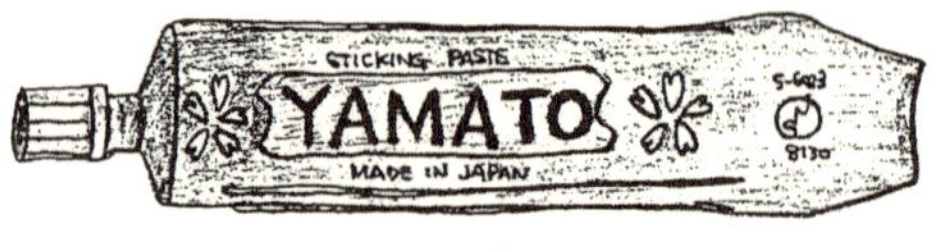

のり

あすか冬明《ふゆあけ》賛歌

一、早く太陽が出てくりゃいいと
越冬隊なら誰でもおもう
春になったら雪上車つらね
セールロンダーネへ出かけてみたい
いつも笑顔を忘れずに
史上最強と呼ばれてみたい
（セリフ）
越冬隊が泣いたらアカン
きれいや
今日のセールロンダーネは
ホンマにきれいや
なあ○○ちゃん

二、あした地吹雪が吹かなきゃいいと
旅行隊なら誰でもおもう
山へ行ったらあすかを忘れ
写真いっぱい写しておくれ
いつも空き缶忘れずに
ダボ石いっぱい拾っておくれ

芦屋雁之助のヒット曲「娘よ」の替え歌で、酒井量基隊員が冬明けの第1回セールロンダーネ調査隊でブラットニーパネへ行った折に作詞したものである。

太陽が戻ってきて、斜めの光線に照らし出されたセールロンダーネの山々は、荘厳なまでに美しい。そしてそこへ向かうと、嘘のように天気がよく、地吹雪もカラリと止んでしまう。冬明けの山の旅は、本当に楽しい。

［10/12メニュー］
☆高木マルミトン食当
朝食／ベーコン野菜炒め、鰯塩焼き、佃煮、漬物、みそ汁
昼食／チャーハン、チキンスープ、グレープフルーツ
夕食／ラムステーキ、うま煮、フライドポテト、トウモロコシのバター煮、うどん明太子和え、肉じゃが、スープ、グレープフルーツ

1987年（昭和62年）
10月14日 水曜日

南極あすか新聞

JARE28
あすか拠点
新聞社

［10/13気象］
天気　快晴のち晴低い地吹雪
平均気温　-28.4℃
最高気温　-24.5℃
最低気温　-33.9℃
平均風速　9.9m/s
最大風速　19.8m/s
平均気圧　866.2mb

［10/13メニュー］
☆富田シェフ食当
朝食／浅利味付け缶、納豆、スパゲティサラダ、牛大和煮缶、吸物
昼食／幕の内弁当、グレープフルーツ
夕食／鮪照り焼き、スパゲティサラダ、野菜の煮付け、芽キャベツ、新香、吸物、グレープフルーツ

第2回セールロンダーネ調査隊出発

第2回セールロンダーネ調査隊（高木L・酒井・大坂・野崎）は、5日連続快晴の13日9時50分、あすかを出発した。折から、冬明け後初めて、ナンキョクフルマカモメと思われる1羽の鳥が、基地上空に飛来して夏の到来を告げた。

調査隊はAA4からAAルートをたどり、旗竿を補修しつつ、順調にアウストカンパーネへ向けて進んだ。途中、地吹雪に見舞われたが、AA17でそれも収束し、快適な旅となった。アウストカンパーネの裸氷域には、2月よりも積雪が増えていた。

16時30分、カムプ氷河のみえるモレーンに到着、C1を張る。さっそく岩のガレ場の生物調査に入ったが、ユキドリの巣には雪がつまっていて、まだ鳥類を見いだすことはできなかった。

屋外作業進むあすか

あすかでは、11時頃から16時頃まで低い地吹雪が流れたが、高橋と富田を中心に屋外作業が精力的に行われた。

その結果、シール岩にデポされていた航空関係小型ソリ4台とH鋼を掘り出し、D31ブルドーザのバッテリ交換を終えた。

晴海出航から11ヶ月目迎える

14日、28次隊が晴海を出航してから、ついに11ヶ月目を迎えた。

ハンダゴテ

セールロンダーネ余話⑮　停滞

9月下旬から10月上旬にかけて実施された航空燃料輸送オペレーションでは、全期間14日間のうち、実に11日間もブリザードに見舞われた。視程が30mにも満たないと、雪上車の移動も困難で、無論ルートを走ることなど不可能だ。

行動できない日は、雪上車内で停滞となる。停滞とか沈殿といった言葉は、登山する人が使い始めたらしいが、行動を起こそうと気持は焦るが、物事がはかどらない苛立ちがよく表されている。

停滞の日の過ごし方は人さまざまだが、睡眠をたっぷりとることが最も賢明のようだ。外がどのような嵐でも、雪上車内のシュラフに潜り込めば、いくらでも眠れる。眠っていれば焦燥も感じないわけだから、精神的に疲れることも少ない。

次に大切なのは、きちんと規則的に食事をとることだ。これによって、生活リズムが生まれる。さらに時間を持て余すようであれば、好きな読書とか書き物をするとよいだろう。大小便の排泄はちょっとつらいが、工夫して、できる限り労を少なく果たせばよい。

停滞の日の過ごし方を習うべき先生は、病院の入院患者さんである。疾患をかかえるこの人たちは、病院という不自由な環境でも、ちょっとした楽しみを創り出す。彼らの闘病生活と比べれば、われわれの停滞などラクなことだ。

南極あすか新聞

1987年（昭和62年）
10月15日
木曜日

JARE28
あすか拠点
新聞社

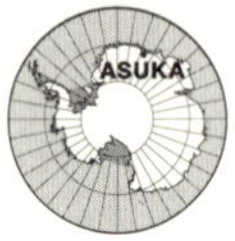

[10/14気象]
天気　快晴
平均気温　-29.1℃
最高気温　-25.1℃
最低気温　-34.6℃
平均風速　8.8m/s
最大風速　19.0m/s
平均気圧　869.8mb

調査隊、ブラットニーパネへ

14日、連続6日目の快晴の朝を迎えた調査隊は、7時半起床、雑炊の朝食の後、午前中はガレ場とモレーンの生物、帯磁率などの調査に費やした。

昼食後、12時30分にアウストカンパーネC1を発ち、ギェル氷河、ニーペ氷河周辺の山岳に息を呑みながら裸氷域と雪原を走り、15時10分、ブラットニーパネのⅠⅡ稜間モレーンC2に到着した。

さっそく広い谷と、Ⅱ稜の調査に取りかかったが、こちらにも生物の姿は未だ認められなかった。また野崎と酒井は、Ⅱ稜の基準点を修復した。9月とは段違いに暖かいC2であった。

仮設作業棟出入口を除雪

14日、快晴無風に恵まれたあすかでは、仮設作業棟出入口の除雪が行われた。

ドア前こそ手掘りしたが、それ以外はD21とD31ブルドーザを使って除雪を行い、一挙に作業がはかどった。

また、貯水槽の前にはブルドーザで雪盛りがなされるなど、ブル大活躍の一日であった。

ティーバッグ

セールロンダーネ余話⑯　ブルを動かす

30マイルにデポされた航空燃料の詰まったドラムを、ソリ12台分も持ち帰るという今回のオペレーションについて、キーポイントは二つあった。一つは、地吹雪の吹き荒れるLルートを突破することであったが、もう一つは30マイルにデポしてあるD31型ブルドーザを動かすことにあった。

高橋隊員によると、9月の大陸雪原上で、半年以上も放置されていたブルドーザを稼働させた例は知らないという。彼は、30マイルでの作業のキーとなるブルドーザの始動に、いろいろと懸念を抱き、またそれ故に幾つもの対策を考えていた。

ブリザードが続く場合は、ブル本体をシートですっぽり覆った中で、マスターヒーターでエンジンを温めながら、除雪することも考えていた。なにしろ、ブルが動かないことには、9割が埋まってカチカチに凍ったドラムを、一本一本掘り出すことなど至難の技であった。

輸送隊が30マイルに到着し、まずブルの掘り出しに取りかかった日は、願ってもない好天だった。4人でスコップや工具のシノを駆使し、3時間がかりでエンジンルームや足回りの除雪をした。

次にマスターヒーターでエンジンルームを解凍させた。準備が整ったところで、スターターを廻し、ブルンと一発でエンジンがかかった時には、皆からおもわず万歳の声がでた。

[10/14メニュー]
☆富田シェフ食当
朝食／納豆、鯖水煮缶、秋刀魚蒲焼き缶、みそ汁
昼食／ラーメン、グレープフルーツ
夕食／プーレ（鶏肉）ソテー・ルイジアナ風、貝割サラダ、イカサラダ、はんぺんフライ、焼き餃子、野菜煮付け、新香、スープ、グレープフルーツ

南極あすか新聞
1987年（昭和62年）10月16日 金曜日
JARE28 あすか拠点 新聞社

［10/15気象］
天気　快晴
平均気温 -30.0℃
最高気温 -22.1℃
最低気温 -36.1℃
平均風速 4.8m/s
最大風速 9.1m/s
平均気圧 867.7mb

調査隊、あすかに無事帰投

15日、7日間連続の快晴の朝を迎えた調査隊は、9時から約2時間、ブラットニーパネⅠⅡ稜間の谷を歩き、生物や岩石を探した。Ⅱ稜に近い二つのウインドスクープの底には、小さいクレバスも存在した。

南極の山は、見た目よりずっと広いことが特徴といえる。この日も歩けど歩けど近づかない目標に、セールロンダーネのスケールの大きさを思い知らされた。

昼食後、12時5分にC2を発ち、AB34から2kmごとに雪尺測定とプロトン磁力計観測を行いながら基地に向かった。途中、アウストカンパーネ、ベストハウゲンの蜃気楼を認めた。

AB16でSM515のトーションバーのボルトが折れる事故に見舞われたが、16時40分、あすかに無事帰投し旅程を終えた。

滑走路測量はじまる

もうすっかり夏の天気が安定したあすかでは、渋谷・高橋を中心に、航空機滑走路の測量と旗立てが行われた。滑走路の方向は、風の主方向に一致して152度に定められた。

また、シール岩から基地内へ、幌ソリ、小型ソリ、H鋼が搬送された。同時に、今後大活躍が期待されるロータリー除雪車が、仮設作業棟から搬出された。

北の地吹雪の帯が、初めて消えた。

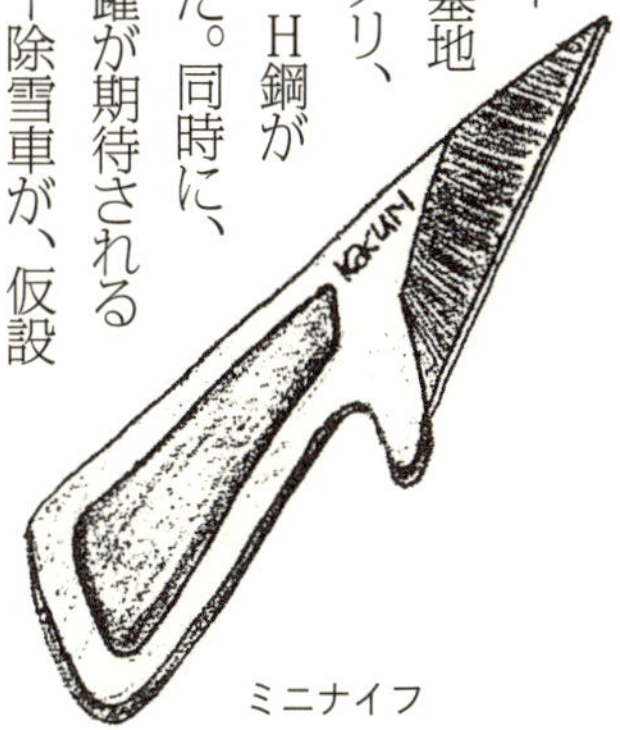

ミニナイフ

セールロンダーネ余話⑰ 旅行食

野外活動における食事は、基地のそれとは異なり、調理が簡単で短時間で作れることに力点が置かれる。そして、充分なカロリーがあることも重要だ。

一方、色合いや種類、味は二の次となる。極端な例をあげると、極地を犬ゾリで駆け巡った故植村直己氏は、凍ったアザラシの肉とお茶だけで、何ヶ月も暮らした。

あすか初越冬隊では、旅行にでかけると、高木隊員が調理を担当する。彼とコンビを組む大坂隊員とは、正副野外調理師として、あうんの呼吸で手際よく作業をすすめる。

大坂がオプティマスコンロに点火し、米を炊く。4人分でマグカップ4杯分の米と、4杯半の水を圧力釜に入れ、加熱し、蒸気が出始めると5分間でコンロからおろす。これでいつも、完璧なごはんが炊ける。

高木は、肉と野菜を煮込んだスープをまず作る。時にはスープの中に、レトルトのカレーやハンバーグを袋ごと入れて加熱し、一石二鳥をやる。漬物や刺身や缶詰で酒のサカナを作る。そして最後に、Tボーンステーキを焼いたり、焼きそばを炒めたり、オムレツを作ったりする。

このようにすると、30分ほどで食事が用意できる。コンロの残り火ですぐに雪を解かして水を作り、次の食事に備える。これを毎日くりかえすのである。

［10/15メニュー］
☆富田シェフ食当
朝食／大和芋、納豆、秋刀魚蒲焼き缶、みそ汁
昼食／天津丼、ごぼう辛煮、ビビンパ山菜、貝割サラダ、新香、グレープフルーツ
夕食／牛肉シチュー、鶏肉と銀杏の炒め物、鰹のたたき、オムレツ、ミートパイ、ごぼうの煮付け、新香、みそ汁、ライチ

南極あすか新聞
1987年（昭和62年）10月17日 土曜日
JARE28 あすか拠点 新聞社

［10/16気象］
天気　快晴
平均気温　-25.4℃
最高気温　-21.1℃
最低気温　-37.0 ℃
平均風速　13.9m/s
最大風速　22.4m/s
平均気圧　866.5mb

滑走路の造成はじまる

16日は久しぶりに風が勢力を回復し、13時には18m／s以上の風速で高い地吹雪を呼んだ。この条件にもかかわらず、機械班と富田は、滑走路づくりに精を出した。

方法は、D31ブルドーザで後進しながら、バケットの爪でサスツルギを削り、ついでSM504でH鋼を引きながら雪面を平坦にならすという作業である。

航空関係ソリの点検実施

渋谷と酒井は、航空幌ソリ内の物品点検、小型ソリ内の雪出しと点検を行った。

ホワイトボードに予定ぎっしり

航空機フェリー準備が本格化し、食堂のホワイトボードには、日々の予定と消化内容がぎっしりである。

大山越冬隊長から返電

10月15日は、大山佳邦越冬隊長の49歳の誕生日であった。あすか基地からは、隊一同と個人から祝電が打たれたが、それらに対する大山隊長からの返電が届いた。

シュクデンカンシャ／ヒョウザンゴオリヲトリニユキ、ギックリゴシ／イヌジルシノニンプオビトバカニサレテイル／アマリトシハトリタクナイモノダ／オオヤマ

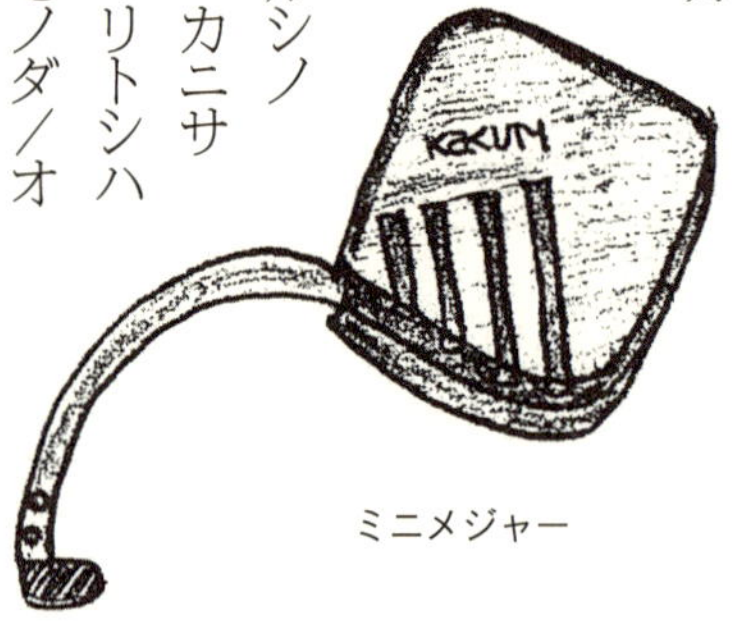
ミニメジャー

セールロンダーネ余話⑱　越冬終盤

10月から12月にかけて、あすか初越冬隊は、越冬の終盤にさしかかる。すでに定常観測は順調なデータを蓄積し、揺るぎもない。研究観測も、GPS、地震計、地磁気、オーロラ、設営工学、医学など着実に計画を遂行し、一部は完了した。

設営では、機械の基地運営維持に問題はなく、通信と調理はすでに10年も続けているかのような安定を見せている。医療は幸いなことに暇をもて余している。このまま越冬が終わったとしても、初越冬隊としては胸を張って帰れるだろう。

しかし、基地では最後のひと花を咲かせようというムードが、大いに盛り上がっている。それは、航空機観測である。すでに、困難と思われた30マイルからの航空燃料輸送は、無事完了している。

現在すすめられている、航空関係のデポの掘り起こし、滑走路と駐機場の造成が済めば、昭和基地からユキドリ航空隊が飛んでくる。あすかの空に、ピラタスとセスナが飛び交い、渋谷の航空磁気観測が大収穫を収めれば、あすか越冬は120％の大成功となるだろう。

越冬終盤の基地の雰囲気はすばらしい。誰かがきばって号令をかけなくても、自然と物事はすすんでいく。かといって、協調ムードの中に個人が埋没しているわけでもない。こういう雰囲気が生まれるまで、やはり1年近くはかかる。

［10/16メニュー］
☆富田シェフ食当
朝食／ベーコン絹さや炒め、鯵干物、コンビーフ、鮭水煮缶、みそ汁
昼食／うどん、オレンジ
夕食／肉団子、竹輪の揚げ物、鶏唐揚げ、牛ヒレたたき、新香、スープ、グレープフルーツ

南極あすか新聞

1987年（昭和62年）10月18日 日曜日

JARE28 あすか拠点 新聞社

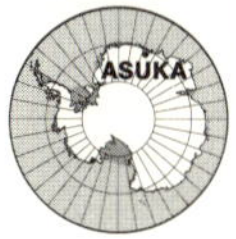

[10/17 気象]

天気　快晴

平均気温 -23.9℃

最高気温 -21.0℃

最低気温 -28.6℃

平均風速 13.6m/s

最大風速 20.7m/s

平均気圧 868.0mb

滑走路の方向を変更

あすかの滑走路では、15日に測量・旗立てが行われ、16日からはD31ブルとSM504による整地が始まっており、すでに全体の3分の2はならされている。

ところが17日、極地研の黒水氏から届いたFAXによると、27次の彼らの経験では、風速10m／sくらいのフライト日和の場合、風向は135度なので、この方向に滑走路を作るべきだという。基地では問い合わせのため、極地研にインマル電話をしたが、土曜日の午後のため連絡がとれなかった。

そこで渋谷と高橋は協議し、135度方向の滑走路をあらためて測量し、造成し直すことにした。風の強い日であったが、渋谷・酒井が測量に没頭し、機械班と富田が地ならしに専念し、滑走路は80％までできあがった。

ソ連基地、飛行機運行を始める

昭和基地からの情報では、ソ連は飛行機を飛ばし始めたらしい。母基地のマラジョージナヤから、ノボラザレフスカヤへの輸送と思われるが、沿岸に沿って飛ぶので、ちょっと気が向けば、あすかに着陸することも考えられる。

あすかでは、各隊員がソ連隊の黒皮ジャケットを狙って、交換する品々を思案している。

爪切り

セールロンダーネ余話⑲　二度目の夏

気がつかないうちに、オーロラの季節は終わっていた。もう夜中の12時でも薄暮の明るさだ。11月には白夜となるであろう。

11月14日には、第29次隊がしらせに乗船し、晴海埠頭を華やかに出発する。ちょうどいま頃は、梱包から晴海日通倉庫搬入へという慌ただしい日々を過ごしていることだろう。

有楽町マリオン前のバス停で、71番晴海埠頭行のバスを待ったことや、埠頭の屋台ラーメンをすすったことが妙に懐かしい。南極越冬の先輩として、われわれには29次隊員の出発前の期待と不安、決別と未練の心情が手に取るようにわかる。

あすか初越冬隊は、まもなく嵐の大地での2度目の夏を迎える。天気の好転とともに、隊員たちの表情もなごむ。夏の到来、仕事の完遂、帰国が見えてくると、どうしたって暗夜期のような厳しい顔つきをできるわけがない。

越冬終盤を迎えて、いまさらながら南極越冬の一年の重みを嚙みしめる。これほど強い印象を残した一年が、ほかにあっただろうか。ある時期の苦労した仕事が、その頃の心情とともに、鮮やかによみがえってくる。あと一年も過ぎれば、われわれの思い出は淘汰されて、楽しいものだけが残るのだろう。

2度目の夏は、一生に幾度もない解放感の中で迎える。

[10/17 メニュー]

☆高木マルミトン食当

朝食／鯨ベーコン、納豆、鰯塩焼き、貝割サラダ、佃煮、みそ汁

昼食／そぼろ卵丼、鶏肉とベーコンのスープ、煮付け、グレープフルーツ

夕食／海老とイカのフライ、おでん、うどん明太子和え、枝豆、スモークサーモン、大福餅、グレープフルーツ

1987年（昭和62年）10月19日 月曜日

南極あすか新聞

JARE28 あすか拠点 新聞社

［10/18気象］
天気　快晴
平均気温　-25.9℃
最高気温　-20.7℃
最低気温　-29.8℃
平均風速　6.4m/s
最大風速　12.0m/s
平均気圧　856.5mb

快晴無風の穏やかな日曜日

18日は、快晴無風の穏やかな日曜日であった。すでに航空機フェリーの準備も目途がついているので、ゆっくりと休日日課を楽しむことになった。

食当は大坂が担当し、ブランチと夕食に地力をつけてきた調理の腕をふるった。酒井はあすか基地の看板を、導板《みちいた》を用いて作り始めた。富田は酒井を散髪した。高木は例によって、フィルム現像作業に午後を費やした。

あと10日足らずで、昭和基地から航空隊が飛来し、2ヶ月で29次隊がやってくる。ゆっくり羽根を伸ばせる日曜日も、残りすくなくなった。

気炎あげる日本たばこ産業社長

長岡実日本たばこ産業社長は、たばこの有害性を否定する過激な発言をして、日本国内で物議をかもしているという。

阪神新監督はＯＢの村山実氏

10月18日の共同ＦＡＸニュース日曜版における話題は、次のようなものであった。

今シーズン、球団はじまって以来の成績不振で最下位に甘んじた阪神タイガースの新監督に、ＯＢの村山実氏（50）が、永久欠番だった現役時代の背番号11を背負って、就任することが決まった。

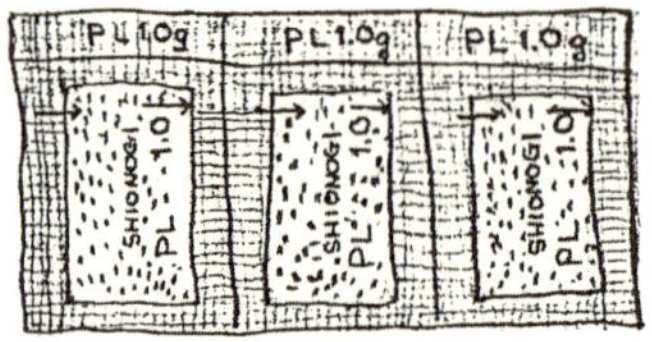

風邪薬顆粒

［10/18メニュー］
☆大坂食当
朝昼兼用／牛肉マリネ、鮭ムニエル、スープ
夕食／ビーフステーキ、鶏肉と海老のあんかけ、スープ

セールロンダーネ余話⑳
マラジョージナヤ

ソ連の南極におけるメインステーションは、マラジョージナヤ基地である。29次夏行動では、アムンゼン湾で観測があるし、以前マラジョージナヤで仕事をした経験をもつ佐藤夏雄夏隊長が来るので、われわれもマラ基地に上陸できるのではないかと期待が高まる。

記者がピラタスポーター機でマラを訪れたのは、１９８０年12月29日、21次越冬も終盤の頃だった。アザラシセンサスを目的に、プリンスオラフ海岸を東に飛んだ際、マラに着陸することになった。

ピラタス機が停止すると、滑走路を維持する胸の厚い屈強なロシアの男たちが出迎え、まるで戦車のような車高の低い雪上車で、基地へ連れて行ってくれた。当時の越冬隊長はティアビンという大変に有名な極地探検家であったが、彼が黒革のジャケットにネクタイを着けて出迎えてくれたのには参ってしまった。

なぜなら、日本隊の3名は内藤さん以下、皆汚れたヤッケ姿だったからだ。メインポールに日の丸が掲げられ、テーブルにボルシチとウオッカが並んで、日ソ両国の南極越冬の成功やら国際親善やら、いろんな名目で乾杯した。

基地の発電機室や病院などを見せてもらううちにすっかり酔いが回って、帰りの空路はアザラシの勘定どころではなかった。

南極あすか新聞
1987年（昭和62年）10月20日 火曜日
JARE28 あすか拠点 新聞社

[10/19気象]
天気　高曇
平均気温 -25.1℃
最高気温 -19.9℃
最低気温 -30.9℃
平均風速 6.3m/s
最大風速 20.4m/s
平均気圧 850.3mb

あすか空港造成、ほぼ完成へ

19日は、前日に引き続いて晴天無風の好条件に恵まれて、基地では飛行場の造成に拍車がかかった。

滑走路の地ならしには、富田のD31ブルドーザーと、野崎のSM504が活躍した。一方、渋谷・酒井・大坂は、駐機場のデッドマン埋め込み穴の位置を測量し、それにしたがって高橋がD21ブルのバックフォーで穴を掘った。その穴に、中心に穴のあいた四角いデッドマン板を埋め、円形穴を通したロープを雪面上に出す。

こうして、ピラタスとセスナの駐機場もできた。19日の作業により、標示盤など一部を残し、あすか空港はほぼ完成した。

週末に第3回セールロンダーネ調査

連日の好天気と各隊員の頑張りで、予想外に早く飛行場ができあがった。ただし、昭和基地での航空機整備が、20日から1週間かけて行われるので、航空機フェリーは27日以降となる。

そこで鮎川隊長は、第3回セールロンダーネ調査を、23日から2泊3日で出すことに決定した。メンバーは高木L・富田・野崎・鮎川で、目的地はブラットニーパネ第5稜とメニパ北西稜である。

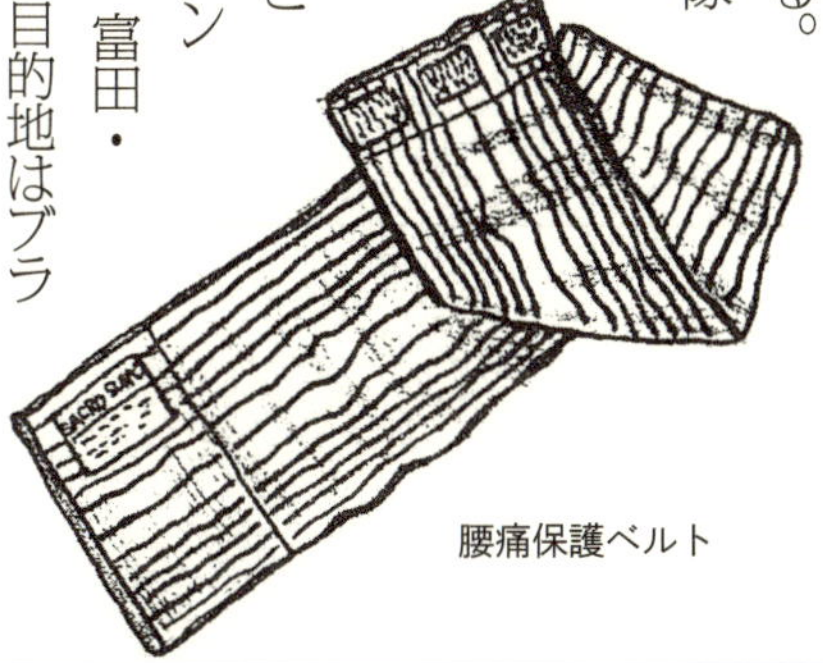
腰痛保護ベルト

セールロンダーネ余話㉑　夏が来た

あすか基地の渋谷予報官は、10月12日から夏になると予報した。その後、10月1日夕から同7日昼にかけて猛威をふるったブリザードは、夏遠しの感を与えた。

ところが、10月9日から信じられないような快晴無風の日が、3日、4日と連続するようになると、もはや夏の到来を疑う余地はなくなった。

その上、13日には初めてナンキョクフルマカモメが基地に飛来し、15日には北の地平線に見えていた地吹雪によるケバ立ちが消えた。これで、夏の気象に変わったことが明らかになったわけだ。

もちろん今後も、ブリザードや曇天の日が来ることもあろうが、10月9日から1週間の間に、気象の大きな流れが変わったことは確かだ。渋谷予報官の予報は、正しかったわけである。

それにしても、2月下旬のあすか初越冬隊の越冬成立の頃から、10月8日までの冬期間は、実に長い荒天の季節であった。この間に、本紙は全231号を刊行し続けたのである。大陸雪原カタバ風帯での越冬観測の厳しさが、この数字にもよく表されているように思う。

冬から夏への変曲点、言い換えれば荒天から好天への変わり目を見出すことは、われわれあすかのパイオニアの目的のひとつであった。今、それを知り、あらためて通年越冬の意味を噛みしめている。

[10/19メニュー]
☆高木マルミトン食当
朝食／納豆、タラコ、しらす干し、貝割サラダ、佃煮、鰯塩焼き、牛乳、みそ汁
昼食／すきやき丼、吸物、グレープフルーツ
夕食／おでん、秋刀魚塩焼き、鶏唐揚げ、茶わん蒸し、とろみスープ、ヨーグルト、グレープフルーツ

南極あすか新聞

1987年
（昭和62年）
10月21日
水曜日

JARE28
あすか拠点
新聞社

［10/20気象］
天気　晴
平均気温　-23.7℃
最高気温　-21.0℃
最低気温　-26.2℃
平均風速　14.4m/s
最大風速　22.3m/s
平均気圧　858.9mb

［10/20メニュー］
☆富田シェフ食当
朝食／鯵開き、納豆、秋刀魚蒲焼き缶、スクランブルエッグ、みそ汁
昼食／中華丼、ごぼう辛煮、新香、スープ、オレンジ
夕食／牛ヒレステーキ、インゲンごま和え、マカロニサラダ、冷奴、新香、アップルパイ、グレープフルーツ

朝日チーム飛行への協力依頼

20日、極地研から届いたFAXで、村山雅美氏をチームリーダーとする朝日チームの飛行に関し、越冬隊もできるかぎりの協力をするようにとの依頼が来た。

具体的内容は、①滑走路の提供（300～400m×30m以上）、②航法支援（1気象情報、2通信の設定、3滑走路の状態の通報）、③その他の便宜供与（1物資の輸送や燃料補給等の際の車両等供与、2取材活動への協力、3事故時の対応）である。

なお、あすかに飛来する一番機の乗客には、村山氏以外にレポーター椎名誠、プロデューサー大谷映芳の名前も見られた。椎名氏は「シベリア大紀行」や「グレートバリアリーフ」などのレポートで知られる、アウトドア派の売れっ子作家である。

また大谷氏は、早大K2登山隊で世界第2位の高峰K2に登頂したり、マッキンレーで消息を絶った植村直己氏の捜索に当たったりした一流のアルピニストである。

極地研所長・企画調整官との電話

20日、鮎川隊長は極地研に電話を入れ、所長・企画調整官と話した。村山チームの計画に関して、われわれは協力を惜しまないが、従来の計画は予定通りに遂行することになった。極地研の両氏からは、あすか越冬隊によろしくとのことであった。

国語辞典

セールロンダーネ余話㉒
野外における排尿・排便

快晴無風の南極大陸雪原上で、尿や糞を排出することは、まことに爽快なものである。男の本懐ここにありといった、気宇壮大な光景でもある。昔の越冬隊には、この雄大な野糞を独りで垂れるのはもったいないと思ったのか、排便態勢にある隊員の側にわざわざやってきて、連れションならぬ連れフンを楽しむ不思議な御仁がいた。

また、すでに位置を決めた隊員の風上に腰を据える不届き者もいた。いずれにしても、好天での排泄行為は、気持ちのいいものであることは間違いない。

ところが、ブリザードの中での排尿排便は、趣がまったく異なる。一瞬にして雪まみれになる行為は、相当の意志を必要とする。排尿はまだ良い方である。足腰を踏ん張り、風下から約45度の方向に放尿すれば、しぶきを浴びることもあまりない。

だが排便はそうはいかない。ズボンとモモヒキとパンツを下げなければ仕事にならないのだ。以前はソリの風下などで、風下に顔を向けて蹲踞《そんきょ》するのが常識とされたが、この方式では下着が雪まみれになる。

そこで、強風の中で風上に向かって、卵型のダウンヒル・クラウチング・スタイルをとる勇気ある新方式が生まれた。この方式だと風には曝されるが、下着の被害は少ない。それに男らしい。

南極あすか新聞

1987年（昭和62年）10月22日 木曜日

JARE28
あすか拠点
新聞社

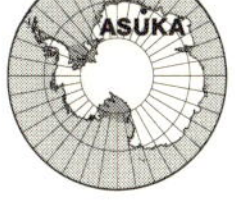

［10/21 気象］
天気　晴
平均気温　-25.3℃
最高気温　-21.4℃
最低気温　-29.6℃
平均風速　6.9m/s
最大風速　13.5m/s
平均気圧　860.9mb

B出入口の庇を延長改良

21日午後、酒井と大坂は、B出入口の庇の延長改良工事を行った。従来の庇に、ひとつの箱型庇を継ぎ足し、外への出入口を90度北側へ振って、内開きのベニアの戸を付けた。これにより、箱型庇そのものにドリフトが付いても、出入口は確保できよう。

便所の汚水排水等を実施

21日、機械班により便所の汚水排水、風呂循環水フィルターの交換、タンクの清掃が行われた。最近は、排水タテ坑底の上昇がほとんど見られないので、排水も安心して気持ち良くできる。

積雪量はマイナス傾向に

19日、酒井が測定した36本雪尺の測定によれば、9月21日からの1ヶ月間の積雪量はマイナス1・3cmで、7月以来4ヶ月連続のマイナス傾向となった。1月からの積算積雪量は、プラス6・7cmとなった。ちなみにABルートの積雪量も、AB2～18では1ヶ月間ですべて減少を示した。

排水タテ坑17・6mで変化なし

20日、酒井が測定した排水タテ坑の深さは17・6mで、10月9日の値と変わりがなかった。このあたりの層で、横壁への水の浸透が良好なのであろうか。

ブラットニーパネIIの谷

セールロンダーネ余話㉓ 谷を歩く

セールロンダーネ山地に出かけて最も楽しく心躍るのは、完全防寒の装備に身を固め、二重靴とアイゼンで足元を締め、サブザックにカメラと野帳と非常食を放り込み、ピッケルを持って、いよいよ山に入る時である。

南極の山は川や森林がなく、見通しが良いため、目標が非常に近く見える。だが、これが単なる錯覚であることは、歩き始めて10分もするとわかる。歩いても歩いてもちっとも景色は変わらないのである。

それもそのはずだ。例えば、ブラットニーパネI・II稜間の谷をみると、谷の入口で幅4km、奥行きは7・5kmもある。この谷の中に、馬蹄型をしたモレーンの丘が幾つも縞模様のように並ぶのだから、ここを歩くのは結構なアルバイト（きつい登り）なのである。

それにしても、降り注ぐ陽光の下、アイゼンのきしむ金属音を聴きながらゆったりと歩く醍醐味は、山好きの者に限ったものではあるまい。雪面の美しい縞模様に刻まれた自分の足跡を振り返りながら、昔日を想ったりする心の余裕がそこにはある。

自分を南極に送り出してくれた人々にも、紺碧の空、天を突く峰、たおやかな谷、逆光に輝く裸氷のひとつでも分けてあげたい気がする。いつまでも心に残る光景である。

［10/21 メニュー］
☆富田シェフ食当
朝食／鮭塩焼き、納豆、ごぼう煮付け、ベーコン炒め、みそ汁
昼食／ハヤシライス、サラダ、新香、みそ汁、桃缶
夕食／鮭照り焼き、餃子、豚レバー炒め、牛ヒレ炒め、ホウレンソウのお浸し、スープ、アップルパイ、グレープフルーツ

南極あすか新聞

1987年（昭和62年）10月23日 金曜日

JARE28
あすか拠点
新聞社

[10/22気象]
天気　快晴
平均気温 -29.4℃
最高気温 -22.8℃
最低気温 -35.1℃
平均風速 4.0m/s
最大風速 11.4m/s
平均気圧 864.4mb

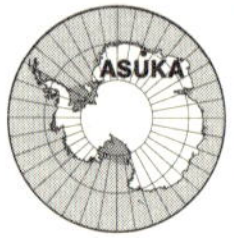

[10/22メニュー]
☆富田シェフ食当
朝食／鮭水煮缶、キンピラごぼう、ベーコン絹さや炒め、しらす干し、みそ汁
昼食／味噌ラーメン、グレープフルーツ
夕食／焼き肉、コンビーフサラダ、里芋とこんにゃくの田楽、春巻、コンタン（牛たん塩漬け）、生ハム、新香、みそ汁、グレープフルーツ

シール岩で地磁気絶対値を測定

快晴無風の22日、酒井・大坂はシール岩にて地磁気絶対値の測定を行った。

オーストラリアの観測報告書に、週に2度の割合で同じ観測をやっていることが記載されていたことから、酒井は負けじと頑張っている。

観測に同行した高木は、シール岩のウインドスクープを歩き、岩石上に白く粉をふいたような地衣類を見つけた。

ロータリー除雪車が活躍

基地では、ロータリー除雪車が主屋棟周囲の除雪に活躍している。

帰路しらせの部屋割り決定

22日、29次隊の往路における、しらせの部屋割り表がFAXで届いた。これを受けて鮎川隊長は、帰路におけるあすか隊の部屋割りを決めた。

第20BS室に鮎川・高橋、第6観に渋谷・高木、第7観に富田・野崎、第8観に酒井・大坂となっている。早くも帰路の具体案がでる季節である。

7月21日の
オーロラ

セールロンダーネ余話㉔　災害

共同FAXニュースを読むと、台風19号が猛威をふるって、8名が死亡したことが大きく扱われている。半径250kmは15m／s以上の暴風圏などと、一見して深刻に報道されたりもする。

一方、首都圏に30cmもの積雪があったとすれば、鉄道はストップし、道路はスリップする車で大渋滞をきたし、都市機能がマヒすることは間違いない。

もし、あすかの気象をそのまま日本に持ち込んだら、どんな混乱が起こるか想像もつかない。風速15m／sくらいの風は、あすかでは日常茶飯事だし、1回降雪があると基地の地形も変わる。このようなことが、首都圏で起これば、都市のあらゆる機能は手痛い打撃を受けるに違いない。

ましてや、10月初めのような1週間も続くブリザードが吹き荒れれば、ロストポジションや交通事故や飢えなどさまざまな原因で、おそらく1万人以上の人間が死ぬことであろう。しかし、海に囲まれた温帯の日本列島では、こんな災害は起こりえない。それだけ恵まれた国土なのである。

だが、もし氷河期が日本列島に及ぶことになれば、前記の災害は実際に起こりうる。そういう時期が、われわれの生涯に訪れることはないかもしれないが、もし訪れるならば、元南極越冬隊員としては黙ってはおれないことだろう。

南極あすか新聞
1987年
（昭和62年）
10月24日
土曜日
JARE28
あすか拠点
新聞社

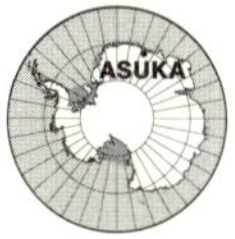

［10/23気象］
天気　高曇
低い地吹雪
平均気温
-22.4℃
最高気温
-17.2℃
最低気温
-31.5℃
平均風速
18.7m/s
最大風速
26.9m/s
平均気圧
865.5mb

氷床断面図届く

23日、極地研の西尾文彦助教授から、27次隊のアイスレーダー観測の結果として、氷床断面図がＦＡＸで送られてきた。

この図は、ブライド湾からあすか基地、セールロンダーネ山地を越えて内陸域まで、３００km以上にわたって氷床と雪面の高度が描かれている。

これによると、あすか基地の基盤はかろうじて海面上に位置するが、Ｌルートのほとんどのそれは海面下にある。またセールロンダーネ山地はわずか10kmほどの間に、急激に立ち上がっている。

第３回セールロンダーネ調査順延

第３回セールロンダーネ調査隊の出発が予定されていた23日、４時頃から吹き始めた風が18～19ｍ／ｓに達し、高い地吹雪を呼んで、セールロンダーネ山地も見え隠れする状態となった。

そのため出発は、24日に順延された。９月から始められた山地調査隊は毎回、好天気に恵まれてきたが、３度目にして初めて足止めをくらったことになる。

幻日とハロー現象

セールロンダーネ余話㉕　ウィルソン

チェリー・ガラードの『世界最悪の旅』は、極地探検を志す者なら一度は目を通すべき名著である。和訳は、日本の極地研究家の草分けである加納一郎氏によってなされた。

この『世界最悪の旅』は、スコットにとって最後となる探検の３年間を、若き動物学者として参加したガラードが、10年後に回想した探検記である。同書の登場人物として、スコットとともに頻回現れるのが、エドワード・アドリアン・ウィルソンだ。彼は隊の首席科学隊員、動物学者で、しかも医師でもあった。

ガラードによると「雲や山にたいしては芸術家として、氷や雪にたいしては科学者として、そのほかまた医者として、さらに何にもまして思慮深い人として」南極に生きたという。

スコットが「余はいかにしてもビル（ウィルソン）と手を携えて極点に到達せんことをねがう」というほど頼りにした片腕であり、その円満な性格と多才により隊をまとめた。

ペンギンの発生学研究のため、非常な危険と困苦をこえて皇帝ペンギンの営巣地にゆき、３個の卵を得て帰った（『世界最悪の旅』）ウィルソンだが、南極到達隊に加わり、39歳で遭難死した。

隊長スコットの陰に隠れて目立たないが、ウィルソンは南極探検史に残る名ワキ役であった。

［10/23メニュー］
☆富田シェフ食当
朝食／浅利味付け缶、鰯塩焼き、納豆、キンピラごぼう、みそ汁
昼食／コロッケ、新香、スープ、グレープフルーツ
夕食／牛ヒレのステーキ、子持ちシシャモ、鮭トロ刺身、春雨とワカメサラダ、オムレツ、新香、トウモロコシと松茸のスープ、ケーキ、グレープフルーツ

南極あすか新聞
1987年（昭和62年）10月25日 日曜日
JARE28 あすか拠点 新聞社

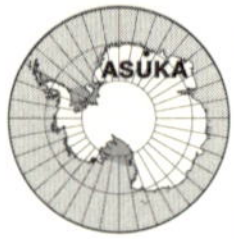

[10/24気象]
天気　曇
平均気温 -14.3℃
最高気温 -12.3℃
最低気温 -17.4℃
平均風速 19.4m/s
最大風速 25.9m/s
平均気圧 856.5mb

第3回セールロンダーネ調査隊出発

24日、第3回セールロンダーネ調査隊（高木L・富田・野崎・鮎川）が出発し、ABルート、AB35、第4稜を経由し、第5稜末端直下のモレーンに到着した。

調査隊は9時5分、あすかを発った。20m／sの風が吹いていたが、地吹雪はなく、前途に不安はなかった。ところが、AB2でSM512のタイヤガイド爪が1ヶ所脱落していることに気づいた。

早速、基地から高橋・酒井が部品を持って急行してくれ、修理を行った。以後、車両は快調。AB15までは、ところどころ地吹雪帯もあったが、山に近づくにしたがって、風も収まり、地吹雪も消失した。

12時20分、ブラットニーパネIの谷モレーンで昼食。食後は山際を走り、14時20分、第4稜に到着。地学の実験地を認めた。キャンプ地の第5稜末端直下モレーンには、15時20分に着いた。

早速、生物調査に取りかかったが、ここには、ユキドリの巣と屍体がおびただしく存在し、同時に地衣・蘚苔《せんたい》類も多種が生息していることがわかった。まさに、生物調査の宝の山に当たったたわけだ。

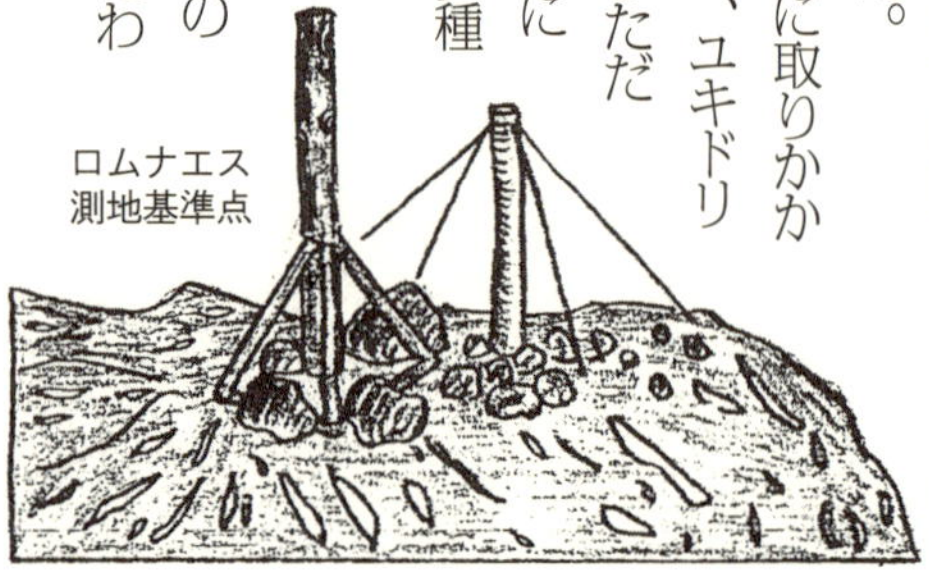

一方、基地では残った4名が、滑走路表示盤の取り付け、電源ポンプソリの組付けを行った。

セールロンダーネ余話㉖　動物

あすか基地越冬生活において、昭和基地でのそれと比べて、物足りなさを感じるのは、生物とりわけ動物との接触が少ないことである。

昭和基地ではちょうどいま頃、ルンパ島やオングルカルベン島で営巣の準備にかかるアデリーペンギンの愛くるしい姿を見ることができる。ゴミ運搬ソリにはいつも、ナンキョクオオトウゾクカモメが目を光らせている。ユキドリやナンキョクフルマカモメも、素早い飛翔で基地の上空を横切る。

氷上には、ウエッデルアザラシが艶やかな巨体を横たえて惰眠をむさぼっている。運が良ければ、銀白色の毛皮をまとった仔アザラシも目撃できる。また、海氷に穴をあけて釣り糸を垂らせば、通称オングルダボハゼやマボロシといった魚が入れ食いで釣れる。こういった動物との接触は、同じ南極に生息する生き物として、限りなくうれしいものなのだ。

あすかでは、夏期の露岩地帯で美しいユキドリの営巣が見られる。その姿は、荒涼とした岩と雪氷の世界ゆえに、一層まばゆい。10月中旬のセールロンダーネ調査では、残念ながらまだユキドリの帰還は認められず、巨石の下の巣には雪が吹き貯まっていた。しかし、間もなく渡り鳥は帰ってくるだろう。

[10/24メニュー]
☆富田シェフ・大坂食当
朝食／ベーコン絹さや炒め、しらす干し、鯵開き、鮭水煮缶
昼食／スパゲティ、スープ、パイナップル
夕食／ステーキ、ホウレンソウ炒め、スープ

南極あすか新聞

1987年
（昭和62年）
10月26日
月曜日

JARE28
あすか拠点
新聞社

［10/25気象］
天気　雪高い地吹雪
平均気温　-15.4℃
最高気温　-14.1℃
最低気温　-18.0℃
平均風速　13.9m/s
最大風速　21.0m/s
平均気圧　863.2mb

［10/25メニュー］
☆酒井食当
朝食／パン、スクランブルエッグ、ハム
昼食／ちらし寿司、お澄まし、オレンジ
夕食／焼き肉、キス天婦羅、なめこ汁、白玉あん

セールロンダーネ調査隊、Ⅱの谷へ

第3回セールロンダーネ調査隊は、25日3時半、C1の第5稜モレーンを出発し、C2予定のメニパへ向かった。しかし、9時35分にAB35に戻ったところ、前方は地吹雪が流れて山影がまったく見えず、しかもホワイトアウトであった。

この状態での氷河走行は危険と判断し、調査隊はUターンしてブラットニーパネⅡの谷に入り、地学隊BCに10時15分到着、ここをC2とした。C2は、時折の突風が吹くほかはほとんど風がなく、雲を通して薄日のさす穏やかな天気であった。

Ⅱの谷では、各隊員ともモレーンを散策し、高木は白色のカリフラワー様の地衣体を採取した。また、富田と野崎はガレを登り、ブラットニーパネⅡ稜の稜線上にある小さな頂に達した。夕方からは空が晴れ上がり、残照に映える槍ピークにカメラを向ける者が多かった。

あすかでは、風こそ平均13・9m／sであったが、地吹雪の高いブリザードの一日で、予定の屋外作業は中止、休日日課を送った。昭和からあすかへの航空機フェリーは、27日からスタンバイとなった。

ロムナエス山を下る

セールロンダーネ余話㉗　滑走路

昭和基地からの航空機フェリーに備えて、あすかでは高橋・渋谷を中心に、滑走路と駐機場を造成した。

基地の南側、約1kmの地点に、幅70m、長さ800m、方位135度の滑走路予定地を測量し、目印の旗竿を立てる。次に、D31ブルドーザのバケットでサスツルギなどの雪面凹凸部を削り、さらにH鋼を引いたSM504で走り回って、雪面をならしていく。こうして、荒れた雪原にポッカリと平坦な滑走路が出来上がった。

上空から見ると、滑走路だけが白く浮き上がって、鮮明に見えることだろう。また雪上車やブルドーザーが残したキャタピラの跡は、ペルー・ナスカの地上絵のようであるかもしれない。がらりと変わった夏型の天気のおかげで、滑走路は1週間弱で完成に至った。

南極の広大な雪原なら、どこにでも比較的簡単に滑走路を含む飛行場を作ることができる。しかし日本では、過去の成田空港、現在の大阪湾新国際空港に見られるように、計画から完成まで、大変な金とトラブルがからんでくる。

それに比べて、南極のように土地が広く、人口密度が極度に低いということは、なんと素晴らしいことだろうか。こんな贅沢な土地の使い方ができるのも、南極越冬の醍醐味のひとつだ。

南極あすか新聞
1987年（昭和62年）10月27日 火曜日
JARE28 あすか拠点新聞社

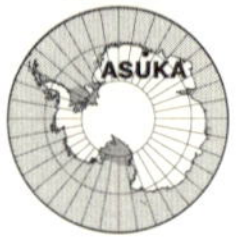

［10/26気象］
天気　高曇
平均気温 -16.2℃
最高気温 -14.4℃
最低気温 -19.0℃
平均風速 16.0m/s
最大風速 23.7m/s
平均気圧 863.9mb

［10/26メニュー］
☆大坂・酒井食当
朝食／パン、牛乳、みそ汁
昼食／チキンソテー、みそ汁
夕食／すきやき、刺身、みそ汁、ヨーグルトケーキ、オレンジ

セールロンダーネ調査隊、無事帰投

第3回セールロンダーネ調査隊（高木L）は、26日ブラットニーパネⅡの谷で、快晴微風の気持ちの良い朝を迎えた。

8時にC2を発ち、裸氷帯の谷を登り、東へ向きをかえて8時45分、AB35に達した。あすかとの交信で、風は強いが視程は山まで見えるとの情報を得た。

そこで、AB35から山沿いにアウストカンパーネの裸氷帯まで往復し、ギェル・ニーペ氷河周辺の山々を存分に鑑賞することにした。アウストカンパーネ山群とメニパ山群の間のニーペ氷河を、舐めるような低い地吹雪が流れていく光景は、まさに圧巻であった。

11時15分にAB35へ戻り昼食。11時55分に発ち、順調に走って14時20分にあすかに帰投した。AB4あたりから急に地吹雪が激しくなり、上空にはみごとなハロー現象が認められた。

今回、鮎川隊長と富田は、初めてセールロンダーネ山地を踏んだ。

必ずしも天気には恵まれなかったが、生物調査には収穫の多い旅だった。

アウストカンパーネ

セールロンダーネ余話㉘　金を使う

南極越冬隊では、貨幣が一切流通していない。基地では、新しい装備をもらっても、食糧を調達しても、140ℓを給油しても、医務室から薬をもらっても、すべてタダである。

唯一、日常生活で費用のかかるのは、電報を打つ時だが、もちろんこれもツケである。麻雀も金銭を賭けてはいない。

誕生日などで、とびきりの仏料理フルコースが出ると、すぐに日本のレストランで食べたら1万円では済まないなどと考えてしまう。だが、おいしい料理をたらふく食べて、金を払わないで良いというのは、案外物足りないところもある。

また、酒や煙草も免税品の高級なものがそろっているのだが、こういうものを飲みつけていると、あとが怖い。

1年以上も貨幣経済の外の世界に住んでいると、当然、反動というものが来る。前次隊までは越冬終了後、初めて踏む陸地がモーリシャスであった。$300も現地で換金すると、驚くほどの量のルピー札束となった。

金を使いたくてうずうずしている者が、物価の安い土地で小銭を持っているのだから、現地の観光業者にとってはいいお客さんであった。どうせ、国外へ持ち出しても価値のない通貨だからといって、景気よく浪費した。オーストラリアではこうはゆくまい。

1987年
（昭和62年）
10月28日
水曜日

南極あすか新聞

JARE28
あすか拠点
新聞社

[10/27 気象]
天気　雪高い地吹雪
平均気温　-13.3℃
最高気温　-11.6℃
最低気温　-15.5℃
平均風速　16.2m/s
最大風速　24.8m/s
平均気圧　862.8mb

[10/27 メニュー]
☆富田シェフ食当
朝食／モヤシ炒め、鯖水煮缶、納豆、かまぼこ、みそ汁
昼食／親子丼、切り干し大根煮付け、新香、吸物、グレープフルーツ
夕食／プーレ（若鶏）ソテー、ワカサギのマリネ、芽キャベツのバターソテー、腸詰ウインナー、バターロール、新香、みそ汁

航空機フェリー態勢、初日空振りに

あすかと昭和基地では27日から、天候さえ許せばいつでも航空機のフェリーを実施するスタンバイの態勢に入った。

しかし初日の27日は、あすかでは16m／s以上の風が吹き、全天くもり空で、しかもホワイトアウト気味という悪条件だったことから、あっさりフェリーは見送られた。

フェリー実行の有無は、朝のSYNOP送信時に、両基地の気象・気象衛星ノアの写真などを検討し、航空隊・両基地隊長が協議して決定する。また12時までは、いつでも離陸する準備態勢にあるが、それ以後は解除される。

大山越冬隊長は、いったん昭和基地を離陸した航空機が、途中で引き返すような事態を避けるため、フェリー決定には万全を期す所存だ。

ブリザード久々の来襲

10月は、1日から7日までがブリザード、9日から22日までは一転して快晴もしくは晴れ、23日以後は曇がちで地吹雪が頻回に現れ、25日、27日には、ブリザードに逆戻り。まだ、安定とは言い難い気象だ。

ブラットニーパネモレーンの満月

セールロンダーネ余話㉙　村山隊歓迎

村山雅美氏をリーダーとする朝日チームの計画の詳細、あすかに対する依頼、チームのメンバーなどがFAXで届いた。

計画では、12月31日に西独のノイマイヤー基地に着き、88年元旦にあすかへ飛行し、1月7日に昭和基地へ向かうことになっている。一方、われわれは12月末に29次隊と越冬交代し、全員がしらせにピックアップされる模様だ。

すなわち、せっかく村山チームが遠路はるばる画期的な空路を拓いて、われわれが建設維持したあすか基地に来るというのに、ホストのわれわれが時を同じくして、あすかを去らなくてはならないわけだ。

南極観測の大先輩であり、老いてなお南極に空路を拓こうとする不世出の探検家である村山氏を迎え、基地を案内し、歓迎の杯を掲げるのは、あすか初越冬隊であるべきではないか。

われわれはそれを望むし、村山チームにしても、心情的にも取材という仕事の上でも、それを希望しているはずだ。それに29次隊には、村山チームを歓迎している余裕などあるはずがない。

この村山チームとの対応に関する全権は、29次渡辺興亜隊長が握っている。29次隊のオペレーションの都合上、われわれにあすかを去れと言うのなら、それは仕方あるまい。だが、われわれ初越冬隊に最後の華を持たせてもよかろうが。

南極あすか新聞
1987年（昭和62年）10月29日 木曜日

［10/28気象］
天気　雪高い地吹雪
平均気温　-13.3℃
最高気温　-11.6℃
最低気温　-15.9℃
平均風速　17.2m/s
最大風速　26.2m/s
平均気圧　863.7mb

JARE28
あすか拠点
新聞社

［10/28メニュー］
☆富田シェフ食当
朝食／ベーコン絹さや炒め、納豆、秋刀魚蒲焼き缶、小女子、みそ汁
昼食／山芋うどん、あんず缶
夕食／ポークカツレツ、冷奴、焼き鳥、刺身、新香、スープ、ケーキ、アイスボックスクッキー、グレープフルーツ

2日連続のブリザード

航空機フェリー・スタンバイ態勢2日目の28日も、前日に続いてブリザードに明け暮れた。気温はマイナス12～14℃と暖かく、風は18～21ｍ／ｓと強く、地吹雪が高いため、視程はほとんどなかった。

これで23日から6日間連続して思わしくない天気が続いている。9日から22日までの夏到来と思われた好天が嘘のようだ。

星合教授より御礼届く

第3回セールロンダーネ調査では、ブラットニーパネ第5稜末端部にユキドリの巣や地衣・蘚苔類などを多数認めた。鮎川隊長はこの成果を、さっそく星合教授をはじめ極地研生物グループに報告したが、これに対して星合教授から、折り返して調査に対する御礼のＦＡＸが送られてきた。

また、昭和基地の大山越冬隊長からは、同地域の砂を各所から採取して、冷凍保存して欲しいと定時交信で伝えてきた。蘚苔類や土壌の中には、新種のダニやトビムシが生息している可能性もある。できれば、鳥類が帰ってきた後に行ってみたい。

ニーペ氷河から見たビルガー ベルゲルセンの山々

セールロンダーネ余話㉚　ＯＢ会

南極に越冬した隊員が、壮大な自然と、目的を一《いっ》にする男たちの社会に感動し、学校や職場の仲間や後輩にも南極を経験させたいと思うのは、当然の成り行きだ。

高橋隊員のいすゞ自動車には、連帯感の極めて強い南極ＯＢ会があり、なにくれとなく現役の面倒をみたり、泊りがけの会合を開いて旧交を温め、越冬の思い出を語り合ったりするという。

いすゞから3度も南極越冬に派遣された隊員は彼一人だから、いずれ彼がＯＢ会をとりまとめることになるだろう。大坂隊員のＮＴＴは、各次隊にほぼ2名を出しているから、通信のＯＢ会を開くと、ほとんどＮＴＴ出身の人たちが集まるという。

高木隊員の場合は、彼自身が卒業した北海道大学に、大山越冬隊長ら数多くの南極の諸先輩がいる。しかし、彼は自身が所属する外科教室や、学生時代に参加した運動部からも、イキのいい南極で使えそうな後輩を送り出したいと、密かに考えている。

職場など小さな社会から、複数の南極越冬隊員を輩出することは、かなりの困難をともなう。しかしそれが可能なら、その小社会には新たな夢と活気がみなぎることだろう。ＯＢ会を組織し、後輩に南極で活躍させることもまた、楽しいではないか。

南極あすか新聞
JARE28 あすか拠点新聞社
1987年（昭和62年）10月30日 金曜日

[10/29気象]
天気　晴低い地吹雪
平均気温 -15.8℃
最高気温 -13.9℃
最低気温 -22.2℃
平均風速 10.3m/s
最大風速 17.4m/s
平均気圧 864.9mb

天気ようやく回復へ

23日から断続的なブリザードで思わしくなかった天気だが、29日、ようやく回復に向かった。風は11m／s台まで衰え、地吹雪も低くなった。

視程はセールロンダーネ山地の麓まで見えるまでになったが、ブラットニーパネやメニパは積雪のため随分白くなっている。中天は晴れ上がり、まぶしい陽光が降り注いでいるが、北の地平線上空にはまだ厚い雲が残っている。もうこのあたりで、掛け値なしの夏空になってもらいたいものだ。

ゴミ捨て、雪入れ実施

29日、天気の回復を見て、基地内のゴミ仮置き場に満杯になったゴミの搬出、処理を行った。また、昼食後には雪入れ作業を実施した。

白黒写真による報告書

高木は、セールロンダーネ山地生物調査を四つ切白黒写真でまとめて、生物グループに報告する予定でいる。

アウストカンパーネのキャンプサイト

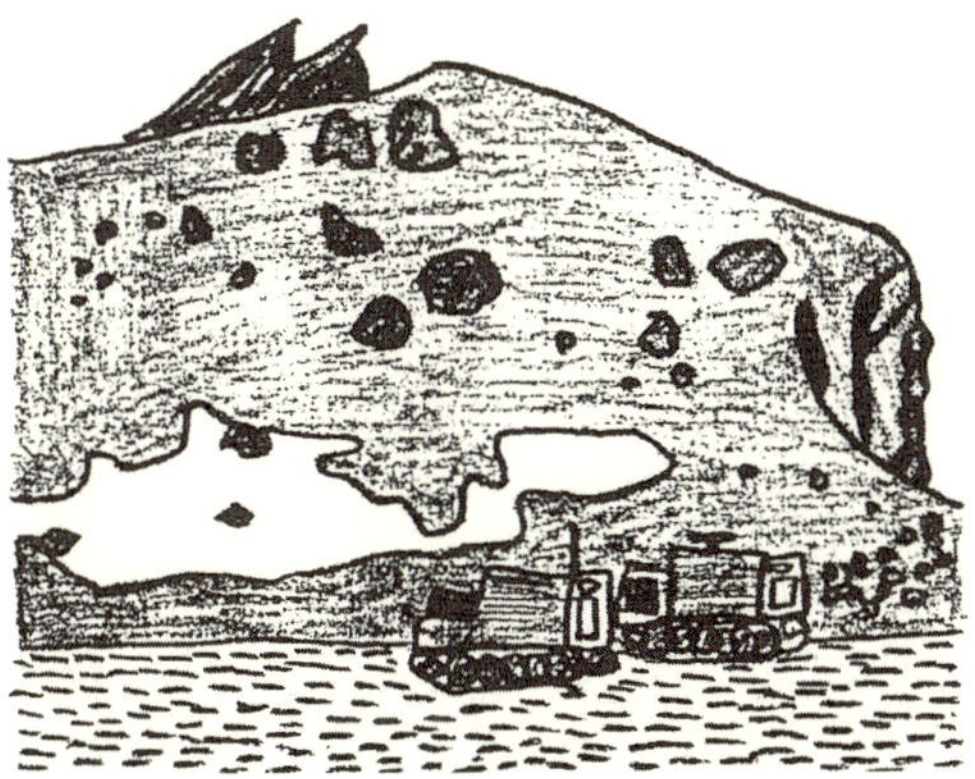

セールロンダーネ余話㉛　オホーツク海

南極越冬が終わって数年、あるいは数十年が過ぎ、無性に凍った海を見たくなったときには、日本にオホーツク海があることを思い出してもらいたい。

北海道の北端・宗谷岬から、北東の端の知床岬まで、約350㎞にわたって日本で唯一の凍結する海、オホーツクはある。毎年、1月上旬に流氷が接岸し、再び離岸する3月末まで、この海はビッシリと氷におおわれる。

「オホーツクの海」というご当地演歌に、「蒼いうねりも／潮鳴りも／消えて沖行く／船もない／見渡すかぎり／流氷の／身を切るような／風が吹く／ああオホーツクの／春の海」と歌われ、ご存知の「宗谷岬」に「流氷とけて／春風吹いて／ハマナス咲いて／カモメも啼いて」と歌われているオホーツク海を、是非とも流氷の張りつめた季節に見てもらいたい。

高木隊員は、オホーツク海にほど近い遠軽と上湧別という町に合計2年暮らした。赤字路線として鉄道もつぎつぎに廃止されつつある過疎の市町村が連なっているが、彼はこの地の自然風土をこよなく愛し、機会があればこの地に戻りたいと考えている。

もし、オホーツクに戻ることになれば、流氷原を望み、鮭のルイベなど噛みながら皆と飲みたいと思っている。

[10/29メニュー]
☆富田シェフ食当
朝食／鰺干物、コンビーフ、浅利味付け缶、小女子、みそ汁
昼食／カレーライス、サラダ、新香、みそ汁、桃缶
夕食／サーモンムニエル、鶏唐揚げ、ホウレンソウのお浸し、子持ちシシャモ、牛と梅干の煮付け、ミートパイ、新香、吸物、グレープフルーツ

南極あすか新聞

1987年
（昭和62年）
10月31日
土曜日

JARE28
あすか拠点
新聞社

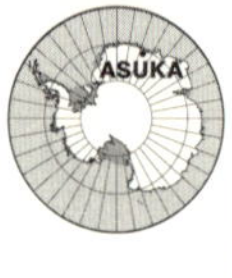

［10/30気象］
天気　晴高い地吹雪
平均気温　-21.1℃
最高気温　-18.2℃
最低気温　-25.0℃
平均風速　9.9m/s
最大風速　19.7m/s
平均気圧　856.6mb

［10/30メニュー］
☆富田シェフ食当
朝食／小女子、納豆、牛大和煮缶、鯖水煮缶、みそ汁
昼食／チャーハン、ひじき煮付け、新香、みそ汁、ビワ缶
夕食／Tボーンステーキ、ワカサギフライ、チーズ、テリーヌ、うずら豆、ポテトサラダ、新香、スープ、グレープフルーツ

航空機フェリーまたもや順延

30日、朝8時頃は快晴・風6m／sの好天気で、いよいよ航空機フェリーが可能かと思われた。しかし、9時頃から徐々に強まった風が低い地吹雪をもたらし、条件は悪化した。

一方、昭和基地は全天の曇、降雪もあるため、フェリーは見合わせ、翌日に順延された。スタンバイ態勢が4日目となり、ユキドリ航空隊もジリジリ苛立っているのではあるまいか。

11月の計画発表

30日昼食後、各部門から寄せられた11月の計画が集計、発表された。

あすか越冬も残り2ヶ月となり、計画はいきおい盛りだくさんとなっているが、鮎川隊長より、航空観測を最優先してこなしていきたいとの談話があった。

発電機500時間点検を実施

30日午前中、発電機500時間点検が行われた。今回もとりわけ問題となる点はなく、順調に終了した。残るは2回の点検のみとなった。

アウストカンパーネのキャンプサイト

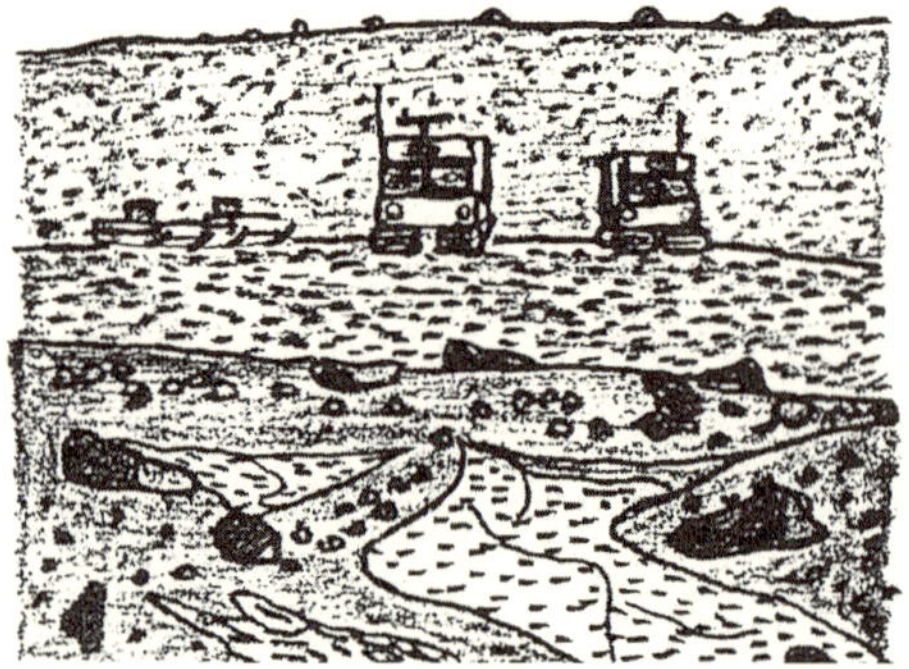

セールロンダーネ余話㉜　連想

南極とは無縁の一般の人に、南極という単語から連想するものを挙げてもらうと、何と答えるだろうか。オーロラ、ペンギン、氷山といったところが回答の多い事物であろう。事実、ロッテ・クールミントガムの包装紙には、この3つが描かれている。

もしかすると、昭和基地越冬の隊員たちも、前記と同じような連想をもつかも知れない。昭和基地生活の印象に残る光景の数々で、これらの占める位置は高い。

みずほ基地に越冬した者は、まず間違いなく、寒さを第一に挙げることだろう。そして、大陸雪原と単調な生活がこれに続くに違いない。

あすか基地ではどうだろう。記者は、ブリザードをトップに推したい。あるいは、地吹雪と言い換えてもよい。これに大陸雪原、壮大な山地とヌナタークが続く。気象条件のうち、寒さは印象に残るまい。基地の内でも外でも、われわれはそれほど厳しい寒さに見舞われたことはない。

オーロラ、蜃気楼、ハロー、幻日、転がる太陽などの極地特有の自然現象にはそれぞれ感動したが、われわれの越冬生活の中においては、代表的な事象ではなかった。社会環境は極めて快適だった。となれば、ブリザードの首位は動くまい。

11

November

1987(昭和62) 年11月1日(日)～30日(月)

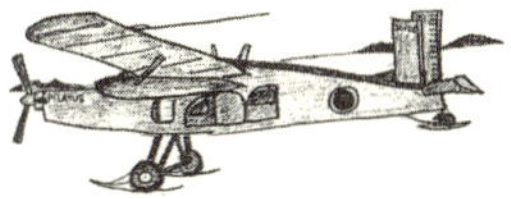

11/6●竹下登内閣発足。副総理は宮沢喜一。
11/8●岡本綾子が、全米女子プロゴルフ選手権で
日本人初の外国人賞金女王に。
11/20●連合(全日本民間労働組合連合会)、
539万人の組合員で発足。

霜月

南極あすか新聞

1987年
（昭和62年）
11月1日
日曜日

JARE28
あすか拠点
新聞社

［10/31 気象］
天気　快晴
高い地吹雪
のち快晴
平均気温
-22.5℃
最高気温
-17.7℃
最低気温
-29.2℃
平均風速
9.4m/s
最大風速
22.6m/s
平均気圧
852.2mb

［10/31 メニュー］
☆高木マルミトン食当
朝食／パン、ロースハム、コンビーフ、スライスチーズ、タラコ、みそ汁、牛乳、グレープフルーツ
昼食／親子丼、肉じゃが、スープ、グレープフルーツ
夕食／帆立とかきのフライ、鶏肉のトマトシチュー、竹輪唐揚げ、牛肉と野菜の炒め物、グレープフルーツ

快晴、地吹雪のち無風

31日朝、天気は快晴だが風が強く、地吹雪が流れていた。定時交信によると、昭和基地は曇、降雪ありで、航空機フェリーは見合わせられた。

しかし、あすかでは14時頃からピタリと風が凪《なぎ》となり、昭和でも雲が切れ始めたそうだ。ノアの衛星写真でも、あすかの側には雲がないという。そこで、両基地では11月1日こそ、フェリー日和になるだろうと期待している。

排水タテ坑17・6m深

31日、酒井の測定による排水タテ坑の深さは、17・6mで、10月9日、20日の値と変わりがなかった。これでわれわれ28次隊は排水の憂いがなくなったが、うまくすると29次隊も新しい掘削の必要がなくなるかもしれない。

ブラットニーパネ第4、第5稜

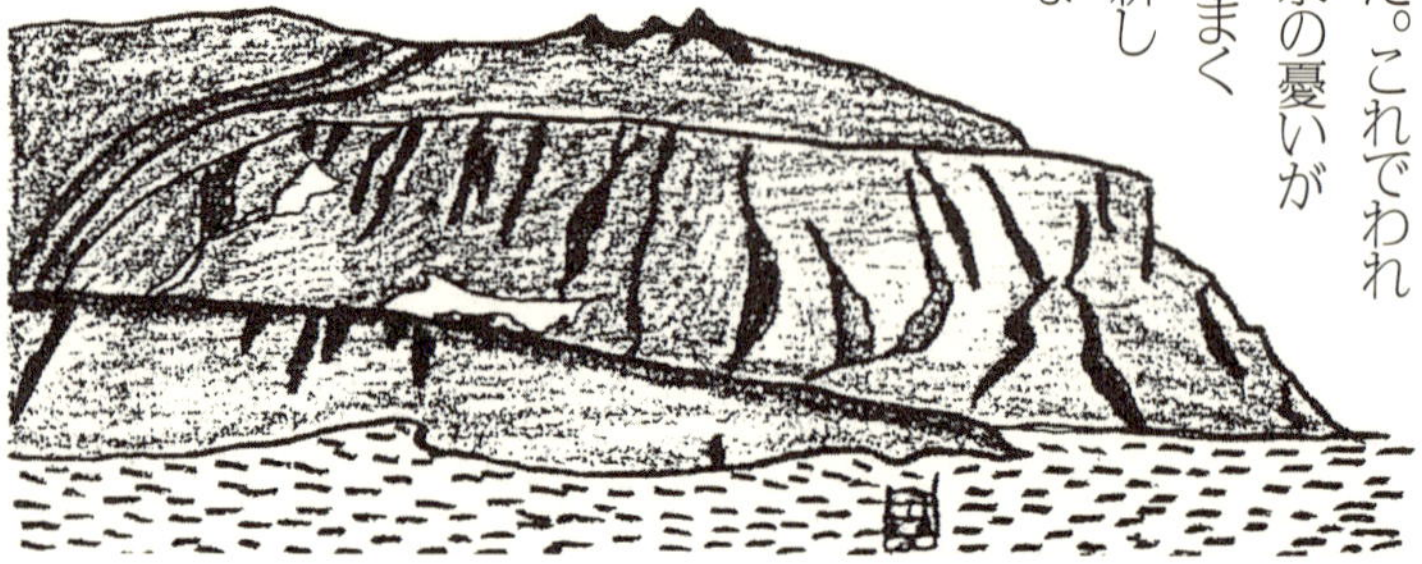

セールロンダーネ余話㉝　氷床散歩

10月末のある晴れた日の昼下がり、シール岩の風下にあるウインドスクープに降りてみた。風溝の床は完全な蒼氷帯であるから、アイゼンが必要だ。

下るにつれて、風向きと直角方向のクラックが、無数に走っているのが認められる。これならクレバスが口を開けていても不思議ではないが、蒼氷帯にクレバスは見られなかった。岩盤が露出する付近にある雪の斜面には、ベルクシュルンドという危険な裂け目のあることが多いのだが、シール岩にはそれもないようだ。

風溝の底には、岩盤と同じ種類の茶褐色の岩石と崩壊した砂が、小さなモレーンを形成している。モレーンの岩石をよく見ると、白く粉を吹いたような地衣類らしいものが、表面に貼り付いている。それを写真に収め、少し採取する。

ふと見上げると、風溝にも段丘があって、氷の丘が逆光で青黒く光っている。どうしてもあの上に登ってみないと気がすまない。標高差10mくらいだが、面白いアイス・クライミングだった。

氷丘の上は平坦だが、幅の広いクラックがズタズタに走っている。時折、ピシピシと亀裂の入る不気味な音がする。ここから見る岩壁のスラブが美しい。

氷壁はまだ30mは切り立っているようだ。氷床を歩き、サスツルギの斜面を登ると、SM504が待っていた。

南極あすか新聞

1987年
(昭和62年)
11月2日
月曜日

JARE28
あすか拠点
新聞社

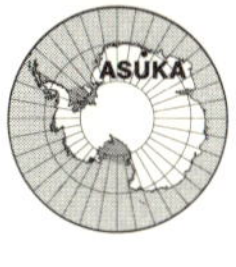

[11/1 気象]
天気　曇低い地吹雪
平均気温　-22.3℃
最高気温　-19.7℃
最低気温　-30.7℃
平均風速　12.0m/s
最大風速　22.6m/s
平均気圧　860.0mb

[11/1 メニュー]
☆野崎食当
朝食／オムレツ、納豆、海苔、牛大和煮缶、みそ汁
昼食／山菜スパゲティ、コーンポタージュ
夕食／ヒレカツ、秋刀魚の開き、ぜんまいと高野豆腐の煮付け、ワカメスープ

航空機フェリーまたも順延

1日朝6時30分、あすかは快晴無風だった。8時50分の定時交信の頃には13m／sの風が吹き、なめるような地吹雪が流れていたが、航空機が着陸できないような気象ではなかった。

ところが、同時刻に昭和では、厚い雲がたれこめており離陸はできなかった。12時の交信では、昭和の雲は切れ飛べる状態となり、出発準備が始まっていた。

しかし、その頃のあすかでは、18m／sの風が吹き、視程はわずか400m、おまけに雲が広がってきて、フライトできる条件はなくなっていった。航空機フェリーは、またも順延された。

変則的な日曜日課

1日は航空機フェリーの可能性が高いため、日曜ブランチ体制はとりやめて、平日日課となった。しかし、フェリーは順延されたので、午後は皆、のんびり過ごした。

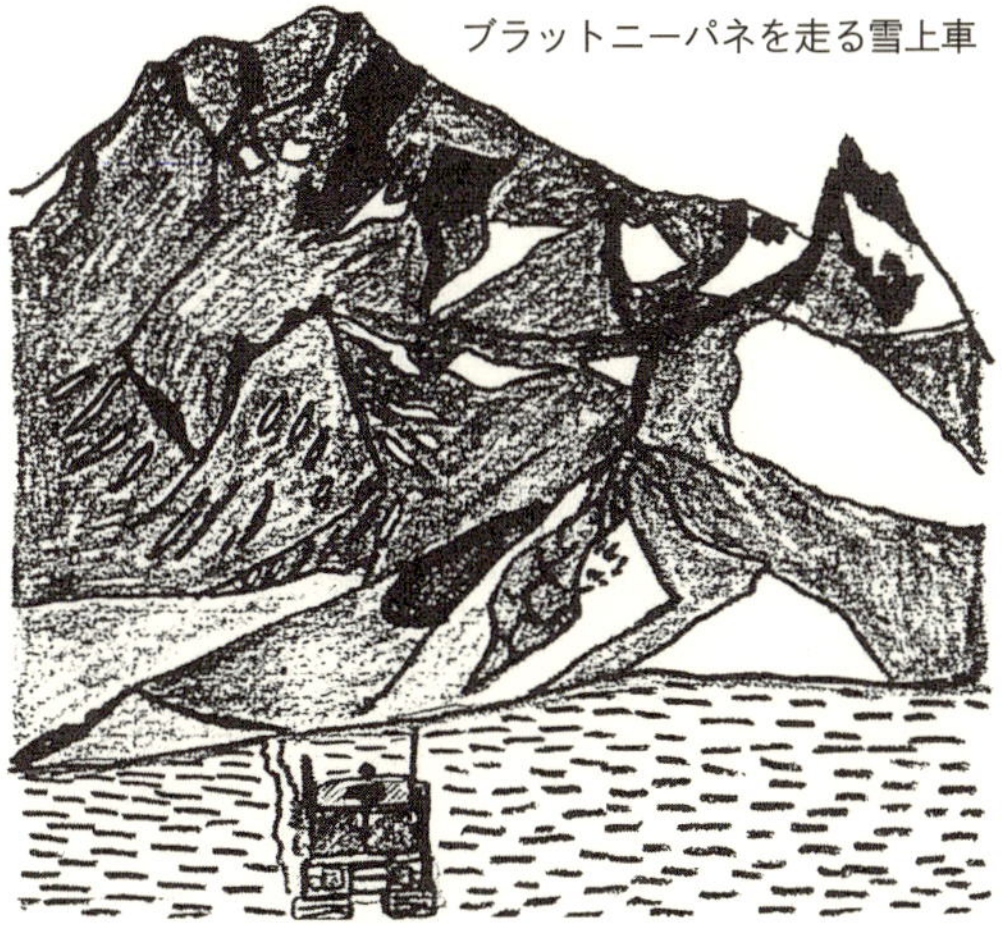
ブラットニーパネを走る雪上車

セールロンダーネ余話㉞　持ち帰り物品

そろそろ、帰国のための持ち帰り物品の梱包を始めている隊員がいる。

公用物品では、観測器械、観測記録紙やカセットテープなどのデータ、血液や生物や飛雪の融解水などのサンプル、通信やFAXやさまざまな知的生産の記録、機械や設営一般のテストや工夫のために持ち帰る品などがある。

私用物品では、各隊員は南極へ持参したものは、大抵持ち帰る。これに土産用の岩石と氷が増える。身軽なはずの帰路も、結構、荷物が多い。

旅慣れた人は、旅荷が少ないと言われる。しかし、これは国内の小旅行や、海外の短い旅に限られた言葉であろう。南極越冬のように1年4ヶ月にも及ぶ旅では、スーツケースやリュックサックひとつというわけにはゆかない。どうしたって、中段ボール箱10梱近くの荷物ができてしまう。

それでも、何度か越冬を経験している隊員は、何がどれくらい必要かを知っているから、相当無駄を省ける。その一方、ほとんど使用する機会がないことはわかっていても、持っているだけで心が豊かになるような趣味の品々もある。使い慣れたスキー、楽器、絵画の道具などだ。

越冬が終わりに近づくこの時期、一緒に南極の冬を越してくれた品々を丁寧に梱包するのも楽しい。

南極あすか新聞

1987年（昭和62年）11月3日 火曜日

JARE28 あすか拠点 新聞社

[11/2 気象]
天気　晴低い地吹雪
平均気温 -18.2℃
最高気温 -15.4℃
最低気温 -22.3℃
平均風速 14.1m/s
最大風速 20.6m/s
平均気圧 860.1mb

[11/2 メニュー]
高木マルミトン食当
朝食／鰯塩焼き、タラコ、漬物、納豆、みそ汁、パン
昼食／チャーハン、ロールキャベツ、煮付け、グレープフルーツ
夕食／天婦羅盛り合わせ、納豆春巻、スモークサーモン、うどんの明太子和え、鶏肉のトマトシチュー、アイスクリーム、グレープフルーツ

航空機また飛べず

2日、昭和基地の天気はまずまずであったが、あすか基地では日中16ｍ／ｓ以上の風が吹いて地吹雪を呼び、航空機フェリー・スタンバイ7日目もむなしく過ぎた。「南極航空機運用指針」によると、衛星写真で昭和・やまと・セールロンダーネともに晴れていたのは、80年10月は13／55、81年10月は18／61、82年10月は14／57、83年10月は6／41である。各年11月の記録も同程度だ。フェリー日和は数少ない。

雀荘あすか10月戦の成績

雀荘あすか10月戦は、終始コンスタントに得点を積み重ねた酒井が、初めて制した。常勝を誇った富田は、前半の大不振を盛り返すことができず、7位に甘んじた。鮎川隊長は健闘し、2位に食い込んだ。

	得点	半荘平均	1位回数
酒井	+210	+7.78	10
鮎川	+61	+1.79	10
渋谷	+39	+1.26	9
高木	+19	+0.76	7
大坂	−4	−0.15	5
野崎	−90	−2.65	7
富田	−108	−3.09	6
高橋	−127	−4.70	5
半荘最高点	渋谷＋61		
半荘最低点	高木−67		
役満	高木（四暗刻）		

ブラットニーパネⅠの谷のウィンドスクープ

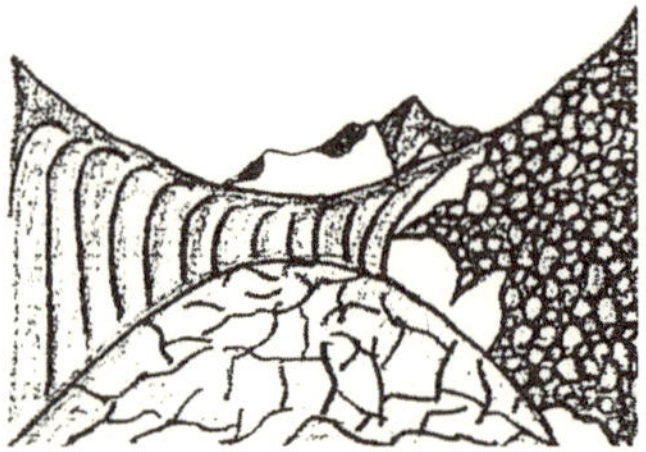

セールロンダーネ余話㉟ 調査旅行

あすか基地の南に連なるセールロンダーネ山地への調査旅行は、9・10月の2ヶ月間で3回を数えた。それぞれ2泊3日の小旅行ではあったが、参加した隊員は一様に南極の露岩地帯の旅の醍醐味を味わって、満足したようだ。

では、山岳地帯への調査旅行の何が魅力なのだろうか。一に山岳の景色の美しさである。例えば、ブラットニーパネの稜線と谷、露岩と氷河、モレーンと裸氷など、どこをとっても日本にあればたちまち国立公園に指定されるであろう。二に未知ということだ。日本隊がこの地に足を踏み入れてから未だ5年、部門によってはまったく調査のメスが加えられていない。例えば、生息する生物の種類と数などは、ほとんどわかっていない。探り調べる喜びが、ここにはある。

三に日常生活からの脱却である。あすか基地という孤絶された小さな社会環境から飛び出して、リクリエイトする喜びである。単調と倦怠を一気に打ち破る刺激が、旅にはある。

四に移動の楽しみである。世の中にはひと所に腰を落ち着けたい人と、絶えず移動し漂泊していたい人とがいる。農耕民族と狩猟民族との違いともいえる。越冬隊には後者の血をひく者が多い。

調査旅行すなわちフィールドワークには男の夢が凝縮されている。

南極あすか新聞

1987年
（昭和62年）
11月4日
水曜日

JARE28
あすか拠点
新聞社

［11/3 気象］
天気　雪高い地吹雪
平均気温　-13.8℃
最高気温　-11.8℃
最低気温　-16.8℃
平均風速　18.1m/s
最大風速　26.1m/s
平均気圧　857.9mb

［11/3 メニュー］
☆富田シェフ食当
朝食／鯵干物、鯖水煮缶、納豆、みそ汁
昼食／ラーメン、白桃缶
夕食／鮪照り焼き、鶏肉とぎんなんの炒め物、焼き餃子、じゃが芋煮付け、芽キャベツのバターソテー、チーズパイ、新香、吸物、グレープフルーツ

またしてもブリザード

3日文化の日も、平日日課で朝食をとったが、気象は高い地吹雪で、観測棟から発電棟が認められないようなブリザードとなり、航空機フェリーは問題にならなかった。

飛行がないので休日日課となり、隊員は麻雀、カラースライド現像、読書などで時を過ごした。

しらせの晴海出航まであと10日、29次隊あすか到着まであと40日強である。

ユキドリの巣のある大岩

10月の月間気象データ集計

渋谷によって集計された10月月間気象データは次の通り。9月と比べて気温は上昇し、風は収まりつつあるが、ブリ日数は多かった。

平均気圧 A	863.0mb
平均気温 B	-21.6℃
最高気温 C	-11.6℃
最低気温 D	-37.0℃
日最高気温の平均値 E	-18.2℃
日最低気温の平均値 F	-26.1℃
平均風速 G	12.8m/s
10分間平均風速の最大値 H	ESE 29.3m/s
最大瞬間風速 I	36.7m/s
ブリザード日数 J	12日
月間積雪深 K	-1.3cm（9月21日～10月19日）
平均蒸気圧 L	0.80mb

ASUKA　89524

セールロンダーネ余話㊱　ゴミ

あすか基地は、たった8名の小社会であるが、ここで日々生まれるゴミの量は結構多い。最も多いのは、厨房で廃棄される梱包材料などだ。

次いで、紙くずが多い。日本は過剰梱包の国だから、あらゆるものに二重三重の紙梱包がなされている。本体が梱包の10分の1といった精密機械もある。さらに、木工の木くず、機械工作の廃棄物、汚れたウエスなども出る。

基地には、富田が雪をくり抜いて作ったゴミ仮置き場がある。ビニール袋や段ボール箱に収められた各種のゴミは、いったんここに集められる。2週間もたつと、ここはゴミで満杯になる。

溜まったゴミは、SM40などでゴミ捨て場に運び、廃油をブッカケて焼却する。ゴミは一気に燃え上がって、黒焦げの燃えカスが風下のシール岩方面へ飛んでゆくこともある。

ゴミの量は、ある意味で文化のバロメーターといえるだろう。また、ゴミの量が人間活動の活発度を物語るかもしれない。昭和基地では毎年、次隊到着直前にゴミの大掃討作戦が展開される。あれだけの基地になると、捨てられるゴミで海が部分的に埋められ、広場ができるほどだ。

それにしても、高価な観測機器が惜しげもなく捨てられるのを見ると、複雑な気持ちになる。

南極あすか新聞

1987年
(昭和62年)
11月5日
木曜日

JARE28
あすか拠点
新聞社

[11/4 気象]
天気　雪高い地吹雪
平均気温 -12.1℃
最高気温 -10.7℃
最低気温 -13.5℃
平均風速 19.0m/s
最大風速 28.0m/s
平均気圧 863.0mb

[11/4 メニュー]
☆富田シェフ食当
朝食／牛大和煮缶、納豆、モヤシ炒め、みそ汁
昼食／天津丼、ベーコン野菜炒め、スープ、新香、びわ缶
夕食／牛ヒレステーキ、高野豆腐の煮付け、イカサラダ、春菊とワカメの酢の物、みそ汁、ケーキ、グレープフルーツ

あすか基地の看板完成

4日、酒井がコツコツと製作をすすめてきた、あすか基地の看板が完成した。

導板1枚に、日の丸、JARE、あすか基地、71°31′34″S、24°08′17″Eの文字を浮き彫りにし、鮮やかに赤に着色したもので、完成されたわれわれの基地にふさわしい立派な看板である。

看板を立てる場所とその方法は検討中だが、基地の全景が見渡せる玄関にふさわしい所を選びたいものだ。

風呂場入口の踏み台も完成

4日、高橋により風呂場入口の踏み台も完成され、通路棟のベニヤのペンキ塗りも行われた。

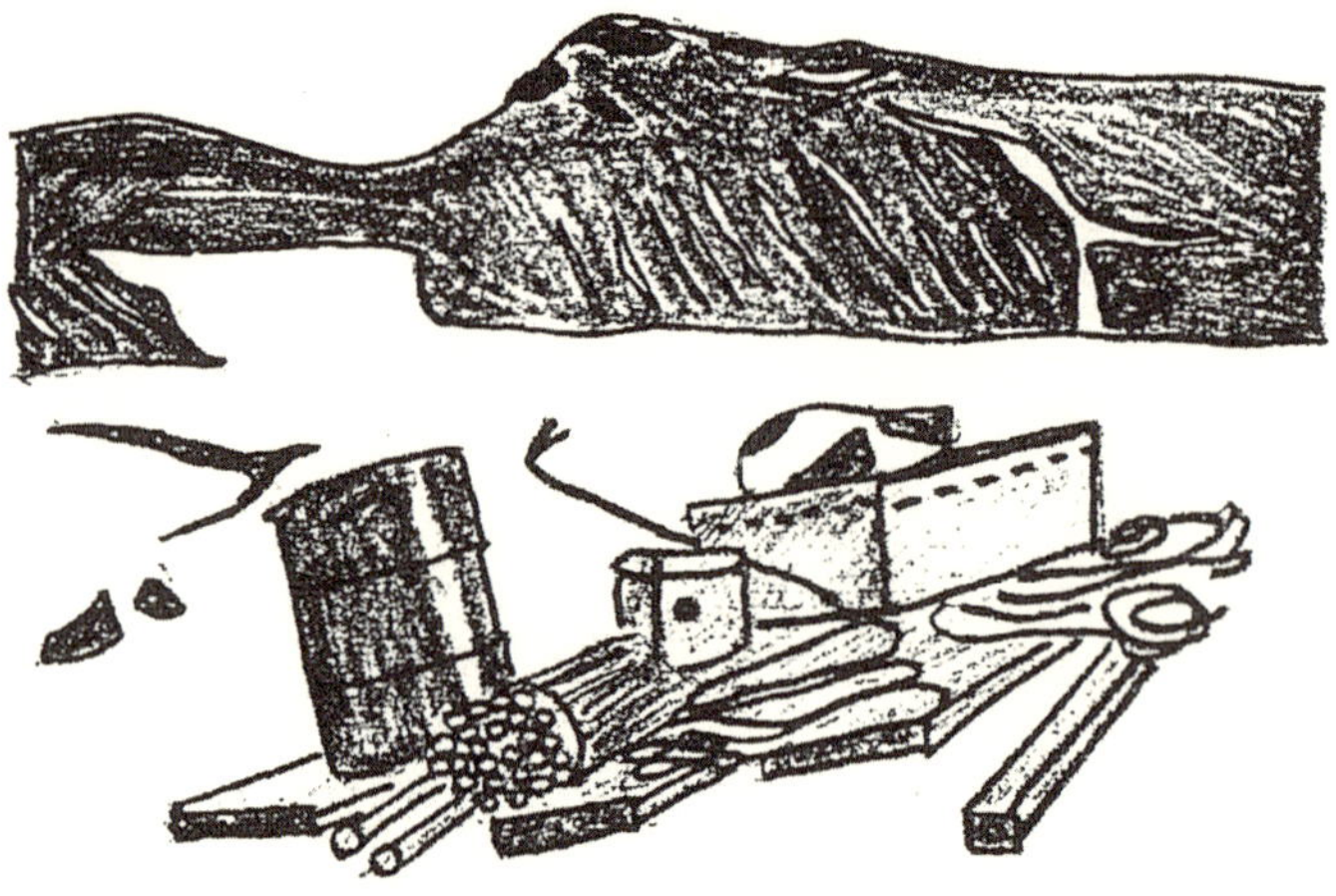

ブラッドニーパネⅡの谷のデポ

航空機フェリーはブリザードのため依然として順延されているが、基地内ではこうした木工が精力的にすすめられている。

セールロンダーネ余話㊲　年賀状

そろそろ年賀状のことが気になる季節となった。昨年は、往路のしらせ艦上で、隊で作った絵葉書に、昭和・あすか両基地やしらせの記念スタンプを押印し、フリーマントル停泊中に投函した人が多かった。

また、しらせ艦上から年賀電報を打った人もいたが、船舶から打つ無線電報は、普通電報の2倍の料金がかかり、しかも年賀電報とするとさらに1・5倍の値段となる。だから、普通300円の電報1通が、無線年賀電報となると900円もかかったわけだ。これではとても100通は打てない。

さて、越冬隊の年賀状は発送できないから、ことしのわれわれの年賀状はすべて電報となる。通信隊員は、通常の業務のほかに年賀電報を取り扱わなければならないから、年末は多忙を極める。

そのため、ことしは12月5日に年賀電報は締め切って、電信文をテープに録音し、これを30通分ずつまとめて銚子無線局へ送るそうだ。ちなみに昨年、昭和基地から発信した年賀電報は800通だったという。

年賀状をたくさんもらう人はいても、年賀電報を受け取る人は、今では少なかろう。ましてや南極からの年賀電報は、印象に残ること間違いなし。このメリットを利用しない手はない。

1987年
(昭和62年)
11月6日
金曜日

南極あすか新聞

JARE28
あすか拠点
新聞社

[11/5 気象]
天気　曇高い地吹雪
平均気温　-12.1℃
最高気温　-11.1℃
最低気温　-14.1℃
平均風速　16.5m/s
最大風速　24.8m/s
平均気圧　867.3mb

[11/5 メニュー]
☆富田シェフ食当
朝食／ロースハム、浅利味付け缶、鯵開き、納豆、吸物
昼食／あずま丼、大豆の煮付け、新香、スープ、黄桃缶
夕食／麻婆豆腐、鮪山かけ、ローストチキン、ツナサラダ、クロワッサン、貝割サラダ、新香、みそ汁、グレープフルーツ

越冬記録のVTRを鑑賞

5日昼食後、酒井が撮り貯め、編集したVTRによる越冬記録を全員で鑑賞した。GPS旅行出発の光景、蜃気楼、沈みゆく太陽、燃料移送など、半年前の映像を懐かしく振り返った。

越冬前半だけで2時間というこのVTRは、いずれ酒井がダビングして、みなに配布してくれることになっている。われわれは帰国後、どんな想いでこのVTRを見るのだろうか。

観安トンネル掘り下げ工事を実施

ブリザードのため屋外作業ができなかった5日、機械班、富田、酒井、鮎川隊長は観安トンネル通路の掘り下げ工事を行った。30cmほど掘り下げられたことで、トンネル内を通過する際は少し首を前傾するだけで、駆け足でも通れるようになった。

27日から10日間続いた地吹雪も、5日夕方にはようやく収束しつつあり、セールロンダーネの山々が久しぶりに望見できた。

ブラットニーパネＩの谷

セールロンダーネ余話㊳　待つ

あすかの食堂で時折、昔のヒットソングが流れる。その中に「待つわ」という曲がある。若いふたりの女子大学生が歌ったこの曲を聴きながら、南極における越冬生活で、「待つ」ことがいかに多いかをしみじみ思う。

われわれ越冬隊員はみな、積極果敢に行動する人間たちである。「待ち」の人生を歩んできた人なら、南極には来られなかったはずだ。ところが、そんな越冬隊員でも南極の天気には勝てない。

天気回復を待ち、太陽が帰ってくる日を待ち、夏がくるのを待った。野外行動でも、GPS旅行、燃料輸送旅行、航空機フェリーなど、すべての大きなオペレーションでは「待ち」が必要であった。

長い時間、ただ「待つ」には、かなりの忍耐力が要る。病人のように力なく「待つ」のではなく、いつでも機が熟せば行動に移れる準備をし、はやる気持ちを抑えて「待つ」のである。

これを言いかえるとすれば、スタンバイ態勢をとっておくということだろう。さらに言えば、人事を尽くして天命を「待つ」のである。

この意味の「待つ」には、忍耐力だけではなく、頭の切り替えの早さ、楽天性、度胸も必要だ。こう考えていくと、「待てる」ことも越冬隊員の重要な適性であろう。

南極あすか新聞
1987年
（昭和62年）
11月7日
土曜日
JARE28
あすか拠点
新聞社

［11/6 気象］
天気　晴
平均気温 -13.3℃
最高気温 -8.8℃
最低気温 -17.1℃
平均風速 7.2m/s
最大風速 16.3m/s
平均気圧 868.2mb

ユキドリ航空隊ついに飛来

10月27日から、10日間のフェリー・スタンバイという苦汁をなめたユキドリ航空隊は、6日、昭和・やまと・あすかともに晴れという願ってもないフェリー日和を得て、一気に昭和-あすか間の670kmを飛行して、あすかに到着した。

滑走路の雪面ならし

12時に離陸したピラタス（森機長）とセスナ（大本機長・有賀整備士）は、ボツンヌーテン経由で13時50分、ノー・リターン・ポイントのやまとD群を越え、16時10分、鮎川隊長らが出迎えるあすか国際空港に着陸した。飛行中、あすかでは機械班が滑走路を整備し、渋谷が気象情報、鮎川隊長・大坂が通信ワッチを担当した。これであすかの住人は、11名になった。

セールロンダーネ余話㊴　活動力

第1次南極越冬隊長であった西堀栄三郎氏の『南極越冬記』（岩波新書）は、われわれのように現実に越冬している者が読むと、いっそう興味深い読み物だ。

まず、西堀氏の歯に衣を着せない文章がいい。未知に対する旺盛な探求心が躍動している。そして驚くべきことは、初越冬の厳しい条件を克服して、彼らが野外行動でも素晴らしい活動力を示していることだ。

わずか11名という手勢をやりくりして、大陸雪原からのボツンヌーテンへのルートを拓き、ボツンヌーテン往復旅行を成功させ、プリンス・ハラルド海岸を走って日の出岬へ行っている。

彼らが、犬ゾリや故障の多い初期の雪上車を用いて、記録のない未踏のルートを走ったことを考えると、これは大変な業績といえよう。彼らは、まさしくパイオニアであった。

われわれあすか初越冬隊も、大陸雪原上カタバ風帯で、誰も知らない季節を経験した。あすかは、昭和基地とは比較にならない、厳しい気象条件の嵐の大地であった。この地での基地の建設と維持は、1次隊のそれに引けを取らない仕事であった。

しかし、野外行動の活動力に関していえば、われわれは1次隊にはとても及ばない。あすか第2回越冬の矢内隊には、この点を頑張ってもらいたい。

［11/6 メニュー］
☆富田シェフ食当
朝食／納豆、鯖水煮缶、秋刀魚蒲焼き缶、みそ汁
昼食／ルースーホイハン、里芋とこんにゃくの煮付け、新香、スープ、白桃缶
夕食／手巻き寿司、コンタンと生ハムの盛り合わせ、イカ辛煮、オムレツ、ひと口ステーキ、みそ汁、ケーキ、ライチ

南極あすか新聞

1987年（昭和62年）11月8日 日曜日

JARE28 あすか拠点 新聞社

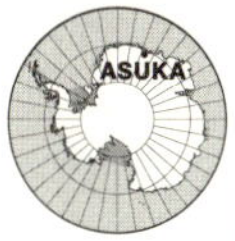

[11/7 気象]
天気　晴低い地吹雪
平均気温 -15.7℃
最高気温 -13.1℃
最低気温 -18.5℃
平均風速 11.0m/s
最大風速 17.8m/s
平均気圧 868.3mb

[11/7 メニュー]
☆富田シェフ食当
朝食／納豆、牛大和煮缶、鯖水煮缶、鯵干物、みそ汁
昼食／カレーうどん、桃缶
夕食／ユキドリ航空隊歓迎会（帆立とイカのマリネ、コーンスープ、伊勢海老のクリーム煮、トゥルネードステーキ、カニと貝割のサラダ、ケーキ、コーヒ、パン）

活発化する基地活動

7日、11名の人口をかかえるあすか基地では、基地活動が活発に行われた。6日に着いたばかりの航空隊は、さっそくピラタス・セスナ両機に燃料を補給し、航空燃料ソリを所定の位置に運んだ。

また、高橋・渋谷は航空関係物品の引継ぎに従事。富田・野崎・高木・鮎川隊長は、ゴミ処理、ジュースやビールの運搬、雪上車燃料ソリの交換を行った。一方、酒井・大坂は、シール岩での地磁気絶対値測定を実施した。

ユキドリ航空隊歓迎会を開催

7日18時より、ユキドリ航空隊歓迎会が開かれた。富田シェフが腕を振るった洋食コースには、久しぶりの珍味トリュフも添えられた。また歓迎麻雀は、A卓の森、B卓の高橋が共にすったもんだの揚句、プラス47の高得点を挙げて優勝を分けあった。

最後に、あすか越冬隊が待ち望んだVTR「インディ・ジョーンズ 魔宮の伝説」が上映され、皆はその息もつかせぬ面白さに、時が経つのも忘れて見入った。

飛雪サンプリングする鮎川隊長

セールロンダーネ余話㊵　基地と法律

日本の南極基地は、日本国文部省国立極地研究所の施設である。われわれ越冬隊員はすべて国家公務員だ。しかし、ここは日本国内ではなく、南極条約でもあらゆる国の領土権は凍結されている。

それでは、南極観測基地を律する法は、一体どうなっているかというと、これが極めて曖昧で、明確には定められていない。常識的に考えれば、基地に住む隊員はすべて日本人だから、日本国の法律を適用することになるのだろう。

現に無線通信は、電波法にしたがって運営するタテマエになっている。怪我人が出れば、医師法で定められた医師免許証をもつ隊員が治療にあたり、負傷などの補償は国家公務員災害補償法を適用することになっている。

しかし、これはあくまでもタテマエで、免許をもたない隊員がHF通信をやり、医師不在の場合は素人が処置をやり、調理師がブルドーザーの運転をしなければならない、といったことが幾らでもある。

南極基地という特殊環境であるから、これらは当然許されることだろう。しかし、日本の基地がもっと巨大化し、人口も増えれば、間違いなく犯罪が発生し、人災も増えることが考えられる。そんな時、基地では誰が何を根拠に裁くのであろうか。

もうそろそろ、これらを明確にしておくべきだろう。

南極あすか新聞

1987年（昭和62年）11月9日 月曜日

［11/8 気象］
天気　曇高い地吹雪
平均気温 -15.2℃
最高気温 -13.3℃
最低気温 -17.6℃
平均風速 14.7m/s
最大風速 21.2m/s
平均気圧 869.3mb

JARE28 あすか拠点新聞社

［11/8 メニュー］
☆高木マルミトン食当
朝昼兼用／すきやき丼、こんにゃく・タコ・筍の煮付け、ブロッコリーのサラダ、グレープフルーツ
夕食／マカロニグラタン、秋刀魚塩焼き、焼き餃子、スモークサーモン、カニと野菜の中華風スープ、グレープフルーツ

全員参加で航空委員会開催

8日13時より、あすかで初めての航空委員会が開催された。あすかでは航空機が飛ぶと、隊員全員が何らかの形でかかわりをもつので、委員会は全員参加となった。

鮎川隊長から、航空オペレーションを含む今後のオペレーションの説明が行われたあと、渋谷より航空観測計画、有賀より運用についての説明依頼が話された。

航空観測は、磁気測量で50時間、アイスレーダーで20時間、CO2サンプリングで1回4時間半が予定され、ピラタス機で実施される。一方、セスナは氷状偵察、氷床形態観測に使用され、これには渋谷以外の隊員も搭乗する。

観測実施前に観測機器を積み込み、地上テスト等で2、3日要することから、飛行は今週半ばからとなろう。

また渋谷は、航空観測を12月15日には終了したいとしている。

ブラットニーパネ第2稜、測量基準点のある尾根

セールロンダーネ余話㊶　温泉

あすか隊には、温泉ファンが多い。あすか基地食堂に備え付けられたレーザーディスク「夢千代日記」などを見て、湯村温泉の湯煙がたつ風情を楽しんだ後には、温泉談義がはじまる。

高橋隊員は静岡県伊東市の大室山の麓で育った。伊東・熱海をはじめ伊豆半島の沿岸には有名な温泉地が目白押しだ。温泉の話となれば黙っちゃいない。

渋谷隊員は、地震学者だ。地震が頻繁に起こる土地には、必ず温泉が沸いている。研究にはひと風呂の余禄がつく。彼の場合は仕事柄、特定の温泉だけでなく、広く歩いているから、わりに公平な眼で各地の温泉を評価する。

高木隊員は北海道で、洞爺湖温泉や摩周温泉にある病院に勤務した経験をもつ。したがって、温泉町ならではの裏話や人間模様に詳しい。

酒井隊員は、火の国九州は熊本の出身である。南極大学では九州の温泉ベストテンを挙げて、講釈したくらいだから、温泉にはうるさい。

雪と氷と露岩だけの南極大陸で、ビュービューと風に吹かれて1年間を過ごしてきた越冬隊員だけに、のんびりと骨休めしたいという気持ちも肯ける。

温泉ファンというといかにも爺臭いが、夢千代さんのいるような温泉なら、今すぐにでも行ってみたいものだ。

南極あすか新聞

1987年
（昭和62年）
11月10日
火曜日

JARE28
あすか拠点
新聞社

[11/9 気象]
天気　快晴
平均気温　-12.5℃
最高気温　-8.8℃
最低気温　-15.4℃
平均風速　10.8m/s
最大風速　20.5m/s
平均気圧　864.9mb

[11/9 メニュー]
☆高木マルミトン食当
朝食／納豆、鰯塩焼き、煮付け、明太子、貝割サラダ、スモークサーモン、漬物、中華風スープ
昼食／三色丼、肉じゃが、ベーコンスープ、グレープフルーツ
夕食／フライ盛り合わせ、竹輪唐揚げ、ローストチキン、うどん明太子和え、野菜スープ、みつ豆、グレープフルーツ

屋外作業盛んに

9日、午前中こそ地吹雪がみられたが、13時頃から風が10ｍ／s以下に回復したあすかでは、航空、機械、建築の屋外作業が活発にすすめられた。

航空隊と渋谷は、ピラタス機にウインチ、磁気観測機器を設置し、燃料を補給した。機械班と富田はデポ地の整理作業を行った。酒井・大坂はB出入口の天井にアクリルの窓を作製し、また庇全体を赤く彩色して、これを赤門と名付けた。

夜更けて、渋谷と酒井はシール岩へでかけて、あすかの大坂と同時にGPS衛星受信を行った。

帰ってきたユキドリ

9日午後、ユキドリ1羽があすかに飛来し、東へ去った。きっとアウストカンパーネの営巣地に帰るのだろう。

ブラットニーパネ１の谷の
ウィンドスクープ

セールロンダーネ余話㊷　医療棟

昭和基地の問題ではあるが、以前から医療施設の不備が医療隊員によって叫ばれていた。それが、25次隊の骨盤骨折と尿道断裂という重大事故発生により、現実に深刻な事態として露呈した。

まともな手術室も、病室も、給排水設備もなかったから、重症患者の治療には苦労したようだ。この教訓をふまえて、26次隊の中島・村井両医師は、医務室の向かいに新たに手術室を作るなど設備の再編成を行い、一応、急場しのぎの態勢は整えた。

しかし、現在でも医療施設は、医務室と手術室が13居わきにあり、X線室と医療倉庫は九発棟内にあるといった分散した形で存在し、まともな給排水設備をもたず、倉庫には暖房設備がない。

このように有機的に機能しない施設に、各次隊が思いつきで高価な医療機器や検査器械を持ち込んだとしても、臨床上有効とはいえない。

はっきり言って現在のところ、医療施設の質としてならば、昭和基地はあすか基地のそれと大差はない。小さくても、医務室に機能が集中しているあすかの方が、使いやすかろう。

そこで、昭和基地に独立した医療棟の建設を提案したい。20×5ｍの新棟に医療施設を集中し、給排水設備と他の棟よりも質の高い暖房設備を整える。医療棟建設の優先順位は、高いと思われるのだが。

南極あすか新聞

1987年（昭和62年）11月11日　水曜日

JARE28
あすか拠点
新聞社

［11/10気象］
天気　晴高い地吹雪
平均気温　-13.4℃
最高気温　-11.7℃
最低気温　-16.0℃
平均風速　14.9m/s
最大風速　23.2m/s
平均気圧　867.0mb

［11/10メニュー］
☆富田シェフ食当
朝食／納豆、鯖水煮缶、秋刀魚蒲焼き缶、かまぼこ、みそ汁
昼食／ラーメン、桃缶
夕食／ポークソテー、糸こんにゃく辛煮、春雨の酢の物、腸詰ウインナー、チーズパイ、なめ茸入オムレツ、新香、みそ汁、グレープフルーツ

地吹雪でテスト飛行順延

10日は、航空磁気観測の計器テストとパイロットの慣熟訓練を兼ねた飛行が予定されていた。しかし、朝から15m／s以上の風が吹き、地吹雪のため山も見えない状態になったため、テスト飛行は順延された。

全体会議を開催

10日の夕食後、全体会議が開かれた。議題は、航空機運用指針、11月運航計画、補助搭乗者、越冬報告、持ち帰り物品取り扱いなど。

マラジョージナヤ基地での調査

29次隊のマラジョージナヤ基地での調査活動は、例年になく大規模となる。そのため極地研所長直々に、ソ連北極南極研究所のコロトケビッチ副所長宛てに文書で了解を求めたところ、同副所長から了承の回答が届いた。調査は、超高層物理（佐藤夏リーダー）、地学（浅見リーダー）、生物（大山リーダー）の各分野が予定されている。

除雪する富田隊員

セールロンダーネ余話㊸　夏と冬

10月下旬から11月上旬にかけて、あすかでは不順な天候が続いたが、間もなく安定した夏が訪れるに違いない。

風は微風で、地吹雪はなく、陽光はめくるめくほど降り注ぎ、視程は30㎞もあり、しかも気温はマイナス10℃を下回ることのない夢のような季節である。われわれの経験では、あすかでこのような快適な季節は、2ヶ月間ほどしかないような気もするが、この2ヶ月間だけあすかは天国になる。

ちょうど同じ時期、北半球の日本では冬だ。北海道では、日本海側で雪が降り続き、太平洋・オホーツク海側で、晴天しばれの日が続く。

高木隊員は2年前の正月を、オホーツク海沿岸で迎えた。流氷が接岸すると、この地方の気温は急降下する。風はほとんどなく、太陽は照りつけているが、気温はマイナス20℃以下に下がる日も多い。オホーツクの冬は、気温が低いだけ、あすかの夏よりも厳しい。

21次隊の折、ソ連のマラジョージナヤ基地越冬隊員に出身地を聞くと、シベリアと答えた人がいた。シベリアのベルホヤンスクやオイミャコンの冬は、気温がマイナス60℃まで下がるのだから、マラジョージナヤで越冬するのは、避寒に来ているようなものだろう。

南極の夏の快適さは、1年越冬してみて初めてわかる。

南極あすか新聞

1987年
（昭和62年）
11月12日
木曜日

JARE28
あすか拠点
新聞社

[11/11 気象]
天気　曇高い地吹雪
平均気温 -14.6℃
最高気温 -12.3℃
最低気温 -17.2℃
平均風速 14.6m/s
最大風速 25.5m/s
平均気圧 865.8mb

第5回寒冷適応心電図検査を実施

11日、第5回寒冷適応心電図検査が行われた。しらせ往路の昨年11月、あすかでの2、5、8月に次ぐ今回の検査で、越冬隊員の寒さに対する適応過程が充分に記録されたと考えられる。しらせ帰路の3月にも、ダメ押しの最後の検査が予定されている。

航空機説明会開催

11日午後、ブリで飛べなかった大本機長による航空機説明会が、1時間半にわたって開催された。

排水タテ坑17・7m深に

10日、酒井が測定した排水タテ坑の深さは17・7mで、10月31日の値より0・1m深かった。この間、あすかの人口が11名になったことを考えると、排水の憂いはない。

アウストカンパーネのキャンプサイト

〈お詫びと訂正〉本紙264号のセールロンダーネ余話㊷医療棟の内容について――。昭和基地の手術室には、28次隊で給排水設備が馬場隊員らによって作られたそうです。ただし、同コラムの論旨に変わりはありません。［主筆］

セールロンダーネ余話㊹　文筆家

南極越冬隊に文筆を生業とする人が参加すると面白いと思う。過去の越冬隊には、10次隊の木村征男氏や23次隊の鹿野賢三氏のように、記録映画の製作のために越冬した人はいるが、越冬記録の文章を書くために越冬した人はいない。

文筆家などいなくても、毎年、越冬報告は分厚いものが作られているのだが、こういった報告には、隊の仕事が記録されているだけで、越冬隊の社会環境、あるいは人間そのものは描かれない。各次隊の有志が作る新聞は、いくらかこういった面を伝えるが、所詮、素人の筆の限界がある。

また、1次隊の西堀越冬隊長の『南極越冬記』を始めとする、数多くの紀行がこれまでに出版されてきたが、西堀越冬記以外は遠慮やら思惑やら自賛が目について、あまり面白くない。

やはり、取材を目的に来た文筆のプロが、健筆を振るわなければ、越冬の社会の真実は描けない。

北杜夫の『白きたおやかな峰』や本多勝一の『カナダ・エスキモー』などの著作は、手法こそ小説、ルポルタージュといった具合にさまざまだが、極地に生きる人間、あるいはその社会が見事に描かれている。南極越冬隊についても、そろそろこういう優れた作品が欲しい。

これこそ、文化人類学であり、人類働態学の業績と言えるとも思うのだが。

[11/11 メニュー]
☆富田シェフ食当
朝食／納豆、浅利味付け缶、牛肉大和煮缶、しらす干し、みそ汁
昼食／カレーライス、山菜ビビンパ、サラダ、新香、スープ、グレープフルーツ
夕食／サーモンフライ、はんぺんのフライ、ホウレンソウのお浸し、スパゲティサラダ、あんこう肝、新香、みそ汁

南極あすか新聞

1987年
（昭和62年）
11月13日
金曜日

JARE28
あすか拠点
新聞社

［11/12気象］
天気　晴
平均気温　-15.0℃
最高気温　-10.4℃
最低気温　-21.3℃
平均風速　6.0m/s
最大風速　13.0m/s
平均気圧　867.8mb

［11/12メニュー］
☆富田シェフ食当
朝食／大和芋、鯖水煮缶、しらす干し、浅利味付け缶、スクランブルエッグ、みそ汁
昼食／中華丼、切り干し大根煮付け、新香、スープ、びわ缶
夕食／白うずらと牛肉のシチュー、クラゲ酢の物、イカサラダ、小松菜ごま和え、鰹とハマチの刺身、新香、みそ汁、オレンジ

テスト飛行、成功を収める

ようやく晴れ微風の好天気に恵まれた12日、航空隊と渋谷は勇躍、航空磁気測量のテスト飛行を行い、それぞれの試験に成功した。

ピラタスポーター機（大本機長）には、渋谷が搭乗し、飛行中に機材のテスト、磁気測量センサーに当たるバードの降下・巻き上げ試験を行った後、機はビーデレー山から磁気探査コースNo.1を少々飛行して着陸した。

一方、セスナ機（森機長）には、有賀が搭乗し、バードの動きを確認するなどのテスト補助作業を行った後、バウターエンを往復した。

長い待機のあと、初めて計器とともにセールロンダーネの空を飛んだ渋谷は、「見通しは明るい」と破顔一笑であった。13日からは、いよいよ本観測飛行となる。

アウストカンパーネ裸氷帯

セールロンダーネ余話㊺　取材合戦

明日、第29次南極観測隊を乗せたしらせが、東京晴海埠頭を出航する。しらせには、読売新聞記者とTBSテレビのカメラマンが同乗して、29次隊とわれわれ越冬を終える28次隊を取材する。

言うまでもなく、しらせに同行する報道陣の取材対象の目玉は、森永由紀さんであろう。彼女の行動は、逐一追跡取材されるに違いない。

一方、村山雅美氏をリーダーとする朝日新聞・テレビ朝日の朝日飛行チームは、独自の空路を拓いて、あすか・昭和へ飛んでくる。椎名誠という当代一流の冒険レポーターも連れてくる。

朝日側の狙いは、日本の観測基地だけでなく、文字通り、大空から世界各国の南極観測活動の様子を大局的に捉えようというものだろう。

これら報道陣の、1次隊以来の報道合戦を、われわれは興味深く観察したい。どちらが勝つだろうか。しらせ同行報道陣の強みは、観測隊と行動をともにすることから、取材しそこなうことがないこと、そして観測隊と意を通じ合っていることだろう。

しかし、足がないから独自の取材はできない。一方、朝日の強みは、航空機という足をもっているので、観測隊とは無関係に独自の取材ができることだ。とはいえ、当然ながら失敗することもありうる。面白い勝負になりそうだ。

南極あすか新聞

1987年
(昭和62年)
11月14日
土曜日

JARE28
あすか拠点
新聞社

[11/13気象]
天気　快晴
高い地吹雪
平均気温
-15.6℃
最高気温
-12.1℃
最低気温
-22.1℃
平均風速
13.0m/s
最大風速
22.0m/s
平均気圧
864.3mb

航空磁気観測第1回飛行を実施

13日、12時45分、ピラタス機(大本機長、渋谷観測、高橋補助)は、第1回の航空磁気観測のため離陸した。

飛行、観測は順調であったが、観測コースの1本半を消化した時点で、あすかの地上気象が悪化し、風速30Kt《ノット》以上、高い地吹雪となったため飛行は中止され、同機は15時10分着陸した。渋谷によると、バード氷河上空は風が強く、地吹雪に関する鮎川学説は正しいそうだ。

28次隊の晴海出航から丸1年

本日11月14日は、われわれ28次隊が砕氷艦しらせに乗船し、東京港晴海埠頭を出航してちょうど丸1年に当たる。

そして29次隊も、きょう同様に晴海を発つ。森永由紀隊員のおかげで、見送り風景は一層華やかなものになるに違いない。

あすか基地の看板が建つ

12日、酒井が彫り上げたあすか基地の看板が、B出入口、通称「赤門」の北側に建てられた。看板とセールロンダーネ山地をバックに、記念撮影をどうぞ。

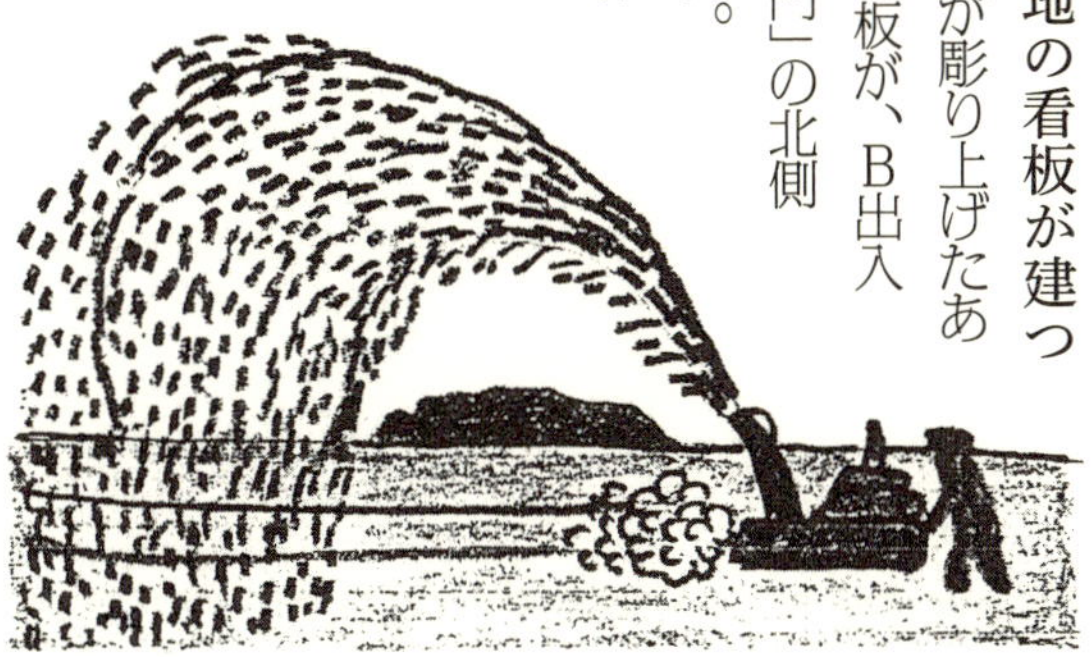
ロータリー除雪車

セールロンダーネ余話㊻ 1年の重さ

本日、われわれ第28次南極観測隊は、日本出発からちょうど1年目を迎えた。そして、第29次隊は本日、1年前のわれわれと同様に華やかな見送りをうけて、東京港晴海埠頭を離れたはずである。

光陰矢の如しというが、この1年はずいぶん早く過ぎ去ったような気がする。その一方で、ひどく重みのある1年であったような気もする。

南極越冬の1年というものは、ほとんどの隊員にとって、生涯のうちでもかなり特殊な1年、非日常の1年であったことだろう。しかしながら、非日常の日々も1年ほど続くと、すっかり日常化してしまうところが不思議だ。

あすか基地は、わずか8名で維持運営してきた。いきおい各隊員の任務は、各自の専門領域を遥かに超えて多様化する。人によっては、本職の仕事はほとんどなく、南極で見出した別の仕事の専門家になってしまった人もいる。

基地建設作業が終了し、あすか初の越冬が始まった頃、これからの日々をどう過ごすか、何をテーマに生活しようかと各隊員とも思案したことだろう。日常業務に追われて、そんな余裕すらなかった隊員もいるかもしれない。

しかし、こうして振り返ると、皆それぞれあすかに必要な専門家となり、重みのある時を過ごしたことがわかる。

[11/13メニュー]
☆富田シェフ食当
朝食／納豆、しらす干し、キンピラごぼう、切り干し大根煮付け、みそ汁
昼食／キジ焼き丼、ベーコン絹さや炒め、新香、吸物、栗きんとん、マスカット
夕食／ギアナ海老のクリームソース、厚揚げとニンニク茎の炒め物、牛ヒレのたたき、鶏唐揚げ、スープ、オレンジ

南極あすか新聞

1987年（昭和62年）11月15日 日曜日

JARE28
あすか拠点
新聞社

[11/14気象]
天気　高曇
高い地吹雪
平均気温 -14.1℃
最高気温 -12.0℃
最低気温 -16.9℃
平均風速 14.1m/s
最大風速 21.0m/s
平均気圧 857.0mb

晴海出航1周年パーティを開催

14日17時30分より、28次隊晴海出航1周年記念パーティが立食形式で行われた。テーブルに所せましと並べられた料理の品数は、なんと14品を数え、どこから手をつけていいかとまどうほどであった。

隊歌「あすか基地」を斉唱した後、記念キャロム大会が行われ、伏兵酒井が優勝をさらった。

出航1周年記念撮影と雪入れ実施

14日昼食後、あすか基地看板の前に全員で並び、にぎやかに出航1周年の記念撮影を行った。

折からの地吹雪で、日章旗がはためき迫力のある絵になった。冷酒にて乾杯のあと、皆で雪入れを行った。

風強く航空機観測順延に

14日は、9時頃から風速が徐々に増して16m／sを超え、地吹雪のためセールロンダーネ山地が隠れてしまった。このため、航空磁気観測は順延された。

測量風景

セールロンダーネ余話㊼　昭和の便り

11月6日、昭和基地から航空隊の有賀・大本・森の3隊員が飛んできた。われわれあすか越冬隊にとっては、2月14日に夏隊の寺井・宮下・村松・石沢の4隊員を30マイル地点で見送って以来の、久しぶりの外界の人間との接触であった。

3隊員により、昭和基地隊のさまざまな便りが届けられた。あすかで不足していた物資、個人的なプレゼント、昭和基地の新聞「こんぱにょれす28」、新しい雑誌、映画のVTR、昭和の諸行事をまとめたVTRなどだ。

そして何よりも、3人の語る昭和基地隊員たちのさまざまな物語は、われわれにとって新鮮で興味深いものだった。頑張っていたのは、われわれだけではなかったという率直な実感がある。あの人には、こんな才能があったのかという驚きもある。

また、VTRに撮られたミッドウインターの馬鹿騒ぎには、ちょっとあっけにとられた。以前に昭和基地で暮らしたことのある隊員は、新発や作業棟など最近建設された巨大な棟に目を見張った。

航空隊のもたらした情報のおかげで、われわれは貴重な予備知識を得ることができた。これで、昭和基地の威容に立ちすくむこともなく、住人たちの変貌に驚愕することもあるまい。

[11/14メニュー]
☆富田シェフ食当
朝食／ベーコンモヤシ炒め、しらす干し、鯖水煮缶、秋刀魚蒲焼き缶、みそ汁
昼食／うどん、桃缶
夕食／しらせ出航1周年記念（鯛刺身、豚モモロースト、鴨ロースト、伊勢海老チリソース、生カキ酢の物、アワビ、牛ヒレと松茸の炒め物、テリーヌ、数の子、枝豆、クロワッサン、フカヒレスープ、ケーキ、ライチ）

1987年
（昭和62年）
11月16日
月曜日

南極あすか新聞

JARE28
あすか拠点
新聞社

［11/15気象］
天気　雪高い地吹雪
平均気温　-12.6℃
最高気温　-10.5℃
最低気温　-15.8℃
平均風速　11.6m/s
最大風速　15.9m/s
平均気圧　864.2mb

視程悪く、航空機飛べず

15日は、風速こそ10～12m／sであったが、朝から視程が50m以下と悪く、航空機観測は実施できなかった。もう11月の半ばだというのに、あすかの気象はいまだに不順である。

あすかは、こうした気象条件に支配される嵐の大地なのか、あるいはことしの気象が特別に悪いのか……。判断はつかないが、もうそろそろスカッとした夏型気象になってほしいものだ。

航空観測がなくなった15日は、日曜日課となり、各隊員は写真現像、レーザーディスク、読書などでのんびり時を過ごした。

共同ニュース日曜版

巨人の江川卓投手（32）は、9年間に135勝72敗、防御率3・02の数字を残して、先日、あっさりと現役を引退した。

共同ニュース日曜版は、「心中してくれなかった江川」という表現で、この怪物の物足りなさを訴え、引退の原因にマスコミからの高収入をあげた。

ブラットニーパネⅡの谷のキャンプサイト

セールロンダーネ余話㊽　新着VTR

昭和基地からユキドリ航空隊が、盛りだくさんの土産を積んで飛んできた。あすか越冬隊は、まるでひと足早い第一便のように、期待と喜びをもって迎えた。

越冬隊8名が最も待ち望んでいたものが、新しいVTRのカセットであった。あすか在庫のものは、それぞれ10回ほども繰り返して見たものばかりなのだった。

まず上映されたのは、昭和の各隊員が撮影したVTRを編集したもので、上下2巻に及ぶ大作だった。これを見ると、よくもまあ次から次へと行事を催して、精力的に楽しんでいるなと感心させられる。

越冬中に、各隊員の絢爛と開花したともおもわれる個性がよく表されていて、われわれには格好の予備知識となった。

ユキドリ航空隊歓迎会の夜、すでに深夜にかかっていたが、あすか隊が待ちに待った「インディ・ジョーンズ　魔宮の伝説」が上映された。奇想天外、息もつけない活劇で、とにかく文句なしに面白かった。

前作の「レイダース　失われたアーク」が、夏オペ時に石沢総括がくれた唯一の休日に初めて上映され、「映画とはこんなに面白いものか」という圧倒的な印象を与えた時の状況によく似ていた。

新しい映像に大の男が狂喜するのも、あすか初越冬ならではのエピソードだろう。

［11/15メニュー］
☆大坂食当
朝食／シーチキン缶、海苔、漬物、フカヒレスープ
昼食／スパゲティボンゴレ、シイタケスープ
夕食／牛ヒレステーキ、イカと高菜の炒め物、ニンニク茎とカリフラワーのやわらか卵とじ、冷奴、スープ

南極あすか新聞

1987年
(昭和62年)
11月17日
火曜日

[11/16気象]
天気　高雲
高い地吹雪
平均気温
-13.2℃
最高気温
-11.4℃
最低気温
-16.4℃
平均風速
16.1m/s
最大風速
23.5m/s
平均気圧
866.5mb

JARE28
あすか拠点
新聞社

[11/16メニュー]
☆高木マルミトン食当
朝食／納豆、貝割サラダ、辛子明太子、野菜炒め、イカと高菜の炒め物、みそ汁
昼食／親子丼、こんにゃくと里芋の煮付け、鶏肉と白菜のスープ、グレープフルーツ
夕食／天婦羅盛り合わせ、納豆春巻、鶏唐揚げ、シシャモ焼き、枝豆、潮汁、大福、グレープフルーツ

依然続くブリザード

16日も、13日から数えて4日連続のブリザードが吹き荒れた。渋谷によると、11月のブリザード日数は、すでに10日に及んでいるという。

　航空隊はこの日も、朝からフライト・スタンバイ態勢をとっていたが、15時にはこれを解除した。

29次隊長、しらせ艦長から電報

16日、29次隊長から電報が届いた。

「ブジゲンキニニッポンダッシュシュツヲバシマシタ／イチロミナサマノモトニムカッテオリマス／イチニチモハヤクオアイシタイモノデス／ダイニ九ジカンソクタイチョウワタナベオキツグホカイチドウ」。

　また、しらせ艦長からは、以下のような文面の電報であった。「イヨイヨナンキョクヘシュッパツシマス／一ニチモハヤクキタイニコタエルベクゼンリョクトウキュウデマイリマス／シラセカンチョウ、ホンダモリタダ」。

ロムナエスの肩に沈む夕陽

セールロンダーネ余話㊾　適応

航空隊が遠路はるばる昭和基地から飛んできて、あすかの新しい住人になることに関し、彼ら3人があすかの社会環境にうまく適応できるだろうかと、実は心配していたのである。

　あすか基地は、広大な大陸雪原に在るが、基地の棟そのものは小さく、定員はいいところ8名である。11名になった時点で、隊長以外に個室は当てがわれなくなる。

　あすか越冬隊の8名は、すでに自分たちの生活リズム、仕事のペースを確立・維持していて、誰ひとりとして、それらを変更するつもりはない。そういった環境に、新しくやってきた人々が、うまく溶け込めるかという心配があった。

　しかし、それは杞憂だったようだ。南極越冬隊に参加するくらいだから、もともと適応力には自信のある人たちなのだ。しかも航空関係の人間は、どのような事態が起きても、それを冷静に認識し、与えられた条件下で、自らのもつ最大の能力を発揮する訓練を積んでいる。

　環境がちょっと変わったくらいで、うろたえたり浮き足立ったりする者なら、こういう仕事には就きえなかったろう。

　新しい3人は、空だけでなく、地上でも自分なりの居場所を見出し、悠然として、もう1年もここに住んでいるような顔をしている。

　その適応はみごとであった。

1987年（昭和62年）11月18日 水曜日

南極あすか新聞

JARE28
あすか拠点
新聞社

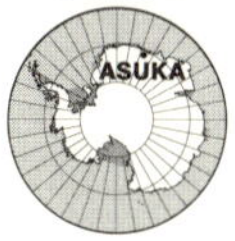

［11/17気象］
天気　曇高い地吹雪
平均気温 -12.4℃
最高気温 -10.6℃
最低気温 -14.4℃
平均風速 19.3m/s
最大風速 26.2m/s
平均気圧 858.7mb

［11/17メニュー］
☆富田シェフ食当
朝食／納豆、しらす干し、かまぼこ、秋刀魚蒲焼き缶、吸物
昼食／きしめん、びわ缶
夕食／おでん、鶏肉とカシューナッツの炒め物、サーモンマリネ、牛ヒレ炒め、新香、吸物、マロンパイ、オレンジ

30次隊長、副隊長が決定

17日に極地研から届いたＦＡＸは、11月13日に開かれた第91回南極本部総会における報告・審議事項を詳しく伝えている。

30次隊長（兼越冬隊長、昭和・みずほ）には江尻全機極地研教授（45）、副隊長（兼越冬副隊長、あすか）に召田成美気象庁南極観測事務室長（43）、同じく副隊長（兼夏隊長）に竹内貞男極地研観測協力室長（52）が決定した。また、29次隊川原隊員（宙空系）が、急病のため井口幸仁隊員（電波研・30）に交代することが、11月9日に決定したという。

アラスカの大地震をキャッチ

17日11時46分、渋谷は重力計の記録に異常な周波数の低い波を認め、どこかで大きな地震が起こったと断言した。

その夕方に受信した共同ニュース朝刊の速報は、米アラスカ州アンカレッジ南東約４００㎞のアラスカ湾を中心に、マグニチュード６・８の大地震が発生し、米地震観測当局が太平洋沿岸部に津波警報を発令したことを伝えた。

ドリフト測量

セールロンダーネ余話㊿　資料

南極越冬中の研究調査の資料を整理して、持ち帰る季節になった。これらは科学研究の成果なのだから、それぞれに最も適した保存状態で、大切に持ち帰らなければならない。それらを失ったり、変質させたりしたら、越冬観測の意味がなくなってしまう。

ところで、資料といってもいろいろある。渋谷隊員の地球物理学では、観測機器は極めて精密かつ高価であって、腫れ物に触るような扱いをしなければならない。

ところが、獲物に当たる資料といえば、記録紙、カセットテープ、フロッピーディスクなど、輸送にほとんど手のかからないものばかりだ。

鮎川隊長のサンプリングした飛雪は、解かされた液体になっている。これは再凍結させないで、液体のまま持ち帰らなければならないため、ヘリでしらせへ空輸することになっている。

一方、高木隊員のホルモン測定用の血液は、逆に解かすと値が変動するので、凍結したまま持ち帰らなければならない。

また、セールロンダーネ山地で採取した生物試料は、やはり変質や細菌汚染の不安があるので、凍結状態のまま持ち帰るが、生物なので入国の際に、面倒な検疫手続きをしなければならない。

このように、担当者以外の者にとっては無価値な資料が、科学の最先端を担うことになる。

南極あすか新聞
1987年
（昭和62年）
11月19日
木曜日
JARE28
あすか拠点
新聞社

［11/18気象］
天気　曇高い地吹雪
平均気温　-12.5℃
最高気温　-11.0℃
最低気温　-13.8℃
平均風速　15.5m/s
最大風速　22.7m/s
平均気圧　866.7mb

［11/18メニュー］
☆富田シェフ食当
朝食／納豆、鯖水煮缶、ベーコンモヤシ炒め、吸物
昼食／カニピラフ、サラダ、新香、吸物、フルーツポンチ
夕食／チキンカツレツ、芽キャベツのソテー、イカとうにの和え物、ウインナー炒め、新香、ケーキ、グレープフルーツ

6日目に入ったブリザード

13日から続いている今回のブリザードは、18日も吹き荒れた。この荒天は、10月1日から7日まで、燃料輸送隊をL97に閉じ込めた嵐に匹敵するものである。

航空観測は、磁気コースを1本半消化したところで、ストップしている。

風呂、隔日に変更

高橋は、18日から風呂を隔日に沸かすことを宣言して、皆を喜ばせた。

これは、ブルドーザによる雪盛りで、雪入れが容易になったことに加え、排水についても心配がなくなったためである。

帰路旅行について問い合わせ入る

シドニーから日本への帰路旅行に関し、29次夏隊は、クライストチャーチ、バンコク、香港などを経由するバリエーション・ルートを考えているという。

そこで28次越冬隊でも、このようなルートを希望する人がいるかどうか、大山隊長から問い合わせが入った。

物品デポ作り

セールロンダーネ余話(51) 航空管制

あすかをベースとする航空観測が始まって以来、大坂通信士には航空管制の仕事が増えた。航空機にパイロットが乗り込み、エンジンをスタートさせてから、離陸・飛行・着陸、そしてエンジンを切るまで、通信室を離れることができない。

航空管制官の仕事は、ひとことで言えば、安全な飛行のための情報提供と記録である。具体的には、パイロットとの間での飛行計画の確認、無線機のテスト、交信内容の録音から仕事は始まる。

そして、航空機が離陸すると、交信時刻とその内容を記録し、地上気象情報を送り、15分ごとの航空機からの通報にしたがって地図上に航跡をプロットする。ピラタス機が増槽タンクに燃料を搭載している場合は、一定時間後に、主タンクへの移送を行ったかどうかを確認する。

また、航空機が飛行している周辺の障害物の高さを調べ、充分な対地高度を有しているか、確認することもある。残燃料も確認する。

こうして、パイロットの万一のうっかりを防ぐ役割を果たすことになる。もし、不時着などの緊急事態が発生したら、間髪を入れずに救難処置をとらなければならない。

航空管制官は、航空機運航中ずっと拘束されるものの、美しい景色はまったく見られない裏方さんだ。ご苦労なことだが、頑張ってもらいたい。

1987年（昭和62年）11月20日 金曜日

南極あすか新聞

JARE28 あすか拠点新聞社

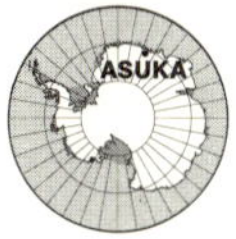

[11/19気象]
天気　晴高い地吹雪
平均気温 -12.6℃
最高気温 -9.9℃
最低気温 -15.6℃
平均風速 5.6m/s
最大風速 22.3m/s
平均気圧 872.2mb

[11/19メニュー]
☆富田シェフ食当
朝食／納豆、鰯塩焼き、鮭水煮缶、モヤシ炒め、みそ汁
昼食／いなり寿司、高野豆腐の煮物、貝割サラダ、吸物、ブドウ缶
夕食／ブフポワレ、里芋とこんにゃくの煮付け、焼き鳥、ワカサギ辛煮、貝割サラダ、新香、みそ汁、クロワッサン、グレープフルーツ

貯油タンクへ燃料を移送

19日は、地吹雪こそ低くなったが、14～17m／sの風が吹き、航空観測はまたしても見合わせられた。

この日、機械班は軽油ドラム36本分を貯油タンクに移し替えた。この作業で、29次隊との引き継ぎ時まで、燃料移送を行う必要はなくなった。

飛行隊は、飛行場の様子を見にいったが、滑走路には多少の凹凸が生じているという。航空観測が遅れていることに対し、星合観測隊長から激励電報が届いた。

第3回基地内気温測定を実施

17日、高木が測定した基地内気温は次のとおり（第42号、121号参照）。17日の測定時間中に20m／sの風が吹いていたので、観測棟内の気温は全般に低めであった。

3月30日（風速17m／s）、6月18日（同0m／s）とくらべて、外気温は高いのに室温は風の影響でやや低い傾向にある。

場　所	気温（℃）
屋外	－11.7
オーロラ観測室	＋16.0
風上側前室	＋1.0
観測室（FC4台）	＋21.0
通路（FC2台）	＋20.0
寝室	＋19.5
医務室	＋19.0
風下側前室	＋7.0
観安トンネル	－11.0
発電棟便所（FC1台）	＋19.0
部品庫	＋22.0
発電機室	＋23.0
安全地帯A'	－5.5
安全地帯B	－7.0
安全地帯A	－7.0
新冷凍品貯蔵庫	－10.0
食糧庫	＋14.0
前室	＋13.5
通路（FC1台）	＋19.0
厨房（火気使用なし）	＋18.0
食堂（FC2台）	＋21.0
通信室（FC2台）	＋23.5
隊長寝室	＋22.0

セールロンダーネ余話(52)　2年越冬

日本南極観測隊が始まって以来、いまだかつて2年連続して南極に越冬した隊員はいない。

西堀栄三郎氏の『南極越冬記』を読むと、1次隊の中には2年越冬を希望した隊員もいたようだ。しかし、結果的には全員が航空機でピックアップされ、2次越冬隊は消滅した。2年連続越冬は、越冬隊員の意向があったとしても、南極本部が許可しないであろう。

これは、本人の心身の消耗、日本にいる家族の心情を考慮すれば、ごく常識的で人道的な方針であろう。

ところが、他国の南極探検史をみると、昔は2年越冬がむしろ普通であった。南極点への先着を争って敗れたスコット隊、ウェッデル海のシャックルトン基地から南極点を通り、ロス海のスコット基地までの南極横断を成功させたフックス隊は、それぞれ2年越冬した。

後者に参加したケン・ブレイクロックは、出発前に27歳だったが、既に南極で4回の越冬を経験していた。また、マウドハイムで観測を行ったノルウェー・スウェーデン・イギリスの3国共同隊も2年越冬を行ったが、この間に2名が事故死した。

昔のポーラーマンは心身とも強靭だったし、大きなオペレーションを成就するには2年越冬が必要だったのだろう。

あの頃の南極は、限られた勇者だけの世界だったようだ。

南極あすか新聞
1987年（昭和62年）11月21日 土曜日
JARE28
あすか拠点
新聞社

［11/20気象］
天気　快晴
高い地吹雪
平均気温 -10.9℃
最高気温 -9.0℃
最低気温 -15.8℃
平均風速 13.9m/s
最大風速 22.8m/s
平均気圧 868.5mb

［11/20メニュー］
☆富田シェフ食当
朝食／納豆、浅利味付け缶、牛大和煮缶、みそ汁
昼食／牛卵丼、ひじきの煮付け、新香、吸物、グレープフルーツ
夕食／鱈ちり、春巻、油淋鶏、じゃが芋煮付け、新香、みそ汁、あずきアイス

航空機いまだ飛べず

20日、6時頃には風がピタリと凪いで、きょうこそは航空観測日和と期待された。

しかし、7時には再び14m／sの風が吹き始め、朝食後、一度は準備を始めた航空隊だったが、17m／s以上の風速とセールロンダーネ山地がかすむ視程では、飛び立つわけにはゆかなかった。

アウストカンパーネ モレーンの通路

年賀電報はお早めに

大坂通信士によると、あすかからの年賀電報は、2隊員の分を除いて昭和基地へ発信したそうだ。まだの人はお早めに。

排水タテ坑深17・6mに

20日、酒井が測定した排水タテ坑の深さは17・6mで、10日の値より0・1m浅くなったことになる。

とはいえ、あすかの人口が11名になり、風呂回数も増えたことを考えると、上々の値といえる。この調子ならば、タテ坑は28次ばかりでなく、29次隊越冬中も大丈夫ではないだろうか。

セールロンダーネ余話㊸ 海鳥帰る

冬が明けたあすかに、最初に現れた海鳥はナンキョクフルマカモメだった。10月13日の朝のことである。折から、第2回セールロンダーネ調査に出発しようとしていた旅行隊は、しっかりとこの偵察役の海鳥を目撃し、酒井はうまくVTRで撮影した。

しかし、このナンキョクフルマカモメは、時期尚早と判断したのか、後続部隊はしばらくやってこなかった。10月13～15日の第2回調査、さらに24～26日の第3回調査でも、セールロンダーネの営巣地には、1羽の海鳥も認められなかった。

月が変わって11月6日、ユキドリ航空隊が昭和基地から飛来した。これに刺激されたかのように、翌7日には2羽目のナンキョクフルマカモメが姿を見せ、9日にはあすかに2羽、シール岩には一挙に8羽のユキドリが現れた。

さらに13日には、10羽のユキドリのほか、初めて1羽のナンキョクオオトウゾクカモメが飛来した。例によって、キョロキョロと首を振りながら獲物を探している姿が認められた。

われわれあすか初越冬隊が、最後にユキドリを見たのが4月末だったから、約半年ぶりに海鳥の帰還を確認したことになる。残念ながら越冬ユキドリはいなかったが、いまごろ第5稜は賑やかなことであろう。

南極あすか新聞

1987年
（昭和62年）
11月22日
日曜日

JARE28
あすか拠点
新聞社

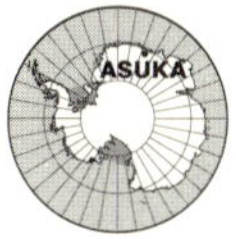

［11/21 気象］
天気　快晴
低い地吹雪
平均気温
-9.4℃
最高気温
-7.7℃
最低気温
-12.6℃
平均風速
16.6m/s
最大風速
28.6m/s
平均気圧
864.3mb

天候は一層悪化、ブリザードに

予想外の悪天候が続いているあすかでは、21日も7時頃から14m／s台で吹いていた風が、16時頃から一気に20m／sの大台を突破し、ゴウゴウとうなりをあげて、完全なブリザードと化してしまった。

このため航空隊は、14日以来8日間連続して飛行できないことになった。一方、機械班と富田は、12月の2週目に30マイル地点へ搬送する雪上車のグリースアップ等に余念がなかった。

この調子では、11月は越冬中で、最も悪天候の月になりそうだ。

基地のベッド

36本雪尺測定を実施

21日、酒井により36本雪尺測定が行われた。10月19日からの積雪量は、2・4cmと5ヶ月ぶりにプラス積雪となった。1月からの積算では、9・1cmである。

酒井は、1週間おきに測定している16本雪尺の結果も併せて考えると、このプラス積雪は、11月初旬の降雪をともなうブリザードによるもので、これを除けば積雪は、約0・5cm／週の割で減少していると分析した。

セールロンダーネ余話(54)　記念撮影

11月14日の晴海出航1周年の記念日に、全員で記念撮影を行った。折から15m／s以上の風が吹き、地吹雪が激しく流れていたが、新しいあすか基地の看板の横に日章旗を立て、皆でにぎやかに並んで、何枚も写真を撮った。嵐の大地・あすかにふさわしい、迫力ある絵になったようだ。

思えば2月20日の越冬成立の日にも、同様の気象のもとで記念撮影をした。あの時も誰もがはしゃいで異常に明るかったが、一同の笑顔の裏には、前途への不安と緊張が隠されていた。しかし、今回は違う。笑顔には自信と余裕が表れ、底抜けに明るい解放感にあふれていた。

記念撮影をやると、誰もがカメラを持参してセットするから、すべてのシャッターがおりるまで、かなり待たされる。そして、必ず誰かのセルフタイマーが不調になって手こずるからおかしい。その持ち主を冷やかしながら、ワイワイガヤガヤと騒ぎながらカメラに収まるのが、なんとも楽しい。

記念のスナップは、アルバムに貼られ、各隊員は何回も眺め、他人に見せてはあすか初越冬物語の講釈をすることになるだろう。記念撮影はたいてい、人生の愉快なひとコマなのだが、あすかでのそれは、とびきり愉快である。

［11/21 メニュー］
☆高木マルミトン食当
朝食／野菜炒め、納豆、佃煮、海苔、キンピラごぼう、みそ汁、甘夏ジュース
昼食／カニチャーハン、チキンスープ、グレープフルーツ
夕食／舌平目のムニエル、うま煮、焼きうどん、餃子、甘海老唐揚げ、スープ、グレープフルーツ

南極あすか新聞

1987年
（昭和62年）
11月23日
月曜日

JARE28
あすか拠点
新聞社

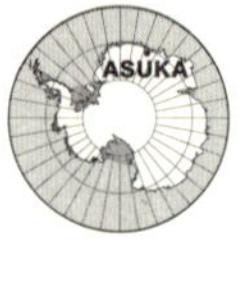

［11/22気象］
天気　曇高い地吹雪
平均気温　-9.3℃
最高気温　-8.5℃
最低気温　-10.6℃
平均風速　17.4m/s
最大風速　25.5m/s
平均気圧　860.8mb

［11/22メニュー］
☆酒井食当
朝昼兼用／生ちらし寿司、スープ
夕食／コロッケ、酢豚、海燕の巣スープ、クラゲ酢の物、オレンジ

ブリ吹きまくり、日曜日課に

22日は、前日来のブリザードが終日吹きまくり、風速は19m／s前後で、一時は発電棟から観測棟が見えないほどだった。

前日から荒天が予想されたので、22日は久しぶりのブランチ、日曜日課となった。食当の酒井は、腕を振るって昼間から生ちらし寿司のごちそうをこしらえた。VTR鑑賞、カラー現像を楽しむ隊員もいた。

午後には風呂も沸かされ、吹雪の屋外を窓から眺めつつ、どっぷり湯に浸ることができた。

共同ニュース日曜版より

米国がん協会ニューヨーク支部が発表した禁煙の秘訣とは次のとおり。

就寝前に持っているタバコを全部捨て、朝は冷水シャワーを浴び、オレンジジュースを飲む。

朝食には紅茶かココアを飲み、早く会社に出て、すぐ仕事を始める。

ガムか果物をもつようにし、休憩中は立ち上がって深呼吸、アルコールは避け、椅子に座りつづけないこと。

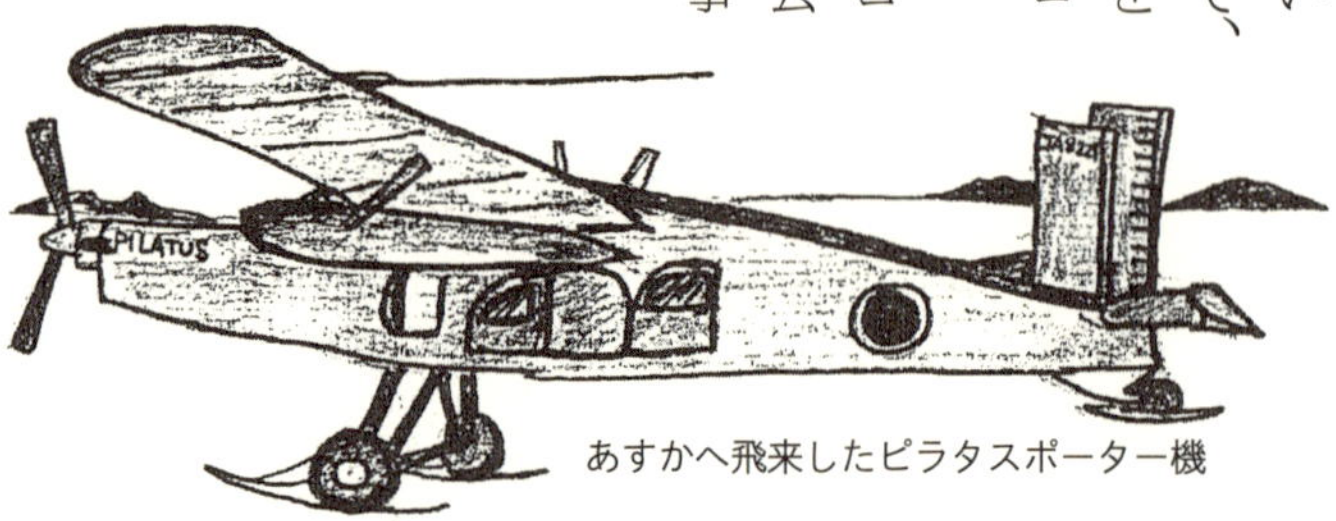

あすかへ飛来したピラタスポーター機

セールロンダーネ余話㊺
しらせの雰囲気

11月14日に晴海埠頭を出航した砕氷艦しらせは、すでに赤道を通過し、いまごろはロンボック海峡を越えたであろう。酒井は越冬日誌の末尾に、昨年のしらせの位置を日毎に記録しているので、ことしのしらせ行動についても目安がつく。

ところで、森永由紀隊員が参加したことで、しらせ艦内の雰囲気がどう変化したかについては、われわれも興味がある。特に、恒例の赤道祭の出し物に、彼女がどのような影響を及ぼしたかは、是非とも聞きたいところだ。

しかし、周囲があれこれと気を遣っているほどには、彼女自身は初の女性隊員を意識していないに違いない。探検や野外生活を志す女性には、それなりの図太さが備わっているものなのだ。

昨年のしらせ側は、あすか隊出発に際して壮行会を開催してくれたり、燃料ドラムを30マイル地点にきちんと並べてくれたりするなど、大変好意的でありがたかった。ことしも、昨年の幹部乗組員がほとんど乗艦しているのだから、友好的な雰囲気は変わっていないと思われる。

われわれも、セールロンダーネの土産を届けたり、越冬報告会をしたりと、ささやかにお礼をしたい。

しらせ艦内の雰囲気が良ければ、帰路の航海は一段と楽しい。

1987年
（昭和62年）
11月24日
火曜日

南極あすか新聞

JARE28
あすか拠点
新聞社

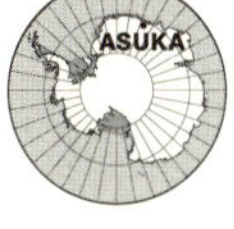

[11/23気象]
天気　晴低い地吹雪
平均気温　-10.4℃
最高気温　-8.5℃
最低気温　-12.2℃
平均風速　14.3m/s
最大風速　21.9m/s
平均気圧　867.0mb

航空機10日連続で飛べず

23日、8時には17m／s以上の風速であったが、午後には14m／s以下に落ち着いた。しかし雲底が低く、セールロンダーネ山地の峰々も隠れるほどで、19時5分、ついに航空機飛行中止が決定された。これで14日から10日連続して、航空観測はできなかった。

23日は勤労感謝の日で、朝食抜きのブランチであった。飛べない森パイロットは、昭和へ持ち帰るVTRのダビングに忙しかった。

アマ無線をもっと

あすかのアマチュア無線局である8J1RMは、みずほから移設されたもので、トランシーバー等はすべてアマ無線連盟から借用したものだ。

しかるに、現在までに交信した局数はわずか10局に過ぎない。このままでは連盟の心証を悪くする恐れがあるので、平日22時まで運用し、局数を稼ぎたいと酒井は話している。

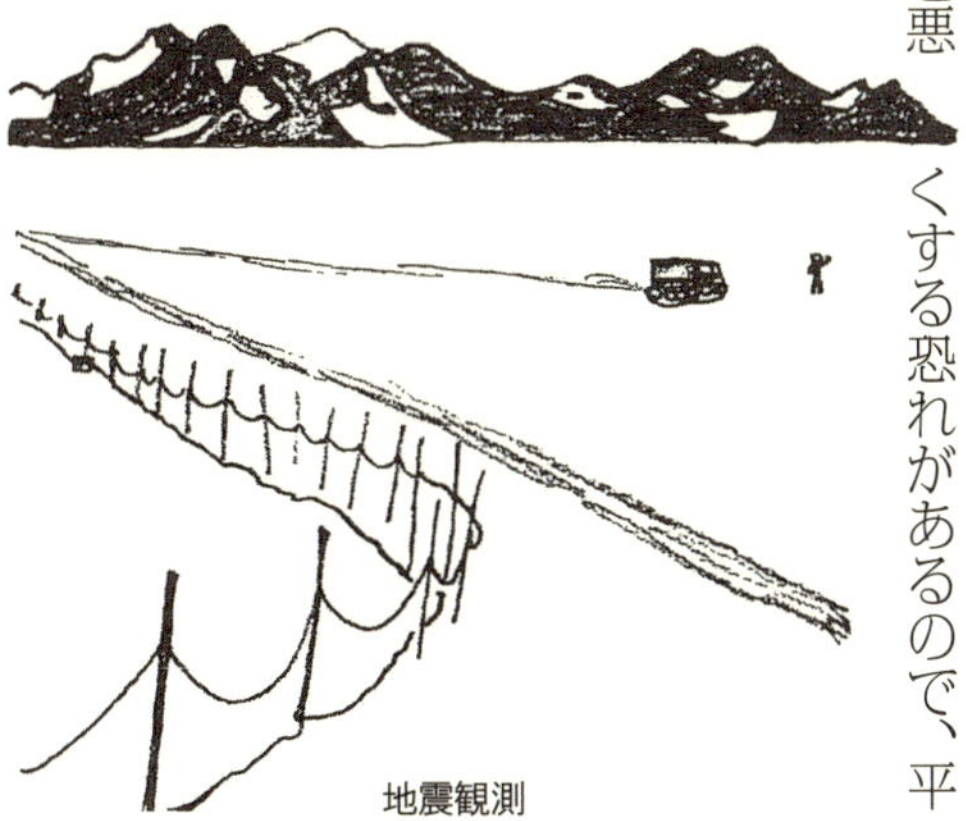
地震観測

セールロンダーネ余話(56)　スキー

昭和基地では、気象棟裏の雪の斜面を利用して、曽根スキースクールが開かれているという。中村若先生は熱心な生徒で、毎日のように練習を繰り返しているそうだ。

記者も21次越冬の際は、やまとA群、スカーレン、西オングル島などでスキーを楽しんだが、なんといってもホームゲレンデは、東オングル島にほど近いネスオイヤ島であった。何度も通っているうちに、スキー板を持ち運ぶのが面倒になって、ゲレンデにスキーをデポしたこともあった。

氷山がそそり立つ海氷に向かって滑降するのは、気分爽快である。なんとかこのシーンをカメラに収めようと、セルフタイマーをセットしてはタイムを計って滑り降り、フィルム1本も費やして、ようやく納得のゆくワンショットを得た思い出がある。

あすか基地は雪原の中にあって、ほとんど斜面らしいものがない。スキーといっても、できるのはクロスカントリーくらいのものだ。7km離れたロムナエスの東斜面上部は、広大で斜度も20度くらいはありそうだが、ちょっとひと滑りに行くには遠すぎる。セールロンダーネ山地には、格好の斜面はいくらでもあるが、登りを考えるとスノーモービルが欲しい。

雪と氷の大陸に越冬しても、スキーの機会は案外ないものだ。

[11/23メニュー]
☆高木マルミトン食当
朝昼兼用／すきやき丼、煮付け、鶏肉と野菜のスープ、グレープフルーツ
夕食／フライ盛り合わせ、ローストチキン、牛ヒレ野菜炒め、マカロニとツナのサラダ、コーンポタージュ、グレープフルーツ

南極あすか新聞

1987年（昭和62年）
11月25日
水曜日

JARE28
あすか拠点
新聞社

［11/24 気象］
天気　雪高い地吹雪
平均気温　-10.7℃
最高気温　-9.6℃
最低気温　-12.1℃
平均風速　12.5m/s
最大風速　19.4m/s
平均気圧　866.6mb

［11/24 メニュー］
☆富田シェフ食当
朝食／納豆、秋刀魚蒲焼き缶、キンピラごぼう、辛子明太子、みそ汁
昼食／すきやき丼、ベーコン野菜炒め、新香、みそ汁、オレンジ
夕食／仔牛のカツレツ、なめこおろし、厚焼き卵、帆立のミラネーズ（ミラノ風）、スルメイカ、チーズ、新香、みそ汁、グレープフルーツ

ホワイトアウトの一日

24日、風速は終始15m／s以下で、地吹雪もさほどでなかったが、全天曇で一面のホワイトアウトとなった。視程はわずか50mで、航空観測は勿論のこと、屋外作業もままならなかった。

通信によると、昭和基地でも小雪が降っていて、ノアの衛星写真でもセールロンダーネ山地は雲に覆われているそうだ。

好天が期待された11月もあと6日で終わり、師走となる。

隊長に司法権はあるか

24日、夕食時の気のおけない語らいに、南極基地で犯罪が発生した場合の、隊長の司法権が話題になった。

例えば、基地で殺人事件が起きた場合、犯人を逮捕し、しらせが来るまで拘留しておく権限はあるのだろうか。

「実は隊長、クーデターに備えてピストルを1丁買ったんだ」との声も起こり、爆笑のうちにこの議論の結論は保留となった。

全磁力測定を行う酒井隊員

セールロンダーネ余話（57）　スケート

航空の有賀隊員は、長野県の伊那の出身で、高校時代はスケートの選手だったそうだ。三協精機に日本の代表的な選手が集まっていた時代のことだから、長野県のスケートのレベルは日本一だった。

高木隊員は、釧路に2年5ヶ月住んだことがある。病院の仕事が終わると、毎日のように市内の柳町スケートリンクに通っていた。長野と並ぶスケート大国にのしあがった北海道でも、釧路は特にスピードスケートが盛んであった。

ある日、彼が滑っていると、とてつもなく速い中学生が彼を追い抜いて行った。その北沢欣浩という少年は、のちにサラエボオリンピックのスピードスケート500mで、銀メダリストとなった。

南極越冬隊員でスケートを楽しむ人は、それほど多くないが、昭和基地の貯水ダムではスケートができる。海水は、凹凸が激しかったり積雪があったりして、あまりスケートには適さない。

しかし、ラングホブデの多島海の内海には、油氷（透明な氷）のような滑らかな氷原があって、爽快な海水滑走が楽しめた。

あすか基地周辺では、シール岩のウインドスクープの底と、ブラットニーパネのIの谷の凍結した湖で、スケートが可能かとおもわれる。ここではいまだ誰もスケートを試みていないから、初滑走の記録を残すことができる。

南極あすか新聞

1987年
(昭和62年)
11月26日
木曜日

JARE28
あすか拠点
新聞社

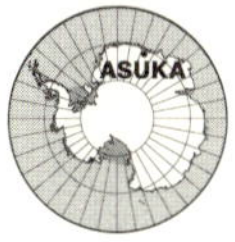

[11/25気象]
天気　雪高い地吹雪
平均気温　-11.9℃
最高気温　-10.4℃
最低気温　-12.9℃
平均風速　15.0m/s
最大風速　23.9m/s
平均気圧　867.7mb

[11/25メニュー]
☆富田シェフ食当
朝食／納豆、しらす干し、キンピラごぼう、辛子明太子、みそ汁
昼食／山かけそば、オレンジ
夕食／麻婆豆腐、鮎塩焼き、カニとワカメの酢の物、がんも・イカ巻・ゴボウ巻の煮付け、松前漬、新香、ケーキ、グレープフルーツ

またしてもブリザード

25日、7時頃から17m／s以上の風が吹き、一時は発電棟から観測棟が見通せないほどの視程となった。

このブリザードのため、航空観測は朝のうちに早々と中止が決まり、第4回セールロンダーネ地域生物調査隊の出発も、14時まで待機のあと、26日に順延された。

越冬報告の執筆すすむ

越冬も終盤に至り、各隊員とも越冬報告の執筆を始めている。

執筆が最もすすんでいるのが高木だ。担当する新聞・南極大学・写真・生物・医学・医療・野外観測・ルート方位表を、原稿用紙14枚、表15枚、写真9枚、方位表3組を費やして、ほぼ95％をすでに書き上げている。

ノルトッペンに発する地吹雪の帯

セールロンダーネ余話㊳ 30次隊

17日に届いたFAXは、30次隊の隊長・副隊長が決定したことを伝えてきた。

隊長・兼越冬隊長に極地研教授の江尻全機氏(45)、副隊長・兼越冬副隊長に気象庁南極観測事務室長の召田成美氏(43)、同じく副隊長・兼夏隊長に極地研観測協力室長の竹内貞男氏(52)という陣容である。

江尻氏は25次冬、召田氏は16・20・26次冬、竹内氏は10・14・19・25次冬、23次夏の経験者だ。幹部が決まったところで、今頃は各部門の候補者探しに大わらわというところだろう。

われわれあすか初越冬隊が帰国して、あすか越冬のすべてについて報告・引き継ぎをおこなう相手は、副隊長の召田氏ということになる。

30次で越冬4回目となる召田氏は、まさに気象のプロである。それだけに、あすかでの気象観測も、気象庁の隊員が担当することになるかもしれない。

嵐の大地あすかは、気象のプロがじっくり腰を据えて観測する価値はあろう。Lルート・ABルートにズラリと無人気象観測装置を並べて、鮎川学説のいわゆる地吹雪帯を解明してもらいたいものだ。

30次隊が越冬する頃のあすか基地は、どう変貌しているだろうか。各棟はまだ、地上に姿を見せているだろうか。われわれも興味深く、その情報に耳を傾けることになるだろう。

南極あすか新聞
1987年(昭和62年)11月27日 金曜日
JARE28
あすか拠点
新聞社

[11/26気象]
天気　快晴
高い地吹雪
平均気温 -11.1℃
最高気温 -9.6℃
最低気温 -13.0℃
平均風速 16.1m/s
最大風速 25.3m/s
平均気圧 869.9mb

[11/26メニュー]
☆富田シェフ食当
朝食／浅利味付け缶、鯖水煮缶、納豆、コンビーフ、みそ汁
昼食／天津丼、サラダ、新香、スープ、オレンジ
夕食／鮭ホイル焼き、牛ヒレのたたき、オムレツ、松前漬け、刺身、バターロール、新香、みそ汁、みかん

第4回セールロンダーネ調査隊出発

26日、10時半頃から短時間だけ回復した天気を逃さず、第4回セールロンダーネ生物調査隊（高木L・野崎）は、SM512でソリ1台を引いて、12時10分、あすかを発った。南下するにしたがって、地吹雪は低くなるいつもの好条件のもと快調に飛ばし、16時10分、目的地のブラットニーパネ第5稜に到着した。

ユキドリは帰ってきていて、盛んに飛び交い、トウガモも2羽はばたいていた。高木はさっそく予定の砂採取を行い、ユキドリの飛翔と営巣風景を16㎜カメラで収めた。今はまだ積雪が多いが、間もなく第5稜は生物たちの天国となるだろう。

航空観測いまだ実施できず

26日、あすかの気象は安定せず、航空隊は終日待機の末、18時に中止を決定した。天気が一時的に回復した昼過ぎ、森は滑走路を整地した。機械班は、30マイル地点へ輸送のため雪上車SM504、513、515、516のグリースアップを実施した。

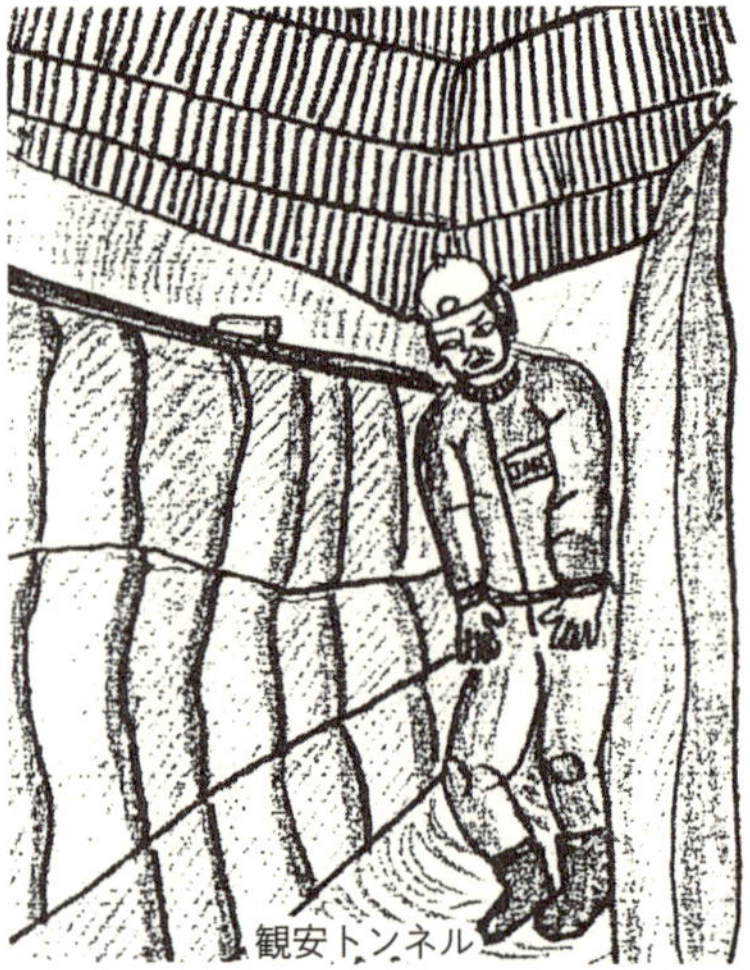
観安トンネル

セールロンダーネ余話(59) 白夜

森繁久彌の「しれとこ旅情」の歌詞に、「――飲んで騒いで　丘に登れば　はるかクナシリに　白夜は明ける」とうたわれている。が、日本の北の果てといえども、たかだか北緯45度なのだから、白夜などあるわけがない。白夜は極地特有の現象であるはずだ。

ところで、白夜という言葉は案外あいまいな言葉なのである。広辞苑で調べてみると、白夜は「北極または南極に近い地方で、夏、日没と日の出との間、散乱する太陽光のために薄明を呈すること」と記載されている。

実は、この内容は誤っている。両極に近い地方では、夏になると日没も日の出もなく、一日中陽光が降り注いでいるのだ。

岩波国語辞典の白夜の項には、「北極・南極を中心とする地域で、日の出前および日没後のかなり長い時間にわたって薄明が続く現象。そういう夜」とある。

これによると、白夜とは薄明の夜ということになる。すると、太陽が沈まなくなる時季は、なんと呼べばよいのだろうか。

英語でいうMidnight sun に当たる単語は中緯度の日本には見当たらず、そういう現象の続く時季を表す言葉もない。太陽の沈まない時間帯を昼と呼ぶならば、南極の夏はただ昼と片付けるしかない。

しかし、これはあまりに味気ない。われわれは新しい日本語を作る必要があろう。

南極あすか新聞
1987年
(昭和62年)
11月28日
土曜日
JARE28
あすか拠点
新聞社

[11/27気象]
天気　雪高い地吹雪
平均気温　-10.5℃
最高気温　-9.5℃
最低気温　-12.1℃
平均風速　16.8m/s
最大風速　25.5m/s
平均気圧　871.8mb

生物調査隊、あすかに無事帰投

27日の朝をブラットニーパネ第5稜で迎えた、第4回セールロンダーネ生物調査隊は、突風気味の谷風に吹かれながら、砂の採取と16㎜映画撮影を行い、今回の目的を果たした。

9時30分にキャンプ地を発ち、帰途に就いたが、4稜を越えた時点でホワイトアウトに遭遇し、11時にＡＢ35に着いた時には、視程わずか１００ｍほどであった。このため、最寄りのⅠの谷モレーンに避難し、ここで待機した。

14時頃からようやく谷の周囲の山稜が見え始め、あすかの天候も少し回復しているとの情報を得たので、16時55分、モレーンを発ち、再び帰途に就いた。ＡＢ15付近では、ホワイトアウトで立ち往生したが、天蓋を開いての誘導で切り抜け、20時15分、あすかに帰投した。天候の好機をとらえた速攻で、調査は成功した。

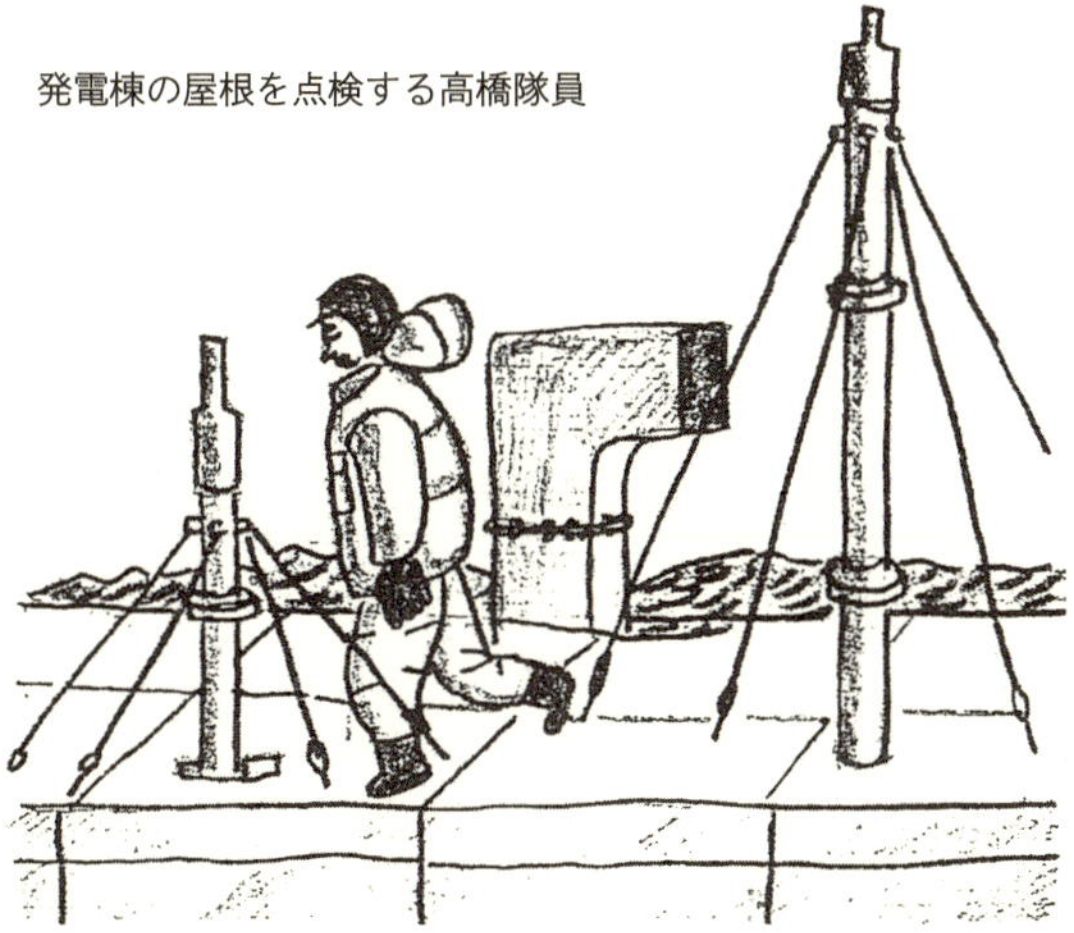

発電棟の屋根を点検する高橋隊員

セールロンダーネ余話⑥⓪　日本人会

しらせが昨年と同様のスケジュールで航海をしているなら、きょうあたりフリーマントル港に入港しているはずだ。

パースを州都とする西オーストラリア州には、約５００人の在留邦人がいると聞いた。この人たちが、砕氷艦の入港中に忘年会を開催し、観測隊としらせ乗組員をも招待してくれる。この会は、現地の日本人たちの年に一度の楽しみなのだが、南極越冬を前にして、妙に人恋しくなっているわれわれも喜んで参加させてもらう。

こういった会をリードしているのは、丸紅や伊藤忠などの商社駐在員、日本人学校の先生たち、領事館職員などである。2、3年の短期駐在の人たちと、永住を決めている人たちでは、オーストラリア国の評価や暮らしぶりも異なるようだが、例外なく彼らは観測隊に好意的であった。

われわれの仕事に興味をもち、観測隊に日本人の誇りを感じてくれる人たちは、隊員を自宅に招いたり、艦上レセプションに出席したり、出航の際、見送ってくれたりする。寄港中に親しくなった日本人会の人たちとの別れは、もうあとは南極しかないだけに、晴海での家族との別れよりも、むしろ切ないものだ。

29次隊員も在留邦人たちとの別離を、充分惜しんでくるがいい。

[11/27メニュー]
☆富田シェフ食当
朝食／納豆、秋刀魚蒲焼き缶、キンピラごぼう、鮭水煮缶、スープ
昼食／冷し中華、オレンジ
夕食／ポークソテー、伊勢海老のフリット、金目鯛の煮付け、じゅんさいともずくの酢の物、新香、みそ汁、ケーキ

南極あすか新聞

1987年（昭和62年）11月29日 日曜日

[11/28 気象]
天気　晴高い地吹雪
平均気温 -12.4℃
最高気温 -10.2℃
最低気温 -16.8℃
平均風速 12.1m/s
最大風速 22.5m/s
平均気圧 871.4mb

JARE28
あすか拠点
新聞社

ピラタス半月ぶりに飛ぶ

28日午後から、空は晴れ渡り、風速も弱まって地吹雪が消えた。この機会を半月も待っていた航空隊は、さっそく飛行準備にとりかかり、ピラタス機（大本機長・渋谷・野崎）は18時過ぎに離陸した。

飛行は順調で、天気も良い方向に向かい、燃料にも余裕があったので、渋谷は今までの遅れを取り戻すべく、磁気コース6本を消化したいと連絡してきた。このため、飛行は7時間にもおよんだ。

小元氏のペディション受信できず

10次、14次越冬隊員の小元久仁夫氏が、アルゼンチンのマランビオ基地から、アマチュア無線バンドでペディション（初の無線電波発射）することがわかった。

そこで、14時から14・105～14・115MHz帯をワッチしたものの、残念ながら受信することはできなかった。

同氏は14次で鮎川隊長と越冬している。

アウストカンパーネ最高峰

セールロンダーネ余話㉛　あすか再考

あすか初越冬隊として、この地に1年間近く暮らしてみて、今更ながら感じるのは、あすかの天候の悪さである。

予想では10月初旬、遅くとも11月になれば夏型の安定した気象条件に落ち着くと思っていたのに、強い風と地吹雪がすでに11月下旬まで持続している。

この調子でいくと、野外調査と建設・輸送に適した期間は、せいぜい12月初旬から2月初旬までの2ヶ月間ということになってしまう。それ以外の季節は、野外行動にはほとんど向かない。

Lルートの地吹雪は、おそらく90％恒常的なものだろう。Lルートの旗竿を100mおき程度にベタ貼りするか、或いは極めて性能のよいレーダーを装備するかしなければ、30マイル地点まで往復するにも最低1週間はみておかなければなるまい。

山行きのAB、AAルートは多少の荒天でも走れるが、山へ行ったところでどれほどの仕事ができるかは疑問である。

29次隊が計画しているセールロンダーネ山地南側の調査は、夏期の2ヶ月間以外、かなりの困難を覚悟しなければなるまい。RVルートは、地吹雪帯の本流を通過しているからだ。

以上から考えると、あすかは夏期野外調査の拠点であって、越冬野外調査の拠点ではないような気がする。越冬は定点観測組に絞るべきではないか。

[11/28 メニュー]
☆富田シェフ食当
朝食／納豆、しらす干し、浅利味付け缶、牛大和煮缶、みそ汁
昼食／カレーうどん、オレンジ
夕食／秋刀魚塩焼き、牛肉細切り炒め、ローストチキン、糸こんにゃく辛煮、チーズパイ、オレンジ

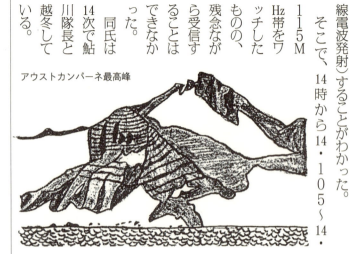

南極あすか新聞

1987年（昭和62年）11月30日 月曜日

JARE28
あすか拠点
新聞社

[11/29気象]
天気　快晴
低い地吹雪
平均気温　-13.7℃
最高気温　-11.3℃
最低気温　-18.0℃
平均風速　10.7m/s
最大風速　18.3m/s
平均気圧　866.6mb

[11/29メニュー]
☆富田シェフ食当
朝昼兼用／カルビ丼、ガンモと昆布の煮物、みそ汁、
夕食／鶏肉のチップ焼き、シャリアピンステーキ、冷奴、じゃが芋の削り節炒め、みそ汁

OMEGA修理のため飛行を中止

29日は、前日の飛行中に異常が認められた、ピラタス機のOMEGA故障の原因究明と修理のため、航空観測は中止された。

OMEGAとは、長周波の電波を2局から受信して、その位相のズレにより位置を決定する装置。南極では、発信局から遠距離にあること、氷床が厚いこと、電離層の乱れなどが、OMEGA作動のマイナス因子となっている。

久しぶりの夏空

29日午後、山際にこそ薄雲が懸かったが、ほぼ全天に青空が広がり、微風の心地良い夏型気象となった。実に12日以来だ。

巣を守るユキドリ

基地の生活3

冬明けのあすか観測拠点では、野外活動が活発に行われるようになったが、気象条件は必ずしも良くなく、活動は常に地吹雪との闘いでもあった。

あすかは大陸雪原の真っただ中にあり、カタバ（斜面下降）風が常に吹いているが、セールロンダーネ山地の大氷河を吹き降りる強い風も加わって、いつも毎秒13～14m程度の風速になっている。

この風が地吹雪を呼び、視程を悪くしたり、基地の建物を雪で埋めたりする。あすかは、このあたりでは最も立地条件の良い所に建設されているが、基地を一歩離れると、たちまち嵐の大地が待ちうけている。

8月末から10月末にかけて越冬隊は、ロムナエス山に登って測地基準点を修理し、セールロンダーネ山地に3度遠征して生物や地磁気の調査を行い、30マイル地点からドラム缶144本分の航空燃料を回収した。

とくに燃料輸送では、夏なら日帰りできるような距離なのに、ブリザードに閉じ込められて14日も費やすという苦汁をなめた。

越冬隊の半数がこうした野外活動に出かけると、残りの半数で基地の運営維持を行うことになり、こちらも大変仕事がきつくなる。それでも越冬隊は、この地の未知の季節におけるさまざまな新しい発見に、パイオニアとしての喜びを見出している。

10月末には、基地に飛行場をつくり、11月6日にここへ昭和基地から有賀、大本、森の飛行隊3名が、2機の飛行機で飛んできて、あすかの人口は11名になった。11月から12月下旬まで、セールロンダーネ山地地域の航空観測が行われる。

しらせが29次隊を乗せて晴海を出航し、12月18日頃にはヘリ第1便があすかに飛来する予定なので、われわれも家族の便りを心待ちにしながら、仕事の引継ぎや帰国の準備を始めている。

（高木記）

＊以上は、12月発行予定の「家族会だより」に、「あすか基地の生活」として掲載される予定。

暗夜が明け、あすか基地に日が差し、月は傾く。微風のこの日は、発電棟の煙突から立ち上る煙の角度もゆるやかだ（1987年7月、高木撮影）

12

December

1987(昭和62) 年12月1日(火)～21日(月)

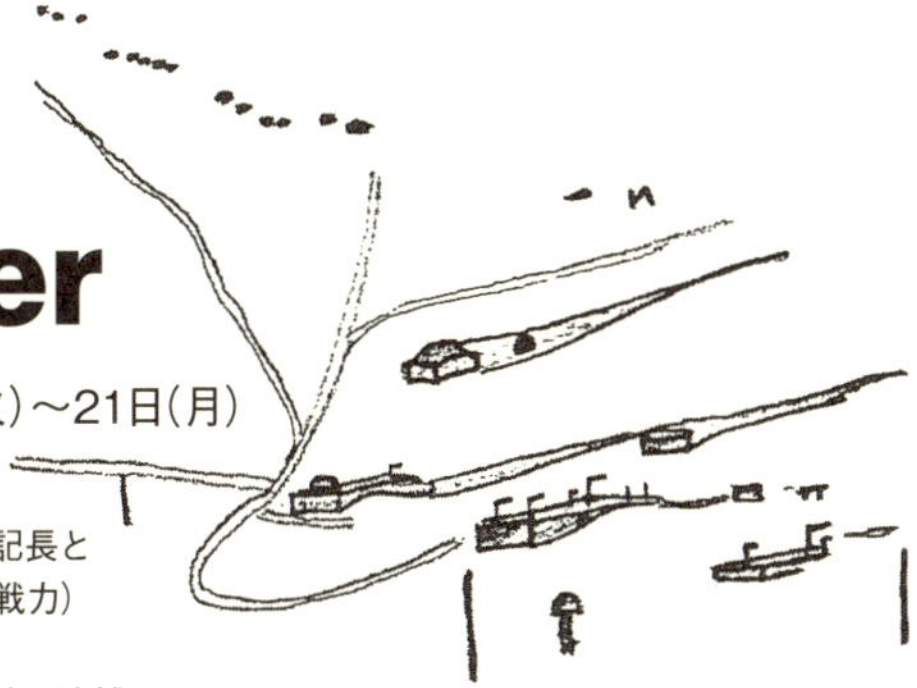

12/8●ゴルバチョフ・ソ連共産党書記長とレーガン米大統領、INF(中距離核戦力)全廃条約に調印。
12/22●歌手の尾崎豊が、覚醒剤所持で逮捕。
12/31●横綱双羽黒、部屋から失踪し廃業。

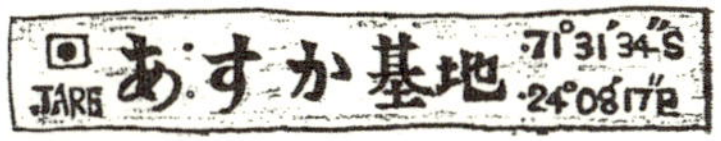

師走

南極あすか新聞

1987年（昭和62年）12月1日 火曜日

JARE28
あすか拠点
新聞社

［11/30 気象］
天気　晴高い地吹雪
平均気温　-12.3℃
最高気温　-10.0℃
最低気温　-17.2℃
平均風速　11.8m/s
最大風速　18.4m/s
平均気圧　868.7mb

［11/30 メニュー］
☆高木マルミトン食当
朝食／ベーコンソテー、納豆、佃煮、鰯塩焼き、漬物、みそ汁、甘夏ジュース
昼食／親子丼、チキンスープ、グレープフルーツ
夕食／天婦羅盛り合わせ、竹輪唐揚げ、イカ巻・ごぼう巻・がんもの煮付け、マカロニサラダ、スープ、グレープフルーツ

12月計画の全体集会開催

30日昼食後、12月計画についての全体集会が開かれた。あすか初越冬もいよいよ最後の月を迎えるに当たって、各部門とも極めて密度の濃い計画を持っている。

特に渋谷の雪氷地学と、機械班の計画は、質量ともに今までにないもので、よほど頑張らないとやり残しが出る恐れがある。

懸案の30マイル地点への雪上車とソリの移送は、7～8日にかけて実施することになった。メンバーは高橋L、高木、富田、酒井、有賀、大本、森および鮎川隊長の8名で、あすか基地は渋谷、大坂、野崎の必要最小限の3名で維持される。

航空磁気測量を実施

30日、日中は高い地吹雪で、視程も50mほどしかなかったが、17時頃から急速に天候が回復した。

この好機を捉えて、ピラタス機（森機長・渋谷・富田）は、20時26分に離陸し、航空磁気測量を行った。

L112から見たロムナエス山

セールロンダーネ余話㉒　師走

ついに師走となった。日本国内もなにかと慌ただしい時期だろうが、あすか基地も同様だ。われわれは残りの観測を消化し、設営についてもひと通りのケリをつけ、公用・私用の持ち帰り物品を梱包しておかなければならない。

29次隊が12月18日頃に到着すると、引き継ぎが始まる。そして10日間ほど後には、住み慣れたあすかを発ち、渋谷の観測をやりながら、しらせへのピック・アップ・ポイントへと走らなければならない。一方、航空隊には昭和基地へのフェリーという大仕事が待っている。

南極での越冬交代期はいつも賑やかだが、ちょっと殺伐とした雰囲気も漂う。帰る隊も、来る隊も、会う前は互いに出会いを期待しているのに、いっしょになって何日かすると、お互いの存在が少々うっとおしくなるものだ。

それは当然であろう。まず、人間が多すぎるのだ。基地は2隊が安楽に同居できるほど広くはない。次に、越冬を終えた隊とこれから越冬する隊では、立場が違いすぎる。一方は越冬前の緊張と不安に身震いしており、一方は家族からの便りや帰路の旅行などで浮かれている。

あすかもできる限り早く、29次隊に明け渡してやるべきであろう。われわれの作った基地だが、いつまでも住人でいるわけにはゆかない。

南極あすか新聞

1987年
（昭和62年）
12月2日
水曜日

JARE28
あすか拠点
新聞社

［12/1 気象］
天気　快晴
平均気温　-10.9℃
最高気温　-7.6℃
最低気温　-14.2℃
平均風速　10.6m/s
最大風速　17.4m/s
平均気圧　870.9mb

灯油ドラムのデポ完成

1日、機械班と高木により、そり11台分の灯油ドラムが、シール岩南東にきちんと6列に並べてデポされた。

これらは、28次越冬中にはもう使用されない分である。この作業で、30マイル地点へ移送する空ソリが11台できた。

生活時間を変更

1日、渋谷と航空隊から、21時頃から翌日4時くらいまでの時間帯は、気象が安定しているので、6日までこの時間帯を基地労働時間にして欲しいとの要望があった。議論の揚句、鮎川隊長の裁定により、生活時間の一時的変更が決まった。

排水タテ坑深17・3mに

30日、酒井が測定した排水タテ坑の深さは17・3mで、11月20日の値から0・3m坑底が上昇したことになる。

ブラットニーパネⅡの谷を走る雪上車

セールロンダーネ余話(63)　Rママ

もう1年以上も前のことである。板橋駅前の雑居ビルの地下にHANAというスナックがあって、28次隊員がわりによく出入りしていた。ありふれた場末のスナックで、詰めれば12人くらいは座れるカウンターの向こう側には、Rというママと、ちょっと女性的なマスターと、しょっちゅう入れ替わるアルバイト娘がいた。

初めに飲んだのは高木と宮田で、高木が「前に来たときは違うママだったよナ、あのとき入れたボトルはどうなったんだい」と言うと、Rママが即座にオールドの封を切って、1本サービスしてくれた。その気っぷの良さが気に入って、通うようになったのである。

宮田ドクターの飲みっぷりは今なお昭和基地で定評があるが、店でも例の左手のジェスチャーとともにグビグビ飲み、たいてい気持ちよく酔った。靴の片方を脱ぎ忘れていった時は、「スニーカーのシンデレラ」というあだ名がついた。

店には宮下、中山、大坂らも現れるようになり、いつしか南極観測隊は有名になって、客の中でも特にモテた。Rママは「地球の果てで頑張ってくる勇士たちへの餞別に、アタシを差し上げます」と言ったが、そんなご利益を賜った隊員のことは聞いていない。

Rママは、あすかへ電話を寄越したこともあるが、今では音信不通だ。

［12/1 メニュー］
☆富田シェフ食当
朝食／鰺開き、納豆、ごぼう佃煮、辛子明太子、マカロニサラダ、竹輪唐揚げ、みそ汁
昼食／ラーメン、オレンジ
夕食／かきフライ、鰹のタタキ、イカサラダ、ホウレンソウのお浸し、餃子フライ、クロワッサン、オレンジ

南極あすか新聞
1987年（昭和62年）12月3日 木曜日
JARE28
あすか拠点
新聞社

[12/2 気象]
天気　晴低い地吹雪
平均気温 -10.5℃
最高気温 -8.3℃
最低気温 -14.1℃
平均風速 13.2m/s
最大風速 19.3m/s
平均気圧 876.2mb

[12/2 メニュー]
☆富田シェフ食当
朝食／18時〈生活時間変更のため〉
牛ヒレステーキ、イカと高菜の炒め物、ロールキャベツ、筋子、新香、みそ汁、あんず缶
昼食／24時
カレーライス、サラダ、スープ、フルーツ
夕食／6時
納豆、鮭塩焼き、伊勢海老の刺身、かまぼこ、牛大和煮缶、みそ汁

生活時間帯変更を実施

2日より、あすか基地の生活時間が変更された。具体的には、従来の8時の朝食が18時となった。この時差は10時間で、日本標準時とグリニッジ標準時との時差よりさらに1時間多い。

これだけ一気にズラすと、当然時差ボケが生じる。充分睡眠をとったのに、24時頃になるといままでと同様に眠くなったり、思考が働かなくなったりといった現象が起きて、生物の体内リズムが、そう簡単に変えられないことを証明した。

一方、航空機は風の弱まった20時すぎに離陸し、あすかを中心とした南北の磁気探査コースを飛んだ。

30マイル地点への移送準備すすむ

機械班は、午後から空ソリづくりを行うなど、30マイルへの移送準備をすすめた。

これにより、車両とソリについては、ほぼ準備を完了することができた。

観測棟前のSM40

セールロンダーネ余話㊹　野球と相撲

共同FAXニュースには、特別にプロ野球ニュースと相撲ニュースのコーナーが設けられていて、ファンに喜ばれている。プロ野球はすべての日程が終わり、いまはストーブリーグだが、公式戦華やかなりし頃は、ひいきのチームの勝敗に一喜一憂したものである。

ことしのセの巨人、パの西武の優勝は、まず戦力からいって順当であろうが、目だったのは阪神の不甲斐なさで、とても一昨年の覇者とは思えない戦いぶりだった。

あすかでは、「おーい、ドクター。阪神また負けたゾ」という言葉が、毎晩定期便のように伝えられ、それは高木の麻雀の手をも鈍らせた。

相撲は年6場所、計90日間闘われるのだが、あすかにいるといつも場所中であるような錯覚を覚えた。現在は、千代の富士と北勝海を擁する九重部屋の全盛時代で、どちらかが優勝をさらっている。鮎川隊長は、大相撲にはなかなかうるさく、力士の部屋、出身地などはたいてい知っている。

野球にしても相撲にしても、あすかでは実況中継放送を聴けることはまずない。結果だけがいきなり届く。こうした情報に、臨場感はまったくないのだが、これはこれでストレートながら、あっさりしていてなかなかよい。

あすか越冬を和ませてくれた、野球と相撲だった。

南極あすか新聞

1987年
（昭和62年）
12月4日
金曜日

JARE28
あすか拠点
新聞社

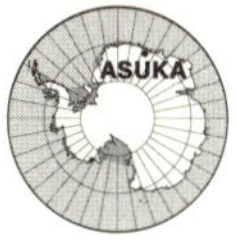

［12/3 気象］
天気　高曇
低い地吹雪
平均気温
-9.1℃
最高気温
-6.6℃
最低気温
-12.0℃
平均風速
14.7m/s
最大風速
22.7m/s
平均気圧
874.8mb

［12/3 メニュー］
☆富田シェフ食当
朝食／18時
鮪照り焼き、サーモン唐揚げ、ローストポーク、伊勢海老刺身、筋子、新香、みそ汁、ケーキ、ビワ缶
昼食／24時
牛肉細切り炒め、ひじき煮付け、みそ汁、フルーツ
夕食／6時
納豆、カニオムレツ、秋刀魚蒲焼き缶、鯖水煮缶

航空機観測、天候不順で中止

3日は、風速15m／s前後で、低い地吹雪が立ち、全天に雲がかかったことから、航空機観測は中止され、航空隊はセスナ機の掘り出しなどを行った。

渋谷は、GPSによるあすかを中心としたひずみ方陣の再測に精をだした。機械班は、30マイル地点に持参する3KVA発電機など、29次隊から依頼された物品のソリ積みを実施した。生活時間帯変更2日目は、時差ボケの解消傾向がみられた。

椎名誠から高橋三千綱へ変更

3日、極地研から届いたFAXによると、朝日飛行チーム隊員のうち、あすかへ飛来する1号機のレポーターは、椎名誠から高橋三千綱に変更された。

高橋氏は芥川賞作家で、南極半島を探訪した経験もあり、『南極でオン・ザ・ロック』という著作をもつ。

ブラットニーパネ
第5稜のキャンプ地

セールロンダーネ余話(65) 南極への道

地方で頼まれて南極についての講演をすると、よく「どうしたら南極へ行けるのですか」という質問を受ける。質問するのは10代から20代前半の若い人たちである。

こういう時は実際、返答に困ってしまう。田舎の、とりわけ南極観測に必要な技術や資格をなにももたない青年たちが、南極観測隊に参加する道は、実のところほとんどないのだ。

まず、南極を探る研究者になることは至難であろう。現在、第一線で活躍している研究者でも、南極に行きたいために現在の仕事に就いた人は少ない。むしろ、専攻した学問が、たまたま南極にフィールドを見出すような種類のものであったという人がほとんどであろう。

次に、設営隊員の可能性をみても、機械は一部のメーカーと公務員に限られている。通信、調理、医療、航空はまさしく専門職で、技術と資格がどうしても必要だ。

設営一般には、選ばれる道が開けそうだが、実はこの部門の人間が、最も臨機応変になんでもこなせなければならない。つまり、若さと情熱以外にはなにも提供できない人たちには、南極への道は極めて遠いのが現状なのだ。

そこで、前記の質問には次のように答えることにしている。「自分は何ができるかではなくて、南極の求める人材になってください」と。

南極あすか新聞

1987年
（昭和62年）
12月5日
土曜日

JARE28
あすか拠点
新聞社

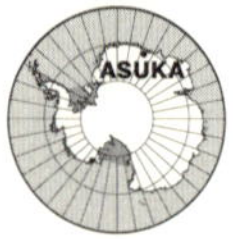

［12/4 気象］
天気　晴低い地吹雪
平均気温　-8.5℃
最高気温　-6.0℃
最低気温　-10.9℃
平均風速　13.9m/s
最大風速　22.5m/s
平均気圧　873.7mb

［12/4 メニュー］
☆富田シェフ食当
朝食／18時
ハンバーグ、殻付きウニ、子持ちシシャモ、高野豆腐、新香、パン、コーンスープ、フルーツ
昼食／24時
チキンライス、切り干し大根煮付け、枝豆、吸物
夕食／6時
納豆、鯖水煮缶、しらす干し、海苔、秋刀魚蒲焼き缶

航空磁気観測の最終フライト実施

4日、午前中から14時頃にかけては17m／s前後の風が吹き、地吹雪を巻き上げて、とても航空機の飛べる気象条件ではなかった。しかし、午後から徐々に風は収まり、20時を過ぎると、10m／s以下の絶好の飛行日和となった。

そこで、航空磁気観測の最後の飛行にピラタスが飛ぶことになり、セスナが同時に横を飛んで、バードを引いたピラタスの16㎜公式映画撮影を実施することになった。

ひと足先に離陸したセスナ（大本機長）から、高木カメラマンがムービーカメラを回し、ちょうどあすか基地の上空で、ピラタス（森機長、渋谷観測、鮎川隊長補助）からバードがスルスル降りていく様を、首尾良く撮影することに成功した。

この後、ピラタスは観測コースに入り、セスナはあすか、ロムナエスなどの撮影コースを飛び、タッチ・アンド・ゴーの訓練を数度繰り返したのちに、ひと足先に着陸した。

砂採取地点

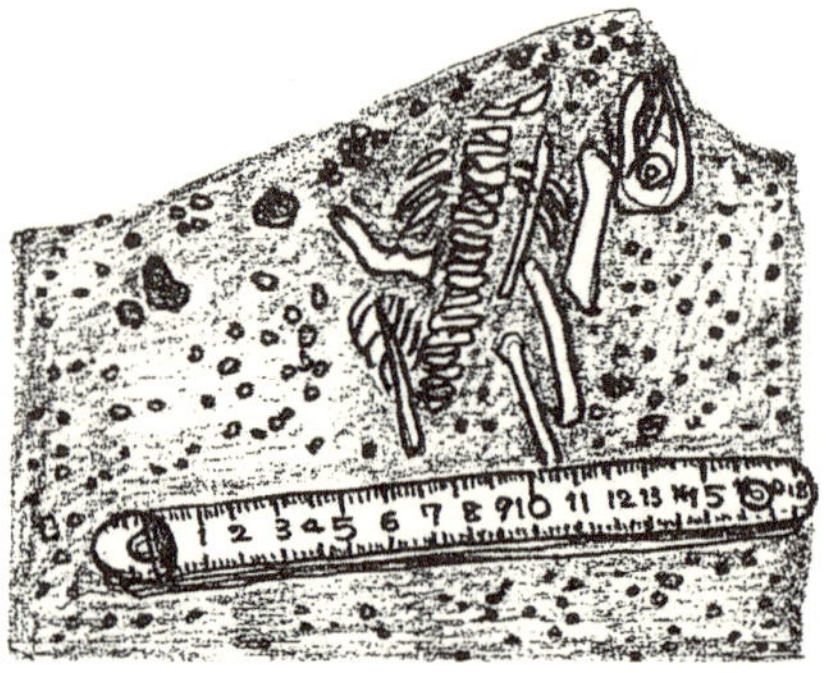

セールロンダーネ余話㊻ 忘年会

日本では、忘年会真っ盛りの時季となった。職場での立場によっては、3つも4つも忘年会を掛け持ちして出席しなければならないことになる。

そのため、体内にアルコールは蓄積し、代わりに小遣いは羽根が生えたように飛んでいく。忙しい、慌ただしいと言いながらも、気持ちが浮ついて仕事に身が入らないのもこの時季ならではのことだ。

しかしあすかでは、29次隊を迎える前の追い込みで、忘年会どころではない。観測にしても、設営にしても、気象条件が一年で最も安定する12月が、一番の稼ぎ時なのだ。この時季を逃さずにひと働きして、越冬の成果に自信をもって、29次隊に面会したいものだ。

ところで忘年会には、その年の苦労を忘れる会という意味がある。われわれは、望んであすかの初越冬に参加したのだが、さすがに初めてならではの苦労が多かった。

しかし、幸いなことに、その苦労のほとんどは、この地の悪天候に対する挑戦であった。いわば、大自然に闘いを挑んだわけで、勝敗は度外視しても、その闘いには一種の爽快感が伴った。これが、人間関係や病人看病の苦労だったら、疲労もこんなものではなかったろう。

われわれの忘年会は、しらせに戻ってからに残しておこう。その頃には、本当にラクになっていよう。

1987年
（昭和62年）
12月6日
日曜日

南極あすか新聞

JARE28
あすか拠点
新聞社

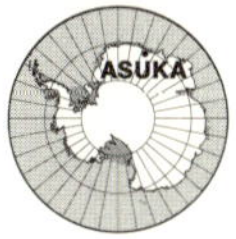

［12/5 気象］
天気　晴
平均気温 -8.0℃
最高気温 -6.0℃
最低気温 -9.8℃
平均風速 12.1m/s
最大風速 21.5m/s
平均気圧 879.5mb

航空磁気観測が無事終了

5日昼食時、航空磁気観測を無事に終了した渋谷から、御礼のあいさつがあった。彼によると、今回の6回の飛行で、計7千kmの磁気観測が消化できた。その結果、セールロンダーネの地磁気に関して、さまざまな新知見が得られ、3人の学生に修士論文を書かせることができるだろうという。

5日には、2万4千ftの高空でのCO_2サンプリングがおこなわれ、来週からは航空機アイスレーダー観測が予定されている。また、気象条件さえゆるせば、30マイル地点への雪上車・ソリの移送は、6～7日で行いたいと高橋から発言があった。

また鮎川隊長からは、来週は12時昼食、18時夕食、24時朝食の生活時間帯にするとの発言があった。

雀荘あすか11月戦の成績

雀荘あすか11月戦は、新たに航空隊の雀士を加えて闘われたが、航空オペレーション等による多忙のため、全般に低調な麻雀月であった。

そんな中で、昭和から来たばかりの森が、得点は低いながらも優勝をさらってしまった。富田は出入りの激しい麻雀で、終わってみると4位。大坂が健闘して2位。11月をもって、協会主催の麻雀は終了した。

	得点	半荘平均	1位回数
森	+93	+3.32	9
大坂	+35	+2.50	3
渋谷	+30	+3.75	3
富田	+15	+0.39	14
高木	+12	+0.86	4
酒井	−1	−0.05	3
鮎川	−40	−1.03	6
有賀	−40	-40.00	0
高橋	−42	−3.00	3
野崎	−62	−2.14	6
半荘最高点	鮎川		+52
半荘最低点	富田		−44
航空隊歓迎	森・高橋		+47

セールロンダーネ余話(67)　氷山氷

「氷山を砕いた氷でオンザロックを作ると、氷中に封じ込められた1万年前の気泡が、パチパチと弾けて、妙なる音楽を奏でるのです」。こんな講釈をつけて氷山氷を提供すると、ほとんどの酒飲みは、有り難くグラスを押し頂いて、気泡の演奏に神妙に聴き入ったりする。

今でこそ、アラスカの氷河の氷を大量に輸入して販売する会社が現れたりして、氷山氷もそれほど珍しくなくなってきた。しかし、昔は大変な貴重品で、「オレはこの氷でオンザロックを飲めて、この世にはもう何の未練もない」と言った人もいたくらいに歓迎されたものである。

ところで、氷山氷にも品質がいろいろあって、一様ではない。雪の圧密化にも段階があるから、当然、最もロックに適した気泡の量というものもあるのだろう。明らかに細かい気泡が多数認められるが、あまり白く濁って見えない程度の氷が、一番良いようだ。

あすかには、メイフェル氷河の氷河氷やブラットニーパネ・モレーン近くの氷があるが、日射で解けて再凍結しただけの1年氷なのかもしれない。そのせいか誰もわざわざロックには使用しないので、もっぱら寒冷適応検査用に利用されている。

［12/5 メニュー］
☆高木マルミトン食当
朝食／18時
おでん、牛肉うま煮、スモークサーモン、焼きうどん、ローストチキン、スープ、グレープフルーツ
昼食／24時
チャーハン、チキンスープ、みつ豆、オレンジ

南極あすか新聞
1987年
(昭和62年)
12月7日
月曜日
JARE28
あすか拠点
新聞社

[12/6 気象]
天気　快晴
平均気温 -8.5℃
最高気温 -5.9℃
最低気温 -12.3℃
平均風速 11.5m/s
最大風速 21.5m/s
平均気圧 879.3mb

[12/6 メニュー]
☆野崎食当
昼食／ビトック（仏風メンチカツ）、ベークドポテト、水餃子、野菜炒め、ツナサラダ、吸物
夕食／スパゲティミートソース、ミネストローネ

雪上車・ソリ移送隊が出発

6日、雪上車・ソリ・機械物品など29次隊から依頼された一切を、30マイル地点へ一挙に運ぶ大作戦が始まった。

移送隊は、高橋L・高木・富田・酒井・有賀・大本・森、および鮎川隊長の計8名。雪上車8台、ソリ28台の威容で、16時20分にあすかを出発した。

ルート整備、雪尺測定も実施しながら慎重に進んだが、幸い、快晴・無風の願ってもない好条件に恵まれ、行程は順調であった。「恨みのL97」には、まだドリフトの痕跡が残っていた。航法の高木が30マイル地点に到着したのは、7日の1時15分。すぐに作業は開始された。

村山隊のあすか到着、早まるか

村山雅美氏の飛行計画におけるあすか着が、12月末に早まる模様だ。

11月の月間気象データ集計

渋谷によって集計された11月の月間気象データは次のとおり。ここで目につくのは、平均風速の14m/sと、ブリザード日数の19日である。

平均気圧A	865.8mb
平均気温B	-13.1℃
最高気温C	-7.7℃
最低気温D	-30.7℃
日最高気温の平均値E	-11.0℃
日最低気温の平均値F	-16.3℃
平均風速G	14.0m/s
10分間平均風速の最大値H	ESE23.5m/s
最大瞬間風速I	38.6m/s
ブリザード日数J	19日
月間積雪深K	-2.4cm (10月19日～11月21日)
平均蒸気圧L	1.80mb
ASUKA	89524

セールロンダーネ余話㊳ 営巣地

11月末、ブラットニーパネ第5稜へ調査に出かけた。第4稜のスロープを越え、期待に胸を躍らせながらじっと目を凝らすと、灰褐色の岩壁をよぎって飛び交う、純白の鳥の姿が見られた。

ユキドリが帰ってきたのだ！

ユキドリは巣作りに忙しかった。数多くの巨石が折り重なった間隙のなかで、居心地のよさそうな所から入居者が占めていく。巣作りといっても、木の枝や藁があるわけではないから、岩の間隙に入り込んでモゾモゾ動いているうちに、床の雪が解けて、気に入った巣型が出来上がるといった簡単なものだ。

周囲には、歴代の入居者の死骸や糞が散乱し、こびりついているのだが、そんなことは一向に気にならないらしい。ユキドリたちは、結婚相手探しにも忙しいようで、互いに呼びかけあい、空中でからみあったりしている。

短い南極の夏の間に、巣作り、産卵、抱卵、孵化、子育て、巣立ちという種の保存のための1サイクルを、完了しなければならないのだ。

それにしても、選りによってこんな厳しい気象条件の南極大陸の、沿岸から200kmも奥の岩稜を営巣地にするとは、何という宿命を背負った鳥たちであることか。

「しっかり生きてくれ」と思わず声をかけたくなるようなユキドリたちであった。

南極あすか新聞

1987年
（昭和62年）
12月8日
火曜日

JARE28
あすか拠点
新聞社

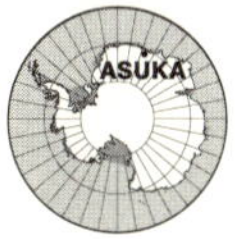

［12/7 気象］
天気　晴
平均気温　-8.7℃
最高気温　-5.4℃
最低気温　-13.9℃
平均風速　8.2m/s
最大風速　15.6m/s
平均気圧　880.9mb

［12/7 メニュー］
☆大坂食当
朝食／筋子、辛子明太子、秋刀魚蒲焼き缶、みそ汁
昼食／キジ焼き丼、スープ
夕食／牛ヒレステーキ、冷奴、浅利の酒蒸し、高菜の炒め物、野菜サラダ、スープ

移送隊、あざやかに帰投

30マイル地点移送隊（高橋L）は、30マイル地点に7日1時過ぎに順次到着し、ただちに作業にとりかかった。

搬送した6台の雪上車と27台のソリは、それぞれのデポ地に整然と並べられ、最終点検された。また、倒壊した物品デポは修復され、小屋のドアの修理も行われた。

ひと仕事のあと、居住カブースで今回の作戦成功を祝って乾杯し、食事をとった。5時20分、8名はSM512と513の2台に分乗し、食糧と燃料ソリ各1台を引いて帰途に就いた。すでに整備・トレースされたLルートを、ロムナエス目指して快調に走り、11時5分、あすかに帰投した。

今回の8名参加による一大作戦は、絶好の気象に恵まれたとはいえ、高橋の綿密な計画と、19時間の鮮やかな速攻により、みごと完遂された。

ブラットニーパネIIIの谷

鮎川隊長から事務連絡

7日夕食後、鮎川隊長から数件の事務連絡が伝えられた。それらは、セスナ運用計画、村山チームに対する対応、持ち帰り物品の整理、L0への観測旅行とピックアップなどについてであった。

セールロンダーネ余話(69)　機を捉える

北海道大学山岳部が、世界初となる厳冬期（12月・1月）ヒマラヤ8千m峰登頂である、ダウラギリI峰登頂に成功した時の気象は詳細に報告されている。

その冬、ネパール・ヒマラヤの8千m峰に登れるほどの穏やかな気象の日は、たった2日しかなかったそうだ。この数少ない登頂日和に、登頂する能力のある隊員が、アタックキャンプから登頂できたことは、幸運であった。しかし、それはまた、好機を的確に捉えた戦略の勝利でもあった。

ごくわずかのチャンスを捉えて、オペレーションを遂行しなければならないのは、南極行動でも同様である。ここでは、リーダーの状況判断、勘、決断力がものをいう。のんびりと鷹揚に構えていたり、細部まで煮詰めていない計画をたてたり、状況の変化に対処できる柔軟性に富んだ見通しをもっていなかったりすると、せっかくの好機が到来しても、それを逃してしまう。

あすかの屋外作業や野外活動は、荒天のちょっとした回復を鋭く突いて成功した例が多かった。気象の細かい観察、幾通りかの計画、ここぞという時の勘、今だという決断——こうしたタイムリーな行動が、あすかの初越冬を支えてきた。

南極行動は、自然と人間の一瞬のつばぜり合いなのだ。

南極あすか新聞

1987年
(昭和62年)
12月9日
水曜日

JARE28
あすか拠点
新聞社

[12/8 気象]
天気　快晴
平均気温 -8.4℃
最高気温 -5.0℃
最低気温 -12.1℃
平均風速 8.8m/s
最大風速 16.8m/s
平均気圧 880.1mb

シール岩で地磁気絶対値を測定

快晴・微風の穏やかな気象に恵まれた8日、酒井と大坂はシール岩へでかけて、地磁気絶対値測定を2セット行った。なお同行した高木は、この観測風景を16㎜公式映画に収めた。

このほか、機械班は軽油タンクの周辺をブルドーザで除雪した。また、航空隊と渋谷は、屋内動作テストを行ったアイスレーダーをピラタス機に搭載し、9日からの観測に備えた。

昭和基地の滑走路は大丈夫か

昭和基地の大山隊長からの通信によると、昭和の海氷上の滑走路状況は、氷厚こそ90㎝あるが、海氷上に積雪がないため、例年より早くパドル(水溜り)が発生し、今後急速に悪化する兆しがあるという。

昭和基地の滑走路が危うくなると、大山隊長の命令で、航空観測は即時に中止され、航空隊は昭和基地へ戻ることになる。

ブラットニーパネ第3稜

セールロンダーネ余話(70)　寄贈

日本南極地域観測隊は、国家事業を行うナショナルチームである。予算も、民間や個人の遠征と比べて、2桁か3桁も違うほどふんだんに盛られている。

それなのに、各部門に割り当てられた予算は、購入すべき物品価格を考慮すると、案外に渋いのである。

誰がどういう資料をもとにして、実際に予算を振り分けているのかは知らない。しかし、担当者が黙っていると、常識はずれの予算を提示して、部門の物品を揃えろとのお達しがくる。

こういう場合、担当者が個人的に暗躍して、メーカーに寄贈を依頼するなどの「個人努力」をしなければならない。しかも、国家事業であるだけに、快く寄贈してくれるメーカーに、報告書で礼を尽くすこともできないのである。

あすか初越冬に際しても、多くの寄贈を受けた。寄贈品で大活躍している例を挙げれば、ロータリー除雪車、電報用タイプライター、食糧、医薬品のほとんどなど数々ある。どれも必需品ばかりだ。

寄贈品を受け取る際、メーカーに書かせる「寄贈願い」という書類は、親方日の丸・役人根性剥き出しの言語道断なシロモノだ。物をタダで頂くのに、「差し上げさせて頂きたい」と書かせるのである。

越冬報告書に寄贈品一覧を載せるような時代が、来て欲しいものである。

[12/8 メニュー]
☆富田シェフ食当
昼食／12時
味噌ラーメン、冷凍丸みかん
夕食／18時
ローストビーフ、海老のフリット、帆立のマリネ、子持ちシシャモ、吸物、チェックのクッキー、ライチ

南極あすか新聞

1987年（昭和62年）12月10日 木曜日

JARE28
あすか拠点
新聞社

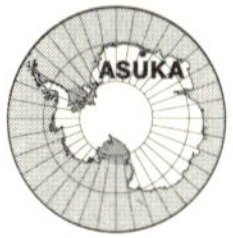

［12/9 気象］
天気　快晴
平均気温 -7.7℃
最高気温 -4.8℃
最低気温 -11.8℃
平均風速 11.4m/s
最大風速 20.2m/s
平均気圧 880.5mb

アイスレーダー観測はじまる

9日16時25分、第1回のアイスレーダー観測のため、ピラタス機（森機長、渋谷観測、高橋補助）が離陸した。

機は南に機首を向けてナンセン氷原上空を飛び、最南点73度51分南、24度38・5分東で西方へ転じ、73度51分南、22度55分東から北上し、あすかには19時40分着陸した。

ナンセン氷原には、ズタズタに交錯したクレバス地帯があり、雪上車での走行は極めて危険だろうと搭乗者たちは語った。

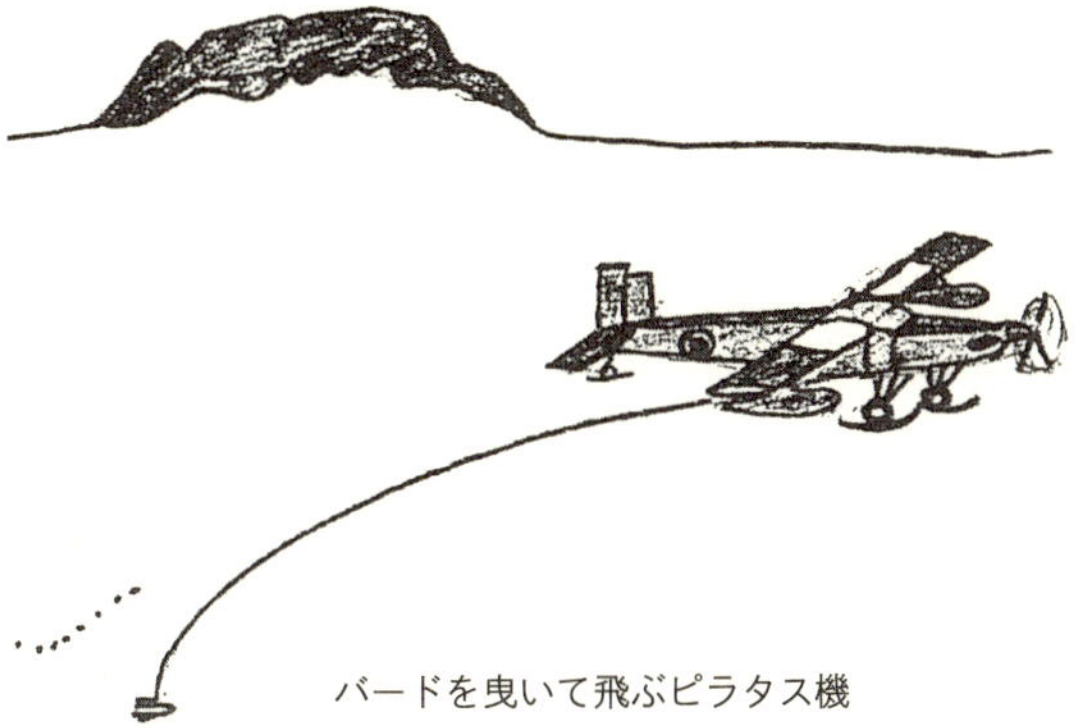
バードを曳いて飛ぶピラタス機

しらせ、昭和と交信

9日12時現在、砕氷艦しらせは58度43分南、98度50分東の海上を265度の方向へ15Knの速度で順調に航行をつづけている。

しらせと昭和基地は、13時と18時30分に交信した。しらせからは、渡辺興亜29次隊長のやや甲高い早口の声が、少々興奮気味に飛んできて、大山隊長の鷹揚な声と対照的であった。

セールロンダーネ余話(71) 計画

われわれあすか初越冬隊にとって、越冬最後の月である12月を迎えるに当たって、各部門から今までにも増して密度の高い計画が出された。

時間が限られ、天候が安定しない上に、29次隊を乗せたしらせが、日毎に接近してくる現状で、この計画書は調整にあたる隊長を震撼せしめるに充分な内容であった。

質量ともに群を抜いているのが、渋谷の雪氷地学観測と、高橋の機械の計画である。渋谷の計画は、観測場所だけでもあすか、ABルート、Lルート、30マイル地点、L0および空にまたがり、時間的にも空間的にも莫大なエネルギーを要するもので、最後の1ヶ月に賭ける南極学者の執念が滲んでいる。

一方、高橋の計画には、初越冬をスッキリした形で終了させ、わが隊ででき得る限りの仕事を果たした上で29次隊に引き継ぎたいという、設営責任者の意気と誠実さが溢れている。

あすか隊は、昨年12月から今年2月中旬までは基地建設作業に追われ、越冬開始の後は、常に悪天候に悩まされつづけてきた。もし、天候がもう少し良かったなら、12月の仕事にこんなにシワ寄せが来なかったはずだ。そして、越冬交代が2月なら、どれほど余裕を持てたことだろう。

［12/9 メニュー］
☆富田シェフ食当
昼食／12時
ハヤシライス、サラダ、新香、フルーツ
夕食／21時
鍋焼きうどん、カニオムレツ、刺身、イカと野菜の炒め物、新香、ケーキ

南極あすか新聞

1987年（昭和62年）12月11日 金曜日

JARE28
あすか拠点新聞社

［12/10気象］
天気　快晴
平均気温 -8.0℃
最高気温 -5.6℃
最低気温 -13.0℃
平均風速 10.2m/s
最大風速 18.9m/s
平均気圧 881.6mb

第2回アイスレーダー観測を実施

10日、第2回アイスレーダー観測のため16時36分に離陸したピラタス機（大本機長・渋谷観測・野崎補助）は、バード氷河を経由して、74度00分南、27度24分東まで到達し、今回の最南記録を更新した。

帰路は、例によって気流の乱れるブラットニーパネ上空を飛び、20時45分に着陸した。毎回の飛行のたびに、もしナンセン氷原の奥深くで不時着でもしたら、救助隊はどのようなルートで行けばよいのかと考えてしまう。安全航行を願いたい。

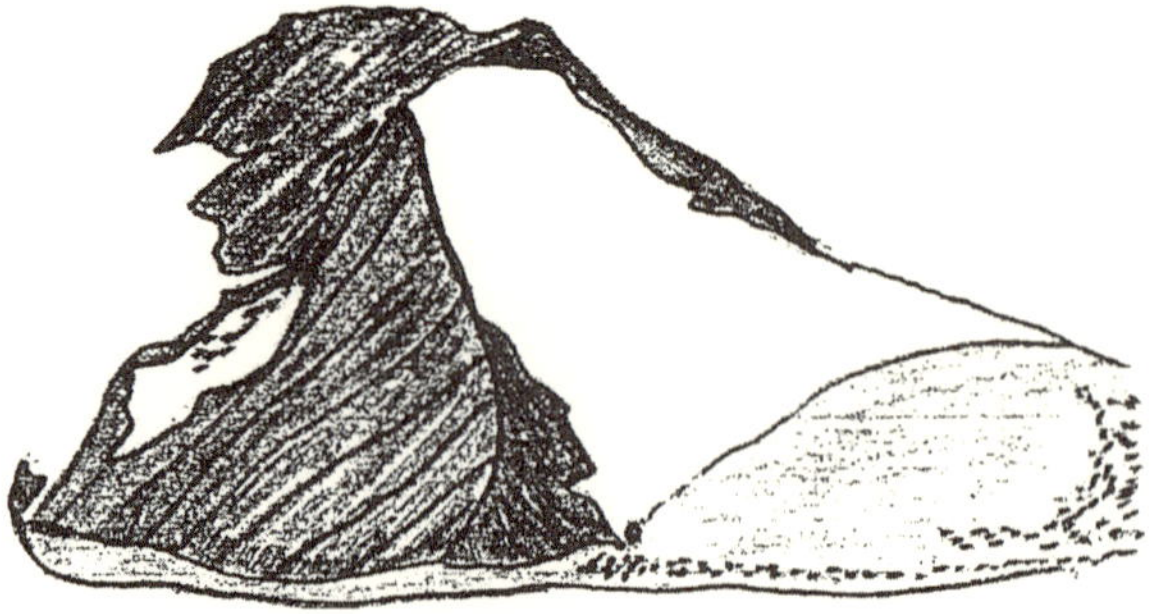

北西上空から見たロムナエス山

排水タテ坑深17・6mに

10日、酒井の測定による排水タテ坑の深さは17・6mであった。この値は、11月30日の値より0・3m深く、11月20日の値と同じであり、われわれには朗報である。

［12/10メニュー］
☆富田シェフ食当
昼食／12時
牛丼、ベーコン野菜炒め、新香、みそ汁、マスカット缶
夕食／18時
豚ロースのカツレツ、帆立の醤油焼き、ホッペルポッペル（ドイツ田舎風オムレツ）、ゆで豚、吸物、ブリオッシュ（パン）、フルーツ

セールロンダーネ余話(72) やまと山脈

7年ぶりにピラタス・ポーター機に搭乗して、あすかから、やまと山脈を往復飛行した。忘れもしない1980年12月3日、記者はやまとA群裸氷帯の航空基地を飛び立ち、セールロンダーネ山地偵察飛行に加わった。

航空機は勿論ピラタスで、機長は水嶋、搭乗員は斜め写真を撮影する白石と16㎜公式映画を撮影する高木であった。この3名が、日本人として初めてセールロンダーネ山地を目視し、記録を持ち帰った。映画の一部は、NHKニュースセンター9時で放映された。

それから7年後、セールロンダーネに日本第3の基地あすかが建設され、その基地での初越冬隊員となった記者が、今度はあすかからやまとを往復する磁気探査飛行に参加したのである。

日本人1億人の中で、このような幸運を得たのは、記者ただひとりである。セールロンダーネ山地と自らの不思議な因縁を感じずにはいられない。

やまと山脈主峰の福島岳のモレーンを抱いた魅力的な山容、スノーモービルで凍えながら走ったA群とB群の間の裸氷帯、やまと山脈西側の雪面の大きなうねりなど、7年前と少しも変わりがなかった。

7年前の個人史を走馬灯のように思い出しながら、あすかの我が家に戻った。とてもいい飛行だった。

初の一日2連続飛行

11日、ピラタス機は、あすかで初めての一日2連続飛行を行い、極地研・西尾助教授から依頼されたアイスレーダー観測をすべて消化した。

1回目の飛行は、森機長・渋谷・高木の搭乗で行い、夕食後の2回目の飛行は、大本機長・渋谷・富田のメンバーで飛んだ。

昭和基地の大山隊長からは、あすか宛に昭和の滑走路が危うくなりつつあるというFAXが届くなど、慌ただしい雰囲気の中で、航空隊・渋谷は大奮闘だ。

冷凍庫の換気扇に落雪

気温が上昇した11日、冷凍庫の吸気ダクト内に溜まった雪が換気扇に落ち、換気扇を回していたモーターに負荷がかかった。10日の発電機エンジン排気漏れにつづいて、越冬終了直前にトラブルが頻発している。各隊員とも油断のないように。

やまと山脈 福島岳

シール岩のドラム缶整理が終了

11日、機械班と富田による、シール岩デポのドラム缶の整理が終了した。

セールロンダーネ余話(73)
電送写真その後

最近、通信士の大坂から、本コラムで取り上げるようにと度々せっつかれているのが、インマルFAXで電送された家族の写真を、各隊員が自分のデスクなどにいつも飾っているという事実である。

電送写真のメカニズムや、それを受け取る隊員の喜びについては以前、オーロラ夜話㊴に書いた。今回は「電送写真その後」について記そう。

前記のインマルサット衛星を介して送られてきた家族の写真は、87・7・28南極あすか基地無線局という印が押され、クリアケースに納められて、大坂から各隊員に渡された。また、9月の極地研で開かれた家族会でのスナップ写真も同様に配られた。

これらの貴重な写真は、各隊員により、通信機の間やら、X線シャウカステンやら、個室の壁やらと、場所こそさまざまだが、しっかりと貼りつけられて、無意識に一日何度も眺められている。

欧米の映画やテレビドラマには、家族や恋人の写真を、堂々と職場のデスクに飾っている場面がよく見られる。日本ではこういう光景はまず見られないが、あすかではごく一般的である。

あすかでは職住が接近、もしくは同一化されていることに加え、各隊員がなんのてらいも見栄ももたず、和やかに家庭的に暮らしている証拠ともいえるであろう。

1987年
（昭和62年）
12月12日
土曜日

南極あすか新聞

JARE28
あすか拠点
新聞社

［12/11 気象］
天気　晴
平均気温　-6.8℃
最高気温　-3.5℃
最低気温　-11.7℃
平均風速　8.7m/s
最大風速　17.1m/s
平均気圧　879.4mb

［12/11 メニュー］
☆富田シェフ食当
昼食／12時
海草うどん、フルーツポンチ
夕食／20時
おでん、カニグラタン、鰹のタタキ、エノキのおろし和え、吸物、クロワッサン、パイン缶

南極あすか新聞

1987年
（昭和62年）
12月13日
日曜日

JARE28
あすか拠点
新聞社

［12/12気象］
天気　晴
平均気温　-8.4℃
最高気温　-5.1℃
最低気温　-14.3℃
平均風速　7.8m/s
最大風速　17.3m/s
平均気圧　875.3mb

ピラタス、セスナ同時飛行

12日、夕食後の20時過ぎからピラタス、セスナ両機がそれぞれ山と海へ飛行した。ピラタス機（森機長・渋谷・高木）は、バード氷河を上流から下流へジグザグに飛んで、アイスレーダー観測を行い、約6時間でこの観測にピリオドを打った。

一方、セスナ機（大本機長・鮎川隊長・酒井）は、ブライド湾へ海氷状態の調査に飛び、ほぼ昨年並みの開水面であることを確認した。12月は11月とうってかわり好天に恵まれ、飛行計画も爆発的に消化できた。

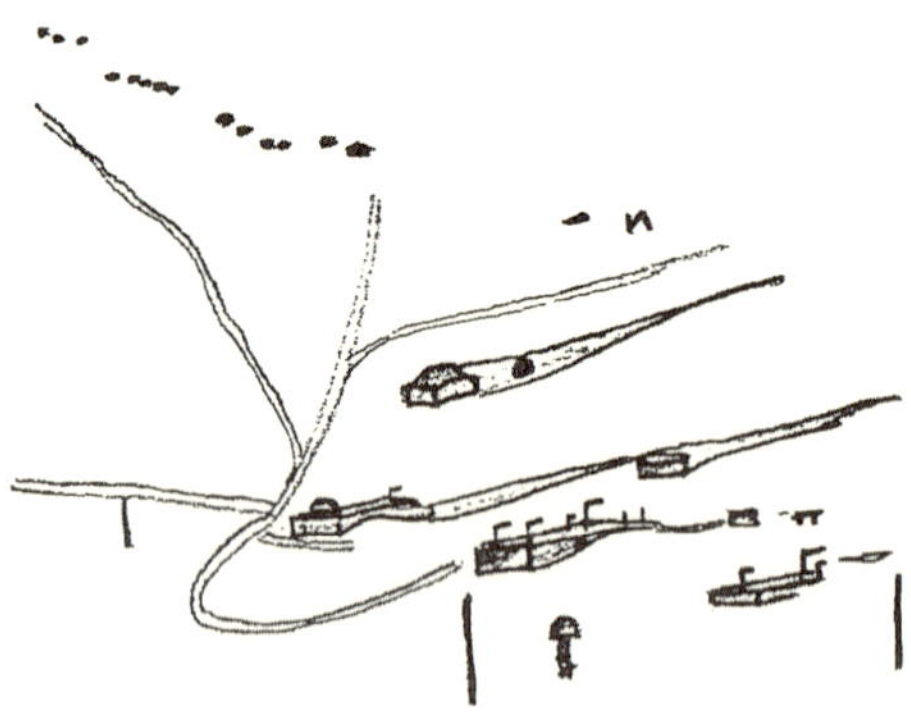

空から見たあすか

あすか、しらせと交信

12日、17時過ぎより、あすか基地と砕氷艦しらせとの交信が行われた。まず本田艦長に表敬挨拶し、鮎川隊長は、29次の渡辺隊長、矢内、佐藤両副隊長とオペレーションに関して応答した。

しらせからの第1便は、本田艦長談によると、20日までずれ込むかもしれない。

セールロンダーネ余話(74)
空からのあすか

ピラタス機の副操縦席から、わがあすか基地を見おろす機会があった。一見して、まず感じるのは、基地が大陸雪原の中で、まるでケシ粒のように小さいことである。しかも赤い各棟がドリフトを風下側に引いて、いまにも雪原に呑み込まれようとしているようなのだ。

これは、われわれの越冬観測という人間活動が、南極の大自然の壮大な力の前には、いかに無力ではかないものであるかを如実に表している光景であった。しかし一方で、われわれの活動も、南極大陸に立派に一矢を報いている痕跡が認められる。

あすかを中心に伸びるL・AB・AAおよびシール岩ルートは、鮮やかに雪面に刻まれている。ブリザードよ、地吹雪よ、悔しかったらこれらのルートを消してみろと言いたい。

また雪上車やソリの列、物品デポの並びも美しい。長方形の滑走路は、まるで地吹雪の海に浮かぶ航空母艦のようだ。これらを眺めていると、わずかな数の人間の力も案外、馬鹿にできないと思ったりもする。

大局的に見るという言葉があるが、現に大空からわれわれの生存の証を鳥瞰すると、越冬観測の意義をしみじみ感じたりもする。

100年あるいは200年後には、この壮大な自然を、人間が思いのままに操っているのであろうか。

［12/12メニュー］
☆高木マルミトン食当
昼食／12時
チャーハン、肉じゃが、浅利のスープ、冷凍丸みかん、マスカット缶
夕食／18時
フライ盛り合わせ、牛肉とピーマンの細切り炒め、シシャモ焼き、サラダ、チキンスープ、オレンジ

南極あすか新聞

1987年(昭和62年)12月14日 月曜日

JARE28 あすか拠点新聞社

[12/13気象]
天気　晴
平均気温 -8.5℃
最高気温 -3.8℃
最低気温 -13.6℃
平均風速 7.6m/s
最大風速 13.2m/s
平均気圧 878.5mb

[12/13メニュー]
☆酒井食当
昼食／餅（おはぎ、きなこ、大根おろし、納豆）、吸物
夕食／コロッケ、オムレツ、すきやき、みそ汁、オレンジ

今後の計画について

追い込みの作業で、ピラタス機による28次の航空観測を終え、基地に安堵と余裕がみなぎった13日昼食後、鮎川隊長が今後の計画を話した。

セスナ機による氷床・氷上観測、渋谷のABルート重力測定、持ち帰り物品のソリ積み、29次隊との引き継ぎ、村山隊歓迎、高木のホルモンリズム採血などであった。

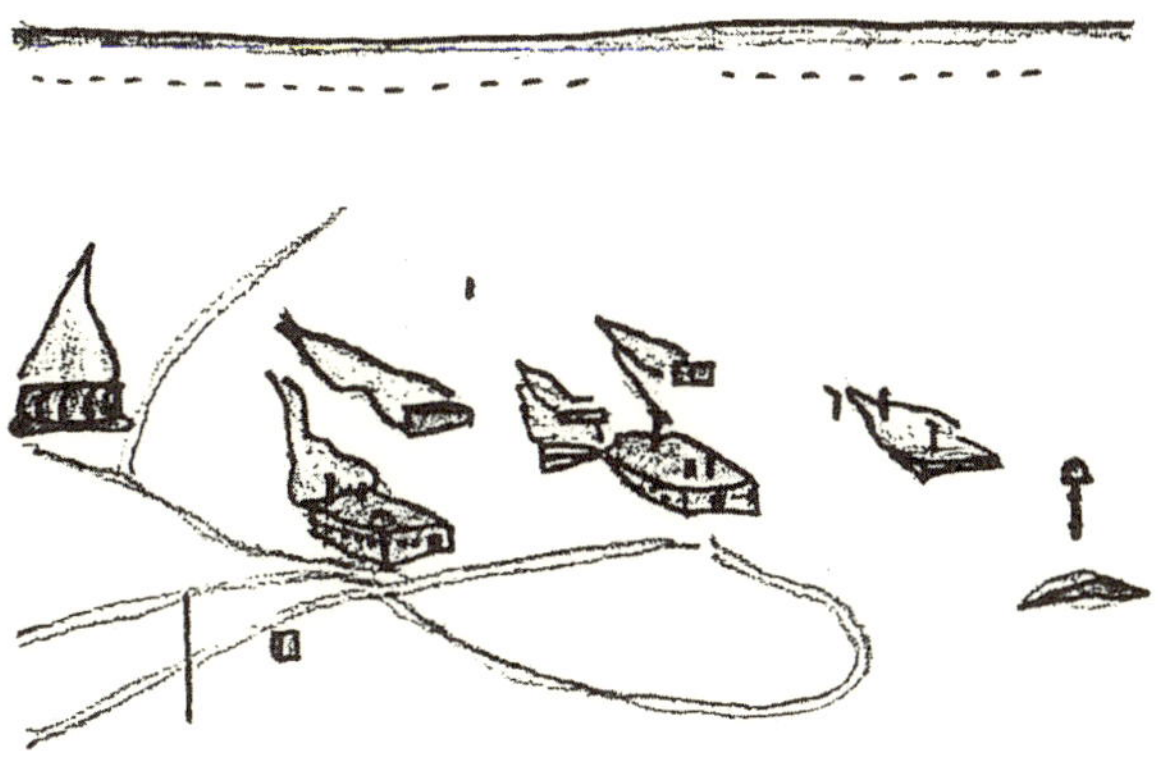

空から見たあすか

セスナ一日2回飛行

13日、セスナ機は、午後と夕食後の各1回飛行した。1回目は森機長・富田・野崎の搭乗、2回目は大本機長・酒井・大坂の搭乗で、いずれもセールロンダーネ山地の核心部を飛び、VTRやカメラを構えた氷床・氷河観測者を喜ばせた。

大活躍した航空隊もこれで飛行に一応の区切りをつけ、14・15日には渋谷のABルート重力測定の地上支援に加わる。

セールロンダーネ余話(75) 空撮

ピラタス機が、航空磁気観測のセンサーであるバードを引いて飛ぶ様を、セスナ機の窓から16㎜公式映画で記録撮影することになった。

素人カメラマンがムービーを回すためにセスナが飛ぶのである。南極観測隊ならではの贅沢な航空機の運用で、撮影者はプロになった気分である。

さて、主役のピラタス機よりひと足早く離陸したセスナ機は、空中で旋回して待機する。ピラタスが上昇してくると、セスナのパイロットは後方から追いかけ、旋回弧の外側から真横にピタリとつけてくれる。

緊張して撮影用の窓をバタンと内側に開いて、キャノン・スコーピックを構える。ファインダー内の赤いピラタスが、斜め光線を受けてキラリと光る。「オーケイ、いつでもバードを降ろしてくれ」と無線で叫ぶ。気分はいよいよ鹿野賢三氏である。

ムービーを回す。ほどよくバードがスルスルと降りてくる。延々と回し、機全体からバードへとズームアップ。息が止まりそうだ。再びズームダウンし、全景に戻りそのまま追いかける。うまく撮れたようだ。

ふと気づくと、100ftを撮りつくし、パトローネが空回りする音が聴こえた。ホッと安心したとたんに、目が回って胸が悪くなった。空撮もラクではない。

南極あすか新聞
1987年（昭和62年）12月15日 火曜日
JARE28
あすか拠点新聞社

[12/14気象]
天気　晴
平均気温　-7.0℃
最高気温　-4.3℃
最低気温　-12.3℃
平均風速　10.3m/s
最大風速　17.0m/s
平均気圧　876.6mb

重力測定隊ABルートへ出発

14日14時45分、ABルート重力測定隊（渋谷L・高木・有賀・大本・森）は、SM512と513に分乗し、あすかを出発した。出発時、低い地吹雪が流れていたが、例によってAB20周辺でピタリと収まった。重力測定はAB18以後1km毎に行われ、5点測定毎に約1時間を要した。

キャンプサイトはブラットニーパネIの谷モレーンだったが、快晴・無風でさすがに暖かく、モレーンの雪解けが進み、凍結した池の上を歩いて薄氷を踏み抜くこともあった。夕食後、初めてセールロンダーネを踏んだ面々は、石拾いに余念がなかった。

機上から見たクレバス地帯

高橋農園店じまい

越冬中、常に新鮮な野菜を生産出荷し、食卓に色どりを添えてくれた高橋農園は、14日の貝割大根出荷を最後に、店じまいをした。

セールロンダーネ余話(76)

夏のLルート

30マイル地点への雪上車とソリの移送のため、2ヶ月ぶりにLルートを走った。われわれあすか初越冬隊が成立して以来、3度目の30マイル地点行であった。

前2回、すなわち4月のGPS旅行と、9月末から10月初めの航空燃料輸送の際のLルートが、あまりにも厳しい地吹雪の海であっただけに、今回の快晴・無風の光あふれる道程がまるで嘘のように感じられた。

あすか基地から30マイル地点までの約70kmの距離に、計205本に及ぶポイント旗と中間旗を立てたにもかかわらず、まともに走行できたことがなかった冬のLルートと比べて、夏のLルートのなんと走りやすいことか。

林立するルート旗を見て、29次の輸送隊は、旗竿の無駄使いと笑うかもしれないが、彼らもやがて地吹雪の中に旗竿を求めて、右往左往するに違いないのだ。われわれがトレースした雪面のシュプールは、今後2ヶ月は消えることがないし、たとえ消えたとしても、ロムナエスという絶好の目標が毎日見える状況は、雪上車走行になんの苦労ももたらすことはあるまい。

L97には、7日間停滞を余儀なくされた際の、ドリフトの痕跡が残っている。あのドリフトの意味するものを、夏の人たちは理解できまい。再び夏を迎えたLルートを、ほろ苦い思い出とともに走った。

[12/14メニュー]
☆高木・酒井食当
昼食／スパゲティミートソース、吸物、マロンパイ、オレンジ
夕食／トンカツ、チンジャオロース、クラゲの酢の物、野沢菜漬け、貝割大根

南極あすか新聞

1987年
（昭和62年）
12月16日
水曜日

JARE28
あすか拠点
新聞社

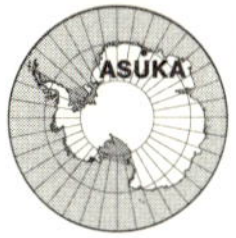

［12/15気象］
天気　快晴
平均気温　-7.8℃
最高気温　-5.5℃
最低気温　-11.2℃
平均風速　9.9m/s
最大風速　17.3m/s
平均気圧　876.0mb

ABルート重力測定隊が帰投

ABルート重力測定隊（渋谷L）は好天にも恵まれ、予定通り重力測定を1㎞毎に実施し、15日17時、あすか基地に帰投した。

14日から15日にかけて、ブラットニーパネーIの谷のモレーンでキャンプしたパーティは、雪上車内の暑さと明るさのため、熟睡できなかった。真夜中の太陽の下で、一睡もせずモレーンを散策した隊員もいた。

しかし、朝食後は元気にⅡの谷BCに立ち寄り、モレーンを歩いた。ABルートに戻った測定隊は、前日測定し残したAB18からあすかまでを1㎞毎に測定し、ABルートの観測を終了した。

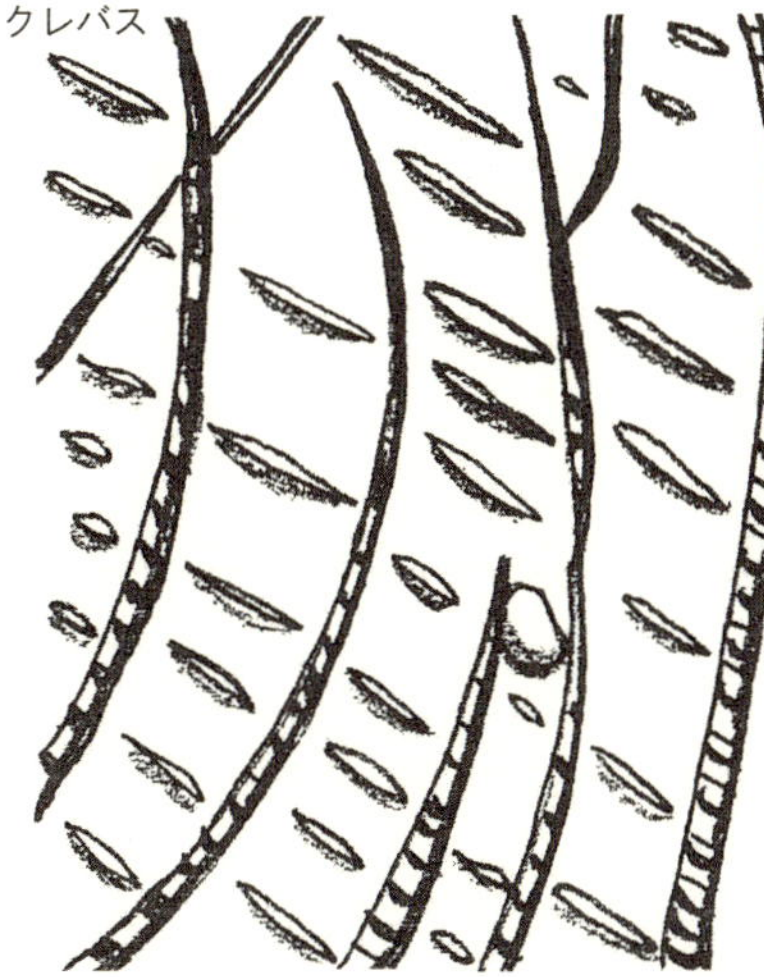

持ち帰り物品のソリ積み開始

15日、あすか基地では、各人の持ち帰り物品を、船室行と船倉行に分けてソリ積みを始めた。

鮎川隊長によると、しらせのあすか直行便ヘリは、帰りにわれわれの持ち帰り物品を搬送してくれるそうだ。これは、予想外の艦側によるサービスで、越冬隊としては大助かりである。

セールロンダーネ余話㊆　３００号

本日、「南極あすか新聞」は第３００号を迎えた。ペラペラのコピー紙も、３００枚積み重ねると27㎜の厚みになった。創刊が越冬成立日であるから、あすか初越冬隊も越冬３００日目を迎えたことになる。

ところで、日本人は3という数字の好きな国民である。3番・サード・背番号3の長嶋茂雄が国民的ヒーローとなり、三本の矢の逸話があり、日本三景やら三大美港といったうたい文句も数多い。だからというわけではないが、３００号というのは一区切りである。ヤレヤレといった感が強い。

本紙はほぼ一人の筆による新聞であるから、当然、主観的な事象のとらえかたが多い。紙面を上下2段に分けて、上はできるだけ客観的に書き、下は主張あるいは社説風に著わそうと心がけているが、筆が足らず、それが転倒したり、混同したりする。

読者は10名を少し超えるほどなのだが、対象としてはもうすこし広げて、南極に興味を抱く人たちを仮想読者としている。したがって、仲間うちでは判り切ったことも取り上げたし、ニックネームやあだ名はできるだけ避けた。記事内容に批判や怒りもあろうが、いったん書いたことに対する責任は、すべて主筆がとる。

というわけで、もう少し読者諸氏にはお付き合い願いたい。

［12/15メニュー］
☆富田シェフ食当
朝食／魳（カマス）干物、納豆、牛大和煮缶、筋子、みそ汁
昼食／そぼろ丼、切り干し大根煮付け、新香、吸物、フルーツポンチ
夕食／牛ヒレステーキ、鯛の唐揚げ、アワビの刺身、鴨のロースト、新香、みそ汁、白桃缶

南極あすか新聞
1987年（昭和62年）12月17日 木曜日
JARE28
あすか拠点
新聞社

[12/16気象]
天気　快晴
平均気温 -9.4℃
最高気温 -6.4℃
最低気温 -14.0℃
平均風速 10.1m/s
最大風速 18.2m/s
平均気圧 876.9mb

持ち帰り物品の集計結果

しらせからのあすか直行便ヘリが、帰路にわれわれの持ち帰り物品を空輸してくれることになった。これは大変ありがたい艦側の配慮だが、荷造りは忙しくなった。

酒井の集計によると、持ち帰り物品のうち、観測の公用品は48梱、905kg、3・23㎥。一方、設営公用品は50梱、3748kg、17・39㎥である。また私物は115梱、1768kg、5・76㎥となっている。

最後のホルモンリズム採血

16日、医学観測のホルモンリズム測定用の採血が一日4回行われた。今回は、3月、6月、9月につづく最後の採血で、この4回で南極の四季をすべてカバーしたことになる。分離された血清は凍結され、日本でコーチゾル、アルドステロン、テストステロンといったホルモン測定に供される。

航空隊帰還命令来るか

昭和基地は12月に入って、連続のプラス気温を記録し、海氷上の滑走路の存続がいよいよ危うくなっている。鮎川隊長によると、一両日中に、大山隊長の航空隊帰還命令が来るかもしれないという。

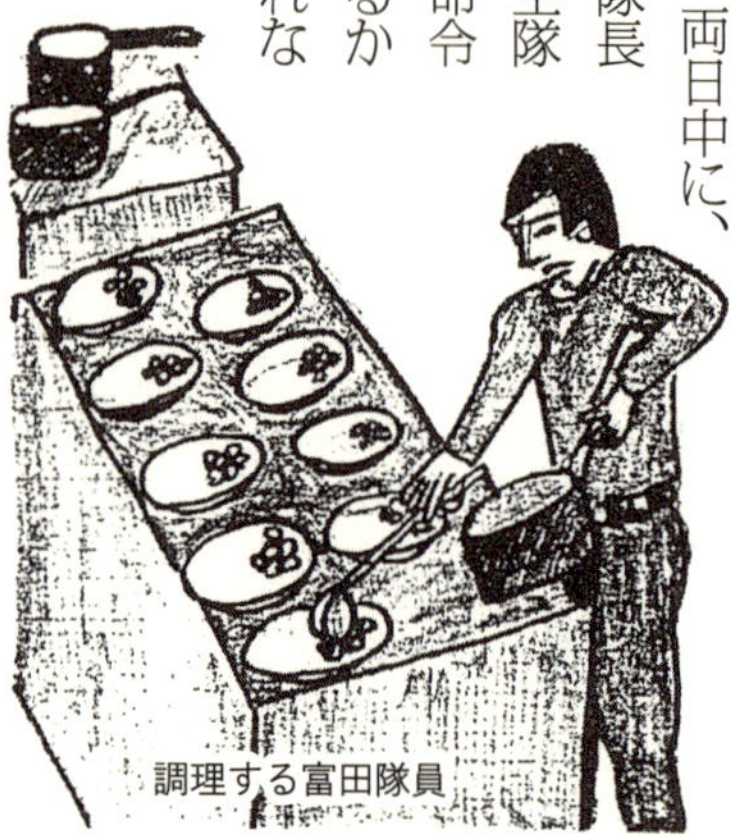
調理する富田隊員

セールロンダーネ余話(78)
残り少ない日々

あすか初越冬隊が、住み慣れたあすか基地を去る日が迫っている。

高橋は「雪上車やらソリやらを、あっちへ動かしこっちへ動かし、デポも何回も壊されては作り直した。あすかには、愛着が残るなぁ。いざ離れるとなると、涙がでるだろうなぁ」という。

彼を含めて、二度とこの地を踏むことはあるまいと思っている隊員がほとんどだが、あすかに対する気持ちが、すべてウエットであるとは限らない。

「定点観測をやる人間には越冬も意味があるが、移動観測をやる人間にとって、あすかの冬を過ごす必要はない。夏だけで充分だ」と渋谷はもっとクールに見ている。

各人各様に、あすかに対する想いは異なるが、越冬基地としてのあすかの長所・短所は、越冬して初めて知り得たことである。この地域の気象が、毎年毎年われわれが経験したように悪いのならば、今後あすかで越冬する隊員の気持も重いことだろう。

われわれの遭遇した事象、各部門の細かいデータを詳細に検討したうえで、これからのあすか基地のあり方をじっくり考えてもらいたい。

残り少ないあすかでの日々を、各隊員とも、今までと同じく淡々と、しかもいっそう忙しく過ごすことだろう。別離の感慨など、その瞬間まで湧くことはあるまい。

[12/16メニュー]
☆富田シェフ食当
朝食／納豆、筋子、鯒干物、鯖水煮缶、浅利味付け缶、みそ汁
昼食／カレーライス、サラダ、新香、みそ汁、あんず缶
夕食／伊勢海老のグラタン、牛ヒレ味噌炒め、イカとワカメのサラダ、ローストポーク、新香、吸物、ケーキ、ライチ

南極あすか新聞

1987年
(昭和62年)
12月18日
金曜日

JARE28
あすか拠点
新聞社

[12/17気象]
天気　快晴
高い地吹雪
平均気温
-9.1℃
最高気温
-6.3℃
最低気温
-14.3℃
平均風速
10.8m/s
最大風速
20.4m/s
平均気圧
880.3mb

[12/17メニュー]
☆富田シェフ食当
朝食／納豆、厚焼き卵、かまぼこ、コンビーフ、タラコ、しらす干し、みそ汁
昼食／カニピラフ、ベーコン野菜炒め、きゃらぶき、新香、吸物、ビワ缶
夕食／牛ヒレカツ、伊勢海老とヤングコーンの炒め物、帆立の酒蒸し、新香、みそ汁、チーズ盛り合わせ、パン、ケーキ

Lルートの重力測定を消化

17日9時5分、Lルートの重力測定のため、渋谷と鮎川隊長はSM512で出発した。平均風速15m／sを記録するこの季節では強い風の中で、1km毎に着実に重力を測定しながら、Lルートを下った2人は、15時50分に目標のL90に到達し、ここから引き返した。

2人は18時50分にあすかに戻ったが、この後、シール岩の基準点で最後の測定を実施した。今回のL90までの測定消化で、われわれがL0に向かう際の負担は軽減されることになった。

しらせ、いよいよ定着氷へ

17日18時5分から、しらせとの交信が行われた。鮎川隊長が外出中のため、高橋がマイクを握ったが、相手が22次越冬の仲間である佐藤夏隊長のため、極めて友好的な会話となった。

しらせの艦位置は、交信時で69度57分南、23度40分東であり、あと20マイル進んでブライド湾に到着し、定着氷にアイスアンカーを打つ。

18日に防錆解除、19日にヘリのテスト飛行を済ませ、20日8時艦発であすか直行第1便を飛ばす予定だという。しらせ近しの情報で、通信室は湧きかえった。

作業計画を練る高橋隊員

セールロンダーネ余話⑲
ブラットニーパネ

ABルートの重力測定旅行のおかげで、渋谷と航空隊の3人もブラットニーパネのモレーンを踏むことができた。

眼から鱗が落ちるというが、1年間、あすか基地から眺め続け、すっかり見慣れてきたブラットニーパネ山塊が、これほど大きく、魅力に富んだ山容であることは、その山麓にきて初めてわかる。

ブラットニーパネは、あすか基地の住人にとって、おらが山である。静岡の富士山、札幌の手稲山、津軽の岩木山と同格である。ブリザードが明けると山が雪で薄化粧し、山の輪郭が不鮮明だとABルートに地吹雪が発生していることがひと目でわかる。

ブラットニーパネを空から見ると、氷床上で北向きに、左手を手の平を下にして置いた形に見える。最高峰は、拇指と人差指の付け根に当たる部分に聳えている。

初めて最高峰に立ったのは、26次隊の上田豊氏ら3人で、Ⅱの谷のキャンプ地から登った。人差指稜すなわち第2稜の奥の大きな岩壁を有する峰が北峰で、これには28次の平川一臣氏ら地学調査隊が登頂した。

残念ながら、われわれには処女峰に立つ機会が与えられなかったが、モレーンの散策は皆が楽しんだ。

ブラットニーパネ小指稜すなわち第5稜では、ユキドリの雛がさえずっているに違いない。

南極あすか新聞
1987年（昭和62年）12月19日 土曜日
JARE28 あすか拠点新聞社

［12/18気象］
天気　晴
平均気温　-8.3℃
最高気温　-5.2℃
最低気温　-10.9℃
平均風速　8.4m/s
最大風速　14.2m/s
平均気圧　879.7mb

ピラタス、セスナがしらせを訪問

18日の夕食後、雲の流れが激しい空模様であったが、ピラタス機（森機長・高橋・富田・酒井・野崎）とセスナ機（大本機長・有賀整備士・高木）は、勇躍ブライド湾のしらせ表敬訪問に飛び立った。

雪上車・ソリの美しく並ぶ30マイル地点を過ぎ、ブライド湾の定着氷にアイスアンカーをおろした砕氷艦しらせを見つけた。両機の派手な飛行を、29次隊と艦乗組員は甲板に鈴なりになって見上げた。両機の訪問は、彼らの行動意欲を刺激したことは間違いない。

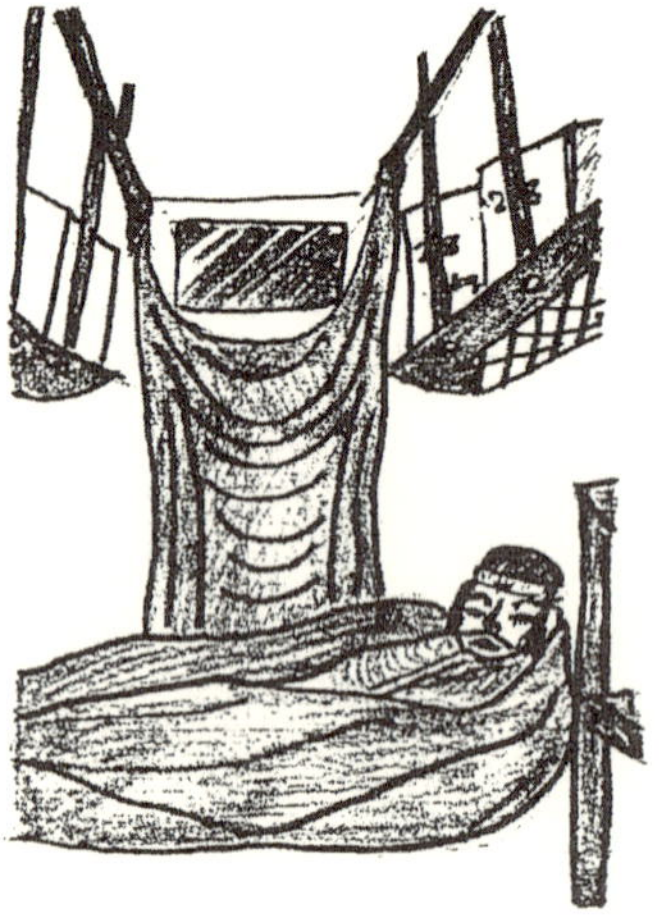
停滞の日の雪上車内

雨漏り対策と除雪を実施

18日、最近著しい主屋棟食堂の雨漏り対策として、酒井の提案で、屋根のコーキングのやり直しが手空き総員で行われた。厚ぼったく塗られたシリコンが、果たして効果を発揮するかどうか、2、3日様子をみたい。

一方、機械班と富田により、ブル、ロータリー除雪車など機械力を総動員して、仮設作業棟南出入口の除雪が行われた。

セールロンダーネ余話⑳
引き継ぎ準備

砕氷艦しらせからのヘリコプタ第1便が飛来する日も近いあすかでは、各部門とも引き継ぎ準備に大わらわである。勿論、ほとんどの受け入れ準備は整っているのだが、完璧主義者の多いあすかでは、痒い所に手が届くほどの心づかいがみられる。

機械部門は基地での守備範囲が断然広く、それだけに作業はいつ終わるとも知れないほどある。雪原のドリフト除去や燃料ドラムのデポなどの大仕事から、車載物品リストの作成や雪上車運転席の点検ノート、ラックの工夫などの細かい仕事まで、実に精力的にやっている。

調理では、食堂の整理や、冷凍庫を29次隊用に空けるための冷凍食品の移動などを小まめに行っている。装備では、雑多な物品の仕分けや整理、リスト作りに忙しい。医療では、夏作業での事故に備えて、手術器械の再滅菌や救急セットの点検がすすめられている。

また通信では、29次隊の立ち上がりに必要な、通信機の点検整備を行っている。観測部門については、定常観測器械が正常に機能しているから、新しい研究者のために観測室内にスペースを空けてやることが引き継ぎだ。

そして隊長は、刻々と変化する情勢をにらみながら、オペレーションの戦略を練っては、艦・29次隊と調整を図っている。

［12/18メニュー］
☆富田シェフ食当
朝食／納豆、しらす干し、牛大和煮缶、イクラ、みそ汁
昼食／天津丼、ひじきの煮付け、新香、吸物、冷凍丸みかん
夕食／すきやき、鶏唐揚げ、鮎塩焼き、アワビの刺身、新香、みそ汁、パン、ケーキ、クッキー、冷凍丸みかん

南極あすか新聞

1987年(昭和62年)
12月20日 日曜日

JARE28
あすか拠点
新聞社

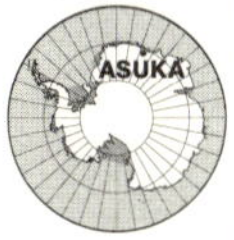

[12/19気象]
天気 曇
平均気温 -8.9℃
最高気温 -6.0℃
最低気温 -13.2℃
平均風速 9.1m/s
最大風速 15.0m/s
平均気圧 873.5mb

29次隊がやって来た

19日、朝から曇天が続いたが、18日の航空機デモンストレーションが効いたのか、しらせ飛行隊もやる気を見せた。16時37分にしらせを発った84号機ヘリコプタは、約1時間であすかに到着した。報道3名が同乗していたために、鮎川隊長と、渡辺29次隊観測隊長、本田しらせ艦長の再会シーンは、いささかオーバーなものであった。

ヘリからの荷受けと荷積みは、たった5名の隊員ではひどく消耗する作業であった。ひと息つく間もなく83号機が到着し、矢内29次あすか隊長らが、初めてあすかの雪原に足跡を印した。

ピラタス機内の渋谷隊員

29次隊のかまぼこ型テントの設営を終え、20時から宴会が始まった。祝宴は29次隊歓迎会であり、またユキドリ航空隊・大本和隆機長の34歳の誕生会でもあった。

富田が腕をふるったテーブル満杯のメニューに、29次隊持参の生野菜、スイカ、アルコールが加わり、会は和やかな雰囲気のうちに進んだ。家族からの第1便の手紙類を手にした28次隊員には、二重にも三重にもうれしい夜であった。

セールロンダーネ余話㉛ 越冬の収支

越冬の終わりに当たって、越冬の一年で得たものと失ったものとの収支を考えてみた。これは当然、各隊員によって大いに異なるので、記者、すなわち医療隊員の立場で考えた。

収入の部。一、南極に来ることができた。これは文句なしに大収入。二、興味ある研究ができた。研究は越冬隊員しかできない種類のものだから、この成果では他の追随を許さない。三、新たな友人ができた。それも並みの友人ではなく、同志と呼んでもいい友人だ。四、新たな経験を積んだ。これは容易に得られる経験ではない。作家にでもなるなら、3年間は食える経験だ。五、自己の能力の開発。これはちょっと写真が上手になったり、文章を書くのが速くなったり、調理メニューが少し増えた程度。微々たるもの。六、思考する時間が充分にあった。

支出の部。一、仕事(外科医)がなく、腕が鈍った。これは大きい。3年は棒に振った感じだ。二、情報からの隔離。帰国したら、医学の進歩に驚くに違いない。三、家族からの隔離。娘はたぶん父親をおじさんと呼ぶだろう。四、給料が減った。五、緊張がなく、阿呆になった。

以上、収支はトントンか。だが、人生にとって10年分は豊かになったことだろう。

[12/19メニュー]
☆富田シェフ食当
朝食／鰤干物、納豆、しらす干し、鮭水煮缶、イクラ、筋子、みそ汁
昼食／カレーうどん、ケーキ、ミカン缶
夕食／大本誕生会（サーモンクリュー、真鯛の刺身、ジャンポン〔豚モモのハム〕飾り盛り、牛ヒレのポワレ、サーモンのムニエル、焼き鳥、枝豆、握り寿司、サラダ、ケーキ、パン、ライチ）

南極あすか新聞

1987年
（昭和62年）
12月21日
月曜日

JARE28
あすか拠点
新聞社

［12/20気象］
天気　晴
平均気温　-8.4℃
最高気温　-6.4℃
最低気温　-13.1℃
平均風速　10.0m/s
最大風速　16.1m/s
平均気圧　874.6mb

［12/20メニュー］
☆古山・富田シェフ食当
朝食／コールスロー、しらす干し、浅利味付け缶、筋子、みそ汁
昼食／カツ丼、野菜サラダ、みそ汁、スイカ
夕食／サーモンのムニエル、サラダ、切り干し大根煮付け、ひじきの煮付け、浅利汁、冷凍丸みかん

セスナによる偵察飛行実施

20日、セールロンダーネ山地上空には終始雲がたれこめ、ピラタス機による29次隊林隊員の空撮はできなかった。一方、セスナ機（大本機長）は29次矢内あすか隊長を乗せ、バード氷河からバルヒェン方面へと飛んだ。この方面にも雲が懸かって、空撮は無理と判断されたが、29次夏の地学隊の偵察としては意味があった。

29次隊、30マイル行動開始

20日、しらせから30マイル地点へのヘリ空輸が始まった。大坂は交信をウオッチしたが、29次隊の30マイル地点での立ち上がりは順調のようだ。早ければ21日朝には、輸送雪上車隊があすかへ出発する予定だ。

29次隊員を基地案内

20日午前、高橋は矢内隊長ら29次隊員を案内して、基地内を回った。また古山隊員は、20日より基地食の調理を開始した。

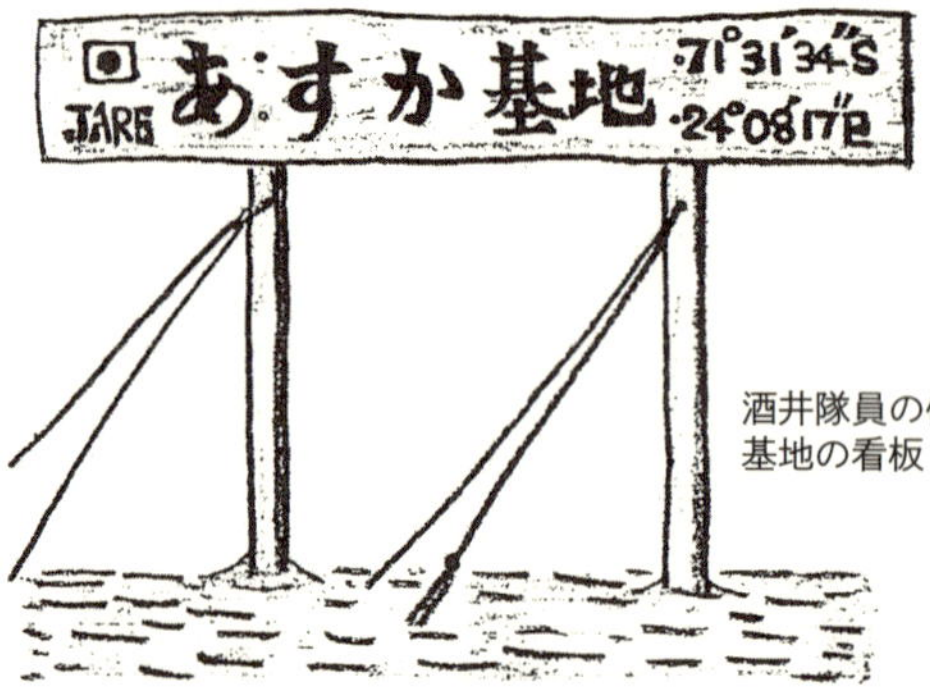

酒井隊員の作った基地の看板

雪尺測定プラス4・0cm

11月21日から12月20日までの36本雪尺による積雪は、マイナス5・1cm、積算でプラス4・0cmであった。

セールロンダーネ余話82

さらば、あすか

あすか初越冬隊が、セールロンダーネ山地北麓の地に、日本第3の基地を完成させ、初の越冬観測の任務を全うし、第2回越冬の矢内隊に基地を引き渡す時が、遂にやってきた。

われわれがさまざまな予期せぬ困難に直面し、それを一つひとつ克服してきた証が、あすか基地のあらゆる所に見受けられる。初越冬は楽なものではなかったが、決して厳しいだけのものでもなかった。われわれは日本の南極観測史上、最も経験ある越冬チームらしく、常に自信と余裕をもち、余力を残して越冬終了にこぎつけた。

豊かな経験に基づく綿密な計画と、機を逃さぬ行動で、隊をリードした鮎川隊長。「今日やっておけば明日ラクになる」と言いつつ、次から次へと仕事を作って、いつもラクになれなかった設営の立役者の高橋。あらゆる観測に、貪欲なまでの執念を燃やした南極学者の渋谷。

さらに、調理を始めすべての設営作業に黙々と打ち込んだ富田。必要だが面倒な仕事を、得意の手作業でこなした酒井。通信、すべての電気、野外活動に活躍した大坂。最年少ながら、基地の機械全般を維持した野崎。そして、全員の健康のおかげで、野外活動と本紙に没頭できた高木――。

万感の想いを込め、さらば、あすか。

鮎川　勝
高橋茂夫
渋谷和雄
富田瑞穂
酒井量基
大坂孝夫
野崎勝利
高木知敬

あとがき

「南極あすか新聞」は1987年（昭和62）、南極あすか観測拠点（現あすか基地）での初越冬に際し、越冬の記録と隊員の融和のために発刊した手書きの新聞でした。

今回、「南極あすか新聞」を活字化するにあたって、自分が執筆した新聞をパソコンでデジタル化し直すことになり、2018年（平成30）の冬に2ヶ月間をかけてそれを打ち込みました。30年前の珠玉ともいえる越冬生活を思い出しながら、作業を楽しんだものです。

亜璃西社（和田由美社長）の編集担当・井上哲氏は、デジタル化した原稿をもとに、手書きの新聞の雰囲気を壊さないよう配慮して編集し、装幀家の須田照生氏には稚拙なイラストを含めて、手書きの新聞どおりに紙面を復刻していただきました。困難な作業を成し遂げられた両氏に、心から感謝します。

30年間も寝かしておいた「南極あすか新聞」を、なぜいまごろ復刻したのかと思われる方もいることでしょう。その理由は、最高の越冬チームであったあすか初越冬隊の記録を、仲間内だけでなく日本南極観測隊の歴史の一頁として、世に残しておくことが記録担当の使命だと気づいたからです。

セールロンダーネ山地北麓の大陸氷床上に建てた基地は、すでに無人化されて久しく、雪面下に深く埋もれ、訪れる人もなく、幻の文化遺産になりつつあります。しかし、基地が風化しても、せめてその記録から、隊員たちの不屈であるとともに風雅でもあった越冬観測の様相を読み取っていただければと願っています。

高木知敬

2018年秋　北海道稚内市にて

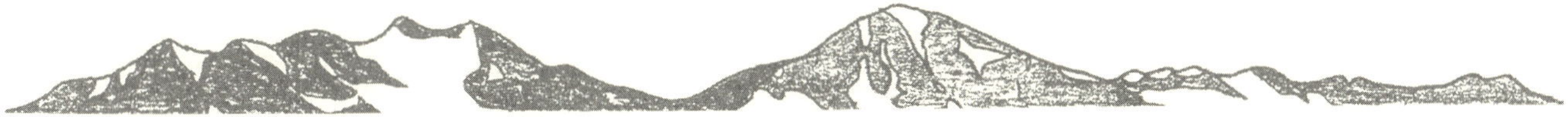

Wideroefjellet & Nils Larsenfjellet

万感の想いを込め、
さらば、あすか。

著者プロフィール（記事・イラスト・写真）

高木知敬（たかぎ・ともゆき）

1949年（昭和24）京都市生まれ。北海道大学医学部卒。同大第一外科教室所属。医学博士、日本消化器外科学会指導医。市立稚内病院長、稚内市病院事業管理者を経て、市立稚内病院地域連携サポートセンター長。稚内市政功労者。

第21次（1979～1981）、第28次（1986～1988）日本南極地域観測隊の医学・医療隊員として、昭和・みずほ・あすかの３基地で越冬観測に従事した。南極ＯＢ会北海道支部道北分会長。

無類の釣り好きで、日本最大の淡水魚イトウをこよなく愛し、著書に『イトウ　北の川に大魚を追う』（共著、山と溪谷社、1999）、『幻の野生　イトウ走る』（共著、北海道新聞社、2002）がある。

南極あすか新聞1987
——初越冬の記録

二〇一九年一月三十一日　第一刷発行

著　者　高木《たかぎ》知敬《ともゆき》
装幀・造本　須田照生
編 集 人　井上　哲
発 行 人　和田由美
発 行 所　株式会社亜璃西社
札幌市中央区南二条西五丁目六-七
メゾン本府七〇一
TEL　〇一一-二二一-五三九六
FAX　〇一一-二二一-五三八六
URL　http://www.alicesha.co.jp/
印　刷　藤田印刷株式会社
製　本　石田製本株式会社

ISBN 978-4-906740-35-2 C0095